신약 강해시리즈 (5)

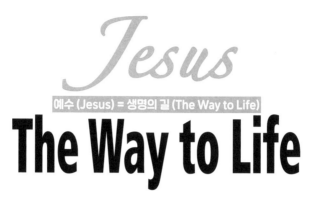

Jesus

예수 (Jesus) = 생명의 길 (The Way to Life)

The Way to Life

마가복음 강해

신약 강해시리즈 (5)

The Way to Life 마가복음 강해

이중수 글
처음 찍은날 · 2023년 12월 15일
처음 펴낸날 · 2023년 12월 20일
펴낸이 · 오명진
펴낸곳 · 양들의식탁
출판등록 · 제2015-00018호
주소 · 서울시 노원구 동일로 221길 22 대림 아파트 5동 109호
전화 · (02)939-5757
보급 · 비전북 전화 (031)907-3927팩스 080-907-9193
이메일 · jsleemar22@gmail.com(이중수), boseokdugae@hanmail.net(오명진)

글 ⓒ 이중수 2023
이 책에 실린 글과 그림은 무단 전재 및 무단 복제할 수 없습니다.

ISBN 979-11-90206-04-4 04230
ISBN 979-11-960446-3-3 04230 (세트)

신약 강해시리즈 (5)

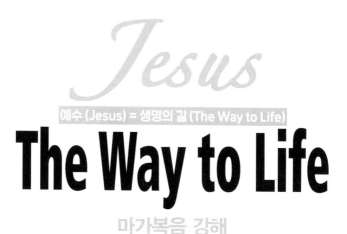

Jesus

예수 (Jesus) = 생명의 길 (The Way to Life)

The Way to Life

마가복음 강해

양들의식탁

본인은 1993년 마가복음 강해를 상하권으로 출판하였으나 모두 절판되었습니다. (내 손을 붙드신 주님, 주님의 시선, 양무리 서원). 그후 마가복음 본문 전체를 다시 강해할 필요성을 느껴 이번 기회에 하나님의 나라, 회개, 복음, 믿음, 상급, 인자(人子) 등의 의미를 상술하였고 예수님의 함구령, 가룟 유다에 대한 질문들을 다루었습니다. 또한 비유와 종말론을 새로 포함시켰으며 부자 청년에 대한 본문은 유업의 관점에서 재조명하였습니다.

현대 교회는 성경을 믿는다고 하지만 성경 강해에 대한 관심은 대체로 피상적입니다. 본 강해서가 조금이라도 강해 메시지의 유익성을 깨닫는 일에 도움이 되기를 빕니다.

이중수

[참고 자료]
A Theology of Mark's Gospel, David Garland, Zondervan
The NIV Application Commentary, Mark, David Garland, Zondervan
Tyndale New Testament Commentaries, Mark, Eckhard J. Schnabel, IVP
The Cross from a Distance, Atonement in Mark's Gospel, Peter G. Bolt, IVP
The New American Commentaries, Mark, James A. Brooks, Broadman Press
I Came to Set the Earth on Fire, A portrait of Jesus, R.T. France, IVP
Doubleday Bible Commentary, Mark, R.T. France, Doubleday
God's kingship in the Gospel of Mark, R.T. France, Regent College Publishing
The Message of Mark, Donald English, IVP
The New International Commentary, Mark, William Lane, Eerdmans Publishing
Preaching Through The Bible, Mark, Michael Eaton, Sovereign World
The New London commentary, Luke, Norval Geldenhuys, Eerdmans publishing
The presence & the power, Gerald F. Hawthorne, Word Publishing

CONTENTS

CONTENTS

CONTENTS

CONTENTS

1
소개

일반적으로 책들을 보면 저자에 대한 약력이 나옵니다. 그러나 성경의 저자들은 자신들을 소개하는 일에 별 관심이 없었습니다. 그들이 전하는 복음의 주인공과 메시지가 더 중요했기 때문입니다. 그래서 성경의 저자는 전혀 알려지지 않은 경우도 많습니다. 마가복음의 저자는 마가로 알려졌지만, 그에 대한 정보는 제한적입니다.

마가는 마리아라는 과부의 아들이었습니다. 그는 바울과 바나바와 함께 선교 여행을 했었고 바나바의 사촌이었으며 베드로와 잘 아는 사이였습니다. 예루살렘에 있던 그의 모친의 집은 초대 교인들이 집회 장소로 사용하였습니다(행 12:12). 마가복음은 A.D. 50년경에 쓰였는데 최초의 복음서일 가능성이 높습니다.

마가복음의 특징은 우선 사복음서 중에서 가장 짧습니다. 그래도 사건들은 자세히 진술되었고 기본적인 사실들을 직설적으로 기술하였습니다. 예를 들면 예수님이 누구시며 어떤 분이신지를 예수님이 행하신 초자연적인 기적이나 권위 있는 말씀으로 예시하였습니다. 그리고 예수님이 받으신 배척과 고난의 십자가 죽음이 어떤 과정을 거쳤으며 그의 죽음이 어떻게 해서 모든 사람을 위한 대속인지를 진술하였습니다.

마가복음은 매우 균형 잡힌 구조로 짜여 있습니다. 복잡하지도 않고 특별히 숨겨진 의미가 없어서 쉽게 이해할 수 있습니다. 마가복음의 핵심 구절은 예수님의 신분이 "그리스도"(메시아)라는 베드로의 고백이 담긴 8장 29절입니다. 이것은 본 복음서의 첫 절인 "하나님의 아들 예수 그리스도의 복음"이라고 한 선언과 일치합니다. 그리고 십자가 아래에서 로마의 백부장이 예수님을 보고 "이 사람은 진실로 하나님의 아들이었도다"(막 15:39)라고 고백한 말로 예수님의 신분에 대한 증언이 마무리됩니다.

우리는 구원받은 주님의 자녀로서 살기 위해 예수님의 신분을 알아야 합니다. 성도의 삶은 예수님으로 사는 문제이기 때문입니다. 예수님은 2천 년 전에 지상 생활을 하셨지만, 그때의 주님은 지금도 동일한 성령의 능력과 진리와 사랑으로 임하십니다(히 13:8).

예수님은 누구이신가?

하나님의 아들 예수 그리스도의 복음의 시작이라 (막 1:1) .

본 절은 마가복음 전체의 핵심 내용을 적은 알림판입니다. 앞으로 예수님의 신분과 사역이 드러날 것인데 그 내용의 골자는 예수님이 하나님의 아들이시며 그리스도(메시아)라는 것입니다. 또한 복음의 출발자와 주인공은 예수님이심을 처음부터 명시하였습니다. 본 절은 기독교의 한 특징을 대변합니다. 기독교는 인간의 머리에서 나온 종교 사상이 아닙니다. 기독교는 인간의 고안품이 아니고 하나님의 신적 계시입니다. 그래서 하나님 편에서 인간에게 알려주시지 않으면 아무도 복음을 알 수 없습니다. 복음은 하나님의 주권적 선포입니다. 예수님을 메시아로 세상에 보내신 분도 하나님이시며 그분의 복음을 통해 구원을 받게 하시는 분도 하나님이십니다.

한편 마가복음의 선포는 창세기 첫 절을 연상시킵니다. 거기서도 "태초에 하나님이 천지를 창조하시니라"(창1:1)라는 대 선언으로 시작됩니다. 창조는 하나님의 독자적인 영역입니다. 여기에는 인간의 기여나 활동이 들어설 자리가 없습니다. 하나님께서 천지를 창조하신 것은 하나님만의 고유한 주권적 활동입니다. 예수님의 복음 선포도 첫 창조 때처럼 주권적입니다.

또 다른 공통점은 첫 창조와 새 창조가 모두 '말씀'으로 된 것입니다. 하나님은 '말씀'으로 천지를 창조하셨는데 새 창조도 '말씀'으로 세상에 오신 예수님을 통해 일어났습니다(요 1:1~3, 14). 예수님은 창조의 대행자이십니다. 예수님은 자신의 복음으로 죄인들을 거듭나게 하시고 새 생명을 주시며 성령을 받아 살게 하십니다.

세례 요한의 사역

세례 요한이 광야에 이르러 죄사함을 받게 하는 회개의 세례를 전파하니 (1:4).

예수님의 사역이 소개되기 전에 그의 전주자인 세례 요한의 사역이 먼저 나옵니다. 세례 요한의 사역은 이스라엘의 탈선과 부패를 떠나게 하는 회복 사역이었습니다. 당시의 이스라엘의 영적 지도자들은 하나님의 진리로부터 멀리 떨어진 삶을 살았습니다. 그들은 경건의 흉내만 내고 종교를 상업화시켜 이득을 챙기는 특권층이었습니다. 일반 백성도 불순종의 길을 걸었지만, 대체로 선지자들을 통해 전달된 하나님의 약속을 믿었습니다. 그런 때에 세례 요한이 와서 "회개의 세례를 전파"(1:4)했을 때 큰 호응이 있었습니다.

온 유대 지방과 예루살렘 사람이 다 나아와 자기 죄를 자복하고 요단 강에서 그에게 세례를 받더라(1:5).

이것은 대규모 영적 각성 운동이 일어났음을 말합니다. 그런데 하나님의 백성이 영적으로 무디고 언약에 신실하지 않으면 어떻게 해야 합니까? 세례 요한은 백성에게 이사야 선지자의 글을 인용하여 회생의 길을 막는 죄악의 골짜기와 산들이 낮아져야 한다고 외쳤습니다(눅 3:5; 사 40:3~4). 회개에 합당한 열매를 맺는 영적 갱신이 없으면 하나님의 심판이 기다리고 있습니다(눅 3:9). 그러나 회개하고 하나님을 순종하면 "모든 육체가 하나님의 구원하심을 보리라"(눅 3:6)고 했습니다. 이스라엘 백성이 영적 갱신으로 새로워져서 하나님께서 보내시는 예수 그리스도를 맞이할 준비가 된다면 그들은 물론이려니와 온 인류가 하나님의 구원을 누릴 수 있게 된다는 말입니다. 이것은 아브라함과 그의 후손에게 약속하신 것이었습니다.

> 여호와께서 아브람에게 이르시되 … 땅의 모든 족속이 너로 말미암아 복을 얻을 것이라 하신지라 (창 12:3) .
> 모세가 하나님 앞에 올라가니 여호와께서 산에서 그를 불러 말씀하시되 … 세계가 다 내게 속하였나니 너희가 내 말을 잘 듣고 내 언약을 지키면 너희는 모든 민족 중에서 내 소유가 되겠고 너희가 내게 대하여 제사장 나라가 되며 거룩한 백성이 되리라 (출 19:5~6) .

세례의 의미

백성은 여러 곳에서 몰려와 죄를 자복하고 요단 강에서 세례를 받았습니다. 그런데 세례는 원래 유대인들에게는 해당하지 않는 의식이었습니다. 율법에는 세례에 대한 요구가 없습니다. 세례는 이방인이 유대교로 개종할 때 행했던 의식이었습니다. 이것은 이방인이 우상 숭배의 옛 삶을 청산하고 유대교의 방식에 따른 언약 백성의 삶에 자신을 일치시킨다는 뜻이었습니다.

그럼 왜 유대인들에게 세례를 주었을까요? 그들이 유대인이면서 이 방인의 행실을 하며 살았기 때문에 이방인 개종자가 받는 세례를 받게 한 것입니다. 그들은 하나님의 심판을 피하고 언약 백성의 본분으로 돌아오기 위해서 부패한 예루살렘의 유대교와 절연해야 했습니다. 그래서 그들은 이스라엘의 타락한 종교를 등지고 광야에서 세례 요한이 베푸는 세례를 받았습니다.

그런데 왜 세례 요한은 광야에서 사역했을까요? 모든 것이 불편한 곳인데 예루살렘으로 가서 많은 사람에게 메시지를 전하는 것이 낫지 않았을까요? 놀랍게도 사람들은 거친 광야로 몰려왔습니다. 우리는 사람이 많이 모일 수 있는 편의시설을 갖춘 장소를 선호합니다. 그러나 세례 요한은 물질과 인적 자원이 풍부한 예루살렘 대신에 광야를 택하였습니다. 그런데도 사람들은 구름떼처럼 몰려왔습니다. 하나님은 지금도 인간의 예상이나 기대를 뒤집고 놀라운 방법으로 구원을 성취해 나가십니다.

한편, 세례 요한이 광야에서 사역한 것은 이스라엘의 역사적 문맥에서 볼 때 매우 시사적입니다. 광야는 이스라엘 백성이 가나안 복지로 들어가기 전에 사십 년 동안 머물렀던 곳이었습니다. 그들의 절대다수가 불순종 때문에 약속된 유업의 땅인 가나안에 들어가지 못하고 광야에서 죽었습니다. 그러나 이사야와 호세아 선지자는 실패한 광야의 삶이 회복되고 언약 백성이 하나님을 새롭게 섬길 날이 올 것이라고 예언하였습니다.

광야와 메마른 땅이 기뻐하며 사막이 백합화 같이 피어 즐거워하며 … 그것들이 여호와의 영광 곧 우리 하나님의 아름다움을 보리로다 (사 35:1~2).

마침내 위에서부터 영을 우리에게 부어 주시리니 광야가 아름다운 밭이 되며 아름다운 밭을 숲으로 여기게 되리라 그때에 정의가 광야에 거하며 공의가 아름다운 밭에 거하리니 (사 32:15~16).

> 그러므로 보라 내가 그를 타일러 거친 들로 데리고 가서 말로 위로하
> 고 (호 2:14).

세례 요한의 광야 사역은 곧 소개할 예수 그리스도의 구원 사역의 성격을 투영하는 이미지를 담고 있습니다. 예수님은 이스라엘 백성이 불순종으로 일관했던 광야를 순종의 광야로 바꾸시고 하나님이 약속하신 유업의 땅으로 자기 백성을 인도하실 것입니다. 그는 제2의 모세로서 새로운 출애굽을 위해 그를 따를 자들을 부르시고 하나님 나라의 능력과 생명을 체험하게 하실 것이었습니다. 그러므로 세례 요한의 광야 사역은 예수님을 제2의 모세로서 이스라엘에 소개하는 매우 적합한 장소였습니다.

그런데 중요한 것은 백성이 받는 세례에 예수님도 함께 참여하신 것입니다. 세례가 죄의 용서를 위한 것이라면 죄 없는 예수님은 받을 필요가 없습니다(고후 5:21; 히 4:15; 요일 3:5). 예수님이 받으신 세례는 어떤 의미가 있는 것일까요? 세례 요한은 예수께서 그에게 세례를 받으려 하셨을 때 반대하였습니다. 그러자 예수님은 "이제 허락하라 우리가 이와 같이 하여 모든 의를 이루는 것이 합당하니라"(마 4:15)고 하셨습니다.

여기서 '이룬다'(fulfill)는 말은 예수님과 관련된 구약 예언들이 성취된다는 의미입니다(마 5:17). '의'는 도덕적이라기보다는 신자가 하나님과 갖는 올바른 관계에 대한 것입니다. 세례 요한이 회개하라고 했을 때 요구한 것은 이러한 관계적인 순종이었습니다. 그런데 예수님이 세례받는 무리에 합류하신 목적은 자신의 죄를 용서받을 필요가 있었기 때문이 아니었습니다.

예수님은 자신을 요한의 메시지와 그것이 일으킨 부흥 운동에 일치시켰다. 그는 정화되고 준비된 하나님의 백성의 일원으로 받아지기를 원하셨다.
(R.T. France, Matthew, TNTC, p. 94)

한편, 예수님의 세례는 광야 주제(wilderness motif)에서 보면 언약 백성을 새 땅으로 인도하는 새 출발을 시사합니다. 이것은 예수님의 공적 사역의 출범 신호였습니다. 하나님께서 오랫동안 예고하셨던 메시아가 오셔서 대 구원 사역의 거보를 딛는 사건이었습니다. 또한 예수님의 세례가 자신을 주의 백성과 일치시킨 것이라면, 그들의 죄까지도 맡은 셈이므로 앞으로 있게 될 십자가 형벌에 대한 그림이기도 합니다. 예수님은 십자가에서 받으실 하나님의 진노의 잔을 "내가 받는 세례"(막 10:38; 비교. 사 53:5, 11)라고 하셨습니다.

세례 요한은 광야로 몰려온 이스라엘 백성에게 회개하고 메시아의 오심을 대비하라고 외쳤습니다. 자기 죄를 자복하며 세례를 받았던 자들은 새롭게 정화된 새 이스라엘 백성임을 공적으로 드러내었습니다. 예수님은 이들의 갱신 운동을 주도한 세례 요한의 사역이 합당하다고 인정하시고 새 이스라엘의 대표자로서 세례를 받으셨습니다. 이로써 구원 역사의 대 전환점이 왔습니다. 예수님이 자신을 회개의 세례를 받은 자들과 일치시킨 것은 모세가 애굽의 로열 신분을 내려놓고 히브리 민족과 하나가 되기를 원한 것과 같습니다. 예수님은 자신을 낮추고 세례를 받으심으로써 그들의 대속주가 되실 것이었습니다.

죄에 빠져 하나님을 멀리하고 사는 세상에 대한 하나님의 구원 계획은 구주를 세상에 보내는 것으로 시작됩니다. 세례 요한은 구약 선지자들이 그랬듯이 메시아를 기다리는 이스라엘 백성에게 회개를 촉구하며 세례를 베풀었습니다. 세례가 자동으로 사람을 구원하지는 않습니다. 그러나 세례는 회개에 대한 표현이었습니다(1:4). 세례 요한이 유대인에게 율법에서 요구하지 않은 세례를 준 것은 당시의 이스라엘 백성의 수준이 이방인보다 높지 못하고 메시아를 맞을 준비가 되지 않았음을 드러내는 것이었습니다.

구약의 이스라엘 백성이 메시아를 고대했듯이, 우리도 주님을 기다립니다. 주님의 재림은 초림 때보다 더 놀랍고 중대한 구원 역사의 절정이 될 것입니다. 우리는 주님의 재림을 어떻게 준비하고 있습니까? 나의 삶이 경건한 불신자들의 수준에도 미치지 못한다면 부끄럽고 위험한 일입니다. 주님은 언제라도 오실 수 있습니다. 회개하지 않고 사는 신자들은 심판을 받습니다. 예수님은 세례 요한의 메시지에 우리가 귀를 기울이고 주님을 새롭게 맞기 위해 준비하기를 원하십니다. 그 준비란 무엇입니까? 죄의 골짜기를 메우고 주님의 길을 가로막는 장애물들을 제거하는 것입니다. 이것이 우리를 향한 주님의 뜻일진대 순종으로 응답해야하겠습니다.

2
하나님의 아들과 새 시대
마가복음 1:1, 9~13

하나님의 아들 예수 그리스도의 복음의 시작이라 (막 1:1).

한 신학자는 "마가복음은 신학 문서인데 그의 신학은 주로 기독론이다"(Eugene Boring)라고 논평했습니다. 다른 복음서에도 예수님의 신적 신분에 대한 언급이 많습니다. 그런데 마가복음은 예수님이 '하나님의 아들'이심을 첫 절에서 언급하고 맨 나중에 로마 백부장의 입을 통해 십자가 앞에서 다시 반복하였습니다. 마가복음은 처음부터 끝까지 기독론으로 채워졌다고 해도 과언이 아닙니다. 그래서 예수님의 신적 신분에 대한 많은 진술들을 주목할 필요가 있습니다. 그중의 하나가 '하나님의 아들'입니다.

'하나님의 아들'은 무슨 뜻일까요?

그리스도를 믿는 신자들의 입장에서 보면 예수님은 당연히 신성을 가지신 하나님의 아들이신데 대속주가 되기 위해 인간의 몸으로 세상에 오신 분입니다. 그러나 성경에 근거한 확신이 없이 다들 예수님에 대해서 그렇게 말하니까 그런 줄 알고 믿는다면 문제가 됩니다. 예수님의 제자들도 처음부터 예수님을 신적인 메시아로 믿지 않았습니다. 초대 교회가 예수님의 신성을 인정하여 그분에게 기도하고 경배하기 시작한 것은 부활 사건 이후였습니다.

하나님의 아들이라는 말의 의미도 여러 단계를 거쳤습니다.

✲ 구약 시대에는 이스라엘 백성을 집단적이고 국가적인 단위로 하나님의 아들이라고 불렀습니다(출 4:22~23; 호 11:1). 다윗 왕가의 왕들도 하나님의 아들이라고 했는데(시 2:7; 삼하 7:14) 그들이 하나님의 백성을 대표했기 때문이었습니다.

✲ 고대 세계에서 천사들과 같은 존재를 하나님의 아들이라고 불렀습니다(창 6:2).

✲ 예수님도 다윗의 후손으로서 주의 백성을 대표하기에 하나님의 아들입니다.

✲ 1세기 즈음에 '하나님의 아들'은 메시아의 타이틀로 사용되었습니다. 그러나 나중에 붙여진 신적 요소는 아직 없었습니다. 마가복음이 쓰여졌을 당시의 신자들은 예수님의 부활 이후였기 때문에 '하나님의 아들'을 신적 속성을 가진 메시아로 믿었습니다. 그러나 예수님의 사역 기간에는 예수님을 통속적인 의미의 메시아로 알거나 기껏해야 하나님께서 특별히 정하신 왕이라는 정도로 간주하였습니다. 물론 베드로는 "주는 그리스도시요 살아 계신 하나님의 아들"(마 16:16; 막 8:29)이라고 고백했지만 예수님의 부활 이전까지는 예수님이 성삼위 2위의 신성을 가지신 분이라는 인식은 없었습니다.

예수님은 직접 유대인들에게 "나와 아버지는 하나이니라"(요 10:10)라고 하셨고 "하물며 아버지께서 거룩하게 하사 세상에 보내신 자가 나는 하나님의 아들이라 하는 것으로 너희가 어찌 신성모독이라 하느냐"(요 10:36)라고 도전하셨습니다. 그런데도 당시에는 자신이 '하나님의 아들'이라고 주장하는 예수님의 말씀을 일반적인 의미 이상의 레벨로 이해하거나 믿는 자가 없었습니다. 그러나 예수님의 신분에 대한 제자들의 종전의 희미하고 헷갈리는 인식은 예수님의 부활 이후에 급격한 변화를 일으켜 아무도 상상하지 못했던 차원의 신적 의미가 있음을 깨닫게 되었습니다.

어떤 이들은 예수님이 세례 때에 하나님의 아들로 입양되었다고 말합니다. 이것은 틀린 말입니다. 예수님은 사실상 태어나시기 이전부터 하나님의 영원한 아들이었습니다. "너는 내 사랑하는 아들"이라는 선포는 인간의 몸으로 오신 예수님의 신적 신분과 그분의 생애를 통해 일어날 하나님의 구원 사역에 대한 공적인 선포였습니다.

현재 우리는 예수님을 하나님의 아들이라고 고백해도 누가 잡아가지 않습니다. 그러나 1세기 당시에는 매우 위험한 일이었습니다. 왜냐하면 로마 시대에는 황제들을 신의 아들이라고 불렀기 때문입니다. 그래서 시저 황제 이외에 다른 사람을 신의 아들로 내세우는 것은 정치적인 라이벌을 제시하는 셈이었습니다. 십자가에 처형된 예수를 주라고 외치며 그분이 세상을 구원하고 다스리는 하나님의 아들이라고 주장하는 것은 위험천만한 일이었습니다. 그렇다면 초대교회의 신자들이 죄수로 처형된 예수님을 하나님의 아들이라고 고백한 것은 박해를 각오한 믿음의 선언이었습니다.

우리는 마가복음의 첫 절을 그냥 생각 없이 넘어가지 말아야 합니다. 이 첫 절의 한 마디가 예수님의 신분과 복음의 성격을 압축하고 있습니다. 이것은 박해와 멸시 속에서 살았던 초대교회가 예수님을 하나님의 아들로 믿는 신앙 속에서 복음의 절대성을 선언한 고백입니다. 우리는 옛 신앙의 선열들에 비하면 대체로 편안하게 예수를 믿는 편입니다. 우리는 초대교회가 당했던 극도의 고난이나 박해가 없이 삽니다. 그렇다면 예수님이 하나님의 아들이시라는 사실을 더 담대하게 고백하고 오직 주 예수만이 하나님의 유일한 아들이라고 전할 수 있어야 하겠습니다.

하나님의 아들에 대한 증언

예수 그리스도의 복음은 세례 요한과 하나님 자신의 증언으로 시작됩니다. 사람들은 세례 요한을 그들이 바라던 메시아가 아닌지 궁금해할 정도로 그의 강력한 메시지의 능력에 이끌려 유대 광야로 몰려들었습니다(눅 3:15). 그러나 세례 요한은 자기 뒤에 오시는 어떤 분이 자기보다 훨씬 능력이 많다고 하면서 자기는 그분의 신발끈을 푸는 종도 못 된다고 증언하였습니다(1:7). 또한 자기는 물세례를 주지만 그분은 성령으로 세례를 주시는 분이라고 했습니다(1:8). 그런데 구약에서 마지막 날에 성령을 부어주시는 분은 여호와 하나님입니다.

> 여호와가 이같이 말하노라 … 나는 목마른 자에게 물을 주며 마른 땅에 시내가 흐르게 하며 나의 영을 네 자손에게, 나의 복을 네 후손에게 부어 주리니 (사 44:1~3) .

> 여호와의 말씀이 또 내게 임하여 이르기를 … 또 새 영을 너희 속에 두고 … 또 내 신을 너희 속에 두어 너희로 내 율례를 행하게 하리니 너희가 내 규례를 지켜 행할지라 (겔 36:16, 26~27) .

> 내가 다시는 내 얼굴을 그들에게 가리지 아니하리니 이는 내가 내 영을 이스라엘 족속에게 쏟았음이라 주 여호와의 말씀이니라 (겔 39:29) .

그런데 세례 요한은 자기 뒤에 오셔서 성령 세례를 주시는 분의 신발끈을 풀기도 감당하지 못하겠다고 했습니다. 이것은 '오시는 분'(The Coming One)이 여호와가 아니고 사람이라는 시사입니다. 그렇다면 성령으로 세례를 베푸시는 분은 예수님이심이 분명합니다. 즉, 하나님께서 육신으로 세상에 오신 예수님을 통해 자신의 영을 부어 주신다는 말입니다. 마지막 날에 있을 성령 부음에 대한 구약의 예언은 예수 그리스도의 성령 사역에 의해 성취된다는 것을 알 수 있습니다. 그런데 누가 감히 삼위 하나님의 한 분이신 성령님을 임의로 부어 줄 수 있겠습니까? 예수님이 신성을 지니신 '하나님의 아들'이 아니라면 불가능한 일입니다. 베드로는 오순절 설교에서 예수님이 성령을 부어 주셨다고 증언하였습니다.

> 하나님이 오른손으로 예수를 높이시매 그가 약속하신 성령을 아버지께 받아서 너희가 보고 듣는 이것을 부어 주셨느니라 (행 2:33).

예수님이 세례를 받으시고 물에서 올라오실 때 놀라운 사건이 발생했습니다.

> 곧 물에서 올라오실새 하늘이 갈라짐과 성령이 비둘기 같이 자기에게 내려오심을 보시더니 하늘로부터 소리가 나기를 너는 내 사랑하는 아들이라 내가 너를 기뻐하노라 하시니라 (막 1:10-11).

예수님이 '하나님의 아들'이시라는 마가복음 첫 절의 선언이 다시 예수님의 세례 때에 반복되었습니다. 그런데 중요한 것은 누가 누구에게 하는 증언인가 하는 것입니다. 하늘이 갈라졌고 하늘로부터 소리가 났기 때문에 하나님이 하신 말씀입니다. "너는 내 사랑하는 아들"이라고 했으므로 하나님의 아들이신 예수님을 향해 주신 말씀입니다. 하나님께서 예수님과의 신적 부자 관계를 증언하신 것은 예수님의 신분에 대한 세례 요한의 증언을 인정할 뿐만 아니라 예수님의 신적 신분과 그분의 구속 행위를 미리 인준하는 것이었습니다. 예수님은 그의 증언을 불신하는 바리새인들에게 "나를 보내신 아버지도 나를 위하여 증언하신다"(요 8:18)라고 하셨습니다.

하나님은 절대적인 최종 권위자이십니다. 하나님이 예수님을 신적인 아들로 인정하시고 또한 그의 대속적인 구원 사역을 기뻐하신다면 우리가 어떻게 예수님을 대해야 하겠습니까? 무엇보다도 예수님이 하나님께서 보내신 구원자이심을 믿어야 합니다. 또한, 예수님의 천상적 신분을 확신하고 예수님이 전하신 복음을 따라 살아야 할 것입니다. 그런 성도들을 향해 하나님께서는 내 사랑하는 아들에게 속한 자녀들이라고 증언하십니다.

새 시대의 서막

예수님의 세례 사건은 예수님의 정체와 사역을 이해하는 데 큰 도움이 됩니다. 우선 예수님은 성령으로 세례를 베푸시는 분입니다. 그런데 성령으로 베푸는 세례란 의식적인 물세례와 전혀 다른 차원입니다. 세례 요한의 물세례는 이미 하나님을 믿는 이스라엘 백성이 죄를 회개하고 하나님이 보내신 메시아를 맞이하겠다는 것을 공적으로 드러내는 의식이었습니다. 우리가 교회에서 행하는 세례는 불신자가 예수 그리스도를 처음으로 믿었을 때 이를 공개적으로 선포하는 의식입니다. 그런데 예수님이 베푸시는 세례는 물이 아닌 성령을 부어주시는 것입니다. 중요한 것은 예수님도 성령을 받으셨다는 사실입니다. 누구에게서 받았습니까? 하늘 아버지로부터 받았습니다. 성령이 비둘기같이 예수님 위에 내린 것은 예수님에 의해서 개막되는 메시아 시대의 풍성함과 새 출발에 대한 이미지입니다.

천지 창조 때 성령이 혼돈한 수면 위에 새의 날갯짓을 연상시키듯 운행하였고, 노아 홍수가 끝났을 때 비둘기가 새 땅의 생명을 알리는 올리브 잎사귀를 물고 왔습니다. 비둘기 형태의 성령은 창조와 새 창조의 상징입니다. 이것은 예수님의 구원 사역이 혼돈과 흑암에 갇힌 인간들에게 새 생명을 일으키는 새 창조가 될 것을 시사합니다(창 1:2; 8:10; 행 2:33; 고후 5:17).

하나님께서는 예수님께 성령을 한량없이 내리셨습니다(요 3:34). 그래서 예수님은 진리와 능력의 말씀으로 놀라운 생명력을 발휘하며 어둠의 세력을 물리치는 새 창조의 기수가 되셨습니다. 예수님은 새 시대의 개막자이십니다. 어떤 의미에서 새 시대일까요? 하나님과의 관계가 구원 역사의 과정에서 드러나는 차이입니다. 구약 시대에는 하나님은 이스라엘 백성과 언약을 맺으시고 그들을 모세 율법으로 다스리셨습니다. 모세 율법에는 시민법과 함께 성전 제도가 포함되었습니다. 백성은 하나님께 직접 나아갈 수 없었고 제사장들도 백성을 대신하여 성전에서 하나님을 섬겼지만 날마다 제물을 바쳐야 했습니다. 지성소는 대제사장이 일 년에 단 한 번 백성의 죄를 일괄적으로 용서받기 위해 들어갈 수 있었으며 성소와 지성소 사이에는 휘장이 가려 있었습니다. 하나님은 지성소의 법궤 위에 상징적으로 임재하셨습니다. 성령은 극소수의 사람들에게 임하였지만 영구적이지 않았습니다.

이러한 제한적이고 임시적이었던 구원 시스템은 예수님이 약속된 메시아로 세상에 오시자 큰 변화를 일으켰습니다. 하나님의 백성은 이제 모세 율법이나 성전 제도의 통제에 매이지 않고 하나님을 자유롭게 섬기며 성령의 영구적인 임재를 누리게 되었습니다. 이 사실을 매우 극적으로 표현한 말이 예수님이 세례받으신 후 물에서 올라오실 때 '하늘이 갈라졌다'라는 표현입니다. 원문상으로 '갈라졌다'라는 단어는 예수님이 운명하셨을 때 성소 휘장이 위로부터 아래로 '찢어졌다'(막 15:38)라는 단어와 같습니다. 사실상 하늘이 갈라진 것이나 성소 휘장이 찢어진 것은 같은 의미를 함축하고 있습니다.

하늘이 갈라진 것은 예수님의 사역이 새 시대를 맞아 백성이 하나님께 직접 나아갈 수 있는 길을 연다는 것을 상징하고, 성소 휘장이 찢어진 것도 예수님의 속죄 희생으로 하나님과 죄인 사이의 장벽이 완전히 제거된 것을 가리킵니다. 이제 주 예수를 믿는 성도들은 모세법이나 성전 제도에 묶이지 않고 직접 예수님의 십자가 공로에 의존하여 하나님께 나아갈 수 있습니다. 이것은 구약 선지자들이 예언했던 새 창조의 은혜 시기로서 구원이 온 세상 죄인들에게 미칠 수 있는 획기적인 전환점입니다.

[새 시대의 메시아]

지금까지의 본문(1:1~11)에서 반복된 주제는 이제 새 시대가 왔다는 것입니다. 예수 그리스도의 복음이 시작되었고, 주의 길을 준비할 때가 되었습니다. 닫혔던 하늘이 갈라지고 성령이 부어지는 시대가 왔습니다. 예수님이 넘치는 성령을 받으시고 주의 백성을 다스리고 인도하는 복음 시대가 개막되었습니다. 예수님에 의해서 제2의 출애굽이 시작되고 그의 구원 사역이 하나님께 기쁨이 되는 때가 왔습니다. 즉, 율법의 수준을 벗어나지 못하고 성전 의식에 집착했던 백성이 성령으로 세례를 받고 하나님을 마음으로 섬기는 새 시대가 예수님의 오심으로 점화되었다는 것입니다.

그런데 이 새 시대의 주인공이 누구입니까? 하나님의 아들이신 예수 그리스도입니다. 예수님은 하나님의 대행자로서 메시아직의 소명을 성취하기 위해 성령의 권능을 받았습니다. 그렇다면 우리는 예수 그리스도를 하나님의 아들로 확신하고 그분을 전폭적으로 신뢰하며 살아야 하겠습니다.

3
성령 충만과 사탄의 공격

마가복음 1:12~13

성령이 곧 예수를 광야로 몰아내신지라 광야에서 사십 일을 계시면서 사탄에게 시험을 받으시며 들짐승과 함께 계시니 천사들이 수종들더라 (막 1:12~13).

예수님은 하나님의 아들로 오셔서 요단 강에서 세례를 받으셨습니다. 예수님은 이스라엘을 대표하는 새로운 모세로서 광야에서 사역하는 세례 요한의 갱신 운동에 동조하고 하나님께 자신의 헌신과 순종을 드러내는 세례를 받으셨습니다. 그랬더니 하늘이 열리고 성령이 임하였습니다. 그뿐 아니라 하늘로부터 "너는 내 사랑하는 아들이라 내가 너를 기뻐하노라"(1:10~11)라는 소리가 났습니다. 그런데 그다음 절을 보면 어리둥절해집니다. 성령이 즉시 예수님을 광야로 몰아내셨다고 했기 때문입니다. 어떻게 된 일일까요?

성령 충만은 만사형통이 아닙니다.

하나님이 직접 하늘의 음성으로 예수님의 신분과 사역에 절대적인 비준을 하시고 성령을 넘치게 부어주셨다면 모든 일이 형통해야 하지 않겠습니까? 우리는 성령이 충만하면 하나님이 길을 활짝 열어 주셔서 막혔던 일들을 단숨에 해결하는 큰 능력을 발휘할 것으로 기대합니다. 그러나 하나님의 일을 하려고 하면 대체로 반대가 있습니다. 고난도 오고 예기치 못했던 힘든 일들도 생깁니다. 예수님이 성령 충만을 받으신 직후에 광야로 인도되어 사십 일 동안 사탄의 시험을 받으실 줄을 누가 상상이라도 했겠습니까!

한 가지 주목할 것은 예수님을 광야로 내보낸 장본인은 사탄이 아니고 성령이었습니다. 우리는 성령에 대한 오해도 많습니다. 성령께서는 우리를 평강의 길로 인도하신다고 생각합니다. 물론 성령께서 우리의 심령을 평안하게 하시고 안식을 주십니다. 그러나 성령께서 예수님을 인도하신 곳은 평화의 땅이 아닌 전쟁터였고 굶주림과 야수의 위험이 도사린 곳이었습니다. 그럼 왜 성령께서 예수님을 이런 험악한 광야로 내몰으셨을까요?

첫째, 이스라엘 백성은 광야에서 하나님을 순종하지 않았습니다.

출애굽 세대는 광야에서 하나님으로부터 시험을 받았지만 오히려 하나님을 시험하는 불순종으로 일관하였습니다.

> 그들이 광야에서 그에게 반항하며 사막에서 그를 슬프시게 함이 몇 번인가 (시 78:40).
> 광야에서 욕심을 크게 내며 사막에서 하나님을 시험하였도다 (시 106:14).

그들은 애굽에서 큰 능력으로 그들을 해방한 구원의 하나님을 잊고 광야에서 하나님을 대항하며 불평불만으로 사십 년 세월을 허송하였습니다. 이제 이스라엘을 대표하는 예수님이 오셔서 출애굽 세대가 실패했던 광야에서 하나님을 순종해야 했습니다. 이것은 예수님이 하나님의 참 아들이심을 증명하는 테스트였습니다.

예수님은 성령으로 충만하셨지만 즉시 나가서 기적을 행하시거나 산상 설교를 하시지 않았습니다. 하나님께서는 우리의 헌신이 참된 것인지를 먼저 확인하기를 원하십니다. 사역이 급한 것이 아니고 하나님께 나의 헌신의 진정성을 보여드리는 것이 우선입니다. 그 방법은 입술로가 아닌 행동으로 입증하는 것입니다. 우리는 고양된 한순간에 베드로처럼 주님을 배신하지 않고 죽음도 불사하겠다고 말할 수 있습니다(막 14:29~31). 성령께서 예수님을 광야로 데리고 가신 것은 예수님이 이스라엘의 참 아들로서 오직 하나님께만 충성을 다하고 죽기까지 복종할 것인지를 확인받게 하는 사건이었습니다.

둘째, 예수님은 광야에서 사탄을 물리치셨습니다.

예수님이 사탄과의 전쟁에서 승리하는 것은 인류의 구원을 보증받는 심히 중대한 일이었습니다. 만일 예수님이 아담과 하와처럼, 사탄의 유혹에 넘어갔다면 타락한 인류를 구출하는 하나님의 구원 계획은 수포로 돌아갔을 것입니다. 그러나 예수님은 새로운 제2의 아담으로서 사탄의 유혹을 물리치셨기 때문에 그를 믿는 자들의 구원이 보장되었습니다. 사탄은 항상 악한 뜻으로 하나님의 구원이 성취되지 못하도록 방해합니다. 그러나 하나님은 우리를 유혹하지 않고 테스트하십니다. 테스트의 목적은 악을 이기게 하여 하나님을 잘 섬기도록 하려는 것입니다. 하나님은 이스라엘 백성에게 광야의 테스트가 지닌 목적을 분명하게 알리셨습니다.

네 하나님 여호와께서 이 사십 년 동안에 네게 광야 길을 걷게 하신 것을 기억하라 이는 너를 낮추시며 너를 시험하사 네 마음이 어떠한지 그 명령을 지키는지 지키지 않는지 알려 하심이라 (신 8:2) .

셋째, 사십 일 시험은 광야 사십 년에 해당합니다.

사십이라는 숫자는 이스라엘 역사에서 시험, 구출, 심판, 한 세대, 참회나 계시의 시간 등과 관련된 비상한 시기를 가리키는 상징적인 어림수입니다. 예를 들어, 에스겔 선지자는 유다 백성의 죄악을 사십 일 동안 예시적으로 담당해야 했는데 하루를 일 년으로 간주하여 광야 사십 년의 세월과 일치시켰습니다.

> 너는 오른쪽으로 누워 유다 족속의 죄악을 담당하라 내가 네게 사십 일로
> 정하였나니 하루가 일 년이니라 (겔 4:6).

예수님의 광야 사십 일도 출애굽 세대의 광야 사십 년과 병행합니다. 예수님의 광야 사십 일은 마가복음 서두에 나온 광야 주제의 문맥에서 볼 때 광야의 사람들이었던 모세와 엘리야 선지자를 연상시킵니다. 모세는 시내 산에서 사십 일 동안 머물렀고(출 24:18; 34:28), 엘리야 선지자도 호렙 산까지 가는 데 사십 일이 걸렸습니다(왕상 19:8). 이들의 소명과 사역은 예수님의 구원을 바라본 율법과 선지자들의 메시지를 대변합니다. 그들은 변화산에 나타나 예수님이 예루살렘에서 별세하실 것을 증언하였습니다(눅 9:28~31). 예수님의 별세는 제2의 출애굽으로서 하나님의 백성을 죄와 사탄의 마수에서 구원할 것이었습니다. 예수님이 광야에서 사십 일 동안 시험을 견디신 것은 완전한 순종의 삶과 대속의 십자가와 부활 승천을 통해 성취될 구원을 위한 비상한 기간이었습니다.

광야의 실체는 무엇일까요?

이스라엘 백성은 광야에서 주로 먹는 문제로 항상 불평하였습니다. 그러나 그들은 하늘에서 내려오는 만나 덕분에 하루도 굶지 않았습니다. 반면, 예수님은 사십 일 동안 금식하셨고 극도로 굶주리셨습니다. 그런 때에 "돌들에게 명하여 떡이 되게 하라"(눅 4:3)는 사탄의 제안은 초강도의 유혹이었습니다. 광야 백성은 비록 만나로 살아야 했지만 이런 레벨의 유

혹은 받지 않았습니다. 그들은 사탄에게 절하면 세상 권세와 영광을 모두 차지한다는 유혹도 받지 않았습니다(눅 5~7). 그들은 성전 꼭대기에서 뛰어내리면 발이 돌에 부딪히지 않게 된다는 마귀의 간교한 성경 인용의 유혹도 받지 않았습니다(눅 4:9~11).

이스라엘 백성이 광야에서 겪은 어려움은 예수님의 광야 시험과 비교될 수 없습니다. 예수님은 광야에서 사탄 자신으로부터 직접 유혹을 받았습니다. 어떤 인간도 사탄의 이런 강력한 유혹을 물리칠 수 없습니다. 예수님은 사탄과 들짐승의 공격을 양면으로 받았습니다. 예수님이 들짐승과 함께 계셨다는 것은 에덴의 회복을 시사한다고 보기도 합니다.

아마 이 말은 예수님이 에덴에 존재했던 인간과 인간이 아닌 다른 피조계의 공존을 회복한다는 신호일지 모른다. (사 11:1~9; 65:25; 호 2:18) (Mark, E. Schnabel, TNTC p.47)

동물들과 함께 있는 것은 낙원의 재현으로서 종말론적 평화를 묘사한 것이다. (Klauck, A Theology of Mark's Gospel p.223)

그러나 낙원은 아직 회복되지 않았습니다. 어린 아이가 맹수들을 이끌고 다니며 젖먹이가 독사의 구멍에서 장난해도 상하지 않는 세상은 미래의 일입니다(사 11:69).

그래서 우리는 들짐승들에 대한 언급을 황량함과 위험을 의미하는 것으로 해석하는 것이 좋다 … 들짐승들은 악의적이며 악한 세력들과 자연적인 동맹이다 … 사막은 기경되지 않은 저주의 장소로서 잃어버린 낙원이며 사탄의 영역이다. (Mark, D. Garland, NIV Application Commentary P. 50~51)

광야는 히브리인들에게 음침한 공포의 장소였고 악귀들과 부정한 짐승들의 거처였다. 짐승들과 함께 있는 것은 현대인들이 생각하는 것과 같은 낭만적 아이디어와 무관하다. (Mark, R.A. Cole, Tyndale NT Commentaries, p.59)

구약에서 복은 주민이 사는 경작된 땅과 관계된 것이다. 광야는 저주의 땅이다. (Mark, W. Lane, NICNT p.61)

광야에서 예수님이 들짐승들과 함께 계셨다는 것은 예수님이 광야에서 밤낮으로 체험한 위험과 공포, 인간 사회로부터의 철저한 소외와 고통을 가리킵니다. 한편, 예수님은 광야에서 사탄의 유혹을 물리치셨지만, 사탄이 완전히 사라진 것은 아닙니다. 마가는 본문에서 예수님의 결정적 승리를 선포하지 않았습니다. 사탄은 아직도 들짐승들을 데리고 황폐한 세상 광야에서 예수님과 그의 백성을 해코지하려고 남은 힘을 다하는 중입니다. 동식물을 비롯한 자연계와의 완벽한 조화가 성취될 메시아 시대의 이상향은 아직 현실이 아닙니다.

사실상 예수님이 광야를 떠나신 이후에도 사탄은 줄곧 예수님을 유혹하였습니다(참고. 눅 4:13). 그러나 하나님께서는 예수님을 야수들로부터 보호하셨고 천사의 수종을 받게 하셨습니다. 예수님은 겟세마네 동산에서 피땀을 흘리며 기도하실 때에도 천사의 도움을 받으셨습니다(눅 22:43). 천사의 수종도 광야 주제의 중요한 부분입니다. 출애굽 백성은 천사의 인도와 보호를 받으면서 가나안을 향해 나아갔습니다(출 14:19; 23:20; 32:34; 33:2). 세례 요한의 모델이었던 엘리야 선지자는 광야의 로뎀 나무 아래에서 기진한 상태에 있었을 때 천사의 수종을 받고 원기를 회복하였습니다(왕상 19:4~8).

하나님의 백성은 지금도 거친 인생의 광야 길을 걸어가야 합니다. 그러나 우리의 광야는 예수님이 이미 거쳐 가셨습니다. 선한 목자는 자신이 먼저 가보지 않은 곳으로 양 떼를 인도하지 않습니다. 예수님은 사탄과 직접 대결히여 유혹을 물리치셨고 끝까지 하나님을 순종하여 십자가 까지 가셨습니다.

예수님은 천사들을 불러 우리가 기진한 광야에서 도우미가 되게 하십니다. 물론 천사들이 우리를 대신하여 사탄과 싸우지는 않습니다. 광야에는 우리가 싸워야 할 치열한 영적 전투와 육체와의 싸움이 있습니다. 사탄은 영적 실체입니다. 인간의 모든 악행 뒤에는 보이지 않는 사탄의 계략과 영향이 깊숙이 들어와 있습니다. 타락한 이 세상은 아직도 사탄의 활동 무대입니다. 그리스도를 믿는 신자들은 오직 하나님만을 믿고 섬기려고 할 때 어둠과 대치하게 됩니다. 사탄은 여러 형태의 어둠의 도구들을 사용하여 신자들을 유혹하고 넘어지게 합니다.

그런데 하나님께서는 구원받은 성도들을 섬기는 천사들을 대기시켜 놓으셨습니다(히 1:7, 14; 시 91:11; 단 6:22). 거친 광야에서 날마다 주님의 이름을 부르십시오. 주님은 "능력이 많으신 분"(막 1:7)이며 사탄을 묶는 "더 강한 자"(눅 11:21~22; 막 3:27)이십니다. 하나님이 보내시는 천사들의 도움을 체험할 때마다 황량한 광야는 하나님의 능력과 사랑을 체험하는 은혜의 장소로 변모됩니다. 고난의 광야에서 잠시라도 맛볼 수 있는 회생의 순간들은 남은 광야를 통과하는 활력이 됩니다. 이스라엘 백성은 광야를 지나게 하시는 하나님의 선한 뜻을 무시하고 불평만 했습니다.

그런데도 하나님은 그들의 광야를 떠나신 적이 없었습니다. 사십 년 동안 성막도 그들과 함께 있었고 만나도 그치지 않았습니다. 그들의 의복도 해어지지 않았고 발도 부르트지 않았습니다(신 8:4). 하나님은 언제나 우리 곁에 계십니다. 광야는 하나님에 대한 나의 믿음과 순종을 증명하도록 하나님이 준비하신 시험장입니다(신 8:2-3). 그런데 주님을 날마다 의지하며 순종하는 자들에게는 광야는 하나님의 사랑의 돌보심을 가장 깊게 체험하는 곳입니다.

4
복음이란 무엇인가?
마가복음 1:14~15

요한이 잡힌 후 예수께서 갈릴리에 오셔서 하나님의 복음을 전파하여 이 르시되 때가 찼고 하나님 나라가 가까이 왔으니 회개하고 복음을 믿으라 하시더라 (막 1:14~15) .

본문은 예수님이 전하신 복음이 무엇인지를 진술하는 가장 간략한 요약입니다. 복음의 내용은 신약 성경 전체에 나와 있고 구약 시대에까지 소급됩니다. 방대한 복음은 누구도 충분하게 다룰 수 없지만 기본적인 골자는 제시할 수 있습니다.

복음은 구약에서 예언되었습니다.

복음은 갑자기 선포되지 않았습니다. 하나님께서는 여러 선지자들을 통해 구원의 복음을 선포하실 그리스도의 오심을 백성이 준비하도록 하셨습니다(행 3:18~26). 그중에서 그리스도가 나타나시기 직전에 있을 세례 요한의 사역이 이사야와 말라기 선지자의 메시지에 실려 있습니다(막 1:2, 3). 이것은 예수님의 복음이 인간의 아이디어가 아니고 역사를 주관하는 하나님의 주권적인 뜻임을 가리킵니다. 그래서 복음은 인간이 변경시킬 수도 없고, 거부해서도 안 됩니다. 우리는 단지 복음을 듣고 그대로 믿어야 합니다. 복음은 전적으로 신뢰할 수 있는 하나님의 말씀이기 때문입니다.

그럼 과연 복음은 무엇입니까? 복음은 예수님과 별도로 생각할 수 없습니다. 예수님은 자신과 복음을 거의 동의어로 사용하셨습니다.

예수님과 하나님 나라의 복음은 밀착 관계에 있다. 사실상 일치된 것인데 다른 병행 본문들의 표현에서 확인할 수 있다(막 1:15). (TNTC Mark, E. Schnabel, p. 241)

누구든지 나와 복음을 위하여 자기 목숨을 잃으면 구원하리라 (막 8:35).
나와 복음을 위하여 집이나 형제나 자매나 어머니나 아버지나 자식이나
전토를 버린 자는 … 영생을 받지 못할 자가 없느니라 (막 10:29~30).

복음은 예수님의 인격과 행위에 배여 있습니다. 복음은 예수님이 오셔서 전하신 메시지와 축귀, 치유, 양식 공급, 십자가 희생, 부활과 같은 여러 구원 활동을 포함합니다. 예수님이 복음의 본체이며 예수님 자신이 복음입니다. 그럼 어떻게 해야 예수님과 그의 복음을 받을 수 있을까요? 한 마디로 회개하고 복음을 믿으면 됩니다(1:15).

예수님이 전하신 복음은 '하나님의 복음' 입니다.

복음은 어디에서 온 것일까요? 복음은 누구의 것입니까? 복음은 '좋은 소식'(Good News)입니다. '하나님의 복음'이라고 했기에 복음은 하나님의 것입니다. 하나님이 복음의 원천입니다. 복음은 계시된 것이지 인간이 만든 것이 아닙니다.

하나님께서는 그의 아들이신 예수 그리스도를 세상에 보내시고 복음을 전하게 하셨습니다. 예수님 자신이 복음으로 오셨습니다. 예수님은 자신의 삶과 죽음과 부활로 복음에 담긴 하나님의 약속을 성취하셨습니다.

그래서 마가복음 첫 절은 "하나님의 아들, 예수 그리스도의 복음의 시작이라"(막 1:1)고 했습니다. 복음은 하나님의 복음이면서 예수님의 복음입니다. 이 복음은 예수님의 가르침을 받고 그분의 죽음과 부활을 목격한 제자들을 통해서 다른 사람들에게 전달되었습니다(요 1:14; 고전 11:23; 요일 1:1~4; 계 1:1~2, 11, 19). 우리는 그들의 증언과 그들이 전수받은 복음이 기록된 신약 성경을 통해서 하나님의 복음을 듣습니다.

복음은 때가 찼을 때 세상에 나타났습니다.

하나님의 아들이 세상 역사의 한 시점에 나타난 것은 하나님이 계획하신 구속의 때에 발생된 사건이었습니다. 복음은 아무렇게나 임의로 나타난 것이 아니고 하나님의 영원한 섭리와 경륜에 따라 미리 준비되고 예언되었던 일이었습니다.

하나님은 일찍이 아담과 하와에게 메시아가 오실 것을 예고하셨고(창 3:15, 21) 아브라함과 그의 후손들에게도 구원자가 나타날 것이라고 약속하셨습니다. 특히 하나님은 나단 선지자를 통해 다윗의 씨가 영원한 왕위에 앉게 되고 그의 나라가 영구할 것이라고 하셨습니다(삼하 7:12~13; 시 89:3~4). 다윗의 씨는 궁극적으로 하나님의 '아들'로 세상에 오신 예수 그리스도입니다 (마 1:1; 막 1:9~11; 9:7).

하나님은 이사야 선지자의 입을 통해 "처녀가 잉태하여 아들을 낳을 것이요 그의 이름은 임마누엘이라 하리라"(사 7:14; 마 1:23)고 예고하셨습니다. 마태는 이 대망의 아들을 예수님의 성육신 사건에 적용하고 그를 "유대인의 왕"(마 2:2)과 "이스라엘의 목자"(마 2:6)라고 불렀습니다.

다니엘 선지자를 통해서도 하나님의 아들에 대한 종말론적 계시를 주셨습니다(단 7:13~15). 다니엘의 환상에서 인자 같은 이는 천하의 권세와 영광을 받고 만국을 통치하는 분입니다. 즉, 하나님이 자기 아들에게 영원한 왕권을 위임하여 대행시킵니다. 하나님의 아들은 하나님 나라를 받고 하나님의 백성을 모아들입니다. 예수님은 다윗 왕권이 실현할 수 없었던 하나님 나라를 세우십니다. 그는 자신의 몸으로 하나님의 참 성전을 지어 하나님의 백성으로 구성된 새로운 공동체를 이룸으로써 메시아의 소명을 성취할 것이었습니다(막 14:60~62; 요 2:19; 계 19~20장).

때가 차서 예수님이 복음을 선포하신 것은 복음의 역사성이나 영원성을 말하기보다는 복음 이벤트에 초점이 잡힌 것입니다. 이스라엘 백성이 고대하던 메시아의 나타나심이 드디어 현실이 된 때가 도래했다는 것입니다. 다시 말해서 하나님의 개입을 기다리던 때가 지나고 하나님의 새로운 세계의 통치와 능력이 마침내 드러나는 구원의 때라는 것입니다. 하나님께서는 인류의 역사에서 그리스도의 사역과 복음 선포를 위한 성육신 준비가 끝났을 때 아들을 보내셨습니다(마 2:1; 갈 4:4).

하나님은 약속을 지키십니다. 죄에 빠진 인류를 구속하실 것이라는 약속은 오랜 세월이 지난 후에도 폐기되지 않았습니다. 오히려 때가 찼을 때 하나님의 약속은 예수 그리스도의 오심으로 성취되었습니다. 하나님은 신실하신 분입니다. 인류를 구원하기 위해 자기 아들을 때가 되어 세상에 보내신 하나님은 지금도 하늘에 계신 아들을 통해 인류를 구속하고 계십니다. 또 때가 되면 하나님께서 예수님을 다시 세상에 보내시고 온 세상을 새롭게 하실 것입니다.

복음의 내용은 무엇입니까?

복음의 내용은 예수님이 세상에 오신 목적과 관계된 것입니다. 마가는 예수님이 자신의 목숨을 죄인들을 구원하기 위한 대속의 몸값으로 내놓기 위해 오셨다고 하였습니다(막 10:45). 세례 요한은 예수님을 보고 세상 죄를 지고 가는 하나님의 어린 양이라고 증언하였습니다(요 1:29). 아담과 하와가 하나님의 말씀을 순종하지 않고 사탄의 길을 택했을 때 인류의 운명은 사망의 운명에서 벗어날 수 없게 되었습니다(창 3:19). 죄의 삯은 사망입니다(롬 6:23). 그런데 하나님께서 세상을 사랑하셔서 독생자를 세상에 보내셨다고 했습니다. 하나님의 아들로 하여금 인류의 죄를 대신 지고 하나님의 형벌을 받게 하심으로써 죄의 문제가 해결되게 하셨습니다.

예수님이 세상에 오신 또 다른 목적은 구원받은 성도들을 모아 하나님 나라를 빛내게 하고 선하고 거룩한 새 생명의 삶을 살게 하려는 것이었습니다(막 1:15; 롬 6:4; 마 5:13~16; 엡 2:10).

인간은 자력으로 죄와 사망의 형벌을 피해갈 수 없습니다. 인간은 죄의 문제를 전혀 해결하지 못합니다. 온 인류가 타락 이후 지금까지 죄로 인한 온갖 폐해를 고스란히 받고 있습니다. 불의와 악행이 잠시도 쉬지 않고 날마다 계속됩니다. 사망이 아직도 왕 노릇하지 않습니까? 복음은 이러한 인간의 속절없는 불행을 근본적으로 처리하고 하나님의 선물인 그리스도를 통한 영생을 주는 것이기에 복된 소식입니다. 복음이 복된 이유는 여러 가지입니다.

첫째, 복음은 나의 행위로 받는 것이 아니고 단순한 믿음으로 받습니다.

복음을 믿는 것은 예수님과 그분의 십자가 사역과 부활을 믿는 것입니다. 복음을 믿으면 죄 사함을 받고 하나님의 자녀가 되며 영생을 받습니다(요 1:12; 3:16). 복음은 인류의 타락으로 초래된 죽음과 죄의 문제를 예수님의 대속으로 해결해 줍니다. 만약 각자의 행위나 공로로 구원을 받는다면 세상에서 한 사람도 구원받지 못할 것입니다. 인간은 누구나 죄인이며 혼자 힘으로는 하나님의 거룩하고 완전한 수준에 이르지 못하기 때문입니다(롬 3:10~12). 구원은 내 편에서 아무 하는 일이 없이 무상으로 받는 것입니다. 구원은 하나님이 거저 주시는 은혜의 선물입니다. 구원은 단지 복음을 단순한 믿음으로 받아들일 때 선물로 받습니다(롬 4:5).

둘째, 복음은 율법처럼 일정한 규정으로 통제되는 삶을 명령하지 않습니다.

복음은 그리스도의 사랑의 법에 따른 자유를 성령 안에서 누리게 합니다(갈 5:13~14; 25; 6:2). 복음은 예수님이 어떤 분인지를 보여주고 하나님 나라의 새로운 질서를 설명합니다. 복음은 하나님의 자비하심과 크나큰 사랑을 드러내고 용서와 화해, 치유와 기쁨, 평화와 나눔의 삶을 가르칩니다.

복음은 현세의 어려움을 견디게 하고 내세의 영광스러운 새 하늘과 새 땅의 소망을 심어줍니다. 이것은 법적인 명령이나 위협으로 하는 것이 아니고 성령의 인도와 조명에 의해 그리스도의 십자가 희생의 의미를 더욱 깨닫게 하고 하나님의 선한 뜻과 약속들을 확신시켜 줍니다. 그래서 복음은 거룩한 삶의 원동력이며 경건 생활을 위한 가장 강력한 동기부여이기에 복된 소식입니다.

셋째, 복음은 예수님을 하나님의 기름 부음을 받은 메시아라고 선포합니다.

구약에서 왕, 선지자, 제사장을 세울 때 머리에 기름을 부었습니다. 그러나 이러한 하나님의 일꾼들은 앞으로 오실 마지막 때의 구원자이신 예수님의 신분과 사역을 내다보게 하는 화살표였습니다.

그런데 이스라엘 백성은 종말에 나타날 메시아를 정치적이고 군사적인 인물로 보았습니다. 즉, 다윗 왕조의 영광을 회복하고 열국을 제압하기 위해 로마의 압제를 무력 혁명으로 퇴치하는 메시아였습니다. 예수님의 추종자들은 그를 이스라엘의 왕으로 세우려고 하였고(요 6:15) 제자들도 예수님이 이스라엘의 국권을 회복시킬 날을 고대하였습니다(행 1:6). 그러나 예수님은 통속적인 메시아관을 부인하고 자신의 죽음으로 메시아의 소명을 성취할 것이라고 하셨습니다. 예수님의 대속적 죽음은 아무도 원치 않았습니다. 제자들도 극구 예수님의 십자가 길을 가로막았습니다(막 8:31~33). 그들이 생각하고 기대한 메시아는 자신의 십자가 죽음으로 죄인들을 구원하는 자가 아니고, 살아 있으면서 이스라엘 백성을 로마의 억압으로부터 해방하고 경제적 번영을 누리게 하는 구원자였습니다.

우리는 지금도 그리스도(메시아)가 무엇을 위해 세상에 오셨는지를 제쳐두고 주님은 나의 개인적인 문제들을 해결해 주기 위해서 존재하시는 분처럼 오해합니다. 대부분의 교인은 메시아의 소명이 무엇인지를 생각하고 그분의 뜻과 목표에 맞추어 살려고 하기보다는 나 개인의 필요에 몰두하여 하나님을 찾습니다. 그러나 예수님이 과연 어떤 메시아인지를 먼저 분명하게 알지 않으면 예수님을 바르게 섬길 수 없습니다. 예수님은 완전한 순종의 삶으로 대속주의 자격을 인정받았습니다. 만약 예수님이 죄가 없는 완전한 삶을 살지 않았다면 다른 사람들의 죄는 고사하고 자신의 죄로 죽어야 했을 것입니다. 하나님께서는 예수님에게 인류의 죄를 씌우시고 십자가 형벌을 받게 하셨습니다. 이로써 죄인들이 죄 사함을 받고 하나님의 자녀가 되어 영원한 생명을 누릴 수 있는 구원의 길을 여셨습니다(고후 5:21).

예수님의 구원 행위의 핵심은 십자가 희생의 대속적 죽음입니다. 예수님은 로마를 무력으로 정복하는 혁명가가 아니고 죄를 정복하고 사탄을 이기는 메시아입니다. 그는 폭력의 자리에 사랑과 용서를 심고, 뒤틀린 관계를 화해와 치유로 바로잡습니다. 그는 자신의 목숨을 내어주는 희생을 통해 구약 시대의 속죄 제사의 목표를 달성하였고 죄인들에 대한 하나님의 진노를 풀어 드렸습니다(롬1:18; 4:25; 5: 9~11; 엡 2:3; 요일 2:2). 그는 하나님의 유월절 양으로서 단번에 죽임을 당하심으로써 구약 시대의 상징적이고 잠정적인 속죄 제사 제도를 종결시켰습니다.

그런데 예수님의 죽음에 대해서 말할 때 십자가에 "내줌"(롬 4:25; 8:32; 행 2:23)이 되었다고 표현합니다. 하나님이 자기 아들을 우리 대신 십자가에 넘겨주신 것은 예정하신 뜻이었고 미리 알고 계셨던 일이었습니다. 십자가 사건은 하나님이 사전에 계획하시고 준비하셨다가 인간 역사의 한 결정적인 시점에서 드러내신 구속 사건입니다. 이것은 인류를 구원하기 위한 하나님의 희생과 큰 사랑의 증거입니다(엡 2:4~5). 그래서 복음은 기쁘고 좋은 소식입니다.

인류의 문제는 죄의 문제입니다. 아무도 죄를 거두어갈 수 없습니다. 인류는 죄와 죽음과 사탄의 마수에 사로잡혀 날마다 죄로 초래되는 헤아릴 수 없이 많은 고통과 불행을 겪습니다. 그런데 복음은 예수님이 세상 죄를 지고 가신다는 기쁜 소식입니다. 예수님은 자신의 흠 없는 삶과 십자가 죽음과 부활로써 죄의 문제를 완전하게 해결하셨습니다. 예수님의 역사적이고 객관적인 대속의 죽음을 하나님이 주시는 은혜의 선물로 받으면 죄 사함을 받고 나에 대한 하나님의 심판이 거두어집니다. 또한 예수님의 부활도 나를 위한 것으로 믿을 때 그분의 부활 생명에 내가 연합되어 영생의 삶을 누립니다. 그렇다면 이러한 구원을 마다할 이유가 무엇입니까?

✱ 예수님은 마지막 아담으로서 첫째 아담이 실패했던 순종의 삶을 완전하게 사셨습니다.

✱ 예수님은 죄 없는 자신을 새 인류의 대표자로서 하나님께 드렸습니다.

✱ 예수님은 구약 시대의 제사 제도가 바라보았던 온전한 속죄 제물이 되셔서 하나님의 진노에서 죄인들을 구출하여 하나님과 화해시켰습니다.

✱ 예수님은 자신의 부활로 사탄의 세력을 꺾으셨습니다.

이제 누구든지 예수님을 자신의 주님과 대속주로 믿으면 사탄이 다스리는 죽음의 통치에서 벗어납니다. 신자는 더는 악한 사탄의 영역에서 노예처럼 살지 않습니다. 신자의 신분은 하나님의 자녀입니다. 사망의 정죄로부터 헤어날 수 없는 죄인이 아니고 하나님 나라를 상속받는 거룩한 의인입니다. 그래서 그리스도께 속한 신자들을 거룩한 성도라고 부릅니다. 성도는 예수 그리스도의 복음을 믿고 하나님과 올바른 관계 속으로 들어간 새로운 피조물입니다. 그런데 이것은 전적으로 하나님의 은혜입니다(롬 3:24; 엡 2:7~9). 우리는 복음을 구원의 진리로 받아들일 뿐만 아니라 예수 그리스도의 가르침과 새 생명의 능력으로 하나님 나라의 새로운 삶의 방식에 따라 선을 행하며 살아가야 합니다. 이것이 복음에 대한 마땅한 반응입니다(엡 2:10).

5
하나님의 나라는 무엇인가?
마가복음 1:15

하나님의 나라(the kingdom of God)는 천국(the kingdom of heaven)과 동의어입니다. 다음 본문을 비교해 보십시오.

이르시되 때가 찼고 하나님의 나라가 가까이 왔으니 회개하고 복음을 믿으라 하시더라 (막 1:15).
이 때부터 예수께서 비로소 전파하여 이르시되 회개하라 천국이 가까이 왔느니라 하시더라 (마 4:17).

마가복음에는 '하나님의 나라'가 가까이 왔다고 했는데 마태복음에는 '천국'이 가까이 왔다고 했습니다. 마태복음에서 하나님의 나라를 천국으로 대치한 것은 수신 독자들이 유대인들임을 고려했기 때문입니다. 유대인들은 하나님의 이름을 직접적으로 호칭하는 것을 삼갔으므로 '하늘'을 하나님에 대한 완곡어로 대용했습니다. '천국(天國)'은 문자대로 '하늘 나라'입니다. 그래서 죽은 후에 가는 천국으로 생각하기 쉽습니다. 우리는 오랫동안 구원의 목적은 사후에 천국으로 가기 위한 것이라고 배웠습니다. 그러다가 19세기부터 서구 신학자들에 의해서 하나님 나라에 대한 연구가 활발해지면서 종전의 사후 천국이 아닌, 이 땅에서의 하나님의 통치 개념으로 우리나라 교회에 소개되었습니다. 지금은 종전의 사후 천국 개넘보다는 현세에서 신자들이 하나님의 통치를 받는 것이 천국이라는 가르침이 꽤 퍼져 있습니다.

하나님 나라는 하나님이 왕이심을 전제합니다. 하나님이 하나님 나라의 주인이십니다. 그래서 하나님 나라는 하나님의 주권적이고 왕권적인 권위로 세워지고 운영되며 완성됩니다. 하나님은 주권자로서 자신의 왕권을 현재 행사하는 왕이십니다. 그래서 하나님 나라는 하나님의 왕권(kingship)을 가리킵니다(R. T. France).

하나님 나라의 도래는 종말과 관계된 것입니다. 그러나 종말에 대한 예수님의 가르침은 여러 가지로 해석되어 오늘에 이르게 되었습니다. 세 가지 대표적인 해석을 소개합니다.

1. 미래파 종말론: Futurist eschatology: Albert Schweitzer (1875~1965)

슈바이처는 예수님이 미래파 종말론을 가졌다고 보았습니다. 그는 예수님이 당시 유대인들이 가졌던 묵시문학의 종말론 틀에서 하나님 나라를 보았다고 주장하였습니다. 그의 이론은 예수님이 하나님께서 인간 세계에 즉각적이고 극적인 개입을 하실 것으로 믿었다는 것입니다. 다시 말해서 예수님은 자신을 하나님이 임명한 메시아라고 간주하고 자신의 사역과 생애에서 극적인 종말이 온다고 확신하였습니다. 그런데 예수님은 '하나님의 나라'가 가까이 왔다고 선포했지만 기대한 종말이 오지 않았습니다. 그래서 하나님의 극적인 개입에 의한 종말을 끌어내려고 십자가에 자신을 내주었지만 실패하고 비참하게 죽었다고 말합니다.

운명의 바퀴는 돌지 않았다. 예수는 그 바퀴 위에 자신을 던졌지만 덩그러니 매달려 있었을 뿐이었다. (슈바이처)

그럼 슈바이처의 미래적 종말 이론은 맞는 것일까요? 그는 마가복음

9장 1절이 말씀이 성취되지 않았다고 봅니다.

> 또 그들에게 이르시되 내가 진실로 너희에게 이르노니 여기 서 있는 사람
> 중에는 죽기 전에 하나님의 나라가 권능으로 임하는 것을 볼 자들도 있
> 느니라 하시니라 (막 9:1).

이 말씀은 분명 미래의 하나님 나라를 가리키지만 슈바이처의 주장처럼 성취되지 않은 것이 아닙니다. 하나님 나라의 권능은 예수님의 십자가 이후에 여러 형태로 드러났습니다. 적어도 예루살렘 멸망과 예수님의 부활 이벤트 및 오순절의 성령 강림은 하나님의 나라가 권능으로 드러난 사건들입니다.

2. **실현된 종말론**: Realized eschatology: C. H. Dodd (1884~1973)

도드(Dodd)의 이론은 종말이 가까운 것이 아니라 현재 여기 와 있다는 것입니다. 바꾸어 말하면, the end is near를 the end is here로 대치한 것입니다. 도드의 주장은 하나님 나라가 이미 예수님 자신 속에서 이루어졌다는 것입니다. 즉, 예수님의 오심 자체가 하나님 통치의 도래라는 말입니다. 예수님의 기적 사역은 이러한 주장에 설득력을 실어줍니다.

그럼 미래 심판과 종말을 예시하는 듯한 열 처녀 비유나 양과 염소 비유(마 25:1~13, 31~46)는 어떻게 보아야 할까요? 도드는 이런 비유들은 세상 종말에 있을 마지막 심판에 대한 비유가 아니라고 봅니다. 그는 이것이 예수님과 하나님 나라의 메시지에 직면한 자들에게 주는 일종의 도전이라고 말합니다. 그러나 복음서에는 도드의 주장을 뒷받침하는 구절들도 많지만, 미래적 종말론의 말씀도 많습니다.

3. **출범된 종말론**: Inaugurated eschatology: George Ladd (1911~1982)

미래파 종말론과 실현된 종말론은 각기 나름대로 근거를 가졌다고 볼

수 있습니다. 그럼 어느 쪽이 맞을까요? 조지 래드(George Ladd)의 출범된 종말론에 의하면 예수님의 인격체 속에서 실제로 하나님 나라가 도래했으나 그 완성은 미래에 속한다는 것입니다. (Already but not yet)

그런데 하나님 나라는 신학적 개념으로는 많이 퍼져있지만 실제로 하나님의 통치를 받는 것이 어떤 것인지는 일반 신자들에게 잘 다가오지 않습니다. 그럼 우리가 전통적으로 이해하는 사후 천국은 예수님이 가르치신 하나님 나라와 다른 것일까요?

하나님 나라는 하나님의 왕국입니다.

하나님 나라는 원문으로 '하나님의 왕국' 입니다. '나라' 라고 하면 왕이 없는 국가도 포함됩니다. 그래서 문자적으로 '하나님의 왕국' 이라고 해야 본뜻이 드러납니다. 하나님이 왕이시라는 것은 이스라엘 역사에서 오래 전부터 있었던 사상이었습니다(신 33:5; 사 43:15; 44:6; 렘 46:18). 정치적으로 이스라엘에 왕권제가 도입된 것은 사사 시대 이후부터였지만, 지상의 왕들은 만왕의 왕이신 하나님의 대리자였습니다. 왕국(헬. 바씰레이아)의 뜻은 왕이 다스리는 영토보다는 왕의 통치라고 대부분의 학자들이 동의합니다. 이것은 구약의 히브리 왕권 사상과도 일치합니다(단 4:3; 출 15:18).

참으로 그 왕국은 여호와의 것이며 그는 이방나라들의 통치자시다. (시 22:28, 직역성경)

당신의 왕국은 영원한 왕국이며 당신의 통치권은 모든 세대에 있습니다. (시 145:13, 직역성경)

여호와께서 그의 보좌를 하늘에 세우시고 그의 왕권으로 만유를 다스리시도다. (시 103:19, 개역개정)

신약에서도 하나님의 나라는 왕권 이미지를 담고 있습니다. 예수님은 재림 때에 "영광의 보좌"(마 25:31)에 앉으실 것입니다. 한편, 구약에서는 하나님 나라가 현재와 미래의 이중적 측면을 가지고 있습니다. 이스라엘 백성은 다윗 왕국이 회복되고 하나님께서 자신을 이스라엘의 왕으로 드러내실 때를 대망하였습니다(사 24:23; 단 7:14, 27). 세례 요한의 메시지를 들었던 유대인들은 이러한 왕국 사상에 익숙해 있었으므로 하나님의 왕국이 곧 실현될 것으로 기대했을 것입니다.

[하나님 나라의 현재성]

> 바리새인들이 하나님의 나라가 어느 때에 임하나이까 묻거늘 예수께서 대답하여 이르시되 하나님의 나라는 볼 수 있게 임하는 것이 아니요 또 여기 있다 저기 있다고도 못하리니 하나님의 나라는 너희 안에 있느니라. (눅 17:20~21)

이 말씀은 하나님의 나라가 이미 당도했음을 가리킵니다. 미래 왕국과 대조되는 구체적인 언급입니다. 하나님 나라는 눈으로 볼 수 있는 것이 아니라고 한 것은 비정치적인 성격을 지적한 말입니다.

> 그러나 내가 하나님의 성령을 힘입어 귀신을 쫓아내는 것이면 하나님의 나라가 이미 너희에게 임하였느니라. (마 12:28)

예수님은 귀신의 왕인 바알세불을 힘입어 귀신을 쫓아낸다는 바리새인들의 억지 비난을 아시고 이렇게 대답하셨습니다. 귀신을 내쫓는 것은 예수님의 지상 사역에서 하나님 나라가 도래했다는 증거라는 것입니다.

> 세례 요한의 때부터 지금까지 천국은 침노를 당하나니 침노하는 자는 빼

앗느니라. (마 11:12)

본 절은 구구한 해석이 많지만, 미래의 하나님 나라로 보는 경우는 거의 없습니다. 예수님은 하나님 나라가 자신의 현재적 사역에서 도래했다고 보셨음이 분명합니다.

> 내가 진실로 너희에게 이르노니 세리들과 창녀들이 너희보다 먼저 하나님의 나라에 들어가리라. (마 21:31)

개역개정에는 미래형으로 '들어가리라'고 번역했지만, 원문은 현재형입니다. 그래서 다른 번역에서처럼 '들어간다' 혹은 '들어가고 있다'라고 옮겨야 합니다. 이 말씀은 하나님 나라의 현재성을 가리킵니다. 예수님의 사역에서 당시의 이스라엘 종교 지도자들이 죄인들이라고 멸시했던 자들이 현재 하나님 나라의 구성원들로서 들어오고 있다는 말입니다.

결론으로 예수님이 출범시킨 하나님 나라는 구약적 배경을 가진 것으로서 현재 시작되었습니다. 이러한 의미에서 예수님은 "하나님의 나라가 가까이 왔으니 회개하고 복음을 믿으라"(막 1:15)고 선포하셨습니다. 가까이 온 것은 이미 도착하였으므로 현재 들어갈 수 있다는 뜻입니다. 예수님의 사역에서 성령의 능력으로 귀신을 쫓아내고, 기적으로 질병을 치유하며, 진리의 말씀을 듣고 죄인이 회심하는 일들은 하나님의 나라가 현재 임하기 시작했다는 강력한 증거들입니다.

> 너희 위선자들아 너희는 저마다 안식일에도 소나 나귀를 외양간에서 풀어내어 끌고 나가서 물을 먹이지 않느냐? 그렇다면 아브라함의 딸인 이 여자가 열여덟 해 동안이나 사탄에게 매여 있었으니 안식일에라도 이 매임을 풀어 주어야 하지 않겠느냐? (눅 13:15~16, 새번역)

예수님은 병마에 시달리며 굽은 허리를 펼 수 없었던 불구자를 사탄에 매였던 자로 보셨습니다(눅 13:11, 16). 예수님이 그 여자를 치유하신 것은 사탄의 나라와 권세가 무너지고 하나님의 나라가 세워진다는 실체적인 예증이었습니다.

[하나님 나라의 미래성]

예수님은 자신의 사역에서 드러나는 하나님 나라의 현재성을 지적하셨을 뿐만 아니라 다가오는 하나님 나라의 미래성도 언급하셨습니다. 이것은 종말에 대한 메시지에서 현저하게 드러납니다.

> 인자가 자기 영광으로 모든 천사와 함께 올 때에 자기 영광의 보좌에 앉
> 으리니 (마 25:31)

하나님 나라의 미래적 측면의 절정은 영광중에 나타날 인자의 도래입니다. 그때 하나님의 나라는 가시적이 되고 예수님은 만인의 심판주가 되실 것입니다(마 25:34).

❖ 산상 설교의 팔복에서 하나님 나라의 복들은 미래 시제로 많이 등장합니다. 천국은 심령이 가난한 자들과 박해받은 자들의 것이라고 현재 시제로 나오지만, 다른 복들은 미래 시제입니다. 복 있는 자들은 이미 천국을 소유했지만 더 온전한 축복은 미래에 속한다는 것입니다.

❖ 주기도문에서 하나님의 나라가 임하는 것은 하나님의 뜻이 하늘에서처럼 땅에서도 이루어지는 것입니다(마 6:9). 이 기도는 현재와 미래에 다 적용될 수 있습니다. 그러나 하나님의 나라가 전적으로 현재에 임하는 것이라면 그 나라가 오게 해 달라고 간구할 필요가 없을 것입니다.

❖ 예수님은 주여 주여 하는 자마다 다 천국에 들어가지 않는다고 하시면서 "그 날"에 많은 사람이 천국 입장을 거절당할 것이라고 하셨습니다(마 7:21~23). "그 날"에 있을 심판은 미래의 사건을 가리킵니다.

❖ 천국 잔치에서도 믿음의 족장들과 선지자들은 다른 나라 사람들과 함께 초대를 받지만, 예수님을 배척한 유대인들은 제외될 것이라고 하였습니다(눅 13:26~29).

❖ 예수님은 제자들에게 새 언약을 주실 때에도 하나님 나라의 미래성을 언급하셨습니다.

> 이것은 죄 사함을 얻게 하려고 많은 사람을 위하여 흘리는 바 나의 피 곧 언약의 피니라 그러나 너희에게 이르노니 내가 포도나무에서 난 것을 이제부터 내 아버지의 나라에서 새것으로 너희와 함께 마시는 날까지 마시지 아니하리라 하시니라. (마 26:28~29)

❖ 가라지 비유에서도 종말의 심판과 관련하여 "그 때에 의인들은 자기 아버지 나라에서 해와 같이 빛나리라"(마 13:43)고 하였습니다. 이것은 하나님 나라의 종말론적 미래를 강조한 말씀입니다.

그런데 예수님의 비유에서는 하나님 나라의 현재성과 미래성이 함께 언급된 경우도 있습니다. 예를 들어 겨자씨 비유(막 4:30~32)는 작은 씨앗에서 출발한 하나님 나라의 현재성이 매우 큰 나무로 성장하는 미래성과 연장 선상에 있습니다.

예수님은 하나님 나라의 출발은 현재로서 변변치 않을지라도 마침내 큰 수확을 거두는 미래의 성공을 확신하셨습니다. 그래서 십자가 고난의 길을 꿋꿋이 가실 수 있었습니다. 바울도 하나님 나라가 미래에 승리의 정점에 이를 것을 확신하였습니다.

> 그 후에는 마지막이니 그가 모든 통치와 모든 권세와 능력을 멸하시고 나
> 라를 아버지 하나님께 바칠 때라 … 맨 나중에 멸망 받을 원수는 사망이
> 니라. (고전 15:24~26)

❖ 하나님 나라의 미래적 측면은 요한계시록에서 현재적 측면과 함께 매우 극적으로 묘사되었습니다. 예수님은 우리를 하나님 나라가 되게 하시고 하나님을 섬기는 제사장으로 삼아 주셨습니다(계 1:6; 5:10; 22:5).

사도 요한은 자신을 다른 형제들과 함께 "예수의 환난과 나라와 참음에 동참하는 자라"(계 1:9)고 소개했습니다. 성도들이 환난을 겪는 것은 현재 하나님 나라에 참여하기 때문입니다. 그런데 이 세상 왕국이 그리스도의 왕국으로 변환되는 때가 옵니다(계 11:15). 신약의 여러 곳에서 '하나님의 나라'는 '그리스도의 나라' 혹은 '아들의 나라'(벧후 1:11; 계 11:15; 골 1:13)와 동격으로 사용되었습니다. 예수님이 하나님 나라의 주체이기 때문입니다.

[하나님 나라의 완성과 통치권의 회복]

하나님의 백성을 나라와 제사장들로 보는 것은 출애굽기에서부터 시작되었습니다.

> 너희가 내게 대하여 제사장 나라가 되며 거룩한 백성이 되리라 (출 19:6).

그런데 베드로는 교회를 향해 "너희는 택하신 족속이요 왕 같은 제사장들이요 거룩한 나라요 그의 소유된 백성"(벧전 2:9; 비교. 계 1:6)이라고 했습니다. 이것은 교회가 원래 이스라엘 백성에게 주어졌던 나라와 제사장

역할을 넘겨받았다는 뜻입니다. 예수님이 오신 이후로 나라와 제사장의 신분이 되는 것은 언제라도 발생할 수 있습니다. 예수님은 두려워하는 제자들에게 "적은 무리여 무서워 말라 너희 아버지께서 그 나라를 너희에게 주시기를 기뻐하시느니라"(눅 12:32)라고 하셨습니다. 그러나 구속받은 성도들은 새 하늘과 새 땅에서 주님과 함께 다스리는 절정의 때를 기다려야 합니다. 하나님 나라에 들어가고 주님의 다스림을 받는 것은 현재적인 일입니다. 그러나 하나님의 나라가 완성되고 구속받은 성도들이 주님과 함께 온 세상을 다스리는 일은 미래의 통치 사역입니다.

새 예루살렘에는 하나님의 보좌와 어린 양의 보좌가 중앙에 있고 거기로부터 맑은 생명수의 강이 흘러나옵니다(계 22:1). 그의 종들이 하나님을 예배하며 하나님의 얼굴을 뵐 것입니다. 성도들은 새 하늘과 새 땅에서 왕 노릇할 것입니다.

> 그들로 우리 하나님 앞에서 나라와 제사장들을 삼으셨으니 그들이 땅에서 왕 노릇 하리로다. (계 5:10)
> 다시 밤이 없겠고 등불과 햇빛이 쓸 데없으니 이는 주 하나님이 그들에게 비치심이라 그들이 세세토록 왕 노릇 하리로다. (계 22:5)

성도들은 현재의 죄의 세상이 새로운 세상으로 온전히 변화될 때 주님과 함께 심판대에 앉게 될 것입니다.

> 예수께서 이르시되 내가 진실로 너희에게 이르노니 세상이 새롭게 되어 인자가 자기 영광의 보좌에 앉을 때에 나를 따르는 너희도 열두 보좌에 앉아 이스라엘 열두 지파를 심판하리라. (마 19:28; 눅 22:30; 계 3:21)
> 우리가 천사를 판단(심판)할 것을 너희가 알지 못하느냐 그러하거든 하물며 세상 일이랴. (고전 6:1)

마지막 종말의 때에 성도들은 하나님의 의로운 판결을 받고 사탄의 수중에 들어갔던 왕위와 나라를 되찾게 될 것입니다.

옛적부터 항상 계신 이가 와서 지극히 높으신 이의 성도들을 위하여 원한을 풀어 주셨고 때가 이르매 성도들이 나라를 얻었더라. (단 7:22)

성도들은 하나님 나라의 멤버들입니다. 그들은 제사장이며 왕입니다. 그들은 새 하늘과 새 땅에서 영원토록 왕으로 다스릴 것입니다. 첫 하늘과 땅은 인류의 죄악으로 오염되었습니다. 그러나 그리스도 안에서 새롭게 갱신된 새 하늘과 새 땅에서 성도들은 왕국이 되고, 제사장이 되며, 왕들이 되어 에덴동산에서 아담과 하와가 받았던 상실된 소명을 회복받습니다. 그런데 사실은 예수님이 하나님의 나라이며, 하나님의 제사장이며, 하나님 나라의 왕이십니다.

이제 우리는 다시 최초에 하나님이 인류에게 주셨던 대행자와 청지기의 역할을 그리스도 안에서 함께 누리게 될 것입니다(딤후 2:12; 롬 8:17; 눅 22:28~30). 이처럼 하나님의 나라가 대 승리와 완전한 회복의 절정을 향해 진행되고 있다는 사실은 우리에게 큰 확신과 소망을 줍니다.

하나님 나라는 구약 시대부터 왕권과 관계된 개념이었습니다. 즉, 하나님의 왕권이 이스라엘과 온 세상을 통치한다는 사상이었습니다. 한편으로는 창조주 하나님이 세상 만물의 왕으로서 통치하십니다(시 103:19). 그런데 다른 한편으로 하나님의 주권적 통치는 아직은 전 세계적으로 인정된 것은 아닙니다. 그러나 때가 되면 모든 무릎이 하나님 앞에 꿇고 하나님은 명실공히 온 세상을 다스리는 왕이 되실 것입니다(사 45:23; 슥 14: 9; 빌 2:10-11). 이러한 종말론적인 하나님의 영원한 통치가 구약과 유대인 사상의 기본 전제입니다(단 4:34; 2:44). 그래서 선지자들은 하나님 나라의 왕권이 다윗 왕통을 따라 나타날 것이며 메시아의 등장으로 이스라엘과 온 세상에 구원이 올 것을 예고하였습니다(사 11:1~9).

　마침내 예수님이 세상에 오셔서 하나님 나라의 도래를 선포하셨고 자신의 사역에서 하나님 나라의 실체가 드러나고 있음을 보여주셨습니다. 이로써 예수님은 구약 시대부터 예고되었던 하나님 나라의 도래가 자신의 오심으로 실현되었음을 알렸습니다. 또한 현재 하나님 나라의 통치가 그를 영접하는 자들의 삶에서 드러나고 있다는 사실을 지적하시고 하나님 나라의 모든 이상이 이루어질 마지막 성취의 날을 기다리게 하셨습니다.

　천국은 죽은 후에나 들어가는 것이 아니고 당장 들어갈 수 있는 현재적 왕국입니다. 예수님 자신이 하나님 나라의 본체이며 실체입니다. 예수님을 종말의 구원자로 믿는 자들은 누구나 하나님 나라의 멤버가 될 수 있었습니다. 하나님 나라는 예수님 당시의 유대인들이 생각하고 기대했던 것처럼 전쟁이나 혁명으로 로마의 압제를 벗어버리는 것이 아니었습니다. 예수님이 선포하신 하나님 나라는 세속 정권처럼 가시적인 정부 조직이나 인간의 지혜로 짜인 경제 구조나 군사적 힘에 의존하지 않습니다.

　예수님이 겟세마네 동산에서 잡히시던 밤에 베드로가 칼을 빼어 대제사장의 종을 쳐서 그 귀를 떨어트렸습니다(요 18:10). 그때 예수님은 폭력을 반대하셨습니다.

> 이에 예수께서 이르시되 네 칼을 도로 칼집에 꽂으라 칼을 가지는 자는 다 칼로 망하느니라. (마 26:52)

　예수님은 이어서 하늘 아버지께 요청하면 즉시 수많은 천사를 보내어 자신을 보호할 수 있지만 그렇게 하시지 않는 것은 그것이 하나님 나라를 이루는 방법이 아니기 때문이라고 하셨습니다(마 26:53~54).

바울은 "하나님의 나라는 먹는 것과 마시는 것이 아니요 오직 성령 안에 있는 의와 평강과 희락"(롬 14:17)이라고 했습니다. 예수님은 "평강의 왕"(사 9:6)으로 오셨습니다. 하나님 나라는 육에 속한 세상 왕국이 아니고 하늘에 속한 영적 나라입니다. 하나님 나라는 예수님에 의해 세상에 임하였고 현재 주 예수의 왕권을 인정하는 모든 영역 속으로 들어오고 있으며 마침내 예수님의 재림과 함께 완성될 것입니다. 하나님 나라는 현재의 삶에서 경험할 수 있는 실제적인 왕국이며 또한 미래의 완성을 바라보는 모든 성도의 소망입니다.

6
현세 천국과 내세 천국의 균형
마가복음 1:15

이르시되 때가 찼고 하나님의 나라가 가까이 왔으니 회개하고 복음을 믿으라 하시더라 (막 1:15).

하나님의 나라는 한 가지로 정의하거나 특정한 틀에 맞춘 사상으로 제시할 수 없습니다. 예를 들면, 하나님의 나라는 인간이 주동이 된 사회 개혁이나 조직적인 교회나 혹은 내세 천국으로 일치시킬 수 없습니다. 하나님의 나라를 이러한 특정 영역에 제한시키면 하나님의 나라가 시사하는 역동적이고 풍성한 내용이 감소됩니다. 예수님의 가르침에서 역력하듯이 하나님의 나라는 다각도로 표현된 포괄적 개념입니다.

❖ 하나님의 나라는 하나님의 뜻이나 하나님의 의와 병행해서 사용되었습니다. (마 6:10, 33)

❖ 하나님의 나라는 예수님을 따르는 제자직도 포함됩니다. (눅 9:61~62)

❖ 하나님의 나라는 하나님 백성의 미래 상태를 가리키기도 합니다. (마 7:21~23; 8:11~12; 13:43)

❖ 예수님의 사역에서 이미 발생한 측면도 있고 (막 1:15; 마 12:28; 눅 17:20~21) 아직 기다려야 하는 측면도 있습니다. (막 9:1; 마 6:10; 눅 19:11)

❖ 씨와 누룩의 비유에서는 하나님의 나라는 복음 설교나 그 영향을 가리킵니다. (막 4:26~32; 마 13:33)

❖ 때로는 회심한 자의 현재적 경험을 가리키고 (마 13:44~46) 혹은 제자의 책임이나 (마 18:23~35) 인간의 궁극적 운명과 관계된 것입니다. (마 13:24~30)

❖ 하나님의 나라는 현재 도착하였고 지금 들어갈 수 있습니다. 하나님의 나라에 들어가기 위해서 고자가 된 자도 있고 먼저 들어가는 자도 있습니다.

❖ 하나님의 나라는 우리를 위해 준비된 것인데 (마 25:34) 침노를 당하기도 합니다. (마 11:12)

❖ 하나님의 나라는 영적이고 내면적이면서 (롬 14:17) 외적으로 드러날 수 있는 측면도 있습니다.

이처럼 하나님의 나라는 여러 상황과 영역에 걸쳐 적용되었습니다. 하나님의 나라는 예수님이 세상에 오셔서 성취하려고 하신 사역의 목적과 목표를 모두 포함합니다. 하나님의 나라는 신약의 핵심적인 가르침들을 모두 포용하는 개념입니다. 그래서 한 두 마디로 다 설명할 수 없습니다. 하나님의 나라는 단선적으로 볼 것이 아니라 다양하고 폭넓은 의미를 예수님의 구원 사역에 비추어 균형 있게 파악하는 것이 바람직합니다.

근자에 와서 우리나라 교회에는 하나님의 나라에 대한 가르침이 많이 보급되었습니다. 그런데 새것이 소개되면 옛것이 무시당하거나 배척되는 경향이 있습니다. 하나님 나라의 신개념은 사후 천국이라는 전통적 개념이 유일한 천국 개념이 아니라는 것을 알려줍니다. 그렇다고 해서 사후 천국 소망을 가지는 것을 유치한 것으로 보지 말아야 합니다. 서양 신학자들로부터 입수한 하나님 나라의 새로운 개념만이 반드시 격조 높고 유식한 것은 아닙니다. 양편 다 성경적 근거를 가졌기 때문입니다. 죽어서 천국에 간다는 소망은 기독교 신앙의 중요한 요소입니다.

예수께서 이르시되 이 세상의 자녀들은 장가도 가고 시집도 가되 저 세상
과 및 죽은 자 가운데서 부활함을 얻기에 합당히 여김을 받은 자들은 장
가 가고 시집 가는 일이 없으며 (눅 20::34~35).

예수님은 현재의 '이 세상'과 부활 이후의 '저 세상'을 현저히 대조시
켰습니다. 또한 의인들이 부활할 때 하나님께서 그들의 선행을 보상해 주
실 것이라고 하셨습니다(눅 14:14).

예수님은 가버나움에서 자기 하인의 중풍을 치유해 달라고 간구하는
한 백부장의 믿음을 칭찬하시면서 사후 천국의 특권을 언급하셨습니다.

또 너희에게 이르노니 동 서로부터 많은 사람이 이르러 아브라함과 이삭
과 야곱과 함께 천국에 앉으려니와 그 나라의 본 자손들은 바깥 어두운
데 쫓겨나 거기서 울며 이를 갈게 되리라 (마 8:11~12).

이것은 사후 천국의 소망임이 분명합니다. 그렇다면 신자가 사후 천국
을 사모하는 것은 전혀 잘못된 것이 아닙니다. 사후 천국도 하나님의 나라
에 속하기 때문입니다. 바울도 지상의 삶이 끝나면 하늘에 영원한 집이 있
다고 격려하였습니다(고후 5:1). 그는 성도들이 마지막 나팔에 순식간에 영
원한 몸으로 변화될 것이라고 하였고(고전 15:51~53) 주께서 그를 사후 천
국에 들어가도록 구원하실 것이라고 확신하였습니다(딤후 4:18).

주께서 나를 모든 악한 일에서 건져내시고 또 그의 천국에 들어가도록
구원하시리니 그에게 영광이 세세무궁토록 있을지어다 아멘 (딤후 4:18).

그런데 바울은 사후의 부활과 천국이 있다고 해서 현재의 삶을 무시해
도 좋다고 말하지 않았습니다. 오히려 세상에서 더욱 주를 위해 힘쓰라고
권면했습니다(고전 15:58; 고후 5:9~10). 사후 천국에만 쏠리는 것은 현재의

천국 생활을 등한시하는 결과를 낳습니다. 하나님의 나라가 현재의 삶에서 어떻게 드러나야 하는지에 관해 관심이 없으면 신자 생활은 자기중심적이 되고 사회나 이웃과의 관계가 소극적이 됩니다.

반대로 현재적 천국에 집중하면 어떻게 될까요? 사후 천국 소망이 약화됩니다. 현세 천국 위주의 신앙생활은 세상에 빛과 소금이 되는 역할에 적극성을 보여야 할 근거를 제공하지만, 내세 천국에 대한 소망으로부터 멀어지기 쉽습니다. 우리는 하나님 나라의 현재성과 미래성의 균형을 유지해야 합니다. 바울은 우리가 차라리 몸을 떠나 주님 계신 천국으로 가면 좋겠지만(고후 5:8) 몸으로 살아 있든지 이 세상을 떠나든지 오로지 주님을 기쁘게 해 드리는 삶을 살아야 한다고 가르쳤습니다(고후 5:9).

하나님의 '왕국'은 장소보다는 하나님의 주권적인 다스림입니다.

하나님의 다스림이 드러나는 곳은 하나님의 나라 또는 천국이라고 할 수 있습니다. 이러한 새로운 강조는 사후에 가게 되는 특정 장소로만 알았던 종전의 천국관에 수정과 보완을 필요하게 하였습니다. 하나님의 나라는 통치와 영역의 두 측면으로 정리할 수 있습니다.

A. 일차적인 의미(통치)

'왕국'(kingdom)이라는 표현은 '하나님의 다스림'이라는 말로 거의 다 대치할 수 있습니다. 왕국은 하나님의 다스림이 주된 개념입니다. 하나님 자신이 왕으로서 활동하시며 다스리십니다.

B. 이차적인 의미(영역)

왕국은 하나님의 통치나 다스림이 일어나는 영역(a realm)이란 의미도 갖습니다. 하나님 나라의 통치와 영역은 현 세상과 사후 세상을 포함합니다. 하나님의 나라는 양면적이고 포괄적입니다.

✱ 예수님은 귀신들을 쫓아내셨을 때 하나님의 나라가 임하였다고 하셨습니다(마 12:28). 그때 하나님의 나라는 현 세상에서 가시적으로 능력이 드러났습니다. 그래서 축귀는 기적에 의한 질병의 치유처럼 하나님 나라의 능력이 드러나는 영역이라고 할 수 있습니다.

✱ 성령으로 거듭난 자는 하나님의 나라에 즉시 들어갑니다. 이것은 사후에 있을 일이 아니고 주 예수를 믿는 현 세상에서 하나님의 다스림을 받게 된다는 것입니다(요 3:3, 16, 34; 1:12). 그런데 하나님의 통치를 받는 것은 하나님의 다스림의 영역 안에 들어갔다는 뜻이기도 합니다.

✱ 하나님 나라는 소속과 신분의 변화를 가져옵니다. 사탄의 나라에 속했던 자가 회심하면 하나님의 나라로 옮겨집니다(골 1:13). 죄인이 주 예수를 대속주로 믿고 주님으로 영접하면 사탄의 자녀로 있다가 하나님의 자녀로 신분이 바뀝니다(요 1:12; 8:44). 위치와 신분의 변화도 하나님 나라의 능력이며 영역입니다.

✱ 하나님 나라는 내적이고 영적입니다. 하나님의 나라는 육신을 위해 먹고 마시는 나라가 아니고(롬 14:17; 마 6:31~33) 의와 평강과 희락과 같은 성령의 열매를 맺는 특징을 가지고 있습니다(갈 5:22~23).

✱ 하나님 나라의 주인공은 예수님입니다. 그의 나라에 속한 자들은 주인의 성품을 닮습니다. 성품은 하나님 나라가 표출되는 영역입니다. 신자들은 하나님의 통치를 잘 받을 때 성령의 열매를 풍성히 맺습니다. 성도의 성품은 내세 천국에서 더욱 온전하게 될 것입니다.

이처럼 하나님 나라의 통치와 영역은 서로 밀착된 개념입니다. 하나님의 통치가 있는 곳은 곧 천국의 영역입니다. 하나님 나라의 통치는 현 세상에서 들어갈 수 있는 영역이면서 사후 천국까지 연장되는 영역입니다. 예수님은 제자들에게 세상 백성처럼 물질욕에 사로잡혀 먹고 마시는 일로 염려하지 말고(눅 12:22, 29) 들풀도 보살피시는 하나님을 신뢰하라고 하셨습니다(눅 12:27~30). 그리고 그들이 구할 것은 하나님 나라라고 강조하셨는데 하늘 아버지께서 그 나라를 주기를 기뻐하신다고 하셨습니다(눅 12:32).

원칙적으로 제자들은 이미 하나님의 나라를 소유하였고 그 축복을 나누고 있었다. 그러나 종말에 그들은 하나님의 나라를 충만하게 받을 것이다. (Norval Geldenhuys, The New London Commentary Luke, P. 359)

예수님의 제자들은 이미 하나님의 나라 안으로 들어간 자들입니다. 그들은 예수님의 다스림을 받으면서 천국의 축복을 부분적으로나마 미리 경험하였습니다. 그러나 그들의 현세 천국은 내세 천국의 복과 연관된 것이었습니다. 하나님의 나라를 구하는 것은 하늘에 보물을 쌓아두는 일인데(마 6:20) 소유에 매이지 않고 나누어주는 선행이 문맥입니다(눅 12:33). 이것은 내세 천국에서 받게 될 보상의 축복이기에 하나님 나라의 현재성이 미래성과 밀접한 관계가 있음을 보여 줍니다.

하나님의 나라는 현세적이면서 내세적입니다. 예수님이 출범시킨 하나님의 나라는 복음의 진리와 성령의 능력으로 사람들의 마음을 하나님께로 돌이키고 사랑의 삶을 살게 하는 것입니다. 그런데 지상의 하나님의 나라는 내세 지향적입니다. 하나님의 나라는 이 세상에서 겨자씨처럼 작은 출발을 하지만 크게 성장하며 악한 세력들과 싸웁니다. 그런데 하나님의 나라는 단시일에 건설되지 않습니다. 하나님의 나라는 이미 도착했지만 아직은 완성되지 않았습니다. 예수님의 재림 때까지 하나님의 백성은 하나님의 뜻이 땅 위에 이루어지도록 믿음과 인내로 기다리며 고난을 참아야 합니다.

하나님의 나라는 본질적으로 영적입니다.

최종적으로 완성될 하나님의 나라는 새 하늘과 새 땅입니다. 새 하늘과 새 땅이 있다는 것은 새 창조를 가리킵니다. 주 예수를 왕으로 받들고 그분의 다스림 안으로 들어간 자는 '새로운 피조물'(고후 5:17)입니다. 그런데 영적인 새 창조는 물질계의 새 창조를 배제하지 않습니다. 예수님의 재림으로 완성될 하나님의 나라는 공간이나 환경이 없는 영들만의 공허한 거처가 아니고 새 몸을 가진 성도들이 영원토록 주님과 함께 머무는 새 하늘과 새 땅입니다(벧후 3:12~13).

우리는 주 예수의 복음을 믿고 왕이신 주님의 다스림을 받으면서 하나님 나라의 삶을 살아야 합니다. 그러나 지상에서 각자의 소명에 따라 하나님 나라에 참여하는 성도들은 새 하늘과 새 땅을 바라보는 미래지향적 소망을 제쳐두고 살 수 없습니다. 베드로는 "하나님의 날이 임하기를 바라보고 간절히 사모하라"(벧후 3:12)고 권면한 후에 이어서 우리의 지상 생활이 어떠해야 할 것을 명령하였습니다.

그러므로 사랑하는 자들아 너희가 이것을 바라보나니 주 앞에서 점도 없고 흠도 없이 평강 가운데서 나타나기를 힘쓰라 (벧후 3:14).

새 하늘과 새 땅을 사모하는 것은 현재적 천국 생활의 동기부여가 되어야 합니다. 바울도 같은 맥락에서 사후에 받게 될 새 몸과 상급의 소망이 현재 주님을 기쁘게 해 드리는 삶의 동기부여가 되어야 한다고 가르쳤습니다(고후 5:1, 9~10).

하나님의 나라는 원초적으로 보면 창조주와 피조물 사이의 관계에 대한 것입니다.

나는 여호와 너희의 거룩한 이요 이스라엘의 창조주요 너희의 왕이니라
(사 43:15).

하나님은 창조주로서 인간을 지으시고 그들을 지상의 대리인으로 삼았습니다. 아담과 하와는 하나님의 대리인으로서 하나님의 피조계를 돌보는 사명을 맡았습니다. 이들은 창조주의 통치를 받으면서 세상을 돌보고 다스리는 하나님의 대리자들이었습니다. 그러나 아담과 하나님의 통치를 벗어나 사탄의 통치 속으로 들어갔습니다. 이로써 온 인류가 사탄의 통치를 받게 되었는데 이것이 타락의 결과입니다. 아담과 하와는 인류의 대표자이기에 그들이 타락했을 때 후손들도 모두 사탄의 지배를 받는 운명에 빠졌습니다. 예수님이 오셔서 하나님의 나라가 가까이 왔다고 선포하신 것은 이스라엘 백성이 고대하던 메시아가 도래했음을 알리는 것이었습니다. 이것은 큰 그림으로 보면 인류의 타락을 역전시키는 결정적인 때가 왔음을 가리킵니다. 다시 말해서 죄인들이 이제부터 사탄의 통치에서 벗어나 하나님의 통치를 받는 구원의 때가 왔다는 뜻이었습니다.

하나님의 통치를 받는 것은 타락의 운명을 회복하는 길입니다. 예수님은 우리가 하나님의 다스림 속으로 들어가는 길이 되셔서 지금도 타락한 인간들을 진리의 복음으로 부르고 계십니다. 주님의 부르심은 우리가 하나님 나라의 백성으로서 천국 복음을 균형 있게 이해하고 살라는 것입니다. 현재 천국은 미래 천국과 별도로 분리된 것이 아닙니다. 현재의 지상 생활과 미래의 사후 천국은 동일 선상에 있습니다. 현재적 천국 생활을 잘하는 것은 사후 천국 소망을 더 밝혀주고 미래 천국의 실체를 미리 맛보게 합니다.

바울은 하나님의 나라를 말하면서 성도의 도덕적 삶에 적용한 권면과 경고를 자주 하였습니다(고전 4: 20; 6:9~11; 살전 2:12; 5:19~22). 하나님의 나라는 거룩한 나라입니다. 그래서 하나님의 나라 백성은 성경의 도덕적 교훈을 실천하며 살아야 합니다. 바울은 하나님의 나라를 선교와도 관련시켰습니다(골 4:11). 그는 구원을 흑암의 권세에서 구출되어 아들의 나라로 옮겨져 죄 사함을 얻고 빛 가운데 사는 삶으로 묘사했습니다(골 1:13). 그래서 '하나님의 나라'라는 용어는 '하나님의 은혜의 복음'(행 20:24~25)과 동의어로 사용될 수 있었습니다. 그리스도의 빛의 왕국으로 들어온 성도는 복음의 빛을 세상에 비추며 선교의 소명을 이행하도록 힘써야 합니다.

그런데 하나님 나라의 현재적 측면을 이해한다면, 미래 천국을 사모하는 것은 단순히 이 세상을 떠나 하늘나라에 가서 편안하게 안식하는 것이상의 의미가 있음을 알게 됩니다. 현세에서 하나님의 나라를 실천하는 것은 미래 천국의 놀라운 실체를 사전에 부분적으로나마 들여다보게 합니다. 그래서 사후 천국에 대한 소망이 더 확실하고 깊어지는 유익이 있습니다. 우리가 현세 천국과 사후 천국을 밀착된 상호 관계로 균형 있게 보는 것은 하나님의 나라를 바르게 실천하는 바탕이 됩니다.

7
회개란 무엇인가?
마가복음 1:15

이르시되 때가 찼고 하나님의 나라가 가까이 왔으니 회개하고 복음을 믿
으라 하시더라 (막 1:15).

일반적으로 회개라는 말은 죄나 잘못을 뉘우치고 마음을 고쳐먹는 것
을 가리킵니다. 그런데 성경에서 말하는 회개는 오해와 논쟁을 일으키는
용어입니다. 신약 성경에서 헬라어로 '회개'에 해당하는 말은 세 가지입
니다.

♣ 메타노이아(metanoia). 주로 마음과 생각을 바꾸는 것을 말합니다. 보
통 '회개'(repentance)로 번역합니다(막 1:15; 행 20:21).
♣ 메타멜레이아(metameleia). 주로 감정과 느낌을 가리킵니다. 보통, '뉘
우침,' '후회'(regret)로 번역합니다(마 21:30, 32).
♣ 에피스트로페(epistrophe). 주로 잘못된 삶을 바로잡는 것을 말합니다
(행 11:21). 보통 '돌이킴'(turn)으로 번역합니다.

이러한 단어들은 모두 회개와 관련해서 사용되었지만, 본문 해석에서
는 신학적 입장에 따라 여러 가지 첨가된 의미들이 붙어서 혼란을 일으키

기 쉽습니다. 특히 어떻게 해야 구원을 받느냐는 문제에서 회개의 의미와 역할에 대한 주장이 팽배합니다. 그런데 언어란 원래 유동성이 있기에 기계적인 대입을 하면 무리가 생깁니다. 회개에 속하는 단어들은 서로 겹치는 유사한 의미와 함께 여러 방식으로 사용되었습니다.

❖ 회개와 믿음이 같이 언급된 경우(막 1:15; 행 20:21; 히 6:1)

❖ 회개만 언급한 경우(마 12:41; 막 6:12; 눅 13:3, 5; 2; 눅 24:47; 행 2:38; 3:19; 5:31; 11:18; 17:30; 고후 7:10)

❖ 회개가 없이 믿음만 언급한 경우(요 3:16; 행 4:4; 10:43; 16:31; 롬 10:9~11; 갈 2:16; 엡 2:8)

❖ 회개와 돌이킴이 같이 언급된 경우(행 3:19; 26:20)

❖ 회개 없이 돌이킴만 언급된 경우(행 21:30)

❖ 돌이킴이 믿음과 같이 언급된 경우(행 11:21)

❖ 돌이킴이나 회개가 용서와 함께 언급된 경우(막 1:4; 행 2:38; 3:19; 5:30~31; 26:18; 눅 24:47)

회개의 용어들은 저마다 특정한 측면을 부각합니다. 그러나 서로 겹치는 부분도 있고 혼용해서 사용되기도 합니다. 이러한 다양한 용법 때문에 해당 단어의 기본 의미를 존중하되 문맥을 살펴 뜻을 파악할 필요가 있습니다.

예를 들어, 예수님의 십자가를 믿으면 구원받는다고 하는 말이나 예수님의 부활을 믿어야 구원받는다고 하는 말은 서로 연결된 구원의 조건들입니다. 그래서 분리될 수 없지만 일반적으로 말할 때 이를 분리시켜 십자가 한쪽만 언급하기도 하고 (롬 3:24~25; 5:6; 8:32; 고전 5:7; 11:23~26; 갈 3:1, 13), 십자가와 부활 양편 다 언급하기도 합니다(롬 5:10; 6:3~5; 8:34; 고전 5:15; 히 10:12). 그렇지만 듣는 사람 편에서는 십자가와 부활이 별도로 언급되었다고 해서 서로 무관한 것으로 이해하지 않습니다. 또한 십자가와 부활이 함께 나온다고 해서 한쪽이 빠지면 구원이 없다고 여기지도 않을 것입니다.

니느웨 사람들은 요나의 전도를 받고 회개하였습니다(욘 3:4~9). 그런데 이들이 회개만 하고 하나님은 믿지 않았을까요? 그들은 분명 요나 선지자의 심판 메시지와 여호와 하나님의 용서를 믿고 구원을 받았습니다(욘 3:5, 10). 그래서 "심판 때에 니느웨 사람들이 일어나 이 세대 사람을 정죄"(마 12:41)할 것이라고 했습니다. 회개와 믿음과의 관계도 이러한 문맥과 흡사합니다.

예수님은 갈릴리에서 복음을 전파하실 때 "회개하고 복음을 믿으라"(막 1:15)고 하셨습니다. 이때의 '회개'는 '메타노이아' 계열의 단어입니다. 그래서 마음의 변화 혹은 생각의 변화(a change of mind)를 가리킵니다. 일반적으로 회개하라는 말은 도덕적인 죄에 대해서 잘못을 인정하고 다시는 그러한 죄를 반복하지 않겠다고 다짐하는 것으로 이해합니다. 그러나 이것은 메타노이아의 의미라기보다는 '메타멜레이아'나 '에피스트로페'에 해당하는 회개입니다. 그럼 예수님은 어떤 의미로 회개하라고 하셨을까요? 생각을 바꾸라는 뜻이었다면 무슨 생각을 바꾸라는 것이었을까요?

우선 예수님이 누구에게 회개하라고 하셨습니까? 유대인입니까? 이방인입니까? 예수님의 청중은 유대인이었습니다(막 1:14). 그럼 그들이 무슨 생각을 하고 있었을까요? 예수님 당시의 유대인은 로마의 지배를 받고 있었습니다. 그들이 가장 염원하는 것은 두말할 나위 없이 민족적 해방이었습니다. 그들은 메시아가 나타나서 정치적 혁명을 통해 국권을 회복해 주기를 열망하였습니다. 그러나 폭력을 통한 세속적 왕권은 십자가를 통한 죄의 용서와 평화의 복음으로 건설되는 하나님 나라의 질서가 아니었습니다(사 9:6). 이스라엘 백성은 하나님이 보내실 메시아에 대한 잘못된 기대를 접고 민족 해방을 위한 정치적 혁명 사상을 버려야 했습니다. 또한 그들은 영적 기능이 상실된 부패한 성전 제도와 바리새인들의 율법주의와 아브라함의 후손이라는 우월의식에 의존하지 말아야 했습니다. 그들은 언약 백성의 모습으로 살지 않는 불신실과 타락한 유대교로부터 돌아서야 했습니다.

회개는 무엇보다도 하나님과 메시아에 대한 잘못된 생각과 자세를 버리고 하나님이 원하시는 뜻을 행할 마음을 갖는 것입니다(딤후 2:25~26). 이스라엘 백성은 하나님의 메시아로 오신 예수님을 구원자로 믿고 그분이 전하는 복음을 받아들여야 했습니다.

그럼 '회개하고 복음을 믿으라'는 말은 우리에게는 해당하지 않는 것일까요? 이 말씀의 원 문맥은 유대인에게 준 것이지만 우리에게도 적용됩니다. 우리도 하나님과 예수님에 대한 잘못된 생각과 자세를 바꾸고 오직 주 예수의 복음으로 살아야 할 부분이 많기 때문입니다. 회개는 단순히 어떤 특정한 도덕적 죄에 대해 후회하거나 돌이키는 것보다 더 근본적인 방향 전환이 전제되어야 합니다. 자신의 전체적인 관점과 목표가 예수님과 복음에 초점이 잡혀야 합니다. 우리는 구체적인 특정한 죄는 회개하여도 신자로서의 가치관과 사상에는 변화가 없는 경우가 적지 않습니다. 잘못된 신관과 그릇된 종교 활동에서 방향을 돌려 예수님과 그분의 복음을 따라 살도록 마음과 자세를 바꾸는 것이 회개의 기본 의미입니다. 그래서 예수님은 언약 백성이라고 자부하는 유대인에게 회개하고 복음을 믿으라고 하셨고 바울도 회개를 앞세웠습니다.

> 거역하는 자를 온유함으로 훈계할지니 혹 하나님이 그들에게 회개함을 주사 진리를 알게 하실까 하며 그들로 깨어 마귀의 올무에서 벗어나 하나님께 사로잡힌 바 되어 그 뜻을 따르게 하실까 함이라 (딤후 2:25~26).

구원을 받으려면 먼저 복음을 들어야 합니다. 듣지 않은 복음을 믿을 수 없습니다. 복음을 듣고 구원을 받기 때문에 좋은 소식(복음)을 전하는 자의 발이 아름답다고 했습니다(롬 10:14~15). 믿음도 복음을 들음으로써 생깁니다(롬 10:17). 그런데 믿음이 생기기 전에 회개가 선행되어야 합니다. 이것은 기계적인 공식이 아니고 원리적인 우선순위입니다. 복음을 들어도 회개하지 않을 수 있습니다. 복음을 단순히 듣는 것과 이를 깨닫고 설득이 되어 믿는 것과는 다르기 때문입니다. 그런데 복음의 진리를 모르고는 구원에 이르는 회개를 할 수 없습니다. 예수님이 누구이신지, 복음의 내용이 무엇인지를 모르고 무턱대고 회개하지 못합니다.

그럼 회개가 먼저라는 말은 무슨 의미일까요? 회개는 우선 하나님에 대한 나의 생각이 잘못되었음을 자인하고 예수님이 제시하시는 새 삶을 살기로 마음의 방향을 돌리는 것입니다. 회개에서 가장 중요한 부분은 심적 자세와 마음의 방향입니다. 잘못된 마음과 생각을 돌리려는 자세가 되어 있어야 성령께서 복음을 깨닫게 하시고 예수님을 주님으로 받아들이는 믿음을 갖게 하십니다. 이런 의미에서 회개는 구원을 받는 첫걸음입니다. 그런데 우리는 회개로 구원받는 것이 아니고 오직 예수님을 믿음으로써 구원을 받습니다(롬 3:25~28;4:3~5; 5:1; 엡 2:8~9).

회개는 누가 해야 합니까?

회개의 주체는 나 자신입니다. 다른 사람이 나를 위해 회개할 수 없습니다. 그런데 회개는 하나님이 주시는 선물이라고도 합니다. 베드로가 가이사랴에 있는 이방인인 고넬료의 집에 가서 복음을 전한 것을 예루살렘에서 증언했을 때 듣는 사람들이 "그러면 하나님께서 이방인에게도 생명 얻는 회개를 주셨도다"(행 11:18)라고 했습니다. 베드로는 예루살렘 공회에서도 하나님이 백성에게 회개와 죄 사함을 주신다고 증언했습니다.

너희가 나무에 달아 죽인 예수를 우리 조상의 하나님이 살리시고 이스라엘에게 회개함과 죄 사함을 주시려고 그를 오른손으로 높이사 임금과 구

바울도 디모데에게 복음을 반대하는 자들을 온유한 자세로 설득하면 하나님이 그들을 회개시키시고 복음의 진리를 깨닫게 하실 것이라고 격려했습니다(딤후 2:25~26). 이러한 말씀들이 시사하는 것은 회개의 주체가 비록 사람이지만 그 뒤에는 하나님의 섭리가 있다는 것입니다. 그래서 회개를 하나님이 주신다고 하였고 회개에 따르는 죄 사함과 성령의 선물이 약속되었습니다. 이런 경우의 회개는 믿음과 동의어로 쓰였습니다. 또한, 회개하고 죄 사함과 성령의 선물을 받는 것은 구원을 받는다는 말과 같습니다.

그런데 하나님이 회개함을 주신다고 해서 회개의 주체에게 책임이 없다는 말이 아닙니다. 하나님께서는 강제로 사람을 회개시키지 않습니다. 내가 회개하지 않아서 구원받지 못한다면 그 책임은 나에게 있습니다. 복음을 듣고도 자신의 길을 포기하지 않고 예수 그리스도를 밀어내면 용서받지 못합니다. 그러나 회개하려는 마음을 가지고 하나님과 복음에 대한 그릇된 생각과 자세를 버린다면 내적 변화를 받아 예수님을 주님으로 영접하게 됩니다. 이러한 변화는 성령의 사역입니다. 하나님께서는 인간의 단단한 마음이 부드러워져서 복음을 받아들이도록 지금도 죄인들의 가슴을 두드리십니다(겔 36:26).

회개는 구원의 조건입니까?

회개에 대한 논쟁에서 회개를 구원의 조건으로 보느냐 않느냐가 대표적인 쟁점입니다. 한편에서는 오직 믿음만이 구원의 조건이라고 주장하고 다른 한편은 회개와 믿음이 반드시 있어야 한다고 맞섭니다. 전자의 입장은 빌립보 간수의 경우에서 보듯이 구원받기 위해 회개가 요구되지 않았다는 것입니다(행 16:30~31). 또한 요한복음에는 구원과 관련해서 회개라는 단어가 사용된 석이 없다고 지적합니다.

후자의 입장은 회개와 믿음은 동전의 양 측면이라는 것입니다. 자신의 죄를 회개하고 주 예수를 믿고 전폭적으로 투신하여 순종하지 않으면 구원은 없다고 주장합니다. 전자는 예수님의 십자가 대속을 믿으면 즉석에서 영원한 구원을 받지만 예수님의 제자가 되기 위한 전적 투신과 순종은 차후의 선택이라고 봅니다. 후자는 예수님을 처음부터 주와 그리스도로 믿어야 구원이 성립하고(행 2:36) 계속해서 믿어야 구원이 유지된다고 말합니다.

이것은 양편의 입장을 총괄적으로 드러낸 진술은 아닙니다. 양 진영 안에서도 회개의 정의와 적용에 이견들이 있기 때문입니다. 다음 몇 가지를 염두에 둘 것을 제안합니다.

첫째, 언어는 여러 갈래의 의미를 내포하고 있습니다. 특정 용어에 원하는 정의를 내리고 울타리를 치면 특수 상황이나 문맥의 고려가 약화하여 해석에 무리가 갈 수 있습니다.

둘째, 구원을 논할 때 회개와 믿음을 기계적으로 너무 밀착시키거나 혹은 전혀 별도의 것으로 분리하지 말아야 합니다. 회개라는 말이 본문에 없다고 해서 믿음만 있으면 된다고 단정할 수 없습니다. 또 회개라는 말만 나온다고 해서 믿음이 배제된 것도 아닙니다. 회개를 구원하는 믿음에 넣지 말아야 한다는 주장에는 은혜로 받는 구원에 회개라는 인간의 행동이 들어갈 수 없다고 보기 때문입니다. 반대로 회개를 믿음의 한 측면으로 간주하는 쪽은 단순히 머리로만 예수가 대속주라고 믿는 것은 전적 헌신이 아니기 때문에 가짜 교인들을 양산한다고 염려합니다. 그러나 회개와 믿음을 필연적이고 기계적인 관계로 접착시키거나 혹은 별개의 개념으로 떼어서 취급하는 것은 구원의 조건이나 과정을 인위적으로 규정하려는 신학적 편견입니다.

보통 회개(repent)로 번역되는 헬라어의 메타노이아(metanoia)는 마음과 생각을 바꾸는 것입니다. 자신이 잘못되었다는 것을 인정하는 것이기 때문에 믿음의 첫 호흡이라고 할 수 있습니다. 그래서 회개가 믿음보다 먼저 나옵니다. 메타노이아의 경우 회개하고 믿으라는 순서를 따르는데 회개는 믿음의 문턱에서 일어나기 때문입니다. 회개에는 자신이 틀렸고 복음이 옳다는 것을 인정하는 생각의 변화와 구주가 필요하다는 의식이 포함됩니다. 그래서 이 같은 자신의 영적 필요를 깨닫는 자들에게는 굳이 회개하라고 하기보다 곧바로 주 예수를 믿으라고 권고하는 편이 좋습니다.

예를 들어 바울은 빌립보 간수에게 "주 예수를 믿으라 그리하면 너와 네 집이 구원을 받으리라"(행 16:31)라고 했습니다. 그는 곧장 '주 예수를 믿으라'고 하였지 '회개하고 주 예수를 믿으라'고 하지 않았습니다. 왜 회개를 먼저 언급하지 않았을까요? 빌립보 간수가 이미 자신의 잘못을 깨닫고 영적 필요를 의식했기 때문입니다. 그가 들어야 할 말은 회개하라는 것이 아니고 주 예수를 구주로 믿으라는 말이었습니다.

한편, 요한복음에는 회개라는 말이 나오지 않습니다. 그래서 회개와 믿음은 별개의 것이라고 주장하기도 합니다. 요한은 주 예수를 믿는 자들은 하나님의 자녀가 되는 권세를 받고 영생을 얻는다고 했습니다(요 1:12; 3:16). 그럼 왜 요한복음에는 회개가 나오지 않을까요? 회개라는 말이 사용되지 않았기 때문에 회개하지 않아도 구원받는다는 식으로 이해해도 될까요? 그렇지 않습니다. 요한이 말하는 믿음에는 회개가 전제되었다고 보아야 합니다. 자신의 잘못된 생각과 마음을 바꾸고 하나님께로 돌아서지 않으면 예수님을 구주로 믿을 수 없습니다. 회개는 이런 뜻에서 믿음과 전혀 다른 것으로 구별하지 말아야 합니다. 자신의 잘못을 인정하지 않거나 자신이 죄인이라는 사실을 모르면서 예수님을 구원자로 믿을 수 없습니다. 요한이 주 예수를 믿으면 구원받는다고 했을 때 이것은 마음의 변화를 전제한 것이었으므로 회개를 별도로 언급할 필요가 없었을 것입니다.

셋째, 신약 성경의 수신자들은 신학자들도 아니었고 전문 지식을 가진 자들도 아니었습니다. 그들은 대부분 노예나 평민이었고 교육 수준이 낮았습니다. 그들은 신약의 본문들을 일반 평민들이 아는 어휘나 용법의 의미대로 자연스럽게 이해하였습니다. 그들은 전문인들이 아니었으므로 현대 학자들처럼 문장을 언어적으로 파헤치고 내용을 분석하며 저자의 의도나 주제를 파악하려는 학문적 시도를 하지 않았습니다. 우리는 물론 수천 년 전의 문서를 읽어야 하므로 시대적인 차이에서 오는 어려움을 극복해야 합니다. 그래서 서신의 역사적 배경이나 당시에 사용된 언어의 의미를 폭넓게 조사하고 내용과 배경을 분석할 필요가 있습니다. 그렇더라도 성경은 반드시 그런 절차를 거쳐야만 이해할 수 있는 책이 아닙니다. 전문적 지식이 필요한 경우도 있지만, 대부분은 일반 독자들이 자연스럽게 이해할 수 있습니다.

예를 들어, 회개가 구원에 필요한 조건이냐 아니냐는 문제를 제기한다든지 회개가 인간의 행위냐 아니냐를 놓고 논쟁하는 것은 다분히 사변적입니다. 회개와 믿음과의 관계는 시대를 초월한 일반인의 경험으로 보아도 쉽게 알 수 있는 문제입니다. 복음을 들은 사람이 예수님이 누구이신지를 알고 그분을 믿으려고 한다면, 자신이 의인이 아니라는 것을 모를 자가 없을 것입니다. 예수님이 필요한 까닭은 자신이 죄인이기 때문입니다. 그렇다면 죄인으로서 예수께로 나오는 자는 이미 자신의 죄를 인정하는 자며 주님의 용서를 원하고 새 삶을 살려고 마음먹은 상태라고 보아야 합니다.

그런데 이런 자연스러운 과정에 회개의 내용을 열거하거나 회개의 진정성을 테스트하는 목록을 제시한다면 어떻게 될까요? 회개를 이런저런 방식으로 해야 한다거나 회개한 사람의 특징이나 회개의 표준들을 내건다면 혼란만 초래할 것입니다. 회개해야 하는 사람이 어느 정도 회개를 해야 할까요? 며칠 동안 회개해야 합니까? 울고불고하면 깊은 회개를 한 것이고 눈물 한 방울 흘리지 않는다면 회개한 것이 아닐까요? 흔히 도덕적인 죄가 회개의 전부인 양 자신이 아는 모든 죄를 회개하라고 말합니다. 회개가 입으로만 하면 되는 것일까요? 기억나지 않는 죄들은 어떻게 회개해야 합니까? 도대체 어느 만큼 회개를 해야 구원을 받을 수 있는 믿음에 이를 수 있을까요? 진정으로 회개했는지 안 했는지는 본인도 확신하기 어렵습니다. 자신이 잘 모르는 죄들도 있고 당장 정리할 수 없는 죄들도 있을 수 있기 때문입니다.

구원받지 못한 사람이 처음부터 자신의 죄를 다 깨달을 수 있을까요? 복음을 처음 들은 사람이 자기 죄의 심각성을 단번에 모두 인식할 수 있을까요? 물론 복음을 듣고 죄의식이 강화될 수 있을지라도 십자가의 의미를 아직 제대로 알지 못하는 상태에서 무엇이 죄라는 것을 모두 깨닫고 다 회개할 수 없습니다. 성경은 어떤 기준을 가진 회개를 구원의 조건으로 삼지 않습니다. 인위적으로 회개의 표준을 세우고 미달하면 회개한 것이 아니라고 말할 수 없습니다. 죄지은 것을 슬퍼하고 후회하며 다시는 죄를 짓지 않겠다고 결심하거나 죄책감을 느끼고 용서를 구하는 것 등은 규정으로 정할 사안이 아닙니다. 회개하는 것은 당연하지만 구원은 회개의 분량에 달린 것이 아닙니다. 구원은 그리스도의 복음과 그분의 신분과 인격을 신뢰하고 자신의 주님으로 영접할 때 받습니다(요 3:16, 36; 행 10:43; 11:21). 회개하라는 말은 하나님과 예수님에 대해서 잘못 생각한 것으로부터 방향을 돌려 하나님이 제공하시는 새 삶 속으로 들어오라는 초대입니다. 바꿔 말하면, '회개하라'는 말은 믿음에 이르는 마음의 변화를 일으켜 주님을 영접하라는 뜻이고, 회개했다는 것은 믿었다는 말입니다(행 11:18; 딤후 2:25).

회개를 구원의 조건으로 내걸고 도덕적인 죄들을 모두 회개하라고 요구하는 것은 죄인이 주 예수를 믿기 전에 스스로 죄로부터 돌아설 수 있다는 것을 전제한 말입니다. 이것은 성경의 가르침이 아닙니다. 성경은 예수님과 성령의 역사가 없이 죄로부터 완전히 돌아서서 새 사람이 될 수 있다고 말하지 않습니다. 예수를 믿고 구원받기 위해서 내 죄를 먼저 정리하라는 것은 '예비주의'(preparationism)의 그릇된 주장입니다. 종교 개혁자들은 이 같은 로마 가톨릭의 가르침을 반대하였습니다. 하나님의 은혜를 받기 위해서 내가 미리 준비해야 하는 것은 아무것도 없습니다. 죄인의 상태는 나의 사전 노력이나 몇 가지 도덕적인 죄를 청산하는 것으로 바뀌지 않습니다. 만약 그것이 가능하다면 복음은 은혜가 아니고 행위 구원입니다.

자신이 죄인이라는 것을 깨닫고 구원을 받으려면 율법을 먼저 들어야 한다든지 자신의 죄를 깊이 확신하기 위해서 근신 기간을 가져야 한다는 식의 가르침은 사람의 생각입니다. 우리의 구원 모델은 아브라함입니다. 아브라함은 구원받기 위해서 사전 준비를 하지 않았습니다. 그 당시에는 율법도 없었습니다. 그는 단지 믿음으로 의롭게 되었습니다. 우리의 죄를 확신케 하는 것은 율법이 아니고 성령입니다. 우리를 죄로부터 돌아서게 하고 사탄의 손아귀에서 해방시켜 영원한 구원을 받게 하는 것은 하나님의 순전한 은혜입니다. 죄인에게 필요한 것은 종교적인 사전 준비가 아니고 현장에서 복음을 듣고 마음을 돌려 주 예수를 믿는 것입니다. 예수님이 우리의 모든 필요를 채우십니다. 하나님께서 우리의 구원을 위해 만세 전부터 그리스도 안에서 모든 것을 다 준비하셨습니다.

주 예수를 믿고 구원을 받는 것으로 회개가 다 끝나는 것은 아닙니다. 회개는 하나님과의 관계를 바르게 유지하기 위해 평생 반복되어야 합니다. 처음 주께로 나와서 죄 사함을 받고 하나님의 자녀가 되는 것은 신분적인 칭의입니다. 그러나 신자가 된 이후에 짓는 죄들은 부자 관계에 부정적인 영향을 미치고 친밀한 사이를 약화시킵니다. 그래서 늘 죄를 민감하게 의식하며 회개하는 일을 지속해야 합니다(요일 1:8, 9).

그런데 구원에로의 초대에 믿음으로 기꺼이 응하기까지 개인마다 거쳐가는 정신적, 심적 체험에 차이가 있습니다. 죄에 대한 자각이나 반응도 저마다 다르고 복음에 대한 이해의 폭도 틀립니다. 회개가 믿음으로 이어지는 과정이나 시간도 개인차가 있습니다. 중요한 것은 어떤 정해진 방식의 회개나 표준화된 헌신의 여부가 아닙니다. 혹은 구원받기 위해서는 회개가 필요 없다거나 예수님을 메시아로 믿기만 하면 된다는 것도 아닙니다. 우리는 오직 믿음으로 구원을 받습니다. 그러나 우리는 믿음에 이르는 과정에서 개인이 체험하는 영적 측면의 표현 방식이나 깊이의 차이를 존중해야 합니다. 회개와 믿음은 동시적으로 일어날 수도 있고 혹은 믿음에 이르는 시간적 갭이 생길 수도 있습니다. 그래서 회개나 믿음에 대한 인위적인 기준으로 믿음의 진위성이나 개인의 구원 여부를 단정하지 말아야 하겠습니다.

8
믿음은 무엇인가?
마가복음 1:15

예수님은 사역을 시작하시면서 하나님의 나라가 가까웠으니 회개하고 복음을 믿으라고 하셨습니다. 그런데 복음을 믿는다는 것이 구체적으로 어떤 의미일까요?

큰 주제는 한마디로 정의하기가 어렵습니다. 많은 부분을 포함해야 하기 때문입니다. 그러나 대체로 학자들이 동의하는 정의를 간단히 소개한다면 믿음은 증거와 설득에 의해서 어떤 것이 참되다는 것을 확신하는 것입니다. 바울은 로마에서 유대인들을 자기 처소로 초대해서 복음을 전했는데 이렇게 묘사했습니다.

> 그들이 날짜를 정하고 그가 유숙하는 집에 많이 오니 바울이 아침부터 저녁까지 강론하여 하나님 나라를 증언하고 모세의 율법과 선지자의 말을 가지고 예수에 대하여 권하더라 (행 28:23).

개역개정의 '권하더라'고 한 것은 의미가 좀 약합니다. 원문의 '페이소'라는 단어는 '설득하다', '확신시키다'(persuade, convince)라는 뜻입니다. 새번역과 직역성경은 '설득하다'로 번역했습니다.

성경의 믿음은 일반적인 믿음과 어떻게 다를까요?

첫째, 세상에서도 상대적인 의미에서 신뢰할 수 있는 증거나 대상들이 있습니다. 그러나 인간의 상황은 언제라도 바뀔 수 있기 때문에 영구적인 신뢰는 불가능합니다. 세상의 증거와 설득은 속임수인 경우도 흔합니다. 그러나 하나님이 제시하는 증거와 설득은 믿을 수 있습니다. 성경에서 제시하는 믿음의 대상은 절대적 진리의 하나님이십니다. 예수님은 하나님의 아들로서 보냄을 받은 구속주이십니다. 그래서 복음을 믿으라는 선포는 오류나 거짓이 없는 완전한 진리입니다. 예수님은 신성을 가지신 하나님의 아들이시므로 전적으로 신뢰할 수 있습니다.

둘째, 성경에서 말하는 믿음을 '구원하는 믿음'(saving faith)이라고 말합니다. 구원하는 믿음은 구원을 받기 위해 필요한 믿음을 가리킵니다. 세상에서 말하는 믿음은 구원과 상관이 없습니다. '구원하는 믿음'은 구체적으로 말하면, 예수님을 유일한 구원의 주님으로 믿는 것이라고 바꾸어 표현할 수 있습니다(요 4:42).

♣ 구원하는 믿음은 예수님에 대한 성경의 주장을 받아들이는 것입니다. 이것은 대속주이신 예수님의 신분과 그분이 나를 구원하기 위해서 성취하신 것을 나 자신에게 적용하는 것을 의미합니다. 즉, 예수님의 십자가 죽음과 부활이 나의 죄를 대속하고, 죄인이었던 나를 의로운 자로 선포하여 하나님의 자녀가 되게 하는 사건임을 믿고 하나님께로 돌아가는 것입니다(롬 4:25; 고전 15:1~8).

♣ 구원하는 믿음은 하나님의 말씀이 참되다는 것을 확신하고 그분의 약속을 신뢰하는 것입니다(창 15:6; 롬 4:19~22). 주님은 그의 복음을 믿는 자들에게 영생을 약속하셨습니다(요 3:16, 18, 36).

'영생을 얻었다'는 말은 새번역에서처럼 "영원한 생명을 가지고 있다"
라고 옮겨야 정확합니다. 원문의 동사가 현재시제이기 때문입니다. 이것
은 무엇을 의미합니까? 영생은 주 예수와 그를 보내신 하나님을 믿는 순
간부터 받아 누린다는 것입니다. 이것은 약속의 말씀입니다. 이 약속을
믿으면 심판을 받지 않고 사망에서 생명으로 옮겨졌다고 했습니다. 믿음
은 즉각적인 효과를 냅니다. 믿는 순간에 이 땅에서부터 하나님 나라의
영원한 생명을 받아 누리기 시작합니다(요 5:24). "이 영생은 거짓이 없으
신 하나님이 영원 전부터 약속하신 것"(딛 1:2)입니다. 이 약속을 믿는 것
이 구원하는 믿음입니다. 예수님이 마르다에게 하셨던 말씀을 상기해 보
십시오.

예수님을 믿으면 그 순간부터 하나님께서 주시는 새 창조의 생명을 받
아 누릴 수 있습니다. 그런데 사후에도 내가 받은 새 생명은 끊어지지 않
는다는 것이 주님의 약속입니다. 우리는 죽어보기 전에는 육체의 부활을
체험할 수 없습니다. 그러나 믿음은 하나님의 약속을 신뢰하는 것이므로
보이지 않는 장래의 일을 확신합니다(히 11:1).

♣ 구원하는 믿음은 하나님의 구원을 값없이 선물로 받는 것입니다(
엡 2:8)

우리는 자신의 선행이나 공로로 구원받지 않습니다. 구원의 근거는 오직 예수님의 십자가뿐입니다(엡 2:8~9). 구원은 내 믿음에 달린 것도 아닙니다. 구원은 하나님이 주시는 선물입니다. 예수님이 나를 구원하시는 것이지 내 믿음이 나를 구원하지 않습니다. 믿음은 그 자체로서 구원의 능력이나 근거가 될 수 없습니다. 믿음은 하나님이 마련하신 구원을 받는 방편에 불과합니다.

그래서 '내 믿음'을 구원의 근거로 보지 말아야 합니다. 내가 나의 믿음을 행사했기 때문에 하나님의 자녀가 되고 천국에 들어가게 되었다면, 나의 구원은 은혜로 된 것이 아닙니다. 성경은 '내 믿음' 때문에 구원받는다고 말하지 않고 '하나님의 은혜'로 믿음에 의해서 구원받는다고 말합니다(엡 2:8).

우리의 믿음이 우리를 구원한다고 말해서는 안 된다 … 주 예수 그리스도가 우리를 구원하신다. 우리의 믿음이 우리를 구원한다고 말하면 우리의 믿음은 하나의 행위가 된다. 그러면 우리에게 무엇인가 자랑할 것이 있게 된다 … 믿음은 우리를 구원하지 않는다. 우리는 믿음을 통해서 구원된다. 믿음은 단지 수단일 뿐이다. 그것은 칭의를 일으키는 원인이 아니다. (로이드 존스. 로마서강해 1권)

그렇다면 왜 믿어야 한다고 강조하는 것일까요? 구원은 하나님이 주시지만 구원의 효력이 발생하려면 내가 믿어야 하기 때문입니다. 예수님의 십자가는 만인을 위한 것입니다(요 1:29; 3:16~18; 딤전 2:6; 요일 2:2). 그런데 십자가 구원의 오퍼를 받고도 믿지 않는다면 구원받지 못합니다. 예수님은 세상 죄를 지고 십자가로 가셨지만, 그분의 대속은 그 자체로서는 자동으로 누구에게나 효과를 낼 수 없습니다. 믿는 자들이 자신에게 십자가를 적용해야 하기 때문입니다.

❖ 마치 수취인이 내 이름으로 된 소포를 우체부가 배달했을 때 그냥

받으며 되는 것과 같습니다. 그런데 수취를 거절하면 어떻게 됩니까? 발신자에게로 돌아갑니다. 내가 십자가 구원이 하나님께서 마련하신 유일한 구원의 길임을 믿을 때 구원의 효과가 발생합니다. 내 이름으로 온 소포를 받아야 그 선물이 내것이 되듯이, 예수님의 십자가 구원이 나를 위한 것이라고 믿고 받을 때 비로소 구원이 나의 소유로 확정됩니다.

> 하나님께서는 이 예수를 속죄제물로 내주셨습니다. 그것은 그의 피를 믿을 때에 유효합니다. (롬 3:25, 새번역).

믿음의 내용은 어떤 것일까요?

믿음에는 객관적인 대상과 내용이 있습니다. 믿음은 내가 원하는 것을 받기 위해 '믿습니다!' 라고 소리치는 것이 아닙니다. 믿음은 무조건 잘될 것이라고 낙관하는 것도 아니고 무작정 어둠 속에서 뛰어내리는 모험도 아닙니다. 성경의 믿음은 거짓말을 하시지 않는 하나님의 불변의 말씀에 자신의 운명을 맡기는 것입니다(삼하 7:28). 중요한 것은 성경이 제시하는 구원의 증거를 그대로 모두 믿어야 합니다.

보통 예수님의 십자가 공로를 믿고 구원받는다고 말합니다. 그러나 좀 더 구체적으로 말하면 우리가 구원받기 위해 믿어야 하는 것은 예수님의 신분과 사역, 그분의 가르침과 십자가 대속 및 부활입니다(요 8:46; 히 4:15; 롬 10:9~10; 고후 5:21).

♣ 예수님의 신분: 하나님께서 구원자로 세상에 보내신 하나님의 아들.

♣ 예수님의 사역: 죄인들을 구원하기 위한 일체의 구원 활동.

♣ 예수님의 가르침: 하나님 나라에 대한 메시지.

♣ 예수님의 대속: 십자가에서 모든 죄인을 대신하여 하나님의 형벌

을 받으신 것.

♣ 예수님의 부활: 십자가 죽음 이후에 다시 살아나신 것.

믿음의 대상은 예수님이시고 믿음의 내용은 복음입니다. 예수님은 회개하고 복음을 믿으라고 하셨습니다. 복음은 예수님의 구원에 대한 모든 것입니다. 예수님의 신분과 가르침에 대해서 성경이 주장하고 약속하는 모든 것이 믿음의 내용입니다(고후 4:5; 5:21; 요 1:1~4, 10~14; 3:16~18).

예를 들어, 사마리아 여인은 예수님이 주신다는 영생하는 샘물의 약속을 믿었고 예수님이 그리스도이심을 확신하였습니다(요 4:29; 비교 요 4:42).

> 내가 주는 물을 마시는 자는 영원히 목마르지 아니하리니 내가 주는 물은 그 속에서 영생하도록 솟아나는 샘물이 되리라 (요 4:14).
> 이르되 메시아 곧 그리스도라 하는 이가 오실 줄을 내가 아노니 그가 오시면 모든 것을 우리에게 알려 주시리이다 예수께서 이르시되 네게 말하는 내가 그라 하시니라 (요 4:25~26).

마르다는 예수님이 하나님의 아들이시며(요 11:27) 부활과 생명의 주로서 영생을 약속하신 것을 믿었습니다.

> 예수께서 이르시되 나는 부활이요 생명이니 나를 믿는 자는 죽어도 살겠고 무릇 살아서 나를 믿는 자는 영원히 죽지 아니하리니 이것을 네가 믿느냐 (요 11:25~26).

믿음의 내용은 무엇보다도 예수님의 말씀을 믿는 것입니다(요 4:21). 다시 요약하면, 구원하는 믿음의 기본 내용은 다음과 같습니다.

⊙ 하나님의 아들이신 예수님의 신분입니다. 그는 '세상의 구주'(요

4:42)가 되기 위해 오셨습니다. .

⊙ 예수님은 자신의 흠 없는 삶으로 하나님이 요구하시는 완전한 순종을 하셨습니다.

⊙ 십자가의 희생으로 죄인들을 대신하여 죗값을 지불하셨습니다.

⊙ 죽은 지 사흘 만에 부활하심으로써 그를 믿는 모든 자들에게 새 생명을 약속하셨습니다.

예수님은 복음을 전파하실 때 먼저 "때가 찼다"(막 1:15)라고 선언하셨습니다. 어느 때를 말씀하신 것일까요? 이스라엘의 선지자들이 예고하고 준비했던 메시아의 오심과 하나님 나라의 진입이 예수님에 의해서 성취되는 때를 가리켰습니다. 이때는 하나님께서 예수 그리스도를 통하여 인류를 구속하는 결정적인 출발점입니다. 하나님 나라는 예수님과 함께 이미 도착했습니다. 그래서 하나님 나라의 참 백성이 되기 위해 회개하고 복음을 믿어야 한다는 것입니다. 복음을 믿는 것은 전적 투신입니다. 적당히 믿는 것도 아니고 믿었다가 말았다가 해서도 안 됩니다.

예수님은 믿음의 중요성에 대해 여러 번 강조하셨습니다.

❖ 예수님은 지붕에서 달아 내린 중풍 병자와 혈루증 여자 및 맹인 바디매오의 경우에서 보듯이, 믿음의 행위를 칭찬하셨습니다(막 2:5; 5:34; 10:52).

❖ 회당장 야이로가 딸의 죽음을 두려워하자 예수님은 "믿기만 하라"(막 5:36)고 독려하셨습니다.

❖ 예수님이 저주하신 무화과나무가 뿌리째 마른 것을 보고 베드로가 놀라워하자 "하나님을 믿으라"(막 11:22)고 하시면서 "무엇이든지 기도하고 구하는 것은 받은 줄로 믿으라 그리하면 너희에게 그대로 되리라"(막 11:24; 비교. 막 9:23)고 하셨습니다.

❖ 예수님은 제자들이 풍랑으로 곧 침몰할 듯한 배로 인해 무서워하자 "어찌 믿음이 없느냐"(막 4:40)라고 꾸짖으셨습니다.

❖ 예수님은 고향에서 배척을 당하시자 그들이 믿지 않음을 이상히 여기셨습니다(막 6:6).

❖ 예수님은 변화산에서 내려오셨을 때 제자들이 귀신 들린 아이를 감당하지 못하는 것을 보시고 무리를 향해 "믿음이 없는 세대"(막 9:19)라고 한탄하셨습니다.

예수님이 의미하는 '믿음'은 하나님에 대한 전적 신뢰와 투신입니다. 하나님께서는 자기 아들의 십자가 대속을 믿는 자들의 죄를 용서하시고 하나님의 자녀가 되는 특권을 부여하십니다(요 1:12). 우리는 성경의 명백한 증거 앞에 설득이 되어 복음을 믿든지 아니면 이를 배척하고 내 갈 길을 택해야 합니다. 그런데 내 길은 죽음의 길입니다. 예수님의 길을 택하십시오. 예수님은 길이요 진리요 생명이십니다(요 14:6).

9
예수님의 믿음
마가복음 1:15

'예수님의 믿음'이라고 하면 다소 생소할 줄 압니다. 예수님은 기도의 사람으로 알려졌지만 예수님을 믿음의 사람으로는 잘 언급하지 않는 듯합니다. 우리는 예수님이 성령으로 충만하셨다는 사실도 잘 압니다. 그런데 예수님의 믿음 충만에 대해서 별로 생각해 보지 않는지 모릅니다.

믿음에 대해서 우리는 한 가지 잘못된 생각을 하는 것이 있습니다. 그것은 우리의 믿음을 지나치게 강조하는 것입니다. 그러나 내 믿음으로 예수님을 믿고 신앙생활을 하려고 하면 실패합니다. 나의 믿음은 일정하지도 않고 완전하지도 않습니다. 나의 믿음은 올라가기도 하고 내려오기도 합니다. 때로는 믿다가도 아예 믿음이 없는 것처럼 느껴지기도 합니다. 내 믿음을 강조하다 보면 나의 믿음에 의존해서 기도 응답을 받으려고 하고 내 열심으로 하나님을 섬기려고 합니다. 또한, 믿는다고 간절히 기도했는데 효과가 없으면 실망합니다.

성경은 나의 믿음이 아닌, 예수님의 믿음을 강조합니다. 나의 믿음이 예수님의 믿음에 연결되어 있지 않으면 언제라도 흔들릴 수 있습니다. 예수님의 믿음은 완전하지만 우리의 믿음은 불완전합니다. 그래서 예수님의 믿음을 붙드는 것이 나의 믿음이 되어야 합니다. 내가 믿는 것은 내 믿음을 믿는 것이 아니고 예수님의 믿음을 믿는 것입니다.

그럼 '예수님의 믿음'이라는 말이 성경에 과연 있을까요? 헬라어로 '믿음'은 '신뢰'라는 의미도 있고 '신실'의 뜻도 있어서 양쪽으로 번역될 수 있습니다.

이제 나는 더 이상 내가 사는 것이 아니라 내 안에 마쉬아흐께서 사시는 것입니다. 이제 내가 육신 안에 사는 것은 나를 사랑하셔서 나를 위해 자신의 몸을 넘겨주신 하나님의 아들의 신실함 안에서 사는 것입니다. (갈 2:20 직역성경)

내가 이제 육체로 사는 것은 나를 사랑하시어 나를 위해 자신을 주신 하나님의 아들의 믿음 안에서 사는 것이라. (갈 2:20 새성경)

우리 말로는 '믿음'과 '신실함'을 교체해서 쓰기에는 어감이 좀 다르고 철자도 틀려서 어색합니다. 그러나 영어로는 믿음(faith)과 신실함 (faithfulness)의 어원이 같기 때문에 이해하기 쉽습니다. Faith라는 단어에 가득하다는 의미의 fulness를 붙이면 신실함이 됩니다.

I live by the faith of the Son of God, who loved me and gave himself for me. (Gal 2:20, 21st Century King James Version)
I live by the faithfulness of the Son of God who loved me and gave himself for me. (갈 2:20, International Standard Version)

종전에는 주로 by faith in Jesus Christ(그리스도를 믿음으로써) 라고 번역했습니다. 이것은 개역개정을 비롯한 전통적 번역입니다.

이제 내가 육체 가운데 사는 것은 나를 사랑하사 나를 위하여 자기 자신을 버리신 하나님의 아들을 믿는 믿음 안에서 사는 것이라 (갈 2:20, 개역개정).

이 두 갈래의 해석은 문법적으로 다 가능합니다. 그럼 차이가 무엇입니까? 하나는 예수님을 믿는 믿음으로 산다는 것입니다. 이것이 우리에게 익숙한 개념입니다. 다른 하나는 내가 사는 것은 예수님의 믿음(신실하심) 덕분이라는 것입니다. 바꿔 말하면 내 믿음이 아닌, 예수님의 믿음을 신뢰하고 산다는 말입니다. 이 번역은 점차로 여러 학자의 지지를 받으면서 확대되고 있습니다.

New English Translation은 신약 성경의 해당 구절들을 모두 '하나님의 아들의 신실하심' 혹은 '예수 그리스도의 신실하심'(the faithfulness of the Son of God/Jesus Christ)이라고 번역하였습니다(예, 롬 3:22, 26; 갈 2:20; 3:22; 엡 3:12; 빌 3:9).

한 가지 지적할 것은 예수 그리스도의 신실하심으로 산다는 번역을 한다고 해서 종전의 입장인 예수님을 믿는 믿음을 부정하는 것이 아닙니다. 어떤 경우에는 예수님의 믿음이나 신실하심을 신뢰한다고 옮기는 것이 적절하지 않음으로 단순하게 '그분을 믿는다'라고 번역하는 것이 낫습니다. 예를 들어 요한복음 3장 14~16절을 보십시오.

모세가 광야에서 뱀을 든 것 같이 인자도 들려야 하리니 이는 그를 믿는 자마다 영생을 얻게 하려 하심이라 (요 3:15).

하나님이 세상을 이처럼 사랑하사 독생자를 주셨으니 이는 그를 믿는 자마다 멸망하지 않고 영생을 얻게 하려 하심이라(요 3:16).

그럼 어떤 쪽이 더 나을까요? 예수님의 믿음(신실하심)으로 산다는 번역을 따르면 실제로 우리가 신앙생활을 하면서 적용할 수 있는 유익한 점들이 있습니다.

첫째, 믿음으로 의롭게 된다는 칭의 개념에 긍정적 차이가 생깁니다.

사람은 토라의 행위로 의로워지는 것이 아니고 예슈아 마쉬아흐의 신실함을 통하여 의로워지는 것을 우리가 압니다. 우리가 마쉬아흐 예슈아를 믿는 것은 토라의 행위가 아니고 마쉬아흐의 신실함으로 의로워지기 위함입니다. (갈 2:16, 직역 성경)

Yet we know that no one is justified by the works of the law but by the faithfulness of Jesus Christ. And we have come to believe in Christ Jesus, so that we may be justified by the faithfulness of Christ and not by the works of the law, because by the works of the law no one will be justified. (갈 2:16, New English Translation)

(그러나 우리는 아무도 율법의 행위로 의롭게 되지 않고 예수 그리스도의 신실하심으로 의롭게 된다는 것을 압니다. 그래서 우리는 그리스도 예수를 믿게 되었는데 그것은 우리가 율법의 행위가 아닌 그리스도의 신실하심으로 의롭게 되려는 것입니다. 왜냐하면 율법의 행위로는 아무도 의롭게 될 수 없기 때문입니다.)

이것은 By faith in Christ 대신에 by the faithfulness of Jesus Christ로 번역한 대표적인 실례입니다.

또 By faith in Christ (예수를 믿음으로써) 대신에 by the faith of Jesus Christ(예수 그리스도의 믿음으로) 라고 번역한 영역도 있습니다.

Knowing that a man is not justified by the works of the law, but by the faith of Jesus Christ, even we have believed in Jesus Christ, that we might be justified by the faith of Christ, and not by the works of the law; for by the works of the law shall no flesh be justified. (갈 2:16, 21st century KJV)

(사람은 율법의 행위가 아닌, 예수 그리스도의 믿음으로 의롭게 된다는 것을 알기에 우리도 예수 그리스도를 믿습니다. 이는 우리가 율법의 행위가 아닌 그리스도의 믿음으로 의롭게 되려 함입니다. 율법의 행위로는 아무도 의롭게 될 수 없습니다.)

이처럼 한편에서는 '예수 그리스도를 신뢰하는 믿음'이라고 번역하고 다른 편에서는 '예수 그리스도의 믿음'이라고 번역합니다. 넓은 의미로 본다면 예수님을 믿는다는 것은 예수님의 천상적 신분과 죄 없는 완전한 성품과 그분의 구속 활동 전체를 믿는다는 뜻입니다. 그런데 예수님의 믿음과 그분의 신실하심으로 우리가 의롭게 되었다고 옮기면 어떻게 될까요? 우리의 믿음보다 예수님의 믿음으로 구원을 받았다고 보기 때문에 강조점이 나의 불완전한 믿음에서 예수님의 완전한 믿음으로 옮겨집니다.

'그리스도의 믿음' 혹은 '그리스도의 신실하심'을 우리가 믿는다고 보면 격려가 되는 측면이 많습니다. 예수님은 완전하고 충만한 믿음으로 하나님을 끝까지 신실하게 섬기셨습니다. 그래서 예수님은 우리의 완전하고 흠이 없는 대속주입니다. 이런 의미에서 예수님의 신실하심에 근거해서 하나님이 우리를 의롭다고 선포하신 것은 우리의 믿음이 완전해서가 아니고 예수님의 믿음이 완전하기 때문입니다.

예수님은 하늘 아버지께서 자신의 십자가 죽음으로 죄인들을 사탄의 권세에서 풀어주시고 모든 죄를 용서하실 것을 믿었습니다. 예수님은 한순간도 이러한 하나님의 구원의 능력을 의심하시지 않았습니다. 그래서 하늘 아버지께서 예수님의 완전한 믿음의 삶을 신뢰하는 자들을 의롭다고 선포하십니다. 다시 말해서 우리가 예수님의 믿음과 신실하심을 믿을 때 하나님께서 우리를 의롭다고 선포하십니다(막16:16).

둘째, 내 믿음이 아닌 예수님의 믿음에 의존하면 안전합니다.

예수님의 완전한 믿음을 신뢰하면 내 믿음이 약할 때 큰 위로가 됩니다. 내가 신실하지 못할 때 나의 믿음에 의존할 수 없습니다. 나의 믿음은 불완전하고 허약합니다. 나는 하나님의 약속을 붙들지 못하고 주님의 가르침을 신실하게 따라 살지 못할 때가 많습니다. 그러나 주님의 신실하심에 호소하면 용서와 회복을 받습니다. 바울은 디모데에게 주님의 신실하심을 상기시켰습니다.

> 우리는 신실하지 못하더라도, 그분은 언제나 신실하십니다. 그분은 자기를 부인할 수 없으시기 때문입니다. (딤후 2:13, 새번역)
> If we are faithless, he remains faithful- for he cannot deny himself. (2Tim. 2:13, ESV)

예수님의 신실하심이 나를 포기하지 않고 붙들어 줍니다. 나는 하나님 앞에서 내 믿음으로 서 있는 것이 아니고 예수님의 믿음으로 서 있습니다. 나의 믿음은 항상 부족하고 일정하지 않습니다. 그러나 예수님은 믿음의 원천이시기 때문에(히 12:2) 우리의 부족한 믿음을 채워주실 수 있습니다.

용서에 관한 베드로와 예수님 사이의 질의응답을 들어보십시오.

> 그 때에 베드로가 나아와 이르되 주여 형제가 내게 죄를 범하면 몇 번이나 용서하여 주리이까 일곱 번까지 하오리이까 (마 18:21).
> 만일 하루에 일곱 번이라도 네게 죄를 짓고 일곱 번 네게 돌아와 내가 회개하노라 하거든 용서하라 (눅 17:4).

예수님의 대답은 제자들이 감당할 수 없는 것이었습니다. 그래서 제자들은 주님께 "우리에게 믿음을 더하소서"(눅 17:5)라고 간청하였습니다.
예수님은 겨자씨만한 작은 믿음도 진지한 것이라면 뽕나무 뿌리가 뽑혀서 바다에 심어지는 불가능한 일도 행할 수 있다고 하셨습니다(눅 17:6). 이 말씀을 대개 믿음의 양이 중요한 것이 아니고 질이 중요하다는 뜻이라고 해석합니다. 그러나 양도 있고 질도 있습니다. 바울은 "각 사람에게 나누어 주신 믿음의 분량대로 지혜롭게 생각하라"(롬 12:3)고 했습니다. 작은 믿음도 있고(마 6:30; 8:26; 14:31) 연약한 믿음도 있습니다(롬 14:1). 예수님의 옷 가를 만졌던 혈루증 여인과 같은 진지한 믿음도 있고(막 5:25~29) 자기 집까지 오시지 말고 오직 말씀만 하셔서 병든 종을 낫게 해 달라고 청했던 백부장처럼 큰 믿음도 있습니다(눅 7:9).

변화산 사건 이후에 귀신 들린 어린 아들을 제자들이 고치지 못했을 때 그 아버지가 예수님까지 의심하자 믿는 자에게는 능히 하지 못할 일이 없다는 꾸중을 들었습니다. 그때 그 아버지는 "내가 믿나이다 나의 믿음 없는 것을 도와주소서"(막 9:23~24)라고 부르짖었습니다.

우리는 자신의 믿음이 부족하다고 느낄 때마다 믿음으로 충만하신 주님을 바라보고 그분의 넘치는 큰 믿음에 우리의 작은 믿음을 매달아야 합니다. 참 믿음은 인간에게 자연스럽게 생기지 않습니다. 좋은 믿음은 예수님의 신실하심에 전적으로 의존하며 그분의 믿음에 우리의 연약한 믿음의 닻을 내리는 것입니다.

셋째, 예수님은 지금도 하늘에서 온전한 믿음으로 우리를 위해 중보하십니다.

예수님은 하나님의 뜻에 맞는 완전한 믿음으로 중보하시므로 언제나 응답을 받습니다. 주님이 나를 위해서 지금도 그렇게 하늘 아버지 앞에서 기도하신다고 생각해 보십시오. 얼마나 위로가 되고 안심이 됩니까! 예수님은 베드로를 위해 완전한 믿음으로 하나님께 중보하셨습니다. 베드로가 비록 세 번씩 예수님을 모른다고 부인한 후에도 절망하지 않고 다시 일어설 수 있었던 것은 예수님의 완전한 믿음의 기도가 응답되었기 때문이었습니다(눅 22:31-32). 예수님은 우리 믿음을 지켜주시는 믿음의 근원이십니다.

❖ 여호수아는 하나님으로부터 요단 강을 건너는 문제에 대한 구체적인 지시를 받았고 하나님의 말씀대로 될 것이라고 믿었습니다. 그래서 요단 강이 갈라질 것이라고 백성에게 예고했습니다(수 3:10. 13). 그런데 백성이 누구의 믿음에 의존하여 강을 건넜습니까? 그들은 넘치는 강물을 보고 두려워했지만, 여호수아의 믿음에 의존해서 강을 건넜습니다. 이것은 우리의 여호수아이신 '예수 그리스도의 믿음'을 신뢰하는 원리를 예증합니다.

우리는 요단 강을 만나면 당황하고 두려워합니다. 상황이 절박하면 평소에 있다고 생각했던 믿음도 없다는 사실을 알게 됩니다. 우리는 요단 강의 위기 앞에서 자신의 믿음이란 얼마나 믿을 수 없고 보잘것없는 것인지를 새삼 깨닫습니다. 이스라엘 백성 가운데서 넘치는 요단 강물을 보고 자신의 믿음으로 능히 도강할 수 있다고 말할 사람은 아무도 없었습니다. 백성은 '여호수아의 믿음'에 의지하여 건널 수 없는 강을 건넜습니다. 여호수아를 헬라어로 바꾸면 '예슈아'가 됩니다. 영어로는 Jesus이고 우리말로는 '예수'입니다. 여호수아는 예수님을 대변합니다. 예수님은 우리의 여호수아입니다. 여호수아는 예수님의 모형입니다. 여호수아가 이스라엘 백성을 데리고 요단 강을 건넜듯이, 우리도 하늘의 여호수아이신 예수님의 온전한 믿음을 신뢰하고 그분을 따르면 우리의 요단 강을 능히 건널 수 있습니다.

우리를 어떤 곤경에서도 구출할 수 있는 능력의 손은 예수님의 막강한 믿음의 손입니다. 예수님의 전능한 믿음의 손을 신뢰하는 것이 나의 믿음입니다. 나의 믿음은 아무리 작아도 예수님의 완전한 믿음에 연결되었을 때 산 믿음이 되고 강한 믿음이 되며 참 믿음이 됩니다.

하나님께서는 예수님에게 성령을 기름 붓듯 하셨습니다(행 10:38). 예수님은 성령을 한량없이 받으셨으므로 완전한 믿음을 가질 수 있었습니다(

요 3:34). 신자들에게도 성령과 믿음이 있습니다. 그러나 신자들의 믿음에는 분량의 한도가 있습니다(롬 12:3). 하나님께서는 우리가 구원을 받기 위해 스스로 흠 없고 완전한 '나의 믿음'을 가져야 한다고 요구하시지 않습니다. 구원하는 믿음은 예수님의 완전한 믿음에 의존하여 복음의 기본 진리를 받아들이는 것입니다. 하나님이 요구하시는 것은 완전하신 예수 그리스도를 믿으라는 것입니다. 우리 모두 하나님의 뜻에 전적으로 일치하는 예수님의 완전무결한 믿음을 신뢰하고 살아야 하겠습니다.

10
나를 따라오라
마가복음 1:16~20

예수께서 이르시되 나를 따라오라 내가 너희로 사람을 낚는 어부가 되게
하리라 하시니 곧 그물을 버려 두고 따르니라 (막 1:17~18).

본문은 예수님이 갈릴리 해변에서 제자들을 부르시는 내용입니다. 그
런데 어떤 인상을 받습니까? 예수님이 처음으로 제자들을 만나신 것 같
지 않습니까? 예수님이 과연 갈릴리 해변에서 제자들을 처음으로 보시고
'나를 따르라'고 하셨을까요?

또 다른 질문은 제자들이 예수님의 부르심을 받자마자 그물을 버리고
즉시 예수님을 따랐다고 했습니다. 야고보와 요한의 경우는 아버지를 품
꾼들과 함께 두고 예수님을 따랐다고 합니다. 만약 그들이 예수님을 처음
으로 만났다면 어떻게 현장에서 생업을 다 내버리고 예수님을 즉각 따를
수 있었을까요? 주님의 부르심에 대한 제자들의 즉각적인 순종과 헌신을
우리가 본받아야 한다는 교훈으로 이해하면 될까요? 이것은 원칙적으로
맞는 말이지만 전후 배경을 고려하지 않고 너무 단순하게 본문을 대하면
알맹이는 빠트리고 껍질만 거두기 쉽습니다.

예수님은 유대 지방에서 먼저 사역하셨습니다.

본문은 '무조건 순종'을 가르치는 것이 아닙니다. 혹은 무모한 모험을 '좋은 믿음'의 실례로 제시하는 것도 아닙니다. 또는 자기가 만들어낸 소명을 하나님이 주셨다고 믿는 것도 아닙니다. 우리가 생각해 보아야 하는 것은 주님께서 우리에게 소명을 주실 때 어떤 과정을 거치느냐 하는 것입니다. 생각 없이 본문을 읽으면 예수님이 갈릴리 해변의 어부들에게 갑자기 나타나셔서 '나를 따르라'는 소명을 주신 것처럼 들립니다. 그러나 그 이전에 어떤 과정이 있었는지를 살펴야 합니다.

결론부터 말씀드리면, 예수님은 제자들을 과거에 만나셨고 또 제자들도 예수님을 상당히 잘 알았습니다. 서로 초면이 아니고 구면입니다. 이 사실을 확인하려면 요한복음을 보아야 합니다.

일반적으로 예수님은 갈릴리 지역을 선교 본부로 삼고 복음 활동을 하신 것으로 생각합니다. 맞는 말이지만 그 이전에 예수님은 유대 지역에서 활동하셨습니다(눅 4:1~15). 마가복음 1장 14절에서 "요한이 잡힌 후 예수께서 갈릴리에 오셔서 하나님의 복음을 전파"하셨다고 했습니다. 그러니까 예수님의 갈릴리 사역은 세례 요한이 투옥된 이후부터였습니다. 또 갈릴리로 오셨다고 했는데 어디에서 갈릴리로 오셨다는 말일까요? 예수님의 고향이 나사렛이니까 나사렛에서 갈릴리로 오셨을까요? 나사렛도 갈릴리 지역입니다(마 21:11; 눅 2:4). 예수님은 처음에는 나사렛에서 남쪽 요단 강으로 가셨습니다.

> 그 때에 예수께서 갈릴리 나사렛으로부터 와서 요단 강에서 요한에게 세례를 받으시고 (막 1:9).

그럼 갈릴리로 복귀하시기 전에 유대 땅에 계셨으니까 거기서 무슨 일을 하셨는지를 살펴야 합니다.

제자들은 예수님을 유대 지역에서 만났습니다.

❖ 예수님은 유대 광야에서 세례를 받으셨습니다. 그때 세례 요한과 함께 있던 요한의 두 제자를 만나셨는데 그중의 한 사람은 안드레였습니다(요 1:40). 예수님은 안드레의 소개로 베드로를 만나셨습니다. 다음 날 빌립을 만나 '나를 따르라'고 초대하셨습니다(요 1:43). 또 빌립의 소개로 나다나엘을 만나셨습니다(요 1:43~51).

❖ 예수님이 갈릴리 가나 혼인 잔치에 초대를 받고 제자들과 함께 잠시 다녀오셨습니다(요 2:1~2, 12).

❖ 유월절이 가까워 다시 예루살렘으로 올라가셨습니다(요 2:13). 예루살렘에서 성전 청결 사건이 있었고 니고데모를 만나셨습니다(요 3장)

❖ 그다음 예루살렘에서 나와, 유대 땅의 한 지역으로 가서서 제자들을 시켜 세례를 베푸셨습니다(요 4:2). 그러니까 유대 광야의 시험과 예수님의 갈릴리 사역 사이에 예수님이 세례 요한의 회개 운동에 동조하여 일종의 공동 사역을 한 듯합니다. 세례를 베푼 장소는 아마 서로 달랐을 것으로 추측됩니다(요 3:23, 26).

❖ 바리새인들의 위협과 요한의 투옥을 계기로(막 1:14) 예수님은 예루살렘에서 철수하시고 사마리아를 거쳐 갈릴리로 복귀하셨습니다(요 4:3~6, 43; 눅 4:14).

여기서 우리가 알 수 있는 중요한 데이터는 예수님이 갈릴리에서 처음으로 사역하신 것이 아니고 유대 땅으로 가서서 먼저 사역하셨다는 사실입니다. 그때 제자들의 상당수를 만나셨고 빌립에게는 "나를 따르라"(요 1:43)고 하셨습니다. 다른 제자들의 경우에는 문자적으로 '나를 따르라'고 하시지는 않았지만 문맥으로 보면 제자로 삼으신 것을 확인할 수 있습니다. 세례 요한의 제자로 있던 두 사람 중에 한 명은 안드레였고 다른 한 사람은 아마 세베대의 아들 요한이었을 것입니다(요 1:40; 마 10:2). 이들은 예수님에 대한 세례 요한의 증언을 들었습니다.

예수께서 거니심을 보고 말하되 보라 하나님의 어린 양이로다 (요 1:36) .

이 말을 듣고 두 제자가 예수님을 따랐다고 했습니다. 예수님은 그들을 자신의 거처로 초대하셨습니다. 베드로와 나다나엘도 예수께로 나아갔고 예수님은 그들을 제자로 대하셨습니다. 그래서 그들에게 개인적인 메시지를 주셨고(요 1:42, 47~51) 다른 제자들과 함께 가나의 혼인 잔치에 참석하셨습니다(요 2:2).

예수님의 제자들은 예수님의 숙소에서 함께 머물렀다고 했습니다(요 1:39). 이때부터 그들은 예수님을 따라다니면서 주님의 사역을 도왔습니다. 그래서 제자들은 갈릴리 해변에서 예수님으로부터 "나를 따르라"는 소명을 받았을 때 이미 예수님이 누구이신지를 잘 알고 있었습니다. 금시초문의 사람이 와서 내 제자가 되라고 한 것이 아니었습니다. 그들은 모든 것을 다 버리고 예수님을 따르기 전에 누구를 따른다는 것을 알았습니다. 그럼 그들이 예수님을 어느 정도로 알았을까요? 그들은 예수님을 현장에서 직접 만나보았습니다. 안드레와 다른 제자에게 세례 요한이 증언한 메시지가 무엇이었습니까? 한 마디로 예수님이 세상 죄를 지고 가는 하나님의 어린 양이라는 증언이었습니다(요 1:29, 36). 그렇다면 제자들이 요단 강 지역에 있었을 때 알게 된 예수님의 정체는 무엇이었습니까?

첫째, 예수님은 세상 죄를 대속하기 위해 오신 하나님의 어린 양이십니다.

유대인들의 죄만이 아니고 온 세상 죄를 속죄하기 위해 희생 양으로 하나님께 바쳐질 분입니다. 구약 시대에는 하나님께 흠 없는 양을 잡아 제단에 바쳤습니다. 앞으로 메시아가 오셔서 흠 없는 자신을 산 제물로 바칠 것을 바라보게 하는 상징적인 제사였습니다. 이제 예수님이 바로 그 희생 제물로 오신 하나님의 어린 양이라는 증언을 제자들이 세례 요한으로부터 받았던 것입니다. 안드레는 이 사실을 확신하고 그의 형제인 시몬 베드로에게 "우리가 메시아를 만났다"(요 1:41)라고 증언했습니다.

둘째, 예수님은 모세와 선지자들이 장차 오실 메시아로 예고했던 분입니다.

빌립은 나다나엘에게 가서 "모세가 율법에 기록하였고 여러 선지자가 기록한 그이를 우리가 만났으니 요셉의 아들 나사렛 예수니라"(요 1:45)라고 증언했습니다. 빌립은 예수님이 단순히 새로운 한 지도자가 아니고 율법과 선지자들의 증거가 확실한 메시아라고 확신하였습니다.

셋째, 예수님은 하나님의 아들이시며 이스라엘의 왕으로 오신 분입니다(요 1:49).

나다나엘은 예수님이 자신에게 야곱과 같은 간사함이 없는 참 이스라엘 백성으로서 메시아를 기다리는 것을 너무도 정확하게 아시는 것을 보고 예수님의 초자연적인 영적 통찰에 압도되어 외쳤습니다.

랍비여 당신은 하나님의 아들이시요 당신은 이스라엘의 임금이로소이다 (요 1:49) .

나다나엘은 아마 열두 사도의 한 사람이었던 바돌로매였을 것입니다 (마 10:3). 그는 예수님의 신분에 대한 최초의 고백을 한 제자입니다. 예수님을 건성으로 알고 믿었더라면 이런 고백을 할 수 없었을 것입니다. 그런데 예수님은 그에게 더욱 분명하게 자신의 정체를 밝혀 주셨습니다.

또 이르시되 진실로 진실로 너희에게 이르노니 하늘이 열리고 하나님의 사자들이 인자 위에 오르락내리락 하는 것을 보리라 하시니라 (요 1:51) .

우선 이 말씀이 누구에게 준 것입니까? 나다나엘 한 사람에게 주신 말씀일까요? "너희에게 이르노니"라고 하셨습니다. 나다나엘의 반응에 대한 예수님의 말씀이지만 나다나엘과 그를 예수께로 인도한 빌립과 그들의 동료 전체, 더 나아가서 후속 세대까지 다 포함해서 모든 사람에게 주시는 계시의 말씀이었습니다. 그래서 이 말씀의 내용을 다른 제자들도 다 들었다는 점을 주목해야 합니다. 예수님과의 만남과 그분에 대한 지식은 갈릴리 해변에서 처음으로 갖게 된 것이 아님을 알 수 있습니다.

그럼 왜 예수님이 나다나엘에게 천사들이 인자 위에 오르락내리락 한다고 하셨을까요? 나다나엘이 예수님을 만나기 전에 무화과나무 아래에서 묵상한 것이 야곱의 사닥다리였기 때문입니다(요 1:47~50). 예수님이 나다나엘을 보시고 "이는 참으로 이스라엘 사람이라 그 속에 간사한 것이 없도다"(요 1:47)라고 평하셨습니다. 이 말씀은 야곱의 스토리를 연상시킵니다.

이스라엘은 야곱이 새로 받은 이름이었습니다. 야곱은 간사한 사람이었습니다. 그는 아버지를 속여서라도 자기 이익을 확보하고 자기 꾀로 성공하려던 인물이었습니다. 그러나 나중에 하나님을 새롭게 만나고 새 사람이 되었는데 그때 하나님이 그에게 야곱의 이름을 이스라엘로 개명해 주셨습니다.

예수님이 나다나엘을 보시고 간사함이 없는 참 이스라엘 사람이라고 하신 것은 단순한 칭찬을 넘어서는 말씀이었습니다. 예수님은 나다나엘에 대해서 다 알고 계셨습니다. 우리가 예수님을 만나기 위해서 그분에게로 나아가면 예수님이 먼저 우리를 기다리고 계셨음을 알게 됩니다. 이것이 예정 교리의 한 측면입니다.

그런데 나다나엘은 자신이 고백한 예수님에 대한 진술 내용의 지평을 거의 무한대로 확장하는 놀라운 말씀을 들었습니다. 예수님은 그가 고백한 수준의 인물 이상의 신적 신분을 가지신 분이었습니다. 야곱이 벧엘에서 한 꿈을 꾸었습니다.

꿈에 본즉 사닥다리가 땅 위에 서 있는데 그 꼭대기가 하늘에 닿았고 또 본즉 하나님의 사자들이 그 위에서 오르락내리락 하고 또 본즉 여호와께서 그 위에 서서 이르시되 (창 28:12~13).

예수님은 이 내용을 자신에게 적용하셨습니다. 천사들이 하늘 사닥다리를 오르락내리락하는 것이 아니고 인자(예수님) 위를 오르락내리락한다고 하셨습니다. 여기서 예수님이 야곱의 사닥다리를 자신으로 대치하시는 것을 볼 수 있습니다. 즉, 예수님이 하나님과 인간들을 연결하는 중보자라는 말입니다. 천사들은 예수님의 구원 사역을 위해 그분을 돕는 존재들입니다.

하나님의 축복이 예수님을 통해서 우리에게 내려옵니다. 예수님은 나다나엘과 그의 모든 제자들의 중보자이십니다. 예수님이 하늘을 여시고 하늘에 속한 모든 신령한 복들을 부어주십니다(엡 1:3). 우리를 야곱의 간사함과 자기 의존과 일체의 세속적 욕망으로부터 구원하시고 참 이스라엘 사람으로 살게 하시는 분은 예수님입니다.

인자는 누구입니까?

천사들이 인자 위에 오르락내리락한다고 하였습니다. 인자가 누구입니까? 예수님은 자신을 '인자'라고 자주 부르셨습니다. 메시아에 대한 타이틀인데 다니엘서 7장 13~14절에 나오는 "인자 같은 이"와 관련이 있습니다. 거기 보면 '인자 같은 이'(단 7:13)가 왕권을 받기 위해 하나님 앞으로 나아가는 장면이 나옵니다. 이 인자의 왕권과 권세는 영원하다고 했습니다. 이제 예수님이 자신을 이 인자라고 나다나엘에게 알리신 것입니다. 예수님은 부활하신 이후에 제자들에게 하늘과 땅의 모든 권세를 아버지께로부터 받으셨다고 선포하셨습니다(마 28:18, 참조 38장 인자란 무엇인가?)

❖ 제자들이 유대 땅에서 예수님으로부터 듣고 본 것은 이 놀라운 사실 이외에도 많이 있었습니다. 그들은 니고데모가 예수님을 찾아왔을 때

주고받은 말씀을 알았습니다. 예수님은 니고데모와의 대화에서 거듭남에 대해 가르치셨습니다. 예수님은 "내가 네게 거듭나야 하겠다 하는 말을 놀랍게 여기지 말라"(요 3:7)고 하셨습니다. 여기서 거듭나야 하는 자들은 산헤드린 멤버인 니고데모 개인만 아니고 산헤드린 전 회원과 나아가 모든 사람을 가리킵니다. 개역개정에는 단수로 되었지만 원래는 복수라야 맞습니다. 새번역과 직역성경은 "너희"(요 3:7)라고 바르게 옮겼습니다. 그러니까 제자들도 이 말씀의 적용 대상이었습니다. 물론 우리도 포함됩니다.

❖ 또 예수님이 유월절에 예루살렘에 계실 때 많은 표적을 행하신 것을 보고 많은 사람이 그의 이름을 믿었다고 했습니다(요 2:23). 제자들도 가나의 혼인 잔치에서 예수님이 물을 포도주로 바꾸시는 표적을 보고 예수님을 믿었습니다(요 2:11). 그들은 가나의 기적만 본 것이 아니고 예루살렘에서 행하신 다른 종류의 기적들도 목격했습니다.

❖ 제자들은 예수님이 성전 청결 사건 때 "너희가 이 성전을 헐라 내가 사흘 동안에 일으키리라"(요 2:19)는 말씀도 들었습니다. 물론 그 당시에는 이것이 예수님의 십자가 희생과 부활을 가리킨 것임을 깨닫지 못했지만 예수님의 부활 후에 깨달았습니다(요 2:20~22).

이제 간단히 정리하겠습니다. 처음에 우리가 던졌던 질문으로 돌아갑니다. 제자들이 언제 예수님을 처음 만났습니까? 그들이 언제 주님을 따르라는 소명을 받았습니까? 어느 날 갑자기 갈릴리 해변에서 제자들이 예수님의 부르심을 받고 모든 것을 버렸습니까? 우리가 살펴본 대로는 예수님은 갈릴리 사역을 시작하시기 전에 유대 지방에서 제자들을 만나셨고 그들을 제자로 받아주셨습니다.
• 예수님은 그들과 함께 복음을 전하시고 세례를 베푸셨습니다.

- 제자들은 예수님의 표적들을 보고 예수님이 하나님의 아들이심을 믿었습니다.
- 하나님의 나라에 들어가려면 거듭나야 한다는 말씀도 들었습니다.
- 예수님이 하늘과 땅을 연결하는 인자라는 사실도 알게 되었습니다.
- 예수님이 세상 죄를 지고 가는 하나님의 어린 양이심도 믿었습니다.
- 예수님 자신이 하나님의 성전이라는 말씀도 들었습니다.

이러한 사실들이 제자들에게 주는 의미가 무엇입니까? 그들은 예수님의 신분을 믿었고 그분이 전하시는 복음을 들었으며 그분의 사역에 동참함으로써 제자 노릇을 했다는 것입니다.

그럼 갈릴리 해변에서 예수님이 제자들을 부르신 것은 어떻게 된 것일까요? 요한복음에서 언급된 제자들만 해도 시몬, 안드레, 야고보, 요한, 빌립, 나다나엘이 요단 강 주변과 예루살렘에서 예수님과 함께 머물면서 사역하였습니다. 그렇다면 갈릴리에서 이들을 부른 것은 첫 번째 부름이 아니고 두 번째 부름이라는 결론을 내리지 않을 수 없습니다. 예수님은 갈릴리로 돌아와서 자신들의 생업으로 되돌아간 제자들에게 재소명을 주신 것이었습니다.

제자들은 갈릴리로 복귀한 후 유대 땅에서 예수님을 만났던 일을 곰곰이 생각해 보았을 것입니다. 그분이 과연 하나님의 아들이시고 대속주로서 오신 하나님의 어린 양이시라면 그분을 계속 따라야 하지 않느냐는 반성이 있었을 것입니다. 그들은 예루살렘에서 예수님이 행하신 많은 기적과 가르침을 통해 하나님의 나라가 능력으로 드러나는 것을 목격하였습니다. 그들은 함께 기숙하면서 예수님의 성품을 바라보고 놀라워한 일이 한두 가지가 아니었을 것입니다. 그들은 예수님이 심판주로서 부패한 성전을 뒤엎으시는 무서운 권위에 압도되었을 것입니다. 그래서 그분을 따라다녔는데 이제 고기잡이에 여념이 없게 되었으니 이것이 과연 옳으냐는 생각에 마음이 착잡했을 것입니다.

그런 상황에서 일어났던 한 가지 인상적인 사건이 있었습니다. 베드로는 밤새 그물을 던졌지만 한 마리의 고기도 잡지 못했습니다(눅 5:5). 그런데 주님의 지시에 따라 그물을 깊은 데로 가서 던졌을 때 그물이 찢어질 정도로 만선이 되었습니다. 그때 그는 바다와 물고기를 모두 주관하시는 예수님의 신적 임재 앞에서 자신의 죄악 됨을 절감하여 "주여 나를 떠나소서"(눅 5:8)라고 외쳤습니다. 주님은 그에게 이제 후로는 네가 사람을 낚을 것이라고 하셨습니다(눅 5:10). 그때 예수님이 제자들을 향해 '나를 따르라'고 하셨다고 상상해 보십시오. 그들이 즉시 예수님을 따랐다는 말이 이해가 되지 않습니까? 누가복음 5장의 마지막 절은 이렇게 끝납니다. 그들이 배들을 육지에 대고 모든 것을 버려두고 예수를 따르더라(눅 5:11).

두 가지 교훈을 생각해 볼 수 있습니다.

하나는, 예수님은 자신을 우리에게 충분히 드러내시지 않고 무조건 맹목적으로 나를 따르라고 하시지 않는다는 것입니다. 다 버리고 예수님을 따르기 위해서는 거쳐가는 과정이 있습니다. 제자들은 유대 땅에서 먼저 예수님을 만나서 배우고 보고 깨달으면서 실제로 예수님의 사역에 동참하는 기회가 있었습니다. 무엇보다도 예수님의 정체를 알아야 그분을 믿을 수 있습니다. 예수님에 대한 확신이 없으면 제자가 되는 것은 불가능합니다.

다른 하나의 교훈은 예수님이 주시는 재소명입니다. 한 번 받은 소명으로 끝까지 가는 사람은 예수님 이외에는 아무도 없습니다. 모두 불완전하기 때문에 중간에 포기하거나 실족합니다. 모세도 힘들어지자 차라리 죽기를 원했고 엘리야 선지자와 요나 선지자도 하나님께서 데려가 달라고 기도했습니다. 재소명은 우리 모두에게 필요합니다. 주님은 우리의 연약함을 잘 아시고 동정하십니다. 그래서 우리가 넘어질 때마다 다시 부르시고 붙들어 주십니다. 오래 참으시며 격려하십니다. 꾸중도 하시고 징계도 하시지만 언제나 우리를 자녀로 대하시고 회복시켜 주십니다. 주님을 배신했던 베드로에게도 "너는 돌이킨 후에 네 형제를 굳게 하라"(눅 22:32)고 격려하셨습니다.

그런데 우리 모두에게 정말 큰 격려와 위안이 되는 것이 있습니다. 예수님은 베드로가 실족하기 전에 "내가 너를 위하여 네 믿음이 떨어지지 않기를 기도하였노라"(눅 22:32)고 하셨습니다. 베드로는 사탄의 유혹을 받고 철저하게 넘어질 것입니다. 그러나 그는 회복될 것이었습니다. 예수님이 그의 믿음이 유지되도록 기도하셨기 때문입니다.

갈릴리 해변의 제자들은 예수님의 재소명을 받고 즉시 일어섰습니다. 그들이 그처럼 모든 것을 버리고 주님을 다시 따를 수 있었던 까닭이 무엇이었을까요? 예수님이 그들의 믿음이 떨어지지 않도록 기도하셨기 때문입니다. 예수님은 항상 하나님의 뜻대로 기도하셨기에 그 기도는 언제나 응답되었습니다.

우리도 넘어집니다. 우리도 주님을 끝까지 신실하게 따르지 않습니다. 우리는 당장 먹고사는 문제나 나의 개인적인 유익에 집착합니다. 지금은 이대로 있다가 나중에 주님을 열심히 신실하게 섬기면 되지 않겠느냐고 생각합니다. 나는 어떻습니까? 주님을 한때 잘 따랐는데 지금은 처지고 있습니까? 주님이 원치 않으시는 방향으로 가고 있지는 않습니까? 주님이 누구이신지도 알고 주님의 능력도 체험했는데 이제는 신앙생활에 생동감이 없습니까? 이런저런 세상 일에 붙잡혀 있습니까? 그래서 갈등하는 중입니까?

주님은 미욱하고 연약한 우리에게 재소명을 주기를 기뻐하십니다. 주님이 다시 오실 때는 넘어진 내 삶이 바로 세워집니다. 주님은 갈릴리 해변에서 딴 일을 하고 있는 제자들을 원망하시거나 질책하시지 않았습니다. 그들을 찾아오신 주님은 예전처럼 "나를 따르라"는 온유한 음성으로 부르셨습니다. 제자들은 다시 소명의식에 불타올랐습니다.

주님은 제2의 기회를 주십니다. 제자들의 반응이 무엇이었습니까? 즉시 주님을 따랐습니다. 예수님의 반응이 무엇이었습니까? 즉시 그들을 받아 주시고 함께 사역의 현장으로 데리고 가셨습니다(막 1:21). "예수를 따라가니라"(1:20)의 다음 절을 주목하십시오. "그들이 가버나움에 들어가니라"(1:21)라고 하였습니다. 예수님의 갈릴리 사역의 첫 번째 가르침과 축귀 사역은 재소명을 받은 제자들과 함께 가버나움 회당에서 일어났습니다(눅 4:23). 나의 실족이나 불신실이나 회의는 예수님이 해결할 수 없는 문제가 아닙니다. 예수님은 우리의 모든 약점과 연약함을 아시면서도 우리를 다시 부르십니다. 주님이 다시 부르실 때 즉시 일어나십시오.

11
예수님의 권위
마가복음 1:21~39

본문은 예수님이 가버나움 회당에서 가르치시고 같은 날 베드로의 장모 집에서 축귀와 치유를 하신 첫 번째 갈릴리 사역을 기록하고 있습니다. 예수님이 가버나움 회당에서 구체적으로 무엇을 가르치셨는지는 기록되지 않았습니다. 그러나 하나님 나라에 대한 복음을 선포하셨을 것은 쉽게 짐작할 수 있습니다.

예수님이 나사렛 회당에서 가르치신 내용을 보면 가난한 자에게 복음을 전하고 포로 된 자들에게 자유를 주기 위해서 오셨다고 했습니다. 가버나움에서도 유사한 내용의 복음을 전했을 것입니다(비교. 눅 4:16~21; 9:1~2). 38절과 39절을 보면 예수님이 다른 마을에도 가서 '전도'해야 한다고 하셨습니다. 같은 내용이 누가복음 4장 43절에도 나오는데 '전도'라는 말 대신에 '하나님 나라 복음'을 전해야 한다고 표현하였습니다. '전도'라는 원문은 '복음 선포'를 뜻합니다(헬. 케리그마). 그러니까 가버나움 회당에서 사람들이 예수님의 '가르침'(헬. 디다케)에 놀랐다는 것은 복음 선포를 듣고 놀랐다는 말입니다. 이것이 서기관들의 가르침과 다른 점이었습니다. 그들에게는 복음이 없었습니다. 서기관들은 율법 전문가들이었는데 영적 통찰이나 깊은 깨달음이 없이 유명한 랍비들의 말을 인용하여 자신들의 권위를 세우려고 했습니다. 그들의 가르침은 진부하였고 실제적인 도움이 되지 않았습니다.

예수님의 가르침은 사람들을 놀라게 하였습니다.

예수님의 가르침을 들은 자들은 모두 크게 놀랐습니다. 마가복음에는 예수님의 가르침과 행위가 사람들에게 놀라움과 두려움을 일으켰다는 증언이 수십 번씩 나옵니다.

❖ 놀라움=1:27; 2:12; 5:20, 42; 6:51; 9:15; 10:24; 11:18; 12:17; 15:5.

❖ 두려움=4:41; 5:15, 33, 36; 6:50; 9:6, 32; 10:32.

요한복음에도 예수님을 잡으러 갔던 성전 경비병들이 그냥 돌아와서 대제사장들과 바리새인들에게 그 사람이 말하는 것처럼 말한 사람은 이때까지 없었나이다(요 7:46)라고 보고하였습니다.

우리의 경우는 어떻습니까? 매주 설교를 듣는데 놀란 일이 몇 번이나 됩니까? 아마 말씀이 너무 좋아서 놀란 것보다 너무 형편없어서 놀랐을지 모릅니다. 못 배웠건 많이 배웠건 무력하고 영성 없는 설교를 하는 것은 지금 세대에도 마찬가지인 듯합니다. 현대교회에는 신학 박사들도 수두룩합니다. 그런데 그들의 연구가 사람들을 놀라게 하는 일은 매우 드문 편입니다. 학위를 여러 개씩 소유한 목회자들이 많지만 그들의 메시지를 듣고 회중이 권위 있는 말씀이라고 놀라거나 두려워하는 일은 흔치 않습니다. 말씀의 권위는 이 사람 저 사람이 사용한 중고품에서는 나오지 않습니다. 서기관들은 차용된 지식과 랍비들의 전통에 의존하여 성경을 가르쳤습니다.

예수님은 하나님의 보내심을 받고 성령에 충만하여 아버지로부터 받은 말씀만을 전하셨습니다(요 7:28; 14:24; 17:8). 이것이 서기관들과 다른 점입니다. 또 하나의 특징은 성령의 능력이었습니다. 누가복음 4장 14절은 예수께서 성령의 능력으로 갈릴리로 돌아가시니 그 소문이 사방에 퍼졌다(눅

4:14)라고 했습니다. 서기관들은 랍비들의 전통으로 가르쳤지만 예수님은 하나님으로부터 받은 말씀을 성령의 능력으로 선포하셨습니다.

귀신도 예수님의 복음 선포를 듣고 놀랐습니다.

복음을 들은 귀신이 질겁을 했습니다. 귀신이 놀라고 두려워할 정도가 되어야 복음을 능력 있게 선포한 것입니다. 귀신은 예수님의 복음 선포의 권위에 압도되어 무서워하면서 외쳤습니다. 나는 당신이 누구인지 아노니 하나님의 거룩한 자니이다 (막 1:24).

놀랍게도 귀신이 예수님의 신분을 정확하게 알았습니다. 그는 예수님이 하나님께서 보내신 거룩한 분이심을 믿었습니다. 그런데 이 더러운 귀신은 자신이 가진 예수님에 대한 지식을 오용하고 적대적인 무기로 사용했습니다. 당시에는 대결의 대상인 상대방의 이름과 근원을 정확하게 대면 자신을 방어할 수 있다고 믿었습니다. 귀신은 예수님이 사탄의 왕국을 멸망시키려고 세상에 오신 것을 알고 크게 두려워했습니다. 그는 공포에 질려 예수님의 신분을 노출하며 크게 비명을 지르면서 자신을 방어하려고 시도하였습니다. 예수님은 즉각 귀신을 꾸짖고 입 다물고 나오라고 명령하셨습니다. 놀랍게도 귀신은 그 사람에게 경련을 일으키게 하고 큰소리를 지르며 떠났습니다(막 1:26). 예수님의 신분에 대한 정확한 지식만으로는 예수님의 제자가 될 수 없습니다. 더러운 귀신은 회개하지도 않았고 예수님을 따르지도 않았습니다.

가버나움 회당에는 귀신이 와서 예배를 보았습니다.

가버나움 회당의 회중은 예수님의 권위 있는 가르침에 놀랐고 귀신도 예수님의 신분이 하나님의 거룩하신 분이라는 것을 알고 두려워했습니다. 우리는 주님을 믿기 때문에 주님이 누구이신지도 알고 또 예수님의 권위를 당연시하기 때문에 놀라지도 않습니다. 그런데 한 가지 우리를 놀라게 하고 두렵게 하는 것이 있습니다. 그것은 가버나움 회당에 더러운 귀신 들린 사람이 있었다는 사실입니다.

이 귀신 들린 사람은 늘 가버나움 회당에 다녔을 것입니다. 그러나 한 번도 도전을 받지 않았고 귀신이 쫓겨난 일도 없었습니다. 학식이 많은 서기관들의 강해를 듣고도 아무런 변화가 없었습니다. 서기관들에게는 이 귀신 들린 사람을 구원할 수 있는 권위 있는 복음의 말씀이 없었기 때문입니다.

악령이 우리 교회에 매주 참석하여 함께 예배를 본다고 생각해 보십시오. 놀랍고 두려운 일이 아니겠습니까! 귀신이 와서 편안하게 매주 예배를 볼 수 있을 만큼 교회가 영적으로 죽어 있다면 얼마나 위험한 일이겠습니까!

하나님의 복음이 바르게 선포되지 않고, 세상적인 방식으로 교회가 운영되고 미신적인 신앙이 자리 잡은 곳이라면 어떻게 되겠습니까? 교회는 악령들이 몰려와서 매주 자리를 채우며 즐기는 놀이터가 될 것입니다. 이단들이 교회에 잠식하여 신자들을 유혹하고 교세를 확장하여 많은 사람에게 큰 피해를 끼치는 원인이 무엇이겠습니까? 그것은 기성교회가 복음을 권위 있게 선포하지 못하고 성경의 교리를 바르게 가르치지 않기 때문입니다.

복음을 진지하게 강해하지 않고 성품의 변화를 일으키는 성령의 역사가 없는 교회에는 악령들이 수시로 방문합니다. 악령들이 들어왔다가 복음을 듣고 공포의 비명을 지르며 두려워 떠는 곳이라야 예수님의 영과 진리의 말씀이 임재하는 교회입니다.

축귀는 하나님 나라가 사탄의 나라를 파괴하고 있다는 증거입니다.

예수님의 사역에서 축귀 사건이 제일 먼저 소개된 것은 시사적입니다. 사람들은 예수님이 하나님 나라가 가까이 왔다고 선포하셨을 때 군사적이고 정치적인 변혁이 일어날 것으로 기대했습니다. 그러나 예수님은 가버나움 회당에서 귀신을 내쫓는 일을 하셨습니다. 예수님이 파괴하는 나라는 이스라엘을 압제하는 로마제국이 아니고 사탄의 왕국이었습니다. 축귀는 사탄의 세력이 예수님의 권위에 의해 꺾이기 시작했음을 극적으로 드러낸 사건입니다. 그래서 축귀는 예수님의 사역에서 자주 일어났습니다(막 1:39).

예수님은 회당에서 나오신 후에 베드로의 집으로 들어가셨습니다.

베드로의 장모가 열병으로 누워 있었습니다. 우리는 모든 병을 마귀 탓으로 돌리지 말아야 합니다. 마귀의 영향으로 귀신이 들기도 하지만 마귀와 상관없는 질병도 많습니다. 예수님은 베드로의 장모에게 '열병 귀신' 나가라고 명하시지 않았습니다. 장모의 치유는 즉각적이었습니다. 그런데 그녀의 손님 시중도 즉각적이었습니다.

그날 예수님으로부터 치유를 받은 사람들이 매우 많았습니다. 사실상 온 동네의 환자들이 다 모여들었는데 한 사람도 빠짐없이 다 나았습니다. 그런데 과연 몇 사람이나 베드로의 장모처럼 예수님을 위해 봉사하였을까요? 예수님으로부터 큰 은혜를 받고도 예수님을 따르지 않는 자들도 있습니다. 처음에는 감사하겠지만 얼마 가지 않아 자기 길로 가버립니다. 사람들은 병 낫는 것에만 정신이 쏠려 있습니다. 그래서 중병에 걸리면 예수를 믿겠다고 세례도 받고 교회도 다니지만 병이 낫지 않으면 곧 실망하고 예수님과 관계를 끊는 것을 종종 봅니다. 그래서 복음을 먼저 듣고 예수님을 믿어야 합니다. 내 병이 낫든지 안 낫든지 복음을 믿고 구원을 받는 것이 더 시급합니다. 예수님은 질병의 치유보다 항상 가르침을 앞세웠습니다. 회당에 들어가서 먼저 하신 일은 축귀나 질병 치유가 아니고 복음을 선포하는 것이었습니다.

[본 사건의 교훈]

첫째, 이 세상은 사탄과 악령들이 자신들의 왕국을 지키기 위해 온갖 악하고 교묘한 방법을 동원하여 예수님이 출범시킨 하나님 나라를 대항하는 곳입니다. 예수 믿는 교인들을 부패시키고 교회 지도자들을 타락시킵니다. 사이비 기독교나 이단 교리를 만들어 많은 사람을 유인하고 교회가 참 복음에서 이탈하여 세상을 따르게 합니다. 우리는 이 세상이 사탄의 수중에서 농락을 당하고 있다는 사실을 잘 의식하지 못합니다. 그러나 예수님은 복음을 선포하고 사탄을 제압함으로써 하나님 나라가 예수님의 사역을 통해 이 세상에 들어왔음을 보게 하셨습니다.

우리가 주 예수의 복음을 믿으면 즉시 하나님 나라의 백성이 됩니다. 그럼 하나님 나라 시민이 된 것은 무엇을 의미합니까? 사탄의 나라와 싸우는 그리스도의 병사가 된 것을 의미합니다(딤후 2:3). 그래서 마귀의 간계를 능히 맞설 수 있도록 하나님의 전신갑주를 입으라고 했습니다. 복음과 그리스도를 신뢰하는 믿음과 성령의 검으로 무장하고 항상 기도하라고 했습니다.

왜 그래야 합니까? 바울이 에베소서 6장에서 말했듯이 우리의 씨름은 혈과 육을 상대하는 것이 아니요 사탄의 영향을 받는 통치자들과 권세자들과 이 어두운 세계의 지배자들과 하늘에 있는 악한 영들을 상대하는 것이기 때문입니다(엡 6:12). 우리는 예수님의 축귀 사역이 이러한 영적 전쟁에 대한 실체적인 예시라는 점을 잘 인식하고 그리스도의 군병으로서 영적 무장을 하고 살아야 합니다.

둘째, 예수님의 질병 치유는 그 자체가 목적이 아닙니다. 육체적인 질병은 영적인 질병에 대한 반사경입니다. 육체적인 질병을 보면서 우리는 영적 질병의 심각성을 더 생각해 보아야 합니다. 영적 중풍도 있고 영적 농아도 있으며 영적 맹인도 있습니다. 육신은 치유를 받았을지라도 자신의 영적 질병은 그대로 남아 있을 수 있습니다. 예수님이 간음한 여자를 용서하시며 다시는 죄를 범하지 말라(요 8:11)고 하시고, 또한 베데스다 연못의 서른여덟 해가 된 병자를 치유하신 후에 다시는 죄를 범하지 말라(요 5:14)고 하신 뜻이 무엇인지 생각해 보십시오. 영적 질병은 죄를 낳고, 죄는 질병에 영향을 끼치며 온갖 불행의 원인이 됩니다.

예수님은 영혼의 열병을 고치시는 분입니다. 예수님은 베드로의 장모에게 다가가시고 그녀의 손을 잡아 일으키셨습니다. 주님은 자비를 품고 열병에 걸린 우리에게로 다가오십니다. 주님은 모든 형태의 열병들을 고치십니다. 주님은 완전한 믿음으로 병든 우리의 손을 붙잡으십니다. 우리는 몸과 마음을 다해 주님을 섬기지 못할 때가 많습니다. 그렇다면 베드로의 장모를 심한 열병에서 일으키시고 즉시 하나님의 나라를 위해 섬기게 하셨던 주님의 믿음을 신뢰해야 합니다. 주께서 능히 우리의 열병을 떠나가게 하실 것입니다.

셋째, 하나님의 나라는 악령에 사로잡혔던 사람들을 구출합니다. 귀신 들렸던 사람은 자신의 삶을 유린당하며 악령의 지시에 복종해야 했습니다. 만일 그가 귀신 들렸다는 것을 사람들이 알았었다면, 거룩한 안식일에 회당에 들어오는 것을 절대 허락하지 않았을 것입니다. 그는 안식일마다 정상인의 모습으로 회당에 출석하였고 회중들과 교제하였습니다. 그의 정체가 드러난 것은 예수님이 회당에서 가르치시기 시작했을 때였습니다. 복음이 선포되고 예수님의 신령한 권위가 드러나자 자기 속에 감추어졌던 더러운 귀신이 질색을 하고 비명을 질렀습니다. 귀신들은 십자가 복음을 견디지 못합니다. 귀신들은 성령에 충만한 메시지를 감당하지 못합니다.

❖ 스데반이 예루살렘 공회에서 성령에 충만하여 그리스도를 증언했

을 때 이스라엘의 종교 지도자들이 보였던 반응을 생각해 보십시오. 그들이 이 말을 듣고 마음에 찔려 그를 향하여 이를 갈거늘 … 그들이 큰소리를 지르며 귀를 막고 일제히 그에게 달려들어 성 밖으로 내치고 돌로 (행 7:54, 57~58) 쳤다고 했습니다.

국가종교의 최고 의결기관인 산헤드린 멤버들이 귀신이 들렸다고 생각해 보십시오. 오늘날도 이런 현상은 존재합니다. 귀신들은 아직 죽지 않고 활동 중입니다. 교회는 언제나 예수 그리스도의 복음을 성령의 능력으로 가감 없이 선포함으로써 더러운 귀신들이 발붙일 곳이 없어야 합니다. 귀신들이 와서 편안하게 예배를 보고 가는 일이 없어야 합니다. 거룩하신 성령의 임재와 십자가 복음이 선포되는 교회라면, 귀신들이 위장하고 들어와도 비명을 지르며 떠나는 역사가 일어납니다. 이러한 영적 권위가 없는 교회는 아무리 크고 외형이 좋아도 무력합니다. 신학적 지식이 많고 인기가 넘쳐도 더러운 귀신들을 제압하는 영적 능력이 없다면 하나님 나라의 병사로서 제구실을 못하는 법입니다.

넷째, 예수님은 요단 강에서 세례를 받으시고 올라오실 때 성령의 충만을 받으셨습니다. 또 광야에서 사탄과 직접 대결하시고 이기셨습니다. 그리고 유대 땅에서 "성령의 능력으로" 갈릴리로 돌아오셨습니다 (눅 4:14). 요한복음에는 하나님이 보내신 이는 하나님의 말씀을 하나니 이는 하나님이 성령을 한량없이 주심이니라(요 3:34)고 했습니다. 그렇다면 이스라엘 역사에서 전례가 없는 예수님의 대규모 축귀와 치유사역은 당연하다고 하겠습니다. 그런데 충천하는 인기와 사역의 성공을 진술한 다음에 마가의 유명한 증언이 따라붙습니다.

새벽 아직도 밝기 전에 예수께서 일어나 나가 한적한 곳으로 가사 거기서 기도하시더니 (막 1:35).

우리나라 교회에서는 이 구절을 새벽기도의 증거 본문으로 삼습니다. 예수님이 새벽에 기도하셨기 때문에 우리도 그래야 한다는 것입니다. 거기에다 새벽 시간에 하나님이 은혜를 많이 내리신다느니, 새벽 기도를 안 하는 교회는 교회가 아니라느니, 새벽기도 참석자는 믿음이 좋은 성도라느니 등등의 말로 새벽기도의 필요성과 유익성을 강조합니다. 그러나 특정한 시간에 기도하는 것이 중요한 것이 아닙니다. 성경에서 새벽에 꼭 기도해야 한다고 정하지 않았습니다. 예수님은 기도를 새벽에도 하시고 낮에도 하시고 한밤중에도 하셨습니다. 우리는 개인의 체험이나 전통적 습관에 비추어 기도 시간을 표준화시키지 말아야 합니다.

예수님은 큰 인기와 대성공을 거둔 후에 새벽부터 기도하셨습니다. 성공과 인기 뒤에는 어두운 함정이 도사립니다. 성공으로 교만해지면 자신이 잘난 줄 알고 하나님을 두렵고 떨리는 마음으로 섬기지 않습니다(빌 2:12). 예수님은 자신의 능력에 현혹되거나 사람들의 인기에 눈멀지 않았습니다. 예수님은 오직 하나님의 아들로서의 소명에 신실하셨고 언제나 하나님의 뜻을 따르고 성령의 인도를 받기 위해 겸비히 무릎을 꿇었습니다.

예수님은 항상 기도하셨습니다. 바울도 쉬지 말고 기도하라고 권면하였습니다(살전 5:17). 중요한 것은 기도하는 시간이 아니고 '기도를 하는 것'입니다. 예수님이 언제 기도하셨느냐가 중요한 것이 아니고 예수님이 기도하셨다는 사실입니다. 또 더 중요한 것은 기도하되 어떤 상황에서 기도하느냐는 것입니다. 한 가지 질문이 있습니다.

예수님은 성령을 한량없이 받으시고 신적 능력과 권위가 넘치는 분이신데 기도할 필요가 있었을까요? 예수님이 기도하신 것은 항상 기도가 필요했기 때문입니다. 예수님이 어떤 상황에서 기도하셨습니까? 식사할 겨를도 없었습니다. 고고학자들은 당시의 가버나움 인구를 약 1천 명 정도로 추산하는데 주변 지역까지 합치면 수천 명의 사람들이 몰렸을 것입니다. 예수님은 그 많은 병자와 귀신 들린 자들을 다 고쳐주어야 했습니다. 얼마나 바쁘고 피곤하셨겠는지 감히 상상이 가지 않습니다. 그런데도 예수님은 기도하셨습니다.

예수님은 겟세마네 동산에서 자고 있던 제자들에게 깨어서 기도하라고 하셨습니다. 베드로는 사탄이 우는 사자처럼 삼킬 자를 찾으러 다니니까 깨어 있으라고 하였습니다(벧전 5:8). 예수님은 항상 깨어 계셨습니다. 예수님은 항상 기도하셨기 때문에 마귀의 시험을 항상 이기고 십자가 승리를 거두셨습니다. 우리도 예수님의 모범을 따라 늘 기도하며 하나님을 섬겨야 하겠습니다.

12
왜 예수님은 자신을 숨기셨을까요?
마가복음1:40~45

한 나병환자가 예수께 와서 꿇어 엎드려 간구하여 이르되 원하시면 저를 깨끗하게 하실 수 있나이다 … 깨끗함을 받으라 하시니 곧 나병이 그 사람에게서 떠나가고 깨끗하여진지라 곧 보내시며 엄히 경고하사 이르시되 삼가 아무에게 아무 말도 하지 말고 가서 네 몸을 제사장에게 보이고 네가 깨끗하게 되었으니 모세가 명한 것을 드려 그들에게 입증하라 하셨더라 (막 1:40-44) .

성경을 읽을 때 때때로 잘 이해할 수 없는 매우 궁금한 문제들이 있습니다. 그 중의 하나가 예수님이 자신의 정체를 숨기려고 한 것입니다.

❖ 축귀 후에 귀신들에게 함구령(緘口令)을 내렸습니다(막 1:34).
❖ 더러운 귀신들이 예수님을 보고 당신은 하나님의 아들이니이다(막 3:11)라고 부르짖어도 자기를 나타내지 말라고 많이 경고하셨습니다.
❖ 야이로라는 회당장의 딸을 치유하신 다음에도 그 일을 아무에게도 말하지 말라고 거듭 경계하셨습니다(막 5:42~43).
❖ 귀먹고 말 더듬는 사람을 고치신 후에도 사람들에게 아무에게도 말하지 말라고 엄히 명하셨습니다(막 7:36).

❖ 베드로가 예수님을 그리스도라고 고백한 후에도 절대로 다른 사람들에게 알리지 말라고 엄명하셨습니다(막 8:29~30).

왜 그랬을까요? 예수님의 놀라운 기적과 거룩한 신분이 널리 알려질수록 더 좋은 것이 아닐까요? 예수님이 자신이 메시아라는 사실을 숨겨야 할 이유는 무엇일까요? 두 가지 방법으로 이 문제에 접근할 수 있습니다. 하나는 예수님이 자신을 메시아라고 말한 적이 없다고 주장하는 것입니다. 그럼 예수님을 메시아라고 언급한 대목들은 어떻게 되는 것일까요? 그것은 나중에 복음서의 저자가 집어넣은 것이라고 하면 됩니다. 다른 하나는 예수님은 여러 가지 이유에서 자신의 신분이 알려지기를 원치 않았다는 것입니다. 그 이유에 대해서는 신학자들 사이에서도 이견이 많습니다.

예수님은 자신이 메시아라고 내세운 적이 없었습니다.

이 주장에 의하면 예수님의 부활 사건을 기점으로 제자들은 예수님이 메시아이심을 깨달았다고 합니다. 이것은 사실입니다. 그렇다면 예수님이 생전에도 메시아였을 텐데 본인은 그렇게 말한 적이 없다는 것입니다. 그래서 마가는 예수님이 의도적으로 자신의 신분을 숨기려고 했다는 대목들을 만들어 넣었다고 설명합니다. 이것은 사람들이 왜 예수님을 그의 생전에 메시아로 받아들이지 않았는가 하는 문제를 해결하기 위해서 고안한 장치라는 것입니다.

다시 말해서 부활 이후에 갖게 된 예수님에 대한 제자들의 메시아 신앙과 예수님의 생애에서 드러난 역사적 사실 사이에 차이가 있다는 것입니다. 그래서 그 차이를 완화하기 위해서 신분 숨김 장치를 사용했다는 것입니다. 즉, 살아 계셨을 때도 메시아였지만 비밀에 부쳤기 때문에 사람들이 그를 메시아로 믿지 않았다는 것입니다.

이 이론은 독일 신학자 브레데가 '메시아의 비밀'(messianic secret)이라는 책에서 주장하여 상당한 파문을 일으켰습니다. 그는 마가가 자신이 고안한 아이디어를 마가복음에 집어넣었기 때문에 예수님에 대한 진정한 역사적 사실을 구별하기 어렵다고 말합니다. 그러나 이 주장은 성경의 권위를 인정하지 않기 때문에 받아들일 수 없습니다.

브레데의 '메시아의 비밀'(messianic secret) 이론은 1901년에 나왔는데 그이후로 예수님의 함구령에 대한 많은 연구가 진행되었습니다. 지금은 브레데의 이론을 그대로 수용하는 학자는 거의 없습니다. 그럼 우리는 이함구령을 어떻게 이해해야 할까요?

우선 알아야 할 것은 예수님은 기적을 행하신 후에 어떤 경우는 함구령을 내리셨고 또 어떤 경우는 함구령과 반대되는 지시를 하셨습니다. 그런가 하면 아무런 금지 사항을 언급하시지 않은 때도 있었습니다. 자연 기적의 경우에도 함구령은 없었습니다. 그리고 조건부 함구령을 내리신 적도 있습니다. 그래서 각 케이스의 상황과 문맥을 고려해서 해석해야 합니다.

[함구령과 반대되는 지시]

✤ 거라사인의 지방에서 무덤 사이에 거처하던 귀신 들린 사람을 고친 후에 예수님은 그에게 입을 다물라고 하시지 않고 오히려 알리라고 하셨습니다.

> 그에게 이르시되 집으로 돌아가 주께서 네게 어떻게 큰일을 행하사 너를
> 불쌍히 여기신 것을 네 가족에게 알리라 (막 5:19).

[함구령도 없고 별다른 지시도 없는 경우]

✤ 베드로의 장모를 열병에서 치유하셨을 때 특별한 지시가 없었습니다(막 1:30~31).

❖ 지붕을 뜯고 달아 내렸던 중풍병자의 치유에서도 함구령을 내리지 않았습니다(막 2:1~12).

❖ 회당에서 한쪽 손이 오그라든 사람을 고치신 때에도(막 3:1~6) 아무 지시가 없었습니다.

❖ 수로보니게 여자의 귀신 들린 딸을 치유하신 경우에서도 함구령을 내리시지 않았습니다(막 7:24~30).

[자연 기적의 경우]

❖ 풍랑으로 요동치는 갈릴리 바다를 잠잠케 하셨을 때에도 제자들에게 그들의 믿음 없는 것을 꾸짖으셨을 뿐, 함구령은 내리시지 않았습니다(막 4:35~41).

❖ 오병이어의 기적과 빵 일곱 개와 작은 물고기 몇 마리로 수천 명을 먹이신 기적 때에도 함구령은 내리지 않았습니다(막 6:32~44; 8:1~10).

❖ 갈릴리 호수 위를 걸어오셨을 때도 제자들에게 두려워하지 말라고 하셨을 뿐, 입을 다물라는 명령은 내리시지 않았습니다(막 6:45~52).

[조건부 함구령을 내린 경우]

❖ 오늘 본문에서 예수님은 나병환자를 낫게 해 주시고 나서 그 사실을 아무에게도 알리지 말라고 엄히 경고하셨습니다(막 1:42~44). 그러나 단서를 달았습니다. 먼저 제사장에게 가서 다 나았다는 건강검진을 받으라고 했습니다.

❖ 변화산 사건 때에도 본 것을 아무에게도 말하지 말라고 하셨지만 조건을 붙였습니다(막 9:9).

그들이 산에서 내려올 때 예수께서 경고하시되 인자가 죽은 자 가운데서 살아날 때까지는 본 것을 아무에게도 이르지 말라 하시니(막 9:9).

예수님은 자신의 신분을 감추기만 하신 것이 아니라 대놓고 드러내시기도 하였습니다. 대제사장의 심문을 받으셨을 때 네가 찬송 받을 이의 아들 그리스도냐(막 14:61)라는 질문에 내가 그니라(막 14:62)라고 대답하셨습니다.

요한복음에 나오는 사마리아 여인에게는 예수님이 노골적으로 자신이 메시아 곧 그리스도라고 하셨습니다(요 4:25~26).

그런데 예수님이 함구령을 내린 경우를 보면 지켜지지 않았습니다. 당사자가 입을 다물었다 해도 사람들이 자연히 다 알게 되는 일이었습니다(막 6:32~34, 53~56). 사실 예수님이 알리지 말라고 하실수록 더욱 널리 소문이 퍼졌습니다(막 1:45; 7:36). 예수님이 피해 다녔어도 금방 사람들이 구름 떼처럼 몰려들었습니다(막7:24).

예를 들어 회당장 야이로의 딸을 살렸는데 예수님은 아무에게도 알리지 말라고 엄하게 명하셨습니다. 그런데 살아난 아이를 아무도 못 보게 가두어두지 않는 한, 어떻게 이런 일이 감추어지겠습니까? 그럼 효과도 없는 일인데 왜 예수님이 함구령을 내리셨을까 하는 의문이 생깁니다.

그래서 우리는 함구령에 대한 일반적인 해석에만 만족할 것이 아니고 어떤 핵심적인 의미가 저변에 깔려 있는지를 찾아볼 필요가 있습니다. 흔히 예수님이 함구령을 내린 것은 정치적인 메시아로 오해되어 일찍 체포되지 않도록 하기 위한 것이었다고 합니다. 물론 그런 상황도 있었겠지만 모든 함구령을 다 정치적 동기로 일괄해서 볼 수는 없습니다. 그럼 이제 나병환자에게 내린 함구령을 살피도록 하겠습니다.

[함구령의 신학적 의의]

기적 치유의 함구령은 상황적 이유가 있을지라도 예수님의 신분 감추기와는 상관이 없다고 보아야 합니다. 나병환자의 경우 엄히 경고하셨지만, 전적 함구령이 아니었습니다. 그 목적은 예수님이 정치적 선동가로서 폭동을 일으킬 것을 염려하여 로마나 이스라엘 지도자들이 그를 체포할 것을 방지하려는 것이 아니있습니다. 이 함구령은 예수님의 신분 감추기가 아니고 언제 누구에게 먼저 증언을 해야 하느냐는 것이었습니다. 즉, 제사장에게 가서 모세법에 따라 제물을 바치고 건강검진을 받으라는 것이었습니다. 문제가 된 것은 이 나병환자가 치유를 받고 너무도 기뻐서 우선순위를 무시하고 마구 자신의 치유를 전파한 것이었습니다(막 1:45).

우리는 이 사건에서 불순종이 예수님의 사역에 큰 장애를 가져온 것을 볼 수 있습니다. 예수님은 나병환자의 불순종으로 동네에 자유롭게 들어가실 수 없었습니다. 그러나 한 겹 더 들어가 보면 본 사건이 지적하는 다른 한 중요한 측면이 있음을 알 수 있습니다.

첫째, 예수님의 기적은 너무도 강력한 영향을 주기 때문에 잠자코 있을 수 없다는 것입니다. 마치 막혔던 봇물이 터져 나오듯이 억제할 수 없는 폭발적인 선포를 하게 된다는 것입니다. 문자적으로 보면 "이 일을 많이 전파"했다고 했을 때의 '전파'는 '선포한다'(헬. keryssein)는 뜻이고 '널리 퍼뜨렸다'라는 것은 '말씀을'(헬. logon) 퍼뜨렸다는 뜻입니다. 이 표현은 복음 전파의 뉘앙스가 짙습니다. 초대 교회의 성도들이 예수님의 십자가 처형으로 박해를 두려워하여 문을 걸어 잠그고 있다가 예수님의 부활 기적을 알게 된 후에 문을 박차고 나가서 예수님이 살아나셨다고 외친 것을 연상케 합니다.

둘째, 예수님은 동네에 들어갈 수 없어 한적한 곳에 머무셨습니다. 그런데 어떤 일이 일어났습니까? 예수님은 아무리 자신을 감추려고 해도 그럴수록 더 알려지고 더 많은 사람이 몰려왔습니다.

[나병환자의 함구령이 지닌 교훈]

예수님의 기적은 일반인들에게 어떤 인상을 주었을까요? 한 마디로 굉장한 기적사(奇蹟士)가 나타났다고 놀라워했을 것입니다. 그런데 일반 기적사들의 특징이 무엇입니까? 자기를 드러내는 것입니다. 기적으로 인기를 끌면 더 자기를 내세우는 것이 기적사들의 특징입니다. 그들은 인기를 이용하여 명성을 날리려고 합니다. 예수님의 함구령은 그런 세속적 기적사가 아니라는 것을 증명한 것입니다. 예수님의 사역을 가장 핵심적으로 표현한 구절은 10장 45절입니다.

> 인자가 온 것은 섬김을 받으려 함이 아니라 도리어 섬기려 하고 자기 목
> 숨을 많은 사람의 대속물로 주려 함이니라(막 10:45).

이것이 예수님이 나병환자에게 준 함구령의 한 중요한 의도였습니다. 하나님의 나라는 자기 과시를 하고 자신의 능력을 과대 선전하며 사람들을 모아 자기 유익을 거두는 것이 아닙니다. 오히려 자기를 낮추고 겸손한 자세로 하나님의 뜻을 좇아 섬김의 삶을 사는 것이 하나님의 나라입니다.

예수님은 성령의 능력으로 큰일을 행하시면서도 영광이 자신이 아닌 하나님께로 돌아가기를 항상 원하셨습니다. 예수님은 모든 기적 사역에서 이 같은 자세로 임하셨습니다. 세상은 성공주의로 물들어 있습니다. 성공주의는 결과에 집중합니다. 결과가 좋지 않으면 점수가 나오지 않습니다. 예를 들어 누가 성공했다고 할 때 무엇을 보고 성공했다고 합니까? 결과를 봅니다. 돈을 많이 벌었거나 높은 지위를 차지했거나 어떤 프로젝트의 성과가 좋아서 인정을 받으면 성공했다고 말합니다. 교회에도 이런 실적 위주의 성공주의가 만연합니다. 어떤 목회자를 보고 목회 성공했다고 말합니까? 교회당이 커야 합니다. 교인수가 많아야 하고 인기가 있어야 합니다. 재정도 넘칠 정도가 되면 목회 성공한 것으로 봅니다. 그런데 이런 성과 중심은 하나님 나라의 평가 기준이 아닙니다.

예수님은 자신을 낮추기 위해 함구령을 내렸지만 효과가 없었습니다. 무슨 결과가 왔습니까? 나병환자가 온 사방으로 다니면서 선전부장 노릇

을 하여 예수님의 활동 범위가 크게 제한을 받았습니다. 그럼 이런 효과 없는 일을 왜 할 필요가 있었을까요? 예수님이 함구령을 아무리 엄하게 내려도 결과는 마찬가지였습니다. 사람들이 더 몰려왔습니다. 예수님이 결과에 치중하셨다면 함구령을 포기하셨을 것입니다.

우리는 결과보다 하나님 앞에서 옳다고 믿는 것을 결과와 상관없이 행할 수 있어야 합니다. 신실한 삶은 좋은 결과만 기대하고 살지 않습니다. 결과는 하나님의 소관입니다.

본문이 주는 교훈은 사람이 만드는 결과가 아니고 하나님께서 인간의 불순종에도 불구하고 주님의 뜻을 따르는 자에게 복을 내리시고 하나님이 만드시는 결과가 나타나게 하신다는 것입니다. 주님은 그렇게 믿고 사셨습니다. 사람들의 눈에는 효과가 없고 부정적인 결과가 나타났을지라도 예수님은 자신을 숨기는 겸비한 자세를 포기하시지 않았습니다. 하나님이 이끌어 내신 결과는 어떤 것이었습니까? 예수님이 인적이 드문 곳으로 가셨어도 사람들이 더 몰려들어 많은 사람이 복음을 듣고 치유를 받았습니다. 하나님은 예수님의 구원 사역이 결국은 하나님께서 계획하신 대로 진행되게 하셨습니다.

우리는 하나님의 주권적인 섭리 앞에 고개를 숙이고 그분이 만들어내실 진정한 성공을 기대하며 겸허한 자세로 주님을 섬겨야 합니다. 하나님을 섬기는 삶에서 우리는 사람들의 뜻을 피하기 위해 때로는 둘러가야 합니다. 효과도 없고 결과도 나쁜 경우가 적지 않습니다. 일에 차질이 생기고 손해도 봅니다. 사람들의 인정도 받지 못하고 세상의 눈으로 보면 실패한 삶처럼 보입니다. 그러나 둘러가는 듯한 길이 질러가는 길이며 그리스도 안에서 성공하는 삶입니다. 하나님께서 인정하시고 하나님이 원하시는 결과를 가져오기 때문입니다.

13

용서와 치유
마가복음 2:1~12

예수께서 그들의 믿음을 보시고 중풍병자에게 이르시되 작은 자야 네 죄
사함을 받았느니라 하시니 (막 2:5).

마가복음서의 중심 주제는 예수님이 누구이시냐는 것입니다. 그래서
본 복음서의 서두가 "하나님의 아들 예수 그리스도"로 시작됩니다. 이 주
제는 마가복음서 전반에 걸쳐 반복되고 있습니다. 예수님이 세례를 받으
셨을 때 하늘로서 소리가 나기를 너는 내 사랑하는 아들(1:1)이라고 했었고
예수님이 가버나움 회당에서 복음을 선포하실 때에도 귀신들이 어떤 광
인의 입을 통해 나는 당신이 누구인 줄 아노니 하나님의 거룩한 자니이다(막
1:24, 비교 3:11)라고 소리 질렀습니다. 예수님 자신도 인자는 안식일에도 주
인(막 2:28)이라고 선언하셨고 베드로는 예수님을 가리켜 주는 그리스도시
니이다(막 8:29)라고 고백했습니다. 또한 예수님의 운명하심을 목도했던 로
마의 한 백부장은 이 사람은 진실로 하나님의 아들이었도다(15:39)라고 증언
했습니다. 이 같은 예수님의 신분은 주님의 지상 사역의 여러 사건들 속에
서 예증되었는데 그중의 하나가 한 중풍병자의 치유입니다.

성경은 하나님을 때때로 치유자로 묘사하였습니다(사 57:18, 19; 호 6:1).

그런데 하나님의 치유는 단순히 육체적인 질병으로부터의 회복만을 뜻하지 않습니다. 초자연적인 치유는 무엇보다도 구원 사역의 일환입니다. 그래서 구약에서도 치유가 구원의 문맥에서 종종 사용되었습니다(렘 3:22; 사 19:22; 호 14:4).

예수님의 치유 사역은 그 자체가 목적이 아니고 하나님이 인간의 죄악을 용서해 주신다는 구원의 복음을 증시(證示)하는 하나의 은혜로운 수단이었습니다. 그래서 예수님은 언제나 복음을 먼저 제시하시고(막 1:14~15, 38~39; 2:2; 4:2; 6:2, 6; 10:1; 12:1) 그다음 하나님 나라가 주님에 의해서 능력으로 임한다는 것을 질병의 치유나 축귀를 통해 드러내셨습니다.

예수님의 사역의 본질

예수님의 주변에는 언제나 치유를 받으려고 쇄도하는 인파로 넘쳤습니다(막 1:32~34). 그러나 예수님의 일차적인 사역은 병자들의 치유가 아니고 복음을 전파하는 것이었습니다. 그런데도 무리의 관심은 병 낫는 데에만 쏠렸습니다. 예수님이 가버나움에 계셨을 때에도 많은 사람이 모여서 문 앞까지도 들어설 자리가 없게 되었습니다(2:2). 예수님이 만약 이러한 군중들의 이기적이고 물질적인 요구의 압력에 눌려서 온종일 환자들만 보시거나 그들의 양식 조달에 모든 시간과 정력을 쏟았다면 어떻게 되었겠습니까? (참조. 요 6:15, 26). 자신이 하나님 나라의 복음을 전파하기 위해 오신 구속주라는 사실을 가르치는 일에는 실패했을 것입니다. 그래서 본문은 예수께서 그들에게 말씀(2절, 새번역)을 전하셨다고 먼저 지적합니다. 예수님은 자신이 병이나 낫게 해 주고 빵이나 나눠 주는 단순한 기적사로 취급되는 것을 경계하셨습니다. 예수님의 주 관심은 하나님 나라의 복음을 전파하고 인자가 누구인지를 알리는 데 쏠려 있었습니다. 이것은 우리가 예수님과 복음을 대할 때 명심해야 할 사항입니다. 지금도 대부분의 사람들은 예수님에게는 관심이 없고 오직 병 낫는 것과 양식 해결을 위해 하나님을 찾습니다.

> 예수께서 대답하여 이르시되 내가 진실로 진실로 너희에게 이르노니 너
> 희가 나를 찾는 것은 표적을 본 까닭이 아니요 떡을 먹고 배부른 까닭이
> 로다 (요 6:26) .

예수님의 사죄권

예수님은 한 중풍병자가 들것에 실려 지붕에서 내려지는 것을 보시고 "작은 자야 네 죄 사함을 받았느니라"(5절)라고 선포하셨습니다. 환자를 고치시기 이전에 이 같은 선언을 하신 것은 매우 이례적입니다. 당시의 회중들에게는 죄의 용서가 환자의 치유와 무관해 보였고 한 사람의 랍비(종교 교사)에게 죄의 사면권이 있다는 것이 쉽게 납득되지 않았을 것입니다. 어떤 이들은 본문의 중풍병자가 무슨 몹쓸 죄를 지었기 때문에 중풍이 든 것을 예수께서 아시고 죄의 용서를 선언했다고 봅니다.

그러나 본문의 주안점은 중풍병자와 그의 어떤 구체적인 죄 사이의 상관관계를 규명하는 것이 아닙니다. 물론 근원적으로 본다면 모든 질병의 원초적인 원인은 인간의 타락으로 소급될 수 있습니다. 그렇다고 해서 질환이 반드시 환자의 직접적인 죄의 결과라고 말할 수는 없습니다(요 9:2~3). 본문에서도 중풍병자가 어떤 개인적인 죄 때문에 병들었다는 시사가 없습니다. 비록 죄와 질병의 유관성이 성경에서 암시되기도 했지만(요 5:14; 롬 1:27) 성경의 주된 관심은 죄와 질병의 상관성보다는 치유를 통해 선포되는 하나님의 용서입니다. 이런 뜻에서 구약은 치유를 자주 하나님의 용서에 대한 예증으로 삼았습니다(대하 7:14; 시 103:3).

예수님은 중풍병자가 들것에 실려 지붕에서 내려졌을 때 이 진리를 가르칠 기회로 삼으셨습니다. 죄 사함의 선포는 마침내 하나님 나라가 죄인

들에게 도래했다는 사실을 뚜렷하게 알리는 더없이 큰 은혜의 예시였습니다. 그래서 구약의 선지자들은 그리스도가 오시면 죄의 용서를 받게 될 것이라고 거듭 강조하고, 이것을 메시아 시대의 한 두드러진 복으로 묘사했습니다(사 33:24; 43:25; 44:22; 31:34; 미 7:18~20; 슥 13:1). 그렇다면 사람들이 예수님의 죄 사함의 선포를 들었을 때 모두 기뻐했을 것입니다. 그런데 사실은 그렇지 않았습니다. 거기 앉아 있던 서기관들이 예수님의 사죄 선언을 듣고 매우 언짢게 여겼습니다.

이 사람이 어찌 이렇게 말하는가 신성 모독이로다 오직 하나님 한 분 외에는 누가 능히 죄를 사하겠느냐 (7절).

예수님은 자신에게 사죄권이 있다는 것을 증명하기 위해 중풍병자를 거뜬히 말씀으로 일으켰습니다. 만일 예수님이 서기관들의 말대로 하나님을 모독했다면 하나님이 예수님을 통해 중풍병자를 결코 낫게 하시지 않았을 것입니다. 중풍병자의 치유는 하나님이 죄를 용서하시며 "인자(예수님)가 땅에서 죄를 사하는 권세"(10절)가 있음을 하나님께서 너무도 확실하게 증명한 사건이었습니다.

죄의 용서는 본인이 빌어야 받지 않을까요?

중풍병자가 죄의 용서를 빌기도 전에 예수님이 먼저 일방적으로 죄의 용서를 선언하셨습니다. 이것은 예수님에게 사죄권이 있느냐 없느냐는 문제를 떠나서 용서를 받을 수 있는 조건이 무엇인지를 질문하게 합니다. 하나님의 용서란 본인이 원해야 받는 것이 아닐까요? 하나님을 믿으려는 마음이 있어야 하고 하나님과 올바른 관계를 위해서 먼저 죄인이 예수께로 나아가 용서를 빌어야 하지 않습니까? 용서받을 마음이 없다면 하나님과의 관계를 원치 않는다는 뜻입니다. 따라서 하나님의 용서를 기대할 수 없습니다. 그런데 중풍병자의 입에서 자신의 죄를 용서해 달라는 말이 한마디도 나오지 않았습니다.

8절에 보면 서기관들의 생각을 주님이 다 아셨다고 했습니다. 주님은 중풍병자의 생각도 아셨다고 보아야 합니다. 중풍병자는 들려올 정도였으니까 어쩌면 입도 마비가 되어 말도 제대로 하지 못했을지 모릅니다. 그런데 그의 친구들이 지붕을 뜯으면서까지 그의 치유를 위해 힘쓴 것은 예수님에 대한 믿음이 있었기 때문이었습니다. 예수님은 그들의 믿음을 보시고 중풍병자의 죄 사함을 선포하셨습니다. 이것은 매우 흥미로운 대목입니다. 그런데 잘못 생각하면 내 믿음이 없어도 다른 사람의 믿음으로 용서를 받고 구원을 받을 수 있다는 오해를 하게 됩니다. 이것은 성경의 가르침이 아닙니다. 내가 믿고 내가 원해야 구원을 받습니다(요 5:6). 다른 사람의 믿음으로 내가 구원받지 못합니다. 그럼 예수님이 그들의 믿음을 보시고(5절) 죄를 용서하셨다는 것을 어떻게 이해해야 할까요? 중풍병자의 친구들의 믿음이 중풍병자의 용서와 치유에 적용된 것은 부인할 수 없습니다. 그렇다면 그들의 믿음에 중풍병자가 자신을 일치시켰다고 보는 것이 자연스럽습니다.

우리는 내 입으로 들리게 고백을 하고 용서를 빌어야 한다고 생각하기 쉽습니다. 그렇다면 농아는 용서를 못 받는다는 말이 됩니다. 하나님은 내 마음의 소원을 입으로 표출하지 않아도 다 아십니다. 주님은 골방의 소리 없는 기도를 들으시는 분입니다. 주님은 중풍병자의 진정한 소원과 믿음을 아셨습니다. 원칙적으로 입으로 주를 시인하고 마음으로 믿어야 구원을 받습니다(롬10: 9~11). 그러나 내 입으로 아무리 분명히 말해도 내 마음이 담기지 않았다면 하나님이 듣지 않으십니다. 하나님은 사람의 뜻과 마음을 살피시는 분이기 때문입니다(계 2:23; 행 1:24; 살전 2:4; 시 11:4). 중풍병자는 비록 입을 열고 용서를 구하지 않았지만 그가 치유된 것은 친구들의 믿음에 자신을 일치시키고 예수님을 신뢰했다는 증거입니다.

죽은 자로 들려가면 살아서 걸어 나옵니다.

　예수님은 우리 죄를 용서해 주시는 분입니다. 예수님은 우리를 온전히 치유해 주시고, 지금도 죄인들을 하나님 나라 속으로 인도하십니다. 중풍병자의 죄를 용서하시고 죽은 송장과 다름없었던 자를 힘차게 걷게 하셨던 주님은 지금도 우리들의 가버나움에서 동일한 사역을 하고 계십니다. 치유와 용서의 복음이 하나님의 교회들을 통해 오늘날도 울리고 있습니다. 죄인이 용서를 받고 온전한 구원을 체험하는 길은 그때나 지금이나 마찬가지입니다. 중풍병자가 어떻게 주님께로 나아왔는지를 생각해 보십시오. 들것에 실려서 가지 않았습니까? 왜 들것에 실렸겠습니까? 자신이 스스로 걸을 수 없었기 때문입니다. 자력으로 자기 몸을 가눌 수 없었기에 중풍병자는 가장 무력한 모습으로 예수님께 나아갔습니다. 이것이 예수님의 용서와 구원을 받는 길입니다.

　중풍병자는 많은 사람이 보는 가운데 뜯긴 지붕의 구멍으로 내려졌습니다. 그는 자신을 무능하고 유약한 모습 그대로 예수님께 보였습니다. 그는 무리의 시선을 개의치 않았습니다. 수많은 사람이 그가 들것에 담겨 지붕에서 내려오는 모습을 지켜보았습니다. 그는 수치와 분노로 소리를 지르거나 하나님을 원망하지 않았습니다. 그는 네 죄 사함을 받았느니라(5절)는 예수님의 말씀을 듣고서 왜 내 병부터 고쳐주지 않느냐고 불평하지 않았습니다. 본문은 이 중풍병자가 치유를 받을 때까지 침묵한 사실을 은연중에 강조합니다.
　그는 바라고 기다리는 자였습니다. 그는 죽은 몸으로 주님께 나아갔습니다. 자신을 송장과 다름없이 여겼으므로 부끄럽거나 창피하게 여길 것이 없었습니다. 이것이 들것에 실려서 가는 사람의 실상입니다. 어차피 우리 인생은 언젠가는 들것에 실려서 묘지로 가게 될 것입니다. 그러나 내게 아직 호흡이 붙어 있을 때 들것에 누인 채로 예수께 나아가면 나는 그들것을 내 손에 들고 걸어서 나갈 수 있습니다. 죽어서 주께 나가면 살아서 나온다는 것이 복음입니다. 나의 자랑과 능력과 그릇된 인생관을 내던지고 무력한 자로 들것에 뉘어지면 내게 소망이 있습니다.

예수님이 머무셨던 가버나움 집에서 죄의 용서를 받은 자가 누구였습니까? 들것에 누웠던 자가 아닙니까? "많은 사람이 모여서 문 앞까지도 들어설 자리가 없게 되었는데"(2절) 누가 주님의 용서를 받았습니까? 들것에 누웠던 자가 아니었습니까? 그 많은 사람 중에서 누가 먼저 "하나님께 영광을 돌리며"(눅 5:25) 집으로 돌아갔습니까? 들것에 누운 채 용서와 치유를 체험했던 중풍병자였습니다. 사람들은 그가 하나님을 찬양하는 것을 보고 자기들도 하나님께 영광을 돌렸습니다(막 2:12; 비교. 눅 5:25~26). 그렇다면 들것에 내 몸이 담겨 내리는 것을 왜 두려워하고 부끄럽게 여기겠습니까? 들것에 담긴 자처럼 자신의 속절없는 모습을 주님께 보이고 용서와 치유를 바라는 자만이 하나님의 놀라운 구원을 체험합니다. 죽은 자로 들려서 주께로 나아가십시오. 그러면 살아서 걸어 나올 것입니다.

중풍병자의 스토리는 여러 교훈을 줍니다. 내 집에 예수님을 모시고 살면 중풍병자가 들어와서 내 집의 지붕이 뜯기는 일이 있습니다. 만약 내 집에서 그런 일이 일어난다면 아마 이런 식으로 말할 지 모릅니다.

「이봐요! 대문이 있는데 남의 집 지붕을 뚫고 들어오겠다니 이게 무슨 짓이오. 사람이 많으면 순서를 기다렸다가 올 것이지 멀쩡한 남의 집을 마구 뜯다니 이것이 무슨 행패요. 여기 아픈 사람이 한두 사람인 줄 아시오. 늦게 와서 엉뚱한 짓 말고 당장 지붕에서 내려오시오. 일체의 파손은 모두 변상하시오.」

여기서도 중풍병자의 경우처럼 집주인의 침묵이 본문의 배면에 깔려 있습니다. 우리도 때때로 이 집 주인처럼 복음을 위해 집을 개방할 것입니다. 그러나 막상 그 일로 인해 내 집에 손해가 생기면 생각이 달라질지 모릅니다. 그런데 본문의 집주인은 들것이 하나 내려갈 정도의 큰 구멍이 지붕에 뚫렸음에도 불평을 했거나 중풍병자의 친구들을 말렸다는 언급이 없습니다. 주님을 내 집에 모시고 구원 사역에 동참하면 내 집 지붕의 기왓장이 벗겨지고 방에 앉은 손님들의 머리에 먼지가 떨어질 수 있습니다. 그러나 무엇이 더 중요합니까? 주님은 죄인 하나를 구원하기 위해서 내 집의 지붕이 뜯기는 것을 허락하십니다. 어느 편의 유익이 더 우선이어야 하겠습니까? 이미 예수님의 둘레에 앉아 있는 자들입니까, 아니면 바깥에서 들어오지 못하고 애쓰는 중풍병자입니까?

예수님은 들것에 실려 내려오는 자에게 깊은 관심을 쏟으셨습니다. 주님의 눈에는 뜯기는 지붕은 보이지 않고 오직 사경(死境)에 처한 가엾은 한 죄인의 모습만 크게 들어왔습니다. 그런데 우리는 정반대로 봅니다. 가엾은 중풍병자의 모습보다 뜯기는 우리의 지붕에 더 신경이 쓰입니다. 그러나 내 집 지붕이 손상되는 것보다 주님의 복음 사역에 마음을 담아 두면 내 집에서 커다란 구원이 일어나는 것을 체험합니다. 내 집 지붕이 뜯기면 찬양이 터져 나옵니다. 중풍병자의 치유는 환자 자신뿐만 아니라 집에 있던 모든 사람으로 하여금 하나님을 찬양케 하였습니다. 주님을 모시고 사는 내 삶에 하나님이 보내시는 뜻밖의 중풍병자가 나타날 수 있습니다. 그때는 주님의 영광이 드러나고 내 집에 복이 들어오는 때입니다.

저희가 다 놀라 영광을 하나님께 돌리며 가로되 우리가 이런 일을 도무지 보지 못하였다 하더라(12절).

14
레위의 즉각적인 회심
마가복음 2:13~17

바리새인의 서기관들이 예수께서 죄인 및 세리들과 함께 잡수시는 것을 보고 그의 제자들에게 이르되 어찌하여 세리 및 죄인들과 함께 먹는가 예수께서 들으시고 그들에게 이르시되 건강한 자에게는 의사가 쓸 데 없고 병든 자에게라야 쓸 데 있느니라 나는 의인을 부르러 온 것이 아니요 죄인을 부르러 왔노라 하시니라 (막 2:16-17).

회심(conversion)이란 말은 하나님으로부터 떨어져 살다가 마음을 돌려 하나님께로 나아가는 것입니다. 그래서 회심은 구원과 유사어입니다. 구원은 넓은 의미로 사용할 때에는 구원의 모든 과정을 포함합니다. 회심은 구원의 첫 단계입니다. 처음으로 주 예수를 믿고 첫 구원을 받는 것을 말합니다. 거듭남이 회심과 더 가까운 말입니다. 거듭난다는 말에는 구원받기 전에 인간의 영적 상태는 죽은 것과 마찬가지이기 때문에 다시 살아나야 한다는 의미가 있습니다. 그래서 예수님은 니고데모에게 다시 태어나야 한다고 하셨습니다. 회심도 영적으로 다시 태어나는 것이지만 강조점은 마음을 돌려 하나님의 부르심에 응하는 것입니다.

어느 날 세금 징수대에서 일하던 레위는 '나를 따르라'는 예수님의 부르심을 받았습니다. 우리는 본 사건에서 구원에 대한 몇 가지 중요한 사실들을 관찰할 수 있습니다.

회심은 순간적으로 일어납니다.

회심하는데 얼마나 시간이 걸릴까요? 회심에 필요한 단계나 과정이나 어떤 절차가 있을까요? 예수를 믿고 나서 뒤를 돌아보면 회심에 이르기까지의 여러 과정이 있었던 것처럼 생각될 수 있습니다. 그러나 회심 자체는 순간적으로 일어납니다. 바울처럼 드라마틱한 경우도 있지만 언제 회심했는지 모를 수도 있습니다. 어릴 때부터 기독교 가정에서 자라면서 교회 생활을 했다면 자신의 회심 날짜나 시기를 잘 모를 수 있습니다. 그러나 정확하게 언제 어느 날 회심하게 됐는지 기억하지 못한다고 해서 회심하지 않은 것이 아닙니다. 그런 사람들은 회심을 하나의 사건으로 기억하지는 못할지라도 자신이 주 예수를 구주로 믿는 크리스천이라는 것은 분명히 압니다. 회심은 점진적으로 조금씩 되는 것이 아닙니다. 회심은 예수님을 주님으로 영접하는 순간적인 사건입니다. 이런 실례는 신약성경에서 여러 번 언급되었습니다.

❖ 베드로의 오순절 설교를 듣고 예수님이 메시아라는 사실을 깨닫고 세례를 받은 사람들이 삼천 명이었습니다(행 2:41, 47). 이들은 몇 주 전만 해도 예수를 십자가에 못 박으라고 외쳤던 사람들이었습니다.

❖ 빌립보 간수도 바울의 메시지를 듣고 현장에서 즉시 구원을 받았습니다(행 16:31~34). 그는 로마 군인이었습니다. 회당에 다닌 적도 없었고 성경을 읽은 적도 없었습니다. 그는 조금 전만 하여도 바울에게 매질했던 자였습니다.

❖ 에티오피아 내시는 예루살렘 성전에 순례를 하러 갔었고 성경을 읽고 있었지만 말씀을 전혀 깨닫지 못하였습니다. 그러나 빌립이 그의 마차에 다가가서 그가 읽고 있던 이사야 선지자의 글을 설명해 주면서 예수

그리스도의 복음을 전했을 때 즉시 믿고 세례를 받았습니다(행 8:26~40).

레위의 경우에도 회심이 순간적으로 일어난다는 대표적인 실례입니다. 레위는 세금 징수대의 현장에서 구원의 초대를 받았습니다. 예수님은 '한 말씀'으로 그를 제자로 부르셨고, 레위는 '한 동작으로' 죄인의 자리에서 구원의 자리로 옮겼습니다. 레위가 예수님의 제자가 되는 데 시간이 얼마나 걸렸습니까? 그는 즉석에서 예수님을 따랐습니다. 그에게 아무런 사전 준비가 없었습니다. 그는 구원을 받기 위해 먼저 회당에 다니면서 말씀을 들은 것도 아니었습니다. 사실 그는 로마제국을 위한 세리였기 때문에 회당 출입이 금지되어 있었습니다.

그런데 구원받기 위해서 사전 준비가 있어야 한다고 가르치기도 합니다. 13세기 로마 가톨릭 신학자였던 토마스 아퀴나스가 그렇게 주장하였습니다. 그러나 종교개혁자였던 16세기의 칼빈은 그런 사전 준비가 전혀 불필요하다고 반박하였습니다. 일반적으로 사람들은 구원을 받기 위해서 사전에 삶을 바로잡아야 한다고 생각합니다. 그러나 십자가 앞에 다른 무엇을 놓아서는 안 됩니다. 십자가 앞에 도덕이나 선행을 놓아서도 안 되고 자신의 갖가지 종교행위를 놓아서도 안 됩니다.

흔히 예수 그리스도를 믿고 구원받는 것이 좁은 문으로 들어가는 것이라고 오해합니다. 그러나 좁은 문은 신자가 된 이후에 들어가는 것입니다. 십자가가 좁은 문이 아니고 십자가를 지고 가는 삶이 좁은 문입니다. 세상 사람들은 모두 넓은 문으로 들어갑니다. 그들은 좁은 문으로 들어갈 필요도 없고 그렇게 할 수 있는 능력도 없습니다. 오직 주 예수를 따르는 자들만이 구원을 받은 이후에 자기 십자가를 지는 좁은 문을 택합니다.

그러므로 주 예수를 믿기 전에 좁은 문으로 들어가려고 하지 말아야 합니다. 그것은 실패할 뿐만 아니라 구원을 받는 길이 아닙니다. 구원은 십자가로 직행하는 것입니다. 십자가는 바로 눈앞에 있습니다. 다른 것을 거쳐서 닿는 곳이 아닙니다. 주 예수를 믿는 순간에 나는 십자가 속으로 곧바로 들어갑니다. 그러면 즉시 구원을 받습니다. 이렇게 간단하고 쉽기 때문에 십자가 구원이 은혜입니다.

그렇다면 구원받기를 꺼리는 이유가 무엇입니까? 자신을 보기 때문입니다. 십자가를 보지 않고 자기를 보면 뭔가 주눅이 들고 떳떳하지 않은 일종의 죄책감이 생깁니다. 그래서 선뜻 구원의 초대에 응할 용기가 나지 않습니다. 현재 나에게 정리되지 못한 도덕적인 문제가 있어서 구원받을 자격이 없다고 보거나 쑥스럽게 여긴다면 잘못된 생각입니다. 복음은 죄인들을 위한 것입니다. 내 죄를 어느 정도라도 좀 청산하고 주 예수를 믿으려고 하지 마십시오. 우리나라는 체면 문화입니다. 그래서 하나님께 나가는 데에도 체면을 생각하는 듯합니다.

복음은 내가 구원받기 위해서 필요한 모든 일을 예수님이 나 대신 다 행하셨다고 선포합니다. 복음은 예수님의 십자가 위에 나의 모든 죄를 걸어 놓고 정리되었다고 외칩니다. 나 자신의 부끄러운 모습에 매이지 마십시오. 십자가를 바라보십시오. 그리고 주 예수의 대속을 믿으십시오. 양심에 걸리는 일들이 있어 그냥 주께로 나가는 것이 염치없는 일이라고 생각하십니까? 나는 스스로 더러운 양심을 씻지 못합니다. 오직 예수님만이 나의 오염된 양심을 씻고 모든 죄를 용서하십니다. 예수님은 나의 모든 죄를 대신 지고 십자가에서 내가 받았어야 할 형벌을 다 받으셨습니다. 예수님이 내 죄를 지고 가신 대속주라고 믿고 그분을 나의 주님으로 영접하면 구원을 받습니다.

[내 죄를 미리 청산해야 구원을 받습니까?]

현재 부도덕한 죄에 빠져 있다고 해서 구원을 못 받습니까? 레위는 죄인의 자리에서 예수님으로부터 구원의 초대를 받았습니다. 예수님은 우리를 현재의 모습 그대로 받아 주십니다. 죄를 멀리하는 크리스천의 거룩한 삶은 먼저 예수님께 마음을 돌리는 회심에서부터 시작되어야 합니다. 다시 말해서 예수님을 먼저 믿고 나서 예수님의 말씀에 따라 살기 시작하는 것입니다. 예수 믿기 전에 자신의 삶을 먼저 바로잡으려고 하지 마십시오. 하나님께서 그것을 요구하시지 않습니다. 나의 선행이나 도덕적 청결이나 깨끗한 양심이 나의 구원에 하등의 영향을 주지 않습니다. 예수님은 의롭게 산다고 자부하는 의인들을 부르러 오시지 않았습니다. 예수님은 죄인들을 부르러 오셨습니다.

구원은 은혜의 선물입니다. 선물은 그냥 주는 것이기 때문에 받기만 하면 됩니다. 예수님의 부르심을 받고 믿지 않던 마음을 돌려 그분을 구주로 신뢰하면 됩니다. 구원을 받기 위해서 사전 절차나 도덕적 청결이 필요하지 않습니다. 내가 현재 처해 있는 모습 그대로 예수님을 구주로 영접하면 됩니다. 예수님은 나의 잘난 모습이든지 못난 모습이든지 상관하시지 않습니다.

"주님 제가 당신을 나의 주님으로 믿고 따르겠습니다"라고 진정한 마음으로 한마디 하면 됩니다. 그렇게 꼭 말로 표현하지 않더라도 마음으로 믿고 고백하면 됩니다.

많은 죄인이 예수님과 함께 레위의 집에서 식탁 교제를 하였습니다. 그때 그들이 구원의 초대를 받기 위해 어떤 사전 절차를 거친 것이 있었습니까? 아무것도 없었습니다. 그들은 모두 '즉석에서' 예수님의 친구가 되었고 '즉석에서' 죄의 용서를 받았습니다. 하나님의 구원의 은혜는 우리 편의 사전 준비를 필요로 하지 않습니다. 우리가 처음으로 구원받는 것은 세상 창조와 같습니다. 하나님은 어둠을 향해 "빛이 있으라!"고 명하셨습니다. 그러자 즉시 빛이 생겼습니다(창 1:3). 이것이 첫 창조입니다. 회심하고 구원받는 것은 새 창조입니다.

우리는 그가 만드신 바라 그리스도 예수 안에서 선한 일을 위하여 지으심을 받은 자니 (엡 2:10) .

그런즉 누구든지 그리스도 예수 안에 있으면 새로운 피조물이라 이전 것

물질계의 첫 창조나 영적 새 창조나 원리는 마찬가지입니다. 하나님의 한 말씀으로 즉시 이루어집니다. 개인의 삶을 뒤돌아보면 이런저런 일들이 예수님을 믿게 하는 무의식적인 사전 준비였다고 말할 수 있을지 모릅니다. 그러나 본문은 회심을 그런 식으로 설명하지 않고 예수님의 말씀에 의한 즉각적인 변화로 봅니다. 레위는 예수님의 부르심으로 자신의 삶을 완전히 돌려놓았습니다. 그는 즉석에서 수입이 좋은 세리의 직업을 버렸습니다. 레위의 삶이 극히 짧은 순간에 전격적인 방향 전환을 하였습니다. 그러나 이런 변화는 그가 예수님에게로 마음을 돌린 후에 일어난 일임을 주목해야 합니다.

레위는 세리직을 먼저 그만두고 나서 예수를 믿은 것이 아닙니다. 레위에게 변화가 온 것은 그가 구원을 받았기 때문이었습니다. 물론 회심을 한 사람들이 모두 레위와 같은 즉각적인 변화를 일으키는 것은 아닙니다. 여기서 강조하는 것은 회심이 가져오는 변화의 능력입니다. 요점은 하나님의 은혜가 내릴 때는 불과 몇 분 안에 회심의 기적들이 일어날 뿐만 아니라 자신의 삶이 전격적으로 바뀔 수 있다는 것입니다. 물론 레위가 한 순간에 모든 변화를 일으킨 것은 아닙니다. 그는 세리직을 떠나는 일에서는 전적인 변화를 보였지만 그도 다른 제자들처럼 장기간에 걸쳐 예수님의 가르침을 받으면서 제자의 삶을 익혀나갔습니다.

한편, 용서를 받는 것은 좋은 일이지만 그다음부터 신자로 사는 일에 자신이 없어서 주저할 수 있습니다. 그러나 은혜 구원을 받았으면 절대로 안전합니다. 구원을 잃거나 자격 미달이라고 나중에 취소되지 않습니다. 구원의 확신이 있으면 구원 이후의 새 삶을 두려워하지 않습니다. 크리스천 삶은 예수님의 부활 생명을 받고 성령의 능력에 의존해서 사는 새 생명의 삶입니다. 그래서 부족함과 실수와 여러 죄에 빠질지라도 회복될 수 있고 다시 일어설 수 있습니다. 이것은 성경의 인물들에게서 확인될 수 있습니다. 아브라함, 모세, 삼손, 엘리야, 요나 선지자, 다윗, 베드로 등이 모두 크게 넘어졌던 사람들이었습니다. 그러나 모두 하나님의 은혜로 다시 회복되어 재소명을 받고 주님을 위해 살았습니다.

우리는 회심 이후에 하나님을 기쁘게 해 드리는 삶으로 인도됩니다. 회심하면 성령을 받고 주님의 보호를 받습니다. 처음부터 겁을 먹고 나는 신자로서 살 자신이 없다고 두려워할 필요가 없습니다. 나 자신을 바라보면 자신이 없는 것이 당연합니다. 그러나 회심한 사람은 예수님을 바라보며 살아야 합니다. 회심이 즉각적이라는 사실은 은혜 구원이라는 뜻입니다. 하나님이 순전히 은혜로 값없이 주시는 구원이라면 구원받은 이후에도 은혜로 임하실 것은 당연합니다. 그래서 내 마음속에 주님에 대한 사랑이 일어나게 하시고 내 삶의 목적과 방향과 성향이 달라지게 하십니다. 주님을 위해서 살려는 욕망이 강해지고 죄를 멀리하려는 마음이 생깁니다. 그러나 내 힘으로 안 되기 때문에 내 안에 계신 성령님의 도움을 의존하고 하나님의 말씀에 귀를 기울이게 됩니다. 그렇게 할 때 구원의 복음이 더 깨달아지고 영적으로 자라게 됩니다.

은혜 구원은 실패하지 않습니다. 물론 나의 신앙생활에 오르내림이 있고 시행착오가 있습니다. 죄에 넘어지고 유혹에 빠지는 육신의 연약함이 있습니다. 그러나 주님은 신실하셔서 십자가 은혜로 구원하신 자녀들을 방치하지 않고 돌보십니다. 은혜 구원을 믿는다면 구원 이후에 오는 이러한 회복의 은혜도 믿어야 합니다.

순간적인 회심은 두 가지 사실을 알려 줍니다.

첫째, 하나님의 구원은 값없이 받는 은혜의 선물입니다.
만일 구원이 여러 날의 금식 기도를 해야 하거나 헌금을 많이 해야 하거나 교회나 사회에서 좋은 일을 많이 해야 한다면 보통 사람들은 구원을 못 받을 것입니다. 회심은 우리 편에 달린 것이 아닙니다. 회심은 거듭나는 것처럼 하나님이 일으키십니다. 그래서 아무도 자랑할 수 없습니다.

너희는 그 은혜에 의하여 믿음으로 말미암아 구원을 받았으니 이것은 너희에게서 난 것이 아니요 하나님의 선물이라 행위에서 난 것이 아니니 이는 누구든지 자랑하지 못하게 함이라 (엡 2:8~9).

둘째, 구원은 은혜의 선물이기 때문에 누구에게나 공평합니다.

억만장자든지 홈리스든지, 많이 배운 자든지 적게 배운 자든지, 인종이나 신분이나 연령의 제한을 받지 않습니다. 누구나 동일한 복음으로 값없이 구원을 받습니다. 예수님은 모든 종류의 죄인들을 구하기 위해서 오셨습니다(2:17).

너희는 유대인이나 헬라인이나 종이나 자유인이나 남자나 여자나 다 그리스도 예수 안에서 하나이니라 (갈 3:28).

대통령이나 대기업의 총수가 교회에 들어와 앉아 있어도 옆에 있는 일반 성도와 전혀 다를 것이 없습니다. 세상에서는 학벌, 직업, 재산 등을 따지고 사람을 차별합니다. 그러나 복음 앞에서는 아무도 내세울 것이 없습니다. 모두 은혜로 구원을 받기 때문입니다. 복음은 사람을 구별하지 않습니다. 구원받은 성도는 모두 하나님 나라 백성의 일원입니다. 바울도 우리도 차이가 없습니다. 바울도 은혜로 자신의 공로 없이 구원을 거저 받았고 우리도 마찬가지입니다. 목사라고 해서 특별하지도 않습니다. 목사도 일반 신자와 마찬가지로 교회의 일원입니다. 그렇다면 교회에서 특별 대우를 받는 자들은 없어야 합니다. 돈 있다고 직분 주고, 직업 좋다고 우대한다면 복음이 누구에게나 공평한 것이 아닙니다. 교회가 갱신되려면 이런 세속적 가치관과 그릇된 관습에서 벗어나야 합니다. 가난한 사람도 장로가 될 수 있어야 하고 직업이 천하거나 학력이 낮아도 자신의 은사에 따라 하나님을 섬길 수 있어야 합니다. 그런데도 교회 안에 특수층이 따로 있다면 복음이 바르게 적용된 것이 아닙니다.

> 내 형제들아 영광의 주 곧 우리 주 예수 그리스도에 대한 믿음을 너희가
> 가졌으니 사람을 차별하여 대하지 말라 (약 2:1).

우리가 서로 차별하는 것은 "악한 생각으로 판단하는 자가 되는 것"(약 2:4)이라고 했습니다. 만약 이런 악행을 행하고 있다면 교회는 날마다 죄를 짓는 곳이 됩니다. 우리는 야고보서의 이 노골적인 지적에 귀를 막았는지도 모릅니다. 우리는 복음을 믿는다고 고백할 것입니다. 그러나 복음이 교회 내에서조차 바르게 적용되고 실천되지 않는다면 어디에서 복음의 진모를 찾을 수 있겠습니까? 사람들이 교회에 들어와서 보고 "아 이 교회에는 차등이 없이 말 그대로 그리스도 안에서 다 하나구나"라고 인정할 수 있어야 합니다. 그래야 주님께 영광이 돌아가고 우리 자신도 복음 안에서 행한다는 것을 알고 안심하게 될 것입니다.

회심은 나눔의 삶으로 이어집니다.

레위는 예수님의 제자가 되자마자 자신에게 일어난 회심에 대해 알리고 싶었습니다. 그리고 예수님에게 감사하기 위해 다른 여러 세리를 불러 잔치를 열었습니다. 많은 죄인이 예수님과 한 식탁에서 먹고 마셨습니다. 그 결과 다른 죄인들도 죄의 용서를 받고 예수님의 제자가 되었습니다.

우리도 레위처럼 구원을 받았으면 다른 사람들에게 복음을 전해야 합니다. 그것은 예수님이 나를 제자로 삼아 주신 구원에 대한 감사의 실질적인 표현입니다. 이 같은 실제적인 감사를 하는 것이 신자들의 당연한

의무이며 책임입니다. 예수님이 다른 죄인들에게도 내가 받은 용서를 선포하실 수 있도록 기회를 만들어 드리십시오. 주님은 내가 차리는 죄인들을 위한 잔치석에 기꺼이 오셔서 구원의 은혜를 베풀기를 기뻐하십니다. 회심은 순간적으로 일어납니다. 언제 누가 어느 순간에 회심할지 모릅니다. 그래서 우리는 항상 말씀을 준비하고 살아야 합니다.

너는 말씀을 전파하라 때를 얻든지 못 얻든지 항상 힘쓰라 (딤후 4:2) .

이 권면은 디모데에게 준 것이지만 일반 성도들에게도 적용됩니다. 베드로는 성도들에게 유사한 내용으로 권면하였습니다.

다만 여러분의 마음속에 그리스도를 주님으로 모시고 거룩하게 대하십시오. 여러분이 가진 희망을 설명하여 주기를 바라는 사람에게는 언제나 답변할 수 있게 준비를 해 두십시오. (벧전 3:15, 새번역) .

불신자들에게 복음을 전하는 것은 전도사들의 일만이 아니고 모든 신자의 소명입니다. 우리가 성경을 강해하고 공부하는 목적의 하나는 복음이 무엇인지를 불신자들에게 설명해 주기 위한 것입니다. 요즘은 우리나라 교회의 모습이 너무도 부끄러워서 전도하기가 쉽지 않은 것이 사실입니다. 그러나 복음은 그 자체로서 능력을 발휘합니다. 성령께서 역사하시면 들을 귀 있는 자들의 귀에 복음의 진리가 들어가고 회심의 기적이 일어납니다. 회심은 즉각적입니다. 성령의 은혜로 닫힌 마음이 순식간에 열리고 어둠에 처했던 사람이 빛의 세계로 즉시 옮겨집니다. 그래서 회심은 하나님의 은혜로운 능력입니다. 이러한 회심의 은혜 속에서 레위처럼 하나님의 즉각적인 구원을 감사하고 다른 사람들에게 복음을 전하도록 힘써야 하겠습니다.

15
금식 기도는 무엇인가?

마가복음 2:18

요한의 제자들과 바리새인의 제자들은 금식하는데 어찌하여 당신의 제
자들은 금식하지 아니하나이까 (막 2:18).

마가복음 2장에서 예수님이 중풍병자를 고치신 사건 이후로 예수님
은 유대인 종교 지도자들로부터 심한 반대에 직면합니다. 중풍병자를 고
치셨을 때 서기관들은 예수님이 죄를 용서하신다는 말씀을 듣고 신성 모
독이라고 하였습니다. 신성 모독죄는 사형이기 때문에 예수님은 극형을
받아야 할 자로 본 것입니다. 그다음 레위를 제자로 부르시고 그의 집에
서 바리새인들이 정죄하는 죄인들과 함께 식사하셨을 때 서기관들이 예
수님을 비난하였습니다.

본문에서는 예수님의 제자들이 금식하지 않는다고 유대인들이 시비
를 걸었습니다. 그다음 장면은 바리새인들이 예수님이 안식일을 어겼다
고 주장하면서 극형을 모의하는 것으로서 예수님에 대한 반대 항목이 일
단락됩니다.

바리새인들이 나가서 곧 헤롯당과 함께 어떻게 하여 예수를 죽일까 의논
하니라 (막 3:6).

그러니까 예수님의 사역은 처음에는 많은 무리로부터 큰 환영을 받았지만 얼마 가지 않아서 유대인 종교 지도자들의 맹렬한 반대에 부딪혔고 급기야는 그를 죽이려는 살인 공모에 이르게 되었다는 것입니다. 십자가는 예수님의 사역 초기에서부터 어두운 그림자를 내리고 있었음을 알 수 있습니다.

금식은 우리나라 교회에서 흔히 행합니다.

우리나라에는 기도원이 많기로 유명합니다. 기도원에 가는 주된 목적은 소원 성취를 위한 것인데 금식 기도를 하기 위해서 다니는 분들이 적지 않습니다. 일반적으로 그냥 기도하는 것하고 식음을 전폐하고 기도하는 것은 차이가 있다고 생각합니다. 금식 기도는 일반 기도보다 더 센 기도로 여깁니다. 그래서 누가 금식 기도에 들어갔다고 하면 비상한 각오를 한 것으로 압니다. 성경에서 금식 기도는 삼일 금식이 일반적입니다 (참고. 에 4:16; 행 9:9). 40일 금식 기도는 예수님이 하신 금식 기도라고 해서 가장 알아줍니다. 이것이 과연 성경의 근거를 둔 것일까요?

예수님은 일생에 단 한 번 사십 일 기도를 하셨습니다. 그것도 성령의 지시에 따른 것이었습니다. 우리는 사십일 작정 기도라는 말을 잘 씁니다. 내가 작정해서 원하는 것을 받아내려고 하는 기도는 예수님처럼 성령의 인도를 받고 광야의 시험을 받기 위해서 금식하는 것과는 성격이 다른 것입니다.

우리는 기도에 마치 급수가 있는 것처럼 생각합니다. 그래서 기도도 업그레이드를 시켜야 하는 것처럼 말합니다. 일반 기도를 업그레이드 (upgrade) 시키면 새벽 기도가 되겠지요. 더 업그레이드를 시키면 철야 기도가 되어 한 단계 더 높아지고, 금식 기도를 하면 최신 업그레이드가 되는 셈입니다. 사람들은 금식하는 기간이 길수록 더 알아줍니다. 그러나 기도하는 시간과 방식에 있어 레벨이 있다는 것은 성경의 가르침이 아닙니다.

성경에는 하나님께서 일반 기도보다 금식 기도를 더 잘 들어주신다고 가르친 적이 없습니다. 만일 그렇다면 일반 기도는 할 필요가 없을 것입니다. 다윗은 중병에 걸린 자식을 위해서 칠 일 동안 금식 기도하며 철야를 했지만 하나님께서 아이를 데려가셨습니다(삼하 12:15~19).

예수님은 열두 제자들을 택하실 때와 (눅 6:12) 겟세마네 동산에서 철야 기도를 하셨습니다(눅 6:12; 22:39~46). 그러나 항상 그렇게 하시지는 않았습니다. 예수님은 날마다 새벽 기도를 하시거나 금식을 하시지도 않았습니다.

새벽 기도를 강조할 때 흔히 마가복음 1장 35절을 근거로 댑니다. 새벽 아직도 밝기 전에 예수께서 일어나 나가 한적한 곳으로 가서 거기서 기도하시더니(막 1:35). 그런데 예수님은 그 당시 온 동네 환자들이 밀어닥쳐서 새벽까지 치유와 축귀 사역을 하셨습니다. 그래서 새벽녘에 밖으로 나가시지 않으면 조용한 장소에서 개인 기도를 할 틈이 없었습니다. 우리는 성경의 한두 가지 실례를 당시의 상황에 대한 고려가 없이 표준화시키지 말아야 합니다.

금식 기도는 금욕주의의 영향으로 유행하게 되었습니다. 금욕주의는 성경의 사상이 아닙니다. 물론 우리는 금식에 대한 기록을 성경에서 찾을 수 있습니다. 그러나 금식은 성경의 강조점이 아닙니다. 금식이라는 용어가 들어간 구절들을 찾아보십시오. 매우 적다는 데에 놀랄 것입니다.

[그럼 왜 금식을 강조해야 합니까?]

금식을 강조할 때 흔히 여러 유익이 따른다고 덧붙입니다. 예를 들어, 기도가 환자들의 회복에 도움이 된다는 의학적 보고가 있다고 합니다. 모든 것이 건강에 초점을 맞추는 시대입니다. 그래서 종교까지도 건강에 연결해 강조합니다. 그러나 성경은 그런 식으로 가르치지 않습니다.

일반적으로 금식을 왜 해야 하느냐고 물으면 하나님이 내 소원을 잘 들어주시기 때문이라는 식으로 대답합니다. 이것은 인간의 행위로써 하나님을 설득시켜 원하는 것을 받아낼 수 있다는 사상입니다. 이방 종교의 공로 사상을 기독교 복음에 대입시킨 셈입니다. 금욕이 신에게 감동을 준다는 생각은 이교 사상입니다.

금욕하는 것이 더 영적이고 신에게 더 가까이 가는 길이라는 생각은 고대 사회 때부터 있었습니다. 사실 교회사에서 이런 사상이 알렉산드리아의 클레멘트나 오리겐과 같은 일부 교부들에 의해서 유입되었습니다. 원래는 개별 신자들이 사막이나 광야와 같은 조악한 지역에서 금욕 생활을 하기 시작하였는데 점차 교회 지도자들에게까지 영향을 주어 각 곳으로 퍼졌습니다. 이런 금욕 운동의 원인을 보면 교회의 부패와 관계가 있습니다. 초대 교회는 박해를 받으면서 자랐습니다. 그러다가 콘스탄틴 대제에 의해 기독교가 로마의 국교로 선포되었습니다. 그 후로 수많은 이교도가 교회로 밀려들었습니다. 박해가 사라진 교회에는 더 이상 순교자도 나오지 않았고 목숨을 걸고 복음을 사수할 필요도 없게 되었습니다. 많은 이교도가 유수처럼 교회로 흘러들어오자 교회는 복음을 있는 그대로 전하지 않고 세속 사상과 타협하는 메시지를 전했습니다. 교회는 국가 권력의 후원을 받으면서 점차 제도화되고 교회 지도자들은 특권층을 이루면서 부패하기 시작하였습니다.

그래서 교회의 순수성을 주장하는 사람들 중에 사회를 떠나 은둔생활을 하며 하나님과 가까워지려는 신자들이 나오게 되었습니다. 그들은 매우 열악한 환경에 살면서 기도에 전념하였습니다. 그들 중에는 괴이한 환상들을 보았다거나 이상한 교리를 주장하는 자들도 있었습니다. 그러다가 3세기 말에서 4세기경에 수도원 제도가 생기게 되었습니다. 제도권에 포함되지 않은 독립 수도원들도 있었지만 모두 금욕주의 배경을 안고 있었습니다. 결혼하지 않는 독신 생활이 더 영적이고 좋다는 생각에서 신부와 수녀들이 생겨났습니다. 금욕 생활에는 금식도 반드시 포함됩니다.

그래서 수도원에서는 금식이 당연시되었고 점차 금식일의 종류도 많아졌습니다.

그러나 초기 초대교회에는 이런 전통이 없었습니다. 개인이나 공동체적인 금욕 단지가 형성된 일도 없었습니다. 신약에서 금식은 특별한 때에 행해졌습니다. 예를 들면 선교사를 파송할 때와 장로들을 세울 때였습니다(행 13:2~3; 14:23). 그러나 한 번도 금식을 법으로 정한 일이 없었습니다. 구약의 속죄일에 행하던 금식의 참뜻은 예수님의 십자가 희생에 의해서 성취되었고 구원이 확보되었기 때문에 신약 교인들은 금식 때처럼 괴로워할 것이 아니라 즐거워해야 합니다. 구약의 속죄일은 신약의 성찬으로 대치되었습니다. 신약 교회에서는 성찬은 지키지만 속죄일을 지키면서 금식하는 사람은 아무도 없습니다. 신약에서 성찬 때 금식하라고 하지도 않았습니다. 성찬 자체가 음식을 먹는 의식입니다.

[금식은 언제 행하였습니까?]

♣ 모세가 시내산에서 십계명의 두 돌판을 받을 때 사십 주야 금식하였습니다(신 9:9)

♣ 이스라엘에서는 바벨론 침공에 의해 예루살렘이 파괴되고 나라가 멸망한 일을 기억하기 위해 금식하였습니다(슥 7:1~7; 8:19).

♣ 에스더서에 기록된 민족 말살 위기와 같은 중대한 응급 상황에서 행해졌습니다(에 4:16).

♣ 금식은 죽은 자를 슬퍼하는 애도와 관련된 행위입니다. 예로써, 사울 왕과 그의 아들들이 블레셋과의 전쟁에서 패했을 때 그들을 장사하면서 이레 동안 금식하였습니다(삼상 31:13; 삼하 1:12).

♣ 국가적인 차원의 회개를 할 때도 금식하였습니다. 예를 들어, 사무엘이 온 이스라엘 백성을 집합시키고 우상 숭배에 대한 참회를 하게 할 때 금식하였습니다(삼상 7:6). 아합 왕도 나봇의 포도원을 빼앗고 나봇을 살해한 일로 하나님의 정죄를 받았을 때 금식하며 회개하였습니다(왕상 21:27).

♣ 치유를 위해 금식하였습니다. 예로써, 다윗은 밧세바 사이에서 난 아이가 중병에 걸렸을 때 금식하며 철야 기도를 했습니다(삼하 12:16~17).

♣ 하나님께 간절히 탄원할 일이 있을 때 금식하였습니다(시 109:24).

♣ 다니엘은 바벨론에서 조국의 수난을 생각하며 3주 동안 금식하였습니다(단 10:2~3).

이러한 금식들은 자연스러운 것입니다. 신약에서도 이런 금식을 금하지 않았습니다. 바울은 다메섹 도상에서 예수님을 만난 후에 그 충격으로 사흘 동안 금식하였습니다(행 9:9). 그러나 이 같은 금식은 자율적이지 규정으로 정한 것이 아닙니다. 각자가 성령의 인도와 자신의 건전한 판단에 따라 행할 일이기 때문입니다. 우리는 금식기도를 만사형통의 열쇠인 듯이 떠받들지 말아야 합니다. 이것은 성경의 가르침이 아닌 사람이 만든 금식 교리입니다. 이런 인간적인 생각들에 붙잡히면 복음은 미신이 됩니다.

구약에서 금식이 율법으로 정해진 것은 대속죄일 하루뿐입니다(레 23:26~32). 민족적 수난과 성전 파괴와 같은 국가적 재앙을 기념하는 금식일이 있었지만 슬픔의 날들이 기쁨의 때로 바뀔 것이라고 했습니다.

> 만군의 여호와가 이같이 말하노라 넷째 날의 금식과 다섯째 날의 금식과 일곱째 날의 금식과 열째 날의 금식이 변하여 유다 족속에게 기쁨과 즐거움과 희락의 절기들이 되리니 오직 너희는 진리와 화평을 사랑할지니라 만군의 여호와가 이와 같이 말하노라 다시 여러 백성과 많은 성읍의 주민이 올 것이라 … 많은 백성과 강대한 나라들이 예루살렘으로 와서 만군의 여호와를 찾고 여호와께 은혜를 구하리라 (슥 8:19~22).

이 예언은 예수님의 오심으로 성취되었습니다(행 2장). 이제 더 이상 구약 시대의 금식을 할 필요가 없게 된 것입니다. 그래서 신약에서는 예수님이나 사도들이 금식을 규정하여 지키라고 명한 일이 없습니다.

[금식은 어떻게 해야 할까요?]

금식은 개인의 자율적인 판단에 맡겨야 합니다. 금식을 영적 삶의 필수 조건으로 내세우거나 금식의 유익을 구실로 강조해서도 안 됩니다. 물론 교회 공동체적으로 금식을 해야 할 상황이 있을 수 있겠지만 이것은 압력이나 억지로 참여시킬 것이 아닙니다. 금식은 할 수 있지만 성경에서 강조한 부분이 아님을 기억해야 합니다. 성경에서 우리가 주목해야 하는 것은 금식의 오용에 대한 가르침입니다.

이사야 58장을 보면 여호와께서 기뻐하시는 금식이 어떤 것인지 적시되어 있습니다. 이스라엘 백성은 자기들이 금식을 했는데 하나님께서 그들을 돌보시지 않는다고 불평하였습니다(사 58:3). 그랬더니 하나님께서 그들의 불의와 폭력을 지적하셨습니다. 그리고 약자를 억압하고 가난한 이웃을 돌보지 않으면서 단지 머리를 숙이고 베옷을 입고 재를 날린다고 해서 하나님이 받으시는 금식이 되겠느냐고 반문하셨습니다(사 58:3~7). 스가랴서에서도 같은 말씀이 나옵니다.

> 온 땅의 백성과 제사장들에게 이르라 너희가 칠십 년 동안 다섯째 달과 일곱째 달에 금식하고 애통하였거니와 그 금식이 나를 위하여, 나를 위하여 한 것이냐 (슥 7:5).

아무리 금식을 오래 하고 경건한 모습을 보여도 외형적이고 위선적인 의식은 무익하다는 말씀입니다. 금식한다면서 하나님의 정의를 생각하지 않고, 힘든 이웃에게 무정하며 자신의 죄악에 대해 참회하는 마음이 없다면 허식이며 위선입니다. 금식이라는 위장된 경건 뒤에 숨겨진 거짓된 삶은 하나님의 눈에는 대낮처럼 더 밝게 비칩니다. 그래서 예수님은 산상설교에서 이렇게 말씀하셨습니다.

금식할 때에 너희는 외식하는 자들과 같이 슬픈 기색을 보이지 말라 … 오직 은밀한 중에 보시는 네 아버지께서 갚으시리라 (마 6:16~18) .

위선은 속이는 것입니다. 하나님께서는 속이는 것을 매우 싫어하십니다. 속이는 것은 상대방을 업신여기는 것입니다. 하나님은 속임수에 의해서 조롱을 당하시거나 업신여김을 받지 않으시는 분입니다(갈 6:7; 사 1:4). 금식은 그 자체로서 나쁜 것이 아닙니다. 그러나 하나님의 일은 생각하지 않고 자신의 이기적인 유익만을 위한 금식은 하나님께서 인정하시지 않습니다. 금식이 자신의 경건을 드러내기 위해서 사용된다면 위선입니다. 이스라엘 백성은 금식할 때 여러 가지 극적인 드라마를 연출하였습니다. 예를 들면 베옷을 입고 재를 머리에 뒤집어쓰거나 옷을 찢었습니다. 그래서 너희는 옷을 찢지 말고 마음을 찢고 너희 하나님 여호와께로 돌아올지어다(욜 2:13)라고 했습니다.

요시아 왕은 백성의 우상 숭배로 인해서 재앙을 내리신다는 율법의 말씀을 듣고 금식했습니다. 그때 그는 회개하는 마음으로 옷을 찢고 통곡했기 때문에 그의 생존 기간에는 재앙을 면할 수 있었습니다(왕하 22:19; 대하 34:27~28). 다윗이 읊은 시편 51편에서처럼 하나님께서 구하시는 제사는 상한 심령(시 51:17)입니다.

금식은 원래 경건한 사람들이 오직 하나님께만 마음을 집중하기 위해서 행했던 의식이었습니다. 금식은 회개할 때나 혹은 개인이나 공동체의 비상한 상황에 직면하여 하나님께 도움을 구할 때 행하였습니다. 그러나 금식은 신약에서 규정으로 정해진 것이 아니며 금식을 다른 종류의 기도보다 더 우월한 것으로 보지 않았습니다. 금식 기간이 길다고 해서 더 경건한 것도 아니고 더 영적인 것도 아닙니다. 금식은 하나님 앞에서 내 마음의 진심을 보여드리는 기회가 될 수 있습니다. 그러나 금식을 영적 수준의 잣대로 삼거나 하나님의 축복을 받아내는 도구로 여기지 말아야 합니다. 하나님께서는 옷이 아닌 마음을 찢는 금식을 기뻐하시며 선한 삶을 살면서 하나님의 뜻을 구하는 금식을 열납하십니다.

❖ 다윗은 밧세바 사이에서 태어난 아기가 중병에 걸렸을 때 일주일 철야 금식을 하며 울었습니다. 그러나 아이는 죽고 말았습니다. 그래도 그는 하나님을 원망하지 않았습니다. 금식 기도의 올바른 자세는 내가 원하는 것을 나의 금식 투쟁으로 받아내려는 것이 아니고, 하나님의 뜻을 찾고 그 뜻에 순복하겠다는 각오가 서 있는 것입니다.

다윗은 아기가 죽은 것을 하나님의 뜻으로 받아들였습니다. 그래서 목욕을 하고 옷을 갈아입고 머리에 기름을 발랐습니다. 그리고 곧장 성전으로 가서 하나님을 경배하고 정상적인 삶으로 돌아갔습니다(삼하 12:15~23). 금식하여 간구한 것을 받았을 때보다 받지 못했을 때의 나의 자세가 더 중요합니다. 내 뜻이 이루어지기 위해 내 몸을 상하면서까지 금식하기보다 하나님의 뜻을 깨닫고 이를 순순히 받아들이며 정상적인 신앙생활로 돌아가는 것이 하나님 보시기에 더 아름답습니다. 하나님을 기쁘게 해 드리는 길은 내 길이 아닌, 주의 길을 택하는 것입니다. 몸과 마음을 다하여 간구하더라도 허락되지 않으면 하나님의 뜻으로 알고 겸손하게 물러설 줄 아는 것이 올바른 믿음의 자세입니다.

금식을 바르게 사용하면 영적 축복의 한 방편이 될 수 있습니다. 그러나 행사나 프로그램으로서 억지로 참여하는 금식 행위는 권장할 것이 못됩니다. 금식은 하나님과의 거래로 사용될 수 없습니다. 금식을 하면 복이 보장되니 해 보라는 식의 말은 하나님을 시험하는 것입니다. 우리는 금식 문제에서 항상 위선의 위험을 경계해야 하며 성령의 분명한 인도가 없는 극단적인 금식 작정을 하지 말아야 합니다.

예수님은 금식 문제로 바리새인들과 충돌하셨습니다. 우리는 바리새인적인 금식을 버려야 합니다. 예수님은 잘못된 금식 문제를 산상 설교에서 언급하실 정도로 중시하셨습니다(마 6:16~18). 위선적인 바리새인의 금식은 예수님 당시에만 있었던 것이 아닙니다. 지금도 교회에 금식에 대한 잘못된 가르침이 많고 다분히 이교적인 금식 행위를 볼 수 있습니다. 교회가 갱신되고 성도들이 바른 신앙으로 하나님을 섬기려면 이런 그릇된 전통들에서 하루속히 벗어나야 합니다.

16
새 시대의 기쁨
마가복음 2:18~22

생베 조각을 낡은 옷에 붙이는 자가 없나니 만일 그렇게 하면 기운 새 것
이 낡은 그것을 당기어 해어짐이 더하게 되느니라 새 포도주를 낡은 가
죽 부대에 넣는 자가 없나니 만일 그렇게 하면 새 포도주가 부대를 터뜨
려 포도주와 부대를 버리게 되리라 오직 새 포도주는 새 부대에 넣느니
라 하시니라 (막 2:21-22).

본문은 사람들이 예수님께 와서 금식에 대한 시비를 건 내용입니다.
사람들은 예수님이 왜 그의 제자들에게 세례 요한의 제자나 바리새인들
처럼 금식을 시키지 않느냐고 물었습니다. 금식에 대한 질문은 단순한 종
교적 의식에 대한 문의처럼 들립니다. 그러나 이것은 예수님에 대한 정면
적인 도전이었습니다. 우리는 본 항목에 이어 나오는 안식일 논쟁과 함께
그 배후에 깔린 당시의 상황을 되돌아볼 필요가 있습니다.

예수님은 장로들의 전통을 무시하셨습니다.

예수님은 갈릴리에 오셔서 때가 찼고 하나님 나라가 가까이 왔다고 선
언하셨습니다(막 1:15). 메시아를 기다렸던 유대인들은 예수님이 곧 드라
마틱한 사건을 일으키실 것이라고 기대하였습니다. 그러나 예수님이 하

시는 일을 보면 그런 극적인 사건에 의한 하나님 나라는 올 것 같지 않았습니다.

예수님이 하신 일은 작은 수의 평범한 사람들을 제자로 삼고 갈릴리 마을을 다니며 병자를 치유하거나 말씀을 전하는 것이었습니다. 사람들은 예수님의 치유 능력과 독특한 권위를 인정하였습니다. 그의 인기는 갈릴리 지방에서는 높았지만 이 정도로서는 대망하던 하나님 나라가 도착했다고 보기 어려웠습니다. 그래서 사람들은 예수님이 과연 하나님의 아들이시며 하나님 나라를 세우시는 분이냐는 의심을 품게 되었을 것입니다. 마태복음 9장 14절에 보면 예수님께 금식 질문을 한 자들은 세례 요한의 제자들이었습니다. 물론 바리새인들도 같은 질문을 가졌을 것입니다.

우리는 여기서 바리새인들과 예수님 사이의 영성의 기준이 전혀 다르다는 것을 확인할 수 있습니다. 바리새인들은 금식을 철저히 행하고 안식일을 엄수하며 정결 예식을 지키는 것이 경건과 영성의 증거라고 믿었습니다. 이렇게 하는 것은 하나님께 대한 열성이 높은 것처럼 보일지 모릅니다. 그러나 사람이 만든 종교적인 의식이나 여러 규정들은 하나님에게서 온 것이 아니기 때문에 신앙생활의 표준이 될 수 없습니다. 이런 것들을 "장로들의 전통"(막 7:3, 5)이라고 불렀는데 이사야 선지자는 "사람의 계명"(막 7:7; 사 29:13)이라고 지적하였습니다. 예수님은 이 말씀을 인용하여 바리새인과 서기관들에게 그들이 하나님의 계명은 버리고 사람의 전통을 지킨다고 하셨습니다(막 7:8).

인간의 법으로 하나님을 섬기려고 하면 항상 실패합니다. 인간의 제도나 전통으로 하나님을 사랑할 수 없습니다. 2천 년 이상의 기독교 역사에서 인간들이 만들어낸 규정들이 얼마나 많은지 모릅니다. 지금도 교회는 여러 면에서 하나님의 말씀을 따르기보다는 인간의 종교적 전통과 규정을 따르고 있습니다. 물론 종교 단체에도 법이 필요합니다. 그러나 우리는 하나님 나라가 세상 나라와 다르게 운영되어야 한다는 점을 원론적으로 이해해야 합니다.

하나님 나라는 법치 국가가 아닙니다. 그렇다고 해서 무법주의도 아닙니다. 하나님 나라는 세상 나라와 달라서 법이 아닌 사랑의 원리로 움직입니다. 우리가 구태여 법이라는 말을 쓴다면 "사랑의 법"입니다. 바울은 이것을 "그리스도의 법"(갈 6:2)이라고 불렀고, 야고보는 '최고의 법'(the royal law약 2:8)이라고 칭하였습니다. 바울은 고린도전서 13장에서 사랑이 있으면 모든 선을 행할 수 있다고 하였습니다.

십계명은 탐심에 대한 마지막 계명을 제외하고는 외형적으로 다 지킬수 있습니다. 금식도 안식일도 규정만 어기지 않으면 됩니다. 특별히 하나님에 대한 사랑이 없어도 대체로 다 지킬 수 있습니다. 그러나 금식을 여러 날 하면서도 마음으로는 많은 죄를 지을 수 있습니다. 주일도 형식적으로 얼마든지 지킬 수 있습니다.

하나님 나라는 사랑의 나라입니다. 하나님의 백성을 움직이게 하는 것은 율법이 아니고 사랑입니다. 바울은 "그리스도의 사랑이 우리를 강권"(고후 5:14)한다고 했습니다. 그리스도의 사랑이 신자들의 삶을 지배한다는 말입니다. 그래서 사랑이 크리스천 삶의 구심점입니다. 법이나 규칙들은 신약 시대의 교회와 성도의 삶을 지배하는 원동력이 아닙니다. 율법은 사랑이 없어도 지킬 수 있습니다. 그러나 사랑이 있으면 율법의 요구를 만족시키고 율법의 수준을 넘어갑니다. 예수님은 사랑의 삶을 사셨기 때문에 율법의 수준을 넉넉히 채우고 율법의 한계를 무한대로 초월할 수 있었습니다. 바로 이 점에서 바리새인들은 예수님을 오해하였고 자신들이 얼마나 잘못된 방식으로 하나님을 섬기려고 했는지를 노출했습니다.

바리새인들은 예수님이 금식을 무시하셨기 때문에 경건한 사람이라고 인정할 수 없었습니다. 그들은 자신들이 만든 규칙에 따른 금식을 예수님도 행하기를 원했습니다. 그러나 예수님은 금식의 목적을 자신의 희생적인 사랑의 삶으로 성취시켰습니다. 금식은 죄를 회개하고 하나님께 자신을 드리는 거룩한 삶의 상징적 행위입니다. 예수님은 평생을 오직 하나님의 뜻에 따라 순종의 삶을 사셨고 마침내 모든 사람의 죄를 지시고 십자가에서 대속의 죽음을 치렀습니다.

바리새인들은 매주 금식을 여러 번 하면서도 그들의 마음은 사랑이 아닌 증오와 시기심으로 가득하였고 예수님을 죽이려는 살기로 채워져 있었습니다. 그들은 종교적 집단을 이루고 하나님의 백성을 자신들의 그릇된 신학과 위선적인 경건주의로 지배하려고 했습니다. 그래서 예수님도 그들의 제도적 전통 속에 들어와서 통제를 받아야 한다고 생각하였습니다. 그들이 예수님에게 기대한 것은 바리새인적인 메시아가 되어 달라는 주문이었습니다. 그들의 문제가 무엇이었습니까? 그들은 예수님이 그들처럼 인간이 만든 종교 전통의 전철을 밟아가면서 이스라엘 민족을 이끌어야 한다고 보았습니다.

금식에 대한 예수님의 세 가지 비유

첫째, 신랑의 비유

결혼식에서 신랑을 축하하는 손님들은 금식하지 않습니다. 먹고 즐거워하는 때이기 때문입니다. 예수님은 여기서 자신에 대해 변호하시는 중입니다. 그래서 본 비유들을 예수님과 연결해서 이해해야 합니다. 예수님이 오셔서 세우시는 하나님 나라는 혼인 잔치와 같습니다(계 19:7, 9). 신랑과 축하객이 모두 함께 기뻐하고 즐거워합니다. 이것이 하나님 나라의 특징입니다. 구약에서 신랑은 하나님에 대한 이미지로 자주 사용되었습니다(참조. 사 62:5).

이는 너를 지으신 이가 네 남편이시라 (사 54:5).
내가 네게 장가들어 영원히 살되 공의와 정의와 은총과 긍휼히 여김으로 네게 장가들며 진실함으로 네게 장가 들리니 네가 여호와를 알리라 (호

2:19~20) .

신약에서도 신랑은 메시아의 이미지로 쓰였습니다(참고. 요 3:29; 엡 5:32).

> 내가 하나님의 열심으로 … 한 남편인 그리스도께 드리려고 중매함이로 다 (고후 11:2) .

예수님의 제자들이 금식하지 않는 까닭은 그들이 신랑의 혼인 잔치에 초대되었기 때문입니다. 예수님의 임재는 하나님 나라의 기쁨을 체험하는 때입니다. 그런데 금식을 꼭 해야 한다면 신랑을 빼앗기는 때라는 것입니다. 신랑을 빼앗긴다는 말은 예수님이 붙잡혀 십자가 죽임을 당할 것을 간접적으로 예고합니다(사 53:8).

그 날에는 금식할 것이니라(막 2:20)는 말씀은 예수님이 돌아가신 후에 제자들은 큰 충격과 슬픔에 빠질 것을 가리킵니다. 그러나 지금은 예수님이 오셔서 천국 복음을 전하시는 때이기 때문에 기뻐하는 시기라는 것입니다(전 3:4).

예수님은 금식하는 것이 적절한 때가 있음을 인정하셨습니다(마 6:16~18). 죽은 자를 애도하는 의미에서 금식은 합당합니다. 그러나 주님은 제자들에게 금식 규례를 주시기보다는 바리새인들의 그릇된 금욕주의를 정죄하셨습니다.

우리는 예수님이 세상에 오셔서 하나님 나라를 출발시킨 신약 시대에 살고 있습니다. 예수님은 우리를 하나님 나라의 대향연에 초대하셨습니다. 이사야 선지자는 하나님께서 마지막 때에 만민을 위하여 기름진 것과 오래 저장된 포도주로 향연을 열고 사망을 멸하시며 자기 백성의 눈물을 씻기시고 그들의 수치를 온 천하에서 제하실 것이라고 예언하였습니다(사

25:6~8). 메시아 시대의 구원은 예수님의 초림으로 시작되었습니다. 사실상 금식의 때도 지났습니다. 예수님은 십자가에 달리신 후 부활하셨기 때문입니다. 주님은 그를 대속주로 믿는 모든 자들에게 자신의 부활 생명을 넣어주십니다(사 27:19). 그러므로 지금은 금식하고 울 때가 아닙니다. 인류의 숙적인 죽음이 예수님에 의해서 정복되었습니다. 새 언약 백성은 금식의 특징인 탄식과 애도가 영원히 폐기되고 주 예수의 부활 생명으로 가득 찬 갱신된 새 하늘과 새 땅을 바라보며 삽니다. 그렇다면 우리는 금식의 전통을 따를 것이 아니고 소망 중에 기뻐해야 합니다.

둘째, 생베 조각 비유

우리나라가 못살던 시절에는 양말도 기워 신고 헌 옷도 기웠습니다. 헌 옷이 많이 낡았을 경우에는 새 천을 대고 기울 수 없습니다. 헌 옷의 천이 밀리거나 뜯어지고 맙니다. 요점은 예수님의 사역을 유대교의 낡고 묵은 틀 속에 억지로 집어넣지 말라는 것입니다. 예수님을 믿는다고 하면서 옛 시대에 속했던 율법의 규정이나 사람이 만든 교회 전통을 새 언약 시대의 삶에 적용하는 것은 새 옷에 헌 천을 대는 것과 같습니다.

셋째, 새 포도주 비유

호세아서 2장에 보면 하나님이 자기 백성을 아내로 삼는다고 하였습니다. 그다음 따라 나오는 말씀은 땅이 곡식과 포도주와 올리브 기름을 풍성하게 수확한다는 것입니다(호 2:19~22). 아모스 9장에도 산마다 단 포도주가 흘러나와서 모든 언덕에 흘러넘칠 것이라(암 9:13)고 하였습니다. 넘치는 새 포도주는 메시아 시대에 거두게 될 풍작의 기쁨에 대한 상징입니다. 예수님 자신이 새 포도주입니다. 예수님은 복음으로 새 시대의 축복이 새 포도주처럼 넘쳐흐르게 하시는 분입니다. 새 포도주이기 때문에 낡은 옛 포도주 부대에 담을 수 없습니다. 당시의 포도주 부대는 오래되면 신축성이 없어지고 삭기 때문에 발효가 강한 새 포도주를 감당할 수 없어

터져 버렸습니다. 생베 조각과 새 포도주의 비유는 모두 같은 의미입니다. 옛것을 새것에 끼어 맞추지 말라는 것입니다.

율법 시대의 전통은 예수님 자신의 가르침으로 대치되어야 합니다.

낡은 옷과 낡은 포도주 부대는 유대교와 바리새인들의 전통을 가리킵니다. 생베 조각과 새 포도주는 예수님을 가리킵니다. 예수님은 옛 전통에 속한 분이 아닙니다. 유대교의 율법이나 바리새인들의 종교적 규정들에 묶여서 하나님을 섬기려고 오신 분이 아닙니다. 예수님은 모세보다 더 크신 분입니다. 예수님은 하나님이 보내신 메시아로서 율법을 완성하시고 자신의 가르침을 최종적인 권위로 삼으십니다. 예수님은 세상의 어떤 틀에도 들어갈 수 없는 분입니다. 오히려 세상이 그분의 권위 아래로 들어가야 합니다. 예수님은 산상 설교로 모세 율법을 추월하시고 사랑의 법으로 율법의 요구를 만족시켰습니다. 예수님은 바리새인들의 금식을 하나님 나라의 기쁨으로 바꾸시는 분입니다. 예수님은 모세 율법이 바라보았던 최종 목표였고, 바리새인들의 전통이 상상도 할 수 없는 경건의 최고봉이었습니다. 바리새인들은 예수님이 어떤 분이라는 것을 알지 못하였습니다. 그래서 예수님을 그들의 전통의 틀 안에서 평가하였고 예수님께 그들의 종교 수칙을 따를 것을 요구하였습니다.

바리새인들은 여호와 종교를 인간 종교로 만들었습니다. 그들은 하나님을 잘 섬기는 길은 더 많은 규범을 만들고 이를 철저하게 지키는 것이라고 보았습니다. 그런데 예수님이 출범시킨 하나님 나라는 규정이나 의식으로 지배되는 속박의 나라가 아닙니다. 하나님의 왕국은 왕이신 주님께 대한 사랑과 자발적인 순종으로 이루어지는 자유의 나라입니다. 그래서 율법은 예수 그리스도가 오실 때까지만 유효하다고 하였습니다(갈 3:19).

바리새인들은 율법이 요구한 것 이상의 규정들을 만들어 경건 생활의 표준으로 삼았습니다. 그들이 금식 문제로 예수님께 시비를 건 것은 예수님을 율법 시대의 틀과 바리새인의 전통 속에 가두려는 시도였습니다. 바리새인들은 모세 율법이 예수님을 가리킨 것임을 깨닫지 못하였습니다. 그들은 "때가 찼고 하나님 나라가 가까이 왔다"(막 1:15)라고 선포하신 예수님의 말씀이 무슨 뜻인지를 깨닫지 못하였습니다. 그것은 구원의 역사에서 율법 시대가 지나가고 예수 그리스도께서 출범시키는 은혜 시대가 시작되었다는 뜻이었습니다.

그렇다면 예수님을 1세기 바리새인들의 경건주의의 눈금으로 판단할 것이 아니고 율법의 목표였던 예수님 자신을 믿었어야 했습니다. 예수님은 구약 시대의 율법이나 1세기 유대교의 낡은 전통을 고수함으로써 하나님 나라를 세우려고 오신 분이 아니었습니다. 예수님은 율법의 목표와 의도를 성취하고 믿음에 의한 구원의 새 시대를 여시는 분이었습니다.

우리는 예수님을 세상의 어떤 잣대로도 판단할 수 없습니다. 예수님이 경건과 영성을 측정하는 절대치의 표준입니다. 우리는 예수님이 우리가 정해 놓은 표준에 따라 움직여 주시기를 기대하지 말아야 합니다. 주님은 우리의 관습적인 표준 잣대를 꺾고 자신을 우리 삶의 표준으로 제시하십니다. 교회사를 점철하여 인간이 만들어 낸 갖가지 비성경적인 종교 전통들과 가르침들은 모두 제거되어야 합니다. 갱신된 교회는 사람이 아닌, 예수님이 우리 모두의 삶을 지배하는 주체가 되는 곳입니다. 예수님을 낡은 옷에 붙이려고 하거나 낡은 포도주 부대에 부어 터지게 하는 일이 없어야 하겠습니다.

온고지신(溫故知新)이라는 말이 있습니다. 옛것을 익혀서 새로운 지식에 활용한다는 뜻입니다. 그런데 온고지신은 복음이 아닙니다. 옛것이 새것에 의해 성취된 것을 깨닫고 옛것을 새것에 덧붙이지 말아야 합니다. 예수님의 사역은 옛 창조가 아니고 새 창조입니다. 예수님은 루울과 규정들로 짜인 구약 시스템이나 인간 종교로 각색된 1세기 유대교에 합류하려고 오시지 않았습니다. 바리새인이나 세례 요한의 제자들이 행하던 금식은 예수님의 새로운 복음 운동의 틀에는 전혀 맞지 않는 것이었습니다.

예수님은 신랑이 데려감을 당할 때가 금식할 때라고 하셨습니다. 그런데 신랑은 이제 데려감을 당한 지 2천 년이 지났습니다. 예수님의 십자가 대속의 형벌은 끝났습니다. 부활하신 예수님은 지금 하늘 보좌에서 세상을 통제하시며 새 하늘과 새 땅의 구원을 완성하시는 중입니다. 우리는 이 대 구원을 대망하며 기뻐하면서 복음을 전해야 합니다.

우리는 낡은 옛 전통을 벗어버리고 예수님으로 새롭게 시작해야 합니다. 옛 옷에 해당하는 것들이 우리 교회나 각자의 삶 속에 머물고 있다면 내버려야 합니다. 예수님의 신부로서 새 생명의 삶을 즐기려면 새 옷을 입어야 합니다. 예수님은 넋두리와 탄식을 일삼는 눈물 종교의 창시자가 아닙니다. 금식처럼 자신의 경건을 드러내려는 자기 의의 선양자도 아닙니다. 예수님은 죄인들에게 하나님의 용서를 체험하게 하고, 영원한 생명의 구원을 기뻐하도록 잔치를 여시는 하나님 나라의 신랑이십니다.

유대교 전통과 하나님 나라의 복음은 공존할 수 없습니다. 오늘날의 비성경적인 여러 가지 교회 관습들도 복음과 공존할 수 없습니다. 하나님 나라의 새 생명의 삶은 일체의 구습과 인간 종교의 행위들을 배격합니다. 유대교의 전통과 장로들의 규례를 따른 바리새인들과 세례 요한의 제자들은 낡은 옷을 입고 하나님을 섬기려고 했던 종교인들이었습니다. 이런 종류의 경건주의와 헌신이 하나님께서 기뻐하시는 일이라고 착각하지 마십시오. 예수님과 그분의 복음을 낡은 포도주 부대에 담아 두려고 하면 아무것도 이루어지지 않습니다. 포도주 부대도 터지고 새 포도주도 다 쏟아지고 맙니다. 우리는 이런 행위들이 예수께서 정죄하신 바리새인의 신앙이라는 것을 알아야 합니다. 새 포도주는 새 병에 담고 새 마음에 담아야 합니다. 하나님께서는 새 마음과 새 뜻을 품고 하나님을 섬기려고 하는 성도들을 찾고 계십니다.

17

예수님이 회복시킨 안식일

마가복음 2:23~3:6

안식일에 예수께서 밀밭 사이로 지나가실새 그의 제자들이 길을 열며 이삭을 자르니 바리새인들이 예수께 말하되 보시오 저들이 어찌하여 안식일에 하지 못할 일을 하나이까 … 또 이르시되 안식일이 사람을 위하여 있는 것이요 사람이 안식일을 위하여 있는 것이 아니니 이러므로 인자는 안식일의 주인이니라 (막2:23~24, 27~28).

1세기 바리새인들은 자신들이 하나님의 진정한 백성이라는 사실을 드러내기를 원했습니다. 그들은 이방 제국인 로마의 속박을 받으면서 자신들의 정체성을 잃지 않으려고 몸부림쳤습니다. 그래서 그들은 유대인들의 특징인 할례, 음식규례, 정결 예식, 금식 등에 집착하였고 특별히 안식일을 철저하게 지켰습니다. 안식일은 이스라엘의 해방과 자유를 소망하며 바라보는 깃발이었습니다. 안식일은 원래 창조주 하나님이 취하신 안식과 출애굽 해방을 기념하는 날이었습니다. 그러나 하나님이 취하신 안식의 의미를 자신들의 삶에서 적용하고 구현시키는 일에는 관심이 없었습니다.

그들은 민족주의에 젖어 다시 한번 출애굽과 같은 대 구원의 날이 올 것을 대망하며 안식일을 계율적으로 지키는 일에만 심혈을 기울였습니다. 그들은 하나님이 의도하신 안식일의 궤도를 벗어나 율법이 요구하지도 않는 수많은 규정을 인위적으로 만들어 지키게 하였습니다. 안식일에 대한 이러한 극단적인 열성은 백성의 삶을 온통 규범화시키고 안식일이 무거운 짐이 되게 하였습니다.

안식일에 하지 못할 일

바리새인들은 '안식일에 하지 못할 일'을 세세하게 정해놓았습니다. 예수님의 제자들이 길가의 곡식 이삭을 훑어 먹었다는 것을 안식일 금지 사항을 어긴 것으로 보고 예수님께 항의하였습니다. 그들이 얼마나 극단적이었는지는 그냥 말만 해서는 이해할 수 없습니다. 잠시 미쉬나에 나오는 안식일에 대한 금지 목록을 몇 군데만 열거해 보겠습니다. 미쉬나는 주로 모세 율법에 대한 해석과 각종 생활 지침에 대한 유대인들의 구전을 모은 것입니다. 미쉬나는 예수님 시대 이전에도 있었는데 A.D. 200년경에 집대성되었습니다. 거기 보면 안식일에 금지된 39개 항목들이 나옵니다. 그리고 다시 소항목으로 분류된 여러 상황에 대한 토론이 실려 있습니다. 예를 들면 이런 것들입니다.

✤ 목발을 집에서 밖으로 가져 나가도 되느냐 안 되느냐?

✤ 어떤 종류의 끈으로 묶을 수 있는가?

✤ 물건을 던져도 좋은 거리는 얼마인가?

✤ 사람이 운반할 수 있는 것들은 무엇이며 옮기는 장소는 어디라야 하는가?

✤ 안식일에 걸을 수 있는 거리는 얼마나 되어야 하는가?

흥미로운 것의 하나는 안식일에 의료 혜택을 주는 것을 허락하였습니다. 그러나 생명에 위험이 있을 때만 허락되었습니다. 랍비들은 이 문제를 놓고 논쟁하였습니다.

예) 안식일에 가축이 웅덩이에 빠졌다면 어떻게 해야 하는가?

어떤 랍비들은 쿠션을 던져주고 그것을 딛고 올라오면 다행이고 못 올라오면 할 수 없다고 하였습니다. 다른 랍비들은 안식일이 지난 후에 구조하도록 먹을 것만 던져 주면 된다고 했습니다. 그러나 미쉬나를 다시 해석한 탈무드에 의하면 동물의 고통을 막는 것이 성경의 원칙이니까 랍비들의 룰(rule)을 제쳐두고 안식일에도 가축을 구출해야 한다는 결론을 내렸습니다. 예수님은 이 점을 들어 바리새인들의 모순된 행위를 규탄하셨습니다. 구덩이에 빠진 양이나 소는 안식일이라도 구해 주면서 동물보다 더 귀한 사람은 구하지 않겠느냐는 말씀이었습니다(마 12:11~12).

[안식일에 해서는 안 되는 일들]

❖ 사지 골절이 되어도 고치면 안 된다. 손톱을 잘라서도 안 된다. 옷에서 이를 잡아도 안 된다. 글자를 한 자 이상 쓰면 안 된다. 단, 과실 주스나 먼지나 모래로 쓰면 된다. 이런 재료는 표시가 오래가지 않으니까 노동으로 보지 않았습니다.

❖ 들통은 혁대에 매달면 되지만 로프를 쓰면 안 된다. 불이 나도 끄면 안 된다. 단, 세끼 식량과 자신이 입을 수 있는 만큼의 의복은 가지고 나올 수 있다. 그러나 성경책들은 모두 다 가져 나올 수 있다.

미쉬나 자체의 코멘트에도 안식일에 대한 성경의 실례는 적은 반면 유대교의 룰(rule)은 많다고 했습니다. 예수님 당시의 유대인들에게 안식일은 언약 백성의 인식표였습니다. 바리새인들은 자신들의 정체성을 가장 뚜렷하게 드러내는 것이 안식일이라고 믿었기 때문에 안식일을 사수해야 한다고 주장하였습니다. 이러한 자세는 종교와 민족주의가 서로 결착되면 쉽게 일어납니다. 예수님은 바리새인들이 안식일의 참뜻을 매몰시키고 유대교의 전통으로 자신들의 의를 드러내며 하나님 나라를 자기들의 방식으로 세우려는 일을 악하게 보시고 정면으로 도전하셨습니다.

안식일은 누구를 위한 것입니까?

예수님은 제자들에 대한 바리새인들의 비난을 받고 다윗이 그의 군사들과 함께 굶주렸을 때 성소에 차린 진설병을 먹은 실례를 들었습니다 (25~26절). 진설병은 제사장 이외에는 먹어서는 안 되는 빵이었으므로 다윗은 불법을 행한 자였습니다. 그래도 다윗을 아무도 정죄하지 않았습니다. 예수님은 의식법은 필요하면 어길 수도 있다는 입장이었습니다. 더구나 제자들은 모세 율법의 안식일 법을 어긴 것이 아니고 바리새인들이 추가시킨 '안식일에 하지 못할 일'을 어긴 것이었습니다.

예수님은 안식일이 사람을 위한 것이지 사람이 안식일을 위하여 있는 것이 아님을 지적하셨습니다(27절). 사람이 안식일 규례에 매여서 사는 것은 사람의 유익을 위해 제정된 율법의 의도가 아니었습니다. 한때 우리나라 교회에서 주일날 음식을 사 먹거나 버스를 타고 교회에 오는 것을 금하였습니다. 율법주의자들은 하나님 나라가 은혜의 왕국임을 깨닫지 못하고 성도들에게 무거운 짐을 지우고 엄격하게 다스립니다. 예수님은 율법의 의도와 목적을 존중하셨지만, 별도로 여러 규정을 첨가하여 지키게 하시지 않았습니다. 예수님의 십자가 죽음은 안식일 법 자체에서 모든 것을 해방할 것이었습니다.

> 하나님께서는 우리에게 불리한 조문들이 들어 있는 빚문서를 지워 버리시고 그것을 십자가에 못 박으셔서 우리 가운데서 제거해버리셨습니다 … 그러므로 먹고 마시는 일이나 명절이나 초승달 축제나 안식일 문제로 아무도 여러분을 심판하지 못하게 하십시오. (골 2:14 ~16, 새번역).

안식일의 주인은 누구입니까?

예수님은 안식일에 대한 시비를 잠재우기 위해 자신에게로 방향을 돌리셨습니다. 바리새인들은 예수님으로부터 "인자는 안식일에도 주인이니라"(2:28)는 말씀을 들을 줄은 전혀 예상하지 못했을 것입니다. 주인은 자기에게 속한 것을 얼마든지 바꿀 수도 있고 취소할 수도 있습니다. 주인은 자신의 법에 매이지 않습니다. 예수님이 안식일의 주인이라면 율법의 주가 되신다는 뜻입니다. 그래서 원하신다면 율법도 종식할 수 있는 분입니다. 예수님은 사실상 자신이 안식일에 담긴 하나님의 뜻을 성취하고 하나님의 백성에게 참된 안식을 주시는 분임을 주장한 셈이었습니다. 마태복음에는 좀 더 자세한 말씀이 나옵니다.

> 또 안식일에 제사장들이 성전 안에서 안식을 범하여도 죄가 없음을 너희가 율법에서 읽지 못하였느냐 내가 너희에게 이르노니 성전보다 더 큰 이가 여기 있느니라 나는 자비를 원하고 제사를 원하지 아니하노라 하신 뜻을 너희가 알았더라면 무죄한 자를 정죄하지 아니하였으리라 (마 12:5~7).

율법은 바리새인들이 생각하는 것처럼 엄격한 계율이 아니었습니다. 제사장들은 안식일에도 성전에서 일했습니다. 그러나 안식일을 어겼다고 정죄받지 않았습니다. 성전 봉사는 안식일이라도 불가피하고 필요한 일이었기 때문입니다. 그래서 율법의 규정을 기계적으로 해석하고 대입하는 것은 옳지 않습니다. 예수님은 안식일의 주인으로서 안식일 법을 해석하시고 제자들이 무죄하다고 변호하셨습니다. 그리고 하나님께서는 자비를 원하고 제사를 원하지 않으신다는 말씀을 손 마른 사람의 치유 사건을 통해 드러내셨습니다.

무정한 율법주의와 은혜로운 예수님의 치유 (3:1~6)

바리새인들은 예수님이 안식일에 병자를 고칠 것인지를 확인하려고 회당에서 예수님을 지켜보았습니다. 그들은 아마 손이 오그라든 사람을 계획적으로 회당에 미리 심어놓았을 것입니다. 그들은 하나님께 예배를 드리려고 회당에 참석한 것이 아니고 예수님을 안식일 법으로 고발하려는 악한 동기로 들어왔습니다.

예수님은 그들의 동기를 아시고 그들 앞에서 손이 오그라든 사람을 불러 세웠습니다. 모든 사람이 다 주목하여 보게 한 것입니다. 예수님은 이번 기회에 바리새인들의 안식일 개념이 얼마나 잘못된 것인지를 밝혀 주려고 하셨습니다. 예수님은 그들에게 핵심적인 질문을 던지셨습니다.

안식일에 선을 행하는 것과 악을 행하는 것, 생명을 구하는 것과 죽이는
것, 어느 것이 옳으냐? (4절)

예수님은 안식일이 사람의 유익을 위해 있는 것이라고 이미 선포하셨습니다(막 2:27). 그래서 이 원칙에 반대할 수 없다면 당연히 안식일에 선을 행해야 한다고 말해야 옳은 대답입니다. 그러나 그들은 아무 대답도 하지 않았습니다(3:4). 안식일에 선을 행하는 일에는 관심이 없었기 때문입니다. 그들은 항상 안식일 법의 세세한 규정들을 놓고 어떤 행위가 노동에 해당하지 않는지를 따졌을 뿐입니다.

바리새인들이 입을 다물고 있는 동안에 예수님은 손이 오그라든 사람을 고치셨습니다. 안식일에 선한 일을 행하신 것이었습니다. 이것이 안식일을 바르게 지키는 것이라는 메시지였습니다. 그러니까 바리새인들의 안식일 규정들은 안식일의 참뜻이 아님이 드러난 셈이었습니다. 자신들의 권위가 무색해진 바리새인들은 곧장 예수님을 살해할 모의를 하였습니다. 안식일에 선을 행하는 것이 아니고 악을 행한 것입니다. 생명을 구하는 것이 아니고 죽이려고 한 것이었습니다. 그렇다면 그들은 안식일의 심장에 칼을 꽂은 자들이었습니다.

그런데 바리새인들은 유대인 사회에서 존경받는 종교인들이었습니다. 그들은 율법을 철저하게 준수하며 경건하게 살면 하나님 나라가 임한다고 믿었습니다. 그래서 율법이 요구하지 않는 여러 규정을 만들어 지키

려고 했습니다. 이들은 이스라엘이 독립과 영적 부흥을 갈망했지만 왜곡된 계율적 전통과 자기 의에 의해서 실패하였습니다. 예수님은 그들을 위선과 불법으로 가득한 회칠한 무덤이라고 정죄하셨습니다(마 23:27). 바리새인들이 따랐던 율법주의는 사람의 유익을 위해 있는 안식일마저 오히려 사람을 속박하고 극히 기본적인 인간의 자유마저 앗아가는 구실이 되었습니다. 무정한 율법주의는 경건의 가면을 쓰고 자기 의의 위선에 자신을 묶는 또 하나의 속박이었습니다. 바리새인들은 자신들의 전통에 기반을 둔 율법주의가 그들을 살인자로 만든다는 사실을 전혀 의식하지 못했습니다.

반면, 예수님은 유대교의 관습으로 오염된 안식일 준수를 하시지 않음으로써 진정한 안식일의 의미를 드러내셨습니다. 역설적으로 예수님은 바리새인들이 요구하는 안식일 규범을 어기셨기 때문에 고통받는 환자들에게 하나님의 자비를 베풀 수 있었습니다.

❖ 누가복음 13장에는 예수님이 안식일에 회당에서 18년 동안 귀신들어 앓으며 허리가 굽어 병마에 시달리던 여자를 치유하셨습니다. 그때 회당장이 안식일 치유를 반대하자 이렇게 반박하셨습니다.

> 너희 위선자들아 너희는 저마다 안식일에도 소나 나귀를 외양간에서 풀어내어 끌고 나가서 물을 먹이지 않느냐? 그렇다면 아브라함의 딸인 이 여자가 열여덟 해 동안이나 사탄에게 매여 있었으니 안식일에라도 이 매임을 풀어 주어야 하지 않겠느냐? (눅 13:15~16, 새번역)

그때 반대하는 자들은 무색하게 되었지만, 일반 무리는 예수님이 영광스러운 일을 행하셨다고 기뻐했습니다(눅 13:17). 바리새인들은 안식일을 나름대로 철저하게 지켰지만 하나님의 영광을 드러내지 못하였습니다.

❖ 예수님은 한 바리새인의 집에서 식사하실 때 어떤 수종병 환자를 치유하셨습니다. 그때에도 바리새인들과 율법교사들이 예수님을 엿보았습니다(눅 14:1). 예수님은 그들의 의도를 아시고 물었습니다. "안식일에 병 고쳐 주는 것이 합당하냐 아니하냐?" 그들이 입을 다물고 있자 환자를 고쳐 주시고 나서 다시 물으셨습니다. "너희 중에 누가 그 아들이나 소가 우물에 빠졌으면 안식일에라도 곧 끌어내지 않겠느냐"(눅 14:5). 역시 이번에도 그들은 대답하지 않았습니다.

예수님이 같은 질문으로 계속 도전하신 까닭은 안식일을 주신 하나님은 율법주의의 하나님이 아니고 은혜 베풀기를 원하시는 자비의 하나님이시라는 사실을 강조하기 위함이었습니다. 예수님은 바리새인들의 안식일 규정에 묶여 치료받지 못하는 자들을 고통에서 풀어주었습니다. 예수님은 안식일에 치유 사역을 행하심으로써 바리새인들과 유대교 전통에 의해서 수몰된 안식일을 회복시키고 안식일이 사람을 위해서 있는 것임을 밝히셨습니다.

바리새인들의 안식일에는 아무 일도 일어나지 않았습니다. 질병에 시달리는 사람을 고쳐주는 일도 없었고, 불난 집의 화재를 진압하는 일도 없었습니다. 온 백성이 전전긍긍하면서 그린 불행한 일들이 일어나지 않기를 바랄 뿐이었습니다. 이웃에게 선행할 기회도 없었습니다. 안식일에는 아무것도 못 하도록 막았기 때문입니다. 아무런 활동이 없었기에 하나님의 자비와 능력을 체험할 수 없었습니다. 따라서 안식일에는 이웃에게 선을 행함으로써 하나님께 영광을 돌리는 일이 현실적으로 불가능했습니다. 율법주의자들은 자신들의 그릇된 전통을 성경의 진리보다 더 앞세웁니다. 이것이 과연 안식일을 거룩하게 지키는 것이겠습니까? 예수님은 그렇지 않다는 것을 입증하기 위해 환자들을 의도적으로 안식일에 자주 치유하셨습니다(요 5:10).

주님은 이러한 안식일 사역에 대한 변호로서 "내 아버지께서 이제까지 일하시니 나도 일한다"(요 5:17)고 하셨습니다. 이 말씀은 무슨 뜻일까요? 안식일에 예수님이 행하시는 일이 곧 하나님께서 행하시는 일이라는 것입니다. 환자들이 치유된 것은 "아들이 아버지께서 하시는 일을 보고 … 그와 같이 행"(요 5:19)한 것이었습니다. 즉, 예수님의 치유는 하나님께서 아들을 통해서 행하신 일이라는 말입니다. 그렇다면 하나님도 안식일을 어겼다고 볼 수 있을까요? 하나님께서는 예수님의 치유 사역을 통해 '하나님의 안식'의 의미와 그 안식에 들어가는 방법을 생생한 실례를 통해서 보여 준 것이었습니다. 즉, 선을 행하고 생명을 구하는 일이었습니다(눅 6:9; 12:11~12; 막 3:4).

안식일은 유대인들이 생각하는 것처럼 아무것도 하지 않는 것이 아니라 하나님의 안식에 속하는 것들을 누리는 날이었습니다. 병자를 고치는 것은 질병으로부터 풀려나서 하나님의 생명을 다시 누리게 하는 것입니다. 이것은 하나님의 새 창조 사역의 특징입니다. 하나님의 안식은 율법주의 전통이나 삶의 고통으로 인해 수고하고 무거운 짐 진 자들이 예수님의 새 창조 활동을 통해 쉼을 얻게 합니다(마 11:28). 하나님의 안식은 그의 백성이 하나님께서 거두신 창조의 풍성한 수확들을 나누는 축복의 문이었습니다. 이것이 원래 하나님께서 세상을 창조하시고 심히 기뻐하시면서 안식하시고 그 안식에 인간들이 들어와서 함께 복을 누리도록 의도하신 것이었습니다.

우리는 외적 경건과 율법주의 성향 때문에 안식일의 본뜻이 실종된 교회 생활을 하고 있지 않은지 자문해 보아야 합니다. 우리는 과연 예수님의 안식일을 지키고 있습니까? 아니면 바리새인의 안식일에 너무도 익숙해 있습니까? 하나님의 말씀을 오해하고 인간의 전통적 관습을 덧붙여서 하나님을 섬기려고 하는 것이 얼마나 잘못된 것인지를 깨달아야 하겠습니다.

바리새인들이 나가서 곧 헤롯당과 함께 어떻게 하여 예수를 죽일까 의논하니라 (3:6) .

바리새인들의 안식일 준수는 살인 공모자가 되게 하였습니다. 잘못된 종교적 전통은 의로운 자를 죽이는 살인도 마다하지 않습니다. 바리새인들은 예수님이 안식일에 손 마른 자를 치유했다고 해서 예수님을 죽이려고, 평소에는 정치적 노선이 달라 상종하지 않던 헤롯당과 공모하였습니다. 헤롯당은 모세 율법도 안중에 없는 세속 집단이었지만 바리새인들은 예수님을 살해하는 일을 위해서는 헤롯당과도 손을 잡았습니다. 그들은 안식일 계명은 철저히 지키려고 하면서 살인하지 말라는 계명은 조금도 개의치 않았습니다. 그들은 자기들이 만든 안식일 규정을 어기면 정죄를 받아야 한다고 판단하였고 율법의 심판관으로 자처하였습니다. 이러한 빗나간 종교적 자기 의는 살인도 불사합니다. 본 스토리의 마지막 절에서 예수님의 살해에 대한 모의가 언급된 것은 신랑을 빼앗길 날이 올 것이라는 예고와 함께(2:19~20) 불원간 다가올 예수님의 십자가 수난을 내다보게 합니다.

안식일의 주인을 안식일을 어긴 범인으로 잡아 죽인다는 것은 말이 되지 않습니다. 그러나 하나님께서는 이러한 모순과 불의의 죽음이 예수님에게 내리는 것을 허락하시고 모든 죄인이 하나님의 용서를 받을 수 있는 길을 여셨습니다. 예수 그리스도의 왕국은 율법주의의 계율적 삶과 비교할 수 없는 자유와 기쁨을 주는 은혜의 나라입니다. 예수님은 우리 모두를 이 은혜의 왕국 속으로 초대하고 계십니다.

18
함구령의 숨은 의미
마가복음 3:7~12

예수님의 함구령을 이해하는 한 방법은 귀신들에게 내린 함구령과 일반 치유에서 내린 함구령을 구별하는 것입니다. 그 까닭은 예수님의 함구령의 목적이 서로 달랐기 때문입니다. 어떻게 다른 것이었을까요?

> 예수께서 꾸짖어 이르시되 잠잠하고 그 사람에게서 나오라 하시니 더러운 귀신이 그 사람에게 경련을 일으키고 큰소리를 지르며 나오는지라 (막 1:25).
> 더러운 귀신들도 어느 때든지 예수를 보면 그 앞에 엎드려 부르짖어 이르되 당신은 하나님의 아들이니이다 하니 예수께서 자기를 나타내지 말라고 많이 경고하시니라 (막 3:11~12).

본 사건은 예수님에 대한 귀신들의 신앙고백이 아닙니다. 그들의 외침이 표면적으로 옳게 들릴지라도 귀신들이 예수님을 알아본 것은 전혀 신뢰할 수 없습니다. 그들의 증언은 자기들 나름의 계책을 꾸미려는 것이었습니다. 세 가지 측면에서 예수님은 귀신들에게 함구령을 내리셨다고 볼 수 있습니다.

첫째, 귀신들이 예수님을 하나님의 아들로 밝혔지만 주목적은 예수님의 신분을 사람들이 믿게 하려는 것이 아니고, 축귀를 당하지 않기 위해서 예수님의 신분을 밝힌 것이었습니다. 당시의 고대 사회에서는 상대방의 이름을 알고 노출하면 축귀 당하는 것을 피하거나 상대방을 제압할 수 있다고 믿었습니다. 그러나 예수님은 그런 방책으로 제압되실 분이 아니었습니다. 오히려 예수님은 귀신의 그러한 자기방어를 그치라고 엄중한 명령을 내렸습니다. 이것은 예수님이 자신의 신분을 숨기려 했다는 '메시아의 비밀'(참고. 12장 '왜 예수님은 자신을 숨기셨을까요?') 이론과 아무 상관이 없습니다. 사실상 귀신은 이미 예수님의 신분을 큰소리로 외쳤기에 회당에 모였던 회중들이 다 들은 후였습니다. 또한 마가복음 첫 절에서부터 예수님은 하나님의 아들이신 메시아라고 선포하였습니다. '메시아의 비밀' 아이디어는 본 사건의 문맥에서 보면 전혀 맞지 않는 이론입니다.

그런데 잠잠하라는 명령을 받은 귀신들이 어떤 반응을 보였습니까? 즉석에서 굴복하였습니다. 귀신들은 언제나 예수님 앞에서 크게 두려워하였고(막 5:7) 예수님의 축귀 명령을 대항하지 못했습니다. 그렇다면 이 사건이 가리키는 것이 무엇입니까? 귀신은 초자연적인 존재입니다. 인간의 능력으로 귀신을 통제할 수 없습니다. 그럼 귀신을 복종시키는 예수님은 누구시란 말입니까? 예수님은 신적 능력을 갖추신 분이라는 것입니다. 귀신들은 자기방어를 위해 예수님의 신분을 밝혔지만 예수님의 신적 권위에 눌려 축귀를 당하고 패주했다는 것이 강조점입니다.

둘째, 귀신들의 고백은 초자연적인 지식에서 나온 것이었습니다. 그러나 그것은 참 믿음이 아닙니다. 귀신들은 하나님의 존재를 믿지만 하나님을 사랑하지 않습니다. 그들은 뒤틀린 마음으로 하나님과 복음을 대항하고 방해합니다. 그들은 신자들을 유혹하여 죄를 짓게 하고 하나님을 바르게 믿지 못하도록 오도합니다. 복음서에서 그들을 "더러운 귀신"들이라고 불렀습니다(막 1:23, 26; 3:11; 5:2, 8; 7:25; 마 12:43; 눅 4:33; 8:29). 더러운 귀신들이기에 예수님에 대한 그들의 증언은 받아들일 수 없습니다. 누가 더러운 귀신의 오염된 말을 진리의 증언으로 인정하겠습니까? 비록 예수님이 하나님의 아들이라는 말 자체는 맞을지라도 귀신들은 예수님을 증오하는 자들이며 하나님과 구원의 복음을 항상 왜곡시키는 악령들입니다.

셋째, 귀신들이 '예수님은 하나님의 거룩한 자'라고 외쳐도 듣는 무리에게는 예수님을 더욱 정치적인 구주로 부추기게 할 뿐이었습니다. 이것은 사탄의 전략이었습니다. 사탄은 귀신들을 통해 예수님의 신분을 노출함으로써 무리를 더욱 흥분시켜 예수님을 세속적인 메시아로 받들게 하려는 계책을 꾸몄습니다. 그렇게 되면 로마 당국과 유대 종교 지도자들은 예수님을 정치적 소요를 일으키는 위험 인물로 간주할 것이었습니다. 그래서 예수님은 귀신들이 그의 정체를 드러내고 선전하는 것을 막으셨습니다. 이것은 예수님이 자신의 메시아 신분을 숨기기 위한 것이 아니고, 더러운 영들이 예수님의 복음 사역을 방해하지 못하도록 금한 것이었습니다. 예수님의 정체를 바르게 알려면 귀신의 증언을 믿을 것이 아니라 예수님 자신의 증언과 성령의 조명을 받아야 합니다.

[일반 치유 기적에서 함구령을 내린 의미]
예수님은 치유 기적 때에 함구령을 내린 경우가 많습니다. 그 이유는 다양하게 제시되었는데 몇 가지 이론을 소개합니다.

❖ 예수님은 유명 인사가 되고 싶지 않았다. 그래서 자기를 가급적 숨기며 저자세를 취하였다. 명성을 내고 자기를 과시하는 것은 하나님 나라를 세우는 방법이 아니었기 때문이다.
❖ 예수님은 고난과 대속의 죽음을 통해 메시아가 되실 분이기 때문에 정복자나 혁명투사로 알려지기를 원치 않았다. 대중의 인기가 높아지

고 정치적 메시아로 알려지면 로마 당국과 이스라엘 지도층에 위협이 되어 미리 체포될 가능성이 높았다. 함구령은 이를 사전에 방지하려는 시도였다.

❖ 마가는 예수님을 항상 권위가 있는 분으로 묘사하였다. 그러나 그의 메시지는 하나님의 영광과 하나님 나라에 초점이 잡혔지 자신의 권위에 집중되지 않았다. 그래서 예수님은 자신이 알려지는 것을 피하셨다.

❖ 이스라엘 역사에서 거짓 선지자들과 자칭 메시아들이 많았다. 예수님은 자신이 입을 다물음으로써 암암리에 자신이 참 메시아이심을 사람들이 인정하기를 원하셨다. 그래서 예수님은 자기 선전을 하시지 않았다.

❖ 무리가 예수님의 기적으로 흥분하여 당장 만사가 다 해결될 것처럼 들뜨고 무분별한 행동을 하지 않도록 함구령을 내리셨다.

이런 제안들이 기적 치유의 함구령을 이해하는 데 다소 도움이 될지 모릅니다. 그러나 예수님이 가장 염려하신 것의 하나는 메시아에 대한 백성의 잘못된 기대와 오해였습니다. 예를 들어 사람들은 오병이어 사건으로 예수님을 억지로 붙들어 왕으로 세우려고 시도하였습니다(요 6:14~15). 그때 예수님은 산으로 피신하셨습니다. 사람들은 예수님을 기적사로 간주하였고 당시에 유행하던 세속적 메시아관에 따라 예수님이 유대 독립을 위한 정치적 혁명가가 되어 줄 것을 기대하였습니다. 예수님은 자신이 그렇게 알려지는 것이 복음 사역에 큰 방해가 된다는 것을 아셨습니다. 예수님은 스스로 인기를 끌려고 애쓰지도 않으셨고 유명세를 타고 출세할 계획도 없었습니다. 그런데도 무리는 예수님의 신분과 소명을 오해하고 걷잡을 수 없는 세속적 메시아 운동에 앞장섰습니다.

[이런 상황에서 예수님이 어떻게 하셨습니까?]
우리는 예수님의 추종자들이 수천수만 명이었다는 사실을 기억해야 합니다. 그들에게 조금이라도 잘못된 신호를 보내면 곧 폭동이 일어나고

반로마주의의 극단적 민족주의자들이 광분하게 될 것이었습니다. 사람들은 예수님을 따라 혁명 대열에 설 어떤 결정적인 시점이 올 것이라고 흥분하기 시작했습니다. 이런 민중 소요는 정치적인 불안감을 자극하고 유대 종교 지도자들의 촉각을 곤두세우게 할 것은 뻔한 일이었습니다. 그렇게 되면 예수님의 사역이 관권의 개입으로, 때아닌 중단을 당할 가능성이 높았습니다(막 14:1). 그래서 예수님은 오병이어의 기적 때처럼 많은 무리가 모일 때마다 흩어 보내시고 한적한 곳으로 피하시거나 함구령을 내리셨습니다. 이런 일은 예수님의 사역 초두부터 있었습니다.

• 세례 요한이 잡혔을 때 자신의 신변 보호를 위해 유대 땅에서 갈릴리로 철수하셨습니다(막 1:14; 요 4:1~4, 43).

• 헤롯과 종교 지도자들의 위협을 느끼셨을 때 이방인 지역인 시돈 땅으로 피신하셨습니다(막 6:14~16; 7:24, 31. 비교. 눅 13:31).

• 유대인들이 그를 죽이려고 했기 때문에 유대 지역에서 활동하시지 않고 갈릴리에서 사역하셨습니다(요 7:1).

그렇지만 정치적 위험이 낮은 상황에서는 함구령이 필요하지 않았습니다. 예를 들어 사마리아 여인에게는 예수님의 신분에 대한 함구령 대신에 예수님이 메시아라고 밝히셨습니다(요 4:25~26). 이방인 지역에서도 함구령은 불필요했습니다. 이방인들이 직접적인 이해관계가 없는 사람을 정치적인 위험인물로 간주할 필요가 없었을 것입니다. 또한 예수님이 알려진다고 해서 예수님이 체포될 확률도 낮았습니다. 그래서 예수님은 돼지를 기르는 이방인 지역인 거라사에서 귀신 들린 사람을 축귀하신 후에 함구령을 내리시지 않았습니다. 오히려 적극적으로 예수님의 큰일을 알리라고 명하셨습니다(막 5:19~20). 이것은 예수님이 자신을 알리기를 원치 않아서 함구령을 내렸다는 '메시아의 비밀' 이론과 맞지 않습니다.

한편, 함구령이 아무 의미가 없는 경우도 있었습니다.

❖ 말을 못하게 하는 귀신에게는 함구령을 내리지 않았습니다. 귀신에 붙잡혀 말도 못 하고 듣지도 못 하는 아이만 고치시고 귀신에게는 다시는 들어가지 말라고 명하셨습니다(막 9:25). 말을 못하게 하는 귀신에게 입을 다물고 있으라는 명령은 무의미했을 것입니다.

❖ 오병이어로 5천 명을 먹이신 때처럼 이미 많은 사람이 운집하여 예수님의 사역 현장을 체험한 경우에도 함구령이 없었습니다. 벌써 누구나 다 아는 일이 되었기 때문입니다.

❖ 혈루증 여자의 경우도 마찬가지입니다. 많은 사람이 둘러싼 곳에서 공적으로 예수님의 능력에 의해 혈루증 환자가 치유된 것을 알게 하셨습니다. 예수님이 치유의 근원이심을 드러내신 것입니다(막 5:25~34).

❖ 한 중풍병자의 경우, 입추의 여지가 없이 밀려온 사람들 때문에 집 안으로 들어갈 수 없게 되자 지붕을 뚫고 병자를 달아내렸습니다. 그때 예수님은 인자가 죄를 용서할 권한이 있다고 하셨습니다(막 2:10). 서기관들은 속으로 하나님 이외에 누가 죄를 용서할 수 있느냐고 생각했습니다(막 2:6~7). 예수님은 자신을 가리켜 '인자'라고 하셨는데 이것은 당시의 일반인이 들었을 때는 애매모호한 타이틀이었습니다. 나중에 예수님은 대제사장의 심문을 받을 때 인자가 하나님으로부터 영광과 권세를 받기 위해 하늘 구름을 타고 하나님께로 나아가는 분임을 밝혔습니다(막 14:61~62; 단 7:13~14).

예수님은 중풍병자를 일으키심으로써 예수님의 사죄권이 하나님께서 인증하시는 일임을 증명하셨습니다. 만일 예수님에게 죄를 용서하는 권세가 없었다면 중풍병자의 치유를 하나님이 허락하시지 않았을 것입니다. 그런데 예수님이 죄를 용서할 권세가 있다면 그분은 하나님과 같은 신적인 존재입니다. 본 사건에서 예수님은 자신을 숨기신 것이 아니고 자신의 신적 신분을 드러내셨습니다. 그때 누구에게도 함구령을 내리시지 않았습니다(막 2:1~12).

❖ 십자가 처형이 임박한 때부터는 함구령이 불필요했습니다. 예수님이 고난의 메시아로서 곧 처형되실 것이기 때문입니다(참조. 요 16:25, 29). 예수님이 여리고를 떠나 예루살렘으로 향하실 때 바디매오라는 맹인 거지가 예수님에게 불쌍히 여겨 달라고 호소했습니다. 그때 그는 예수님을 '다윗의 자손'이라고 소리쳤지만 예수님이 그의 입을 막지 않으셨습니다(막 10:46~52). 많은 무리가 예수님의 예루살렘 입성을 '다윗의 나라'가 곧 세워지는 것으로 알고 환호했을 때 조용히 하라고 금하지 않았습니다(막 11:10).

[숨김과 드러냄의 패턴이 갖는 의미]

이제 우리가 살핀 대로 예수님의 함구령은 일률적으로 모든 기적에 다 대입시킬 수 없습니다. 예수님은 자신의 신분을 감추신 때도 있었고 드러내신 때도 있었기 때문입니다. 예수님의 사역에서 '숨김'과 '드러냄'의 패턴이 상황에 따라 바뀌다가 점차 '숨김'의 패턴은 사라지고 '드러냄'의 패턴으로 초점이 잡힙니다. 예수님은 십자가 죽음이 임박한 때부터는 더 이상 자신의 신분을 숨길 필요가 없었습니다. 그런데 너무 단순하게 보면 숨은 의도를 놓치기 쉽습니다.

예수님은 자신을 숨기셨지만 완전히 숨기신 것은 아니었습니다. 마찬가지로 자신을 드러내셨지만 완전하게 드러내신 것도 아닙니다. 그래서 답답하다는 느낌을 갖게 합니다. 처음부터 자신의 신분을 분명하게 밝혔으면 좋지 않았을까요? 사람들이 질문해도 직접적인 대답을 하시기보다는 간접적이거나 아리송한 답변을 하셨습니다. 그래서 예수님에 대한 혼란과 의심과 오해가 더 조장되었다는 인상을 줍니다.

세례 요한은 감옥에 있으면서 제자들을 예수님께 보내 "오실 그이가 당신이오니이까 우리가 다른 이를 기다리오리이까"(마 11:3)라고 묻게 하였습니다. 유대인들은 성전에서 예수님께 "당신이 언제까지나 우리 마음을 의혹하게 하려 하나이까 그리스도이면 밝히 말씀하소서"(요 10:24)라고 재촉하였습니다. 그들은 예수님에 대해 서로 엇갈린 생각을 가졌습니다.

> 예수에 대하여 무리 중에서 수군거림이 많아 어떤 사람은 좋은 사람이라
> 하며 어떤 사람은 아니라 무리를 미혹한다 하나 그러나 유대인들을 두려
> 워하므로 드러나게 그에 대하여 말하는 자가 없더라 (요 7:12) .

예수님은 자신의 소명 성취를 위한 사역이 위협을 받는 상황에서는 자신을 숨겼고, 자신의 신분에 대한 오해가 일어날 때도 이를 막기 위해 피하셨습니다. 그러나 제자들에게는 별도로 자신의 가르침을 상세하게 설명해 주셨습니다(막 4:33). 예수님은 한마디로 자신의 정체를 무리에게 조심 없이 알릴 수 없었습니다. 많은 오해와 불필요한 소문이 퍼질 것이기 때문입니다.

예수님은 한편으로는 로마의 속박으로부터 해방을 가져올 정치적 메시아에 대한 사람들의 기대를 불붙이지 말아야 하였고, 다른 한편으로는 오직 질병 치유와 생활고 해결만을 위해 몰려드는 무리로부터 자신은 통속적 개념의 기적사가 아님을 알려야 했습니다. 그래서 정치적 메시아를 기대하는 무리로부터 떠나셨고 기적사가 되어 모든 민생고를 해결해 주기를 바라고 그를 따르는 자들을 피해 다녔습니다.

그런데 이러한 '숨김'은 '드러냄'을 전제한 것이었습니다. 예수님은 자신을 믿을 수 있는 만큼은 여러 방법으로 드러내셨습니다. 기적이나 말씀으로 자신의 신분과 하나님 나라의 성격을 계시하셨습니다. 그런데 문제는 사람들의 반응이었습니다. 절대다수가 예수님을 오해하였고 믿지 않았습니다. 그래도 예수님은 인내하시면서 하나님 나라의 능력과 하나님의 구원의 은혜를 말씀과 기적과 예수님 자신의 인격으로 드러내셨습니다.

그런데 '숨김'과 '드러냄'은 예수님의 생전에는 혼란과 의심과 오해 속에서 계속되지 않으면 안 되는 성격을 가진 것이었습니다. 왜냐하면 예수

님의 신분과 복음 사역의 의미는 예수님이 하나님께서 보내신 신적 메시아라는 사실을 믿을 때만 깨달아지기 때문입니다. 이것이 진정한 의미의 '메시아의 비밀'입니다. 예수님의 비유에서처럼 "무릇 있는 자는 받아 넉넉하게 되되 없는 자는 그 있는 것도 빼앗기리라"(마 13:12)고 하였습니다. 그래서 예수님을 신뢰하고 따랐던 제자들은 그렇지 못했던 자들에 비해 예수님으로부터 더 많은 가르침을 받았습니다(요 16:25, 29~33). 그런데 제자들까지도 예수님을 여전히 오해하고 세속적 메시아관에서 완전히 탈피하지 못하였습니다. 그들이 예수님의 정체를 밝게 깨닫고 하나님의 아들이심을 확신한 것은 예수님의 부활 이후였습니다.

우리는 당시의 제자들에 비하면 예수님의 신분과 행위를 훨씬 더 잘 깨달을 수 있습니다. 우리에게는 신약 성경이 있고 성령의 내주를 받습니다. 그런데도 우리는 어쩌면 예수님 당시의 제자들을 아직도 많이 닮았는지 모릅니다.

우리는 과연 예수님을 어떻게 알고 있습니까? 예수님을 나의 개인적인 문제 해결사 정도로 생각하지는 않습니까? 우리가 '예수 그리스도'라고 할 때의 '그리스도'는 어떤 의미의 메시아입니까? 예수님은 무리가 그를 단순한 기적사나 경제 문제 해결사나 치유사나 혹은 정치적 혁명가로 앞세우려고 했을 때 자리를 피하셨습니다. 예수님은 그런 분이 아니시기 때문입니다.

예수님이 아니신 것을 기대하지 마십시오. 예수님은 세상 나라가 아닌, 하나님 나라를 전하고 세우기 위해 오셨습니다. 죄로부터 우리를 구원하여 하나님의 다스림을 받는 새 백성이 되게 하려고 오셨습니다. 우리가 예수님을 세속적인 메시아로 대하면 자신을 숨기십니다. 우리가 예수님의 가르침을 바르게 깨닫지 못하면 어떤 결과가 올까요? 구원의 목적이 아닌 것들을 놓고 주여 주여 하거나 예수님에 대한 여러 가지 오해 속에서 살게 됩니다. 나는 예수님을 어떤 메시아로 알고 따르는지 반성해 보아야 하겠습니다.

19

제자의 부름은 무엇인가?

마가복음 3:13~19

또 산에 오르사 자기가 원하는 자들을 부르시니 나아온지라 이에 열둘을
세우셨으니 이는 자기와 함께 있게 하시고 또 보내사 전도도 하며 귀신을
내쫓는 권능도 가지게 하려 하심이러라 (막 3:13-15).

성경의 어떤 본문들은 다루기가 쉽지 않습니다. 본문이 어려울 수도
있지만, 양심이 불편하기 때문에 피하고 싶습니다. 왜 양심이 불편할까
요? 자신의 삶에서 제대로 실천하지 못하면서 그런 본문들을 다룬다는
것이 부담스럽기 때문입니다. 제자도에 대한 본문이 그런 실례의 하나입
니다. 그래도 제자직은 신앙생활에서 가장 중요한 부분이며 각 성도의 소
명이기 때문에 건너뛸 수 없습니다.

예수님은 열두 제자들을 별도로 택하셨습니다.

예수님이 오셔서 세우시는 하나님 나라는 제자들을 뽑는 일에서부터
세상의 기준이나 방법과 너무 달라서 놀랍습니다. 열두 제자 중에 유명
한 사람은 한 사람도 없습니다. 어부들이 대부분이고 세리가 한 사람 있
습니다. 가룟 유다는 남부 유대 지방 출신인 듯하지만 그 역시 알려진 사

람이 아닙니다. '가나안인 시몬'은 혁명 운동에 동조하는 민족주의자였습니다. 나머지 사람들의 배경은 성경 자체에서도 거의 언급되지 않아서 전혀 알 수 없습니다.

세상에서는 큰일을 하려고 할 때일수록 능력 있고 학벌 좋은 사람들을 선호합니다. 대통령이 각료들이나 장관을 택할 때 평범한 사람들을 선택하지 않습니다. 전문 분야에서 인정을 받은 자들이어야 합니다. 그래서 하나님 나라를 세상의 시각으로 보면 너무도 말이 되지 않습니다. 누가 시골 어부들과 로마에 붙어사는 세리를 제자로 삼은 예수님을 보고 이스라엘 나라를 구할 자로 여겼겠습니까? 사람들은 예수님을 무시했습니다(요 7:15).

사람들은 예수님의 제자들을 백안시했습니다.

❖ 베드로와 요한이 병자를 치유하고 예수님의 복음을 전한 일 때문에 잡혀서 예루살렘 공회에서 증언한 적이 있었습니다. 그때 공회원들이 베드로와 요한을 본래 배운 것이 없는 일반 평민으로 알았는데 변호를 너무 잘해서 놀랐다고 했습니다(행 4:13).

마태의 경우에는 세리로서 갈릴리 지역에서 과거에 부당 징수를 한 일로 손가락질을 당했을 것입니다. 어부 출신의 제자들은 아마 마태를 고운 눈으로 보지 않았을 것입니다. 로마를 뒤집어야 한다고 외치는 혁명세력인 시몬과 로마에 빌붙어 살던 세리 마태가 서로 반목하면서 한 주인을 모신다는 것은 어울리지 않습니다. 사람들은 이런 사람들을 데리고 무슨 일을 하겠다는 것이냐고 예수님을 빈정거렸을 것입니다. 그러나 오합지졸과 같은 사람들에 의해서 복음이 로마 제국 전역으로 퍼져나갔습니다. 그럼 어떻게 해서 보잘것없는 예수님의 제자들이 그처럼 위대한 사역을 감당할 수 있었을까요?

예수님의 제자로서 받는 훈련은 일평생 지속됩니다.

교회나 기독교 단체의 제자훈련의 가장 큰 약점은 예수님의 제자가 되는 것을 너무 간단하게 보는 것입니다. 제자나 리더가 되는 것은 단기간의 성경공부나 세미나 참석이나 일정한 과정을 수료했다고 해서 되지 않습니다. 우리는 성경이 말하는 '제자'라는 말부터 정리할 필요가 있습니다.

'제자'란 스승을 따라다니면서 배우는 자를 가리킵니다. 예수님은 "나를 따르라"라고 하셨습니다. 이것은 무슨 의미일까요? 문자적으로 다 버리고 따르라는 것입니다. 언제까지 그렇게 해야 할까요? 죽을 때까지입니다. 예수님의 제자로 부름을 받는 것은 일시적인 것이 아니고 영구적입니다. 한 번 예수님의 부름을 받고 제자가 되었으면 평생을 예수님을 따라가야 합니다.

세상에서는 제자가 스승으로부터 배울 만큼 배우면 독립할 수 있습니다. 그러나 예수님과 제자들 사이의 관계는 항상 동일합니다. 세상에서는 제자가 스승을 앞서기도 합니다. 제자가 자라서 스승보다 더 큰 업적을 남길 수도 있습니다. 그러나 예수님의 제자들은 스승을 평생을 따라다니면서 배우고 익히고 순종해야 합니다. 제자가 된다는 것은 단기간의 프로그램으로 될 수 없습니다.

우리는 예수님이 제자들에게 요구하시는 것이 무엇인지를 짚어보지 않으면 제자가 된다는 것이 무엇인지를 알 수 없습니다. 그런데 알고 나면 차라리 모를 때가 더 낫다고 생각할 정도입니다. 너무도 급진적이라 도무지 예수님의 제자 노릇을 못 할 것 같아 움츠리게 됩니다. 우리는 예수님의 제자가 되는 것을 너무 쉽게 여기기 때문에 예수님이 이런저런 경우에는 나의 제자가 될 수 없다는 말씀을 건성으로 듣는 것 같습니다. 어떤 사람들이 예수님의 제자가 될 수 없다는 것일까요?

무릇 내게 오는 자가 자기 부모와 처자와 형제와 자매와 더욱이 자기 목숨까지 미워하지 아니하면 능히 내 제자가 되지 못하고 누구든지 자기 십자가를 지고 나를 따르지 않는 자도 능히 내 제자가 되지 못하리라 (눅 14:26~27).

이런 말씀에 우리가 귀를 기울인다면 '제자훈련'이라는 말을 가볍게 사용할 수 없을 것입니다. 세상에서 제자훈련을 마친 사람은 아무도 없습니다. 예수님이 요구하시는 제자 됨은 사람의 능력으로 가능하지 않습니다. 이것을 아는 것이 예수님의 제자가 되는 첫 번째 주지 사항입니다. 그렇다면 사람이 만드는 프로그램으로 예수님의 제자를 단기간에 생산하고 또 리더가 되어 다른 제자를 재생산한다는 것은 일종의 다단계 아이디어입니다. 제자훈련에 관해서 단기 완성이니, 속성과니 하는 개념들은 성경에는 나오지 않습니다.

열두 제자는 새로운 공동체를 대표합니다.

예수님이 열두 제자를 택하신 이유가 있습니다. 이스라엘은 열두 지파로 구성된 하나님의 언약 백성이었습니다. 하나님의 원래의 아이디어는 이스라엘이 이방 민족에게 하나님의 구원을 알리는 교량 역할이 되게 하는 것이었습니다. 그들이 다른 이방 민족들을 위해서 하나님 나라의 제사장 노릇을 하도록 의도하셨습니다. 그러나 그들은 우상 숭배자들로 타락했기 때문에 열방을 향한 하나님의 구원 계획을 알릴 수 없었습니다. 더구나 북이스라엘은 앗수르에게 망했고 남부 유다도 바벨론에게 망했습니다. 나중에 바벨론에서 귀환한 유대인들이 있었지만 소수였습니다. 절대 다수의 이스라엘 백성은 사실상 이방 민족에게 흡수되었습니다. 그런데도 선지자들은 이스라엘이 온전히 회복되고 큰 나라가 될 것이라고 예언해 왔습니다.

하나님께서는 원래의 구원 계획을 성취하기 위해서 선지자들을 통해 약속하신 메시아를 보내셨습니다. 이 메시아는 곧 예수님입니다. 예수님은 구약 시대의 이스라엘이 언약 공동체로서 받은 소명에 실패한 것을 회복시킬 참 이스라엘 공동체의 머리였습니다. 그래서 예수님이 택하신 열두 제자는 예수님을 구주로 믿는 새로운 언약 공동체의 모체였습니다. 이들을 통해서 원래 하나님께서 구약 시대의 이스라엘과 맺었던 인류의 구원 계획이 달성될 것이었습니다. 다르게 표현하면 민족적인 이스라엘 언약 공동체가 예수님을 머리로 삼는 열두 제자들로 구성된 새 언약 공동체로서 인종과 국가를 초월하여 거듭난다는 것이었습니다.

열두 제자의 선택 배경은 이중적입니다.

예수님이 갈릴리 지역에서 복음을 전하셨을 때 많은 무리가 몰려왔습니다. 남부 유대와 예루살렘과 북부 이방인 지역인 두로와 시돈 땅에서까지 수많은 인파가 밀려왔습니다. 그런데 그들은 대부분 예수님을 로마의 압제에서 해방할 정치적 메시아가 되기를 원했습니다. 그리고 그들이 예수님을 적극적으로 찾은 다른 이유는 치유의 혜택이 있었기 때문이었습니다. 요한복음에 의하면 오병이어의 기적 후에 무리가 예수님을 억지로 붙들어 왕으로 세우려고 했습니다. 그때 예수님은 자신이 세우시려는 하나님의 왕국이 위협을 받는다고 판단하시고 무리를 피해서 혼자 산으로 피신하셨습니다.

예수님은 갈릴리 사역에서 치유와 축귀를 통해 하나님 나라가 강력하게 임해서 어둠의 세력을 압도하고 있다는 것을 증시하셨습니다. 그런데도 절대다수의 무리는 예수님을 오해하였고 복음의 핵심을 바르게 받아들이지 못하였습니다. 이러한 상황에서 예수님은 제자훈련의 필요성을 느끼시고 열두 제자를 세우시게 되었습니다. 이들은 참 이스라엘 백성의 공동체로서 하나님을 전적으로 순종하고 따르게 될 예수님의 후계자들이었습니다. 이들을 통해서 예수님은 전 세계에 복음이 전파되게 할 것이었습니다.

열두 제자를 바탕으로 형성되는 하나님의 언약 백성은 아브라함의 육신적 후손이나 이스라엘이라는 국가적이고 민족적인 울타리에 제한을 받지 않습니다. 누구든지 주 예수를 믿는 사람은 아브라함의 자손이 되고 하나님의 새로운 언약 공동체의 일원이 됩니다. 이것이 하나님 나라의 언약 공동체가 바라본 이상이었습니다. 이 목적을 위해 예수님은 제자들을 가르치고 양육하는 일에 특별한 배려를 하셨습니다.

그렇다면 새로운 공동체의 멤버들은 과거의 이스라엘 공동체의 특징이었던 불순종과 민족적 배타주의와 형식적이고 율법적인 종교 생활에서 완전히 탈피해야 했습니다. 그렇지 않으면 예수님의 제자들 역시 조상들의 전철을 답습하다가 망하게 될 것이었습니다. 이러한 실패의 반복은 더 용납될 수 없었습니다. 그래서 예수님이 제자들에게 요구하신 것은 급진적이고 전적인 헌신이었습니다. 제자가 되는 것은 예수님이 나의 전부냐 아니냐는 것입니다. 전적인 충성이고 전적인 헌신이며 전적인 투항입니다.

우리는 예수님을 누구라고 생각합니까? 예수님은 하나님의 아들이시며, 하나님이 보내신 유일한 구속주며, 세상의 심판주며, 하나님 나라의 왕이며, 새로운 공동체의 머리며, 길이요 진리요 생명이며, 부활의 주시며, 만유의 통치자며, 재림주이십니다. 만약 이것이 사실이라면, 예수님이 나의 전부를 요구하시는 것은 당연한 일입니다.

예수님의 제자훈련은 급진적이었습니다. "나를 따르라"는 부르심은 내 것을 다 버리고 따르는 것입니다. 내가 완전히 죽고 오직 예수님의 생명에만 붙어 사는 것입니다. 세상의 어떤 것에도 의존하지 않는 것입니다. 율법이나 재래 종교의 구복신앙이나 그릇된 교회 전통이 아닌, 예수님 자신의 모범과 그분이 주시는 능력과 가르침으로만 사는 것입니다.

이러한 문맥에서 볼 때 예수님이 요구하시는 요건들은 비록 극한적인 것이라고 해도 우리가 피할 수 없습니다. 우리는 아마 대부분이 그렇게 살지 못할 것입니다. 그러나 예수님이 요구하시는 제자직의 성격이 어떤 것이라는 것은 분명하게 알고 있어야 하겠습니다.

예수님이 열두 제자들을 부르신 또 다른 배경은 반대파들의 방해 공작이 위험수위에 닿았기 때문이었습니다. 지금까지의 갈릴리 사역은 많은 무리가 모였다는 점에서는 인기가 있었습니다. 그러나 엄밀한 의미에서 성공이라고는 말할 수 없었습니다. 대부분 예수님을 치유의 기적을 일으키며 경제 문제를 해결하고 로마의 속박에서 벗어나게 하는 메시아로 보았기 때문입니다.

예수님은 혼인 잔치의 비유에서 신랑을 빼앗길 날이 온다고 예고하셨습니다(막 2:20). 이제 예수님의 갈릴리 사역을 일단락짓는 끝마디는 예수님에 대한 살해 모의입니다. 죽음의 그림자가 넘실거리는 상황에서 예수님은 갈릴리 해변으로 일단 철수하시고(3:7) 후계자들의 훈련에 집중하셨습니다. 예수님은 이제 사도들을 임명하여 전국적인 사역을 시행하실 때가 되었다고 판단하셨습니다. 예수님의 비전은 이스라엘 국가 전체가 제자들을 통해 복음을 듣게 하는 것이었습니다.

[예수님의 선교 전략]

예수님은 선교 마스터 플랜을 가지고 일을 착착 진행하시지 않았습니다. 매일매일 새롭게 발생하는 상황을 성령의 인도를 받으시면서 지혜롭게 대처하셨습니다. 예수님이 복음을 전하러 오셨다는 사실은 분명했지만 어떻게 전하느냐 하는 것은 그날그날의 상황에 따른 판단과 성령의 인도에 달려 있었습니다. 주님은 하나님과의 밀착된 관계 속에서 사셨습니다. 그래서 복음 전파를 위해 필요한 능력을 공급받으셨고 이스라엘 전체를 향한 선교의 시점과 방법을 바르게 결정하실 수 있었습니다.

선교 전략을 세우는 것은 필요할지라도 유동적 상황에 대처할 수 있는 지혜로운 준비가 있어야 합니다. 하나님과 매우 가까운 동행이 있어야 하고, 기도 생활에 젖어 있어야 하며, 성경 말씀을 심도 깊게 묵상할 수 있어야 합니다. 그리고 성령의 음성에 민감한 반응을 보여야 합니다.

예수님은 유동적인 상황 속에서 하나님께서 선교의 방향을 잡아 주시는 것을 아셨고 제자들을 특별히 훈련해야 할 필요성을 감지하셨습니다. 이러한 하나님의 주권적인 섭리를 질식시킬 정도로 선교 전략을 인위적으로 짜는 것은 지혜롭지 않습니다.

바울에게도 선교 전략이 있었습니다. 적어도 어느 지역으로 가야 할 것인지에 대한 대략적인 계획이 있었습니다. 그러나 그가 머무는 장소나 가는 지역의 체류 기간이나 선교 방법은 마스터 플랜에 의한 치밀한 전략이 아니고 성령의 인도에 민감한 유동적인 선택이었습니다. 일례로 바울은 소아시아로 다시 돌아가려던 애초의 선교 계획을 포기하고 성령의 뜻에 따라 유럽으로 향하는 마게도냐의 배를 탔습니다(행 16:6~12).

주님은 우리를 제자의 길로 다시 부르십니다.

우리는 하나님 나라의 왕이신 예수님을 구주로 믿을 때 그의 제자가 되는 첫걸음을 떼어 놓습니다. 그때부터 우리는 "나를 따르라"는 주님의 부르심에 순종하여 주님이 인도하시는 삶으로 들어갑니다. 세상의 길은 죽음으로 향하는 길입니다. 그러나 예수님은 우리를 죽음과 부패와 불의에 속한 온갖 죄의 세계로부터 생명과 의와 복락의 세계로 인도하십니다.

그런데 예수님의 제자가 되는 일은 평생 예수님을 따르는 신실과 충성과 헌신을 요구한다는 사실을 명심해야 합니다. 많은 사람이 예수님의 부르심을 받고 나서 예수님을 가까이 따르는 일에 실패합니다. 제자가 되는 것(discipleship)은 옵션이 아닙니다. 제자 될 사람들이 따로 있는 것이 아닙니다. 모든 신자는 예수님의 제자들입니다. 그러나 명칭만 제자이고 실천이 없다면 참 제자라고 할 수 없습니다. 실제로 예수님을 따라가야 합니다. 주님을 따라가는 나의 걸음은 때로는 흔들리고 피곤하여 주저앉고 싶습니다. 내 것을 조금이라도 손에 쥐고 있어야 마음이 놓입니다. 다 버리고 빈손으로 주님만 따라가려면 도무지 불안해서 용기가 나지 않습니다. 염려하지 말라고 하셨지만 주님만 의지하고 살기에는 현실의 장벽이 너무도 두껍습니다. 그럼 어떻게 해야 할까요? 다시 주님을 바라보아야 합니다. 히브리서의 저자는 말합니다.

> 그러므로 피곤한 손과 연약한 무릎을 일으켜 세우고 너희 발을 위하여 곧은 길을 만들어 저는 다리로 하여금 어그러지지 않고 고침을 받게 하라 (히 12:12).

우리를 앞으로 인도하시는 분도 예수님이시고, 쓰러진 우리를 다시 일으켜 세우는 분도 예수님이십니다. 믿음의 길에서 넘어진 나의 상처를 치유하시는 분도 예수님입니다. 예수님은 자신이 먼저 가시지 않은 길을 우리 보고만 가라고 하시지 않습니다. 주님은 내 인생의 앞길을 먼저 가시는 분입니다. 내가 가는 제자도의 길에 자갈도 있고 가시덤불도 있습니다. 몇 번이나 한숨을 쉬고 자책을 하며 괴로워하는지 모릅니다. 내가 저지른 제자답지 않은 행동을 후회할 때마다 나의 십자가를 벗어버리고 싶습니다. 나는 그런 내가 싫습니다. 증상이 심해지면 교회에 다니는 것도 부담입니다. 점점 말씀과 멀어지고 기도도 나오지 않습니다. 너무도 지쳐 있기 때문입니다.

혹시 이런 상황에 처해 있다면 힘을 내시기 바랍니다. 주님이 우리를 다시 부르시기 때문입니다. 베드로는 예수님을 따르다가 크게 넘어졌습니다. 그는 다시는 예수님을 따를 수 없을 것으로 알았습니다. 그는 여호와의 이름으로 맹세하며 예수님을 모른다고 부인했습니다. 그때 예수님이 예고하신 대로 새벽닭이 울었습니다. 심문을 받기 위해 붙잡혀 계신 예수님이 그를 돌아보셨습니다. 예수님의 시선에 마주친 베드로는 밖으로 나가 심히 통곡하였습니다.

닭 우는 소리와 예수님의 시선은 무엇을 의미합니까? 닭 우는 소리는 베드로의 양심에 불화살을 꽂았습니다. 그러나 예수님은 베드로를 심판하시지 않았습니다. 예수님은 벼랑으로 떨어진 베드로의 영혼이 다시 소생되도록 예고하신 대로 닭이 울게 하시고 주님의 용서와 자비의 시선이 베드로의 전신을 감싸게 하셨습니다. 이것이 실패한 제자들을 다시 부르시는 예수님의 방법입니다. 갈릴리 해변에서 예수님은 베드로에게 "내 양을 먹이라"고 하셨습니다. 베드로가 요한의 운명이 어떻게 되겠냐고 물었습니다. 예수님은 그를 상관하지 말고 "너는 나를 따르라"(요 21:22)고 하셨습니다. 다른 사람이 어떻게 살든지, 세상이 어떤 식으로 살든지 나는 주님의 음성을 듣고 따라야 합니다.

주님은 우리를 다시 부르십니다. 우리가 넘어졌을 때 다시 부르십니다. 우리가 지쳐 있을 때 다시 부르십니다. 종교적 위선과 교만과 물욕과 육욕에 사로잡혀 있을 때 나를 다시 부르십니다. 그 음성에 귀를 기울이십시오.

내 인생에서 닭 우는 소리가 들리게 해 달라고 기도하십시오. 죄 중에 빠진 나를 심판이 아닌, 자비와 동정의 시선으로 보아 달라고 간구하십시오. 주님을 따라가는 제자의 삶은 평탄하지 않습니다. 주님이 제자들에게 기대하시는 것은 우리의 일부가 아니고 전부입니다. 누가 이 기대를 채울 수 있겠습니까? 아무도 없습니다. 그러나 주님의 부르심을 다시 듣고 오직 주님의 도우심만 의존한다면 아브라함처럼 모리아 산의 정상에 닿게 될 것입니다.

우리는 육신을 가지고 사는 한, 이 세상에서는 완전한 제자는 될 수 없습니다. 그러나 주의 음성을 듣고 그분만을 응시하며 살면 주께서 기뻐하시는 수준의 제자가 될 수 있다는 것이 성경의 증언입니다. 많은 하나님의 사람이 자신의 결점과 연약함에도 불구하고 그런 수준에 이르는 삶을 살았습니다. 우리도 그와 같은 믿음의 선진들을 따라 새로운 마음으로 "나를 따르라"는 주님의 부르심에 응해야 하겠습니다.

20
나의 십자가
마가복음 3:13~15; 8:34

무리와 제자들을 불러 이르시되 누구든지 나를 따라오려거든 자기를 부인하고 자기 십자가를 지고 나를 따를 것이니라 (막 8:34).

사람들은 나름대로의 이유와 목적을 가지고 교회를 다닙니다. 과거에는 사후 천국에 가는 것이 큰 비중을 차지하였습니다. 요즘은 사후 천국보다는 현세에서 잘사는 것에 관심이 집중되고 있습니다. 그래서 재래 종교의 구복사상이나 세속적 성공주의가 교회에 큰 영향을 줍니다. 또한 현대 사회의 여러 가지 스트레스로 인해서 복음보다는 심리 치유법이 교회에 들어와 유행하고 있습니다.

설교나 성경공부 프로그램에도 알게 모르게 '다른 복음'(갈 1:6-8)이 이곳저곳에 침투되어 있습니다. 그중의 하나는 고난 주제입니다. 신약 성경에서는 제자도(discipleship)와 관련해서 고난을 많이 언급하였습니다. 그러나 현대교회의 강단에서는 고난을 기피합니다. 고난은 일반 교인들이 원하는 물질적 축복이나 성공주의나 심리적 치유와 반대되는 개념이기 때문입니다.

산상 설교의 축복관

예수님의 제자직에 대한 가르침에는 세속 사상들이 들어가 있지 않습니다. 산상 설교를 한 번만 읽어 보아도 이 점을 쉽게 확인할 수 있습니다. 예를 들어, 예수님이 복 있는 자를 어떻게 정의하셨습니까? 전혀 기존의 축복 개념과 판이합니다.

- 애통해 하는 자는 복이 있다고 하였습니다(마 5:4). 애통해 하는 자가 어떻게 복이 있단 말입니까? 슬프고 우는 자는 복이 없는 자라고 해야 맞지 않습니까?
- 박해를 받는 자는 복이 있다고 하였습니다(마 5:10). 박해받으면서 고생하고 손해 보는데 어떻게 복이 있다고 말할 수 있습니까? 박해가 없이 편하게 살아야 복이 있지 않습니까?
- 누가복음에 나오는 산상 설교에는 가난하고 주린 자는 복이 있다고 하였습니다(눅 6:20~21). 사람들은 물질적으로 풍족해야 복이 있다고 말합니다. 예수님은 오히려 반대로 말씀하셨습니다. 화 있을진저 너희 부요한 자여 너희는 너희의 위로를 이미 받았도다 (눅 6:24).

예수님은 낙타가 바늘귀로 들어가는 것이 부자가 천국에 들어가기보다 더 쉽다고 하셨습니다(눅 18:25). 부자라고 해서 구원받지 못하는 것은 아닙니다. 그러나 부자들은 일반적으로 말해서 하나님을 사랑하고 하나님을 신뢰하기보다 돈을 더 사랑하고 돈의 힘을 더 믿습니다. 예수님의 이 말씀을 이해하려면 당시의 사회 통념의 배경을 알아야 합니다. 부자 청년을 보시고 예수님이 하신 낙타와 바늘귀에 대한 비유를 들은 제자들의 반응이 무엇이었습니까? 큰 충격을 받았다고 했습니다.

제자들이 듣고 몹시 놀라 이르되 그렇다면 누가 구원을 얻을 수 있으리이까 (마 19:25).

당시의 유대인들은 물질적 번성은 하나님의 축복의 증거라고 믿었습니다. 현대 교회도 이렇게 생각하지 않습니까? 그런데 교회나 신자들에게 돈 많은 것이 반드시 하나님의 축복의 증거는 아닙니다.

세상을 보십시오. 누가 돈이 많습니까? 불신자들이 더 부자입니다. 중동 산유국은 이슬람 국가들입니다. 중국이나 일본도 기독교 국가가 아닙니다. 그러나 그들이 물질적으로 훨씬 더 부유합니다. 그럼 하나님께서 불신자들을 더 축복하셨다는 말씀입니까? 물질적 축복 신앙은 예수님의 가르침이 아닙니다. 세상은 돈을 사랑합니다. 그러나 성경은 돈을 사랑하는 것이 일만 악의 뿌리라고 하였습니다(딤전 6:10). 예수님은 그를 따르는 제자들을 보시고 가난하여 배가 고프고 멸시를 받으며 애통해하는 자들은 복이 있다고 선포하셨습니다.

그런데 중세기 때 교회는 부유하였는데 현재 우리나라 대형 교회들도 엄청난 재산을 소유한 종교 단체입니다. 성경은 돈 자체를 경멸하거나 죄악시하지 않습니다. 정직하게 벌어서 자선에 사용하고 복음을 위해 쓴다면 하늘에서 상을 받는다고 가르칩니다. 예수님이 부자 청년에게 재산을 다 팔아서 가난한 자들에게 나누어 주라고 하시면서 "그리하면 하늘에서 보화가 네게 있으리라"(마 19:21)라고 하셨습니다. 돈을 신뢰하고 교만한 마음을 품고 살면서 물질에 인색하고 집착하는 것은 탐심입니다. 탐심은 곧 우상 숭배라고 바울이 경고했습니다(골 3:5).

산상 설교는 예수 그리스도를 따르는 제자들이 날마다 실천하며 살아야 하는 생활 방식입니다. 오늘날 교회들이 산상 설교의 사상을 전하지 않기 때문에 세속적인 축복관에 빠져 부패를 거듭하고 있습니다. 초대 교회 제자들이 어떤 가치관과 어떤 종류의 행복론을 가지고 세상을 살았는지를 생각해 보십시오. 그들은 예수님과 사도들이 가르친 내용을 자신들의 삶에 적용하며 살았습니다. 산상 설교의 삶을 산 초대 교회의 신자들은 예수님과 사도들이 가르친 '고난'의 의미를 체험적으로 알았습니다.

예수님은 박해를 받으셨기 때문에 그의 제자들도 박해를 받을 것이라고 하셨습니다(요 15:18~20). 바울도 "무릇 그리스도 예수 안에서 경건하게 살고자 하는 자는 박해를 받으리라"(딤후 3:12)라고 하였습니다. 복음대로 살려고 하면 고난이 온다는 것이 성경의 가르침입니다. 하나님 나라의 가치관에 맞추어 의롭게 살려고 하면 세상의 미움을 받는다는 것을 실감하게 됩니다.

우리는 믿음으로 예수님과 연합되었기 때문에 예수님의 일에 직접적인 이해관계를 갖습니다. 예를 들어 어떤 사람을 깊이 사랑하게 되면 상대방의 복지가 나의 복지가 되고 상대방의 슬픔이나 아픔이 나의 것이 됩니다. 구원을 받으면 예수님의 나라에 내가 들어갑니다. 나는 하나님 나라의 백성이 되기 때문에 당연히 그 나라가 잘되도록 충성할 책임이 있습니다.

참 사랑의 교제는 싸구려가 아닙니다. 내가 어떤 사람을 사랑하기로 선택했다면 나를 던진 것입니다. 이러한 헌신은 그 사람과 운명을 같이한다는 뜻입니다. 이러한 투신은 죽음까지 포함합니다. 예수님과 우리들 사이의 관계도 투신의 관계입니다. 예수님을 나의 구주로 삼았으면 예수님을 위해 내 목숨까지도 내놓아야 한다는 것이 제자직의 모토입니다. 그래서 예수님은 "자기 목숨까지 미워하지 아니하면, 능히 내 제자가 되지 못한다"(눅 14:26)라고 하셨습니다.

'미워한다'는 표현은 셈족 언어의 독특한 숙어입니다. 그 뜻은 1순위가 아니라는 말입니다. 하나님이 야곱은 사랑하고 에서는 미워하셨다는 말씀도 동일한 의미입니다(말 1:2~3; 롬 9:13). 야곱은 하나님의 구원 계획을 위해서 택함을 받았지만 에서는 그런 구원의 통로로서의 역할에서 제쳐졌다는 뜻입니다.

'미워한다'는 말은 상대적으로 덜 사랑한다는 뜻도 됩니다. 그래서 예수님은 "아버지나 어머니를 나보다 더 사랑하는 자는 내게 합당하지 아니하고 아들이나 딸을 나보다 더 사랑하는 자도 내게 합당하지 아니하다"(

마 10:37)라고 하셨습니다. 부모 자식을 사랑하지 말라는 말씀이 아니고 예수님보다 더 사랑해서는 안 된다는 뜻입니다. 그들의 순위는 1순위가 아니기 때문입니다. '미워하라'는 말은 배격하거나 적대시하라는 뜻이 아닙니다. 성경은 부모를 공경하라고 가르칩니다. 부모도 형제도 자식도 남편도 아내도 내 돈도, 내 취미 생활도 모두 예수님 뒤에 있어야 한다는 말씀입니다. 주님보다 더 사랑하고 더 소중하게 여기는 것이 있으면 능히 주님의 제자가 될 수 없다는 말씀은 결국 내 목숨마저도 주님을 위해서 내놓아야 한다는 전적 헌신을 가리킵니다

두 종류의 십자가

우리의 문제가 무엇일까요? 예수님이 지고 가신 '구원의 십자가'까지만 받아들이는 것입니다. 우리가 십자가라고 할 때 무엇을 떠올립니까? 오직 예수님의 구원의 십자가만 떠올린다면 절반의 진리로만 사는 것입니다. 십자가는 두 가지 종류가 있습니다. 예수님이 지고 가신 **주님의 십자가**가 있고 내가 지고 가야 할 **나의 십자가**가 있습니다. 그럼 내가 지고 가야 할 십자가는 어떻게 되는 것일까요? 그것까지 예수님이 다 지고 가시면 좋겠다고 생각하십니까? 우리는 주님께서 일체의 죽는 일을 모두 맡아 달라는 식으로 기도하기도 합니다.

예수님이 제자들에게 하신 말씀 중에서 자주 인용되는 구절의 하나는 마음에는 원이로되 육신이 약하도다(막 14:38)라는 말씀입니다. 내 사정을 너무도 잘 이해해 주시는 것 같아서 어쩐지 위로가 되지 않습니까? 내가 잘못할 때마다, 내가 깨어 있지 못할 때마다, 내가 죄를 지을 때마다, 내가 주님을 위해서 해야 할 일을 못 할 때마다, 그저 이 말씀만 들었으면 좋겠다고 생각하지 않습니까? 이 말씀은 나의 여러 종류의 죄를 변명하는 구실로 삼을 수 있고, 나의 책임을 회피할 수 있는 편리한 구절입니다. 내가 마음으로는 예수 잘 믿고 싶지만, 육신이 약한지라 어쩔 수 없다

고 보면 간단하게 내 문제에서 빠져나갈 수 있을 것 같습니다. 이것은 예수님의 말씀을 오해하고 오용하는 것입니다.

예수님은 겟세마네 동산에서 깊이 잠들었던 연약한 제자들을 크게 동정하시고 그들의 허물을 용서하셨습니다. 그러나 육신이 약하니까 계속 자도 된다고 하시지 않았습니다. '일어나라'고 하셨습니다. 그리고 '함께 가자'고 하셨습니다(막 14:42). 어디로 함께 가자는 말씀이었을까요? 예수님을 파는 자가 가까이 왔다고 하셨습니다. 원수들이 예수님을 잡으려고 칼과 몽둥이를 들고 왔습니다. 결국 고난의 십자가 길을 함께 가자는 말씀이었습니다. 그러나 제자들은 예수님을 버리고 모두 도망쳤습니다(막 14:50). 그들은 자기 십자가를 지지 않았습니다.

자기 십자가를 지고 나를 따르라는 예수님의 명령은 타협이나 회피가 허용되지 않는 절대명령입니다. 그래서 모든 제자에게 자기 십자가가 지워집니다. 이것은 예수님과 자신을 일치시키는 일입니다. 예수님의 제자들은 예수님의 사상과 목표와 생활 방식에 자신의 운명을 묶은 자들입니다. 예수님을 사랑한다고 말하는 분들이 많습니다. 그러나 참 사랑의 고백은 감상적 표현에 그칠 수 없습니다.

나의 임을 위해 희생하는 것이 없고 치르는 고난이 없다면 진실로 사랑하는 것이 아닙니다. 우리의 사랑은 임을 위한 고난의 깊이로 증명됩니다. 자기 십자가를 지고 주님의 나라와 의를 위해 힘쓰는 자들이 주님의 참된 제자들입니다. 자신이 날마다 지고 가는 십자가의 의미를 체험적으로 아는 자들만이 주님의 승리와 영광에 참여할 수 있습니다(눅 9:23).

주님의 길을 따라가는 일을 막는 것들이 세상에 수두룩합니다. 우선 나 자신이 원수입니다. 내 육신에 속한 온갖 정욕과 온전치 못한 성품과 추악한 생각들이 나의 십자가를 차압하고 내놓지 않습니다.

그런데 주님은 골고다의 **관객**을 부르시는 것이 아니고 자기 십자가를 실제로 지고 주님의 길을 따를 **제자**들을 부르십니다. 이런 말씀을 누가 받을 수 있겠습니까? 아무도 없습니다. 사람의 힘으로는 자기 십자가를 지고 자신을 부인하며 날마다 죽으면서 주를 따를 수 없습니다. 그런데 하나님께서 우리에게 무엇을 요구하실 때에는 언제나 그 뒤에 좋은 계획이 있다는 사실을 기억해야 합니다. 베드로는 모든 것을 버리고 예수님을 따랐던 사도였지만 불 시험을 당하고 크게 넘어졌습니다. 그러나 그는 회개하고 처음에 그가 했던 말처럼 문자 그대로 죽는 데까지 주님을 따라갔습니다. 베드로는 우리를 위해 이런 글을 남겼습니다.

> 사랑하는 자들아 너희를 연단하려고 오는 불 시험을 이상한 일 당하는 것 같이 이상히 여기지 말고 오히려 너희가 그리스도의 고난에 참여하는 것으로 즐거워하라 이는 그의 영광을 나타내실 때에 너희로 즐거워하고 기뻐하게 하려 함이라. 너희가 그리스도의 이름으로 치욕을 당하면 복 있는 자로다 영광의 영 곧 하나님의 영이 너희 위에 계심이라 (벧전 4:12~14).

내가 나의 십자가를 지고 사는지 않는지를 알려면 이 말씀으로 테스트해 보면 됩니다. 이 말씀이 내게 위로가 되고 힘이 된다면 내가 그리스도의 십자가를 지고 제대로 살고 있다는 뜻입니다. 그러나 아무런 의미가 없고 마음에 와닿는 것이 없다면 내가 나의 십자가를 분실했다는 뜻입니다. 우리에게도 불 시험이 옵니다. 큰불은 말할 나위도 없고 작은 불티라도 내 피부에 닿으면 따갑습니다. 불 시험을 이상하게 여기지 말라고 하였습니다. 주 예수를 따르는 신자라면 당연하기 때문입니다.

베드로는 우리가 가져야 할 자세를 말합니다. 어떤 자세입니까? 그리스도의 고난에 참여하는 것으로 알고 즐거워하라는 것입니다. 베드로가 주는 격려도 기억해야 합니다. 영광의 영이신 하나님의 영이 그런 성도들 위에 머무신다고 했습니다. 모든 성도들에게 성령이 내주하십니다. 그러나 그리스도의 고난의 길을 따를 때 오는 성령의 임재는 특별한 체험입니다.

예수님은 항상 아버지의 뜻에 따라(벧전 4:19) 고난을 받으셨습니다. 그래서 하나님의 영이 언제나 주님 위에 머물러 있었습니다. 성령은 예수님의 고난 속에서 함께 계시면서 위로하시고 힘을 불어넣어 주셨습니다. 이 동일한 성령이 주 예수의 이름으로 고난받는 신자들에게도 함께 하신다는 사실은 큰 격려가 됩니다. 그런데 우리에게 이런 체험이 적다면 그 원인이 무엇이겠습니까? 하나님이 허락하시는 시험을 피해가기 때문일 것입니다. 만약 자기 십자가를 지고 가려는 고통의 몸부림이 있다면 교회는 하나님께 부르짖는 성도들의 기도 소리로 가득 채워질 것입니다. 우리의 현실은 어떻습니까? '내 복 주세요'라는 간구는 교회당을 채울지 몰라도 '주님, 나의 십자가를 끝까지 지고 가게 해 주세요'라는 간절한 기도는 거의 들리지 않습니다.

성도의 고난은 일종의 필요악입니다.

고난은 우리의 영혼과 교회를 순화시키고(벧전 4:17) 하나님께 대한 사랑의 순종을 확인시키며, 주 예수의 성품을 닮게 하기 위해서 필요한 고통들입니다. 이러한 하나님의 뜻을 깨닫고 받아들이지 않을 때는 약속하신 하나님의 축복은 우리의 것이 될 수 없습니다. 하나님의 위로의 음성을 들을 수 없고 하나님의 각별한 임재를 느낄 수 없습니다. 나의 십자가가 없으면 주님의 십자가 삶이 어떤 것이었는지 감도 잡히지 않습니다. 그러나 나에게 십자가 삶이 있을 때에는 주님의 십자가를 묵상할 때마다 내 영혼에 별다른 은혜가 흐른다는 것을 체험할 수 있습니다.

한편, 나의 십자가를 지고 가는 길에서 나는 하나님의 사랑을 의심도 하고, 하나님이 하시는 일에 불만을 품기도 합니다. 그러나 나의 십자가는 결국은 나를 저 높은 정상에서 하나님의 구원의 깊이를 새롭게 깨닫게 합니다. 아브라함도 그 길을 걸었고 모세와 다윗도 같은 길을 걸었습니다. 그리고 수많은 믿음의 선열들이 자신들의 십자가를 지고 주님이 가신 길을 따라 영광에 이르렀습니다.

주님의 약속은 나의 십자가를 실제로 지고 가는 삶에서만 성취됩니다. 그런데 하나님께서는 우리의 연약함을 십분 이해하시고 동정하십니다. 하나님은 격려가 없는 요구는 하시지 않습니다. 자기 십자가를 지고 주를 신실하게 희생적으로 따르는 자들에게는 영광의 영이신 성령께서 그 위에 머무신다고 하였습니다. 이것은 자기 십자가를 지고 따르는 자들이 받는 보상입니다. 주님은 우리가 마음으로는 원하지만 육신이 약하다는 것을 잘 아십니다. 그런데 주님께서 어떻게 이 문제를 해결해 주실까요? 축복의 약속으로 동기부여가 되게 하십니다.

육신이 약하다는 것은 단순히 신체가 약한 것을 말하는 것이 아닙니다. 물론 신체적인 피로 때문에 마음이 원하는 바를 행할 수 없기도 하고 육체의 여러 가지 소욕에 넘어가기도 합니다. 예수님도 연약한 육신으로 사셨습니다. 그럼 제자들과 무엇이 달랐습니까? 예수님은 하나님의 말씀으로 채워져 계셨고 성령께서 항상 주님 위에 머물러 계셨습니다. 그래서 십자가의 삶을 사실 수 있었습니다. 육신이 약하다는 말은 인간의 신체적 제한을 뜻하기보다는 몸의 욕구들을 극복하는 영성의 필요성을 지적한 말씀이었습니다

예수님을 모두 버리고 도망친 제자들은 나중에 모두 회복되었습니다. 그들은 마음으로는 원했어도 연약한 육신 때문에 마음의 소원을 이루지 못했습니다. 그러나 주님의 부활로 그분이 참 메시아이심을 확신하게 되었습니다. 그리고 십자가 고난이 구원의 길임을 깨닫고 연약한 육신의 문제를 극복하였습니다. 그들은 처음에는 공포에 질려 방문을 잠그고 숨을 죽이며 두려워했습니다. 그들의 육신은 연약하기 그지없었습니다. 그러나 주 예수의 십자가와 부활의 의미를 깨달았을 때 목숨을 걸고 밖으로

뛰쳐나가 예수는 주시며 그리스도라고 외쳤습니다.

어떻게 연약한 육신이 강해질 수 있습니까? 어떻게 연약한 육신이 나의 십자가를 지고 주님을 따를 수 있습니까? 한 마디로 복음을 깨닫는 것입니다. 예수님의 십자가와 부활과 승천의 의미를 확실하게 붙잡는 것입니다.

예수님이 누구이신지를 깊이 알도록 힘써야 합니다. 하나님의 원대하고 심원한 구원이 샛별처럼 우리 마음에 떠오를 때까지 간절히 주 앞에 엎드리면서 성경을 읽고 깨닫도록 해야 합니다. 성령을 보내서서 도우시겠다고 주님이 약속하셨습니다. 타락한 인간은 모두 육신이 연약합니다. 연약한 육신으로는 하나님을 섬길 수 없습니다. 그러나 거룩하신 성령께서 곁에 오셔서 주 예수님을 비춰 주신다고 하셨습니다. 이 말씀을 믿고 주님의 이름을 부르도록 합시다. 육신이 연약한 것은 사실상 영적인 문제입니다.

크리스천 라이프는 '쉬운 삶'이 아니고 '가치 있는 삶'입니다. 이것은 십자가를 지고 가신 영광의 주님에게 자신을 일치시키는 삶입니다. 주님을 사랑한다는 자들은 많습니다. 그러나 산상 설교를 크리스천 삶의 좌표로 삼고 자기 십자가를 지는 자들은 적습니다. 예수님을 따르는 제자의 삶은 쉽지 않습니다. 그러나 주님이 가신 골고다의 길이 영광과 왕권의 자리로 나아가는 왕도였다는 사실을 기억해야 합니다. 자기 십자가를 지고 주님을 힘써 따르려는 우리에게도 하나님의 격려와 칭찬과 영예의 상이 기다리고 있습니다.

21
가롯 유다와 하나님의 예정
마가복음 3:19

또 가롯 유다니 이는 예수를 판 자더라 (막3:19) .

열두 제자들 가운데 예수를 팔 유다가 들어 있다는 사실은 사뭇 놀라운 일입니다. 왜 예수님은 유다를 사도의 한 사람으로 택하셨을까요? 예수님은 유다의 실체에 대해서 모르셨을까요? 예수님은 열두 제자들을 택하시기 전날 밤새도록 하나님께 기도하셨습니다(눅 6:12~13). 그럼 예수님이 하나님의 인도를 잘못 받으신 것일까요?

유다는 예수님이 선택한 사도의 한 사람이었는데 예수님을 배반하고 자살로 끝났습니다. 그의 구원은 어떻게 된 것일까요? 유다는 왜 예수님을 팔아넘겼을까요? 그는 도대체 무슨 목적으로 예수님을 따랐을까요?

가롯 유다는 성경에서 예언된 인물이었습니다.

베드로는 예수님의 승천 이후에 다락방에 모였던 제자들에게 말했습니다.

형제들아 성령이 다윗의 입을 통하여 예수 잡는 자들의 길잡이가 된 유다를 가리켜 미리 말씀하신 성경이 응하였으니 마땅하도다 (행 1:16) .

시편에 기록하였으되 그의 거처를 황폐하게 하시며 거기 거하는 자가 없
게 하소서 하였고 또 일렀으되 그의 직분을 타인이 취하게 하소서 하였
도다 (행 1:20; 시 69:25) .

다윗은 시편에서 악인들이 하나님의 심판을 받기를 간구하였습니다.
유다는 예수님을 팔아넘긴 자로서 하나님의 심판 대상이었습니다.

이 사람이 불의의 삯으로 밭을 사고 후에 몸이 곤두박질하여 배가 터져
창자가 다 흘러 나온지라 이 일이 예루살렘에 사는 모든 사람에게 알리
어져 그들의 말로는 그 밭을 아겔다마라 하니 이는 피밭이라는 뜻이라 (
행 1:18~19) .

유다의 끔찍한 죽음은 다윗의 간구가 가장 드라마틱하게 성취되었음
을 입증합니다(행 1:18; 마 27:5). 누가는 사도행전에서 유다의 죽음과 그로
인한 사도직의 결손을 시편 69편 25절과 109편 8절 말씀인 "그의 직분을
타인이 빼앗게 하시며"의 성취로 보았습니다(행 1:20).

그런데 베드로가 인용한 시편 69편과 109편을 읽어보면 이것이 구체
적으로 예수님에 대한 예언이라고는 쉽게 알 수 없습니다. 일차적인 문맥
이 다윗에게 해당하기 때문입니다. 그러나 신약의 저자들은 성령의 감동
을 받았기 때문에 이러한 시편들의 내용은 다윗의 상황과 개인적인 체험
의 영역을 훨씬 넘어간다는 것을 깨달았습니다. 다윗은 하나님의 백성을
대표하는 이스라엘의 선왕이었습니다. 그래서 다윗이 받은 고난과 박해
는 새로운 다윗인 예수님이 받으실 고난 속에서 재적용되고 정확하게 성
취되었다고 보았습니다.

✢ 까닭 없이 나를 미워하는 자 (시편 69:4)

다윗은 사울 왕으로부터 많은 박해를 당하였습니다. 그는 왕이 될 때

까지 사울 왕의 증오심 때문에 생명의 위협을 받았으며 늘 쫓겨 다녔습니다. 유대인들은 예수님에게 죄가 없음에도 그를 배척하고 죽이려고 하였습니다(요 7:19; 8:37, 40; 막 3:6). 그래서 예수님은 유대인들이 다윗을 까닭 없이 미워했는데 이 말씀은 더 큰 다윗이신 예수님에게서 온전하게 이루어졌다고 하셨습니다(요 15:25). 즉, 다윗이 받은 이유 없는 증오는 예수님의 삶에서 더 강렬하게 드러날 유대인들의 증오심을 내다본 예언적 진술이라는 것입니다. 사도 요한이 이 말씀을 자신의 복음서에 기록한 것은 시편 69편 4절에 대한 예수님 자신의 해석이 참되다는 것을 깨달았기 때문이었습니다.

❖ 주의 집을 위하는 열성이 나를 삼키고 주를 비방하는 비방이 내게 미쳤나이다 (시편 69:9)

예수님의 성전 청결 사건에서 제자들은 "성경 말씀에 주의 전을 사모하는 열심이 나를 삼키리라 한 것을 기억하더라"(요 2:17)고 했습니다. 다윗은 주의 전을 사모한 의로운 왕이었습니다. 그러나 예수님이 부패한 성전에 대해 보이신 격렬한 열정은 다윗이 주의 전을 사모한 열심을 훨씬 더 뛰어넘는 것이었습니다. 다윗의 열심은 장차 오실 예수님이 보이실 하나님에 대한 거룩한 열정의 불꽃을 낮은 레벨에서 진술한 것이었습니다. 바울도 로마서에서 시편 69편 9절의 후반 절을 인용하면서 이것이 예수님에게서 그대로 응했다고 했습니다(롬 15:3). 중요한 것은 제자들이 성령의 조명에 의해서 본 시편의 여러 부분을 예수님에 대한 궁극적인 계시로 이해한 것입니다.

❖ 그들이 쓸개를 나의 음식물로 주며 목마를 때에는 초를 마시게 하였사오니 (시편 69:21)

이 표현은 원래의 문맥에서는 다윗이 받는 멸시와 학대에 대한 상징적 진술이었습니다. 그런데 이 말씀은 예수님의 십자가에서 문자적으로 성취되었습니다(눅 23:34; 요 19:28~30). 주목할 것은 예수님이 이것을 성경 말씀에 대한 성취로 보신 것입니다.

> 그 후에 예수께서 모든 일이 이미 이루어진 줄 아시고 성경을 응하게 하려 하사 이르시되 내가 목마르다 하시니 (요 19:28).

예수님은 다윗의 시에서 언급된 부분들이 자신이 당하시는 구속 사역의 한 정점에서 그대로 성취되어야 할 것으로 보셨습니다. 복음서의 저자들은 한결같이 시편 69편 21절의 진술이 예수님의 십자가 고난을 예시한 것으로 적용하였습니다(마 27:34; 막 15:23; 눅 23:36; 요 19:29).

유다의 배신이 예언되었다면 유다에게 책임이 있을까요?

> 형제들아 성령이 다윗의 입을 통하여 예수 잡는 자들의 길잡이가 된 유다를 가리켜 미리 말씀하신 성경이 응하였으니 마땅하도다 (행 1:16).

여기서 마땅하다는 말은 마땅히 이루어질 일이었다는 뜻입니다. 새 번역에서 "마땅히 이루어져야만 했습니다"라고 했는데 이것이 더 의미가 살아나는 번역입니다(The scripture had to be fulfilled. NIV, ESV). 그렇다면 유다는 성경에서 자신에 대해서 마땅히 일어날 일로 예정된 일을 행했으니까 책임을 지울 수 없지 않을까요? 유다에게는 이것은 옵션이 없는 숙명의 길이었다고 보아야 하지 않습니까? 하나님이 미리 작정하시고 그대로 일어나도록 하신 일이니까 유다가 희생물이 된 것이 아닐까요? 하나님의 예정과 인간의 책임 문제는 인간의 논리로 설명할 수 없는 영역입니다. 성경은 하나님의 주권적인 행위와 인간의 책임을 나란히 병행시키고 있습니다.

❖ 헤스본 왕 시혼이 우리가 통과하기를 허락하지 아니하였으니 이는 네

헤스본 왕은 이스라엘 백성이 조용히 그의 땅을 통과만 하고 양식은
돈을 주고 사겠다고 했으나 듣지 않고 이스라엘을 공격하였습니다. 그런
데 시혼 왕의 이러한 완강한 마음은 자신이 먹은 것이지만 그 뒤에는 하
나님께서 그와 그의 땅을 이스라엘에 유업으로 넘기시려고 작정하신 결
과였습니다. 그러나 시혼 왕은 자신의 악하고 완고한 행위로 멸망하였습
니다. 예정된 일이라고 해서 인간에게 책임이 없는 것이 아니라는 말씀입
니다. 이것은 인간의 논리로 보면 모순입니다. 그런데 유다에게 옵션이
없었던 것이 아니었습니다. 그래서 그가 순전히 타의에 의해서 숙명적인
삶의 희생물이 된 것이라고 말할 수 없습니다. 하나님께서는 어떤 인간도
인형이나 로봇처럼 입력된 프로그램에 따라 기계적으로 움직이도록 만드
시지 않았습니다. 우리는 하나님의 예정을 지나치게 논리적으로 따지거
나 숙명론적으로 접근하지 말아야 합니다. 이해를 돕기 위해서 엘리 선지
자의 아들들에 대한 말씀을 살펴겠습니다.

하나님이 그들을 죽이기로 뜻하셨다는 것은 그들의 악행과 상관없는
인위적인 작정이 아닙니다. 하나님이 미리 뜻하신 것이라면 그것은 그들

의 죄에 대한 하나님의 고유한 원칙이라고 할 수 있습니다. "나를 존중히 여기는 자를 내가 존중히 여기고 나를 멸시하는 자를 내가 경멸하리라"(삼상 2:30)라는 것이 하나님의 심판 원칙입니다.

엘리의 아들들은 악한 자들이었습니다. 그들은 아버지를 순종하지 않는 불효자들이었고 제사용 고기를 마음대로 빼앗아갔습니다. 그들이 선한 자들로 살았는데 하나님께서 그들을 죽이시려고 악한 자들로 만드신 것이 아닙니다. 이미 악을 행하는 자들로서 마땅히 심판의 대상이 되었는데 한도가 지나쳐서 하나님의 자비를 받을 수 없는 지경에 이르게 된 것입니다.

• 하나님의 작정은 인간의 책임을 배제하지 않습니다. 인간이 책임을 져야 할 일을 행했다면 하나님 편에서 어떤 작정을 하셨다고 해서 항의할 수 없습니다.

• 자의에 의한 인간의 악행 뒤에는 하나님의 숨겨진 작정이 있습니다. 인간의 행위와 하나님의 숨겨진 작정 사이의 관계는 우리가 다 알 수 없습니다. 그러나 작정을 하셨기 때문에 인간이 죄를 짓는 것이 아닙니다. 인간은 스스로 죄를 짓습니다. 인간은 피동적인 외부 조작에 의해 움직이는 기계적인 존재가 아닙니다.

인간은 태어날 때부터 죄에 편향된 존재입니다. 그래도 죄는 기본적으로 자기가 원해서 짓습니다. 불가피하게 죄를 지을 수밖에 없는 상황이 있더라도 인간의 죄는 숙명적인 것이 아닙니다. 인간은 타락한 죄인들이지만 죄를 짓지 않는 경우도 적지 않습니다. 이것은 인간이 자기 의지나 그 의지의 실행 능력이 완전히 박탈되어 죄를 지을 수밖에 없는 운명적이고 기계적인 존재가 아니라는 것을 입증합니다. 엘리의 아들들은 아버지의 말을 듣지 않다가 모두 심판을 받았습니다. 여기에 어떤 불가항력적인 조작이나 자유 의지의 박탈이 없었습니다. 그럼에도 그들에 대한 하나님의 작정하신 뜻이 이루어졌습니다.

하나님께서는 인간의 의지나 자유를 박탈하고 인간을 기계적으로 움직여서 하나님이 원하시는 대로 일이 일어나게 하시지 않습니다. 하나님께서는 인간이 스스로 책임을 져야 할 일들을 통해서 하나님이 원하시는 뜻을 이루십니다. 하나님의 작정이 먼저 있었기 때문에 인간이 원치도 않고 행하지 않는데도 일이 발생하는 것이 아닙니다. 하나님의 작정은 인간의 행위 뒤에서 인간의 책임 영역을 방해하거나 간섭하거나 조작하지 않고서 비밀히 진행됩니다. 이것은 우리가 충분히 설명할 수 없는 계시되지 않은 영역입니다.

하나님의 작정과 인간의 책임은 독립적인 관계가 아니고 대응적인 관계입니다. 하나님이 인간의 행위에 대응해서 자기 뜻을 이루어 가신다고 말할 수 있습니다. 비록 하나님이 어떤 일을 일으키신다 하여도 그것은 인간의 자연스러운 행위, 곧 인간의 판단과 의지와 계획을 인위적으로 간섭하지 않고서 발생되는 것입니다. 하나님은 모든 인간의 삶과 모든 상황의 주인이십니다. 그래서 하나님은 주권적인 뜻대로 세상을 이끌어 나가십니다. 그러나 억지로 인간의 책임 문제를 제외하고 하나님이 원하시는 일들이 일방적으로 일어나게 하시지 않습니다.

이제 유다의 경우를 보겠습니다. 유다는 성경에서 예고된 마땅히 이루어져야만 하는 일을 행하였습니다. 그러나 그는 자신이 행한 악행에 대한 책임을 면책받지 못했습니다. 우리는 하나님께서 유다를 사용하여 십자가의 구속이 달성되게 하시지 않았느냐고 반문할지 모릅니다. 그러나 유다는 하나님이 특정한 목적을 가지고 사용하셨기 때문에 심판을 받은 것이 아닙니다. 그는 자신의 의도적인 죄악 된 행위 때문에 정죄를 받았습니다. 그의 악행은 강요에 의한 것도 아니었고, 자신의 의지를 박탈당한 상태에서 피동적으로 저질렀던 것도 아니었습니다.

성경은 인간의 의지적인 행위와 책임이 하나님의 주권과 어떻게 연관

되는지에 대해서 자세히 말하지 않습니다. 그러나 인간은 자신의 모든 행위에 대해서 책임이 있다는 것은 분명하게 가르칩니다. 반면, 하나님은 자기 뜻이 성취되게 하기 위해서 인간의 자의적인 결정과 행위를 사용하신다는 것도 가르칩니다. 하나님은 유다를 사용하셔서 하나님 자신의 뜻이 이루어지도록 계획하셨습니다. 그러나 유다는 여전히 자의로 자신의 계획에 따라 죄를 지었기 때문에 무서운 심판을 받았습니다.

> 인자는 자기에 대하여 기록된 대로 가거니와 인자를 파는 그 사람에게는
> 화가 있으리로다 (막 14:21).

성경은 예수가 대속의 죽음을 치를 것을 예고하였다. 그런데도 유다는 자신의 악행에 대해 책임을 져야 했다. 이것은 하나님이 주권적으로 이벤트를 일으키는 것과 인간이 그러한 이벤트에 대한 책임을 동시적으로 갖는 것에 대한 실례의 하나이다.
(ESV notes, Mk. 14:21)

성경의 사건 속에서 같은 절에 인간의 책임과 하나님의 작정이 나란히 병치된 경우도 있습니다.

> 그가 하나님께서 정하신 뜻과 미리 아신 대로 내준 바 되었거늘 너희가
> 법 없는 자들의 손을 빌려 못 박아 죽였으나 하나님께서 그를 사망의 고
> 통에서 풀어 살리셨으니 (사도행전 2:23).

예수님이 십자가 죽임을 당한 것은 하나님의 작정이었고 미리 아신 일이었습니다. 선지자들은 메시아가 고난을 반드시 겪어야 한다고 하면서 이것은 하나님의 뜻이라고 예언하였습니다(행 17:2~3; 26:22~23; 눅 24:25~26, 45~46; 벧전 1:11). 그런데 이 하나님의 뜻이 성취된 것은 악인들의 자발적인 결정에 의한 것이었습니다.

당신들은 나를 해하려 하였으나 하나님은 그것을 선으로 바꾸사 오늘과 같이 많은 백성의 생명을 구원하게 하시려 하셨나니 (창세기 50:20).

요셉의 형제들은 그를 애굽의 상인에게 팔았습니다. 그러나 하나님께서는 이 사건이 많은 사람의 생명을 구하는 목적에 쓰이도록 요셉을 애굽의 총리가 되도록 섭리하셨습니다.

유다도 자신의 의지로 예수님을 팔았습니다. 그러나 하나님께서 유다의 배신을 어떻게 사용하셨습니까? 예수님이 세상에 오신 목적이 성취되게 하는 데 쓰였습니다.

인자가 온 것은 섬김을 받으려 함이 아니라 도리어 섬기려 하고 자기 목숨을 많은 사람의 대속물로 주려 함이니라 (막 10:45).

유다의 배신은 하나님의 감추어진 작정과 섭리에 의해서 그와 예수님에 대한 예언의 말씀이 성취되게 하였습니다.

예수께서 대답하시되 내가 너희 열둘을 택하지 아니하였느냐 그러나 너희 중의 한 사람은 마귀니라 하시니 이 말씀은 가룟 시몬의 아들 유다를 가리킴이라 그는 열둘 중의 하나로 예수를 팔 자러라 (요 6:70~71).

유다가 예수님을 은 삼십에 팔았으나 나중에 자신의 잘못을 후회하고 대제사장들과 장로들에게 이를 반납하였습니다. 그러나 그들은 핏값을 성전고에 둘 수 없었기 때문에 토기장이의 밭을 사서 나그네의 묘지로 삼았습니다(마 27:3~8). 마태복음은 이것이 예언의 성취라고 증언합니다(참조. 렘 19:1~3; 슥 11:11~13).

이에 선지자 예레미야를 통하여 하신 말씀이 이루어졌나니 일렀으되 그
들이 그 가격 매겨진 자 곧 이스라엘 자손 중에서 가격 매긴 자의 가격 곧
은 삼십을 가지고 토기장이의 밭 값으로 주었으니 이는 주께서 내게 명하
신 바와 같으니라 하였더라 (마 27:9~10).

유다는 자신의 의지와 계획과 행동으로 예수를 자원해서 팔았습니
다. 유다는 이러한 자신의 의도적인 행위에 대한 책임을 피할 수 없었습
니다. 예수님은 하나님께서 예정하신 뜻에 따라 십자가로 넘겨지셨지만,
유다의 배신을 통해 하나님의 구속의 뜻이 이루어지는 결과를 낳았습니
다(행 2:23). 그럼에도 유다는 여전히 자신의 행위에 대한 심판을 받아야
했습니다.

인자는 이미 작정 된 대로 가거니와 그를 파는 그 사람에게는 화가 있으
리로다 하시니 그들이 서로 묻되 우리 중에서 이 일을 행할 자가 누구일
까 하더라 (눅 22:22~23; 마 26:24).

너희가 그를 넘겨주고 빌라도가 놓아 주기로 결의한 것을 너희가 그 앞
에서 거부하였으니 너희가 거룩하고 의로운 이를 거부하고 도리어 살인
한 사람을 놓아 주기를 구하여 생명의 주를 죽였도다 그러나 하나님이 죽
은 자 가운데서 그를 살리셨으니 우리가 이 일에 증인이라 (행 3:13~15).

여기서도 예수를 빌라도에게 넘겨 주고 빌라도가 결의한 예수의 석방
을 거부하며 그를 못 박게 한 유대인들에게 책임이 돌아가고 있습니다.
그러나 그 뒤에는 예수님을 속죄양으로 삼으시고 십자가 고난을 받도록
계획하신 하나님의 작정이 있었습니다(행 3:18).

그러나 하나님이 모든 선지자의 입을 통하여 자기의 그리스도께서 고난
받으실 일을 미리 알게 하신 것을 이와 같이 이루셨느니라 (행 3:18).

이것이 하나님께서 예언의 말씀을 이루시는 방법입니다. 이런 뜻에서 유다의 배신은 성경을 응하게 하는 하나님의 작정된 계획이었습니다. 예수님 자신이 선택한 사도의 배신은 예수님이 구약에서 줄곧 예언된 메시아라는 사실을 더욱 힘있게 밀어주는 사건이었습니다.

인자는 이미 작정된 대로 가거니와 (눅 22:22).

예수님이 하나님의 작정에 따라 가실 길을 가신 분이라는 사실이 유다 사건으로 반증되었습니다. 예수님이 하나님께서 보내신 메시아라는 사실은 유다 사건에서 더 힘 있는 설득력을 발휘합니다.

우리는 인간의 책임과 그 뒤에 가려진 하나님의 작정 된 뜻이 어떻게 작용하는지 잘 알 수 없습니다. 다만 하나님께서 타락한 인간들을 구원하기 위해 예수님을 보내시고 십자가에 달리게 하신 사건에서 유다를 통해 하나님의 뜻이 결정적으로 성취되는 것을 보고 놀라워할 뿐입니다. 하나님은 사탄과 악인들의 악행까지라도 역이용하여 작정하신 구원을 성취하십니다. 그들이 예수님을 십자가로 몰고 갈 때는 어둠이 승리하는 듯이 보입니다. 그러나 최대의 승리를 거둔다고 생각한 순간은 오히려 최대의 패배를 당하는 때였습니다. 우리는 어둠의 세력이 이기는 듯한 절망적인 상황에서도 하나님께서 주권적인 섭리로 개입하셔서 언제나 승리자의 영광을 거두신다는 사실을 기억해야 합니다.

하나님의 작정 된 뜻을 알리는 성경의 예언은 반드시 성취됩니다. 그런데 그 뜻은 인간의 자유로운 행위에 의해서 절묘하게 성취됩니다. 그렇다면 우리는 성경을 응하게 하시는 하나님의 능력과 인간의 그릇된 행위를 심판하시는 하나님을 경외하며 살아야 할 것입니다.

22
유다에 대한 예언들
마가복음 3:19

우리는 가룟 유다에 대해서 여러 가지 질문을 던지게 됩니다. 그중의 하나는 그의 구원입니다. 어떤 사람은 유다가 처음부터 배신자가 되도록 작정되었기 때문에 예수님처럼 자신이 가야 할 길을 간 것에 불과하다고 말합니다. 그래서 유다가 구원받지 못하고 멸망했다면 하나님이 불의하시다고 봅니다. 한편, 유다는 부정적으로나마 예수님의 십자가 구속을 이루는 일에 결정적인 기여를 했기 때문에 구원을 받았을 것이라는 견해도 있습니다. 또 다른 주장은 유다는 열두 사도의 한 사람이었으니까 당연히 예수님을 주님으로 믿었을 것으로 보는 것입니다. 예수님은 사도들을 택하시기 전에 밤새워 기도하셨습니다. 그렇다면 성령의 인도를 받고 사도들을 택하셨다고 보아야 하지 않겠습니까? 그러나 성령의 인도로 제자들을 택하셨다고 해서 반드시 그 일이 제자들의 구원과 관계된 것은 아닐 수 있습니다.

유다를 제자로 택하신 것은 구원 문제가 아니고 성경의 예언이 응하는 문제였습니다. 이것이 요점입니다. 성경의 예언이 응했다는 사실은 여러 가지 시사하는 것이 많습니다.

첫째, 성경에 대한 권위 문제입니다. 성경을 믿을 수 있는 가장 큰 근거의 하나는 예언이 성취된다는 사실입니다.

둘째, 성경의 예언을 성취하려면 인간의 역사를 주관할 수 있어야 합니다. 그래서 성경의 예언 성취는 하나님의 주권적인 섭리와 왕권을 입증합니다.

셋째, 예언을 응하게 하시는 하나님이시라면 그분에 대한 우리의 신뢰도 깊어집니다.

예수님은 열두 명을 사도로 선택하셨지만, 그중의 한 명이 예수님을 배신할 것을 미리 아셨습니다.

> 그러나 너희 중에 믿지 아니하는 자들이 있느니라 하시니 이는 예수께서 믿지 아니하는 자들이 누구며 자기를 팔 자가 누구인지 처음부터 아심이러라 (요 6:64).
> 예수께서 대답하시되 내가 너희 열둘을 택하지 아니하였느냐 그러나 너희 중의 한 사람은 마귀니라 이 말씀은 가룟 시몬의 아들 유다를 가리키심이라 그는 열둘 중의 하나로 예수를 팔 자러라 (요 6:70~71).

예수님은 유다가 처음부터 예수님을 믿지 않는 것과 그가 배신할 것을 아셨습니다. 그런데 유다의 배신이 성경의 예언을 성취하는 것이라고 지적하셨습니다.

> 내가 너희 모두를 가리켜 말하는 것이 아니니라 나는 내가 택한 자들이 누구인지 앎이라 그러나 내 떡을 먹는 자가 내게 발꿈치를 들었다 한 성경을 응하게 하려는 것이니라 (요 13:18; 시 41:9; 삼하 15:31).

예수님이 인용하신 본문은 시편 41편 9절입니다.

> 내가 신뢰하여 내 떡을 나눠 먹던 나의 가까운 친구도 나를 대적하여 그

의 발꿈치를 들었나이다 (시 41:9).

이 시는 다윗이 읊은 것인데 예수님이 유다의 배신을 당할 것을 내다
보는 내용입니다. 예수님은 본 시를 자신에게 적용하셨고 유다의 배신이
이 성경의 예언을 성취하는 것이라고 하셨습니다. 그러니까 예수님이 유
다를 사도의 한 사람으로 택하신 것은 성령의 인도였다는 것입니다. 유다
의 배신은 우연한 일이 아니었습니다. 유다는 예수님의 십자가가 성취되
기 위해서 예정된 인물이었습니다. 그러나 그의 배신은 타의에 의한 것이
아니라 유다 자신의 자의에 의한 능동적 결정이었습니다. 예수님은 유다
의 발도 씻기셨습니다. 그런데도 유다는 예수님을 배반하였기에 그의 죄
는 전적으로 그의 책임입니다. 중요한 것은 성경의 예언은 아무리 시간이
걸려도 반드시 이루어진다는 것입니다.

다윗은 B.C. 약 1천 년 전의 사람이었습니다. 그의 시편의 예언이 1
천 년이 지나서 예수님의 시대에 성취되었다는 사실은 놀라운 일이 아닐
수 없습니다. 이것은 우리가 성경을 신뢰할 수 있는 중요한 근거의 하나
입니다.

유다는 거듭난 사람이 아니었습니다.

유다는 처음에는 예수님을 믿었는데 나중에 변심했거나 혹은 일시적
으로 유혹을 받아 실족한 것이 아닙니다. 유다가 거듭난 신자가 아니라
는 증거는 예수님이 제자들을 위해서 올린 기도에서도 확인될 수 있습니
다(요 17:6~19).

내가 그들과 함께 있을 때 내게 주신 아버지의 이름으로 그들을 보전하고
지키었나이다 그 중의 하나도 멸망하지 않고 다만 멸망의 자식뿐이오니
이는 성경을 응하게 함이니이다 (요 17:12).

예수님은 성경의 예언이 성취되어야 한다는 것을 항상 의식하셨습니다. 그래서 여기서도 유다의 멸망이 성경을 응하게 하는 것이라고 지적하셨습니다. 그런데 예수님은 이 기도에서 유다를 제외했음이 분명합니다.

예수님은 하늘 아버지께서 자신에게 은혜로 주신 제자들을 위해서 기도하셨습니다. 그들은 아버지께 속한 자녀들이었습니다. 그러니까 멸망의 자식인 세상에 속한 유다가 보호되기를 기도하신 것이 아니라는 말씀입니다.

D.A. Carson은 그의 요한복음 주석에서 "예수님은 유다를 제외한 기도를 올렸다."(D.A Carson John. P.563)라고 말했습니다. 유다는 성경에서 예언된 멸망의 자식이었습니다. 그는 하나님이 예수님께 주신 사람 중에 포함되지 않았습니다(요 17:6). 하나님이 예수님에게 주신 자들은 모두 예수님을 믿었습니다(요 17:6~8; 6:64~65).

예수님의 이 기도의 포인트는 예수님이 아버지께서 주신 자들을 한 사람도 잃어버리지 않았다는 것입니다. 유다의 경우에는 그는 처음부터 마귀에게 속한 자였고 예수님을 믿지 않았습니다(요 8:44). 예수님은 세족 예식에서 유다를 염두에 두시고 제자들 중에 "다는 깨끗하지 아니하다"(요 13:11)라고 하셨습니다. 유다는 처음부터 거듭난 자가 아니었다는 시사입니다.

마귀와 유다의 관계에서도 유다가 예수님의 참 제자가 아니라는 것을 확인할 수 있습니다. 마귀는 유다를 유혹하여 예수님을 팔 생각을 주입했고(요 13:2) 유다는 자의로 사탄의 일을 행하기로 작정하였습니다(요 8:38; 13:30).

마귀가 벌써 시몬의 아들 가룟 유다의 마음에 예수를 팔려는 생각을 넣었더라 (요 13:2).

예수께서 대답하시되 내가 떡 한 조각을 적셔다 주는 자가 그니라 하시고 곧 한 조각을 적셔서 가룟 시몬의 아들 유다에게 주시니 조각을 받은 후 곧 사탄이 그 속에 들어간지라 이에 예수께서 유다에게 이르시되 네가 하는 일을 속히 하라 하시니 … 유다가 그 조각을 받고 곧 나가니 밤이러라 (요 13:26~30).

사탄은 먼저 유다에게 예수를 팔 생각을 마음에 넣었습니다(요 13:2). 그다음 단계는 사탄 자신이 유다에게 들어가서 그를 지배하는 것이었습니다. 이렇게 해서 유다는 어둠에 속한 자라는 것이 드러났습니다.

유다가 자리를 떠났을 때가 '밤이러라'(요 13:30)고 한 것은 매우 시사적입니다. 이 말은 없어도 아무 상관이 없었을 것입니다. 그럼 이렇게 유다가 빵 조각을 받고 나간 때가 밤이라고 구태여 지적한 까닭은 무엇일까요? 유다가 '어둠의 자식'이었고 이제부터 "어둠의 권세"(눅 22:53)가 활동하는 때라는 암시입니다.

유다는 자기 발로 어둠의 세계로 들어갔습니다. 드디어 어둠의 권세인 사탄 자신이 유다에게 들어가서 유다는 돌이킬 수 없는 멸망의 길을 따라 행하였습니다. 유다는 처음부터 예수님을 이용할 생각으로 따라다녔던 위선자였습니다. 유다는 점차 깊은 죄의 어둠 속으로 빠져들었고 마침내 사탄의 권세 아래 들어가 온통 어둠으로 채워졌습니다. 그는 한밤중에 칠흙 같은 어둠 속으로 자신을 던짐으로써 비참한 최후의 운명을 껴안았습니다.

한편 예수님은 유다의 죄를 위해서도 십자가 피를 흘리실 것이었습니다. 예수님은 그에게 끝까지 신실하셨습니다. 예수님은 제자들 중에 한 사람이 그를 배반할 것이라고 하셨지만 그의 이름은 밝히지 않았습니다(

막 14:18~21). 예수님은 유다의 악행을 미리 경고하심으로써 그가 돌아서기를 원하셨습니다. 예수님은 유다에게 소스를 찍은 빵을 건네주었습니다. 이것은 특별한 우정의 표시였습니다. 예수님은 마지막 시점에서도 유다에게 회개할 기회를 주셨습니다. 그러나 오히려 그런 친절과 호의가 그의 악행을 불 지르기라도 하듯이 그는 예수님의 호의를 박차고 어둠 속으로 사라졌습니다. 빛과 어둠은 공존할 수 없습니다. 빛이신 예수님은 유다의 어둠을 밝혔습니다. 유다는 빛보다 어둠을 더 좋아하였습니다.

> 그 정죄는 이것이니 곧 빛이 세상에 왔으되 사람들이 자기 행위가 악하므로 빛보다 어둠을 더 사랑한 것이니라 악을 행하는 자마다 빛을 미워하여 빛으로 오지 아니하나니 이는 그 행위가 드러날까 함이요 (요 3:19~20).

어둠은 빛을 이기지 못합니다. 유다는 어둠의 왕자를 택하고 빛 되신 예수님을 팔았지만 하나님은 유다의 배신을 이용하여 하나님이 원래 계획하셨던 십자가의 구원이 달성되게 하셨습니다.

유다는 사탄의 앞잡이였습니다.

유다는 비록 예수님에 의해서 사도의 한 사람으로 선택되었어도 아버지가 예수께 준 자가 아니었습니다. "그 중의 하나도 멸망하지 않고 다만 멸망의 자식뿐"(요 17:12)이라고 한 말씀은 오해하기 쉽습니다. 마치 예수님이 유다의 케이스에서는 그를 보호하지 못하고 실패했다는 뉘앙스를 풍깁니다. 그러나 그들 중에 아무도 멸망하지 않았지만 유다만 예외적이라는 말이 아닙니다. 영역 성경에서는 NIV, ESV 등에서 except 라고 번역하였습니다. 직역성경에서도 '외에'(except)라고 번역했기 때문에 개역개정의 '다만'이라는 말보다 더 오해하기 쉽습니다. 유다도 예수님을 주님으로 믿은 사도였지만, 예외적으로 상실되었다는 의미에서 멸망의 자식이 된 것이 아닙니다.

'다만'은 '그렇지만'(however)으로 옮기는 것이 좋습니다. 유다는 예수님을 대속주로 믿지 않았습니다. 아버지가 그를 아들에게 준 적이 없었습니다. 그는 처음부터 끝까지 철저하게 예수님의 제자인 척하였을 뿐입니다.

요한복음 17장의 포인트는 아버지가 아들에게 일을 맡기셨는데 그것은 하나님께서 택하신 자들을 지키는 사명이었다는 것입니다. 그런데 예수님이 유다의 케이스에서 예외적으로 한 번 실패했다는 말이 아니고 오히려 정반대의 의미입니다. 즉, 예수님이 전혀 실패하시지 않았다는 것이 요한복음 17장의 강조점입니다. 유다는 멸망의 자식이었지만 다른 제자들은 모두 하나님께서 예수님에게 주신 자들이었고 이들을 예수님이 잘 보존하여 그들의 구원이 한 명도 빠짐없이 모두 안전하게 되었다는 말입니다. 본 절은 유다를 다른 제자들과 대조시킨 것입니다.

유다는 구원을 받았다가 잃어버린 것이 아니고 처음부터 구원을 받은 적이 없었습니다. 그는 예수님을 믿고 따른 자가 아니고 사탄의 앞잡이였기 때문에 멸망의 자식으로서 심판을 받았습니다. 예수님을 주님으로 영접하고 믿은 신자들은 절대로 구원을 잃지 않습니다. 예수님이 아버지의 이름으로 보호하시기 때문입니다(요 17:11~12). 내가 그들에게 영생을 주노니 영원히 멸망하지 아니할 것이요 또 그들을 내 손에서 빼앗을 자가 없느니라(요 10:28).

유다의 배반은 예수님이 메시아이심을 반증합니다.

우리는 유다가 단순히 예수님을 배신하고 돈을 받은 파렴치한 인간이었다는 정도로만 알고 유다의 스토리를 끝낼 수는 없습니다. 유다에 대한 성경의 기록은 훨씬 더 중요한 내용을 담고 있습니다. 그중의 하나는 유다의 악행이 성경의 예언을 응하게 한 것이라는 증언입니다. 그런데 여기서 그치지 않습니다. 유다에 관한 예언이 성취된 것은 단순히 유다에 대한 예언의 말씀이 실제로 발생했다는 것뿐만이 아니고, 예수님이 메시아이심을 반증한다는 것입니다. 유다에 대한 예언이 예수님에게 적용되었기 때문에 예수님이 곧 메시아라는 사실이 자증된 셈입니다. 이제 관련 시편들을 통해서 조금 더 자세하게 살피겠습니다.

예수님이 승천하신 후에 제자들은 올리브 산(감람원)에서 내려와 예루살렘의 다락방에 모였습니다(행 1:12~13). 그때 베드로가 유다의 배신이 성경을 응하게 한 것이라고 하면서 시편의 말씀들을 인용하였습니다(시 69:25; 109:8).

> 시편에 기록하였으되 그의 거처를 황폐하게 하시며 거기 거하는 자가 없게 하소서 하였고 또 일렀으되 그의 직분을 타인이 취하게 하소서 하였도다 (행 1:20).

본 인용의 목적은 왜 유다의 배신과 죽음으로 새 사도가 그 자리를 채워야 하는지에 대한 성경적 근거를 대기 위함이었습니다. 본 인용은 시편에서 세 가지 구절들을 하나로 엮은 것입니다.

첫째, 거처가 황폐하게 되고 그곳에 사는 자가 없게 하소서 라는 말은 시편 69편 25절에 나옵니다. 거처가 황폐하게 되는 것은 망한다는 뜻입니다. 그런데 시편 69편은 예수님의 십자가 사건을 거의 문자적으로 서술한 21절을 담고 있습니다.

> 그들이 쓸개를 나의 음식물로 주며 목마를 때에는 초를 마시게 하였사오니 (시 69:21; 비교, 마 27:48).

예수님이 십자가에 달려 고난을 받으실 때 사람들이 실제로 쓸개 탄

포도주를 예수께 주어 마시게 하려 했습니다(마 27:34). 그리고 예수님이 하나님께 "어찌하여 나를 버리셨나이까"라고 부르짖으셨을 때 십자가 곁에 서 있던 한 사람이 해면을 가져다가 신 포도주에 적시고 갈대에 꿰어 마시게 하였습니다(마 27:46~48). 그래서 본 시를 예수님의 십자가 사건과 직결해서 해석하지 않을 수 없었습니다. 시편 69편은 이런 악행을 저지르는 악인들에게 하나님이 보복해 주시시를 간구합니다. 즉, 그들의 삶의 현장이 '황폐한 거처'가 되게 하고 그들의 거처에 인적이 끊어지게 해달라는 호소였습니다. 황폐한 집에 대한 언급은 시편 109편 8절에도 나옵니다.

> 그의 자녀들은 유리하며 구걸하고 그들의 황폐한 집을 떠나 빌어먹게 하소서 (시 108:10) .

베드로는 이들에 대한 심판이 가룟 유다에게서 적중되었다고 증언하였습니다. 한편, 예수님은 십자가로 가시기 이전에 시편 69편 25절의 말씀을 예루살렘의 멸망에 적용하셨습니다. 즉, 예루살렘은 예수님을 배척하고 살해한 대가로 황폐하게 되고 버려질 것이라고 예언하셨습니다(마 23:38).

> 예루살렘아 예루살렘아 선지자들을 죽이고 네게 파송한 자들을 돌로 치는 자여 암탉이 그 새끼를 날개 아래에 모음 같이 내가 네 자녀를 모으려 한 일이 몇 번이더냐 그러나 너희가 원하지 아니하였도다 보라 너희 집이 황폐하여 버려진 바 되리라 (마 23:37~38) .

그러니까 유다의 배신은 단순한 개인적인 차원의 사건이 아니라는 것입니다. 유다의 배반은 성경의 예언이 성취된 것이었습니다. 그래서 이 예언의 성취는 예수 그리스도를 대적하고 배척하며 불신하는 모든 어둠의 세력들에 대한 하나님의 엄중한 심판에 대한 화살표입니다.

일차적인 성취는 유다의 거처가 황폐하게 된 것입니다. 이차적인 성취
는 예루살렘이 황폐하게 된 것입니다. 그리고 마지막에는 악한 세상을 대
표하는 계시록 18장에 나오는 바벨론의 황폐로 종결됩니다.

둘째, 같은 시편에서 "그의 연수를 짧게 하시며 그의 직분을 타인이 빼
앗게 하시며"(시 109:8)라고 적혀 있습니다. 그 직분을 타인이 취하게 해 달
라는 간구가 유다에게서 그대로 성취되었습니다.

유다의 결손으로 열두 제자들이 열한 명이 되었습니다. 열두 사도는
예수님의 십자가 구속으로 형성될 새 이스라엘 공동체를 대변하였습니
다. 그런데 한 명이 빠졌기 때문에 이를 채워야 했습니다. 그런데 이 일도
시편에서 예언되었다는 것입니다. 그렇기 때문에 예수님이 계시지 않아
도 새 사도를 임명할 수 있는 성경적 근거가 되었습니다. 다시 말해서 유
다의 배신은 그의 자리를 메꾸게 하는 정당한 구실이 되었습니다. 이것은
성경이 예고한 사건이었기 때문입니다.

열두 제자를 세운 것은 새 언약 공동체의 틀이었습니다. 그런데 유다
의 결손으로 이 틀이 어그러지게 되었습니다. 그런데도 이 모든 일이 하
나님의 구원이 이루어지는 과정에서 하나님의 전적인 통제를 받았기 때
문에 하나님의 뜻대로 진행되었습니다. 성경의 예언대로 다른 한 사람을
채웠으므로 예수님을 증언하는 구원 사역에는 아무런 지장이 없었다는
말씀입니다.

우리는 본 사건에서 하나님의 구원 계획이 어떻게 인간적인 방해와 사
탄의 공작에도 불구하고 그 목적을 성취하는지를 네 가지 측면에서 관찰
할 수 있습니다. .

첫째, 하나님의 구원 계획은 유다와 같은 불상사가 발생하여도 위축
되거나 중단되지 않습니다.

둘째, 유다의 사건은 오히려 구약 성경에서 예언된 메시아가 예수님이 심을 더욱 강력하게 주장할 수 있는 성경적 근거가 되었습니다.

셋째, 하나님께서 아들에게 주신 자들은 예수님이 어떤 일이 있어도 끝까지 보호해 주신다는 것입니다. 사도들처럼 크게 실족하는 일이 있어도 주님은 너그럽게 용서하시고 다시 주님을 섬기게 하십니다.

넷째, 유다가 받은 무서운 심판은 하나님과 그의 백성을 박해하는 모든 악인들이 반드시 하나님의 자비가 없는 보복을 받는다는 것입니다. 유다는 하나님의 원수들의 대표자입니다. 그의 처참한 죽음과 그의 거처가 황폐하게 된 것은 하나님을 배척하는 자들이 받을 운명을 대변합니다.

그런데 하나님이 진정으로 원하시는 것은 심판이 아니라 구원이라는 것을 잊지 말아야 합니다. 하나님은 심판을 자초하는 자들에게 오래 참으시다가 마침내 심판을 내리십니다. 그러나 주 예수를 자신의 대속주로 믿고 자신의 아들을 십자가에 내어주신 하나님의 사랑을 받아들이는 자들에게는 영생이 약속되어 있습니다. 우리 모두가 주 예수를 믿고 영생하는 하나님의 참 백성이 되어 이 좋은 소식을 전하는 복음의 전령이 되어야 하겠습니다.

23
마리아와 미친 메시아
마가복음 3:20-21

집에 들어가시니 무리가 다시 모이므로 식사할 겨를도 없는지라 예수의 친족들이 듣고 그를 붙들러 나오니 이는 그가 미쳤다 함일러라 (막 3:20-21).

예수님은 너무도 많은 사람을 돌보시느라고 식사할 겨를도 없었습니다. 예수님은 바리새인들과 헤롯당을 피해서 타운에서 나와 갈릴리 해변으로 철수하셨습니다. 그러나 치유 사역으로 인해서 수많은 인파가 예루살렘과 인근의 이방인 지역에서도 몰려왔습니다(막 3:7-8). 이러한 급증하는 무리를 예수님 혼자서 다 감당할 수 없었습니다. 그래서 열두 제자들을 세우시고 그들에게 선교 사역을 분담시키기 위해 축귀와 치유의 능력을 갖추게 하는 계획을 세우셨습니다. 그러나 아직은 제자들이 예수님의 짐을 크게 덜어 드릴 만한 형편은 아니었습니다.

예수님의 분주한 사역 중에 갑자기 예수님의 가족이 등장합니다. 이것은 매우 의외라고 할 수 있습니다. 예수님은 이미 성인이 되어 집을 떠나 공적 활동을 하시는데 가족이 찾아온 것은 무슨 특별한 이유가 있었을 것입니다. 그런데 그 이유와 목적이 너무도 놀랍습니다. 예수님이 미쳤다는 소문을 듣고 당황하여 붙들러 온 것이었습니다. 미쳤다면 밖으로 돌아다닐 것이 아니고 집으로 데려와야 한다는 생각이었겠지요. 그들은 집안에서 장남이 미쳤다는 소문이 퍼지면 가문에 큰 수치가 된다고 염려했을 것입니다. 얼마나 걱정을 했으면 친척들을 다 데리고 왔겠습니까? 말로 안되면 힘으로라도 예수님을 붙잡아 갈 계획을 세웠던 모양입니다.

마리아는 예수님이 미쳤다는 소문을 들었습니다.

예수님이 미쳤다는 소문을 예수님의 친족들이 어떻게 믿을 수 있었는지 알 수 없습니다. 더구나 마리아의 경우는 더 이해할 수 없습니다. 예수님을 어떻게 낳았습니까? 성령으로 잉태하지 않았습니까? 가브리엘 천사의 방문을 받고 그녀가 낳을 아들은 지극히 높으신 이의 아들이며 영원한 다윗의 왕위를 받으실 분이라는 소식을 듣지 않았습니까? (눅 1:30-33).

천사가 대답하여 이르되 성령이 네게 임하시고 지극히 높으신 이의 능력이 너를 덮으시리니 이러므로 나실 바 거룩한 이는 하나님의 아들이라 일컬어지리라 (눅 1:35).

마리아가 엘리사벳을 방문하고 성령의 감동으로 읊었던 찬가를 떠올려 보십시오.

내 영혼이 주를 찬양하며 내 마음이 하나님 내 구주를 기뻐하였음은 그의 여종의 비천함을 돌보셨음이라 보라 이제 후로는 만세에 나를 복이 있다 일컬으리로다 능하신 이가 큰일을 내게 행하셨으니 그 이름이 거룩하시며 긍휼하심이 두려워하는 자에게 대대로 이르는도다 (눅 1:46-50).

그뿐입니까? 아기 예수를 낳았을 때 어떤 일들이 일어났습니까?
♣ 베들레헴 지역의 목자들이 찾아와서 천사가 알려준 구주 그리스도

에 대한 소식을 전해 주었습니다(눅 2:11, 17). 그때 "마리아는 이 모든 말을 마음에 새기어 생각하니라"(눅 2:19)고 했습니다.

♣ 그 후에 동방박사들이 별의 안내를 받고 아기 예수께 와서 경배하였습니다.

♣ 아기 예수의 정결 예식을 위해 성전에 갔을 때 시므온이라는 경건한 분이 아기를 안고 "이방을 비추는 빛이요 주의 백성 이스라엘의 영광"(눅 2:32)이라고 찬송하면서 아기와 마리아에 대하여 예언하였습니다(눅 2:34–35).

♣ 안나라는 여선지자가 아기 예수가 대속주라고 증언하였습니다(눅 2:38).

♣ 예수의 나이 열두 살 되었을 때 성전에 갔다가 돌아오는 길에서 예수가 뒤따라오지 않았다는 사실을 뒤늦게 알았습니다. 그때 성전으로 다시 가보니 예수가 선생들과 대화하고 있었습니다. 그래서 부모가 그에게 너를 잃어버린 줄 알고 얼마나 걱정했는지 아느냐고 했습니다. 그랬더니 예수가 "내가 내 아버지 집에 있어야 될 줄을 알지 못하셨나이까"(눅 2:49)라고 대꾸하였습니다. 그때 마리아는 그 모든 말을 마음에 간직하였다고 했습니다(눅 2:51).

♣ 가나의 혼인 잔치에서 마리아는 예수님이 무슨 말씀을 하시든지 그대로 순종하라고 하인들에게 지시할 정도로 예수님을 신뢰하였습니다(요 2:5).

이런 일련의 사건들을 생각한다면 예수가 미쳤다는 소문을 듣고 마리아가 예수님을 데려가려고 찾아온 것은 정말 믿어지지 않습니다. 어찌 된 일일까요? 예수님의 신분에 대해서 마리아 이상으로 성령의 계시를 받고 여러 가지 놀라운 증거를 받은 사람이 누구입니까? 마리아 자신이 성령으로 예수를 잉태했다는 사실을 알지 않았습니까? 인류 역사에서 여자가 남자 없이 아기를 갖는 일이 있습니까? 예수님의 어린 시절부터 마리아는 예수님에 관한 여러 가지 범상치 않은 사건들에서 모든 일을 마음에 담고 살았습니다. 그런데도 예수가 미쳤다는 말에 넘어갔습니다.

일반 사람들이 예수를 누구로 보았던지 마리아는 자기가 낳은 예수가 하나님이 보내신 메시아이심을 너무도 잘 알고 있었습니다. 그렇다면 어찌 하나님이 보내신 메시아가 미쳤다는 말을 믿을 수 있단 말입니까? 마리아는 물론 예수님에 대한 여러 가지 염려스러운 소문들을 들었을 것입니다. 귀신의 왕의 힘을 빌어서 축귀를 한다든지, 미친 사람들과 항상 함께 있다든지, 예수님 자신이 더러운 귀신이 들렸다는 등등의 악한 소문을 들었을 것입니다. 그러나 어떤 일이 있어도 마리아만큼은 절대로 흔들리거나 넘어가지 말았어야 했습니다.

우리 생각은 어떻습니까? 마리아가 받은 계시와 여러 초자연적인 증거를 한 가지만 받아도 절대로 예수님을 의심하지 않고 끝까지 확신하리라 생각되지 않습니까? 우리는 절박해지면 그저 하나님께서 작은 증거라도 한 가지만 보여 주시기를 빕니다. 꿈으로든지 기적으로든지 한 번만 보여달라고 간구하고 싶습니다. 그렇게만 해 주신다면 모든 것을 참고 안심하겠다고 말하지 않겠습니까? 마리아의 케이스에서 몇 가지 생각해 볼 점들이 있습니다.

첫째, 초자연적인 기적이나 계시들은 나의 신앙을 보장하지 않습니다.

기적이나 계시가 우리 신앙에 큰 도움이 되는 것이 사실입니다. 그러나 그 자체로서 우리 믿음이 어떤 상황에서도 흔들리지 않는다는 보장은 되지 않습니다. 하나님이 주시는 계시적 진리는 외부의 압력으로부터 보호되어야 합니다. 마리아는 예수님에 대한 하나님의 계시보다 사람들의 악한 말에 귀를 주었습니다. 하와는 에덴동산에서 하나님의 말씀에 의심을 품게 하는 사탄의 말을 계속 들었습니다. 그때 하와는 유혹에 넘어갔습니다. 마리아도 예수님이 미쳤다는 말에 현혹되었습니다.

내가 싫어하는 상대방에게 흠집을 내려면 나쁜 이름을 붙여서 매도해

버리면 됩니다. 예를 들면, 그 사람 정신병 앓아요 하면 금방 편견이 들어가 버립니다. 미친 사람의 말을 왜 듣느냐는 것이지요. 예수님이 성전에서 가르치셨을 때 무리가 그를 귀신이 들렸다고 하였고 사마리아 사람이라고 했습니다(요7:20; 8:48). '사마리아 사람'이라고 부르는 것은 당시에는 더러운 이름이었습니다.

상대방의 인격에 먹칠하기 위해 사람들은 예나 지금이나 더러운 이름을 붙여 소문을 냅니다. 예루살렘에서 온 율법학자들은 예수님이 바알세불이 들렸다고 하였습니다. 귀신이 들렸기 때문에 축귀를 하는 것이지 그에게 하나님이 주신 신령한 능력이 있어서 그런 일을 하는 것이 아니라는 식으로 일축해 버렸습니다(막 3:22).

이러한 어둠의 세력이 가진 사악하고 야비한 전략을 잘 알지 못하고 마리아는 그들의 말에 넘어갔습니다. 그래서 친척들까지 동원하여 나사렛에서 가버나움 지역까지 예수님을 데리러 왔습니다. 예수님의 사역을 지지해야 할 자들이 오히려 방해한 것입니다. 그들은 본의 아니게 메시아의 사역을 행하시느라고 식사할 겨를도 없으신 예수님을 집안에 가두어 두려고 하였습니다. 예수님을 구출하고 보호해야 한다는 의도였음이 분명합니다. 그들의 뜻은 좋았지만 주객이 전도된 것입니다. 그들이 예수님을 구출하고 보호하는 것이 아니고, 예수님이 그들을 구출하고 보호하시는 분입니다. 우리가 예수님을 돕겠다고 하는 일들이 오히려 예수님에게 해를 끼칠 수 있습니다.

둘째, 마리아의 입장에서 그녀의 행동을 이해하고 동정해야 합니다.

사람들은 다른 사람을 판단할 때 대체로 실수를 합니다. 그 원인의 하나는 정확한 데이터를 모르거나 사람들의 말만 듣고 분별없이 동조하기 때문입니다. 혹은 나 자신에게 편견이 있고 상대방을 깎아내리는 습성이 있기 때문일 수도 있습니다.

예수님 당시의 유대인들은 나라를 빼앗긴 약소민족이었습니다. 그래서 그들은 자신들의 뿌리를 붙들고 살아야 민족적 정체성을 유지할 수 있다고 보았습니다. 유대인들에게는 관습적인 안식일 준수와 음식 규례와 할례와 기타 여러 종류의 율법 생활이 자신들의 아이덴티티였습니다. 그런데 예수님은 유대인으로서 할례는 받으셨지만 다른 것들은 다 어기시는 듯하였습니다. 예수님은 걸핏하면 안식일 문제로 유대인들과 논쟁하였고 가는 곳마다 더러운 귀신 들린 사람들이 몰려왔습니다.

성경을 잘 아는 율법학자들이나 랍비들은 유대교의 종교 지도자들인데 아무도 예수님의 권위를 인정하지 않았습니다. 예수님은 유대인의 전통과 종교적 관습에 파행적인 태도를 보이셨습니다. 그가 행하시는 일은 메시아적이기보다는 사회적 분란만 조장하는 듯하였습니다. 여기저기서 예수에 대한 나쁜 소문이 줄을 지었습니다.

유대 지도자들이 그를 죽이려고 한다는 흉문도 들렸습니다. 그러다가 앞으로 예수가 어떻게 될 것인지 마리아로서는 염려스러울 뿐이었습니다. 마리아는 자기가 낳은 아들에 대해서 천사들과 선지자들의 증언이 있었음에도 예수가 정말 미쳤을지도 모른다고 염려하고 두려워했을 것입니다.

마리아가 예수를 성령으로 잉태했을 때에는 틴에이저였습니다. 사람들은 마리아가 부정한 관계에서 예수를 낳았다고 수군거렸습니다(참조. 요 8:41). 누가 동정녀 출생을 믿었겠습니까? 마리아가 아무리 사실을 고백한들 아무런 설득력이 없었을 것입니다. 지금도 마찬가지입니다. 신자라고 하는 분들 중에도 동정녀 잉태는 못 믿겠다고 합니다. 마리아는 어린 나이에 이런 엄청난 일들을 홀로 감당하면서 예수를 낳고 길러야 했습니다. 나중에 예수에 대한 여러 나쁜 소문들이 돌았을 때 그녀는 혼란했을 것이고 무척 당황했을 것입니다. 아무리 아들이 장성했지만 집을 나가 떠돌아다니는 처지를 염려하지 않을 수 없었을 것입니다. 마리아는 천사로부터 예수가 자기 백성을 죄에서 구원할 자라는 말씀도 받았지만 예수님의 구원 활동을 이해하고 그대로 믿기에는 너무도 벅찬 상황이었을 것입니다.

인간적으로 보면 마리아를 깊이 동정하지 않을 수 없습니다. 예수의 출생에 관한 한, 아무도 마리아의 말을 믿는 자가 없었고 평생을 부정한 여인으로 낙인이 찍혀 살아야 했습니다. 우리는 마리아에 대해서 가혹하지 말아야 합니다. 우리가 그녀의 입장이었다면 어떻게 했을 것 같습니까? 인간은 극도의 염려와 두려움 속에서 쉽사리 균형을 잃고 당황하는 존재입니다. 더구나 모성애의 본능적인 보호 의식이 있는데 자식이 미쳤다는 소문을 듣고도 태평하게 앉아 있을 자가 누구이겠습니까? 비록 많은 계시를 받은 마리아였지만 아들이 미쳤다는 소문을 듣는 순간, 속히 집으로 데려와야 한다는 일념밖에 없었을 것입니다. 마리아에게 믿음이 부족했기 때문이었을까요? 극한적인 상황에 부딪히면 우리의 믿음은 반드시 받은 계시의 분량과 비례하지 않습니다.

❖ 아브라함은 하나님으로부터 자식을 볼 것이며 그의 후손을 통해 만민이 복을 받을 것이라는 놀라운 계시의 말씀을 들었습니다. 그러나 그는 바로 왕의 위협 앞에서 사라를 누이라고 속이고 사라가 왕궁에 들어가게 했습니다. 사라가 바로와 동침하면 그에게 자식을 주실 것이라는 하나님의 약속은 어떻게 된다는 말일까요? 그러나 그 순간에는 우선 자기 목숨부터 살고 봐야 하겠다는 생각뿐이었습니다.

❖ 엘리야 선지자는 하늘에서 불이 내려오게도 했지만 이세벨의 복수가 두려워 광야로 도망친 후에 소명이고 무엇이고 다 내던지고 로뎀 나무 아래에서 오로지 죽기를 소원하였습니다.

❖ 베드로는 죽는 데까지 예수님을 따를 것이라고 큰소리쳤지만 예수님이 십자가형을 받게 되자 그를 모른다고 극구 부인하였습니다.

우리는 이들을 보고 쉽게 손가락질하며 실망할지 모릅니다. 믿음의 조상이라는 아브라함이 어찌 그렇게 비겁할 수 있단 말입니까? 이스라엘의 대 선지자인 엘리야가 이세벨 왕비에게 잡혀 죽는 것이 그렇게 무서워서 광야로 도주했단 말입니까? 대 사도인 베드로가 예수님을 맹세하며 모른다고 부인할 수 있단 말입니까?

우리는 자신들의 실체에 대해서 잘 모릅니다. 큰 위기를 겪고 어이없이 넘어진 후에야 비로소 자신이 얼마나 연약한 존재인지를 깨닫습니다. 영국의 한 유명한 가톨릭 주교가 "진흙으로 만들어진 다리"(The feet of clay)라는 책을 썼습니다. 그는 어떤 성도와의 관계에서 아기를 낳게 되었습니다. 그의 다리는 진흙으로 만들어졌기에 큰 시험이 왔을 때 쉽게 넘어져 부러졌습니다. 우리는 너도, 나도 진흙 다리로 이 세상을 삽니다. 인간은 원래 흙으로 만들어진 존재였습니다. 인간은 토기 그릇과 같습니다. 그래서 잘 깨집니다. 외부의 작은 충격에도 쉽게 파손되는 취급 주의 품목입니다. 아브라함도, 엘리야도, 베드로도 모두 질그릇처럼 깨어졌습니다.

그러나 이것이 그들의 스토리의 전부가 아닙니다. 그들은 모두 회복되었고 용서를 받았으며 다시 하나님을 섬겼습니다. 마리아도 예수님이 미쳤다는 소문에 질려 질그릇처럼 깨어졌습니다. 그럼에도 그녀는 예수님의 사랑의 배려를 받았습니다. 예수님은 십자가에서 사도 요한에게 갈 데가 없는 마리아를 의탁하셨습니다. 성령으로 잉태한 아들을 십자가에서 잃은 마리아의 슬픔을 달래고 그녀를 자신의 모친처럼 모시라고 부탁하신 것이었습니다(요 19:27). 주님은 우리의 체질이 진토임을 기억하십니다(시 103:14). 마리아의 찬가를 회상해 보십시오.

> 내 영혼이 주를 찬양하며 내 마음이 하나님 내 구주를 기뻐하였음은 그의 여종의 비천함을 돌보셨음이라 보라 이제 후로는 만세에 나를 복이 있다 일컬으리로다 (눅 1:46-48) .

그런데 마리아가 과연 이 말을 했을 때처럼 행복하고 기쁜 일생을 보냈습니까? 가난과 근심과 두려움과 슬픔에 덮인 일생이었습니다. 주님은 마리아의 괴로운 처지를 이해하시고 동정하셨습니다. 복음서에는 마리아에 대한 언급이 많습니다. 그러나 한 번도 마리아를 탓하거나 정죄하지 않았습니다. 그녀에게 죄가 없어서가 아닙니다. 그녀의 죄까지도 십자가의 피로 씻겨질 것이었습니다. 마리아는 주 예수의 보혈이 흘러내리는 십자가 아래에 서 있었습니다(요 19:25). 마리아는 예수님의 동정녀 출생과 유년 시절의 이야기들을 알리는 귀중한 증인이 되었습니다. 복음서에 나오는 예수의 출생 스토리는 마리아의 증언이 없었더라면 신빙성을 잃었을 것입니다.

우리는 마리아에 대해 성경이 말하는 것 이상을 넘어서도 안 되고 그 이하로 내려서도 안 됩니다. 가톨릭에서는 마리아를 신령한 중보자로 여기며 그녀에게 기도합니다. 마리아론은 분명 사람이 만들어낸 근거 없는 거짓된 교리입니다.

1) 마리아 무죄설(무염시태, immaculate conception). 마리아는 원죄가 없이 태어났다고 주장합니다. 출생 때부터 죄가 없다는 말입니다.

2) 성모승천설(The Assumption). 마리아는 죄가 없기 때문에 예수님처럼 죽은 후에 부활 승천했다고 합니다.

3) 천상모후설 (The Queen of heaven). 마리아는 하나님의 어머니(Mother of God)이기 때문에 승천하여 천상 황후의 직위를 받았다고 합니다.

4) 중보자설(The most gracious Advocate). 우리의 기도는 마리아의 중보 사역을 거쳐서 예수께로 간다고 말합니다(To Jesus through Mary).

중세기 때부터 시행된 이런 교리들은 사람이 만들어낸 것들입니다. 가톨릭에서는 마리아에게 올리는 기도문들이 수두룩합니다. 왜 마리아에게 기도합니까? 그녀가 죄가 없는 예수님의 어머니이기 때문에 중보자의 자격이 있다는 것입니다. 그러나 모든 인간은 마리아를 포함해서 죄인들입니다(롬 3:23; 요일 1:8, 10; 시 14:3). 예수님만이 죄가 없는 유일한 중보

자입니다(딤전 2:5; 요일 2:1). 성모승천설도 거짓 교리입니다. 성경에는 마리아가 죄가 없었기 때문에 부활하여 승천했다는 증거가 없습니다. 마리아가 하늘 황후의 직위를 받았다는 것도 마리아를 신격화하려는 시도입니다. 이것은 이교도의 전통을 따른 것입니다. 하나님께서는 하늘 여왕(The Queen of heaven)에게 분향하는 것을 가증한 악행이라고 정죄하셨습니다(렘 44:17–22)

지금도 가톨릭에서는 '하나님과 마리아가 당신과 함께 하시시를 빕니다'(God and Mary be with you)라는 축원을 흔히 합니다. 2022년 프란치스코 교황은 전쟁중인 우크라이나에 평화가 오기를 성모 마리아에게 부탁한다고 했습니다. 또한 그는 2023년 새해 첫 미사를 주례하면서 2022년 마지막 날에 선종한 베네딕도 16세 전 교황이 하느님께 가는 길에 동행해 달라고 성모 마리아에게 기도했습니다. 그러나 마리아를 숭배하고 마리아에게 중보기도를 부탁하는 것은 비성경적입니다.

한편, 우리는 성경에 기록된 마리아에 대한 본문들을 있는 그대로 놓고 교훈을 받을 것은 받아야 합니다. 마리아는 보통 인간이었습니다. 그러나 그녀가 거쳤던 시련의 삶에서 우리는 그녀의 경건을 배우고 그녀의 연약함을 봅니다. 그리고 그녀에게 베푸신 주님의 자비를 봅니다. 이런 것들은 우리의 유익을 위해 기록된 말씀입니다.

24
성령 모독죄는 무엇인가?
마가복음 3:22~30

내가 진실로 너희에게 이르노니 사람의 모든 죄와 모든 모독하는 일은 사하심을 얻되 누구든지 성령을 모독하는 자는 영원히 사하심을 얻지 못하고 영원한 죄가 되느니라 하시니 이는 그들이 말하기를 더러운 귀신이 들렸다 함이러라 (막 3:28~30) .

예수님은 열두 제자를 택하여 이스라엘 전체에 복음을 전하도록 하는 선교 계획을 세우셨습니다. 그런데 가룟 유다가 열두 제자 속에 끼어들었습니다. 유다는 사탄의 앞잡이였고 나중에 사탄이 그의 속으로 들어갈 배신자였습니다. 빛과 어둠의 대결은 한편으로는 매우 비밀리에 진행되고 다른 한편으로는 노골적으로 드러납니다.

예수님은 식사할 겨를도 없이 수많은 무리를 돌보셔야 하는 상황을 맞았습니다. 그때 예수님의 가족이 친척들과 함께 찾아왔습니다. 예수님이 미쳤다는 소문을 듣고 염려가 되어 예수님을 빼내어 집으로 데리고 가려는 목적이었습니다. 그다음 일어난 일은 예루살렘에서 공식적인 지원을 받은 서기관들이 와서 예수님의 축귀를 보고 사탄을 업고 하는 짓이라고 말했습니다. 이러한 스토리를 통해서 저자가 우리에게 알리려고 하는 것은 무엇일까요?

예수님과 사탄 사이의 치열한 영적 전쟁

예수님을 반대한 이유는 여러 가지입니다. 일반 무리는 대체로 예수님으로부터 좋은 가르침을 받았고 치유나 축귀의 혜택을 입었습니다. 수만 명이 기적의 빵을 공급받았습니다. 그들은 예수님에 대해서 반대할 이유가 없었습니다. 그러나 종교 지도자들은 입장이 달랐습니다. 그들은 예수님이 유대인의 표식인 안식일을 공공연하게 깨는 것을 모세 율법에 대한 도전으로 보았습니다. 이 한 가지만 해도 마땅히 죽임을 당해야 한다고 생각하고 바리새인들이 헤롯당과 작당하였습니다(막 3:6). 더 심각한 것은 예수님이 국가 안보에 위협이 된다고 판단한 것입니다. 예수님이 정치적 메시아에 대한 백성의 기대에 불을 붙이고 로마 항거에 나서면 나라가 위태롭게 된다는 결론을 내렸습니다. 그런데 예수님을 대적하는 일에는 악령들도 적극적이었습니다.

예수님의 갈릴리 사역이 한창일 때에 많은 사람이 예수께로 몰려왔습니다. 그러자 사탄의 공격도 더욱 격렬해졌습니다. 복음이 힘차게 전파되면 어둠의 왕국도 분발합니다. 사도행전을 한 번만 읽어 보아도 이 사실을 확인할 수 있습니다. 어둠과 빛은 항상 충돌합니다. 하나님 나라가 전진하면 사탄의 왕국은 위협을 느끼고 맹렬한 반대를 합니다. 우리는 예수 믿는 것을 너무 감상적으로 생각하지 말아야 합니다. 충실히 교회에 다니면서 심령의 평안을 얻고 물질의 복을 받으면서 자식들 잘되고 노후에 편안하게 살다가 천국에 들어가는 것을 다 바랄지 모릅니다. 그러나 이것은 성경이 말하는 크리스천 삶의 이상은 아닙니다. 성도의 삶은 영적 전투입니다. 주 예수를 믿고 하나님의 자녀가 되었다는 것은 사탄과의 영적 전쟁에 들어갔음을 뜻합니다.

우리의 씨름은 혈과 육을 상대하는 것이 아니요 통치자들과 권세들과 이 어둠의 세상 주관자들과 하늘에 있는 악의 영들을 상대함이라 (엡 6:12).

바울은 디모데에게 "그리스도 예수의 좋은 병사"(딤후 2:3)가 되라고 독려하였습니다. 이러한 영적 싸움의 실체를 무시하거나 신경을 쓰지 않으면 마귀에게 틈을 주게 됩니다(엡 4:27). 사탄의 존재는 허구나 신화가 아닙니다. 사탄은 실존하는 인격체입니다. 사탄은 인류의 조상인 아담과 하와를 유혹하여 타락하게 한 장본인입니다. 사탄은 하나님께 반기를 들었다가 하늘에서 쫓겨났습니다. 사탄은 예수님이 세우시는 하나님 나라를 무너뜨리고 자신의 왕국을 세우려고 여러 가지 악한 계책을 꾸미면서 활동합니다. 우리는 이 사실을 예수님의 사역 동안에 있었던 여러 사건에서 확인할 수 있습니다.

가장 두드러진 실례는 광야에서 사탄이 사십 일 동안 예수님을 시험한 것입니다. 그때 사탄은 실패했지만 포기하지 아니하고 예수님이 십자가로 가실 때까지 끈질긴 유혹을 하였습니다. 사탄은 십자가에 달리신 예수님을 모욕하며 조롱하였습니다. 구경꾼들과 대제사장들과 서기관들과 장로들이 모두 십자가에 달리신 예수님에게 남은 구원하고 자기는 구원하지 못하느냐고 야유했습니다. 또한 "네가 만일 하나님의 아들이어든 자기를 구원하고 십자가에서 내려오라"(마 27:39~44)고 시험하였습니다. 당시의 예루살렘 성전을 본거지로 삼았던 대제사장, 서기관, 장로들은 이때 사탄의 대변인 노릇을 한 셈이었습니다.

사탄은 예수님의 사도들마저도 유혹하였습니다. 그중에 유다는 사탄의 앞잡이 노릇을 하였고 나중에는 사탄에게 완전히 지배되었습니다. 베드로는 예수님의 십자가 길을 막아서려다가 "사탄아 내 뒤로 물러서라"(막 8:33)는 예수님의 준엄한 질책을 받았습니다. 예수님은 그를 죽이려고 하는 유대인들에게 "너희는 너희 아비 마귀에게서 났다"(요 8:44)고 하셨습니다.

예수님은 사탄의 존재를 믿으셨고 사탄의 공격을 항상 받으셨습니다. 예수님이 세상에 오신 목적의 하나도 마귀와 마귀의 일을 멸하는 것이었습니다(히 2:14; 요일 3:8). 마귀가 가졌던 죽음의 권세는 예수님의 십자가와 부활로 깨어졌지만 아직도 그는 상당한 능력으로 세상에 악한 영향을 줄 수 있습니다. 그래서 주기도문에서도 "우리를 시험에 들게 하지 마시옵고 다만 악한 자에게서(개역개정 및 새번역 난외주 참조) 구하시옵소서"(마 6:13)라고 하였습니다.

우리는 예수님의 생애에서 활약했던 사탄의 방해가 우리의 신앙생활에서도 계속된다는 사실을 인식해야 합니다. 사탄은 지금도 세상에서 암암리에 활동 중입니다. 신학자들과 목회자들의 가르침을 오염시키고 교회를 세속화시킵니다.

예수님은 겟세마네 동산에서 잠자던 제자들에게 "시험에 들지 않게 깨어 있어 기도하라"(막 14:38)고 하셨습니다. 베드로도 "근신하라 깨어라 너희 대적 마귀가 우는 사자 같이 두루 다니며 삼킬 자를 찾는다"(벧전 5:8)라고 경고했습니다. 마귀는 늦잠을 자거나 휴가를 가지 않습니다. 마귀에게는 안식년이 없습니다. 우는 사자는 굶주린 사자입니다. 누군가를 잡아 삼키려는 일념으로 쉬지 않고 돌아다닙니다. 그래서 우리도 쉬지 않고 마귀를 경계하며 틈을 주지 말아야 합니다(엡 4:27).

예수님은 더 강한 자입니다.

예루살렘에서 온 서기관들은 관권의 지원을 받은 공식 조사단이었습니다. 서기관들은 율법에 정통한 학자들로서 요즘 식으로 표현한다면 신학자들입니다. 이들은 귀신을 내쫓으시는 예수님을 보고 오히려 귀신이 들렸다고 했습니다. 바알세불은 사탄을 가리킵니다. 마태복음에는 "귀신들의 왕 바알세불"이라고 하였고 마가복음에서처럼 사탄과 동일시하였습니다(마 12:24, 26~27; 막 3:23).

서기관들은 예수님을 통해서 드러나는 초자연적인 능력을 부인할 수 없었습니다. 그래서 그들은 예수님이 사탄의 힘을 빌려서 축귀를 했다고 말했습니다. 예수님은 이들의 비난에 담긴 억지와 모순을 즉석에서 비유의 말씀으로 지적하셨습니다. 예수님의 반박에는 두 가지 요점을 담고 있습니다.

첫째는 사탄이 사탄을 쫓아내지 않는다는 것입니다. 예수님이 귀신들을 내쫓았다면 그것은 사탄이 행한 일일 수 없다는 것입니다. 자기 집을 스스로 허물고 자기 몸을 스스로 자해하는 행위와 같기 때문입니다. 그렇다면 왜 사탄이 자멸의 길을 택하겠느냐는 것입니다.

둘째는 사탄의 집이 공격을 받은 것은 사탄이 제압되었음을 뜻한다는 것입니다.

사람이 먼저 강한 자를 결박하지 않고는 그 강한 자의 집에 들어가 세간을 강탈하지 못하리니 결박한 후에야 그 집을 강탈하리라 (27절).

이것은 사탄이 예수님에 의해서 결박되었기 때문에 그에게 사로잡힌 자들을 풀어내어도 속수무책이라는 말입니다. 그래서 예수님이 사탄의 힘으로 축귀를 한다는 서기관들의 비난은 말이 되지 않는다는 것입니다. 결국 서기관들의 비난은 성립될 수 없는 논리와 억지 주장임이 밝혀졌습니다.

여기서 "강한 자"(27절)라는 말에 주목하십시오. 강한 자가 누구입니까? 사탄입니다. 그는 자기 집에 많은 사람을 노예로 붙잡아 두고 있습니다. 그런데 그 강한 자가 어떻게 결박될 수 있습니까? 그보다 더 강한 자가 있어야 합니다. 그가 누구입니까? 예수님입니다. 강한 자의 마수에서 노예를 풀어내는 것은 더 강한 자이신 예수님입니다.

사탄은 광야의 시험 동안에 예수님을 죄짓게 하려다가 실패하였습니다(막 1:13). 예수님은 요단 강에서 세례를 받으시고 올라오셨을 때 성령으로 무장되셨습니다(막 1:10). 그 이후로 예수님은 사탄의 끈질긴 방해와 공격을 격퇴하셨으며 성령의 능력으로 귀신들을 쫓아내셨습니다. 사탄의 나라가 예수님에 의해서 무너지고 있었습니다.

세례 요한은 일찍이 예수님에 대해서 "나보다 능력 많으신 이가 내 뒤에 오신다"(막 1:7)고 알렸습니다. 그 큰 능력을 갖추신 분이 세상에 오셔서 사탄의 왕국을 강타하는 중이라는 것이 본 비유가 지적하는 요점입니다. 사탄은 '강한 자'입니다. 그러나 예수님은 훨씬 더 강한 분입니다. 사탄의 왕국은 예수님에 의해서 파괴되고 있었습니다. 귀신에 사로잡혔던 자들이 풀려나고 악령의 영향으로 몹쓸 질병에 걸렸던 자들이 치유되었습니다. 이것은 예수님이 누구시냐는 마가복음의 큰 주제를 반영합니다. 예수님이 더 강한 분이라는 지적은 사탄의 운명에 대한 종말론적 심판을 내다보게 합니다.

앞으로 사탄이 어떻게 될까요? 예수님은 이미 사탄의 모든 시험을 실패로 돌아가게 하고 승리하셨습니다. 예수님의 축귀 사역과 초자연적인 질병 치료의 기적은 하나님 나라의 능력이 사탄의 왕국으로 침투하여 죄와 영적 죽음에 사로잡힌 사탄의 포로들을 해방한다는 증거였습니다. 그래서 예수님은 "내가 하나님의 성령을 힘입어 귀신을 쫓아내는 것이면 하나님의 나라가 이미 너희에게 임하였느니라"(마 12:28)고 하셨습니다.

사탄은 예수님이 오신 이래로 자신의 마수에 갇혀 있는 자들을 날마다 놓치고 있습니다. 예수 그리스도의 복음이 전파되는 곳에서 사탄의 올무에 걸려 있던 죄인들이 십자가의 피로써 용서를 받고 빛의 왕국으로 들어오는 중입니다. 마귀가 자신의 형상으로 지어가던 죄인들이 예수 그리스도의 형상으로 변모되고 있습니다. 마귀는 이렇게 자신의 영역이 축소되고 많은 포로를 놓치는 중입니다. 때가 되면 복음이 크게 확장되고 마귀는 큰 결박을 당하여 무저갱에 갇힐 것입니다(계 20:2). 그리고 마침내 영원한 불 못의 심판을 받을 것입니다.

> 또 그들을 미혹하는 마귀가 불과 유황 못에 던져지니 거기는 그 짐승과
> 거짓 선지자도 있어 세세토록 밤낮 괴로움을 받으리라 (계 20:10) .

예수님은 사탄을 광야의 시험에서 이기신 이후로 한 번도 패배하신 적이 없었습니다. 지금도 예수님은 승리에 승리를 거듭하시는 중입니다.

> 이에 내가 보니 흰 말이 있는데 그 탄 자가 활을 가졌고 면류관을 받고 나
> 아가서 이기고 또 이기려고 하더라 (계 6:2) .

성령을 모독하는 자는 누구일까요?

예수님을 대적하는 무리의 적개심은 극에 달하였습니다. 그들은 예수님이 초자연적인 능력으로 모든 종류의 질병을 낫게 하고 귀신들도 단지 말씀으로 명령하여 내쫓는 강력한 사역을 더 이상 방관할 수 없었습니다. 그래서 예수님을 더러운 귀신이 들어 미쳤다고 소문을 내고(21, 30절) "귀신의 왕을 힘입어 귀신을 쫓아낸다"(22절)고 악평하였습니다. 예수님이 그들에게 어떻게 반응하셨습니까? 가장 무서운 선언을 하셨습니다.

> 누구든지 성령을 모독하는 자는 영원히 사하심을 얻지 못하고 영원한 죄
> 가 있느니라 (29절) .

성령 모독죄는 어떤 것일까요? 본문에 실린 바알세불 스토리가 확실하고 분명한 예시입니다. 성령 모독죄는 하나님께서 의심의 여지가 없이 확명하게 드러내시는 성령의 역사를 사탄의 일로 몰아버리는 것입니다. 그냥 단순히 예수님을 메시아로 인정할 수 없다거나 혹은 예수님은 단지

인간이라고 말하는 정도의 불신이 아닙니다. 의도적이고 지속적으로 복음과 그리스도에 대해서 마음을 완강하게 닫고 백을 흑이라고 하고, 흑을 백이라고 하는 것과 같습니다.

> 악을 선하다 하며, 선을 악하다 하며, 흑암으로 광명을 삼으며, 광명으로 흑암을 삼으며, 쓴 것으로 단 것을 삼으며, 단 것으로 쓴 것을 삼는 자들은 화 있을진저 (사 5:20).

하나님의 능력이 확실하고 강력하게 드러났음에도 마귀의 능력이라고 완전히 부정하는 것이 성령 모독죄입니다. 흑과 백을 의도적으로 도치시키고 하나님의 구속 사역을 멸시하며 복음의 진리에 등을 돌리는 일이 계속되면 결국은 용서받지 못하는 성령 모독죄에 이르게 됩니다.

왜 용서받지 못하는 것일까요? 그 까닭은 예수님이 십자가의 대속으로 여시는 용서의 길을 팔을 걷어붙이고 한사코 막아서기 때문입니다. 예수님은 하나님께로 가는 길과 진리와 생명입니다. 그래서 예수님의 사역에서 하나님의 능력이 강력하게 나타나서 부인할 수 없음에도 불구하고 예수님을 더러운 귀신이 들렸다고까지 악담하는 것은 구원자로 오신 예수님과 하나님을 멸시하고 성령의 역사를 배척하는 행위입니다. 그래서 용서받지 못합니다.

❖ 만일 내가 납치되어 학대를 당하고 있다고 칩시다. 그런데 나를 구출하려고 온 사람을 납치범 두목으로 몰아버리고 전혀 그의 도움을 안 받겠다고 거절한다면 어떻게 되겠습니까? 절대로 풀려날 수 없을 것입니다. 이처럼 예수님을 납치범으로 몰아버린다면 구출은 불가능합니다.

무지하고 잘 몰라서 예수님을 욕하고 반대하는 것은 용서될 수 있습니다. 바울도 처음에는 예수님을 모독하고 크리스천들을 박해하였습니다(딤전 1:12~13). 그러나 그는 용서를 받았습니다. 그가 알지 못하고 행한 일이었기 때문입니다(딤전 1:13). 그래서 주님은 그에게 예수님이 하나님의 아들이심을 보여 주시고 회개의 기회를 주셨습니다. 그렇지만 너무도 확실하고 뚜렷한 증거가 있음에도 예수님을 끝까지 부인하고 구주가 아니라 사탄에게 속한 자라고 매도한다면 용서받지 못합니다. 용서받지 못할 죄는 성령께서 강력하고 명백하게 증거하는 하나님의 아들에 대해서 줄곧 악의를 품고 악독하게 말하는 것입니다.

이는 그들이 말하기를 더러운 귀신이 들렸다 함이러라 (30절) .

이것은 무지해서 저지르는 불신 행위와는 다른 것입니다. 성령의 증거가 압도적으로 명확한데도 저항하는 것은 무지나 일시적인 불신 때문에 예수님을 거절하는 것보다 훨씬 더 위험합니다. 예수님에 대해서 잘 알지도 못하면서 욕을 하거나 극단적인 발언을 하는 것은 회개하면 용서될 수 있습니다. 베드로는 두려움 때문에 예수님을 세 번씩 모른다고 부인하였습니다. 그래도 용서를 받았습니다.

그러나 성령에 의해서 예수님이 명백하고 강력하게 드러내시는 진리에 대해서 양심의 소리를 틀어막고 계속해서 귀를 닫고 이를 갈며 악독한 적개심을 품는다면 성령을 모독하는 죄일 가능성이 높습니다. 예로써 헤롯은 세례 요한을 통해 여러 차례 자기 죄를 지적받았지만 회개하지 않았습니다(막 6:18). 그는 세례 요한이 의로운 사람임을 알면서도 투옥시켰고 헤로디아의 술책에 빠져 그의 목을 잘랐습니다(막 6:27~28). 그는 또 예수님을 살해하려고 했었는데 그때 예수님은 그를 "저 여우"(눅 13:32)라고 불렀습니다.

그는 예수님을 직접 대면했지만 진리에는 관심이 없고 예수님이 그 앞에서 기적을 행하기만을 원했습니다. 예수님이 그의 요구에 응하시지 않자 그는 예수님을 희롱하고 모욕한 후에 빌라도에게 돌려 보냈습니다

(눅 23:6-12). 그는 끝까지 회개하지 않았고 예수님을 철저하게 배척하였습니다. 그는 마침내 하나님의 심판을 받고 벌레들에게 먹혀서 죽었습니다(행 12:23).

또 다른 예를 들면 예루살렘 공회에서 스데반의 증언을 들었던 자들은 스데반의 얼굴이 천사의 얼굴처럼 빛나는 것을 보았습니다(행 6:15). 그럼에도 그들은 스데반이 성령이 충만하여 전하는 말들을 견디지 못하고 분개하며 극단적인 악감을 드러냈습니다.

> 그들이 이 말을 듣고 마음에 찔려 그를 향하여 이를 갈거늘 … 그들이 큰
> 소리를 지르며 귀를 막고 일제히 그에게 달려들어 성 밖으로 내치고 돌
> 로 칠새 (행 7:54, 57~58) .

이들 중에 나중에 회개하고 용서받은 사람이 있었는지는 알 수 없습니다. 하지만 이런 식의 반응을 보였다면 성령 모독죄가 아니면 적어도 성령 모독죄에 가까운 매우 위험한 행동입니다. 누가 이런 죄를 범할까요? 주 예수를 자신의 대속주로 믿는 신자가 범할 수 있겠습니까? 불가능합니다. 크리스천이 성령 모독죄를 지으려면 예수님에 대한 성경의 모든 증언을 부정하고 의도적으로 자신의 구주가 아니라고 강력하게 배척해야 합니다. 거듭난 신자라면 의식적으로 이런 일을 할 수 없습니다. 고문이나 극도의 공포로 주님을 입으로 부인할 수 있을지 몰라도, 참 신자라면 마음으로 주 예수를 부인할 수 없습니다. 그런데 오직 하나님만이 인간의 마음속을 정확하게 아십니다. 하나님은 자비롭고 긍휼이 많으신 분입니다. 그래서 베드로도, 바울도 용서하셨습니다. 만일 성경에서 이들의 결말에 대한 기록이 없었다면 우리는 아마 이들이 모두 성령 모독죄를 지었다고 판단했을지 모릅니다. 우리는 함부로 남을 판단하고 성령 모독죄를 지었다고 정죄하지 말아야 합니다.

주 예수를 믿고 구원을 받은 신자도 큰 죄에 빠질 수 있습니다. 그런

신자들은 자신이 성령 모독죄를 범하지 않았는지 염려하고 두려워하는 경우가 있습니다. 그러나 신자는 죄를 범함으로써 성령을 근심케 하는 일들은 행할 수 있지만, 성령 모독죄를 범할 수는 없습니다. 회개한다면 모든 종류의 죄를 다 용서받을 수 있습니다. 예수 그리스도의 십자가 보혈로 씻어낼 수 없는 죄가 없습니다. 성령 모독죄는 불신자들만이 짓습니다. 그래서 거듭난 신자라면 염려하지 않아도 됩니다.

구원을 받은 신자들은 예수님이 누구이시며 십자가에서 자기를 위해 무엇을 행하셨는지를 알고 예수님을 자신의 주님으로 믿는 자들입니다. 성령 모독죄를 지으려면 예수님이 자신의 구주가 아니라고 의도적으로 부인하고 예수님의 대속 사역을 완전히 배척해야 합니다. 이 죄는 성령으로 거듭난 교인에게는 불가능합니다.

25
누가 예수님의 가족인가?
마가복음 3: 31∼35

마가복음 3장 후반부는 경악할 말씀들이 줄을 잇습니다. 상상할 수 없는 충격적인 이야기들이 본 항목을 채웁니다. 예수님은 열두 제자들을 사도로 세우셨습니다. 예수님의 사역이 본궤도에 오르기 시작했다는 뜻입니다. 열두 사도는 이스라엘의 열두 지파를 연상시킵니다. 이제 예수님은 새 이스라엘의 창시자로서 열두 제자들을 데리고 하나님 나라를 건설하십니다. 그런데 열두 제자들의 명단 끝에 가룟 유다에 대한 언급이 나옵니다. "이는 예수를 판 자더라"(19절)라는 꼬리표를 붙이고 등장합니다. 하나님의 새 언약 백성을 대표하는 열두 사도들 가운데 예수님을 판 배신자의 이름이 말미에 적힌 것은 매우 놀라운 일입니다.

하나님 나라의 역설

하나님 나라는 역설적인 요소를 안고 출발하였습니다. 열두 명의 사도들이 모두 주님의 복음 사역에 헌신한 것으로 간주하였지만 그 중에 한 명은 예수님을 헌신짝처럼 버렸습니다. 그러나 가룟 유다의 배신은 또 다른 역설을 불러왔습니다. 예수님이 대제사장들과 이스라엘의 장로들에게 넘겨진 것은 하나님의 왕국이 사탄의 왕국을 깨뜨리는 전환점이 되었기 때문입니다. 유다는 자기가 원하는 배신을 했지만 하나님께서는 자신의 구속 계획을 성취시키는 기회가 되게 하셨습니다(행 3:14~15; 4:27~28). 그 다음에 나오는 경악할 일은 마리아를 앞세운 예수님의 친족들이 예수님을 붙들어 가려고 찾아온 것입니다. 그 까닭은 예수님이 미쳤다는 소문이 돌았기 때문이었습니다. 다른 사람들은 몰라도 예수님의 가족과 친지들은 예수님을 그렇게 보지 말았어야 했습니다.

예수님의 출생 스토리는 친족들 사이에 다 알려진 사실이었을 것입니다. 더구나 마리아는 예수님에 대해서 누가 무슨 말을 해도 절대로 흔들려서는 안 될 사람이었습니다. 가브리엘 천사로부터 받은 아기 예수에 대한 희소식을 비롯하여 베들레헴 목자들과 동방박사들의 방문, 천군 천사들의 찬양, 시므온이 성전에서 아기 예수를 보고 올렸던 송축과 예언, 안나 선지자의 말씀 등을 생각한다면 마리아야말로 예수님의 신분을 확신하고 그에 대해서 조금도 동요하지 말았어야 했습니다.

놀랍게도 마리아는 예수님에 대한 염려와 불안으로 친족들과 함께 예수님을 사역지로부터 귀가시킬 작정이었습니다. 이것은 너무도 어처구니없는 일입니다. 인류를 죄의 구렁텅이에서 구속하기 위해 식사할 겨를도 없이 사역하시는 예수님의 구원 사역을 중단시키겠다는 것이 어찌 말이 되는 일이겠습니까? 이 시점에서 마리아는 예수님에 대한 모든 계시와 예언의 말씀들을 다 잊었는지 모릅니다. 이 당시 마리아는 일체의 정상적인 사고 능력을 상실한 듯합니다. 메시아가 어찌 미칠 수 있단 말입니까? 마리아와 예수님의 친족들이 모두 몰려온 것을 보면 이것은 한 개인이 아닌 집단적인 결정이었음을 알 수 있습니다.

예수님을 미쳤다고 보는 것은 그런 생각을 하는 당사자들의 정신이 나갔다고 해야 더 맞을 것입니다. 누구보다도 마리아가 이렇게 행동한 것을 보면 어둠의 영이 그녀와 친족들 뒤에서 활동한 듯합니다. 악령은 마리아를 유혹하여 예수님에 대한 회의를 품게 하고 그의 사역을 중단시키려는 계책을 꾸몄을 것입니다.

예수님은 유대인들과의 논쟁에서 그들이 마귀에게서 났다고 하셨습니다. 유대인들은 예수님을 미쳤다고 역공하였고 또한 귀신이 들렸다고 했습니다(요 8:44, 48, 52). 유대인들의 이와 같은 덮어씌우기 작전을 가장 노골적으로 드러낸 사건이 예수님을 바알세불이 지폈다고 몰아버린 것이었습니다. 이러한 일련의 사건들은 예수님의 구원 사역을 방해하고 전복시키려는 어둠의 세력이 예수님의 가족들에게까지 마수를 뻗치고 있었음을 방증합니다.

이제 본 항목의 끝에서 예수님의 가족이 다시 언급됩니다. 문장 구조로 보면 샌드위치 형식입니다. 20~21절에서 예수님의 친척들이 처음으로 등장했습니다. 그리고 예수가 미쳤다는 소문을 슬쩍 언급한 후에 예수님이 귀신 들렸다는 비난과 함께 성령 모독죄의 주제로 넘어갑니다. 그러고 나서 다시 예수님의 가족이 재등장합니다. 이렇게 해서 마가는 독자들이 본 항목을 모두 일련의 사건으로 연결해 보도록 유도합니다. 마리아와 그녀의 친족들이 예수님을 미쳤다고 의심한 것이나 서기관들이 예수님을 귀신 들렸다고 보는 것이 같은 선상에 있다는 시사입니다. 그리고 그 뒤에는 악의 세력이 영향을 준다는 점을 암시합니다.

그런데 마지막에 언급된 예수님의 가족들에 대한 이야기에서 매우 시사적인 표현이 하나 박혀 있습니다. 이것이 본 항목을 마무리 짓는 키워드입니다. 31절과 32절에서 두 번 반복되었습니다. "밖에서"라는 말입니다. 이 말은 예수님을 "둘러 앉은 자들"(34절)이라는 표현과 대조됩니다. 예수님의 가족은 '밖에' 있었고 제자들은 예수님과 함께 '안에' 있었습니다.

마리아와 그의 친족들은 '밖에' 머물러 있었습니다. 그들은 예수님이 계신 사역의 현장에까지 와서도 예수님께 직접 접근하기를 원치 않았습니다. 그들은 예수님의 말씀을 듣거나 지시를 받을 생각이 없었습니다.

예수님이 미쳤다는 말에 넘어갔기 때문입니다.

큰 은혜를 받을수록 사탄의 공격도 크게 받습니다. 사도 바울도 자신이 받은 계시가 하도 크기 때문에 육체의 가시가 박혔다고 하였습니다. 하나님의 은혜를 많이 받고 크게 쓰임을 받았던 훌륭한 성도들의 전기를 읽어 보십시오. 그들이 받은 유혹과 시험이 얼마나 큰 것이었는지를 쉽게 확인할 수 있습니다. 누구보다도 예수님은 요단 강에서 하나님의 아들이라는 선포와 성령 세례를 받으신 후에 곧장 광야로 인도되어 사탄의 시험을 받으셨습니다.

언약 공동체 가족의 재정의

예수님은 제자들이 "당신의 어머니와 동생들과 누이들이 밖에서 찾나이다"(32절)라는 말씀을 듣고 경악할 선언을 하셨습니다.

> 대답하시되 누가 내 어머니이며 동생들이냐 하시고 둘러 앉은 자들을 보시며 이르시되 내 어머니와 내 동생들을 보라 누구든지 하나님의 뜻을 행하는 자가 내 형제요 자매요 어머니이니라 (32~35절).

이것은 가족의 정의를 새롭게 내리신 것입니다. 이스라엘 백성은 항상 하나님의 백성으로서 동일한 하나님을 섬기는 언약 공동체라고 여겼습니다. 그래서 그들은 이방인들과 접촉하지 않았고 자기들끼리 살았습니다. 그들은 아브라함의 후손이라고 자랑하였고 모세 율법을 지키는 민족이라고 자부하였습니다. 그러나 예수님은 새 언약 공동체를 만들고 계셨습니다. 이 새 공동체는 아브라함의 육신적 후손이 되거나 모세의 율법을 지켜야 들어가는 것이 아닙니다. "하나님의 뜻대로 행"해야 합니다. 이 말씀은 문맥상 예수님 곁에 있는 것입니다. 아웃사이더로서(outsider) 밖에 서 있는 것이 아니고 인사이더로서(insider) 예수님 곁에 앉아 있는 것입니다.

모세가 아닌, 예수님의 말씀을 듣고 순종하는 것이 하나님의 뜻을 행하는 것입니다. 아브라함의 혈통을 받고 유대인으로 태어나는 것이 아니라 그리스도를 메시아로 믿고 성령으로 거듭나는 것입니다. 이것은 유대인들의 귀에는 대경실색할 말씀이었습니다. 그들이 수천 년 동안 가져온 언약 공동체의 결속을 완전히 무시하는 말씀이었기 때문입니다.

하나님의 백성은 예수님을 중심으로 구성됩니다. 예수님의 형제자매가 되어야만 하나님의 백성입니다. 육신적인 가족 관계는 이차적이며 영적 가족이 되는 것과는 아무 상관이 없습니다. 예수님은 비록 자기를 낳아 준 모친일지라도 예수님 밖에서 아웃사이더로 있는 한, 예수님의 모친이 아니라고 하셨습니다. 그의 동생들도 마찬가지였습니다. 이 말씀을 깊은 충격으로 읽지 않는 한, 우리는 예수님이 시작하시는 하나님 나라의 새로운 가족 공동체의 의미를 깨달은 것이 아닙니다.

여기서 우리는 복음의 급진성을 재차 확인하게 됩니다. 이것은 예수님을 따르는 제자직과 직결된 것입니다. 예수님의 제자가 된다는 것은 세상의 기존 질서나 인간관계를 초월하는 것입니다. 예수님 자신이 부모나 형제보다 하나님을 위해 사셨습니다. 부모나 형제나 처자를 예수님보다 더 사랑하는 자는 하나님 나라에 합당하지 않다는 말씀은 이러한 복음의 급진성에 비추어 이해되어야 합니다.

예수님의 가족을 재정의하는 본 절의 말씀에는 예수님의 뼈저린 아픔이 서려 있습니다. 마리아는 결혼도 하기 전에 어린 나이로 아기를 가졌습니다. 동정녀 임신을 믿을 자가 누가 있었겠습니까? 약혼자 요셉도 자기 아기가 아니라고 했습니다. 사람들은 마리아가 결혼도 하기 전에 다른 남자와의 사이에서 사생아를 낳았다고 수군거렸을 것입니다. 어린 예수를 데리고 다닐 때마다 사람들은 손가락질했을 것입니다. 예수님은 마리아가 어떤 수모를 당하면서 자기를 기르셨는지를 잘 알았습니다. 그런데도 모친을 냉정하게 대해야 했습니다. 먼 길을 찾아온 염려에 젖은 모친이 밖에서 기다리는 데에도 나가보시지도 않았습니다. 웬일로 여기까지 찾아오셨느냐고 인사조차 없었습니다. 마리아와 가족들이 얼마나 섭섭했겠습니까! 예수가 미쳤다더니 정말 그렇다고 생각했을지 모릅니다.

마가는 자신의 복음서에서 더 이상 예수님의 가족에 대해서 언급하지 않습니다. 예수님의 형제들은 예수님의 부활 이전에는 그를 구주로 믿지 않았습니다(막 3:21, 321; 요7:5; 행 1:14). 그러나 사도행전에 보면 예수님의 모친과 형제들이 다락방에서 성령 강림을 위해 기도하는 제자들의 무리 중에 끼어 있습니다(행 1:14). 예수님의 동생인 야고보는 예루살렘 교회의 리더가 되었습니다(고전 15:7; 13:21). 또 다른 형제였던 유다는 유다서를 집필하였습니다(유 1:1). 그러나 현시점에서는 그들은 예수님의 진정한 신분을 알아보지 못하고 그저 가족의 한 사람으로 대할 뿐이었습니다. 본문의 스토리는 여러 가지 교훈을 내포하고 있습니다.

예수님을 따르는 자들은 예수님의 형제자매가 되는 특권과 책임을 갖습니다.

예수님은 참 제자가 되려면 자신의 십자가를 지고 주님이 가신 길을 따라야 한다고 하셨습니다(마 10:38). 이런 삶은 세상으로부터 박해를 받고 가족과의 갈등도 일으킨다고 경고하셨습니다. 그러나 예수님 곁에 앉아 있는 자들로 묘사된 "하나님의 뜻을 행하는 자"가 되면 세상이 줄 수 없는 영광스러운 특권을 누리게 됩니다. 그것은 곧 예수님의 형제자매가 되는 것입니다. 이 말씀은 상상을 초월하는 축복을 담고 있습니다. 형제도 부모도 없는 고아는 가장 고독한 사람입니다. 그런데 부모 형제가 있어도 여전히 불행할 수 있습니다. 혈족이 남만도 못한 경우가 있으니까요.

그러나 예수님의 가족이 된다면 세상에서 가장 행복한 사람이 되는 것입니다. 예수님이 나의 아버지가 되고 예수님의 형제자매들이 모두 나의 형제자매가 됩니다. 그들은 모두 주 예수 곁에 앉아 있는 인사이더(insider)들입니다. 그래서 아웃사이더(outsider)들이 듣지 못하고 알지 못하며 믿지 못하는 하늘에 속한 신령한 말씀과 새 생명을 받습니다. 그들은 영생의 삶을 삽니다. 주님의 나라에 들어간 시민이며 주님께 속한 자녀들입니다.

그런데 이들에게는 특권 못지않게 커다란 책임도 있습니다. 그것은 바알세불의 악한 세력과 싸우는 것입니다. 예수님의 가족은 사탄과 죄를 대항하여 싸우는 사람들입니다. 하나님 나라는 멀리 떨어진 곳에 있지 않고 이 세상 안에 있습니다. 하나님 나라는 주 예수를 믿는 참 제자들의 삶에서 그 능력과 영광이 드러나도록 의도되었습니다. 그래서 하나님의 뜻대로 주님을 잘 따르는 제자들에게 주님은 '너는 나의 형제다. 너는 나의 동생이다. 너는 나의 자매다. 너는 나의 어머니다' 라고 선포하십니다. 이것이 제자들이 받는 영예입니다.

주님의 형제자매는 주님의 일에 동참합니다. 하나님이 주시는 능력으로 하나님이 원하시는 새 생명의 삶을 삽니다. 주님의 새로운 가족 공동체의 일원이기에 하나님 나라의 소망과 무한한 안식의 세계를 향모(向慕)하며 차원 깊은 삶을 삽니다. 인생의 참 목적을 알고 우주의 경이와 구원의 신비를 들여다보기 시작합니다. 하나님의 창조 세계의 경이로움과 숭대한 구원 계획에 고개를 숙이고 찬양과 감사로 영혼을 채우며 사탄과 악이 넘치는 이 험악한 세상을 이겨나갑니다.

우리는 예수님 가족의 일원이 됨으로써 나 자신의 존재 가치와 진정한 신분을 발견합니다. 불신자들은 자신이 누구인지 모릅니다. 어디서 와서 어디로 가는지 모릅니다. 그들은 어떤 의미에서 고아들입니다. 그들에게는 창조주 하나님이 없기에 자신의 근원을 알 수 없습니다. 고작해야 다른 인간을 통해서 세상에 출생했다는 것밖에 없습니다. 예수의 부활을 믿지 않기 때문에 사후의 생명에 대한 확신이 없습니다. 그들은 사후의 운명에 대해서 아무것도 아는 것이 없습니다. 구원을 받지 못한 자로서 관속에 들어가는 사람은 세상에서 가장 불행한 인간입니다.

아웃사이더들이 하려고 하지 않는 것은 인사이더들에게도 해당될 수 있습니다.

아웃사이더들이 하지 않은 일이 무엇이었습니까? 예수님이 계신 곳으로 들어가려고 하지 않았습니다. 마리아와 가족들은 예수님 쪽으로 들어가지 않고, 예수님이 자기들 쪽으로 나오기를 원했습니다. 그들은 안에 계신 예수님을 사역의 현장에서 밖으로 데리고 나오려고 시도했습니다. 그들은 예수님이 오셔서 복음을 전하시는 구원 사역을 전혀 이해하지 못하였습니다.

우리는 주 예수를 믿고 구원을 받았다고 하면서도 예수님의 말씀과 행하시는 일에 관심이 없을 수 있습니다. 예수님으로부터 먼저 배울 마음이 없으면 구원을 받았다고 하여도 아웃사이더들에 속합니다. 신자가 되었으면 예수님을 깊이 생각하고 그분의 말씀을 잘 배우는 것을 매일의 목표로 삼아야 합니다.

내가 예수님의 가족임을 어떻게 확인할 수 있을까요? 아무도 하나님의 자녀로 태어나지 않습니다. 아무도 자동으로 예수님의 '형제자매'가 되지 않습니다. 그러나 그리스도를 나의 구주로 믿고 복음에 복종하면 주님의 가족 속으로 들어갔음을 알게 됩니다. 영원히 지속되는 것은 영적 가족입니다. 세상의 가족 관계는 일시적입니다. 부모 형제라도 살아 있는 동안에 서로 헤어지기도 하고 관계가 나빠서 안 보는 수도 있습니다. 죽음에 의한 이별도 불가피합니다. 그러나 예수님의 가족이 되면 혈족이든지 아니든지 모두 영원한 새 생명을 받아 사후에도 함께 사랑과 신뢰 속에서 주님 곁에서 영원히 살게 됩니다.

사랑의 공동체, 믿음 공동체, 예수 공동체, 새 언약 공동체, 예수 가족

등등의 용어들은 모두 예수님의 영적 가족을 가리키는 유사어들입니다. 그런데 이런 명칭들은 이름만 있고 실제 내용은 없는 경우가 허다합니다. 예수님의 형제자매라고 하면서 세상의 스포츠 클럽이나 동우회보다 화합이 잘 안 되는 것을 자주 봅니다. 교회에서 늘 싸우고 갈라지고 서로 상처를 주고받습니다. 이런 일은 우리가 예수님의 가족이 무엇을 의미하는지를 제대로 깨닫지 못하고 참뜻을 실천하지 않기 때문입니다. 성도들끼리의 불화나 마찰은 그리스도의 형제자매가 된 하늘 가족이라는 사실을 바르게 파악하지 못하기 때문에 오는 부작용입니다.

우리는 과연 예수님의 가족입니까? 성도들끼리 정말 가족 같은 느낌이 들어야 합니다. 같은 교회를 다니기 때문에 오는 일종의 결속감과 유대감의 차원을 넘어서야 합니다. 함께 교회를 다니든지 않든지 하나님의 뜻을 행하는 성도들이기 때문에 주님의 아들 딸이며 형제자매가 되어야 합니다. 하나님의 뜻을 행하지 않으면서 외적인 조건만 보고 예수님께 속한 가족이라고 오해할 수 있습니다.

예수님의 모친을 비롯하여 그의 형제들은 같은 집에서 예수님과 함께 생활했으므로 가족이라고 생각했습니다. 그러나 예수님은 그런 이유에서 그들을 가족으로 간주할 수 없다고 잘라서 말씀하셨습니다. 우리는 어떻습니까? 예수님이 우리를 보시고 이렇게 말씀하실 수 있어야 하겠습니다.

너희는 하나님의 뜻을 행한다. 너희는 나를 하나님이 보내신 아들로 믿고 내 곁에 와서 날마다 배우고 나의 말씀에 따라 살고 있다. 그래서 너희는 나의 형제이며 나의 가족이다.

26

하나님 나라의 비유

마가복음 4:1~34

비유는 마가복음에서는 그리 많은 양은 아니지만 마가복음의 전체적인 가르침을 이해하는 데 중요한 역할을 합니다. 비유는 매우 독특한 예수님의 메시지 전달 방식이었습니다. 그런데 비유는 직설적인 진술이 아니고 어떤 사물이나 스토리에 빗대어 말하거나 간접적인 암시를 주기 때문에 금방 그 의미가 드러나지 않습니다. 그래서 먼저 예수님이 비유를 주신 배경과 목적이 무엇인지를 살펴야 합니다.

본 비유의 배경은 무엇입니까?

예수님은 갈릴리 호숫가에서 무리를 가르치셨습니다. 그런데 너무도 많은 사람이 몰려들어 배에 올라앉으시고 호숫가에 있는 무리를 향해 여러 비유로 가르치셨습니다(2절). 씨 뿌리는 비유는 그러한 비유 중의 대표적인 가르침입니다. 예수님은 제자들에게 "너희가 이 비유를 알지 못할진대 어떻게 모든 비유를 알겠느냐"(13절)라고 하셨습니다. 이 말씀은 본 비유가 하나님 나라의 속성과 제자의 삶을 이해하는 데 열쇠가 된다는 시사입니다.

그런데 왜 예수님이 현시점에서 비유라는 새로운 방식으로 말씀하셨을까요? 예수님은 지금까지는 평이한 방식으로 하나님 나라를 전파하셨습니다. 그런데 사람들은 예수님의 가르침보다 예수님의 질병 치유나 기적의 빵에만 관심을 쏟았습니다(요 6:26-27).

옛날이나 지금이나 사람들은 기적으로 모든 문제를 쉽게 해결하기를 원합니다. 예수님의 기적 소문이 퍼지자 많은 병자가 발붙일 틈이 없을 정도로 몰려들었습니다(막 1:32~34; 2:1~4; 3:7~10; 6:54~56). 사람들은 예수님이 오병이어의 기적을 일으킨 것을 보고 "이는 참으로 세상에 오실 그 선지자"(요 6:14)라고 확신하였습니다. 그런데 그들이 생각한 선지자는 로마의 압제에서 이스라엘을 해방시켜주는 정치적인 왕이었습니다. 예수님은 그들이 자기를 억지로 붙들어 임금으로 삼으시려는 줄 아시고(요 6:15) 산으로 피신하셨습니다. 예수님의 기적은 축귀를 포함하여 하나님 나라가 예수님의 사역을 통해 임하고 있다는 사실을 매우 극적이고 실제적인 방법으로 드러내는 것이었습니다. 또한 기적은 예수님이 하나님께서 보내신 신적인 아들이시며 구원자라는 사실을 실증하였습니다.

그런데도 사람들은 눈 앞에 보이는 기적의 유익에만 급급하였습니다. 그들은 예수님이 세우시는 하나님 나라로 들어가서 예수님을 왕으로 모시고 그분의 다스림을 받는 일에는 무관심하였습니다. 무리의 이러한 태도는 예수님이 전하시는 "하나님의 복음"(막 1:14)과 하나님의 아들이신 예수님(1:1)에 대한 투신이 없음을 드러냈습니다. 그래서 예수님은 무리에게 비유라는 간접적인 방법을 통해 하나님 나라의 본뜻이 전달되도록 시도하셨습니다.

비유는 듣는 이의 마음 상태를 비추는 거울입니다. 복음과 예수님을 진정으로 믿고 따를 마음이 있는지 없는지를 밝혀줍니다. 예수님의 비유는 단지 자신의 유익만을 위해 예수님을 따르는 자들과 주님의 말씀을 진지하게 경청하고 그분을 하나님이 보내신 아들로 믿으려고 하는 자들이 누구인지를 가려내는 유용한 수단이었습니다.

비유는 여러 가지 목적을 가진 독특한 방식의 메시지 전달 방식입니다.

✸ 비유는 다양한 내용을 담고 있는 간접적인 가르침입니다. 예시를 위한 스토리가 들어가기도 하고 빗대어 어떤 대상을 암시하기도 하며, 수수께끼 같이 들리는 이야기도 포함됩니다. 비유는 청중의 마음에 질문을 일으키게 하고 어리둥절하게 하는 요소가 있습니다. 일상생활에서 흔히 만날 수 있는 소재를 사용하지만 단순한 생활 이야기 이상의 영적 의미가 숨겨져 있습니다.

✸ 비유는 하나님 나라에 대한 것입니다. 비유는 하나님 나라의 성격이 무엇이며 누가 하나님 나라의 주인이신지를 알립니다. 비유는 하나님 나라를 체험하라는 초대이며 이를 위해 예수님을 하나님 나라의 왕으로 믿고 받들어야 한다는 도전입니다.

✸ 비유는 청중이 영적 사물을 분별하는 능력이 있는지의 여부를 드러냅니다. 비유는 어떤 사람들에게는 그 뜻을 알고 싶은 마음을 일으키고 다른 사람들에게는 그냥 흘려듣거나 무시해 버리는 결과를 낳습니다. 예수님의 비유를 진지한 마음으로 받아들이지 않는 자들은 비유의 참뜻을 깨닫지 못합니다. 마음에 와닿는 것이 없고 그들의 삶에 아무런 영향도 주지 않습니다. 그들은 비유를 통해 하나님 나라를 이해할 수 있는 영성이 없습니다. 그저 귀로 듣기만 할 뿐 깨닫는 것이 없습니다. 그래서 예수님은 "들을 귀 있는 자는 들으라"(9, 23절)고 하시면서 깨달음을 촉구하셨습니다.

✸ 비유는 깨닫지 못하는 자들에게는 심판이 됩니다.

이는 그들로 보기는 보아도 알지 못하며 듣기는 들어도 깨닫지 못하게 하여 돌이켜 죄 사함을 얻지 못하게 하려 함이라 (12절).

예수님께 마음을 열지 않고 복음을 듣는 둥 마는 둥 하면 비유를 통해 전달되는 하나님 나라의 속성을 이해하지 못하고 하나님의 다스림을 자신의 삶 속에서 체험하지 못합니다. 반면 예수님의 비유를 자신에게 주는 진리의 말씀으로 믿고 그 뜻을 생각해 보며 깨닫기를 원하는 진지한 자세를 가지면 하나님 나라의 비밀이 열리고 많은 열매를 거두게 됩니다. 반대로 무관심과 부정적인 자세로 비유를 대하면 얻는 것이 없고 가진 것마저도 빼앗깁니다(4:25). 이런 의미에서 비유는 심판의 역할을 합니다.

비유는 '가려짐'과 '드러냄'의 두 요소를 지니고 있습니다. 비유의 말씀은 예수님의 정체와 하나님 나라에 대한 것인데 그냥 들으면 이해도 되지 않고 아무 유익도 없습니다. 비유는 예수님을 신뢰하지 않고 들으면 계속해서 미스터리로 남을 뿐입니다. 그러나 예수님을 신뢰하면서 그 의미를 알려고 귀를 기울이면 하나님 나라의 비밀이 점점 더 드러납니다. 다시 말해서 청중의 반응에 따라 혼란을 일으키기도 하고(요 7:12, 15, 27, 31, 35~36) 뜻이 더 밝혀지기도 합니다(막 4:10~12, 34).

그런데 예수님은 하나님 나라를 감추기 위해서 고의적으로 알 수 없는 비유로 말씀하신 것은 아닙니다. 등불은 밝히기 위한 것입니다. 그래서 침상 아래 두지 않고 등경 위에 둔다고 하였습니다(21~22절). 그러나 하나님 나라의 비밀은 말씀에 대한 긍정적 반응이 있을 때 더 밝혀집니다. 말씀을 숙고하며 새겨들으려는 자세가 있으면 덤으로 더 주신다고 하였고 가지지 못한 자는 그 있는 것마저 빼앗긴다고 하였습니다(24~25절). 비유의 말씀을 깨닫지 못하고 심판을 받는 것은 듣는 사람의 무관심과 굳은 마음이 자초하는 불행입니다. 이런 경고의 말씀 자체가 자신을 반성하고 주님의 말씀을 받아들이라는 호소입니다.

땅에 떨어진 씨앗의 비유는 구원 여부를 가리는 것이 아니고 제자직에 대한 말씀입니다.

본 비유를 구원의 관점에서 이해하려고 하면 혼란을 일으킵니다. 구원론에 대한 신학적 입장에 따라 네 가지 종류의 토양을 놓고 누가 구원을 받은 자며 누가 안 받은 자인지를 구분하려고 하기 때문에 이견(異見)을 일으킵니다. 길 가와 돌밭은 구원받지 못한 사람의 마음을 대변한다고 보기도 하고 혹은 길 가와 돌밭 및 가시떨기가 모두 구원받지 못한 경우라고 해석하기도 합니다. 혹은 돌밭이나 가시떨기는 구원받은 신자의 마음이지만 환난을 견디지 못하거나 재물과 세상 염려로 떨어져 나간 자로 봅니다. 이 경우에는 받은 구원을 상실할 수 있다는 말이 되므로 한 번 받은 구원의 영원성을 믿는 사람들은 동의하지 않습니다.

그래서 본 비유를 구원에 연결 짓지 않고 제자도의 도전으로 이해하면 훨씬 더 문맥에 어울리는 자연스러운 이해를 할 수 있습니다. 예수님은 그의 모친과 형제들이 방문했을 때 누가 하나님 나라의 가족인지를 재정의하셨습니다. 즉, 예수님께 자신을 일치시키고 항상 가깝게 교제하는 자들이 예수님의 형제요 자매요 어머니라고 하셨습니다. 이들은 인사이더들입니다. 반면 예수님의 사역을 방해하고 예수님과 함께 있지 않는 자들은 아웃사이더들입니다(막 3:31~35). 이 사건이 있은 다음에 씨 뿌리는 자의 비유가 나온 것은(막 3:31-4:9; 마 12:46~13:8) 아웃사이더들에게 주는 경고이자 인사이더들에게 주는 격려입니다.

지금도 예수님과의 관계에서 보면 두 부류의 사람들이 있습니다. 예수님 밖에 서 있는 자들이 있고 예수님과 함께 앉아 있는 자들이 있습니다. 전자는 아웃사이더들이고 후자는 인사이더들입니다. 교회에 다니고 예수님을 믿는다고 하면서도 겉으로만 흉내를 낼 뿐 예수님과의 밀접한 교제는 원치 않는 사람들이 있습니다. 그들은 나름대로 예수님을 위한 것이라면서 여러 가지 봉사를 합니다. 예수님의 가족은 예수님이 미쳤다는 말을 듣고 그를 구출해야 한다고 생각했습니다. 그러나 그들은 예수님을 도운 것이 아니라 오히려 예수님의 사역을 전혀 이해하지 못하고 방해한 셈이었습니다.

우리는 매주 교회도 다니고 여러 교회 활동에 열심을 낼지 모릅니다. 그러나 예수님께 헌신하지 않고도 그 같은 종교활동을 할 수 있습니다. 예수님을 하나님의 아들로 믿지도 않고 유일한 구주로 경배하지도 않는다면 예수님의 가족이 아닙니다. 밖에서 머무는 자들 중에는 예수님의 사역을 방해하고 심지어 살해를 모의하는 자들도 있었습니다(막 3:6).

네 가지 토양이 주는 교훈

본 비유는 제자직과 관련해서 보면 각 토양은 예수님을 따르는데 어떤 어려움들이 있는지를 알려주고 어떻게 하는 것이 좋은 땅의 열매를 맺는지를 가르칩니다.

길가에 뿌려진 씨는 복음의 말씀이 사탄에게 빼앗길 수 있음을 경고합니다. 이 사실은 우리가 주님의 메시지를 들을 때 항상 사탄을 경계할 필요가 있음을 강조합니다. 얼마나 많은 말씀들이 사탄에 의해 약탈을 당하고 오용되고 있는지 모릅니다.

돌밭에 뿌려진 씨는 말씀을 좋아하는 사람들입니다. 말씀을 듣고 은혜가 있다고 기뻐하는 사람들은 그 자체로만 보면 좋은 땅에 뿌려진 씨의 경우와 다르지 않습니다. 그런데 그들은 열심히 말씀도 찾아다니고 성경도 많이 읽지만 어려움이 오면 맥없이 주저앉습니다. 은혜를 사모하고 말씀을 기뻐하는 사람들이 왜 어려움이 올 때마다 낙심하고 침체에 빠지는 것일까요? 뿌리가 없기 때문입니다. 나무는 뿌리가 약하면 강풍에 쉽게 넘어집니다. 뿌리가 전혀 없는 나무는 없습니다. 그러나 뿌리를 제대로 내리지 못한 나무들은 이 바람 저 바람에 흔들리며 시련을 이기지 못합니다. 예수님 당시에 주님의 말씀을 듣기 좋아하고 기뻐한 사람들이 많았습니다(막 12:37; 눅 5:15; 6:17). 그런데 그들이 예수님을 어떻게 따랐습니까? 예수님이 잡혀가셨을 때 한 사람도 동참하지 않았습니다. 시련은 우리가 예수님을 얼마나 신뢰하고 그분께 나의 삶을 어느 정도로 헌신했는지를 드러냅니다. 뿌리가 내리지 않은 신앙은 조만간 자신의 허약한 정체를 노출시킵니다.

가시떨기에 떨어진 씨는 한 손으로는 말씀을 붙들고 다른 손으로는 세상을 붙들고 사는 사람입니다. 그러나 우리 마음 밭은 말씀과 세상이 함께 살기에는 너무 좁습니다. 말씀이 세상을 밀어내든지 세상이 말씀을 밀어내어야 합니다. 오래 두면 세상이 말씀을 오염시키고 자라지 못하게 합니다. 그래서 열매를 맺을 수 없는 상태가 됩니다. 세상 일에 대한 염려와 재물의 유혹은 우리 마음을 늘 잡아당깁니다(19절). 어느 한쪽이 지지 않으면 갈등에서 벗어나지 못합니다. 세상에 속한 것에 사로잡히면 평생을 노예처럼 살게 되고 마침내 인생을 망치게 됩니다.

돈을 사랑함이 일만 악의 뿌리가 되나니 이것을 탐내는 자들은 미혹을 받아 믿음에서 떠나 많은 근심으로써 자기를 찔렀도다 (딤전 6:10).

바울은 재물의 유혹을 피하고 믿음의 선한 싸움을 싸우라고 권면하였습니다(딤전 6:11~12). 열매를 맺으려면 예수님 편에 서서 세상과 싸워야 합니다. 싸우지 않고 편안히 살려고 하면 영적으로 자라지 않고 마음도 편치 못합니다. 예수님을 따르든지 세상을 따르든지 해야 합니다. 예수님은 한 사람이 두 주인을 섬기지 못한다고 하시면서 "너희가 하나님과 재물을 겸하여 섬기지 못하느니라"(마 6:24)고 분명하게 선을 그었습니다.

좋은 땅에 뿌려진 씨는 "말씀을 듣고 받아 삼십 배나 육십 배나 백 배의 결실을 하는 자"(4:20)입니다. 이 사람의 특징이 무엇입니까? 다른 땅들의 경우도 모두 말씀을 들었습니다. 이 점에서 좋은 땅의 씨도 마찬가지입니다. 그러나 한 가지 결정적으로 다른 것이 있습니다. 그것은 말씀을 들었을 뿐만 아니라 '받았다'고 했습니다. 말씀을 듣고 받아들였다는 것은 말씀을 하시는 분을 신뢰하고 그분을 주님으로 받든다는 뜻입니다. 이 사람은 인사이더입니다. 예수님 곁에 머물면서 말씀을 듣고 "하나님의 뜻대로 행하는 자"(막 3:35)입니다. 이것이 제자도의 진면목입니다. 말로만 예수님의 제자가 되는 것이 아닙니다. 세례받고 교회에 등록했다고 반드시 제자가 되는 것도 아닙니다. 예수님의 제자가 되어 열매를 맺으려면 예수님을 자신의 주로 확신하며 자신을 던지는 투신과 시련을 견디는 인내와 순종이 있어야 합니다.

예수님은 대중의 인기가 있었지만 대부분의 사람들은 예수님께 투신하지 않았습니다. 기적으로 병을 고쳐주고 무료로 양식을 주며 좋은 말씀을 하시는 예수님을 싫어할 이유가 없습니다. 사람들은 자신에게 유익한 일을 해 주는 상대방을 좋아하고 따릅니다. 예수님을 따르며 덕을 본 사람들은 예수님께 사랑과 존경을 보낸다고 했을 것입니다. 그러나 그들은 예수님이 출범시킨 하나님 나라를 원하지도 않았고 제대로 이해하지도 못하였습니다. 그들은 예수님이 초자연적인 능력으로 치유와 축귀를 하신다는 것은 잘 알았지만 그러한 사역이 드러내려고 하는 하나님 나라에 대해서는 매우 어두웠습니다. 그래서 예수님은 비유를 통해 하나님 나라가 어떤 것인지를 가르치기를 원하셨습니다.

중요한 것은 하나님 나라의 왕이신 예수님을 먼저 믿고 그분의 목적과 뜻에 자신을 일치시키는 헌신이 앞서야 합니다. 예수님과의 진정한 관계는 제자의 길을 걷는 삶에서 실제적으로 드러나야 합니다. 씨 뿌리는 자의 비유가 강조하려는 것은 제자도의 헌신입니다.

본 비유는 청중으로 하여금 예수님의 말씀을 듣는 자신들의 입장을 살펴보고 반성하라는 것입니다. 네 종류의 마음 밭이 따로 있는 것이 아닙니다. 이 밭은 태어나면서부터 정해진 숙명이 아닙니다. 교인들도 돌밭이나 가시떨기에 떨어져 환난 때 넘어지거나 세속적 욕심에 끌려갈 수 있습니다. 초대 교회 때 박해를 받았던 교인들 중에는 그리스도를 부인한 자들도 적지 않았습니다. 일제 강점기에 우리나라 교회에서도 일부 신자들이 신사 참배를 하였습니다. 현재의 우리나라 교회는 또 다른 형태의 우상 숭배에 빠져 있습니다. 그것은 사회의 멸시를 받기에 합당한 물질주의와 여러 형태의 도덕적 비리들입니다.

예수님을 열심히 따라다녔던 무리는 겉으로 보면 예수님과 매우 가까운 관계였습니다. 그러나 그들은 대부분 예수님의 말씀을 깨닫지 못하는 아웃사이더들이었습니다. 그런데 아웃사이더들이 별도로 있는 것이 아닙니다. 예수님의 제자들도 굳은 마음이 되어 예수님의 말씀과 행하시는 일을 깨닫지 못한 적이 한두 번이 아니었습니다. 그들이 예수께서 오천 명과 사천 명을 기적의 양식으로 먹이신 사실을 잊고 양식 걱정을 했을 때 무엇이라고 하셨습니까?

> 너희가 어찌 떡이 없음으로 수군거리느냐 아직도 알지 못하며 깨닫지 못하느냐 너희 마음이 둔하냐 너희가 눈이 있어도 보지 못하며 귀가 있어도 듣지 못하느냐 (막 8:17~18) .

네 종류의 밭은 누구에게나 열려 있습니다. 교인이라고 해도 돌밭이 될 수 있고 가시밭이 될 수 있으며 길 가가 될 수 있습니다. 겟세마네 동산의 제자들처럼 깜빡하는 순간에 사탄의 공격을 받고 넘어질 수 있습니다. 사실상 예수님은 베드로가 주님의 십자가 길을 막았을 때 "사탄아 내 뒤로 물러가라"(막 8:33)고 하셨습니다. 바울은 에베소 교인들에게 "너희는 열매 없는 어둠의 일에 참여하지 말라"(엡 5:11)고 경고하였습니다. 이 사실은 교인들도 열매를 맺을 수 없는 나쁜 토양에 빠져 죄에 눌리는 일이 가능하다는 것을 말합니다(갈 6:1; 요일 1:8~9; 2:1; 딛 3:14). 크리스천 삶에서 열매는 자동으로 달리지 않습니다. 그래서 바울은 이렇게 권면하였습니다.

우리 성도들도 선행에 전념하여 필요한 일들을 하는 것을 배워 열매 맺지
못하는 자가 되지 않아야 합니다. (딛 3:14, 직역성경)

본 비유에는 각자 예수님을 어떻게 따르고 있는지에 대한 경고와 격려
가 담겨 있습니다. 일면으로는 길가나 돌밭이나 가시밭이 되어 열매가 없
게 되는 것을 경고합니다. 예수님은 제자들에게 그 이유를 자세히 설명해
주셨습니다. 다른 일면으로는 현재 열매가 없어도 결실할 수 있는 기회와
가능성이 있음을 전제합니다. 다시 말해서 삼십 배, 육십 배, 백 배의 결
실을 할 수 있다는 것입니다. 이것은 큰 격려입니다.

주님을 따를 때 이런저런 어려움이 있습니다. 예수님을 좋아하고 말
씀 듣기를 기뻐해도 환난이나 세속의 유혹 때문에 열매가 없을 수 있습
니다. 그래서 말씀을 경청할 뿐만 아니라 겸손하고 열린 마음으로 받아
들여야 합니다(20절). 예수님이 하나님께서 보내신 구주이심을 믿고 그분
안에 머물러야 합니다. 꾸준한 믿음으로 주님과의 교제를 나누며 그분의
가르침을 순종하는 자세가 잡혀있어야 합니다. 그러면 삼십 배에 그치지
않고 육십 배 백 배의 결실을 거둔다는 것입니다. 예수님의 비유는 하나
님 나라의 왕으로 오신 예수님을 전적으로 신뢰하고 그분께 투신함으로
써 하나님 나라의 능력과 위로와 평안과 기쁨을 계속적으로 풍성히 체험
하라는 것입니다.

우리는 열매로 주 예수와 그의 복음에 대한 강력한 증거를 세상에 드
러내는 소명을 받았습니다. 이것이 제자직의 핵심입니다. 그럼 열매는 무
엇입니까? 그리스도의 말씀과 성령의 역사로 변화된 새로운 성품입니다
(벧후 1:4~8). 인사이더로서 예수님 곁에 머물면 선한 성품이 꽃을 피우기
시작하고 성령 안에서 의와 평화와 기쁨을 체험합니다(롬 14:17). 그뿐만

아니라 하나님께서 우리로 하여금 하나님 나라를 위한 유용한 일꾼이 되게 하십니다. 그 결과 하나님이 기뻐하시는 사랑의 삶과 주님께 대한 순종과 헌신의 삶이 이루어지는 열매를 낳습니다.

한 가지 기억할 것이 있습니다. 우리는 주님을 섬기면서 '자라는 씨'의 비유와 '겨자씨' 비유도 아울러 마음에 담고 살아야 합니다. 하나님 나라는 예수님과 함께 왔지만 아직 완성된 것은 아닙니다. 성장의 과정을 거쳐야 하기 때문입니다. 그런데 대체로 하나님 나라는 속보가 아닌 서행입니다. 그래서 우리는 낙심도 하고 답답해합니다. 그러나 하나님 나라는 우리의 미미한 활동에도 불구하고 싹에서 이삭으로, 그다음에는 곡식이 되어 추수하게 됩니다(26~29절). 겨자씨는 극히 작은 씨라도 공중의 새들이 깃들 만큼 큰 나무로 자랍니다(30~32절). 우리는 여러 이유에서 열매를 맺어야 할 시기를 놓치거나 빈약한 자신의 영적 상태로 인해 낙심할 수 있습니다. 그러나 우리가 주님의 뜻을 행하기 위해 자신이 처한 토양의 상태를 반성하며 회개한다면 하나님 나라가 새로운 능력으로 다가오는 것을 체험할 것입니다.

27
주무시는 주님
마가복음 4:35~41

예수님은 갈릴리 호수에 배를 띄우고 해변에 있는 무리와 거리를 둔 후에 땅에 떨어진 씨에 대한 비유로 천국 메시지를 전하셨습니다. 매우 아름다운 장면입니다. 아마 사람들은 산상 설교 때처럼 멋진 야외 예배를 보았다고 생각했을 것입니다. 지금까지 그런 가르침을 들어본 일이 없었습니다. 낮 집회는 저물 때까지 계속되었습니다. 그 후에 예수님은 제자들에게 "우리가 저편으로 건너가자"(35절)고 하셨습니다.

제자들은 아마 비유의 말씀을 상기하며 예수님이 가자고 하시는 곳으로 가면 하나님 나라가 곧 임해서 큰 수확을 하게 될 것으로 기대했을 것입니다. 그런데 제자들이 예수님의 말씀에 순종했을 때 무슨 일이 일어났습니까? 그들의 기대를 뒤엎고 예수님에 대한 신뢰를 완전히 추락시키는 사건이 발생하였습니다.

> 큰 광풍이 일어나매 물결이 배에 부딪쳐 들어와 배에 가득하게 되었더라 (37절).

이것은 전혀 예상치 못한 일이었습니다. 갈릴리 호수는 가끔 큰 풍랑이 일어나는 곳이었습니다. 어부인 제자들은 갈릴리 호수의 특성을 잘 알

앗고 지금까지 여러 풍랑을 견뎠습니다. 그런데 이번만은 달랐습니다. 배는 물로 가득 차서 침몰 직전이었습니다. 수십 년간 갈릴리 호수에서 고기잡이한 경험과 기술도 아무런 도움이 되지 못했습니다.

제자들은 예수님을 모신 배는 어떤 풍랑에도 끄떡없을 것으로 자신하고 노를 저었을 것입니다. 그런데 난데없이 '큰 광풍'을 만나 자신들의 힘으로는 불가능한 상황에 빠졌습니다. 이러한 심각한 위기에 직면한 제자들은 도무지 이해할 수 없는 예수님의 모습을 목격하였습니다. 배가 침몰 직전인데 예수님은 배 고물에서 깊이 주무셨습니다. 어떻게 이럴 수가 있단 말입니까? 제자들은 주님을 원망조로 꾸짖듯이 말했습니다. 선생님이여 우리가 죽게 된 것을 돌보지 아니하시나이까 (38절). 제자들은 예수님에 대해서 크게 실망하였습니다. 그 까닭이 무엇일까요?

첫째, 하나님 나라에 대한 안일한 생각을 가졌기 때문입니다.

그들은 예수님의 기적과 탁월한 가르침과 폭발적인 대중적 인기만 있으면, 다 된다고 여겼습니다. 그날의 집회는 대성황을 이루었고 하나님 나라가 백 배의 결실을 한다는 말씀도 들었습니다. 그리고 갈릴리 호수 "저 편으로 건너가자"(4:35)고 하셨기 때문에 '저 편'에서 어떤 결정적인 사건이 일어날 것으로 여기고 가슴이 부풀었을 것입니다. 그들은 예수님이 이스라엘의 메시아로서 정치적 해방을 가져오고 부패한 예루살렘 성전을 당장 회복하실 분이라고 믿었습니다. 그런데 그들은 신뢰와 섬김에 대한 예수님의 가르침을 실천하는 일에는 아무런 열매를 맺지 못하였습니다. 그들은 서로 잘났다고 다투기가 일쑤였습니다. 그들은 앞으로 한 자리씩 할 것으로 기대하며 권력욕에 붙잡혀서 섬기는 자로 오신 예수님의 모범을 따르지 않았습니다. 그들은 메시아가 고난을 받고 십자가에 달리실 것은 상상도 할 수 없었습니다. 그들은 시련 없는 성공을 바랐고 고난 없는 영광을 거머쥐려고 했습니다.

오늘날 많은 신자들이 예수님과 복음을 오해합니다. 예수님은 단지 내 일이 잘되도록 돌보아주는 분으로 압니다. 제자들은 자기들이 죽게 되었는데 왜 예수님은 잠을 자고 계시느냐고 원망하였습니다. 그들은 예수님이 그들을 위해서 깨어 있어야 한다고 생각하였습니다. 우리도 많은 경우에 예수님에게 그런 소명을 부과하고 나를 돌봐 주어야 한다고 요구합니다. 그런데 과연 누가 깨어 있어야 하고, 누가 섬겨야 합니까? 예수님이 아니고 우리 자신들입니다. 그런데도 우리는 내 일이 잘 풀리지 않으면 예수님을 원망하는 버릇이 있습니다.

예수님이 오셔서 시작하신 하나님 나라는 내 일 잘되게 하려는 것이 아니고, 하나님이 보내신 예수 그리스도의 구원 사역이 하나님의 뜻대로 성취되게 하는 것입니다. 주님은 우리를 이 구원 사역의 역군으로 부르셨습니다. 이 소명은 나의 이기적인 꿈이 성취되게 하려는 것이 아니고 하나님 나라와 주님의 영광이 드러나게 하려는 것입니다. 이것은 풍랑에도 불구하고 주님을 끝까지 신뢰하며 주님의 삶과 죽음에 자신을 일치시키는 제자직의 투신을 요구합니다.

둘째, 제자들의 문제는 '예수님의 믿음'을 본받지 못한 것입니다.

만약 제자들이 주무시는 예수님을 보고 그분이 얼마나 하늘 아버지를 신뢰하시는지를 볼 수 있었다면 당황하며 예수님을 흔들어 깨우지 않았을 것입니다. 예수님이 주무시기 때문에 배가 위험한 것이 아니고, 오히려 예수님이 전능하신 하나님께 자신과 제자들의 운명을 맡기고 안식하셨기에 배는 거친 풍랑에도 불구하고 가라앉지 않았습니다. 예수님이 우리 인생의 배에 타고 계신 한, 우리는 망하지 않습니다.

예수님이 주무셨기 때문에 물에 빠져 익사하셨다고 상상해 보십시오. 천지를 지으신 창조의 대행자가 세상에 구원자로 오셨다가 갈릴리 호수에서 제자들과 함께 익사했다면, 어찌 그분이 세상의 구주가 되실 수 있겠습니까? 제자들은 광풍에도 아랑곳없이 곤히 잠드신 예수님의 위대한 믿음의 모습을 보고 그런 메시아를 더욱 신뢰할 수 있어야 했습니다. 그렇게 하지 못한 까닭이 무엇입니까?

그들은 자신들의 필요를 예수님의 필요보다 앞세웠습니다. 예수님이 잘되셔야 제자들도 잘됩니다. 예수님이 하늘 아버지의 돌보심을 신뢰하고 광풍의 시련을 견디셔야만 제자들도 안전합니다. 그런데 자기들이 죽게 되었으니 예수님이 자기들을 살려야 한다는 것 이외에는 다른 생각이 없었습니다.

그들은 지금까지 순전히 이기적인 동기에서 예수님을 따랐습니다. 그들은 예수님이 주무시는 것을 무책임한 일로 보았습니다. 예수님은 제자들이 처한 사태의 심각성을 완전히 외면하고 자기만 챙기시는 분이라고 여겼습니다. 유감스럽게도 그들은 예수님이 거친 풍랑 속에서 하늘 아버지께 자신을 맡기는 깊은 차원의 믿음을 행사하시며 백 배의 결실을 거두고 계신 것을 볼 수 없었습니다. 제자들은 광풍의 바다에서 불신과 공포에 사로잡혔지만, 예수님은 같은 바다에서 안식하셨습니다. 예수님은 하늘 아버지께서 허락하시지 않으면 공중에 나는 새 한 마리까지도 땅에 떨어지지 않는다는 것을 믿으셨습니다. 그러나 제자들은 위기가 닥쳤을 때 그런 믿음을 보일 수 없었습니다.

하늘 아버지를 믿지 못하고 예수님의 신분과 능력에 대한 전적인 신뢰가 없으면 위기가 올 때 주무시는 예수님을 깨웁니다. 인생의 광풍 속에서 주무시는 예수님을 신뢰하고 그분을 깨우지 않는 믿음이 참 믿음입니다. 우리의 믿음은 광풍 속의 배처럼 흔들립니다. 우리는 '내 믿음'으로 살 수 없습니다. 내 믿음마저도 주님을 의지해야 합니다. '주님의 믿음'만이 추호의 흔들림도 없는 굳고 변치 않는 믿음입니다. 예수님의 믿음에 나를 던지고 주와 함께 죽으면 죽으리이다(에 4:16)라고 고백한다면 풍랑을 무사히 통과하게 될 것입니다. 예수님의 믿음에 우리 믿음의 닻을 내리지 않으면 항상 파선하고 맙니다.

그런데 사실 예수님을 태운 배는 절대로 뒤집히지 않습니다. 우리가 풍랑으로 몸을 가눌 수 없는 지경이 되었다면 광풍의 바다를 보고 두려워하지 말고 깊이 잠드신 예수님을 바라보아야 합니다. 이것이 우리가 위기와 시련을 극복하고 사는 방법입니다.

그것들은 주님께 대한 나의 헌신과 동기를 달아보는 정확한 시금석입니다. 위기와 시련을 통해서 우리는 삼십 배, 육십 배, 백 배로 결실합니다. 인생의 풍랑은 우리가 밝은 대낮에 들었던 구원의 말씀을 날이 저물었을 때에도 붙들고 있는지를 시험하는 정밀한 검침입니다. 거친 바람과 높은 파도는 믿음 생활의 취약한 부분을 드러내고 주님에 대한 신뢰의 정도를 측정하는 저울과 같습니다.

인생의 광풍은 우리에게 뿌려진 씨의 소재지가 길 가인지 돌밭인지 혹은 가시떨기인지 아니면 좋은 땅인지를 드러냅니다. 예수님의 제자들은 침몰 직전의 배 안에서 좋은 땅의 수확에 실패하였습니다. 그들은 자신들의 조악한 땅으로 인해 공포와 불안과 염려의 수렁에 빠졌고 주님에 대한 불신과 원망으로 아무런 열매를 거둘 수 없었습니다.

그들은 예수님을 따라다니다가 언젠가 목숨을 잃게 될 것이라고 두려워했을 것입니다. 우리도 그들이 탄 배에 있었더라면 주무시는 주님을 원망하며 혹독한 위기의 시련을 겪게 하시는 주님을 더 이상 따라다닐 수 없다고 생각했을 것입니다. 그런데 광풍의 시련은 사실 하나님의 구원 계획에 들어있는 하나의 성장 과정입니다. 주님은 한마디로 노호하는 바다를 고요하게 하셨습니다. 중요한 것은 예수님이 누구이신지를 아는 것입니다. 예수님에 대한 전폭적인 신뢰가 없는 자들은 시련을 통해 예수님이 누구이신지를 더욱 배워나가야 합니다. 제자들은 광풍을 일시에 잠잠하게 하신 예수님이 어떤 분인지를 새롭게 깨달았습니다. 그래서 "서로 말하되 그가 누구이기에 바람과 바다도 순종하는가"(41절)라고 경탄하였습니다.

그런데 주님에 대한 전적인 신뢰로 항상 백 배의 수확을 거두는 자가 누구입니까? 우리의 결실은 일정하지 않습니다. 백 배의 수확에 못 미치는 경우가 더 많습니다. 그래서 하나님께서는 우리에게 풍랑의 시련을 통해 더 자라게 하시고 전폭적인 믿음으로 안식하시는 주님의 믿음을 더욱 본받게 하십니다.

"우리 인생의 배를 타시고 깊이 주무시는 주님의 모습에서 우리가 간과하는 한 가지 중요한 측면이 있습니다. 그것은 주께서 나를 구원하시기 위해서 나의 작고 하잘것없는 배에 자신을 투신시켰다는 사실입니다. 아무리 파도가 치고 바닷물이 넘쳐와도 주께서는 나의 이 위험하기 짝이 없는 초라한 인생의 소형 선박을 떠나시지 않습니다. 어찌 그럴 수 있었겠습니까? 나를 구원하시는 구주가 되시기 때문입니다(요 10:11). 어찌 주께서 나의 작은 배를 타시고 험난한 인생의 갈릴리 바다를 건너실 수 있겠습니까? 주께서 우리를 위해 자신을 투신하셨기 때문입니다.

예수께서 주무십니까? 예수님은 광풍 속에서 전능하신 하늘 아버지의 보호를 믿고 깊은 잠을 주무실 수 있기에 우리를 넉넉히 구원하실 수 있습니다. 태풍과 흔들림에도 불구하고 태연히 누워 안식하실 수 있기에 주님은 내 마음의 태풍과 흔들림을 진정시킬 수 있습니다.

주께서 주무십니까? 그러나 주님은 여전히 내가 탄 배 안에 계십니다. 주께서는 내가 겪는 모든 파도와 광풍 속에서 함께 하십니다. 주께서 곤히 주무시기 때문에 불안하고 두렵습니까? 하지만 주무시는 주님과 함께 태풍 속에 머물러 있는 것이 주님이 계시지 않은 무풍지대에서 사는 것보다 훨씬 더 안전합니다… (중략).

우리 인생의 갈릴리 바다에는 종종 광풍이 일고 파도가 칩니다. 내가 가진 배는 격량의 파고를 넘기에는 너무도 무력합니다. 내 인생의 작은 배를 때리며 미친 듯이 할퀴는 파도를 지켜보는 나의 마음은 너무도 두렵습니다… (중략).

결국 내가 가진 것은 아무것도 없음을 깨닫습니다. 그래서 주께 부르 짖습니다. 즉시 노한 바다가 주님의 말씀 한 마디에 죽은 듯이 잔잔해집 니다. 폭풍과 파도를 제압하는 주님의 위용을 목도하는 것은 놀라운 체험 입니다. 그런데 하늘과 땅을 지으신 만유의 하나님께 자신을 완전히 의탁 하고 폭풍과 파도의 소용돌이 속에서 안식하시는 주님의 모습은 더욱 위 대합니다. 이 같은 믿음의 위용을 지니신 분이 우리 인생의 배에 승선해 계십니다. 그렇다면 내가 맞는 크고 작은 인생의 풍파 속에서 주무시고 계신 주님의 모습은 나의 작은 믿음을 고취시키고 하늘 아버지의 구원을 더욱 신뢰케 하는 크나큰 격려와 소망이 되어야 할 것입니다." (내 손을 붙 드신 주님, 마가복음 강해 이중수 지음)

여호와께서 명령하신즉 광풍이 일어나 바다 물결을 일으키는도다 그들 이 하늘로 솟구쳤다가 깊은 곳으로 내려가나니 그 위험 때문에 그들의 영혼이 녹는도다 그들이 이리저리 구르며 취한 자같이 비틀거리니 그들 의 모든 지각이 혼돈 속에 빠지는도다 이에 그들이 그들의 고통 때문에 여호와께 부르짖으매 그가 그들의 고통에서 그들을 인도하여 내시고 광 풍을 고요하게 하사 물결도 잔잔하게 하시는도다 그들이 평온함으로 말 미암아 기뻐하는 중에 여호와께서 그들이 바라는 항구로 인도하시는도 다 여호와의 인자하심과 인생에게 행하신 기적으로 말미암아 그를 찬송 할지로다 (시 107:25~30) .

28
거라사 광인
마가복음 5:1~20

본 스토리는 고대 신화에서나 나옴직한 이야기입니다. 귀신 들린 사람에게서 나온 귀신들의 무리가 돼지 떼에 들어가서 발작을 일으킨 후 낭벽에 모두 떨어져 죽습니다. 이것은 신화가 아니고 예수님의 사역 기간에 실제로 일어난 사건이었습니다. 예수님이 어떤 분이시며, 사탄의 악행이 어떤 성격을 가졌으며, 사탄에게 사로잡힌 인간의 처지가 어떤 것인지를 알리는 중요한 스토리입니다.

사탄은 귀신들을 부려서 인간의 삶을 황폐시킵니다.

예수님은 갈릴리 동편의 거라사 지방에서 한 광인을 만났습니다. 그는 무덤 사이에서 사는데 그의 광태를 말릴 수 없어 쇠사슬로 매고 고랑을 채웠습니다. 그래도 그는 쇠사슬과 고랑을 끊고 소리를 지르며 자기 몸을 자해하였습니다. 그런데 이 사람 안에는 많은 귀신이 들어가 있었습니다. '군대'로 번역된 헬라어는 '레기온'인데 로마군의 최대 병력 단위로서 약 6천 명으로 구성되었습니다.

대다수 현대인들은 귀신의 존재를 믿지 않습니다. 그러나 성경은 사탄과 그의 추종 세력인 귀신들의 존재를 당연시합니다. 왜 이 광인에게 귀신이 들어갔는지 또 어떤 식으로 귀신이 사람에게 들어갈 수 있는지는 본문이 밝히지 않습니다. 그러나 귀신이 사람에게 들어가면 정신과 마음이 귀신의 통제를 받는다는 것을 알려줍니다.

귀신은 지금도 활동하고 있습니다. 귀신 들린 사람은 강력한 물리적 힘과 초자연적 지식이 있습니다. 또 개인의 비밀을 족집게처럼 밝혀내기도 하고, 병을 낫게 하거나 재앙을 내리기도 합니다. 이런 경우는 욥기에도 나옵니다. 사탄은 욥의 삶을 황폐하게 할 수 있는 능력이 있었습니다. 그래서 그의 많은 재산이 순식간에 날아가고, 아들들이 모두 죽고, 온몸에 악성 종기가 났습니다. 물론 하나님이 허락하시는 범위 내에서 행할 수 있는 일들이었습니다. 사탄은 하나님처럼 전능하지 않습니다. 그러나 상당한 능력과 지식으로 큰 해악을 끼칠 수 있습니다.

그런데 귀신들이 가진 지식 가운데 특이한 것이 하나 있습니다. 귀신들은 예수님을 알아봅니다(막 1:23-26). 거라사의 귀신은 예수님을 멀리서 보고도 "지극히 높으신 하나님의 아들 예수"라고 큰 소리로 부르짖었습니다. 그런데 이렇게 예수님의 신분을 알고 믿으면서도 예수님을 저항했습니다. 귀신들은 하나님의 자녀들도 알아봅니다(행 19:15). 사도들은 예수님의 이름으로 많은 귀신을 쫓아내었습니다(막 6:13). 칠십 인 제자들도 선교 파송을 받고 돌아와 귀신들도 그들에게 복종했다고 예수님께 보고했습니다(눅 10:17).

귀신들은 매우 교활하여 속이는데 능합니다. 사탄은 광명의 천사로 위장하기도 하고(고후 11:14) 자신의 정체를 숨기기도 합니다. 어떤 사람은 귀신이 들렸지만 겉으로 보기에는 정상적이다가 자신의 정체를 드러낼 때는 전혀 딴판인 경우도 있습니다. 혹은 사탄의 영감과 악령의 영향을 받은 카리스마적인 인물들이 교인들을 유인하고 거짓 교리로 세뇌합니다.

거라사 귀신의 이름이 '군대'라고 한 것은 수적으로 많을 뿐만 아니라 군대처럼 파괴력이 크다는 뜻도 됩니다. 사탄의 목표는 인간을 비인간화시키고 하나님의 형상이 완전히 일그러져서 짐승처럼 되게 하는 것입니다. 거라사 광인의 상태는 사탄의 손아귀에 들어간 인간의 정신적, 심적, 육체적 측면의 황폐함이 어떤 것인지를 여실히 보여 줍니다. 인간은 스스로 사탄의 손아귀에서 풀려날 수 없습니다.

거라사 광인의 삶의 현장이 어디였습니까? 그가 무덤 사이에서 살았다는 것은 매우 시사적입니다. 사탄에게 사로잡힌 인류는 무덤이 현주소입니다. 이 세상은 하나의 거대한 공동묘지입니다. 인류는 지구라는 공동묘지에 갇혀 삽니다. 악령의 포로가 된 자가 어떻게 풀려날 수 있겠습니까? 오직 사탄을 이기신 예수 그리스도만이 죄인을 사탄의 손아귀에서 해방시킵니다. 예수님은 거라사 광인의 비참한 상태를 깊이 동정하시고 귀신들에게 그 사람에게서 나오라고 명령하셨습니다(5:8).

귀신들의 반응은 무엇이었습니까?

귀신들은 예수님 앞에서 공포에 떨었습니다. 그들은 예수님이 나타나신 것을 마지막 심판 날이 온 것으로 알고 두려워했습니다. 가버나움 회당에서도 더러운 귀신 들린 사람이 같은 말을 했습니다(막 1:23~26). 귀신들은 예수님이 갑자기 나타나셨기 때문에 심판이 시작된 줄로 착각한 듯합니다. 그래서 마태복음에는 때가 되기도 전에 우리를 괴롭히려고 여기에 오셨습니까(마 8:29)라고 하였고, 누가복음에는 자기들을 지옥에 보내지 말아 달라고 간청하였습니다(눅 8:31). 그들은 예수님의 신분과 권위 앞에 대항하지 못하고 피할 길을 찾았습니다. 마침 돼지 떼가 가까이 있는 것을 보고 돼지에게 들어가게 해 달라고 청하였습니다. 이것은 매우 이상한 요청입니다. 한 가지 알 수 있는 것은 그들의 행위는 파괴적입니다.

주민들의 반응은 무엇이었습니까?

돼지들은 거라사 지역이 전통적으로 이스라엘 땅이었지만, 이방인들이 많이 거주했음을 시사합니다. 2천 마리의 양돈 사업은 그 동네의 주된 수입이었을 것입니다. 돼지들이 바다에 빠져 몰사한 것은 주민들에게 큰 충격이었습니다. 그들은 예수님이 원인이라고 보고 그들의 지역에서 떠나 달라고 간구하였습니다. 귀신 들렸던 자의 입을 통해 귀신이 예수님에게 "나와 당신이 무슨 상관이 있나이까"(7절)라고 하였는데 이제 주민들의 입에서 같은 말이 나온 셈입니다. 그들은 귀신들처럼 예수님과 어떤 관계도 원치 않았습니다.

거라사 광인은 귀신들에게 사로잡혀 무덤 사이에서 비참하게 살았습니다. 거라사 주민들은 그런 식으로 미치지는 않았지만 그들도 귀신들의 악영향 아래 있었습니다. 그들은 귀신들이 돼지 떼에 손해만 끼치지 않는다면 그들의 지역에서 무슨 악행을 일삼아도 좋다고 여긴 듯합니다. 그들에게는 한 사람의 영혼보다 돼지 떼의 수입이 더 중요했습니다.

지금도 이 세상은 사람의 영혼보다 돈을 더 중시합니다. 인명은 축재를 위해 얼마든지 희생될 수 있습니다. 돈 때문에 다른 사람의 삶을 불행하게 만드는 자들은 더러운 귀신들과 한 동네에서 삽니다. 그런데 그 동네에는 공동묘지가 있습니다. 무덤과 무덤 사이를 다니면서 벌거벗은 몸으로 울부짖는 광인(막 5:15; 눅 8:27)은 사탄의 마수에 사로잡힌 타락한 인간들의 자화상입니다.

어떤 이들은 예수님이 귀신들로 하여금 돼지 떼에 들어가도록 허락하신 것을 못마땅하게 여깁니다. 그들은 예수님이 인간 사회의 유익을 위해 오셨다면 어떻게 2천 마리나 되는 돼지 떼가 몰살되는 손실을 허락할 수 있느냐고 묻습니다. 모세 율법에서 돼지를 부정한 동물로 분류했기 때문에 양돈업에 대한 심판이었을까요? 그러나 유대인들이 돼지 사육을 했을 리가 없습니다. 이 지역의 이방인들이 돼지를 길렀다면 그들에게 모세법을 적용하는 것은 무리였을 것입니다. 하나님은 동물을 차별하시지 않습니다. 하나님은 요나 선지자가 하나님께서 악한 니느웨 성을 멸망시키지 않는다고 불평하자 이렇게 말씀하셨습니다.

> 여호와께서 이르시되 네가 수고도 아니하였고 재배도 아니하였고 하룻밤에 났다가 하룻밤에 말라 버린 이 박넝쿨을 아꼈거든 하물며 이 큰 성읍 니느웨에는 좌우를 분변하지 못하는 자가 십이만여 명이요 가축도 많이 있나니 내가 어찌 아끼지 아니하겠느냐 하시니라 (욘 4:10~11) .

하나님은 니느웨 성의 가축들이 인간의 죄 때문에 죽임을 당하는 것을 원치 않으셨습니다. 그렇다면 거라사 동네의 돼지 떼도 불쌍히 여기셨을 것입니다. 모세법에서 돼지를 더러운 동물로 본 것은 돼지가 굽이 갈라져 쪽발이지만 새김질을 못하기 때문이었습니다(레 11:7; 신 14:8). 그래서 먹거나 사체를 만지면 부정하게 된다고 했습니다. 이것은 이스라엘 백성에게 거룩한 삶을 가르치기 위해 인위적인 규정으로 깨끗하고 더러운 짐승을 구별한 의식법이었습니다. 돼지 자체가 특별히 부정한 짐승이라는 뜻은 아니었습니다.

예수님에게 돼지 떼의 몰살에 대한 책임을 묻는 것은 잘못된 생각입니다. 돼지 떼의 죽음은 예수님이 의도적으로 거라사 주민들의 생업을 망치게 한 것이 아닙니다. 본문은 거라사의 귀신 들린 사람이 어떻게 예수님에 의해 구원을 받게 되었고 그의 삶을 귀신들이 얼마나 황폐하게 했는지를 진술한 것입니다. 돼지 떼의 몰살은 동물에 대한 차별 살육이나 생업의 파괴를 의도한 사건이 아닙니다. 본 스토리는 예수님이 한 인간의 영혼을 얼마나 귀히 여기시는지를 드러내고 동시에 귀신들의 실체를 노출시킨 것입니다.

돼지 떼의 몰살은 귀신들의 뜻이었습니다. 돼지 떼가 바다로 떨어져 익사한 것은 예수님의 책임이 아니고 귀신들의 책임입니다. 거라사 주민들은 귀신들이 무덤에서 사는 광인만 괴롭히는 것으로 알았을 것입니다. 그러나 귀신들은 거라사 주민 전체의 생업을 파괴하려는 뜻을 품고 있었습니다. 그래서 거라사 지방을 본거지로 삼고 활동할 수 있도록 예수님께 그곳에 머물게 해 달라고 간구했습니다(5:10). 이것은 그들이 거라사 주민들에게도 더러운 영을 넣으려는 계획을 가졌음을 시사합니다. 만약 귀신들이 돼지 떼가 아닌 거라사 주민들에게 들어갔다면 어떻게 되었겠습니까? 예수님이 이것을 허락하시지 않았음이 분명합니다. 이러한 사실을 알지 못한 주민들은 예수님에게 그 지방에서 떠나 달라고 강청하였습니다(5:17). 그런데 이들의 요청은 돼지 떼의 손실과 비교할 수 없었습니다. 예수님이 떠난 곳은 조만간 귀신들의 소굴이 될 것이었기 때문입니다.

회복된 광인의 모습은 어떤 것이었습니까?

귀신 들렸던 사람은 이제 귀신들의 손아귀에서 해방되었습니다. 그는 "정신이 온전하여"(15절) 예수님의 발아래 앉아 있었습니다(눅 8:35). 발아래 앉아 있는 것은 가르침을 받는다는 뜻입니다. 그의 변화된 모습은 구원의 한 측면을 대변합니다. 인간은 타락으로 '온전한 정신'을 잃었습니다. 예수님의 구원은 뒤틀어진 인간의 마음을 돌이켜 바른 정신으로 하나님을 경배하게 합니다. 그래서 거라사 광인은 사탄의 발아래가 아닌, 예수님의 발아래에 앉아 있었습니다. 그는 예수님과 함께 있기를 원했습니다. 그런데 예수님은 허락하지 않으셨습니다. 그는 복음의 증인으로 부름을 받았기 때문입니다.

집으로 돌아가 주께서 네게 어떻게 큰 일을 행하사 너를 불쌍히 여기신 것을 네 가족에게 알리라 (19절).

예수님은 광인의 회복을 '큰 일'이라고 하셨습니다. 그가 구원받은 것은 결코 작은 일이 아니었습니다. 단순히 귀신에게서 풀려나는 것이 아니고 온전한 정신으로 회복되어 예수님의 발아래 앉게 된 것이 큰 구원입니다(눅 8:35~36). 예수님은 우리가 받은 '큰 구원'을 널리 알리기를 원하십니다.

거라사의 광인은 무덤 사이에서 인간으로서의 최소한의 품위도 지키지 못하고 벌거벗은 채 온몸을 자해하며 주야로 고통 속에서 부르짖었습니다. 아무도 그를 도울 수 없었습니다. 오직 예수님만이 그를 불쌍히 여기시고 악령의 속박에서 해방시켰습니다. 주민들은 그를 쇠사슬과 쇠고랑으로 통제해 보려고 했을 뿐입니다. 그것은 광인에게 더 큰 고통만 주었습니다. 그런데 거라사 주민들은 예수님의 '큰 구원'을 보고 들었음에도 예수님을 원치 않았습니다. 아마 자기들은 거라사의 광인과 같지 않다고 생각했을지 모릅니다. 그러나 그들이 광인과 달리, 옷을 입고, 소리를 지르거나 자해하지 않는다고 해서 정신이 온전한 것은 아니었습니다. 그들 역시 무덤 사이에서 사는 자와 별로 다를 것이 없었습니다. 그들도 뒤틀린 마음과 생각으로 사탄의 지배를 받고 있었기 때문입니다. 그들은 예수님의 구원을 똑똑히 보았음에도 예수님을 원치 않고 떠나 달라고 했습니다. 예수님이 어떤 반응을 보이셨습니까? 그들의 요구를 존중하시고 떠나셨습니다. 두 눈과 두 귀로 분명히 보고 들은 구원을 거절하면, 돼지 떼의 운명을 피하지 못합니다.

본 사건은 예수님의 신분에 대한 일련의 사건들과 관련된 본문입니다.

마가복음 초두에서 예수님은 가버나움 회당에서 귀신을 내쫓는 권위를 가진 분으로 소개되었습니다. 그다음 불치병인 나병을 고치시고 중풍병자를 치유하셨습니다. 또 손 마른 사람을 고치시고 바다와 풍랑도 잠재우셨습니다. 이제 다시 예수님은 거라사 귀신 들린 자를 치유하셨습니다. 이러한 기적들을 통해서 드러내려고 하는 메시지가 무엇입니까? 예수님은 죄로 초래된 각종 질병을 고치시는 메시아며 자연의 위력까지 통제하시는 창조주라는 것입니다. 또한 영적 세계의 악령들까지도 제압하시는 "지극히 높으신 하나님의 아들"(7절)이었습니다. 그의 신분은 악령들까지도 부인할 수 없었습니다. 예수님은 악령에 사로잡힌 죄인들을 긍휼히 여기시고 구원하시는 "큰 일"을 행하시는 분입니다. 예수님은 거라사 광인의 가족들에게도 자비를 베푸시려고 회복된 광인을 그의 집으로 보냈습니다.

본 사건은 수많은 악령을 제압하는 예수님의 능력을 목격한 제자들에게 큰 격려가 되었을 것입니다. 그러나 동시에 경고의 메시지도 담겨 있습니다. 예수님의 능력이 드러나면 내게 잃는 것이 생깁니다. 예수님이 오시면 돼지들이 떠나야 하기 때문입니다. 거라사 주민들은 예수님을 환영하는 것과 돼지를 잃는 것 중에서 양자택일을 해야 했습니다. 그들은 예수님을 택하지 않았습니다. 그들은 잃은 돼지 떼를 다시 사육했을 테지만 그들을 떠난 예수님은 다시 돌아오시지 않았습니다. 그들은 돼지들을 팔아 돈을 벌었을지라도 하나님의 아들의 임재를 잃었습니다. 그들은 현세의 부(富)를 택했다가 영원한 하늘의 부(富)를 잃었습니다. 그들은 예수님이 돼지 떼의 몰살 원인이었기에 재앙을 가져오는 분으로 여기고 그를 거절했습니다. 이것이야 말로 악령의 영향을 받은 뒤틀린 정신이 택한 재앙이었습니다. 돼지 떼의 몰살은 악령과 그를 따르는 자들이 받게 될 마지막 심판에 대한 하나의 생생한 예시입니다.

29

나를 찾으시는 주님

마가복음 5:21~34

성경은 종교 매뉴얼도 아니고 도덕 훈화집도 아닙니다. 성경은 하나님의 자화상입니다. 성경은 인간 역사 속에서 자신을 드러내신 하나님에 대한 이야기입니다. 그래서 하나님이 어떤 분인지를 알려면 성경을 읽으면 됩니다. 성경에서는 하나님의 인격과 성품에 대해 두 갈래로 계시합니다. 하나는 주로 이스라엘 국가와의 관계에서 하나님이 자신을 계시하셨고, 다른 하나는 개인과의 관계 속에서 자신이 어떤 분인지를 드러내셨습니다. 예를 들어, 하나님은 이스라엘 백성을 택하시고 그들을 애굽에서 해방시켜 광야를 거쳐 가나안 땅에 정착하도록 인도하셨습니다. 이 과정에서 하나님은 이스라엘을 국가 단위로 구원하셨습니다. 그런데 국가라는 대단위 공동체 안에서 하나님은 특정 개인과 관계를 맺고 여러 모로 자신을 계시하셨습니다. 하나님은 열국의 흥망을 주관하십니다. 하나님은 사실상 온 우주를 통제하시지만, 극히 작은 존재인 개인의 삶도 주권적으로 개입하셔서 사랑과 긍휼을 베푸십니다. 그래서 한 개인에게 하나님이 쏟으시는 절대적인 관심을 볼 때 나 자신에게도 동일한 하나님의 사랑과 도움이 있을 것을 기대하게 됩니다.

우리가 하나님을 아는 가장 좋은 방법은 하나님의 아들로 오신 예수님을 아는 것입니다(1:1). 예수님은 제자들에게 너희가 나를 알았더라면 내 아버지도 알았으리로다(요 14:7)라고 하셨습니다. 그때 빌립이 예수님께 아버지를 보여 달라고 하자 예수님은 나를 본 자는 아버지를 보았다고 하셨습니다(요 14:8~9).

예수님은 세상의 구주로 오셨지만 각 개인의 구주도 되십니다. 하나님은 개인의 인격을 존중하시고 한 인간의 가치를 높이 보십니다. 하나님의 눈에는 어떤 개인도 다 귀한 존재입니다. 인간은 하나님의 형상대로 지음을 받았습니다. 비록 타락했어도 여전히 하나님의 손으로 지음을 입은 피조물로서 사랑과 구원의 대상입니다. 그래서 예수님은 한밤중에 찾아온 니고데모와 긴 대화를 나누셨고, 소문난 사마리아 여자에게 영생의 복음을 전하셨습니다. 예수님은 백부장의 종을 치유하셨고, 나인성 과부의 죽은 아들을 살리셨습니다.

예수님의 옷자락을 만진 여인의 치유

본문의 스토리는 혈루병을 앓던 한 여인의 믿음과 예수님의 반응을 진술합니다. 많은 사람이 예수님을 사방에서 에워싸며 따랐습니다. 그 가운데 혈루병을 오래 앓던 한 여인이 끼여 있었습니다. 혈루병은 레위기 15장의 규정에 의하면 의식상 불결한 병이었습니다. 그래서 예배에 참석하거나 제물을 바칠 수 없었습니다. 유출병자와 접촉되면, 사람은 물론이고 물건까지도 부정하게 되었습니다. 그래서 유출병 환자가 예수님을 만졌다는 것은 매우 심각한 일이었습니다. 예수님 자신도 부정하게 되기 때문입니다. 그런데 여기에는 딱한 사연이 있었습니다.

유출병 여인은 12년간 자기 병을 고쳐보려고 많은 의사를 찾아다녔지만 고치지 못하고 재산만 날렸습니다. 이 여인은 이스라엘 공동체에서 제대로 사회생활을 할 수 없었습니다. 하나님께 나아갈 수도 없고 사람들과의 접촉도 피해야 했습니다. 그녀는 군중 속에 있는 가장 고독한 인물이었습니다. 이제 그녀는 최후의 소망을 예수님께 걸고 무리 속으로 끼어들었습니다. 그런데 12년간 출혈이 멈추지 않았는데 무슨 힘이 있었겠습니까? 그녀가 큰 무리(5:24)를 헤치고 예수님께 접근하는 것은 불가능했을 것입니다. 그럼에도 그녀는 사력을 다해 서로 밀고 에워싸는 무리 속을 헤쳐나갔습니다. 어떻게 한 번에 주욱 헤치고 나갔겠습니까? 몇 발자국 앞으로 나갔다가 다시 밀려서 뒷걸음치기를 여러 번 반복했을 것입니다. 출혈이 있으면 빈혈도 오기 마련입니다. 아마 그녀는 어지러운 몸을 간신히 가누며 예수께로 나아가려고 안간힘을 썼을 것입니다. 우리는 이 여인이 드디어 예수님을 접근한 것을 압니다. 그런데 자기 힘으로 된 일이었을까요? 분명 아닐 것입니다.

그녀가 예수님의 옷자락을 만질 수 있는 거리까지 좁혀갈 수 있었던 것은 예수님이 그녀의 접근을 의식하셨기 때문이라고 생각합니다. 예수님은 그녀가 지칠 대로 지쳐있다는 것과 예수님께 닿기 위해 온 힘을 쏟고 있다는 것을 감지하셨을 것입니다. 예수님은 혈루증 여인의 손길이 닿기 전에 그녀의 마음의 손길을 먼저 느끼셨습니다. 그래서 그날 예수님의 걸음은 유난히 더뎠을 것입니다. 그렇다면 이것은 예수님과 혈루증 여자의 거리를 좁혀주기 위한 의도적인 배려였습니다. 만일 예수님이 아주 천천히 걷지 않으셨다면 이 힘없는 여인이 그 많은 사람을 헤치고 예수께로 나갈 수 없었을 것입니다. 정상적인 사람도 군중에게 치이고 밀려서 예수님께 접근하기 어려운데 어찌 이 병약한 여인이 예수님의 몸에 닿을 정도로 가까이 갈 수 있었겠습니까?

예수님은 분명 아주 천천히 걸으시면서 혈루증 여인이 따르는 방향에 맞추어 거리를 좁혀 주셨을 것입니다. 어쩌면 멈춰 서시기도 하면서 혈루증 여인을 기다리셨을지 모릅니다. 이것은 하나님을 가까이 하라 그리하면 너희를 가까이 하시리라(약 4:8)는 말씀의 문자적인 응답입니다. 주님은 우리가 어떤 절급한 필요를 안고 몸과 마음을 다하여 주님께 소망을 걸 때,

걸음을 늦추시고 우리에게 견딜 힘을 주십니다.

믿음의 손길을 드러내신 주님

혈루증 여인은 마침내 예수님의 옷자락에 손이 닿았고 그 순간 자신의 병이 나았다는 것을 직감하였습니다. 예수님은 자신에게서 능력이 나간 것을 아시고 누가 내 옷에 손을 대었느냐(30절)라고 물으셨습니다. 제자들의 대답은 너무도 당연합니다. 큰 무리가 예수님을 에워싸고 미는데 예수님께 몸이 닿은 자들이 한두 사람이겠습니까? 제자들은 예수님이 엉뚱한 질문을 하신다고 생각했을 것입니다. 그들은 믿음의 손으로 예수님을 만지는 자가 있었다는 사실을 몰랐습니다. 그들이 또 모르는 것이 있었습니다. 믿음의 손으로 예수님을 만지는 자는 아무리 사람이 에워싸도 예수님이 즉시 아신다는 사실이었습니다. 제자들은 예수님과 함께 살면서도 예수님이 한 개인에 대해 가지신 깊은 사랑의 관심에 대해서는 아는 것이 없었습니다. 그들은 예수님과 너무도 가까이 있었지만 너무도 먼 거리에 있었습니다.

혈루증 여인은 예수님을 만진 후에 다시 무리 속으로 사라지려고 했습니다. 그러나 믿음의 손길을 가진 자를 주님은 찾아내십니다. "누가 내 옷에 손을 대었느냐"라고 물으신 것은 예수님이 의도하신 것이 있었다는 뜻입니다.

첫째, 혈루증 여인이 나았다는 것을 공적으로 선포해 주기 위해서였습니다.
그녀가 더 이상 부정하지 않다는 것을 알림으로써 그동안 이스라엘 공동체에서 숨을 죽이며 살았던 외로운 삶을 청산하게 하셨습니다. 이제부터 그녀는 떳떳한 하나님의 자녀로서 예배에 참석하고 이웃들과 접촉하면서 공동체에서 자유롭게 살게 되었습니다.

둘째, 개인적인 신앙 고백을 하게 하려는 것이었습니다.

여자가 자기에게 이루어진 일을 알고 두려워하여 떨며 와서 그 앞에 엎드려 모든 사실을 여쭈니 (33절).

그녀는 그동안 자신이 겪은 고통의 삶을 다 아뢰었습니다. 그녀는 단지 예수님의 옷자락만 만져도 불치병이 나을 것이라는 믿음으로 예수님을 만졌다고 고백하였습니다. 많은 사람 앞에서 예수님의 능력을 믿고 만졌더니 불치병이 금방 나았다는 것을 간증한 것은 그녀와 예수님과의 개인적인 사귐이 시작되었다는 공적 확인이었습니다. 예수님의 은혜를 입었으면, 부끄러워하거나 두려워하지 말고 예수님과 터놓고 교제해야 합니다.

셋째, 믿음의 행위는 잘못된 것이 아님을 확인해 줄 필요가 있었습니다.

혈루증 여인은 자기 같은 비천한 처지의 사람은 예수님 곁에서 당당하게 사는 제자들처럼 예수님을 대할 수 없다고 생각했던 것 같습니다. 그녀는 아무도 모르게 예수님의 옷자락만 만지고 사라질 생각이었습니다. 그녀는 예수님이 누가 내 옷에 손을 대었느냐고 물으셨을 때 너무도 두려워 떨었습니다. 당시의 관습으로는 여자가 랍비와 개인적인 접촉을 할 수 없었습니다. 더구나 혈루병 환자의 부정한 몸으로 랍비를 만지는 것은 금기사항이었습니다. 그녀는 예수님의 허락이 없이 된 일이었기에 더욱 두려워했을 것입니다. 그러나 예수님은 그녀의 믿음의 행위를 드러내셨습니다.

예수님은 신분의 고하를 막론하고 누구나 믿음의 손길을 뻗치는 자들에게 자비로 응답하십니다. 혈루증 여인이 만약 들키지 않고 그냥 사라졌다면 평생 죄책감 속에서 두려워하며 살았을 것입니다. 그래서 주님은 그녀가 죄를 지은 것이 아님을 드러내셨습니다. 비록 부정한 혈루증 환자로서 랍비를 임의로 몰래 만졌지만, 그것은 율법으로 정죄받을 일이 아니고 하나님께서 기뻐하시는 믿음의 행위였음을 밝혀 주셨습니다.

넷째, 예수님은 혈루증 여자를 축복하기를 원하셨습니다.

네 믿음이 너를 구원하였으니 평안히 가라 네 병에서 놓여 건강할지어다 (34절).

주님의 축복은 그동안 꺼져가는 등불처럼 살았던 속절없던 삶의 그늘을 한 순간에 다 거두고도 남게 하였습니다. 그녀는 혈루증으로 성전에 갈 수 없었기에 제사장의 축도를 받을 수 없었습니다. 주님의 축도는 곧 그녀의 삶에 하나님의 임재와 평안이 찾아왔음을 의미하였습니다. 그날 수많은 인파 중에서 주님의 축도를 받은 자는 이 혈루증 여인 한 사람뿐이었습니다. 얼마나 기쁘고 영광스러운 일이었겠습니까!

혈루증 환자에 대한 레위기 규정들을 보면 매우 가혹하다는 생각이 듭니다. 혈루증 환자가 앉았던 자리에 다른 사람이 앉아도 오염이 되었습니다. 그래서 옷을 빨아야 했습니다. 혈루증 환자라는 것이 알려지면 정상적인 가정생활이나 사회 활동을 할 수 없었습니다. 그런데 이러한 율법의 규례는 혈루증 환자에 대한 차별대우가 아니었습니다. 나병환자에 대한 규정도 마찬가지였습니다. 이것은 이스라엘의 하나님은 거룩하신 분이므로 그의 백성은 거룩한 삶을 살아야 한다는 것을 가르치려는 제도적 교육 장치였습니다. 중요한 것은 하나님께서 혈루증이나 나병과 같은 불치병 환자를 정죄하거나 배척하지 않으신다는 사실입니다. 예수님은 혈루증 환자를 따뜻하게 대하시고 축복까지 하시면서 위로하셨습니다.

유출병에 대한 율법의 규정은 백성의 정결을 위한 것이었습니다. 그런데 어떻게 깨끗함을 받을 수 있습니까? 구약시대에는 정하고 부정한 것을 율법의 규례대로 지키는 것이었습니다. 그러나 그것으로 실제로 사람이 깨끗해지는 것은 아니었습니다. 율법의 규정은 모두 예수님이 오셔서 구약 시대의 그림자와 상징을 실체로 바꿀 때를 바라본 것이었습니다. 부정한 것이 깨끗하게 되어 하나님께 받아지는 것은 믿음의 손이 예수님에게 닿았을 때였습니다.

예수님은 가련한 혈루증 여자가 허약한 병구를 이끌고 믿음의 손길을 뻗었을 때 즉시 그녀의 소원이 이루어지게 하셨습니다. 우리에게는 어쩌면 예수님을 그 정도로 신뢰하지 않기 때문에 크고 많은 축복을 놓치고 있는지 모릅니다.

지금도 많은 사람이 예수님을 따르며 서로 밀치고 에워쌉니다. 그러나 과연 몇 사람이나 혈루증 여인처럼 온 힘을 다해 오직 예수님에게 소망을 걸고 그분의 옷자락을 믿음의 손으로 만지고 있을까요? 혈루증 여인을 주님이 고치신 날에 많은 사람이 예수님의 옷자락에 접촉되었습니다. 그러나 치유를 받은 자는 혈루증 여인뿐이었습니다.

예수님을 믿는다면서 그분을 추종한 사람들은 다수였지만 주님의 축도를 받은 자는 단지 한 사람이었습니다. 혈루증 여인은 꺼져가는 등불이었고 상한 갈대였습니다. 그럼에도 그녀는 예수님을 만나기로 작심하고 예수님의 옷자락을 믿음의 손으로 만졌습니다. 주님은 그녀의 손을 높이 들어주셨습니다. 비록 가냘픈 병자의 손이었지만 그 손은 주님의 치유의 능력이 와닿는 곳이었습니다.

우리가 예수님을 진정으로 신뢰하고 믿는다면, 주님은 우리의 나약한 손을 붙들어 주십니다. 주님은 죄와 허물과 고통에 젖은 상한 손을 알아보시고 가시던 길을 멈추십니다. 이 세상은 나의 한숨이나 눈물에 관심이 없습니다. 내 인생의 무대에 수많은 군중이 지나갑니다. 그들은 모두 나를 지나칩니다. 그러나 주님은 한 영혼의 신음소리에 민감하십니다. 예수님을 따르는 무리는 혈루증 여인에게 아무런 관심이 없었습니다. 오직 주님만이 그녀를 만나주기 위해서 가시던 길을 멈추셨습니다. 예수님은 원래 회당장 야이로의 딸을 치유하려고 가시던 중이었습니다. 그러나 혈루증 여자의 사건 때문에 시간이 지체되어 회당장의 딸이 죽고 말았습니다 (5:35). 예수님은 아무리 급박한 일이 있어도 믿음의 손길을 내미는 상한 갈대와 꺼져가는 등불을 그냥 지나치시지 않습니다(사 42:3). 비록 회당장 야이로의 딸이 예수님의 지체로 죽는 한이 있어도 주님은 급한 길음을 멈추시고 상한 갈대와 꺼져 가는 등불을 찾아내십니다.

그런데 예수님의 옷자락을 만진 믿음의 손은 의식상 부정한 손이었습니다. 그 손이 닿는 곳마다 불결하게 되어 하나님께 나아갈 수 없게 만듭니다. 혈루증 여인의 손이 예수님의 몸에 닿았을 때 예수님은 부정하게 되었습니다. 그러나 부정한 손의 임자는 나음을 입었습니다. 이것이 복음입니다. 예수님은 죄인들의 손에 닿아 부정하게 되셨고 심판의 대상이 되어 거룩하신 하나님께 나아갈 수 없게 되었습니다. 그 대신 죄와 허물로 하나님께 나아갈 수 없던 우리는 의롭다는 선언을 받고 거룩하신 하나님께 나아가게 되었습니다.

예수님은 우리의 죄를 지고 십자가로 가셨고, 우리는 주 예수의 속죄 피로 깨끗함을 얻었습니다. 예수님은 우리의 불결한 손을 자신의 피로 씻기십니다. 우리의 한 많은 삶을 한순간에 축복으로 바꾸십니다. 주님은 군중 속에서 나를 찾아내십니다. 그리고 모든 사람 앞에서 내가 어떤 고통과 슬픔 속에서 구원받았는지를 간증하게 하십니다. 이것이 마지막 날에 있게 될 우리의 모습입니다.

우리는 언젠가 천군 천사들과 함께 모인 허다한 무리 앞에서 주 예수께서 어떻게 우리의 죄 많은 삶을 십자가 희생으로 깨끗하게 하시고 거룩하신 하나님의 존전에 나오게 하셨는지를 간증할 것입니다. 그때 우리는 다시 하나님의 축도를 받고 영원한 새 삶을 주님과의 사귐 속에서 끝없이 누리게 될 것입니다.

30
동행을 멈추시는 주님
마가복음 5:35~43

갈릴리 호수 맞은편에서 야이로라는 회당장이 예수께 와서 발아래 엎드렸습니다. 그는 죽어가는 어린 외딸을 고쳐달라고 예수님께 간청하였습니다(눅 8:42). 예수님은 그의 간청을 받아주셨고 야이로는 예수님을 모시고 집으로 가던 중이었습니다. 그는 이제 예수님이 가시니까 그의 딸이 반드시 낫게 될 것이라고 안심했을 것입니다.

그런데 갑자기 예수님이 가시던 길을 멈추셨습니다. 뜻밖의 일이 생긴 것입니다. 야이로의 딸이 위중해서 한 걸음도 급한 판인데 예수님이 멈추시니 마음이 불안해지지 않을 수 없었을 것입니다. 예수님은 갑자기 누가 내 몸에 손을 대었느냐고 엉뚱한 질문을 하셨습니다. 이것은 회당장 야이로와 전혀 상관없는 일이었습니다. 누가 들어도 이상하기 짝이 없는 질문이었습니다. 큰 무리가 이리저리 떠밀면서 예수님을 따르고 있었기 때문입니다. 예수님은 자기 몸에 손을 댄 사람이 나타나기 전에는 다시 가시려고 하지 않았습니다. 죽어가는 어린 딸을 생각하면 야이로는 초조하기 짝이 없는 상황이었습니다.

보장 없는 주님과의 동행

우리는 주님과의 동행을 원합니다. 우리는 「주님 동행＝만사형통」이라는 등식을 가지고 있습니다. 그런데 주님의 동행이 반드시 순탄하리라는 보장은 없습니다. 주님이 약속하시고 허락하신 일이라도 중간에 변수가 생길 수 있습니다. 주님과 동행하던 길에서 예기치 못한 일이 일어났다면 어떻게 해야 할까요?

주님과의 동행을 방해하는 일들은 나와 상관이 없거나 나에게 불리한 일이라고 여길지 모릅니다. 야이로는 이렇게 생각했을 것입니다.

「예수님이 죽어가는 내 딸을 고치려 가시는데 왜 하필이면 난데없이 알지도 못하는 여자가 나타나서 지체하게 한단 말인가? 이 여자 때문에 내 딸 죽게 됐구나. 이것 큰일일세」

회당장은 시간이 지체될수록 말도 못 하고 가슴을 졸여야 했을 것입니다. 그의 입장에서는 혈루증 여자의 일은 전적으로 그의 상황을 악화시키는 것이었습니다.

[우리에게 주는 교훈은 무엇입니까?]

주님의 동행이 도중에 방해를 받는 사건들은 결과적으로 우리에게 유리하게 작용한다는 것을 가르칩니다. 그런데 우리는 이런 유리한 결과를 미리 보지 못하기 때문에 예수님의 동행 중단이 큰 실망이 됩니다. 야이로 회당장이 만약 자기 딸이 나중에 회복될 것을 미리 알았다면 혈루증 여인의 사건이 문제 되지 않았을 것입니다.

그럼 예수님이 왜 그에게 딸의 치유를 미리 알리시지 않았을까요? 우리는 언제나 결과부터 알기를 원합니다. 긍정적 결과를 알 수 있다면 우선 안심하게 될 것입니다. 하나님께 감사도 미리 하겠지요. 중요한 것은 예수님이 본 상황을 어떻게 대하셨는가 하는 것입니다. 예수님은 혈루증 여인의 사건 때 서두르시지 않았습니다. 빨리 혈루증 여자 문제를 처리하고 회당장의 집으로 속히 가시려고 하지 않았습니다. 예수님에게는 혈루증 여자를 치료하는 일도 야이로의 딸을 치유하는 일만큼 중요하였습니다.

그런데 예수님이 야이로의 일을 서두르시지 않은 이유가 있었습니다. 그것은 야이로의 믿음이 위기와 시련을 통해서 다음 단계의 수준으로 올라가게 하려는 것이었습니다. 야이로는 예수님에 대한 믿음이 있었습니다. 그래서 예수님의 발아래 엎드려 딸의 치유를 간청했습니다. 그는 죽어가는 딸이지만 예수님이 오셔서 안수하시면 나을 것으로 확신하였습니다. 그의 믿음은 여기까지였습니다.

그런데 혈루증 여자의 사건을 보고 그는 예수님의 치유 능력을 더 확신했을 것입니다. 예수님의 옷자락만 만져도 불치병이 나았으니까 예수님이 직접 자기 딸에게 손을 얹으시면 즉시 낫게 될 것으로 믿었을 것입니다. 하지만 야이로에게는 또 하나의 위기가 왔습니다. 예수님이 아직도 혈루증 여인과 말씀하시는 중인데 비보가 날라 왔습니다. 그의 딸이 죽었다는 소식이었습니다. 그는 혈루증 여자 때문에 결국 자기 딸이 죽었다고 원망했을 것입니다. 이제 모든 것이 끝났습니다. 그의 집에서 온 사람들도 그에게 예수님을 포기하라고 하였습니다(35절). 그런데 이 말을 예수님이 엿들으셨습니다(36절). 매우 흥미 있는 대목입니다. 예수님은 우리의 대화를 엿들으시는 분입니다(참조. 막 8:16-17). 야이로는 귀여운 딸이 그만 죽었다는 소식을 받았을 때 믿음이 흔들렸습니다. 그래서 예수님은 그에게 "두려워하지 말고 믿기만 하라"고 하셨습니다(36절).

야이로가 예수님과의 동행에서 당했던 첫 번째 위기는 혈루증 여인으로 예수님의 걸음이 멈춘 때였습니다. 그런데 이 위기는 그의 믿음을 강화시키는 계기가 되었습니다. 혈루증 여인이 믿음의 손길을 예수님께 뻗었을 때 즉시 그녀의 병이 나았다는 간증을 들었기 때문입니다. 예수님은 그녀를 축복하시며 평안히 가라고 하셨습니다. 야이로는 이것을 보고 예수님의 치유 능력을 방출시키는 것은 그분에 대한 굳은 믿음이라는 것을 확신하게 되었을 것입니다.

그러나 딸이 죽었다는 비보는 그에게 혈루증 여인으로 강화된 믿음을 뒤흔드는 사건이었습니다. 그는 예수님이 산 사람의 병은 낫게 하실 수 있다고 믿었습니다. 그런데 어찌 죽은 자를 다시 살릴 수 있단 말입니까? 회당장에게는 이것이 가장 큰 믿음의 시련이었습니다.

하나님은 믿지 않는 자들에게는 믿음을 더 강화시킬 수 없습니다. 그러나 믿는 자들에게는 그 믿음이 더 강해지도록 도우십니다. 그 방법은 믿음의 위기를 사용하는 것입니다. 예수님이 언제 야이로에게 믿기만 하라고 하셨습니까? 딸이 죽었다는 소식을 야이로가 받았을 때였습니다. 만일 야이로가 주님은 살아 있는 사람만 낫게 하실 수 있다는 것을 믿는 선에서 그쳤다면, 그의 딸은 예수님이 살릴 수 없다고 보았을 것입니다. 그러나 그가 예수님이 죽은 자도 다시 일으키실 수 있다고 믿을 수 있다면, 그는 위기를 통해서 믿음의 정상에 오르게 될 것이었습니다. 야이로는 주님의 격려를 받고 주님을 모시고 죽은 딸이 누워있는 자기 집으로 갔습니다.

그런데 마태복음 9장에도 야이로 회당장에 대한 기사가 실려 있습니다. 거기에 보면 "한 관리가 와서 절하며 이르되 내 딸이 방금 죽었사오나 오셔서 그 몸에 손을 얹어 주소서 그러면 살아나겠나이다"(마 9:18)라고 했습니다. 그런데 마태복음의 기록은 마가복음이나 누가복음에 나오는 기록보다 훨씬 짧습니다. 마가복음에는 열한 절이고 누가복음은 열 절입니다. 그러나 마태복음에는 여섯 절에 불과합니다. 마태복음의 기사가 압축된 것임을 알 수 있습니다. 그래서 마태복음에서는 야이로의 딸이 위독한 상태라는 첫 단계의 진술을 생략하고 두 번째 단계의 딸의 죽음을 다루었다고 봅니다. 즉, 야이로가 딸이 죽었다는 소식을 받았을 때, 예수님으로부터 계속해서 믿기만 하라는 말씀을 듣고 용기를 내었다는 것입니다. 그러니까 그는 자기 딸이 죽었지만, 예수님이 살릴 수 있다고 고백하고 주님을 모시고 그의 집으로 가게 되었다는 내용입니다.

주님이 멈추시면 큰 복이 내립니다.

믿음은 더 자라야 하고 강해져야 한다는 것이 본 스토리의 교훈입니다. 우리의 믿음은 처음부터 완전하지 않습니다. 믿음은 시련과 위기를 거쳐서 온전해집니다. 우리를 온전한 믿음에 이르게 하려는 것이 하나님의 뜻입니다. 그래서 거듭난 성도라면 믿음의 시련을 겪기 마련입니다.

야이로 회당장이 여러 차례의 믿음의 위기와 시련을 거쳐 온전한 믿음에 이르렀듯이, 우리도 같은 과정을 거쳐야 합니다. 그러니까 우리는 예수님이 가시던 길을 멈추실 때마다 내 믿음이 한 단계 올라갈 수 있는 기회가 왔다고 생각해야 한다는 것입니다.

믿음 생활의 길에는 태풍도 불고 눈보라도 칩니다. 뜨거운 햇볕이 내리쬐거나 장맛비도 쏟아집니다. 내리막길도 있고 오르막길도 있습니다. 그러나 주님에 대한 꾸준한 믿음을 보이면 예수님의 크나큰 능력을 체험한다는 것이 본 스토리의 중요한 교훈입니다.

만약 야이로가 주님과 동행하던 길에서 혈루증 여자의 방해를 받지 않았다면 어떻게 되었을까요? 예수님이 곧장 그의 집으로 가셨을 것이고, 죽어가던 그의 딸은 치유됐을 것입니다. 그런데 그는 단순히 자기 딸이 병에서 낫는 것과 비교할 수 없는 주님의 은혜를 체험하였습니다. 혈루증 여자의 갑작스런 사건과 또 그의 딸이 죽었다는 비보를 받고도 주님을 계속 신뢰했을 때 어떤 일이 일어났습니까? 그는 죽은 딸을 살려 받는 부활 생명을 체험하였습니다. 어느 쪽이 더 큰 축복입니까?

예수님은 언제나 더 큰 복을 내리기 위해서 우리를 더 높은 곳으로 데리고 가십니다. 그런데 높이 올라갈수록 길이 더 험난합니다. 믿음의 길은 여러 차례의 위기와 시련을 거쳐 정상에 이릅니다. 그런데 정상에 이르면 아래에서 보던 세계와 비교할 수 없는 차원의 파노라마를 한눈에 바라볼 수 있습니다. 예수께서 우리와 동행하시다가 멈추시는 예상 밖의 사

건들은 우리의 믿음을 북돋아주고 예수님에 대한 깊은 신뢰를 일으키게
합니다.

요한복음에는 예수님이 가시던 길을 멈추시고 의도적으로 동행을 지
연시키신 한 사건을 적고 있습니다. 예수님은 나사로의 병든 소식을 들
으셨을 때 이상하게도 계시던 곳에 이틀을 더 머무셨습니다(요 11:6). 그
런데 그 사이에 나사로가 죽고 말았습니다. 그때 예수님은 이상한 말씀
을 하셨습니다.

> 내가 거기 있지 아니한 것을 너희를 위하여 기뻐하노니 이는 너희로 믿게
> 하려 함이라 그러나 그에게로 가자 하시니 (요 11:15) .

마르다와 마리아는 예수님이 늦게 오신 것을 원망하였습니다. 제자들
은 예수님이 동행을 멈추신 것을 이해할 수 없었습니다. 그런데 어떤 일
이 일어났습니까? 예수님이 나사로를 무덤에서 불러내셨습니다. 병에서
그냥 낫는 것하고 죽었다가 다시 일으킴을 받는 것하고, 어느 쪽이 더 큰
축복입니까? 단순히 질병을 낫게 하시는 주님의 능력을 보는 것과 죽은
자를 다시 살리시는 부활 능력을 가지신 주님을 보는 것 중에서 어느 편
이 더 큰 은혜입니까? 죽은 자를 다시 살리신 예수님의 능력을 직접 목격
했던 야이로와 예수님의 제자들은 예수님이 어떤 분인지를 예전에는 상
상도 할 수 없었던 차원에서 깨닫게 되었을 것입니다.

예수님이 동행을 멈추셔도 계속해서 주님을 신뢰하면 우리의 작은 믿
음이 자라고 깊어지는 계기가 됩니다. 예수님은 우리와 실제로 동행하실
때에만 우리를 인도하시는 분이 아닙니다. 야이로와 동행하시던 주님이
갑자기 멈추셨습니다. 야이로는 마음이 다급해졌습니다. 그런데 주님은
서 계신 채로 야이로가 다음 단계의 위기를 잘 극복할 수 있도록 인도하

셨습니다. 당시의 상황을 다시 상기해 보십시오.

예수님은 야이로가 지켜보는 중에 혈루증 여인에게 '네 믿음이 너를 구원하였다' 라고 하셨습니다. 누구보고 하신 말씀일까요? 물론 혈루증 여자에게 주신 말씀입니다. 그녀가 예수님의 옷자락을 만진 것은 두려워 할 일이 아니고 잘한 일이라는 것이었습니다. 그런데 이 말씀을 듣고 자신에게 적용해야 할 사람이 있었습니다. 그 사람이 누구입니까? 다름 아닌, 야이로였습니다. 야이로는 곧 딸이 죽었다는 비보를 받을 것이었습니다. 그때 주님의 이 말씀이 가장 필요한 사람이 야이로였습니다. 그에게 주는 주님의 메시지는 이런 것이었습니다.

「야이로야 너는 지금 너의 딸이 죽었다는 말을 들었다. 그래서 심히 두려워한다. 그런데 내가 방금 혈루증 여자에게 한 말을 듣지 않았느냐? 믿음이 너를 구원하였다는 말의 의미를 생각해 보라. 그리고 너 자신에게 적용하라. 그러면 너의 딸도 구원을 받을 것이다. 나를 계속 믿으라.」

이것이 주님께서 동행을 멈추실 때 행하시는 일입니다. 주님이 우리와 함께 가실 때는 우리는 담대합니다. 감사와 찬양이 넘칩니다. 생기가 나고 신앙생활이 즐겁습니다. 그런데 어느 날 주님은 가시던 길을 예고 없이 멈추십니다. 그러면 어떻게 됩니까? 당황하고 마음이 초조해집니다. 그뿐만 아니라 섭섭한 것이 한두 가지가 아닙니다.

「예수님이 이제 내 일에는 상관하시지 않는구나. 내 어린 딸은 지금 분초를 다투며 사경을 헤매는데 저 여자는 어른이고 멀쩡하지 않은가? 내 딸은 지금 병상에 힘없이 누워서 말할 힘도 없는데 저 여자는 혼자 걷고 말도 하고 다 하지 않는가? 무엇이 그리 급하기에 예수님이 그런 환자를 돌보시느라고 걸음을 멈추시고 시간을 지체하실까? 저 여자는 생명에 지장이 없으니 나중에 고쳐주셔도 되지 않는가?

주님은 죽어가는 내 딸을 두시고 저런 여자에게 시간을 다 쓰고 계신다. 예수님이 나의 급절한 사정을 이제 모르는 체하신단 말일까? 내가 만사를 제치고 이렇게 달려와서 예수님의 발아래 엎드려 사정했거늘 이렇게 갑자기 마음을 바꾸시다니… 내 딸은 이제 죽게 되었구나!」

생각이 여기까지 미치면 약자의 입장에서 처연하고 서럽습니다. 그래서 믿음의 시련은 우리가 과연 예수님을 얼마나 깊이 신뢰하며 따르는지를 점검하는 정확한 저울입니다. 믿음의 위기가 오면 우리가 가진 믿음이 얼마나 허술하고 믿을 수 없는 것인지를 깨닫습니다. 그래서 주님은 우리의 믿음 생활에 광풍이 부는 것을 허락하시고 불안과 염려에 흔들리는 경험을 하게 하십니다. 그러나 내 믿음을 굳게 세워주려는 주님의 의도를 깨달으면 "아 나는 비바람이 치고 비보가 들어와도 주님을 계속해서 확신하고 살아야 하겠구나 주님은 나를 지금 저 높은 곳으로 데리고 가시는 중이다"라고 생각하고 주의 손을 다시 붙잡게 됩니다.
주님은 우리에게 들어오는 온갖 종류의 비보를 일일이 다 접수하고 계십니다. 주님은 동행을 잠시 멈추셨을지라도 우리 곁을 떠나신 것은 아닙니다. 그래서 우리가 하는 말들을 엿듣고 계시고 우리의 반응을 다 보고 계십니다. 우리가 괴로워하고 걱정하며 눈물을 흘리는 것을 다 보십니다. 그러나 구경꾼으로 계신 것이 아니라 구원자로서 우리 곁에 머물러 계십니다.

주님은 내가 들으라고 다른 사람에게 말씀하시는 경우가 적지 않습니다. 혈루증 여인의 사건은 나와 무관하지 않습니다. 그 여인에게 주신 말씀이 곧 내 귀에 담아야 할 말씀입니다. 이것이 내가 다음 단계의 위기를 극복하고 더 높은 차원의 믿음으로 올라가도록 인도하시는 주님의 방법입니다. 다시 말해서 야이로가 곧 당하게 될 믿음의 더 큰 시련을 염두에 두시고 주님은 야이로 앞에서 혈루증 환자를 향해 '네 믿음이 너를 구원하였다'라고 선포하신 것이었습니다. 야이로는 처음에는 혈루증 여자 때문에 그의 딸이 죽었다고 원망했겠지만, 사실은 그 여인의 사건이 주는 교훈을 자신에게 적용함으로써 죽었던 그의 딸이 다시 살아나게 되었습니다.

주님은 때때로 가시던 길을 멈추십니다. 그러나 주님의 의도는 우리의 믿음을 강화시켜서 더 큰 은혜를 체험하게 하려는 것입니다. 이 교훈을 마음에 담고 각자가 겪는 믿음의 시련을 잘 넘길 수 있다면 큰 복이 될 것입니다.

31
복음 따라 가는 길
마가복음 6:1~31

예수님은 갈릴리 지역의 사역을 마치시고 고향인 나사렛을 방문하셨습니다(6:1~6). 안식일이 되어 회당에서 가르치셨는데 놀랍게도 배척을 당하셨습니다. 예수님이 자란 곳이고 동네 사람들이 다 아는 사이인데 배척을 당했다는 것은 그 자체로서도 매우 유감된 일입니다. 그 결과 예수님은 "거기서는 아무 권능도 행하실 수 없어 다만 소수의 병자에게 안수하여 고치실 뿐"(6:5)이었습니다.

예수님은 나사렛에서 권위를 인정받고도 배척을 당하셨습니다.

나사렛 주민은 예수님의 가르침이 크게 놀랄 정도로 권위가 있고 지혜가 뛰어나다는 것을 자기들 입으로 인정하였습니다. 그들은 가버나움에서 예수님이 많은 기적을 행하신 것을 들었습니다(눅 4:23). 그뿐만 아니라 예수님이 말씀 한 마디로 격랑의 파도를 잔잔케 하시고, 많은 귀신을 쫓아내시며, 온갖 질병을 낫게 하신 것과 심지어 죽은 자를 살리신 소문까지 다 들었을 것입니다.

그렇다면 예수님을 배척할 이유가 무엇입니까? 오히려 자기 동네에서 자란 예수님에 대해서 자랑스럽게 여기고 환영했어야 당연하지 않았을까요? 그들은 예수님에게 놀라운 능력이 있는 것을 회당 메시지를 통해 즉각 알 수 있었지만 그들이 알던 예수님이 아니라는 이유로 그를 배척하였습니다.

한 가지 드러난 것이 있다면 예수님의 인성입니다. 그들의 증언대로 예수님은 "마리아의 아들 목수"(3절)입니다. 그는 어렸을 때부터 신통력이 있거나 초자연적인 능력을 발휘하는 신동(神童)이 아니었습니다. 그는 인간으로 세상에 오셔서 하나님께서 공적 사역을 위해 부르실 때까지 목수 일을 하면서 평범하게 사셨습니다. 그런데 그가 구원자로 오신 하나님의 아들이심을 드러내는 사건들이 줄을 이었습니다. 예수님은 더 이상 평범한 인간이 아니라 하나님께서 선지자들을 통해 약속하신 메시아로서 하나님 나라를 신적 능력과 지혜와 죄 없는 성품으로 일으켜 세우는 구주였습니다.

그러나 나사렛 주민들은 예수님을 어릴 적부터 알았기 때문에 그에 대해서 모를 것이 없다고 생각했습니다. 그들의 마음에는 새로운 예수님이 들어설 자리가 없었습니다(6:3). 우리도 같은 실수를 범할 수 있습니다. 교회에 좀 다니면 설교도 많이 듣고 성경공부도 여러 해 하게 되므로 예수님에 대해서 다 안다고 생각하기 쉽습니다. 그래서 더 이상 적극적인 관심으로 예수님을 더 알고 배우려고 하지 않습니다. 그러나 예수님은 날로 새로운 분으로 깨달아져야 합니다. 복음의 진리는 깨달을수록 나의 성경 지식과 영적 체험이 얼마나 미미한 것인지를 알려줍니다.

나사렛 주민들은 예수님의 삶과 사역을 통해 명백하게 드러나는 하나님의 진리와 능력을 불신하였습니다. 그들은 과거에 알았던 예수님을 새롭게 보고 하나님의 구원을 받아들일 수 있는 황금 같은 기회를 스스로 걷어찼습니다. 예수님은 그들의 불신을 이상히 여기시고 놀라워하셨습니다(6절). 예수님은 고향 사람들이 그를 받아들일 것으로 기대했으나 크게 실망하셨음이 분명합니다. 예수님은 나사렛 주민들에게 하나님의 복을 내리시려고 찾아가셨지만 그들의 불신으로 인해 권능을 행하지 못하시고 소수의 병자를 고친 것에 그쳤습니다. 그 후로 예수님은 나사렛을 다시 방문하시지 않았습니다. 불신은 찾아온 복도 밀어냅니다.

성경은 겉으로 사람을 판단하지 말라고 하였습니다(요 7:24; 롬 2:11; 골 3:25; 엡 6:9). 하나님께서는 외모로 보시지 않습니다(막 12:14; 신 10:17; 16:19). 표면적인 경험으로 형성된 편견이나 뒤틀린 평가는 하나님의 일을 바르게 보는데 큰 방해가 됩니다.

예수님의 제자훈련

예수님은 나사렛에서 배척을 당하셨지만 복음 사역에 손을 놓을 수는 없었습니다. 예수님은 복음이 선포되고 하나님의 능력이 드러날 때마다 반대가 일어나고 어둠의 세력이 극성을 부린다는 사실을 잘 아셨습니다. 그러나 복음이 반대에 부딪치면 확장의 길이 열립니다. 복음의 진리와 하나님의 구원의 뜻은 절대로 꺾이지 않습니다. 비록 지연과 실망이 겹쳐도 승자는 어둠의 세력이 아니고 하나님이십니다.

예수님은 자신이 하나님의 아들로서 구원의 복음을 전파하고 십자가에서 속죄 제물이 되기 위해 보내심을 받으셨음을 확신하고 조금도 후퇴하지 않았습니다. 오히려 주님은 나사렛에서 나오신 후 여러 마을들을 다니시며 가르치셨고 열두 사도들을 파송하셨습니다. 장벽이 새 길을 개척하는 계기가 되어야 합니다. 하나님께서는 방해와 역경이 하나님의 보다 큰 뜻을 이루는 지렛대가 되게 하십니다.

예수님은 자신이 먼저 여러 마을로 다니시면서 복음을 전하심으로써 제자들에게 모범을 보이셨습니다. 그다음 제자들을 불러 둘씩 짝이 되게 하시고 축귀와 치유 능력을 주셨습니다(7, 13절). 그런데 제자들은 다니면서 기적을 행하는 것을 능사로 여기지 않았습니다. 사람들은 기적에 현혹되기 쉽습니다. 예수님은 기적에 앞서 먼저 복음을 전하셨고 주로 가르치는 일에 집중하셨습니다. 제자들도 회개의 복음을 전파하는 것이 우선이었습니다.

복음을 바르게 배우지 못한 상태에서 기적에 이끌리면 예수님을 믿는 동기부터 잘못되고 하나님을 이방 종교의 잡신처럼 대하게 됩니다. 예수님은 기적을 보고 예수님을 따르는 무리에게 "너희가 나를 찾는 것은 표적을 본 까닭이 아니요 떡을 먹고 배부른 까닭"(요 6:26)이라고 하셨습니다. 예수님의 기적은 예수님이 하나님의 보내심을 받은 메시아되심을 증거하고 하나님 나라의 능력과 혜택을 전시하는 가시적인 사인(sign)입니다. 기적을 통해 예수님이 영생의 양식을 주시는 분임을 믿어야 합니다. 썩을 양식에 대한 집착을 버리지 않으면 기적의 참뜻인 '표적'의 의미는 상실되고 실체나 본질이 아닌 것들을 찾아다니게 됩니다. 그럴 때에 이단 교리에 쏠리거나 사이비 종교에 속는 일이 빈번하게 일어납니다.

예수님의 제자들은 회개의 복음을 전하였습니다. 하나님께로 마음을 돌리게 하는 것이 회개의 복음을 전하는 것입니다. 하나님에 대한 잘못된 생각과 그릇된 종교 생활로부터 돌이키게 하는 것이 전도의 일차적인 목표입니다.

예수님이 제자들에게 극히 기본적인 용품 이외에는 가지고 가지 말라고 하신 까닭은 유대인들에게 복음을 전하기 때문에 그들로부터 다른 필요한 것들을 조달받을 것으로 기대하셨기 때문입니다. 그러나 이방인 개척 선교인 경우에는 이방인들로부터 경제적인 지원을 기대하지 않았습니다(참조. 요삼 1:7). 현대 교회에서도 동일한 원칙이 적용됩니다. 선교사는 파송 교회로부터 지원을 받는 것이 원칙입니다.

제자들은 숙식처를 제공받으면 가급적 한 곳에 머물러 있어야 했습니다. 서둘러 자주 옮겨 다니면 복음이 자리를 잡을 수 있는 여유가 없습니다. 그러나 배척을 받을 경우에는 더 이상 지체하지 말고 다음 지역으로 옮겨가라고 했습니다. 그때 발아래 먼지를 털어 증거로 삼으라고 하신 것은 복음을 거절한 것에 대한 하나님의 심판을 경고하는 상징적 행위였습니다.

예수님이 제자들에게 내리신 선교 지침은 우리에게도 그대로 적용되어야 합니다. 현대 선교는 지나치게 많은 것들을 준비합니다. 말씀과 기도는 많이 준비할수록 좋지만 물질에 의존하거나 사람의 선교 전략에 치중하는 것은 하나님의 공급을 신뢰하는 원칙에 어긋납니다. 예수님은 제자들에게 자신들을 위해서 많은 것을 준비하라고 하시지 않았습니다. 그들은 간단한 방식으로 살면서 선교에 필요한 것들을 하나님이 준비해 주실 것을 믿어야 했습니다. 내가 미리 다 준비해 가면 하나님의 공급을 현장에서 체험하지 못합니다.

주님은 제자들에게 '여호와이레'의 신앙을 갖도록 하셨습니다. 그들은 앞으로 이방인 선교도 하게 될 테지만 여전히 하나님이 공급하신다는 여호와이레의 신앙을 지녀야 했습니다. 애초에 복음 사역자들은 부자가 되고 넉넉히 누리면서 살도록 부름을 받은 것이 아닙니다. 주님이 가신 고난과 궁핍과 멸시의 길을 따르도록 부름을 받았습니다. 그러나 중요한 것은 제자들이 하나님께서 주신 귀한 소명을 이루는데 부족함이 없었다는 사실입니다.

예수님은 사역 초기에 제자들에게 주셨던 선교 소명을 상기시키며 물으셨습니다.

내가 너희를 전대와 배낭과 신발도 없이 보내었을 때에 부족한 것이 있더냐 이르되 없었나이다 (눅 22:35) .

이 질문을 하신 의도는 무엇일까요? 과거에는 아무것도 가진 것이 없이 선교를 했지만 지금은 상황이 달라졌으니 여러 가지 필요한 것들을 준비해야 한다는 말씀이었을까요?

> 이르시되 이제는 전대(돈주머니) 있는 자는 가질 것이요 배낭도 그리하고
> 검 없는 자는 겉옷을 팔아 살지어다 (눅 22:36).

예수님의 십자가 수난이 눈 앞에 다가왔습니다. 그런데 십자가는 이
스라엘을 대상으로 삼았던 선교 사역이 종결되는 지점이었고 그 이후로
는 열국의 이방인들에게도 복음이 전파되는 때가 올 것이었습니다. 이방
인 선교를 위해서 제자들이 스스로 기본적인 것들을 준비해야 했습니다.
그렇지만 선교 활동을 위한 필요를 채우는 일은 여전히 하나님의 공급을
신뢰해야 했습니다. 이 원칙은 제자들이 이스라엘 백성만 상대로 전도했
던 때나 이방인 선교 때나 마찬가지라는 것입니다. 제자들은 예수님께 이
스라엘 선교 때에 부족한 것이 없었다고 대답했습니다. 예수님의 말씀은
그렇다면 이방인 선교 때에도 부족함이 없을 것으로 알고 하나님을 계속
신뢰하라는 것이었습니다.

그런데 따져보면 예수님도 제자들도 부족한 것이 너무 많게 살았습니
다. '부족함'이란 내 욕심이나 세속적 물욕과 관계된 부족이 아니고 내가
받은 하나님의 소명을 성취하는 일에서의 부족을 가리킵니다. 우리가 하
나님을 신뢰한다면 받은 소명을 달성하는데 부족함이 없을 것입니다. 하
나님께서 우리의 필요를 채우시기 때문입니다. 우리에게 이런 믿음이 있
을 때 하나님의 선한 구원의 뜻이 이루어지는 것을 체험으로 알게 될 것
입니다.

헤롯에게 내린 하나님의 자비와 심판

> 이에 예수의 이름이 드러난지라 헤롯 왕이 듣고 이르되 이는 세례 요한
> 이 죽은 자 가운데서 살아났도다. 그러므로 이런 능력이 그 속에서 일어

나느니라 (14절) .

본 절에 나오는 헤롯은 헤롯 대왕의 아들인 헤롯 안디바(Antipas)입니다. 헤롯 대왕이 B.C. 4년에 죽었을 때 그의 왕국은 분립되었고 헤롯 안디바가 A.D. 39년까지 갈릴리의 분봉왕이 되었습니다. 헤롯 안디바는 세례 요한의 목을 벤 사로 유명합니다. 그는 헤롯 빌립이라는 이복형제의 아내였던 헤로디아를 설득하여 남편과 헤어지고 자기와 재혼하게 하였습니다. 그런데 세례 요한이 그들의 결혼이 불법이라고 비난하자(참조. 레 18:16; 20:21) 헤로디아가 앙심을 품고 기회를 엿보아 헤롯 안디바로 하여금 세례 요한을 죽이게 하였습니다. 헤롯은 나중에 야고보의 목도 잘랐고 베드로를 감금했습니다(행 12:1~5). 그 후에 그는 왕복을 입고 호기에 가득 차서 마치 신이라도 된 듯이 백성에게 연설하다가 벌레에 먹혀서 죽었습니다(행 12:21~23).

헤롯 안디바는 여러 차례 복음의 진리를 들을 수 있는 기회를 가졌습니다. 그는 특별히 세례 요한과의 접촉을 통해 자신이 큰 죄인임을 알았습니다. 그는 세례 요한이 "의롭고 거룩한 사람"(20절)임을 알고 그를 보호하려고 했었고 그의 말이 마음에 갈등과 번민을 일으켜도 달갑게 들었습니다. 그는 세례 요한이 의로운 사람임을 알아보고 두려워할 만큼 양심이 깨어 있었고, 악의를 품은 헤로디아로부터 세례 요한을 보호하려고 애쓸 만큼 호의적이었습니다. 우리가 이 정도 선에서 헤롯 안디바를 평가한다면 그는 좋은 사람에 속한다고 볼 것입니다. 그는 세례 요한의 직언이 옳다고 여겼고 의롭고 거룩한 사람을 보호해 주어야 한다고 믿었습니다.

그는 세례 요한의 말을 통하여 하나님의 음성을 분명하게 들었습니다. 그런데 그다음이 문제입니다. 그가 자신의 죄에 대해서 아무 한 일이 없었습니다. 오히려 그는 죄를 더 쌓아갔습니다. 죄는 회개하지 않으면 또 다른 죄를 불러오고 죄가 거듭되면 진리의 소리에 귀먹어 버립니다.

[헤롯이 행한 악행이 무엇입니까?]

첫째, 세례 요한의 말이 옳다는 것을 알면서도 자존심 때문에 회개하지 않았고 오히려 세례 요한을 감금하였습니다. 그러면서도 그를 헤로디아의 마수에서 보호하려고 했습니다. 헤롯은 일단 헤로디아의 마음을 누그러트리기 위해서 세례 요한을 감금했다가 적당한 기회에 풀어주려고 했을지 모릅니다.

둘째, 허세와 자존심의 덫에 걸려 하나님이 보내신 거룩한 의인을 죽였습니다. 그는 자신의 생일을 축하하기 위해 모인 고관들 앞에서 요염한 춤으로 하객들을 즐겁게 해 준 헤로디아의 딸에게 나라의 절반이라도 주겠다고 맹세하였습니다(22~23절). 그는 헤로디아의 딸이 그녀의 어머니가 원하는 대로 세례 요한의 머리를 구할 것은 꿈에도 생각하지 못했을 것입니다. 회개하지 않은 상태에서 계속해서 죄를 지으면 어느 날 갑자기 피할 수 없는 큰 죄의 덫에 걸려 "심히 근심"(26절)하게 됩니다.

셋째, 예수님에 대해서 많이 들었음에도 진리를 멸시하였습니다. 그는 세례 요한을 처치한 후에도 예수님과 사도들을 통한 진리의 복음을 제거시킬 수 없었습니다. 구원의 말씀이 닫히는 것은 하나님의 심판이 시작되었다는 신호입니다. 하나님께서는 악한 헤롯에게 오래 참으시며 복음을 듣고 회개할 수 있는 기회를 넉넉히 주셨습니다. 헤롯은 하나님이 그에게 말씀하신다는 것을 알았습니다. 그러나 아무런 변화도 없었습니다. 예수님은 바리새인들로부터 헤롯이 그를 살해하려고 한다는 말을 듣고 헤롯을 "저 여우"(눅 13:32)라고 불렀습니다. 헤롯은 세례 요한의 메시지가 참되다고 믿었고 하나님이 죽은 자도 다시 살리실 수 있다고 믿었습니다 (6:14~16). 그렇지만 그는 여우의 근성을 가진 간교한 인물이었습니다. 하나님의 거듭된 음성을 듣고도 그는 마음을 열지 않았습니다.

헤롯은 나중에 예수님을 직접 대면하기도 했지만 진리에는 관심이 없고 예수님의 기적에만 흥미를 가졌다가 크게 실망하고 예수님을 희롱하며 빌라도에게 돌려보냈습니다.

> 헤롯이 그 군인들과 함께 예수를 업신여기며 희롱하고 빛난 옷을 입혀 빌라도에게 도로 보내니 헤롯과 빌라도가 전에는 원수였으나 당일로 친구가 되니라 (눅23:11~12).

헤롯은 예수님의 기적으로 자신의 호기심을 충족시키려다가 실패하자 예수님을 철저하게 배척하였습니다. 그러나 헤롯처럼 예수님을 놀잇감으로 취급하려는 자들은 그리스도의 심판대 앞에서 영원한 배척을 받을 것입니다(마 25:41).

예수님은 헤롯의 흥미 본위의 질문들에 대해서 한마디도 대답하시지 않았습니다. 예수님은 자신의 것을 다 내려놓고 예수님을 하나님의 아들로 믿고 구주로 영접할 마음이 전혀 없는 자들의 질문을 받지 않으십니다. 하나님의 음성을 계속 저지했던 헤롯은 구원의 근원이신 예수님을 눈앞에 두고도 구원받지 못했습니다. 예수님의 침묵은 하나님의 무서운 심판의 징조입니다. 예수님은 이스라엘 공회 앞에서 그를 모함하여 거짓 증언하는 무리와 대제사장들이 빌라도에게 고발한 내용에 대해서도 변호하시지 않고 침묵으로 일관하셨습니다(막 14:55~61; 15:3~5).

예수님은 자신의 고향에서 배척을 당하셨습니다. 그러나 이 사건은 예수님이 열두 제자를 파송하는 선교 사역으로 이어집니다. 그다음 세례 요한의 죽음이 상세하게 진술되었습니다. 이러한 일련의 사건들은 얼핏 보면 서로 무관한 듯합니다. 그러나 마가복음서의 배척 주제와 관련된 것입니다. 예수님이 나사렛에서 무시를 당하고 배척을 받은 것은 제자들에게도 일어날 일임을 예고합니다. 제자들은 축귀와 질병 치유의 능력을 받고 "많은 귀신을 쫓아내며 많은 병자에게 기름을 발라 고친"(13절) 전도 여행에서 무사히 귀대하였습니다(7, 13, 30절). 그런데 그들의 선교는 성공적이었지만 복음 전파에 따르는 악의 세력을 경계해야 했습니다.

복음은 죄인들에게 구원의 길을 제시하며 하나님께로 돌아오라고 권유합니다. 그러나 이 세상의 신이 믿지 아니하는 자들의 마음을 혼미하게 하여 그리스도의 영광의 복음의 광채가 비치지 못하게 (고후 4:4) 합니다. 사탄은 종종 세속 정권이나 부패한 종교 집단을 사용하여 복음 사역을 적극적으로 막습니다. 세례 요한이 참수된 것은 조만간 예수님과 그의 제자들이 당할 순교에 대한 예고편입니다.

세례 요한의 죽음은 예수님의 죽음에서 그대로 재현되었습니다. 헤롯이 처음에는 세례 요한을 보호하려고 했다가 처형했듯이, 빌라도도 처음에는 예수님을 보호하려고 했지만 유대인들의 요구에 밀려 십자가에 못 박게 하였습니다. 제자들도 예수님이 가신 길을 따라갑니다. 배척과 박해가 올 것을 예상해야 하고 순교까지 할 각오가 되어 있어야 합니다(막 8:34~35; 13:9~13). 이것이 자기 십자가를 지고 가는 제자직의 정로입니다.

32
오병이어의 의미
마가복음 6:32~56

본문은 마가복음 서두에서 두드러지게 강조되었던 광야의 주제를 (1:3,12,13) 다시 등장시켜서 메시아 시대가 가져다주는 축복을 사실적으로 서술하였습니다. 한편 오병이어와 바다 위를 걸으신 것은 '예수는 누구인가'라는 또 다른 큰 주제와도 연결됩니다(1:1,11, 24; 4:41).

예수님의 출생은 동정녀 마리아가 성령으로 수태되어 낳은 기적이었습니다. 예수님과 기적은 처음부터 떼어놓을 수 없는 관계입니다. 세상의 표준으로 보면 기적은 많이 행하고 드라마틱할수록 더 인정을 받습니다. 그러나 이런 것들은 극히 부분적으로 예수님의 기적과 비교할 수 있을지 몰라도 성경이 예수님의 기적에 부여하는 의미는 아닙니다. 그럼 예수님의 기적의 의미는 무엇일까요?

예수님의 기적은 오병이어의 기적을 비롯해서 모두 구약 성경에서 예언된 것들입니다.

예수님은 자신의 신통력으로 원하실 때마다 임의로 기적을 행하신 것이 아닙니다. 예수님의 동정녀 잉태 자체도 구약에서 예언된 일이었습니다. 마태복음은 이사야 선지자의 예언을 인용하였습니다.

보라 처녀가 잉태하여 아들을 낳을 것이요 그의 이름은 임마누엘이라 하리라 하셨으니 이를 번역한즉 하나님이 우리와 함께 계시다 함이라 (마 1:23).

또 다른 인용은 예수님이 나사렛 회당에서 이사야 61장의 예언의 말씀을 읽으신 것입니다.

주의 성령이 내게 임하셨으니 이는 가난한 자에게 복음을 전하게 하시려고 내게 기름을 부으시고 나를 보내사 포로 된 자에게 자유를, 눈 먼 자에게 다시 보게 함을 전파하며 눌린 자를 자유롭게 하고 주의 은혜의 해를 전파하게 하려 하심이라 (눅 4:18; 사 61:1~2).

예수님은 "이 글이 오늘 너희 귀에 응" 했다고(눅 4:21) 선포하셨습니다.

예수님은 세례 요한이 자기 제자들을 보내어 "오실 그이가 당신입니까"라고 물었을 때에도 이사야 42장 7절을 인용하셨습니다.

맹인이 보며 못 걷는 사람이 걸으며 나병환자가 깨끗함을 받으며 못 듣는 자가 들으며 죽은 자가 살아나며 가난한 자에게 복음이 전파된다 하라 (마 11:5; 눅 7:22; 사 35:5~6; 42:7).

그러니까 약속된 메시아가 세상에 오셔서 행하실 구원의 행위가 어떤 것들이라는 것을 하나님께서 미리 구약 선지자들을 통해 예언하게 하신 것입니다. 그래서 예수님은 자신의 치유 사역을 구약 예언의 성취라고 하셨습니다. 또한 구약에서 하나님은 자기 백성을 먹이시고 안식을 주시는 분으로 묘사되었습니다. 그래서 그들이 "광야에서 은혜"(렘 31:2)를 얻을 것이라고 했습니다. 예수님이 빈들에서 큰 무리를 먹이신 것은 이러한 구약 예언의 성취입니다(출 16장; 왕상 17:8~16; 왕하 4:1~7, 42~44; 느 9:15; 시 78:24~25).

예수님의 기적은 영적 메시지를 담고 있습니다.

예수님의 기적은 구원과 관계된 것입니다. 그래서 예수님의 치유 기적은 구원을 받은 것으로 표현되거나 혹은 죄의 용서를 받은 것으로 보았습니다.

❖ 혈루증 여인에게 "네 믿음이 너를 구원하였으니 평안히 가라"(눅 8:48)고 하셨습니다.

❖ 중풍병자에게는 "안심하라 네 죄 사함을 받았느니라"(마 9:2)라고 선포하셨습니다.

❖ 베데스다 연못의 삼십팔 년 된 환자에게는 더 심한 병이 생기지 않도록 죄를 범하지 말라고 하셨습니다(요 5:14). 질병마다 개인이 저지른 죄의 결과는 아닙니다. 그러나 질병은 근원적으로 타락의 결과입니다. 타락 이전에는 질병이 없었습니다. 그래서 질병 치유는 죄와 죽음으로부터 해방되는 구원에 대한 실제적인 예시입니다.

❖ 예수님이 맹인을 치유하신 것은 영적으로 예수님을 보지 못하다가 눈이 밝아져서 예수님을 구원자로 알아보는 것입니다.

❖ 나병은 죄가 인간의 모습을 흉물처럼 만든다는 것을 보여주고 나병 치유는 회복된 인간의 새로운 모습을 예시합니다.

❖ 중풍병자의 치유도 영적으로 무기력한 상태에서 구출을 받고 몸과 마음이 온전해지는 구원을 가리킵니다.

예수님의 기적은 종말론적입니다.

예수님은 초림 때에 세상에 오셔서 많은 질병을 고치셨습니다. 예수님이 완전하게 고칠 수 없는 질병은 없었습니다. 그러나 세상 모든 환자를 다 고치신 것은 아닙니다. 질병의 치유나 기타 기적들은 타락한 세상이 갱신되는 새 창조의 때를 바라본 것입니다. 죄의 결과로 초래된 질병과 죽음과 슬픔과 고통은 예수님의 재림 때에 말끔히 사라질 것입니다.

예수님은 초림으로 하나님 나라의 구원이 어떤 것인지를 자신의 가르침과 기적으로 보여 주셨습니다. 그런데 재림 때 완성될 총체적인 구원은 믿음으로 기다려야 합니다. 이런 의미에서 예수님의 기적은 종말론적입니다.

> 모든 눈물을 그 눈에서 닦아 주시니 다시는 사망이 없고 애통하는 것이
> 나 곡하는 것이나 아픈 것이 다시 있지 아니하리니 처음 것들이 다 지나
> 갔음이러라 보좌에 앉으신 이가 이르시되 보라 내가 만물을 새롭게 하노
> 라 (계 21:4~5).

예수님의 기적은 예수님의 신분과 성품에 대한 증거입니다.

예수님의 기적이 구약 예언의 성취라면 구약이 전제하는 것들이 있을 것입니다. 그것은 메시아가 오면 이러저러한 기적을 행할 것이라는 내용인데 예수님이 그러한 기적들을 행하시기 때문에 그가 곧 하나님이 보내신 메시아이심이 증명됩니다. 그런데 예수님의 기적은 단순히 그분의 신성을 증명한다기보다는 예수님이 하나님 나라를 출범시키는 메시아 왕이시라는 것입니다.

예수님이 많은 사람의 질병을 고치신 것은 인간의 고통과 불행에 대해 깊은 동정심을 가지셨음을 드러냅니다. 대표적인 예로써, 예수님은 외아들을 잃은 나인성 과부를 보시고 "불쌍히 여기사 울지 말라"(눅 7:13)고 하셨습니다.

예수님의 기적 중에서 가장 큰 기적은 죽은 자를 살리신 것입니다. 예

수님은 나사로를 살린 사건에서 마르다에게 "나는 부활이요 생명이니 나를 믿는 자는 죽어도 살겠고 무릇 살아서 나를 믿는 자는 영원히 죽지 아니하리니 이것을 네가 믿느냐"(요 11:25~26)라고 물으셨습니다. 그때 마르다가 "주는 그리스도시요 세상에 오시는 하나님의 아들"(요 11:27)이라고 고백했습니다. 죽은 자를 살리는 기적은 예수님이 하나님의 아들로서 부활과 생명의 주시라는 뜻입니다. 예수님은 십자가 처형 이후 무덤에서 다시 살아나심으로써 부활의 주가 되셨습니다.

[오병이어 기적의 의미]

본 기적은 '빈 들'에서 일어났습니다(35절). 무리가 푸른 잔디에 앉아서 대형 피크닉을 한 것 같은 낭만적인 인상을 줍니다. 그런데 기적의 현상적인 측면만 보면 실질적인 혜택만 생각하기 때문에 더 많은 기적을 원합니다. 이것이 당시의 유대인들이 예수님께 요구하고 기대한 것이었습니다. 그래서 그들은 오병이어의 기적을 베푸신 예수님을 억지로 붙들어 이스라엘의 왕으로 삼으려고 시도했습니다(요 6:14~15).

지금도 많은 사람이 현상적인 기적에 홀려서 당장 받는 혜택에만 급급합니다. 이런 심리를 이용한 가짜 치유사들이 얼마나 많이 교인들을 속이는지 모릅니다. 왜 성경을 믿는다고 하는 교인들이 성경 말씀을 바르게 깨닫는 일에 관심이 없는지 모를 일입니다. 성경대로 이해하지 못하면, 예수님의 기적이 주는 영적 교훈을 놓치게 됩니다.

무리가 모인 곳은 빈 들이었습니다. 구약에서 광야는 하나님께서 이스라엘 백성을 구원하는 무대이며 용서와 회복, 치유와 하나님의 임재를 체험하는 장소였습니다. 하나님은 이스라엘 백성을 출애굽 시킨 후에 광야에서 만나를 공급하셨고 구름기둥과 불기둥으로 가나안 길을 인도하셨습니다. 그런데 광야는 이스라엘 백성 편에서 보면 하나님을 거역한 불신과 불순종의 장소였습니다. 그래서 하나님은 선지자들을 통해 광야에서 이스라엘 백성을 다시 구애하시고 회복시킬 것을 약속하셨습니다.

마침내 위에서부터 영을 우리에게 부어 주시리니 광야가 아름다운 밭이
되며 아름다운 밭을 숲으로 여기게 되리라 그때에 정의가 광야에 거하며
공의가 아름다운 밭에 거하리니 …내 백성이 화평한 집과 안전한 거처와
조용히 쉬는 곳에 있으려니와 (사 32:15~18) .

예수님은 푸른 잔디 위에 무리를 편안하게 앉히시고 빈 들의 향연을
베푸셨습니다. 황량한 빈 들에서 수고하고 무거운 짐 진 자들이 예수께
서 베푸시는 광야의 식탁을 즐겼습니다. 백성은 주님의 가르침을 받았고
육신의 양식도 받았습니다. 이것은 메시아 시대의 특징이 드러난 역사적
광경입니다.

[오병이어 기적의 교훈]

무리가 모였던 빈 들은 광야의 이미지를 안고 있습니다. 광야는 자력
으로 살 수 없는 곳입니다. 출애굽 했던 이스라엘 백성이 광야에서 먹을
것이 없었듯이, 빈 들로 모였던 예수님 당시의 무리도 먹을 것이 없었습
니다. 그런데 광야는 시험의 장소입니다.

네 하나님 여호와께서 이 사십 년 동안에 네게 광야 길을 걷게 하신 것을
기억하라 이는 너를 낮추시며 너를 시험하사 네 마음이 어떠한지 그 명령
을 지키는지 지키지 않는지 알려 하심이라 (신 8:2) .

예수님은 빈 들의 굶주린 무리에게 먹을 것을 주라고 제자들에게 명령
하셨습니다(37절). 이것은 제자들에게 준 시험이었습니다. 요한복음에는
예수님이 빌립을 시험하신 것으로 나옵니다.

예수께서 눈을 들어 큰 무리가 자기에게로 오는 것을 보시고 빌립에게
이르시되 우리가 어디서 떡을 사서 이 사람들을 먹이겠느냐 하시니 이

렇게 말씀하심은 친히 어떻게 하실지를 아시고 빌립을 시험하고자 하심
이라 (요 6:5~6).

제자들은 그들의 조상이 광야에서 하나님이 내려주시는 만나로 사십 년을 먹고 산 역사적 사실을 자신들이 처한 빈 들의 상황에 적용하지 못하였습니다. 그들은 예수님이 생명의 떡이심을 알지 못하였습니다(요 6:35). 그들은 지금까지 예수님이 여러 기적을 행하신 것을 목격했지만 오 천명의 무리를 빈 들에서 먹일 수 있는 양식 제공은 불가능하다고 생각했습니다. 그들은 "우리가 가서 이백 데나리온의 떡을 사다 먹이리이까"(37절)라고 반문하였습니다. 빌립은 한 걸음 더 나아가 "각 사람으로 조금씩 받게 할지라도 이백 데나리온의 떡이 부족하리이다"(요 6:7)라고 말했습니다. 아무도 예수님이 영생의 양식을 주시려고 세상에 오신 분임을 믿고 그에게 양식을 구하지 않았습니다. 오병이어의 기적이 주는 교훈은 주님을 바라보는 자는 남녀노소를 불문하고 영생의 양식을 충만하게 받는다는 것이었습니다.

예수께서 떡 다섯 개와 물고기 두 마리를 가지사 하늘을 우러러 축사하
시고 (막 6:41).

빈 들의 식탁은 주님의 축복 기도로 풍성해지는 곳입니다. 예수님이 무엇을 놓고 하늘 아버지께 감사 기도를 하셨습니까? 보리떡 다섯 개와 작은 생선 두 마리였습니다. 안드레 제자의 말처럼 수없이 많은 사람에게 무슨 소용이 되겠습니까?(요 6:9).

한 아이의 도시락을 놓고 기도하시는 주님의 모습을 상상해 보십시오 주님은 작은 도시락을 받으시고 실망하시지 않았습니다. 그러나 자신의 도시락을 주님께 고스란히 바친 어느 아이의 헌신과 하늘 아버지께 대한 주님의 절대적인 믿음이 만났을 때 상상도 할 수 없는 일이 일어났습

니다. 오병이어는 즉시 그 큰 무리가 배불리 먹고도 남는 기적의 양식이 되었습니다.

하나님 나라의 식탁은 나의 보잘것없는 오병이어가 주님의 축도로 넘치게 불어나는 곳입니다. 나의 최소치의 양식은 주님의 축복 기도를 받으면 최대치의 양식이 됩니다. 그런데 그 풍성한 양식은 누구를 위한 것입니까? 우리는 주님의 축복을 나와 내 가족을 위해 받기를 원합니다. 그러나 주님이 축복하셔서 불어나는 것은 무엇이든지 주의 백성을 위해 사용되어야 합니다. 하나님 나라의 향연장에는 독식이 없습니다. 그런데 나누면 풍성해지는 것이 하나님 나라의 원리입니다. 오병이어는 모든 사람이 배불리 먹고도 열두 광주리나 남았습니다. 나눔은 풍성의 비결입니다.

나의 오병이어를 예수님께 드리면, 무한대의 기쁨을 체험합니다. 변변치 못한 도시락을 예수님이 축복하시고 사람들에게 나누어줄 때마다 계속해서 불어나는 것을 보고 누가 제일 많이 기뻐했겠습니까? 도시락 임자는 너무도 신기하게 여겼을 것입니다. 이런 영적 기쁨은 자신의 것을 하나님 나라를 위해 나누는 자들만 체험할 수 있는 영적 보상입니다. 주님은 주는 것이 받는 것보다 복되다고 하셨습니다(행 20:35).

사람들은 자기 것은 잘 내놓지 않습니다. 그런 이기적이고 인색한 사람들이 가진 오병이어는 예수님의 축도를 받지 못합니다. 우리 손에서만 머물면 세상에서는 재산이 불어날지라도 하나님 나라에서는 무용지물이 됩니다. 나의 오병이어를 내놓으면 내 배가 고플 것 같지만, 오히려 내 배도 채워지고 다른 사람들의 배도 채워집니다. 주님은 보리떡 다섯 개와 물고기 두 마리를 선뜻 내어준 한 아이의 마음을 자신의 손에 담고 하늘을 향해 기도하셨을 때 그 아이의 최소치는 최대치로 변하였고 상상을 초월하는 하나님의 은혜가 온 무리 위에 내렸습니다.

주님은 지금도 우리가 가진 오병이어를 찾으십니다. 주님은 나의 보잘것없는 오병이어를 손에 드시고 하늘을 우러러 축복하기를 원하십니다. 주님은 한 어린아이의 초라한 오병이어가 수많은 무리의 양식이 될 수 있는 가능성을 보셨습니다. 하나님 나라는 이러한 믿음의 눈과 하나님의 무한한 능력을 신뢰하는 자들에 의해서 지금도 불어나고 있습니다.

예수님의 기적은 시험과 신뢰의 테스트입니다.

예수님은 기적 자체만을 목적으로 하는 기적은 행하시지 않았습니다. 예수님은 자신이 하나님께서 보내신 메시아며 선지자들이 예언한 구원자이심을 기적으로 입증하고 사람들이 그를 믿기를 원하셨습니다. 제자들은 전에 예수님이 광풍을 잔잔케 하셨던 것을 보고 서로 누구이기에 바람과 바다도 순종하느냐고 놀라워했습니다(막 4:41). 그때 예수님의 신분에 대해서 충분히 알 수 있었을 텐데도 두려워만 했습니다. 예수님은 오병이어의 기적 다음에 바다 위를 걸어서 제자들에게 오셨는데 제자들은 예수님을 전혀 알아보지 못하고 공포에 떨었습니다.

예수님이 하나님의 능력으로 자연을 통제하시는 분임을 신뢰했더라면 그를 유령으로 보지는 않았을 것입니다(6:49). 유감스럽게도 제자들은 나중에 사천 명을 먹이신 기적 후에 남은 빵을 잊고 가져오지 못한 것을 놓고 당황했습니다. 그때 주님은 "아직도 깨닫지 못하느냐"(막 8:21)라고 한탄하셨습니다. 제자들의 마음은 기적에 의해서 밝아지기보다는 오히려 어두워지고 무뎌졌습니다(52절).

예수님이 배에서 내렸을 때 수많은 인파가 온 사방에서 모여들었습니다(6:53~56). 그들의 목적은 병 고침을 받는 것이었습니다. 예수님은 그들에게 치유 기적사에 불과했습니다. 예수님은 하나님 나라의 복음을 전하셨지만 사람들은 진리의 메시지에는 관심이 없고 오직 병 고침과 빵 먹는 일에만 급급하였습니다(요 6:26). 예수님을 영원한 구원의 양식으로 믿고 그분의 가르침에 순종하여 따르지 않으면 기적의 테스트에 낙방한 것입니다. 예수님의 기적에 열광했던 무리는 십자가로 가시는 예수님을 더 이상 따르지 않았습니다.

본 스토리의 중심 사상은 예수님이 자기 백성을 먹이시는 하늘의 만나라는 것입니다. 예수님은 큰 무리를 보시고 목자 없이 유리하는 양 떼라고 불쌍히 여기시고 여러 가지로 가르치셨습니다(막 6:34). 그런데 35절에 매우 시사적인 표현이 나옵니다. "때가 저물어가매"라고 했습니다.

> 때가 저물어가매 제자들이 예수께 나아와 여짜오되 이 곳은 빈 들이요 날도 저물어가니 무리를 보내어 두루 촌과 마을로 가서 무엇을 사 먹게 하옵소서 (막 6:35).

빈 들은 저물면 더욱 황량하고 적막합니다. 양 떼는 빈 들에서 먹지 못하고 불안해합니다. 인생은 빈 들과 같습니다. 이 세상은 저물어가는 중입니다. 방황하는 양 떼처럼 인간들은 저물어가는 이 황막한 세상 빈 들에서 생명의 양식을 얻지 못하고 스러져갑니다.

그럼 인류에게 소망이 없을까요? 빈 들의 인생에게 안식을 주고 영생의 양식을 주시는 분이 계십니다. 그분은 곧 예수 그리스도이십니다. 황무한 인생의 빈 들에 높이 세워진 구원의 십자가에 예수님이 달려 있습니다.

> 모세가 광야에서 뱀을 든 것 같이 인자도 들려야 하리니 이는 그를 믿는 자마다 영생을 얻게 하려 하심이니라 (요 3:14~15).

예수님의 십자가를 보고 그분을 나의 구원자로 믿으면 내 죄가 용서되고 하나님의 자녀가 됩니다. 나의 메마른 광야는 아름다운 숲으로 변하고 맑은 시냇물이 흐르는 메시아 시대의 풍요와 안식의 낙원이 됩니다

(참조. 사 32:15~18; 40:11; 시 23:1~2). 이 세상 빈 들은 저물어가고 있습니다. 어둠이 빈 들을 완전히 휘덮기 전에 세상 광야에 세워진 주 예수의 십자가를 바라보고 그분의 가르침을 따라 살도록 합시다. 그러면 메마른 광야가 주님의 식탁으로 변하고 주의 백성이 함께 즐기는 영원한 향연장이 될 것입니다.

33
장로들의 전통
마가복음 7:1~23

어느 나라 어느 사회에도 전통이란 것이 있습니다. 사람들이 모여서 함께 살아가노라면 일정한 형태의 관습이나 특정한 가치관이 생기게 됩니다. 이러한 전통은 집단의 사상이나 습성을 반영하기 때문에 그 집단에 가입된 개인은 쉽사리 동화되는 경우가 많습니다.

교회 공동체에도 전통이 있습니다. 그래서 대부분의 교인들이 자기네가 소속된 교회나 개교회의 전통을 따라 신앙생활을 합니다. 예수님 당시에도 유대교의 전통이 있었습니다. 본문은 이 같은 종교적 전통들에 대한 예수님의 평가입니다. 또한 본문은 지금까지 예수님의 사역을 줄곧 반대해왔던 이스라엘의 종교 지도자들이 다시 예수님께 와서 시비를 거는 내용을 기록한 것으로서 지금까지 자주 대두되었던 '배척 주제'의 하나입니다(2:7,16; 3:6,22; 6:3). 본문은 바리새인들과 서기관 중 몇 사람이 예루살렘에서 왔다는 말로 시작됩니다. 이것은 예루살렘의 종교 지도자들이 공적으로 예수님을 반대한다는 노골적인 시사입니다.

전통과 외면적 정결

유대 종교 지도자들이 예수님께 시비를 건 까닭은 장로들의 전통을 예수님의 제자들이 지키지 않았기 때문이었습니다(2, 5절). 그럼 '장로들의 전통'이란 무엇입니까? 신약 성경의 다른 곳에는 '사도들의 전통'이 나옵니다. 사도들의 전통은 사도들이 초대 교회의 지도자들에게 말로나 편지로 주었던 가르침을 가리킵니다(살후 2:15; 딤후 2:2). 한편, '장로들의 전통'은 초대 교회의 교리적 진리 체계와는 무관한 것으로서, 구약 율법을 해설한 유대인들의 구전 율법입니다. 이것은 나중에 율법에 대한 세미한 해석을 붙인 미쉬나(Mishna)라고 부르는 일종의 주석으로 편집되었습니다. 바리새파들은 이 '장로들의 전통'에 구약 율법 자체와 버금가는 권위를 부여하였습니다.

'장로들의 전통'은 원래 율법을 보호하고 율법을 잘 지키도록 돕기 위한 목적에서 비롯되었습니다. 그래서 흔히 이것을 '율법의 울타리'라는 말로 표현합니다. 그러나 울타리를 보다 견고하게 치려는 과잉보호와 철저한 율법 준수를 위한 과열된 열심은 율법의 해석과 적용을 극단으로 몰고 가는 결과를 초래했습니다. 그래서 율법 자체보다도 '장로들의 전통'이 오히려 더 중요한 듯이 보였고 율법을 왜곡하거나 과장하고 심지어 율법으로 명령하지 않은 것들까지도 준수 사항으로 집어넣었습니다.

본문에서 마가가 지적한 정결 규례가 대표적인 실례입니다. 구약 율법에 보면 제사장들은 성소에 들어가기 전에 물로 손발을 씻어야 했습니다(출 30:19; 40:12). 그러나 식사 전에 손을 씻어야 한다는 규례는 구약 율법에서 규정한 일이 없었음에도 '전통'의 하나로 들여놓고 모든 유대인들에게 적용시켰습니다. 마가가 4절에서 예시한 '잔과 주발과 놋그릇'을 씻는 일은 장로들의 전통 율법이 지닌 허구성을 적시해 줍니다. 이러한 외면적 정결은 삶의 모든 영역에 적용되어야 했으므로 그 종류도 "여러 가지"(4절)였고 세세한 부분까지 신경을 써야 했습니다. 그래서 "시장에서 돌아와서는 물을 뿌리지 않으면 먹지 아니"했다고 했습니다. 사람들이 많이 모이는 시장에서 무의식 중에 이방인들과 접촉되었을 가능성이 있었기 때문입니다. 심지어 이방인의 그림자가 그릇이나 쟁반에 드리워져도 의식상 부정을 탄다고 여겼습니다. 결국 '장로들의 전통'은 외면적인 정결에 치중되었고, 율법이 바라보았던 내면적 정결은 전혀 지켜지지 않았습니다.

전통과 내면적 정결

예수님은 예루살렘으로부터 온 종교 지도자들의 정결 의식에 대한 비난에 맞서 한 가지 비유의 말씀을 하셨습니다.

> 무엇이든지 밖에서 사람에게로 들어가는 것은 능히 사람을 더럽게 하지 못하되 사람 안에서 나오는 것이 사람을 더럽게 하는 것이니라 (15,16절).

이 비유의 초점은 외면이 내면에 영향을 주지 못한다는 것입니다. 말을 바꾸면 음식이나 환경이나 어떤 형식들이 속 사람을 더 나은 인간으로 만들거나 사람의 마음을 더 정결하게 해주지 못한다는 것입니다. 밖에서 들어가는 것은 음식의 경우처럼 마음에 들어가지 않고 소화기관을 거쳐 배출됩니다. 더러운 음식을 먹는다고 해서 사람이 더러워지는 것이 아니라는 말씀입니다. 씻지 않은 잔과 주발과 놋그릇에 음식을 담아 먹거나 씻지 않은 손으로 먹는 것이 속 사람을 더럽히지 않습니다.

그럼에도 불구하고 '장로들의 전통'은 인간의 마음과 상관이 없는 외적인 것들을 씻기에 여념이 없었습니다. "모든 악한 것이 다 속에서 나와서 사람을 더럽게"(23절) 한다면 속 사람이 나날이 새로워지지 않는 한, 외면적인 정결은 아무리 장로들의 전통에 따라 세밀히 지킨다 하여도 무익할 뿐이었습니다.

바리새인들은 세세한 것들의 전문가들이었습니다. 그들은 자기 집 정원에서 기르는 채소의 십일조까지 일일이 챙겨서 드렸습니다. 그러나 율법이 지향하는 공의나 하나님께 대한 사랑은 내보이지 않았습니다. 그들은 중심이 잘못됐었기 때문에 내면적 정결에는 눈이 멀었고 외면적인 치장에만 열중하였습니다. 그래서 예수님은 바리새인들의 행습과 그들의 외형주의를 가차 없이 비판하셨습니다.

우리는 어떤 경우에도 하나님의 말씀의 권위를 추월하는 전통은 지켜서는 안 됩니다. 예수님은 이사야 선지자의 예언을 인용하시고 그 내용을 장로들의 전통에 사로잡힌 바리새인들과 서기관들에게 적용시켰습니다. 예수님의 반박은 사람들의 전통은 성경 말씀을 제쳐두는 결과를 낳는다는 것입니다. 즉, 전통이 개입되면 성경 말씀을 경시하고, 전통을 고수하면 성경 말씀이 폐기되어 하나님을 헛되이 경배한다는 것입니다.

하나님의 말씀을 잘 순종하게 하고 예배를 돕는다는 명분으로 교회에 유입되는 인간적인 제도나 여러 가지 프로그램들은 조만간 '장로들의 전통'이라는 권위의 옷을 입고 예배를 주관하게 됩니다. 하나님의 말씀이 들어서야 할 자리에 인간의 전통이 버젓이 터를 잡으면 성경 말씀을 오히려 '장로들의 전통'에 비추어 해석하고 판단하게 됩니다. 이처럼 주객(主客)이 전도되는 것을 예수님은 "너희의 전한 유전으로 하나님의 말씀을 폐"한다고 꾸짖으셨습니다.

11절은 '장로들의 전통'이 지닌 성격을 극명하게 표현한 대목입니다.

고르반 곧 하나님께 드림이 되었다고 하기만 하면 그만이라

고르반은 하나님께 드리는 예물이란 뜻입니다. 하나님께 바쳤으므로 거룩한 물건으로 간주되어 비록 소유자의 손에 아직 있더라도 다른 용도로 쓸 수 없었습니다. 그래서 고르반이 됐다고 말하면 부모 공양에 대한 율법의 요구를 피할 수 있었습니다. 한 가지 계명을 지킨답시고 다른 계명의 준수를 회피하려는 속 들여다보이는 꼼수였습니다. 이러한 인간의 전통들은 사실상 한두 가지가 아니었습니다. 주님은 "또 이 같은 일을 많이 행한다"(13절)라고 지적하셨습니다.

초대 교회는 장로들의 전통 문제로 오랫동안 씨름했습니다. 중세기 교회에서도 로마 가톨릭의 성물 숭배를 비롯한 각가지 미신들과 그릇된 교리들이 교회 전통으로 굳어졌었고, 일부 개신교도들은 주일 성수를 위해 목숨까지 내걸 정도였습니다. 이 모든 것들은 하나님을 잘 섬기려는 가상한 의도에서 나온 듯하지만 '장로들의 전통'은 하나님의 계명을 추월하는 월권과 왜곡된 경건의 과시였습니다.

이제 우리나라 교회에서 흔히 볼 수 있는 전통들을 한두 가지만 본문의 교훈에 비추어 간단히 살펴보겠습니다.

[성전 건축]

교인들이 정규적으로 모여서 예배를 드리려면 장소가 필요합니다. 초대교회에서는 일반 가정집에서 주로 모였습니다. 그런데 이 같은 실제적인 필요성을 넘어서 집회 장소 자체에 가치를 부여하는 것은 잘못된 것입니다. 교회당을 지으면서 흔히 '성전 건축'이라고 말합니다. '성전'이라고 하면 벌써 거룩한 곳이라는 느낌이 들어서 교회당 건축 사업을 적극적으로 추진시킬 수 있는 심리적 설득력이 있습니다. 성전 건축은 우리나라 교회의 전통으로 굳어진 지 오래되었습니다. 그동안 더 크고 더 보암직한 교회당을 지으려고 무리한 예산을 세워 강행한 사례는 한두 가지가 아닙니다. 우리나라 성전 건축의 전통은 다음 두 가지 측면에서 재고되어야 합니다.

첫째, 성전은 건축물이 아닙니다.

구약 시대에는 하나님의 임재에 대한 상징으로 가시적인 형태의 성전을 짓고 속죄 제사를 올렸습니다. 그러나 이제는 그리스도께서 우리를 위해 자신의 몸으로 속죄 제사를 단번에 드렸으므로(히 9:11, 12, 28) 더 이상 물체적인 형태의 성전은 필요하지 않습니다. 구약의 성전은 예수님의 십자가 희생에 의해 그것이 지향했던 목표에 이르렀습니다. 그래서 하나님의 임재를 상징했던 구약 성전은 예수님으로 대치되었습니다. 예수님은 '임마누엘'(하나님이 우리와 함께 계신다)로 세상에 오셨습니다(사 7:14; 마 1:23; 28:20). 예수님이 우리의 참 성전입니다(요 2:19, 21; 계 21:22). 예수님은 교회의 머리로 임재하십니다(고전 3:16). 따라서 성전이라는 용어를 교회당 건물에 대입시키는 것은 시대착오입니다(행 7:48~50). 이것은 구속사의 흐름을 역류하는 것이며 교회당 건물 자체가 거룩한 하나님의 전(殿)이라는 오해를 조장합니다. 이러한 풍조는 교회당 건물을 중심으로 하는 장소 위주의 예배 전통을 낳았습니다.

2020년 신종 코로나 바이러스 감염증이 크게 퍼졌을 때 당국은 예배를 온라인으로 하고 교회당 사용을 자제해 달라고 했습니다. 그러나 일부 개신교 교회에서는 주일 예배를 강행하였습니다. 그때 그들은 이런 식으로 변호했습니다.

「하나님은 교회당에 임재하시는데 교회에 와서 예배를 보아야지요. 교회당이 아닌 곳에서는 하나님의 임재가 별로 느껴지지 않아요.」

「우리 교회는 창립 이래로 한 번도 교회당에서 주일 예배를 안 본 적이 없어요. 안식일을 거룩하게 지키려면 교회당에서 주일성수를 해야 합니다. 그러면 하나님이 복 주셔서 건강을 지켜주실 것으로 믿습니다.」

교회당 건물을 하나님이 임재하신 성전으로 신성시하는 그릇된 전통 때문에 예배는 반드시 교회에서 보아야 한다는 일종의 불문율이 생겼습니다. 이것은 사람의 생명이 오고 가는 전염병의 위험까지 무시하는 비상식적인 처신을 마치 믿음이 좋은 것처럼 여기게 합니다. 한 교회 목회자 부부는 방역 지침을 무시하고 주일 대면 예배를 계속 보다가 코로나 바이러스에 감염되어 입원하고서야 후회하며 사과했습니다.

당시 독일에서는 코로나 바이러스 감염증이 확산되자 정부가 종교 집회를 당분간 금지시켰습니다. 그러자 베를린의 한 가톨릭 단체가 종교 행사 금지 조치는 위헌이라고 소송을 걸었습니다. 그러나 독일 헌법재판소는 종교의 자유보다 생명의 보호가 우선시 돼야 한다고 판결했습니다. 이것은 안식일에 대한 예수님의 가르침과 일치합니다. 주일날 교회에서 예배를 안 본다고 해서 교회의 정체성이 부정되거나 안식일을 어기는 것이 아닙니다. 어떤 형태로든지 예배는 드려야 하겠지만 율법적인 전통에 매여 주일날 사람의 생명을 위험에 빠뜨리는 일은 삼가야 합니다. 하나님은 제사보다 자비를 원하십니다(마 12:6). 이웃 사랑이 복음의 좌표입니다. 예수님은 안식일에 환자를 치유했다고 해서 바리새인들이 비난하자 그들에게 물으셨습니다. 안식일에 선을 행하는 것과 악을 행하는 것, 생명을 구하는 것과 죽이는 것, 어느 것이 옳으냐 (막 3:4).

둘째, 진정한 예배는 장소와 무관합니다.

하나님을 예배하기 위해서 교회당이라는 어떤 특정한 건축물이 반드시 있어야 한다면 교회당은 '거룩한 곳'이라는 인위적인 종교적 가치를 갖게 됩니다. 이것은 참 예배의 본질이 교회당 중심의 예배라는 전통으로 뒤틀려지는 실례입니다. 그러나 참된 예배는 교회당 건축과 아무런 상관이 없습니다. 교회당 건축은 실용적인 필요를 위한 것일 뿐, 예배 장소라고 해서 특별히 신성한 곳이 아닙니다. 예수님은 사마리아 여인이 그리심 산과 예루살렘 중에서 어느 곳이 예배할 곳이냐고 물었을 때 이렇게 대답하셨습니다.

이 산에서도 말고 예루살렘에서도 말고 너희가 아버지께 예배할 때가 이르리라 … 아버지께 참되게 예배하는 자들은 영과 진리로 예배할 때가 오나니 곧 이때라. 아버지께서는 자기에게 이렇게 예배하는 자들을 찾으시느니라. 하나님은 영이시니 예배하는 자가 영과 진리로 예배할지니라 (요 4:20~24).

여기서 우리는 예수님이 강조하신 것이 예배 '장소'가 아니고 참된 예배를 드리는 '때'라는 점을 유의해야 합니다. 하나님은 영이시기 때문에 사람이 "손으로 지은 곳에 계시지 않습니다"(행 7:48). 솔로몬도 성전을 건축해 놓고 이렇게 말하였습니다. "저 하늘, 저 하늘 위의 하늘이라도 주님을 모시기에 부족할 터인데, 제가 지은 이 성전이야 더 말하여 무엇하겠습니까?"(왕상 8:27, 새번역). 스데반도 예루살렘 공회에서 이사야 선지자의 말로 증언했습니다.

> 하늘은 나의 보좌요 땅은 나의 발등상이니 너희가 나를 위하여 무슨 집을 짓겠으며 나의 안식할 처소가 어디냐 (행 7:49; 사 66:1).

여기서도 중요한 것은 장소가 아님이 분명합니다. 이스라엘 백성이 성전을 부지런히 짓고 그곳을 신성시하며 자랑스럽게 여겼지만(행 7:13; 요 2:20) 그들의 영적 상태가 그만큼 올라간 것은 아니었습니다. 그들은 심각한 우상 숭배와 불신에 빠졌으며 하나님을 참 마음으로 섬기지 않다가 마침내 그리스도까지 배척하였습니다.

영적인 예배는 장소와 상관이 없습니다. 오직 우리를 어둠에서 빛으로 옮기시고 영에 속한 자들이 되게 하시는 그리스도 안에서만 참된 예배를 드릴 수 있습니다. 하나님은 장소와 상관없이 그리스도 안에서 진정으로 올리는 모든 예배를 즐겨 받으십니다.

[십일조]

십일조 제도는 우리나라 교회의 가장 대표적인 전통의 하나입니다. 대부분의 교회에서 하나님의 것을 돌려 드린다는 의미로 매월 수입의 십 분의 일을 정기적으로 교회에 바치도록 신자들에게 적극 권장합니다. 십일조 헌금을 바치는 신자의 입장에서는 정해진 액수를 내니까 당연히 바칠 것을 하나님께 바쳤다고 생각합니다. 그래서 헌금에 관한 한, 마음이 편하고 하나님의 것을 도둑질하지 않았다고 안심할 수 있습니다. 그러나 십분의 일을 내었다고 하더라도 나머지 십 분의 구가 내 것이 아니며, 내가 낼 것을 하나님께 다 바친 것도 아닙니다. 십일조 제도의 근본 취지는 나의 삶 전체를 주께 산 제물로 바치는 것이기 때문입니다(롬 12:1).

십일조는 구약의 율법 제도에 속한 것이었습니다. 더 구체적으로 말하면 성전 제도와 관련된 제도였습니다. 십일조는 주로 레위 지파와 제사장들의 생계비로 사용되었습니다. 마태복음 23장 23절의 말씀도 이 문맥에서 이해되어야 합니다. 이제 성전의 모든 목표가 그리스도의 십자가 희생에 의해 달성되었습니다(요 19:30; 마 27:51). 따라서 십일조를 포함한 일체의 성전 제도는 폐지되었다고 보아야 합니다.

> 전에 있던 계명은 연약하고 무익하므로 폐하고 (율법은 아무 것도 온전하게 못할지라) 이에 더 좋은 소망이 생기니 이것으로 우리가 하나님께 가까이 가느니라 (히 7:18,19) .

이 같은 신약 성경의 증언에도 불구하고 십일조를 계속 구약 율법에 근거해서 강조하거나 시행하는 것은 십자가로 폐지된 일체의 성전 규례가 아직도 유효하다는 모순을 낳습니다. 그러나 이제는 율법이 목표로 했던 그리스도의 십자가 원리에 따라 십 분의 일이 아닌 십 분의 십 전체를 내 몸과 마음과 정성을 다해 주께 바치는 것으로 드러나야 합니다.

십일조를 정당시하거나 강조할 때 교회에서 가장 많이 인용하는 구절이 말라기 3장 10절과 마태복음 23장 23절입니다.

> 만군의 여호와가 이르노라. 너희의 온전한 십일조를 창고에 들여 나의 집에 양식이 있게 하고 그것으로 나를 시험하여 내가 하늘 문을 열고 너희에게 복을 쌓을 곳이 없도록 붓지 아니하나 보라 (말 3:10) .

화 있을진저 외식하는 서기관들과 바리새인들이여 너희가 박하와 회향
과 근채의 십일조는 드리되 율법의 더 중한 바 정의와 긍휼과 믿음은 버
렸도다. 그러나 이것도 행하고 저것도 버리지 말아야 할지니라 (마 23:23).

　우선 말라기서의 본문은 성전과 제사 제도가 엄연히 존립했던 구약 시
대의 교훈임을 명심해야 합니다. 그리고 밀라기서 전체의 주제들은 냉소
주의, 형식주의, 위선, 탐욕, 이방 결혼 등에 대한 교훈들을 다루고 있으
므로 온전한 예배에 초점을 맞추고 있습니다. 따라서 십일조도 이 온전
한 예배의 문맥에서 이해되어야 합니다. 온전한 십일조를 바치려면 먼저
온전한 삶이 선행되어야 하며 하나님을 신뢰하는 믿음 생활이 전제되어
야 합니다. 그런데 본문을 마치 상거래의 조건처럼 내걸고서 십일조를 내
면 복이 쏟아진다는 식으로 이해하면 하나님을 이교의 맘몬신으로 취급
하는 것입니다.

　"나를 시험하여… 보라"는 구절을 교회 십일조의 수익을 올리기 위한
표어처럼 사용하는 것은 믿음의 행위를 권장하는 것이 아니고 유치한 수
준으로 교인들을 끌어내리는 일입니다. 본 구절은 말라기 시대의 유대인
들이 하나님을 신뢰하지 않으며 성전 예배를 등한시하고 사리사욕에만
급급했던 한심스러운 상황에서 주셨던 말씀입니다. 본문은 오히려 하나
님께서 모든 필요를 공급해 주신다는 것을 신뢰하라는 촉구이지, 아까워
하며 내지 않던 십일조를 내놓으면 복이 쏟아진다는 약속이 아닙니다. 더
구나 그런 의미에서 하나님을 시험해 보라는 권유도 아닙니다. 성경의 본
뜻은 우리가 하나님을 시험하는 불신과 유치한 거래 의식에서 벗어나야
한다는 것입니다. 그러므로 우리는 예수님의 모범을 닮아 "주 너의 하나
님을 시험치 말라"(마 4:7)는 말씀을 따라야 할 것입니다.

　복음서에 나오는 십일조의 언급(마 23:23; 눅 11:42)은 예수께서 직접 하
신 말씀입니다. 그래서 마치 주님이 신약 시대에서도 십일조를 하도록 명

하신 것처럼 오해하는 분들이 적지 않습니다. 그러나 이러한 오해는 구약 시대와 신약 시대에 대한 그릇된 구분에 기인한 것입니다. 신약 성경에 기록된 사건이나 말씀이라고 해서 모두 신약 시대에 속한다고 생각하면 착각입니다. 예수님이 오심으로서 신약 시대가 열린 것이 사실이지만 주께서 십자가에 돌아가셔서 우리를 위한 대속을 다 이루시고 새 시대에 속하는 새 생명으로 부활하셨을 때까지는 구약의 율법이 유효했으며 성전 제도가 폐지되기 이전이었습니다. 그래서 마리아와 요셉이 모세의 법대로 정결 예식을 행하기 위해 아기 예수를 예루살렘 성전으로 데리고 갔었고 희생 제물을 드렸으며 할례도 받게 했습니다(눅 2:22~24). 예수님은 공생애를 시작하셨을 때 나병환자를 고치시고 모세법에 따라(레 14:2) 제사장에게 가서 검진을 받으라고 명하셨으며 예물을 제단에 바치는 일을 당연시하셨습니다(마 5:23, 24).

그러므로 아직 성전이 건재했던 시기에 예수께서 십일조를 바쳐야 한다고 지적하신 것을 성전 시대가 종료된 신약 시대의 규범으로 주신 것이라고 해석하면 모순입니다. 그리고 본문의 말씀도 공의나 하나님께 대한 사랑과 같은 율법의 더 중요한 요소들을 강조한 것이므로 문맥상 말라기서의 본문이 강조한 온전한 예배의 초점에서 이해되어야 합니다. 우리는 이제 그리스도의 십자가 대속과 부활 이후의 새 언약 시대에 살고 있습니다. 그러므로 우리의 소유 전체가 하나님의 것이며 우리의 생명까지도 주님이 값을 치르고 사셨다는 것을 인정하고 내 몸과 마음과 정성을 다해 주님을 섬기는 삶을 추구해야 합니다.

신약 교인들은 그리스도의 사랑의 법으로 율법의 상한선을 넘어가야 합니다(갈 6:2). 이것이 하나님께 드리는 영적 예배이며(롬 12:1) 온전한 십일조의 지표입니다. 신약 시대에는 성전도 없고 레위 지파도 없습니다. 성전의 제사 제도가 바라보았던 목표는 그리스도의 십자가 희생으로 다 이루어졌습니다(요 19:30). 그러므로 구약 제도에 속했던 율법적인 십일조의 시행이나 권장은 신약 교회의 전통으로 인정될 수 없습니다. (자세한 것은 필자가 쓴 목회자료사의 "헌금 이야기"나 본인의 웹사이트인 jesuswayforyou.com에 실린 '십일조와 헌금시리즈'를 참고하시기 바랍니다).

우리나라 교회는 아직도 고쳐야 할 교회 전통이 많습니다. 주일 성수나 새벽기도에 대한 그릇된 인식, 술 담배에 대한 편견, 직분 수여에 관련된 세속적 표준, 목회자의 권위 등등입니다.

인간은 어떤 면에서 전통이 없이는 못 사는 존재들입니다. 사람들이 모여서 공동체가 형성되면 하나의 공통된 가치관이 자연스럽게 자리를 잡습니다. 그러나 인간이 부여하는 가치는 상대적이며 시대적입니다. 환경이나 문화가 변하면 가치도 변합니다. 전통적 가치관이 때가 되면 무너지는 것을 우리는 자주 목격합니다.

교회 내에 자리 잡은 종교적 전통들도 마찬가지입니다. 오랫동안 술 먹는 것이 교회에서 정죄되었는데 요즘은 음주가 보편화되었습니다. 과거에는 찬양대가 없어도 불평하는 사람들이 없었는데 요즘은 찬양대가 없으면 교회가 제구실을 못하는 것으로 간주합니다. 과거에는 강단에 서는 사역자가 죄인임을 상징한다고 해서 종교개혁자들의 전통에 따라 검은색 가운을 입었습니다. 이제는 가운을 입지 않는 경우가 더 많습니다. 한 때는 대부분의 교회에서 기타를 들고 강단에 올라가는 것을 금하였는데 요즘은 온갖 악기들이 동원된 오케스트라까지 있습니다.

전통은 유행처럼 있다가도 없어지고 없어졌다가도 다시 생깁니다. 인간의 가치관에는 절대적인 표준이 없기 때문입니다. 인간의 전통과 가치관에 기반을 둔 관습들은 교회의 예배를 좌우할 수 없고 신자들의 신앙생활을 인도할 수 없습니다. 교회사의 투쟁은 교회 안에서 생기는 그릇된 인간의 전통들을 제거시키려는 노력이었다고 말해도 과언이 아닙니다. 우리는 "하나님의 말씀을 폐"(7:13)하는 전통들이 어떤 것들인지를 잘 살피면서 거두어 내어야 합니다. 주님은 "이 모든 악한 것이 다 속에서 나와서 사람을 더럽게"^(막 7:23) 한다고 하셨습니다. 나 자신의 내면적 정결과 교회 속의 그릇된 전통의 척결은 우리 모두의 책임이며 소명입니다.

34
침묵과 거절의 은혜
마가복음 7:24~30

　　신앙생활에서 가장 힘든 부분의 하나는 기도 응답을 못 받는 경우가 아닌가 싶습니다. 오늘 본문은 기도 응답에 대한 예수님의 가르침입니다. 절박한 문제로 간절히 기도했는데 응답이 없으면 누구나 실망합니다. 이런 실망은 교인이라면 다 경험하는 일입니다. 우리의 기도 주제는 다양할 수 있습니다. 국가나 하나님 나라나 세계 선교와 같은 큰 주제를 놓고 기도할 수 있습니다. 그런 경우는 금방 달라지는 것이 아니기 때문에 즉시 응답을 받지 않아도 실망하지 않습니다. 그러나 구체적인 문제로 올리는 개인의 청원 기도는 신속한 응답을 기대합니다. 진학, 취직, 사업, 결혼, 이사, 건강, 재산 문제 등은 실제적인 해결을 보는 응답이 있어야 합니다. 그런 때 기도 응답이 없으면 섭섭하고 답답합니다. 기도 전문가들의 말을 들어보아도 위로가 되지 않습니다. 기도 응답 비결로 내놓는 틀에 박힌 말들이 있습니다.

- 죄가 있어서 그렇다. 죄를 먼저 회개하라.
- 더 기다려야 한다. 아직 하나님의 때가 아니다.
- 재판관과 과부의 비유처럼 끝까지 매달리는 기도를 해야 한다(눅 18:1).

- 새벽 제단을 쌓고 일만 번제를 드려라. 건강을 위해 만보도 걷는데 만 번 기도 못하겠는가?
- 하나님께 드릴 것을 드려라. 십일조 떼어먹지 말고 교회에 헌신해야 한다.

물론 문맥에 따라 맞는 말들도 있지만, 이렇게 한다고 해서 기도 응답이 보장되는 것은 아닙니다. 내가 할 수 있는 대로 다 해보아도 응답이 없으면 그다음부터는 기도는 극히 형식적이거나 아예 하지 않게 됩니다. 기도 응답을 받지 못하면 하나님께 대한 기대를 별로 하지 않습니다. 자연히 신앙생활에 활기가 없습니다.

수로보니게 여자의 절박한 문제

예수님을 찾아온 수로보니게 여자에게는 절박한 개인 문제가 있었습니다. 그녀의 딸이 귀신 들렸습니다. 그녀는 예수님이 모처럼 자기 지역을 방문하셨기에 큰 소리로 도움을 호소했습니다.

> 주 다윗의 자손이여 나를 불쌍히 여기소서 내 딸이 흉악하게 귀신 들렸나이다 (마 15:22).

그런데 어떤 반응이 있었습니까? 예수님이 그녀에게 한마디도 하시지 않았습니다. 예수님은 그녀를 완전히 무시하시는 것 같았습니다. 그 여자는 계속해서 소리 질렀습니다. 제자들도 너무 안타까웠습니다. 그들 뒤를 따라다니면서 자기 딸을 제발 고쳐 달라고 애원했기 때문입니다. 그래서 그들은 예수님께 그녀를 좀 어떻게 해서 돌려보내라고 부탁하였습니다. 예수님의 대답이 무엇이었습니까? 나는 이스라엘 집의 잃어버린 양 외에는 다른 데로 보내심을 받지 않았다고 매정하게 잘라 말씀하셨습니다(마 15:24).

그런데 또 다른 의문도 일으킵니다. 왜 하나님께서는 예수님을 이스라엘 백성을 위해서만 보내셨을까요? 이것은 인종차별처럼 들립니다. 이스라엘 백성은 무슨 병이든지 다 고쳐주시지 않았습니까? 인종이 다르다고 차별하신다면 어떻게 하나님의 공의를 믿을 수 있겠습니까? 그러나 수로보니게 여자는 이러한 예수님의 말씀에 조금도 이의를 제기하지 않았습니다.

예수님이 이스라엘 백성에게만 보내심을 받았다는 것은 하나님의 구원 계획이었습니다. 이것은 유대인과 이방인 사이의 차별이 아니고 복음이 전파되는 우선순위의 문제였습니다. 먼저 예수님이 구약의 예언대로 다윗의 자손인 유대인 메시아로 오셔서 복음을 그들에게 전하셔야 했습니다. 그다음 순서는 예수님의 십자가와 부활 이후에 유대인 제자들에 의해서 복음이 전 세계로 전파되도록 하나님께서 정하셨습니다. 예수님은 이러한 하나님의 구원 계획에 따라 복음을 유대인들에게만 전하셨습니다. 바울도 로마서에서 복음은 "먼저는 유대인에게요 그리고 헬라인에게로다"(롬 1:16)라고 했습니다. 중요한 것은 수로보니게 여인의 간청에 대한 예수님의 의도와 반응이 단순히 그녀가 이방인이기 때문에 거절하신 것인지 아니면 다른 어떤 뜻이 있는지를 살피는 것입니다.

예수님은 수로보니게 여인의 간청을 침묵으로 대하셨습니다.

사람이 입을 다물고 응답하지 않는 것처럼 답답한 일이 없습니다. 그런데 주님의 침묵은 그 자체가 믿음을 촉구하는 신호였습니다. 주님은 믿음으로 나아가는 자들을 도우십니다. 수로보니게 여자는 힘을 다해 자기를 불쌍히 여겨달라고 애원하였습니다(25절). 그런데 예수님의 침묵은 수로보니게 여자의 믿음이 한 단계 더 올라가게 하는 영적 촉진제였습니다.

마태복음에 보면 그녀는 처음에는 예수님을 "주 다윗의 자손"(마15:22)이라고 불렀습니다. 그다음 "예수께 무릎을 꿇고 간청"(마 15:25, 새번역)하였습니다. 이것이 곧 주님이 원하신 일이었습니다. 그런데 침묵으로 일관하셨던 예수님이 입을 여셨을 때 어떤 말씀이 나왔습니까?

> 나는 이스라엘 집의 잃어버린 양 외에는 다른 데로 보내심을 받지 아니하였노라 (마 15:24).

그다음 예수님은 수로보니게 여인을 직접 대면하신 후에 더 냉담하고 가혹한 말씀을 하셨습니다.

> 자녀로 먼저 배불리 먹게 할지니 자녀의 떡을 취하여 개들에게 던짐이 마땅하지 아니하니라 (막 7:27).

떡은 메시아가 주는 혜택이고, 자녀는 이스라엘 백성이며, 개들은 이방인입니다. 그런데 예수님의 말씀은 수로보니게 여인을 모독하려는 것이 아니고, 구원의 선후 과정을 알린 것입니다. 먼저 자녀가 식사하고 그다음 순서로 개도 주인의 밥상에서 나오는 혜택을 입는다는 말입니다. 27절 전반 절에서 "자녀로 먼저 배불리 먹게 할지니…"라고 했습니다. '먼저'라고 했기 때문에 '나중'이 있다는 뜻입니다. 본 사건은 예수님이 두로 지방으로 오신 목적에 비추어 이해되어야 합니다. 주님의 말씀은 이런 뜻이었습니다.

「나는 유대인들에게 먼저 보냄을 받았다. 현시점에서 나는 유대인들에게 집중해야 한다. 내가 이 지방에 온 목적은 헤롯과 유대 지도자들의 통제가 미칠 수 없는 비교적 안전한 곳에서 제자들을 훈련시키기 위한 것이다. 나는 그들이 앞으로 온 세상에 복음을 전파할 선교 사역을 감당하는 일을 준비시키는데 시간을 써야 한다. 복음은 먼저 유대인들에게 전해지고 그다음 온 세계로 펴지게 될 것이다. 나는 이와 같은 하나님의 구원 계획에 순응해야 한다.」

수로보니게 여인이 이러한 구원 계획을 어느 정도 이해했는지는 알 수 없습니다. 분명한 것은 그녀가 예수님을 포기하지 않은 것입니다. 예수님은 다시는 이 지방을 오시지 않을 것입니다. 한 번밖에 없는 기회를 끝까지 포기하지 말아야 했습니다. 그녀는 예수님의 구원 계획에 이의를 제기하지 않았습니다. 그러나 개도 주인의 밥상에서 떨어지는 빵 부스러기를 먹고 산다고 말했습니다. 참고로, 개역개정판에서 떡으로 번역된 말은 빵을 가리킵니다. 우리말로 떡이라고 하면 간식에 해당하지만, 빵은 유대인의 주식입니다.

개와 떡이라는 말은 번역상의 문제로 오해하기 쉽습니다. 개는 우리말로 어감이 좋지 않습니다. 그러나 유대인들은 이방인을 경멸할 때 개라고 불렀지만, 이 경우에는 길에서 더러운 것을 먹으며 주인 없이 돌아다니는 들개들입니다. 그래서 이런 개들과 구별하기 위해서 애견이라는 뉘앙스를 지닌 '강아지'로 번역하기도 합니다(예. 공동번역). 그러나 R. T. France의 마태복음 주석에 따르면, 원문에서 사용된 키나리아(kynaria)라는 축소형을 애견을 뜻한다고 보는 견해는 문헌상의 근거가 없다고 합니다. 애견 개념은 유대교나 아람어의 축소형에서 찾아볼 수 없다는 것입니다.

예수님의 포인트는 이방인을 집에서 기르는 애견으로 보았다는 것이 아니고 유대인들이 개처럼 경멸하는 이방인들이지만 때가 오면 유대인과 동일한 구원의 혜택을 받을 것인데 지금은 그때가 아직 오지 않았다는 것입니다.

큰 믿음은 하나님의 부정적인 응답에 굴하지 않고 하나님과 따지는 습성이 있습니다. 수로보니게 여인은 겸비한 자세로 예수님의 자비에 호소하며 말했습니다(막 7:28).

「예수님, 당신의 말씀은 물론 맞습니다. 그런데 부모가 자식을 먹일 때 개들에게도 한두 조각의 부스러기를 던집니다. 그렇다면 예수님은 더 많은 부스러기 은혜를 이방인에게 베푸실 수 있지 않습니까? 저에게 부스러기 한두 개라도 던져 주시기를 간절히 빕니다.」

이 여자는 예수님의 자비에 자신을 던졌습니다. 예수님은 수로보니게 여인의 말에 감동을 받으셨습니다. 그래서 "이 말을 하였으니 돌아가라 귀신이 네 딸에게서 나갔느니라"(29절)고 하셨습니다. 마태복음의 평행 절에는 "여자여 네 믿음이 크도다 네 소원대로 되리라"(마 15:28)고 하였습니다.

큰 믿음은 하나님이 No! 라고 하시는 듯해도 하나님의 약속을 붙잡고 놓지 않습니다. 큰 믿음은 하나님의 자비와 능력에 매달립니다. 그런 믿음은 상을 받습니다. 우리는 하나님의 No!'에 쉽게 낙심하고 포기하는 경향이 있습니다. 하나님의 'No!'는 거절을 받아들이라는 의미도 되지만 때로는 더 큰 믿음으로 주님의 자비에 매달려 호소하라는 뜻도 됩니다.

❖ 여호수아는 아간의 범죄를 몰랐기 때문에 하나님 앞에 오래 엎드려서 아이 성의 패배를 놓고 탄원하였습니다.

"주의 크신 이름을 위하여 어떻게 하시려 하나이까?"(수 7:6, 9).

이것은 주의 명예를 놓고 하나님께 호소한 것이었습니다. 여호수아는 늦도록 엎드렸습니다. 이것은 끈질긴 기도였습니다(수 7:6). 그런데 하나님께서 "일어나라 어찌하여 이렇게 엎드렸느냐"(수 7:10)라고 꾸짖으셨습니다. 그때 하나님이 아이 성의 패배 원인을 여호수아에게 알려 주셨습니다. 사실 아이 성의 패배는 아간의 범죄 때문이었기에 늦도록 여호수가가 괴로워하면서 하나님 앞에 엎드려 있을 필요가 없었습니다. 그러나 그 덕분에 주님의 응답을 받았습니다. 그는 패배 원인을 알았고 문제의 해결 방법을 들었습니다.

❖ 모세도 하나님의 속성과 명예를 놓고 호소하였습니다(민 11:11~25; 출 32:11~13, 31~35). 광야에서 이스라엘 백성이 애굽의 생선과 오이와 파와 마늘을 달라고 울고불고하였을 때 도무지 견딜 수 없었습니다. 그래서 그는 하나님께 따졌습니다.

「내가 이 모든 백성을 낳았습니까? 이들에게 줄 고기를 어디서 구한단 말입니까? 책임이 너무 무거워서 감당할 수 없습니다. 차라리 저를 죽여주십시오.」

또 금송아지 사건이 터졌을 때 하나님은 이스라엘 백성을 다 진멸하고 모세로 큰 나라가 되게 하시겠다고 하셨습니다. 그러자 모세는 그렇게 되면 애굽인들이 하나님께서 자기 백성을 광야에서 다 죽이려고 출애굽시켰다고 말할 것이라고 했습니다. 그러니 하나님의 명예를 생각해서라도 진노를 그쳐달라고 간청하였습니다(출 32:11-12).

수로보니게 여인의 딸이 나은 것은 그녀의 믿음이 테스트를 받고 합격한 이후였습니다. 주님은 수로보니게 여인의 불절의 믿음과 주님의 자비에 호소하며 따지는 듯한 간구를 한 것을 제자들 앞에서 크게 칭찬하셨습니다.

제자들은 자주 예수님을 신뢰하지 못하고 예수님의 뜻을 따르지 않았습니다. 그러나 수로보니게 여인은 비록 이방인이었지만 예수님께 모든 것을 걸고 포기하지 않았습니다. 주님은 그녀의 믿음을 후히 갚아주셨습니다. 그녀는 이방인으로서 부스러기 은혜를 구했지만, 예수님은 이스라엘 백성에게 주는 풍성한 축복을 내리셨습니다. 귀신에게 사로잡혀 고통받던 사랑하는 딸이 한순간에 나았습니다. 딸의 고통을 날마다 지켜보고 함께 고통받았던 수로보니게 여인의 가슴이 주님의 자비의 선물로 가득 채워졌습니다.

그런데 한 가지 의문이 남습니다. 예수님은 이방인이 아닌 이스라엘의 잃어버린 양들을 위해 보냄을 받았다고 하셨습니다. 그런데 이제 한 이방인의 호소를 들으시고 그녀의 딸을 치유하셨습니다. 주님이 하나님의 구원 계획의 우선순위를 어긴 것일까요? 표면적으로 보면 그렇습니다. 예수님이 하나님께서 작정하신 구원 계획에 순종하지 않고 일개 이방 여인의 호소에 마음이 약해져서 실수를 하신 것처럼 보입니다.

그러나 주님은 율법적이고 기계적인 원칙에 묶여 사시지 않았습니다. 그런 삶의 방식은 바리새인들과 율법주의자들의 것이었습니다. 그들은 하나님을 자비가 없는 엄격한 재판관으로 대하였습니다. 우리는 하나님이 기계가 아니고 인격체이심을 기억해야 합니다. 인격체 사이에는 원칙이 있어도 상대편의 인격적 반응에 따라 원칙의 적용에 자비의 여지를 남겨 둡니다. 다르게 말하면, 예수님은 원칙에 담긴 미래적인 측면을 앞당겨서 적용함으로써 이방인의 구원이 어떤 것이라는 것을 미리 보여 주셨습니다. 예수님은 그를 신뢰하는 자들은 유대인이든지 이방인이든지 차별 없이 넘치는 은혜를 받는다는 것을 실증하신 셈이었습니다.

또한 제자들의 선교 훈련을 위해서 두로 지방으로 가셨는데 이방 여자 문제로 시간을 빼앗기는 것은 원래의 목적이 아니라고 볼 수 있습니다. 그러나 수로보니게 여자의 믿음은 제자들의 선교 사역에 필요한 믿음의 모범으로 제시되었습니다. 이것은 시간 낭비가 아니고 제자들의 훈련을 위한 좋은 교육 자료였습니다.

[예수님의 침묵은 은혜의 침묵입니다.]

예수님은 수로보니게 여인의 첫 호소에 아무 말씀도 하시지 않았습니다. 그러나 주님의 침묵은 수로보니게 여인의 믿음이 한걸음 더 나아갈 수 있는 계기가 되게 하였습니다. 주님은 때때로 침묵을 통해 기도 응답을 받을 수 있는 믿음의 준비를 하게 하십니다.

[예수님의 거절은 은혜의 거절입니다.]

예수님은 가나안 여인의 두 번째 호소를 한마디로 거절하셨습니다. 그녀의 반응이 무엇이었습니까? 개도 주인 밥상의 부스러기로 먹고 사니까 자기에게 베풀 자비가 남아 있지 않느냐고 주님을 설득하였습니다. 어떻게 이런 지혜롭고 깊은 신뢰심이 나왔을까요? 예수님의 첫 번째 거절이 그녀의 믿음을 정상의 차원으로 올려주는 역할을 했기 때문입니다.

예수님은 즉시 그녀의 소원을 들어주셨습니다. 그녀의 믿음이 예수님이 바라고 의도하신 대로 포기하지 않고 끝까지 갔기 때문입니다. 그녀는 이방인이었지만, 예수님이 잠시 피신하셨던 이방인의 땅에서 거두신 믿음의 열매였습니다. 그녀는 예수님의 기쁨이 되었고 제자들의 모범이 되었습니다. 그리고 복음이 온 세계로 퍼져나가면서 그녀에 대한 스토리가 전해졌습니다. 그녀의 꺾일 줄 모르는 믿음은 넉넉히 보상되었습니다.

기도를 간절히 올렸는데 주께서 침묵하신다고 낙심하지 맙시다. 예수님의 침묵은 내가 과연 어느 만큼 주님을 신뢰하고 기다릴 수 있는지를 달아보는 계량기입니다. 예수님의 침묵은 자칫하면 주님이 내게 전혀 관심이 없으신 것으로 오해하기 쉽습니다. 그런 것이 아닙니다. 주님은 훨씬 더 깊은 뜻이 있어 침묵하십니다. 나의 믿음은 단련을 받아야 자라고 강해집니다. 우리는 연약한 믿음으로 이 세상을 살 수 없습니다. 어둠의 세력이 나를 붙잡고 놓지 않습니다. 내 딸 속에 들어간 귀신은 나의 허약한 믿음으로 내쫓지 못합니다. 내 믿음이 강해지도록 주님이 사용하시는 방법의 하나는 기도 응답이 지체되게 하는 것입니다. 주님의 침묵은 응답되지 않는 기도를 통해서 우리의 믿음이 강화되게 하는 장치입니다.

주님의 거절은 주님의 침묵과 서로 다른 반응이지만 목적은 같습니다. 기도를 거절하시는 것은 우리가 얼마나 주님을 신뢰하는지를 더 깊은 레벨에서 테스트하는 것입니다. 많은 사람이 주님의 노골적인 거절 앞에서 낙망합니다. 그래서 우리에게 수로보니게 여인의 모범이 필요하니다. 그녀는 자기의 간절한 소청을 들어줄 수 없다는 주님의 이유를 다 들었습니다. 그래도 그녀는 주님의 자비를 믿고 포기하지 않았습니다. 어떤 결과가 나왔습니까? 딸이 나았을 뿐만 아니라 더 나은 믿음의 사람이 되어 돌아갔습니다.

예수님의 침묵과 거절을 거친 후에 받는 기도 응답은 믿음의 승리입니다. 수로보니게 여인은 정상에 오른 믿음을 지니고 귀가했습니다. 그녀는 귀신의 속박에서 풀려난 딸을 보고 주님을 끝까지 신뢰하는 것이 얼마나 중요하고 가치 있는 일인지를 더욱 확신했을 것입니다. 이 여인처럼 우리도 주님의 침묵과 거절을 거쳐 주님으로부터 "네 믿음이 크도다"라는 칭찬을 받는 성도들이 되어야 하겠습니다.

35
예수님의 긍휼
마가복음 7:31~8:13

본 항목은 예수님이 귀먹고 말 더듬는 사람을 치유하시고 사천 명을 먹이신 기적을 다룹니다. 그리고 바리새인들이 예수님께 더 많은 기적을 요구하다가 거절당하는 내용도 따라 나옵니다. 예수님의 기적은 그 자체만 보면 하나의 초자연적 현상에 불과합니다. 그러나 문맥과 의미를 살펴보면 단순한 기적이 아니고 영적 교훈을 담은 표적(sign)이며 예수님이 구약 선지자들이 오랫동안 예언해 왔던 메시아이심을 가리킵니다.

복음을 분명히 알아야 합니다.

귀가 먹고 말을 제대로 하지 못하는 것은 인간의 가장 필수적인 기능들이 손상되었다는 뜻입니다. 예수님은 많은 사람들에게 주야로 복음을 선포하셨습니다. 그런데 예수님이 전하시는 하나님 나라의 성격을 바르게 깨닫고 예수님이 하나님께서 약속하신 메시아라고 확신하며 따르는 자들은 거의 없었습니다. 사실상 하나님의 아들로 오신 주님과 함께 살았던 제자들까지도 예수님의 정체와 사역을 제대로 파악하지 못했습니다. 그들은 복음을 듣고도 깨닫지 못하고 구원의 진리를 정확하게 표현할 능력이 없는 영적 장애인들이었습니다.

예수님이 두로와 시돈과 데가볼리의 이방인 지역을 거쳐 오실 때 사람들이 귀먹고 말 더듬는 사람을 데리고 와서 예수님이 안수해 주시기를 간구하였습니다. 그런데 그들이 원한 것은 치유가 전부였습니다. 그들은 치유가 끝났을 때 놀라워하며 예수님을 칭찬했지만(7:37) 아무도 예수님을 하나님이 보내신 참 메시아로 영접하지 않았습니다. 그런데 이사야 선지자는 메시아가 오셔서 하나님 나라를 세우실 때 그런 놀라운 치유가 일어날 것이라고 예언하였습니다.

> 그 때에 맹인의 눈이 밝을 것이며 못 듣는 사람의 귀가 열릴 것이며 그 때에 저는 자는 사슴 같이 뛸 것이며 말 못하는 자의 혀는 노래하리니 이는 광야에서 물이 솟겠고 사막에서 시내가 흐를 것임이라 (사 35:5~6) .

귀먹은 반벙어리의 치유는 무리의 증언대로 실제로 일어난 일이었습니다(7:37). 그런데 그들은 귀가 열리고 혀가 풀린 사람과 그를 치유한 예수님을 눈 앞에 두고서도 복음이 무엇이며 예수님이 누구이신지를 깨닫지 못하였습니다. 영적 농아의 증상은 지금도 나타납니다. 요즘은 교회가 세상으로부터 심한 야유와 욕설을 듣지만 교회 다니는 사람들은 아직도 많습니다. 안타깝게도 너무도 많은 사람이 복음을 제대로 알지 못한 채 교회 생활만 합니다. 복음이 교회에서 바르게 전달되지 않는 경우도 허다합니다. 사람의 생각으로 각색된 복음을 예수님과 사도들이 가르친 복음이라고 잘못 믿는 사람들도 많습니다. 회중은 그런 덜 된 복음들을 듣고 반벙어리가 되어 자신이 무엇을 어떻게 믿고 있는지도 모른 채 예수 믿는다고 생각합니다. 바울은 방언과 관련해서 말하기를 "만일 나팔이 분명하지 못한 소리를 내면 누가 전투를 준비하리요"(고전 14:8)라고 했습니다.

복음을 분명하게 숙지하고 믿지 않으면 영적 전투는 항상 지기 마련입니다. 전하는 자나 듣는 자가 복음을 명확하게 전하고 듣게 해야 합니다. 영적으로 귀가 먹어도 문제지만 믿는다고 해도 반벙어리처럼 겨우 한

두 마디 알아들을 수 있는 정도에 그친다면 영적 전투에서 어둠의 세력을 물리칠 수 없습니다. 그래서 예수님은 하늘을 우러러 탄식하시면서 "에바다"(열리라)라고 외쳤습니다.

우리에게 주는 교훈은 주님을 신뢰하고 그분께로 나아가는 것이 영적 장애를 해결하는 길이라는 것입니다. 귀먹고 말 더듬는 사람은 친구들의 도움으로 예수께 나아왔습니다. 그는 예수님을 순순히 따라갈 만큼 예수님을 신뢰하였습니다. 그를 데리고 온 친구들도 들것에 실려왔던 중풍병자의 친구들처럼 예수님의 능력을 믿었습니다. 수로보니게 여자의 경우에서도 귀신 들린 딸이 치유된 것은 예수님의 자비와 능력을 의지한 믿음의 결과였습니다.

내 손을 붙드신 주님의 사랑

본 치유 기사는 좀 이상한 대목이 있습니다. 예수님은 농아의 양쪽 귀에 손가락을 집어넣고 침을 뱉어서 그의 혀에 손을 대셨습니다. 그런데 여러 사람들 앞에서 행하신 것이 아니고 "그 사람을 따로 데리고 무리를 떠나서"(33절) 행하셨습니다. 왜 그랬을까요? 고대 사회에서는 침에 치유력이 있다고 믿었습니다. 그러나 예수님은 그런 것을 믿으신 것이 아닙니다. 귀먹고 말 더듬는 사람이었기에 자신의 감각으로 느껴서 무슨 일이 일어나고 있는지를 알게 하려는 수단이었습니다. 귀에 손가락을 넣은 것은 닫혔던 귀가 열리고, 침을 혀에 발라 부드럽게 한 것은 굳은 혀가 풀린다는 신호였습니다. 예수님은 이 환자의 형편을 크게 동정하시고 개인적인 배려를 하셨습니다. 예수님이 직접 그의 귀와 혀에 손을 대신 것은 그로 하여금 안심하고 치유를 기대하게 했을 것입니다.

예수님은 벳새다 맹인을 고치실 때에도 "맹인의 손을 붙잡으시고 마을 밖으로 데리고 나가사 눈에 침을 뱉으시며 그에게 안수"(8:23)하셨습니다. 무리를 떠나 마을 밖으로 나가려면 한동안 함께 걸어야 했을 것입니다. 예수님이 장애인의 손을 붙잡고 걸어가시는 모습을 상상해 보십시오. 장애인들은 어쩌면 하나님이 불공평하다고 생각했을지 모릅니다.

「왜 다른 사람들은 멀쩡한데 나는 귀가 먹었을까? 왜 눈이 보이지 않을까? 왜 벙어리로 평생을 살아야 한단 말인가? 이렇게 살 바에야 차라리 자살이라도 하는 것이 낫지 않으랴.」

장애인들이 자신의 처지를 비관하는 것은 드문 일이 아닙니다. 신자들도 때때로 이런저런 이유로 하나님을 원망하고 비관합니다. 세상에는 나보다 더 불행한 사람들도 있고 나보다 덜 불행한 사람들도 있습니다. 나의 불행은 상대적입니다. 중요한 것은 하나님이 나를 어떻게 대하시는가 하는 것입니다. 예수님은 귀먹고 말 더듬는 사람을 데리고 하늘을 우러러 탄식하셨습니다. 이것은 주님이 이 사람의 한(恨)에 자신을 일치시키고 깊이 동정하시면서 하나님께 기도하셨다는 뜻입니다. 나의 불행을 주께로 가져가면 주님께서 내 손을 잡으시고 하늘 아버지께 자비를 간구하는 기도를 올리십니다.

주님이 '에바다'(열리라)를 외쳤을 때 모든 것이 달라졌습니다. 귀가 뚫리고 혀가 풀렸습니다. 환자의 말이 분명해졌습니다(35절). 그는 분명한 발음으로 주님을 찬양하고 감사하며 주님이 그에게 어떤 일을 행하셨는지를 무리에게 간증했을 것입니다. 그는 조금 전까지도 귀가 들리지 않고 말도 제대로 하지 못해 사람들과 함께 있어도 교제가 불가능했습니다. 그는 사람들로부터 따돌림을 당했을 것이고 사람들 앞에 나가는 것을 두려워했을 것입니다. 그런데 그는 주님께서 하늘 보좌를 향해 자신의 가련한 처지를 위해 기도해 주시는 지극한 사랑을 피부로 느꼈을 것입니다. 주께서 그의 손을 붙잡고 기도하셨기 때문입니다.

우리의 삶에 어둔 골짜기의 두려움이 있고 광야의 황무함이 있습니다. 예기치 못한 불행이 갑자기 가슴을 내려앉게 합니다. 외부와의 연락이 두

절된 외로운 공간에 홀로 남은 처연한 자신을 발견하기도 합니다. 선천적 장애나 사고로 인한 부자유한 몸 때문에 평생을 한숨과 눈물로 살아야 하는 사람들도 있습니다. 내가 만일 그런 처지라면 어떻게 해야 하겠습니까? 무엇을 희망으로 삼고 살 수 있겠습니까? 하나님의 말씀을 들어 보십시오. 그러나 무릇 여호와를 의지하며 여호와를 의뢰하는 그 사람은 복을 받을 것이라 (렘 17:7).

하나님을 신뢰하는 사람은 복을 받는다고 하였습니다. 귀먹고 말 더듬던 사람이 어떤 복을 받았습니까? 주님이 직접 그의 손을 붙잡고 호젓한 곳으로 가서 하늘 아버지께 중보하시는 기도를 받았습니다. 오직 그만을 위한 기도였습니다. 많은 사람 중에서 오직 이 사람만 주님이 따로 데리고 가서 하늘 아버지께 소개하고 치유해 달라고 간구하셨습니다. 이 사람은 무리 중에서 가장 불행한 사람이었습니다. 그러나 그의 손을 붙드신 주님이 계셨기에 그의 불행은 화가 변하여 복이 되었습니다.

우리의 불행은 주님께서 내 손을 붙드시는 기회가 됩니다. 나의 어두운 계곡에서 주님은 나의 손을 붙드십니다. 나의 한 맺힌 눈물과 고통 속에서 주님은 나의 손을 붙드십니다. 불치의 질병과 가난 속에서 차라리 죽기를 소원하는 나에게 주님은 자비의 손을 내미십니다. 사람들이 두렵고 살기가 무서울 때 주께서 내 손을 붙드시고 무리를 떠나 어디론가 데리고 가십니다. 그곳에서 나는 놀랍게 달라집니다. 막혔던 귀가 열려 세상이 온갖 소리를 내고 생동하고 있음을 알게 됩니다. 굳었던 혀가 풀려 자신이 보고 느끼고 생각한 것을 분명하게 표현할 수 있습니다. 갑자기 자신의 존재가 살아납니다.

본문의 장애인은 조금 전까지만 해도 살았으나 죽은 자였고, 사람들 속에 있었으나 홀로 된 자였습니다. 그러나 이제는 예수님을 통해 하늘 아버지께서 그를 치유하시고 그의 존재에 가치를 부여하셨습니다. 그는 새 생명으로 다시 태어났습니다.

어떻게 이 일이 가능하였을까요? 그가 자신을 위해서 행한 일은 아무 것도 없었습니다. 그래도 그는 치유를 받았습니다. 예수님이 그의 손을 붙잡으셨기 때문입니다. 구원이 이와 같습니다. 그가 자신의 치유를 위해 기여한 것이 아무것도 없었듯이, 구원도 오직 하나님의 은혜로 거저 받습니다. 내 손을 붙드신 주님이 계셨기에 나도 구원을 받았습니다. 내 손을 붙드신 주님은 나를 데리고 하늘 아버지께로 나아가서 나를 위해 기도하십니다. 십자가를 거쳐 부활하신 주님은 하나님 우편 보좌에서 우리를 위해 지금도 기도하십니다. 주님은 하늘에 계신 우리의 대제사장이십니다(히 4:15~16).

빵 일곱 개와 생선 몇 마리의 기적

예수님은 무리 속에 있는 개인의 필요도 배려하시지만 집단으로서의 무리가 가진 필요도 채워주십니다. 귀먹고 말 더듬는 자의 치유가 개인적인 것이었다면, 일곱 개의 빵과 몇 마리 생선으로 사천 명을 먹이신 기적은 집단적인 것이었습니다. 그러나 두 기적의 공통점은 예수님이 개인과 무리를 똑같이 불쌍히 여기신다는 사실입니다.

내가 무리를 불쌍히 여기노라 그들이 나와 함께 있은 지 이미 사흘이 지났으나 먹을 것이 없도다 만일 내가 그들을 굶겨 집으로 보내면 길에서 기진하리라 그 중에는 멀리서 온 사람들도 있느니라 (8:2~3).

예수님은 무리의 형편을 보시고 불쌍히 여기셨습니다. 오병이어의 기적 때에도 예수님은 무리를 불쌍히 여기셨습니다.

예수께서 나오사 큰 무리를 보시고 그 목자 없는 양 같음으로 인하여 불쌍히 여기사 이에 여러 가지로 가르치시더라 (막 6:34).

예수님은 자신을 양무리의 선한 목자로 보셨습니다. 선한 목자는 양들을 위해 목숨까지 바칩니다(요 10:11). 그래서 무리가 먹을 음식 제공을 자신의 책임으로 보셨습니다. 예수님은 무리가 사흘이 지나도록 먹지 못하고 굶주리는 것을 동정하셨습니다. 예수님은 그들 중에는 먼 곳에서 온 사람들도 있으니 반드시 먹여서 보내야 한다고 하셨습니다. 주님은 무리 속의 소수도 기억하십니다. 필요하면 귀먹고 말 더듬는 자의 경우처럼, 한 사람의 필요를 채우기 위해 개인을 무리로부터 떼어서 돕기도 하십니다. 사실 주님은 한 마리의 잃은 양을 찾기 위해 아흔아홉 마리를 들에 두고 온 산을 헤매는 분입니다(눅 15:4). 하나님은 한 마리의 참새와 가축의 생명도 귀히 여기십니다(마 10:29; 욘 4:10-11).

그런데 주님이 수많은 무리를 먹이기 위해서 어떤 믿음으로 오병이어와 빵 일곱 개의 기적을 일으키셨는지를 생각해 보십시오. 이것들이 그 큰 무리에게 무슨 양식이 될 수 있단 말입니까? 그러나 예수님의 축사로 모든 사람이 배불리 먹고도 남을 정도로 풍성한 양식이 되었습니다. 예수님의 기도는 완전한 믿음의 기도였기에 하나님이 넘치게 응답하셨습니다. 주님은 절대적인 믿음으로 하나님을 신뢰하셨습니다. 우리는 예수님의 완전한 믿음을 의지하고 살 때에 비록 우리의 믿음이 내려갔을 때에도 낙심하지 않고 계속 주님을 바라볼 수 있습니다.

바리새인들의 불신(11~13절)

바리새인들은 예수님을 전혀 신뢰하지 않았습니다. 그들은 예수님의 많은 기적을 보았고 하나님 나라의 가르침도 충분히 들었지만 예수님을 오히려 비난하고 시험하였습니다. 그들은 자기들이 원하는 방향으로 예수님이 움직여주고 그들이 정한 울타리 속에서 예수님이 머물기를 원하였습니다. 그들은 예수께 나아와 하늘로부터 오는 표적을 요구하였습니다. 그때 예수님은 "마음속으로 깊이 탄식"(8:12)하셨습니다. 이 탄식은 귀먹고 말 더듬는 사람을 데리고 나가서 하늘을 우러러 탄식하셨다는 의미와 다른 종류의 탄식입니다. 그때는 깊은 동정심으로 환자를 위해 하나님의 자비를 구하는 기도였지만 지금은 바리새인들의 불신에 대한 안타까운 개탄이었습니다. 예루살렘의 종교 지도자들은 예수님의 기적을 부인할 수 없다고 고백하면서도 믿지 않았습니다(행 4:16). 그들은 예수님이 일곱 개의 빵과 생선 몇 마리로 사천 명 이상을 먹였는데도 그들이 원하는 다른 표적을 요구하였습니다(막 8:11~12). 예수님은 단호히 거절하시고 악한 세대가 기적을 원한다고 하셨습니다. 원하는 기적을 보여 주면 믿겠다고 말하는 것은 거짓말입니다. 예수님을 신뢰하면 기적이 없이도 믿습니다. 악한 세대가 자기들의 마음에 찰 때까지 기적을 원합니다. 그러나 그들의 마음은 밑 빠진 독과 같아서 채워질 수 없습니다.

지금도 기적을 쫓아다니는 사람들이 있습니다. 그러나 기적의 체험은 그리스도와 복음을 믿는데 도움을 줄 수 있어도 기적에 의존하는 것은 강한 믿음이 아닙니다. 예수님은 기적에만 쏠리는 신앙을 평가절하하셨습니다. 예수님은 예루살렘에서 많은 기적을 행하셨습니다. 그 결과 그의 이름을 믿은 자들이 많았습니다. 하지만 예수님은 그들의 믿음을 신뢰하시지 않았습니다(요 2:24).

불신은 어떤 면에서 기적보다 더 강력한 능력입니다. 대부분의 사람들은 예수님의 많은 기적을 날마다 보았지만 예수님을 하나님이 보내신 구원자로 믿지 않았습니다. 심지어 죽음을 정복하고 부활하신 주님이 제자들에게 나타나셨지만 일부는 믿지 않고 의심했습니다(마 28:17). 인류의 죄를 대속하기 위해 하나님의 아들로 오셔서 십자가에 달리신 예수님을 믿어야 합니다. 성경의 증거는 충분합니다. 만약 성령의 음성에 귀를 닫고 양심의 호소에 무감각하며 예수 그리스도의 십자가가 나의 죄를 위한 것임을 믿지 않으면 아무것도 나를 설득할 수 없습니다.

바리새인들은 처음부터 예수님을 믿을 마음이 없었습니다. 계속해서 예수님을 밀어내면 보이지도 않고 들리지도 않는 영적 장애인이 됩니다. 예수님은 바리새인들을 오래 참으시며 거듭 설득했지만 그들의 불신은 하나님의 아들까지 밀어낼 수 있었습니다. 우리는 조금이라도 예수님을 신뢰하지 않거나 그분의 구주되심을 의심하는 일이 없어야 하겠습니다.

36
두 번째 터치
마가복음 8:14~26

본 항목에는 바리새인들과 헤롯에 대한 경고와 함께 예수님이 벳새다에서 한 맹인의 눈을 뜨게 하는 사건이 나옵니다. 귀먹고 말 더듬는 사람의 경우처럼 여기서도 예수님에 대한 신뢰의 결핍과 제자들의 영적 둔감성에 대한 교훈이 실려 있습니다. 예수님은 바리새인들의 또 다른 기적 요청을 거절하시고 갈릴리 호수 건너편으로 가셨습니다(8:13). 그곳에서 제자들에게 바리새인들과 헤롯의 누룩을 주의하라고 경고하셨습니다.

바리새인들과 제자들은 예수님의 기적의 의미를 붙잡지 못하였습니다.

제자들은 일곱 개 빵과 생선 몇 마리의 기적 후에 남은 빵을 챙겨서 가져오지 않아 양식 문제가 발생하자 서로 큰일이 났다고 수군거렸습니다. 예수님은 그들의 수군거림을 들으시고 바리새인들과 헤롯의 누룩을 조심하라고 하셨습니다. 제자들은 예수님이 왜 이런 말씀을 하시는지 알 수 없었습니다.

제자들은 당장 필요한 양식 문제로 급급하였습니다. 그들은 예수님이 주시는 빵을 받아먹기 위해 몰려드는 무리와 별로 다르지 않았습니다. 예수님은 일용할 양식의 필요성을 아십니다. 그래서 무리에게 먹을 것을 주셨습니다. 그러나 배를 채워주시기 때문에 예수님을 따라서는 안 됩니다(요 6:26).

예수님은 복음과 하나님 나라를 전파하기 위해 오셨습니다(막 1:14~15). 빵의 기적은 예수님이 하나님의 아들이시며(요 6:27, 35) "생명의 빵"(요 6:35)이심을 깨닫고 그분께 나와 구원을 받으라는 것이었습니다. 그런데 제자들마저도 이처럼 단순한 진리를 깨닫지 못하였습니다. 그들이 놓친 또 하나의 교훈은 예수님이 오병이어와 일곱 개 빵과 생선 몇 마리로 수천 명을 먹인 기적을 행하셨음에도 양식 걱정을 한 것이었습니다. 그래서 예수님은 그들에게 물으셨습니다.

> 내가 떡 다섯 개를 오천 명에게 떼어 줄 때에 조각 몇 바구니를 거두었더냐 이르되 열둘이니이다. 또 일곱 개를 사천 명에게 떼어 줄 때에 조각 몇 광주리를 거두었더냐 이르되 일곱이니이다(8:19~20).

예수님은 제자들이 마음이 둔하다고 지적하시면서 알지 못하고 깨닫지 못하고 눈이 있어도 못 보고 귀가 있어도 못 듣는다고 하셨습니다. 그리고 제자들의 대답을 들으신 후에도 "이르시되 아직도 깨닫지 못하느냐"(8:21)라고 도전하셨습니다. 바리새인들은 예수님의 많은 기적을 목격하고도 더 큰 기적을 요구하였습니다. 그들은 예수님을 믿지 않는 부패한 종교 지도자들이니까 그렇다고 칩시다. 그런데 예수님을 믿고 날마다 함께 사역하는 제자들마저도 예수님의 정체와 행하신 일의 의미를 이처럼 못 깨닫는다는 것은 이해하기 어렵습니다. 제자들은 전에도 예수님이 장로들의 전통에 대해서 말씀하실 때 비유로 주신 대목을 이해하지 못하였습니다. 그때 예수님은 "너희도 이렇게 깨달음이 없느냐"(막 7:18)라고 한탄하셨습니다.

어떻게 이렇게까지 우둔할 수 있을까요? 예수님을 날마다 따라다녀도 예수님의 복음과 예수님이 이루시는 하나님 나라에 관심이 없고 오직 배부르고 편하게 사는 일에만 마음이 사로잡혀 살면 누구나 그렇게 될 수 있습니다. 그래서 예수님은 산상 설교에서 "그런즉 너희는 먼저 그의 나라와 그의 의를 구하라 그리하면 이 모든 것을 너희에게 더하시리라"(마 6:33)라고 하셨습니다.

제자들은 예수님의 넘치는 양식 공급에 직접 참여했던 사람들이었습니다. 그런데도 그들은 예수님의 후한 돌보심을 다 잊고 빵이 없다고 수군거렸습니다. 그들은 빵의 기적에서 하나님 나라가 잔치와 같다는 것을 깨닫지 못하였습니다. 그들은 빵에 마음이 붙잡혀 '생명의 떡'이신 예수님이 함께 승선하고 계신 사실을 잊었습니다.

우리 인생의 배 안에 양식이 없는 때가 있습니다. 그런 때 예수님이 주시는 말씀이 무엇일까요? "기억하지 못하느냐"(8:18)라는 것입니다. 무엇을 기억하라는 말씀입니까? 주님의 공급으로 받았던 은혜를 기억하라는 것입니다. 신자라면 누구나 일용할 양식이 없거나 부족하여 당황하고 고민했을 때 주님이 주신 양식을 받아먹은 적이 있을 것입니다. 그때의 은혜를 기억하라는 것입니다. 주님이 그때 나를 찾아오셔서 나의 몸과 마음의 허기를 채워주시고 푸른 잔디 위에 앉히시며 쉬게 하신 것을 기억하라는 것입니다. 그런데 우리가 먹고 사는 일에 마음이 묶여 있으면 주님이 베푸신 크고 작은 은혜들을 기억하지 못합니다.

주님은 우리의 절급한 필요를 아십니다. 주님은 언제라도 우리를 풍성하게 먹이고 입히실 수 있습니다. 그러나 주님이 우리에게 원하시는 것은 오늘의 궁핍에 사로잡히지 말고 어제 받았던 놀라운 은혜를 기억하고 주님을 신뢰하라는 것입니다. 생명의 떡이신 주님이 타고 계신 배 안에는 굶어 죽는 일이 없습니다. 다만 주님이 하늘에서 내려온 산 떡이라는 사실을 믿지 못하거나 잊은 자들만이 빈 배를 채우지 못하고 기진할 뿐입니다.

예수님은 제자들의 관심을 빵에서 바리새인들과 헤롯의 누룩으로 돌리셨습니다. 예수님은 제자들이 빵에 사로잡힐 것이 아니라 하나님 나라를 위해 마땅히 가져야 할 영적 태세를 언급하셨습니다. 제자들에게 중요한 것은 당장 먹을 빵이 있느냐 없느냐가 아니고 복음 사역을 반대하며 악영향을 끼치는 어둠의 세력들을 경계하는 것이었습니다. 바리새인들과 헤롯당은 예수님을 죽이려고 일찍부터 공모하였습니다(막 3:6). 바리새인들은 율법적이고 위선적이었습니다(눅 12:1; 마 23:27). 그들은 구원이란 율법적 경건으로 온다고 믿었고 자신들의 의로 하나님 나라를 세울 수 있다고 가르쳤습니다. 헤롯은 부도덕하였고 예수님을 일개 기적사로 취급하였습니다. 그는 나중에 빌라도가 보낸 예수님을 모욕하고 조롱했으며 아무 죄도 발견하지 못하면서 빌라도에게 돌려보냈습니다(눅 23:6~12). 이들은 진리에 마음을 닫고 불신의 누룩을 퍼뜨렸습니다.

제자들은 하나님 나라를 이스라엘 백성과 온 세상에 전파하는 소명을 받았습니다. 그들은 하나님 나라의 의를 먼저 구해야 했습니다. 그러기 위해서 그들은 하나님 나라가 예수님 자신과 그의 사역을 통해 임하고 있다는 사실을 깨달았어야 했습니다. 유감스럽게도 그들은 오직 주님만 신뢰하고 그분의 가르침을 방해하는 어둠의 세력들을 대항하기 위해 부름을 받았다는 것을 잊고 살았습니다.

악한 누룩의 영향은 개별 신자의 삶에서만이 아니고 교회 전체에까지 퍼지는 무서운 전염병과 같습니다. 바울은 고린도교회에 침투한 부도덕을 지적하면서 "적은 누룩이 온 덩어리에 퍼지는 것을 알지 못하느냐"(고전 5:6)라고 질책하였습니다. 우리는 마음이 우둔하여져서 진리의 말씀을 듣지 못하는 영적 귀머거리가 아닌지 자신을 살펴보아야 하겠습니다.

벳새다 맹인의 개안(22~26절)

본 기적의 앞 문맥을 이해하는 것이 중요합니다. 앞에서 어떤 일들이 있었습니까? 먼저 예수님이 두로 지방으로 가셨을 때 수로보니게 여자가 예수님에 대한 불굴의 믿음으로 귀신 들렸던 딸의 치유를 받았습니다. 그 다음 예수님은 시돈과 데가볼리의 이방인 지역을 계속 다니시다가 귀먹고 말 더듬는 사람을 치유하셨습니다. 그때 예수님은 하늘을 향해 탄식하시며 '에바다'라고 외쳤습니다. '열리라'는 뜻이었는데 과연 환자의 귀가 열리고 혀가 풀려 말이 분명해졌습니다. 이 기적은 예수님을 철저하게 신뢰하지 못하여 영적으로 귀가 먹고 복음의 진리가 제대로 소통되지 못하는 상태를 예시합니다.

이 사건 후에 예수님은 달마누다 지방으로 가셨는데 바리새인들의 비난과 시험을 당하였습니다. 바리새인들은 예수님의 많은 기적을 잘 알고 있으면서 자기들이 원하는 종류의 더 크고 드라마틱한 기적을 행해 보라고 시험하였습니다. 예수님은 그들의 요구를 거절하시고 배에 오르셨습니다.

예수님에 대한 신뢰 문제는 그다음에 일어난 빵 일곱 개의 기적에서도 반복되었습니다. 제자들은 얼마 전에도 오병이어의 기적을 베푸신 예수님과 함께 사역하였습니다. 그런데 다시 큰 무리가 굶주린 상황에 빠지게 되자 예수님을 신뢰하지 못하고 "이 광야 어디서 떡을 얻어 이 사람들로 배부르게 할 수 있으리이까"(8:4)라고 반문하였습니다. 만약 이들이 일곱 개의 빵과 물고기 몇 마리를 먼저 예수께 가져가서 "주님, 오천 명을 먹이셨을 때처럼 이번에도 무리를 먹여주실 줄로 믿습니다"라고 했다면 아마 예수님은 수로보니게 여인에게 주셨던 말씀처럼 "이 말을 하였으니"(7:28) 양식 문제가 해결되었다고 하셨을 것입니다.

유감스럽게도 제자들은 예수님이 오병이어 때처럼 넘치는 공급을 하실 수 있는 분임을 까맣게 잊고 있었습니다. 그뿐만 아니라 방금 행하신 빵 일곱 개와 생선 몇 마리로 사천 명을 먹이신 기적마저도 잊은 듯이 배 안에 빵이 한 개밖에 없다고 수군거리며 걱정하였습니다. 그래서 예수님은 제자들에게 두 개의 양식 기적을 상기시키며 "아직도 깨닫지 못하느냐"(8:21)라고 하셨습니다.

벳새다 맹인을 고치신 기적 스토리는 바로 이 말씀 다음에 나옵니다. 앞 문맥에서 진술된 일련의 사건들은 모두 예수님에 대한 신뢰 문제를 다룬 것입니다. 벳새다 맹인의 치유 기적은 예수님에 대한 신뢰와 관련된 지금까지의 여러 사건들을 다시 조명하고 예수님을 확실하게 믿지 못할 때 어떤 상태에 빠지게 되며 또 예수님의 안수를 받았을 때 어떻게 달라지는지를 예시한 것입니다.

본 기적은 처음에는 실패한 듯이 보입니다. 예수님은 맹인에게 안수하신 후에 무엇이 보이느냐고 물으셨습니다. 그는 사람들이 보이지만 나무 같은 것들이 걸어가는 것으로 보인다고 했습니다. 그래서 예수님이 다시 안수하셨습니다. 그랬더니 이번에는 모든 것을 밝히 보았습니다.

예수님의 기적은 일종의 비유입니다. 벳새다 맹인처럼 제자들은 예수님을 따라다녔지만 예수님을 모든 상황에서 전적으로 신뢰하지 못하였습니다. 그들은 예수님을 믿는다고 하면서도 믿지 못하는 때가 더 많았습니다. 그들은 예수님의 신분과 성품을 극히 피상적으로만 알았습니다. 예수님이 얼마나 무리를 불쌍히 여기시고 한 사람의 구원에도 온 신경을 쓰시는 분인지를 알지 못했습니다. 그들은 예수님이 하나님의 아들로서 하늘을 향해 기도하시면 즉시 응답된다는 것을 번연히 보고서도 이 사실을 자신들의 삶의 현장에 적용하지 못하였습니다.

그들은 예수님이 어떻게 한 이방인 여자의 기막힌 처지를 긍휼히 여기셨으며 귀먹고 말 더듬는 사람의 손을 붙잡고 한적한 곳으로 따로 가셔서 치유하셨는지를 마음에 담아두지 않았습니다. 그들은 예수님이 무리를 불쌍히 여기시고 그들을 굶겨 보낼 수 없다고 하시면서 그들 중에는 멀리서 온 사람들도 있다고 하신 말씀을 흘려들었습니다. 그들은 예수님이 얼마나 자상하시고 친절하시며 자비와 긍휼에 풍성하신 분임을 알지 못했습니다. 그들은 예수님을 좋아하면서도 예수님과 영적으로 소통할 수 없는 농아와 같았고 하나님 나라를 바르게 보지 못하는 맹인과 같았습니다.

두 가지 교훈

제자들은 영적 장애인들로서 온전한 치유가 필요한 사람들이었습니다. 본 사건에서 우리는 두 가지 교훈을 받을 수 있습니다.

첫째, 예수님은 귀먹고 말 더듬는 장애인의 치유에서처럼 이번에도 벳새다 맹인의 손을 붙잡으시고 마을 밖으로 데리고 가셨습니다. 예수님은 누구라도 안수받기를 원하는 자를 거절하신 적이 없었습니다. 다른 사람들의 부탁으로 예수께 나아온 환자들이라도 친절하게 대하시고 안수하셨습니다(8:22; 7:32). 예수님은 사람 차별을 하시지 않습니다. 예수님은 "긍휼이 많으시고 은혜로우시며 노하기를 더디 하시고 인자하심이 풍부"(시 103:8)하시며 오래 참으십니다(벧후 3:9, 15; 롬 9:22). 만약 예수님이 제자들에게 오래 참으시지 않았다면 그들은 벌써 버림을 받았을 것입니다. 그들의 한심스러운 영적 우둔함이 지적된 다음에 벳새다 맹인의 손을 붙잡으시고 안수하신 장면이 묘사된 것은 매우 시사적입니다.

예수님은 제자들이 주님을 신뢰하지 못하고 더디 깨닫는 아둔함에도 불구하고 그들의 손을 붙잡고 깨달을 때까지 포기하시지 않았습니다. 예수님은 우리 각자의 영적 어둠이 빛으로 밝혀질 때까지 인내하시면서 우리 손을 붙잡고 계십니다. 예수님이 나의 손을 붙잡고 계신 한, 나는 아무리 영적으로 둔감해도 소망이 있습니다.

둘째, 예수님은 다시 오십니다. 예수님은 벳새다 맹인에게 안수하시고 무엇이 보이느냐고 물으셨는데 이상하게도 사람과 나무를 구별하지 못하였습니다. 그의 개안은 부분적이었습니다. 예수님의 치유 능력에 한계가 있다는 뜻이었을까요? 그럴 리가 없습니다. 예수님의 치유는 언제나 완전합니다. 한 번도 실패한 적이 없었습니다. 이번 경우는 예수님의 치유 능력과 아무런 상관이 없습니다. 한 번의 안수로 눈이 완전히 회복되지 않은 것은 제자들의 영적 상태를 보여주는 것이지 치유가 불완전했다는 뜻은 아닙니다.

본 사건의 포인트는 예수님이 다시 안수하셨다는 것입니다. 치유가 단계적으로 일어났다는 것을 지적하려는 것이 아닙니다. 예수님이 제대로 깨닫지 못하는 우매한 제자들의 영적 상태를 오래 참으시며 온전하게 치유하시는 분임을 드러낸 것입니다.

우리는 늘 배우지만 더디 깨닫습니다. 교회를 오래 다니고 성경을 많이 읽고 기도를 자주 하여도 주님의 능력과 긍휼하심을 신뢰하지 못하고 위기 속에서 당황하는 경향이 있습니다. 주님을 믿는다고 하지만 실체가 없고 주님을 기쁘게 해 드리는 일에 집중하기보다는 나를 기쁘게 해 주는 일에 더 관심을 갖습니다. 우리를 영적 무지와 자기중심으로부터 벗어나게 하는 것은 예수님의 안수를 다시 받는 것입니다.

다시 오시는 주님을 믿으십니까? 내 눈이 온전하게 열려야 하는 때에 주님이 기꺼이 다시 오셔서 안수하신다는 사실을 믿어야 합니다. 구약의 하나님도 이스라엘 백성에게 거듭하여 다시 오셨습니다. 백성이 부르짖을 때 하나님은 다시 오셔서 그들을 구출하셨습니다(삿 3:9, 15; 4:3; 6:6; 10:10). 사사기 전체가 '다시 오시는 하나님'에 대한 구원사라고 해도 과언이 아닙니다. 예수님은 가르침이 끝난 후에도 "무리를 다시 불러… 다 내 말을 듣고 깨달으라"(막 7:14)고 하셨고 겟세마네 동산에서 잠자는 제자들에게 세 번씩이나 다시 오셨습니다(막 14:37~41).

'다시 오시는 주님'이 지금도 살아계시기에 우리의 침침한 시야가 밝혀집니다. 주님이 우리의 무딘 영성을 오래 참으시고 다시 안수해 주시므로 만물을 선명하게 볼 수 있습니다. 나는 벳새다 맹인처럼 사물을 "주목하여"(25절) 보고 있습니까? 영적 정시안(正視眼)이 되지 못하면 예수님을 똑바로 보지도 못하고 복음의 진리도 바르게 깨닫지 못합니다. 나는 예수님이 누구이신지 분명하지 않고 구원의 복음이 어떤 것인지도 확실하게 모를지 모릅니다. 교회를 다녀도 모든 것이 희미할 수 있습니다. 그렇다면 예수님이 벳새다의 맹인을 어떻게 대하셨는지를 생각해 보십시오. 주님은 그의 손을 붙잡고 무리를 떠나 조용한 곳으로 가서 그에게 다시 안수하셨습니다. 그리고 그의 반쯤 열린 눈을 다 열어주시고 모든 것을 밝게 보게 하셨습니다. 벳새다 맹인의 기적은 어두운 영혼에 그리스도의 진리의 빛이 환히 비치게 된 것을 예시합니다.

우리 모두에게 예수님의 두 번째 터치가 필요합니다. 예수님의 능력과 자비의 손이 내 위에 임해야 나의 눈이 완전하게 열립니다. 예수님은 나에 대한 모든 것을 아십니다. 나의 실수와 수치와 약점과 여러 형태의 고통과 소원이 무엇인지 아십니다. 내가 왜 주님을 제대로 섬기지 못하고 구원의 복음을 깨닫지 못하며 무력한 신앙생활을 하고 있는지 아십니다. 나의 영적 무관심과 위선과 염려의 원인이 무엇인지 정확하게 아십니다. 감사하게도 주님은 나를 동정하십니다. 주님은 내 손을 붙드시고 영원히 잊지 못할 은혜의 장소로 데리고 가서 오직 나를 위해 안수하십니다. 그러면 모든 것이 달라집니다.

어떻게 달라지는 것일까요? 예수님이 나를 얼마나 사랑하시는지를 눈물겹게 실감합니다. 예수님이 나의 많은 죄와 불신실함에도 나를 버리지 아니하신다는 사실에 가슴이 뭉클해집니다. 예수님의 두 번째 터치를 경험한 자들은 결핍과 실수와 영적 위기 앞에서 쉽사리 당황하거나 염려하지 않습니다. 예수님이 무한대의 능력으로 무리를 배불리 먹이시고 남은 것으로 열두 바구니와 일곱 광주리를 채우시는 분임을 믿기 때문입니다. 예수님이 누구이신지를 정말 알고 확신한다면 그분을 신뢰하게 됩니다. 그러나 예수님을 피상적으로 알거나 그분의 가르침을 한쪽 귀로 듣고 다른 쪽 귀로 흘려버린다면 믿음은 자라지 않습니다. 그럼 어떤 결과가 올까요? 예수님이 흐릿하게 보입니다. 내 영혼에 생동감이 없습니다. 무력하고 기쁨이 없는 영적 장애인이 되어 새 하늘과 새 땅을 바라보는 시야가 가려집니다. 그러면 빛이 아닌 어둠이 나를 엄습하여 무서운 영적 침체에 빠집니다.

해결책이 무엇입니까? 나 자신이 예수님의 두 번째 터치가 필요한 사
람이라는 것을 속히 의식하고 십자가 보혈에 의지하여 주 예수께로 나아
가는 것입니다. 주님의 손에 잡히기를 간구하십시오. '다시 오시는 주님'
을 사모하십시오. 주님의 긍휼과 능력을 신뢰하고 주 예수의 이름을 부르
십시오. 그러면 어느새 주님이 나의 손을 붙잡으시고 마을 밖 어느 조용
한 곳에서 나의 머리에 안수하시는 것을 체험하게 될 것입니다.

> 이는 나 여호와 너의 하나님이 네 오른손을 붙들고 네게 이르기를 두려워
> 하지 말라 내가 너를 도우리라 하실 것임이니라 (사 41:13) .

37
베드로의 신앙고백
마가복음 8:27~38

또 물으시되 너희는 나를 누구라 하느냐 베드로가 대답하여 이르되 주는
그리스도이시니이다 하매 (막 8:29) .

본 항목은 이어서 연결되는 변화산 사건(9:1~13)과 함께 마가복음의 중
심 주제인 예수님의 정체와 제자도에 대한 핵심 본문입니다. 마가복음 서
두에서 예수님은 하나님의 아들로 소개되었습니다. 예수님의 세례 때에
하늘로부터 "너는 내 사랑하는 아들"(1:10~11)이라는 선포가 있었고, 예수
님이 하나님의 복음을 전파하기 위해 오셨다고 했습니다(1:1, 14). 그리고
예수님은 제자들을 불러 그의 복음 사역에 참여하게 하셨습니다(1:16~20).
예수님의 신분과 하나님 나라의 성격은 예수님의 가르침과 치유 사역을
통해 드러나기 시작했습니다.

그런데 본 항목은 위치적으로 보면 본 복음서의 중간 지점입니다. 중
간 지점(midpoint)은 문서의 마지막 지점에 이르기 전에 중심 주제의 절정
이나 하이라이트로서 사용됩니다. 예수님은 빌립보 가이사랴 지역을 다
니시다가 갑자기 제자들에게 "사람들이 나를 누구라 하느냐"(27절)라고
물으셨습니다. 왜 이 질문을 하셨을까요? 예수님의 사역에서 결정적으로
메시아의 정체를 드러내고 제자들의 가는 길이 어디라는 것을 임박한 십

자가 수난에 비추어 가르쳐야 할 때가 되었기 때문이었습니다.

예수님의 신분을 정확하게 알고 확신하지 않으면 참 제자가 될 수 없습니다.

사람들은 예수님을 여러 종류의 선지자로 생각했습니다. 더러는 헤롯 왕처럼 그가 처형한 세례 요한이 살아났다고 하였고(막 6:14) 어떤 이는 예수님을 엘리야와 같은 옛 선지자라고 생각했습니다(막 6:15; 8:28). 사람들은 예수님을 정확하게 알지도 못하고 그를 따라다녔습니다. 지금도 마찬가지입니다. 세상 사람들은 예수님의 신분을 훌륭한 종교 지도자의 한 사람 정도로 생각합니다. 교회에 다니는 분들 중에서도 예수님을 신성을 가지신 하나님의 아들로 믿지 않는 경우도 많습니다. 예수님의 동정녀 수태나 부활을 믿을 수 없다고 말하거나 예수님이 유일한 구원의 길이라고 믿지 않는 사람들도 교회 안에 적지 않습니다. 예수님의 신분을 신약 성경이 주장하는 대로 받아들일 수 없다면 거듭난 신자가 아닙니다. 그런 사람들은 예수님의 제자직을 감당할 수 없습니다.

예수님이 제자들을 향해 너희는 나를 누구라 하느냐 (29절)라고 물으셨을 때 베드로는 즉시 "주는 그리스도"라고 고백하였습니다. 마태복음에는 "살아 계신 하나님의 아들"(마 16:16)이라는 말이 더 붙어 나옵니다. 예수님은 하나님의 기름부음을 받은 메시아(그리스도)며 하나님의 신적 아들이십니다. 이것은 마가복음 첫 절의 대 선언과 일치합니다. 이 선포는 마가복음 끝부분에서 예수님의 십자가 앞에 서 있었던 로마 백부장의 고백을 통해 다시 반복되었습니다. 이 사람은 진실로 하나님의 아들이었도다 하더라 (막 15:39).

예수님을 하나님께서 세상의 구주로 보내신 메시아이심을 믿지 않으면 구원이 성립될 수 없습니다. 그다음 예수님이 나를 위해 무슨 일을 행하셨는지를 알고 믿어야 합니다. 예수님이 내 죄를 지고 십자가에서 대신 하나님의 형벌을 받으셨다는 사실을 받아들일 수 없다면 아무리 성경을 읽고 교회에 다녀도 구원받지 못합니다. 그래서 예수님은 먼저 제자들에 게 "너희는 나를 누구라고 하느냐"라고 물으셨고 베드로가 예수님을 그리스도(메시아)라고 고백하자 이어서 인자의 고난에 대해 예고하셨습니다.

예수님의 고난은 그리스도의 구원 사역의 필수적인 요소입니다.

제자들은 예수님이 구원자로서 세상에 오셔서 행하시는 일이 무엇인지를 알아야 했습니다. 사람들은 예수님이 초자연적인 능력으로 혁명적인 지도자가 되어 이스라엘을 로마의 압제로부터 해방시켜 주기를 원했습니다. 그들은 예수님이 세상 죄를 지고 가는 하나님의 어린 양(요 1:29)이심을 심각하게 생각해 보지 않았습니다. 죄를 속죄하려면 하나님께 드릴 제물이 필요했습니다. 예수님은 자신이 속죄 제물이 되기 위해 하나님의 보내심을 받은 분이었습니다(롬 3:25; 요일 2:2; 딤전 2:6). 제물이 된다는 것은 곧 죽음을 의미하였습니다. 지금까지 마가복음에서 예수님의 죽음에 대한 언급은 잠시 암시만 되었습니다.

예수님은 율법학자들과의 금식 논쟁에서 신랑을 빼앗길 날이 올 테인데 그날에 제자들이 금식할 것이라고 하셨습니다(막 2:20). 구약에서 하나님과 그의 백성은 각기 신랑과 신부로 묘사되었습니다(사 62:5; 호 2:19~20). 여기서는 신랑은 예수님이고 신랑을 빼앗기는 날은 예수님의 십자가 죽음을 가리킵니다. 바리새인들과 헤롯당은 예수님이 안식일에 손이 오그라든 사람을 고쳤다고 해서 그를 죽이려고 모의하였습니다(막 3:6). 그러나 예수님이 직접 자신의 죽음에 대해서 노골적으로 언급하신 것은 예수님의 신분에 대한 베드로의 신앙고백이 있은 직후였습니다.

인자가 많은 고난을 받고 장로들과 대제사장들과 서기관들에게 버린 바

되어 죽임을 당하고 사흘 만에 살아나야 할 것을 비로소 그들에게 가르치
시되 드러내 놓고 말씀하시니 베드로가 예수를 붙들고 항변하매 (8:31~32).

베드로가 예수님의 십자가 죽음을 극구 반대한 것은 당시의 사람들이
예수님의 속죄 사역을 전혀 이해하지 못했다는 사실을 극적으로 표명한
것입니다. 사람들은 예수님을 따랐지만 예수님의 신분과 사역의 참뜻을
이해해서가 아니었습니다. 그들은 질병의 치유와 양식의 공급을 무료로
제공받는 것에만 몰두하였습니다(요 6:26). 또한 그들은 예수님이 독립투
사로서 이스라엘을 로마로부터 해방시켜 주는 정치적이고 군사적인 왕이
되기를 원했습니다(요 6:14~15).

물론 예수님은 이스라엘의 왕으로 오신 분입니다. 동방박사들이 예루
살렘에 와서 유대인의 왕으로 나신 이가 어디 계시뇨(마 2:2)라고 물었습니
다. 대제사장과 서기관들은 헤롯 왕에게 그리스도의 출생지는 미가 5장 2
절에 기록되었다고 알렸습니다.

또 유대 땅 베들레헴아 너는 유대 고을 중에서 가장 작지 아니하도다 네
게서 한 다스리는 자가 나와서 내 백성 이스라엘의 목자가 되리라 (마 2:6).

이스라엘의 목자는 구약에서 주로 왕을 가리킵니다. 원래는 여호와
하나님이 이스라엘의 목자였는데(시 23:1; 80:1) 이스라엘의 왕들도 하나님
을 대표한다는 의미에서 목자라고 불렀습니다(삼하 5:2). 예언서에서는 왕
과 목자가 대등어로 사용됐으며 궁극적으로 다윗 왕통을 따라서 태어나
실 메시아를 가리켰습니다. 그리스도는 이스라엘의 선한 목자 왕으로 오
셔서 하나님 나라를 세우실 분입니다(요 10:11; 벧전 5:4).

이새의 줄기에서 한 싹이 나며 그 뿌리에서 한 가지가 나서 결실할 것이
요 … 그의 입의 막대기로 세상을 치며 그의 입술의 기운으로 악인을 죽

일 것이며 … 내 거룩한 산 모든 곳에서 해 됨도 없고 상함도 없을 것이
니 이는 물이 바다를 덮음 같이 여호와를 아는 지식이 세상에 충만할 것
임이니라 (사 11:1~9).

여호와의 말씀이니라 보라 때가 이르리니 내가 다윗에게 한 의로운 가지
를 일으킬 것이라 그가 왕이 되어 지혜롭게 다스리며 세상에서 정의와 공
의를 행할 것이며 그의 날에 유다는 구원을 받겠고 이스라엘은 평안히 살
것이며 그의 이름은 여호와 우리의 공의라 일컬음을 받으리라 (렘 23:5~6).

내가 한 목자를 그들 위에 세워 먹이게 하리니 그는 내 종 다윗이라 그가
그들을 먹이고 그들의 목자가 될지라 나 여호와는 그들의 하나님이 되고
내 종 다윗은 그들 중에 왕이 되리라 나 여호와의 말이니라 (겔 34:23~24).

이스라엘 백성은 이와 같은 말씀들에 비추어 메시아 시대의 황금기를
고대하였습니다. 그들은 메시아가 오시면 모든 악한 이방 세력들을 공의
로 심판하시고 다윗 왕통의 전성시대를 다시 회복할 것으로 믿었습니다.
그들은 이러한 대망이 예수님에 의해서 성취되기를 원하였습니다. 그런
데 예수님은 자신이 그리스도이심을 인정하셨지만 자신의 왕관은 고난의
면류관이 될 것이라고 하셨습니다. 그런데 그들이 대망했던 메시아가 죽
임을 당한다는 것은 있을 수 없는 일이었습니다. 그래서 베드로는 예수님
을 붙들고 절대로 그럴 수 없다고 항변하였습니다.

그러나 예수님은 자신이 "반드시"(must) 많은 고난을 받고 죽임을 당
한 후에 사흘 만에 다시 살아나신다고 하셨습니다(31절). 개역개정에는 '
반드시'라는 말이 없지만 새번역을 비롯한 영문 번역에는 대부분 '반드
시'(must)가 포함되어 인자(예수님)의 고난과 죽음이 불가피한 사건임을 명
시하였습니다. 이것은 일반 무리와 제자들의 관점에서는 도무지 이해할
수 없고 받아들일 수 없는 일이었습니다. 더구나 예수님이 사흘 만에 부

활하신다는 말씀도 이해할 수 없었습니다. 유대인들은 마지막 날에 모든 사람이 부활할 것을 믿었지만(요 11:24) 어떤 특정 개인이 별도로 미리 부활한다는 말은 금시초문이었습니다.

제자들은 예수님께 헌신하였습니다. 그들은 예수님과 함께 죽을 각오가 되어 있다고 장담했습니다(막 14:31). 그런데 그들은 언제나 자신들의 복안을 품고 예수님을 따랐습니다. 그들이 가진 생각은 어떤 것들이었을까요? 한마디로 예수님의 생각과 정반대 되는 것들이었습니다. 예수님은 베드로에게 네가 하나님의 일을 생각하지 아니하고 도리어 사람의 일을 생각하는도다(33절)라고 꾸짖으셨습니다.

제자들은 통속적 메시아관을 지니고 예수님을 따랐습니다. 그들은 예수님을 따라갔지만 예수님이 가시는 목적지는 그들의 목표가 아니었습니다. 예수님은 가시면류관과 십자가를 향해 가셨지만 제자들은 권세와 영광의 자리를 향하고 있었습니다. 그들은 하나님의 왕국이 아닌 자신들의 왕국 건설이 목표였습니다. 예수님께 충성하는 것은 자신들의 영광을 위한 수단이었습니다. 그들은 예수님을 이용하여 자신들이 원하는 뜻을 성취하려고 했습니다. 그들이 들고 가는 깃발의 바깥쪽에는 '예수 그리스도의 영광을 위하여'라고 써붙였지만 깃발의 안쪽에는 '우리의 영광을 위하여'라고 새겨져 있었습니다.

지금도 많은 사람이 자기들의 복안을 품고 예수님을 따릅니다. 그러나 그들의 생각은 예수님의 생각이 아니며 그들의 목표도 예수님의 목표가 아닙니다. 그들은 사람의 일에 몰입하여 하나님의 일을 생각하지 않습니다. 그들은 예수님을 따르지만 하나님의 뜻을 따르지 않고 자신들의 욕망을 채우는 세상 일로 마음이 붙잡혀 있습니다.

예수님이 베드로를 향해 주신 말씀은 제자들 전체를 향한 것이었습니다. 예수님은 "제자들을 보시며"(33절) 베드로를 꾸짖으셨습니다. 그러니까 "사탄아 내 뒤로 물러가라"라고 하신 말씀은 베드로에게만 주신 것이 아님을 주목해야 합니다. 그다음 말씀을 보면 더 분명합니다.

> 무리와 제자들을 불러 이르시되 누구든지 나를 따라오려거든 자기를 부
> 인하고 자기 십자가를 지고 나를 따를 것이니라 (34절) .

예수님은 무리와 제자들에게 지금까지 주셨던 말씀과는 강도가 다른 차원의 매우 심각한 교훈을 주셨습니다. 예수님은 베드로의 신앙고백 직후에 자신의 수난과 죽음 및 부활에 대해 언급하셨습니다. 예수님의 의도는 제자들이 예수님을 그리스도로 믿는다면 하나님이 정하신 구원 성취의 길을 따라야 한다는 것을 가르치려는 것이었습니다. 그 길은 고난과 죽음의 길이었습니다. 예수님은 속죄양으로서 세상 죄를 지고 가는 대속주가 되는 것이 자신의 소명이었습니다.

예수님은 물론 유대인의 왕으로 오셨지만 그의 왕관은 부활 이후에 받을 것이었습니다. 그는 먼저 가시면류관을 쓰고 십자가에 달리셔야 했습니다. 죄가 처리되지 않으면 하나님의 진노는 죄인들 위에 그대로 머물고 온 세상은 영원한 심판을 피할 수 없습니다. 이런 의미에서 예수님의 고난과 죽음은 "반드시"(must) 거쳐야 하는 구원의 과정이었습니다. 이러한 하나님의 스케줄을 무시하고 자신들의 사리사욕에 붙잡힌다면 그것은 구원의 길을 막는 불순종과 배도가 될 것입니다. 그래서 예수님은 단호한 어조로 "사탄아 내 뒤로 물러가라"고 호통을 치셨습니다. 베드로 자신이 사탄이라는 말이 아닙니다. 베드로가 사탄의 생각을 따른다는 뜻입니다.

신자들도 사탄의 생각으로 마음이 사로잡힐 수 있습니다. 우리가 나름대로 확신하고 열심을 낸 일들이 알고 보면 사탄에게 좋은 일이 된 경우도 있습니다. 제자들처럼 예수님을 자신들의 규격에 맞추어 인간의 생각으로 섬기기 시작하면 조만간 큰 화를 당합니다. 가룟 유다는 사탄의 사

주를 받고 자기 일을 이루려다가 예수님을 파는 배신자가 되었습니다. 그가 베드로에게 주셨던 주님의 경책을 자신에게 주시는 말씀으로 귀담아 듣고 회개했다면 그의 운명은 달라졌을 것입니다.

제자도의 본질은 무엇일까요?

예수님은 이제 본격적으로 제자직의 본질에 대해서 말씀하셨습니다.

> 누구든지 나를 따라오려거든 자기를 부인하고 자기 십자가를 지고 나를 따를 것이니라 (34절).

예수님은 왕이십니다. 그러나 예수님은 영광의 면류관 이전에 고난의 메시아로서 받으실 가시면류관이 있었습니다. 제자들은 이 순서를 깨닫지 못하고 처음부터 철권으로 원수들을 박멸하고 단박에 승리와 해방을 가져다 줄 정치적이고 군사적인 왕을 원했습니다. 그들은 이사야 53장에 나오는 고난의 메시아에 대해서는 관심이 없었습니다. 고난의 메시아는 자신의 상을 받기 전에 곤욕을 당하며 멸시를 받고 대속의 죽음을 당해야 했습니다(사 53:6~12).

제자들은 예수님을 따르는 자들입니다. 그래서 예수님은 제자들에게 사탄을 따르지 않으려면 자기를 부인하고 자기 십자가를 지고 예수님이 가신 길을 따르라고 하셨습니다(35절). 이것은 제자들이 생각했던 제자직과 전혀 다른 것이었습니다. 그들은 주님을 따른다고 했지만 실제로는 자신이 주인이 되어 자기 뜻을 따라 살려고 했습니다. 그 길은 죽음의 길입니다. 그러나 누구든지 주님과 그의 복음을 위해서 자기 목숨을 잃으면 구원을 받는다고 했습니다(35절). 자기가 살아 있는 것은 세상에 대해서 살아 있는 것입니다. 반대로 자기가 죽어 있는 것은 그리스도와 그의 복음을 위해서 자아가 죽는 것입니다. 세상에 대하여 죽으면 고난이 옵니다.

사탄의 욕구와 세속 사상의 영향 밑에 들어가면 나는 사는 것 같아도 사실은 죽습니다. 그러나 주님의 뜻에 따라 살면 고난을 피할 수 없을지라도 십자가 생명을 체험합니다.

예수님은 제자들에게 인자가 십자가를 거쳐 아버지의 영광으로 천사들과 함께 재림하실 때를 언급하셨습니다. 이것은 큰 격려가 됩니다. 예수님이 고난의 메시아라는 사실은 예수님이 받으신 숱한 시련과 십자가 고통을 떠올리게 합니다. 예수님이 우리를 위해서 고난의 삶을 사시고 십자가에서 끔찍한 죽음을 당하신 것은 생각할수록 감사하지만 죄스럽고 안타깝습니다. 그런데 우리까지 자기 십자가를 지고 따르라고 하시니 마음이 더욱 무거워지지 않을 수 없습니다. 예수 믿고 구원받으면 모든 일이 잘 풀리고 편할 줄 알았는데 자기를 위해 살지 말고 주님과 복음을 위해 고난을 받으라고 하시니 두렵습니다. 그런데 예수님이 큰 영광으로 재림하신다는 말씀은 이러한 두려움을 극복할 수 있는 용기를 줍니다. 예수님은 십자가에 매달려 계신 것으로 끝나지 않았습니다. 사흘 만에 부활하시고 승천하셔서 영광과 존귀로 관을 쓰셨으며 하늘과 땅의 모든 권세를 받으셨습니다(마 28:18; 막 16:19; 히 2:7, 9).

우리가 지는 십자가는 주님의 모범을 따라가는 제자직의 필수 요소입니다. 그러나 고난의 십자가로 끝나지 않습니다. 재림 때에 주님의 인정을 받고 착하고 충성된 종이라는 칭찬을 받습니다.

[자기 십자가를 지지 않은 자들은 어떻게 될까요?]
주님이 재림하실 때 상을 잃고 주님으로부터 부끄러움을 당할 것입니다(38절). 요한일서에서는 주의 재림 때에 수치와 두려움으로 부끄러움을 당하지 않도록 주 안에 거하라고 권면하였습니다(요일 2:28).

제자들은 예수님을 따르는 목적이 세상의 영광과 존귀를 받는 것이었습니다. 그러나 예수님은 이 세상 나라가 아닌 하나님 나라에서 영광과 존귀를 받는 길이 어떤 것인지를 지적하셨습니다. 그것은 자기를 부인하는 것입니다. 인간의 마음을 채우고 있는 죄악 된 욕구를 죽이는 것입니다. 자기를 부인하고 나를 따르라는 주님의 초대는 자기가 주인 노릇하는 것을 버리고 주님의 뜻을 자신의 것으로 삼으라는 말씀입니다.

[자기 십자가를 지는 것은 어떤 것일까요?]

주님과 복음을 위해서 살 때 받는 여러 시련을 기꺼이 받아들이고 겸비와 충성으로 주님을 섬기는 것입니다. 나의 십자가는 나의 죄와 관련된 고난이 아닙니다. 예수님을 나의 주인으로 삼고 그분의 가르침을 따라 살려고 하기 때문에 오는 육신과의 싸움과 세상과 마귀로부터 받는 공격을 가리킵니다. 이것은 강요된 삶이 아닙니다. 억지로 하는 일도 아닙니다. 율법적인 규칙을 지키는 문제도 아닙니다.

자기를 부인하고 자기 십자가를 지는 것은 하나님과의 개인적인 관계입니다. 그래서 "누구든지"라고 하였습니다. 주님이 제시한 제자직은 자원하는 사람들에게 준 것입니다. 그래서 "나를 따라오려거든"이라고 했습니다. 우리는 억지로 예수님을 따를 수 없습니다. 제자직의 모토는 영광과 존귀는 십자가 후에 온다는 것입니다. 그런데 우리는 하나님께서 제시한 제자 됨의 순서도 명심해야 하지만, 하나님이 우리에게 주시는 격려의 말씀도 기억해야 합니다. 예수님을 하나님이 보내신 구속주로 믿고 복음의 가르침을 따라 자신의 십자가를 기꺼이 지는 자들에게는 주의 재림때에 상과 칭찬이 있다고 하였습니다.

믿음과 인내와 순종으로 주님을 섬기려면 나를 붙들어 매는 여러 형태의 죄를 버려야 합니다. 우리는 믿음의 경주를 할 때 나의 목표가 아닌, 주님의 목표를 향해 달려야 합니다(히 12:1-2). 나의 십자가는 가볍지 않습니다. 그러나 주님이 십자가 고난과 수치를 참으시고 끝까지 아버지의 뜻에 복종하셨을 때 어떤 결과가 왔는지를 생각해 보십시오. 하나님 보좌 우편에 좌정하는 영광과 존귀를 받으셨습니다. 하나님께서는 죽기까지 복종하신 예수님을 지극히 높이시고 모든 이름 위에 뛰어난 이름을 주시며 모든 무릎을 예수의 이름에 꿇게 하셨습니다(빌 2:9~10). 이 사실은 하나님께서 참된 제자직의 삶을 추구하기 위해 자기를 부인하며 날마다 자기 십자가를 지는 모든 성도들에게 주시는 격려의 메시지입니다.

38
인자란 무엇인가?
마가복음 8:31

인자가 많은 고난을 받고 장로들과 대제사장들과 서기관들에게 버린 바
되어 죽임을 당하고 사흘 만에 살아나야 할 것을 비로소 그들에게 가르
치시되 (막 8:31).

'인자'라는 말은 마가복음 2장 10절에서 처음으로 사용되었습니다. 한
문으로 번역된 '인자'(人子)는 '사람의 아들'이란 뜻입니다. 영어로는 'The
Son of Man'입니다. 이 특별한 용어는 사복음서와 요한계시록에 나옵니
다. '인자'는 예수님이 자신에 대해 공적으로 가장 많이 사용하신 독특한
타이틀이었습니다. 그래서 예수님이 어떤 의도로 이 타이틀을 사용하시
게 되었는지를 알 필요가 있습니다.

예수님이 자신을 '인자'(The Son of Man)라고 복음서에서 사용하신 용례
는 세 가지 그룹으로 나눌 수 있습니다.

첫째, 이 말은 단순히 예수님 자신의 인간 존재를 가리킵니다. '인자'
라는 말은 '나'에 대한 다른 표현입니다. 예를 들어 예수님이 섬기는 자로
서 오셨다는 말씀을 마가복음 10장 45절에서는 '인자'라고 하였고 누가복
음에서는 그냥 '나'라고 했습니다.

둘째, 예수님은 자신의 고난과 죽음과 관련해서 '인자'라는 특별한 표

현을 사용하셨습니다(막 8:31; 10:33).

셋째, 다니엘의 환상과 관계해서 사용된 경우입니다. 예수님은 인자가 영광 가운데 오실 것이라고 했습니다(막 13:26; 14:62; 눅 21:27; 22:69~70). 예수님은 하나님께서 자신의 사역과 믿음을 옳다고 변호하실 것으로 기대하셨습니다.

인자라는 말의 유래는 구약에서 나왔습니다.

에스겔서에는 '인자'라는 말이 여러 번 사용되었습니다(겔 16:2; 23:2; 27:2; 28:2). 여기서는 인자가 사람이라는 뜻인데 에스겔 선지자를 가리킵니다. 하나님이 에스겔 선지자를 부르셨을 때 "인자야 네 발로 일어서라 내가 네게 말하리라"(겔 2:1, 3)고 하셨습니다. 또 하나님이 그에게 메시지를 주셨을 때에도 "인자야 너는 두로를 위하여 슬픈 노래를 지으라"(겔 27:2)고 하셨습니다.

시편 8편 4절에서도 인자라는 말이 나오는데 역시 사람이라는 뜻입니다.

사람이 무엇이기에 주께서 그를 생각하시며 인자가 무엇이기에 주께서 그를 돌보시나이까 (시 8:4).

여기서 '사람'과 '인자'가 동격입니다. 인자는 히브리식 표현입니다.

❖ 신약에서도 아람어 식의 유사한 표현이 나옵니다. 열두 제자 중의 바돌로매는 바르-탈마이인데 바(bar)는 아람어로서 '아들'이기 때문에 '돌로매의 아들'이라는 뜻입니다(마 10:3). 베드로가 빌립보 가이사랴에서 예수님을 "주는 그리스도시요 살아 계신 하나님의 아들이시니이다"(마 16:16)라고 했을 때 예수님이 "바-요나 시몬아 네가 복이 있도다"(마 16:17)라고 하셨습니다. '시몬 바-요나'(Simon Bar-Jonah)는 '요나의 아들 시몬'이라는 뜻입니다.

다니엘서 7장 13절에서는 **'인자 같은 이'** 라는 표현이 사용되었습니다. 요한계시록에서도 '인자 같은 이'라는 말이 쓰였는데(계 1:13; 14:14) 환상 중에 나타난 어떤 인물에 대한 묘사입니다. 사람처럼 보이면서도 일반적인 사람이라고 하기에는 차원이 매우 다른 신비한 존재입니다.

우리는 요한계시록 1장에서 사도 요한이 본 '인자 같은 이'가 곧 예수님이라는 것을 압니다. 그런데 예수님이 자신을 인자라는 타이틀로 사용하신 배경은 다니엘서 7장에서 나왔습니다. 매우 중요한 본문이기 때문에 반드시 그 의미를 이해해야만 인자와 관련된 예수님의 신분과 가르침을 심도 깊게 이해할 수 있습니다.

'인자 같은 이'는 다니엘이 본 심판에 대한 환상 중에서 나타납니다.

다니엘서 7장에는 네 짐승에 대한 환상이 나옵니다. 첫 번째 짐승은 바벨론 제국이고 두 번째 짐승은 바사(페르샤) 제국입니다. 세 번째 짐승은 그리스 제국이고 네 번째 짐승은 로마 제국을 상징합니다. 다니엘은 각 짐승들이 차례로 무너지고 네 번째 제국에게도 하나님의 엄중한 심판이 내리는 것을 환상으로 봅니다. 10절을 보면 "심판을 베푸는데 책들이 펴 놓였더라"고 했습니다. 그런데 다니엘은 갑자기 또 하나의 환상을 봅니다(단 7:13~14). 다니엘의 네 짐승의 환상에서는 인간의 제국들은 심판을 받고 멸망하지만 두 번째 환상에서는 오직 "인자 같은 이"만 보입니다.

> 내가 또 밤 환상 중에 보니 '인자 같은 이'가 하늘 구름을 타고 와서 옛적부터 항상 계신 이에게 나아가 그 앞으로 인도되매 그에게 권세와 영광과 나라를 주고 모든 백성과 나라들과 다른 언어를 말하는 모든 자들이 그를 섬기게 하였으니 그의 권세는 소멸되지 아니하는 영원한 권세요 그의 나라는 멸망하지 아니할 것이니라 (단 7:13~14).

여기서 '인자'는 상징적인 인물입니다. 예수님이 자신의 공적 타이틀로서 사용하신 '인자'는 바로 여기에 나오는 '인자'의 배경을 안고 있습니다. 네 짐승들이 지상의 왕들과 왕국들을 대표하듯이, "인자 같은 이"는 하늘의 왕과 그의 왕국을 대표합니다.

네 짐승들로 대표되는 지상 왕권은 야수적입니다. 백성을 억압하고 다른 나라를 무력으로 지배합니다. 반면, '인자 같은 이'의 왕권은 천상적이며 악한 세상 왕국들을 심판하고 죄인들을 구원하여 하나님 나라로 인도합니다.

네 짐승은 바다에서 올라왔다고 했습니다(단 7:3). 격랑의 바다는 혼돈과 악의 세력을 상징합니다. 지상 왕국들은 모두 인간의 야욕에서 나왔습니다. 그러나 하나님의 왕국을 대표하는 '인자 같은 이'의 원천은 하늘이며 하나님에게서 오는 분입니다.

이 천상적 인물(heavenly figure)은 사람처럼 보이지만 신적인 존재입니다. 그는 구름을 타고 온다고 했습니다. 시내 산에서 구름이 하나님을 둘렀듯이, 구름은 신적 권위를 상징하고(시 104:3; 사 19:1) 하나님의 영광을 가려주어 직접 볼 수 없도록 보호해 줍니다.

[다니엘서 7장 13~14의 내용을 간추리면 다음과 같습니다.]

1) 인자 같은 이는 "옛적부터 항상 계신 이"(The Ancient Days)에게로 나아갑니다. '옛적부터 항상 계신 이'라는 표현은 왕좌에 좌정하시고 심판하시는 하나님을 가리킵니다.

2) 옛적부터 항상 계신 이가 '인자 같은 이'에게 권세와 영광과 나라를 주십니다.

3) 만민이 그를 경배합니다.

4) 이 왕국과 왕권은 지상 제국들과는 달리 영원히 멸망하지 않습니다.

[그럼 언제 '인자 같은 이'가 하나님 나라의 권세를 받고 옳다는 변호를 받을까요?]

이것은 예수님의 죽음과 부활과 승천에서 이미 발생한 일입니다. 그래서 예수님은 부활하신 이후에 제자들에게 아버지께로부터 하늘과 땅의 모든 권세를 받으셨다고 하셨습니다(마 28:18). 예수님은 십자가 고난을 받으시고 부활 승천하셨을 때 하늘 아버지의 우편 보좌에 좌정하셨고 영광과 존귀로 관을 쓰셨으며 하늘과 땅의 모든 권세를 받으셨습니다.

인자 같은 이에게 하나님의 왕권이 심판의 문맥에서 주어진 것은 인자가 하나님의 원수들에 대한 심판을 대행하신다는 뜻입니다. 세상 제국들은 짐승들입니다. 그들은 하나님의 왕권을 무시하고 자신들의 왕국을 세워 마음대로 악행을 일삼고 하나님을 향해 반기를 들었습니다. 그들에 대한 하나님의 최종적인 심판은 '인자 같은 이'를 통해서 집행될 것입니다.

예수님이 자신을 인자라고 부르신 것은 이러한 다니엘의 환상이 배경입니다. 이것은 자신이 이스라엘과 온 세상의 심판주이심을 암시하신 것입니다. 예수님은 하나님의 대리자며 하나님의 참 백성을 대표합니다. 그는 하나님의 왕권을 회복하기 위해서 세상에 오셨지만 세상 왕권과 어둠에 속한 자들이 그를 박해하였습니다. 예수님이 다니엘서 7장의 인자 같은 이를 자신에게 적용한 것은 하나님이 그에게 하나님의 왕권과 권세를 주심으로써 그가 옳다는 것을 변호하고 모든 지상 왕국들과 악의 세력을 멸망시키게 하신다는 주장입니다.

다니엘은 자신이 환상에서 본 '인자 같은 이'에 대해서 잘 알 수 없어 번민하였습니다(단 7:15). 그는 천사로부터 설명을 들었지만 그 깊은 뜻은 예수님 자신의 삶에서 성취되었고 그 실체가 드러났습니다. 예수님은 심판주이시기 때문에 죄를 용서하는 사면권도 있습니다(막 2:10). 중풍병자의 스토리에서 이 심판권이 하나님의 용서를 부여해 주는 권세로 나타납니다. 다시 말해서 '인자'는 심판주이면서 구원자입니다. 예수님이 자신을 다니엘서 7장의 '인자 같은 이'로 분명하게 드러내신 때는 대제사장 앞에서 심문을 받을 때였습니다.

> 대제사장이 가운데 일어서서 예수에게 물어 이르되 너는 아무 대답도 없느냐 이 사람들이 너를 치는 증거가 어떠하냐 하되 침묵하고 아무 대답도 아니하시거늘 대제사장이 다시 물어 이르되 네가 찬송 받을 이의 아들 그리스도냐 예수께서 이르시되 내가 그니라 인자가 권능자의 우편에 앉은 것과 하늘 구름을 타고 오는 것을 너희가 보리라 하시니 (막 14:60~62).

예수님은 인자라는 말을 고난의 문맥에서도 사용하셨습니다.

예수님은 인자는 머리 둘 곳이 없다고 하셨고(막 8:20), 인자가 온 것은 자기 목숨을 많은 사람의 대속물로 주려 함이라고 하셨습니다(막 10:45). 특별히 예수님의 십자가 고난과 관련해서 인자라는 타이틀을 계속 사용하셨습니다. 인자가 십자가 고난을 받기 위해 배신자의 손에 의해 팔린다고 하셨고(눅 22:21~22) 세 번씩이나 수난 예고를 하시면서 '인자'가 많은 고난을 받고, 대제사장들과 장로들과 서기관들에게 넘겨지고 이방인들에게 죽임을 당하실 것이라고 하셨습니다(막 8:31; 9:31; 10:33).

그런데 인자가 많은 고난을 받게 된다(막 8:31)는 말씀은 뜻밖의 진술이었습니다. 다니엘서 7장의 인자는 하늘에서 구름을 타고 큰 영광으로 하나님께 나아가서 왕국을 받습니다. 그러나 예수님은 자신이 인자라고 하시면서 많은 고난을 받는다고 하셨기 때문에 앞뒤 연결이 잘 되지 않습니다. 어떻게 된 것일까요?

다니엘서 7장에는 인자 같은 이가 고난을 받는다는 언급은 없습니다. 그러나 예수님은 자신을 고난을 통해 심판주가 되시는 분임을 드러내기를 원하셨습니다. 이 부분은 다니엘서 7장의 예언이 표면으로 드러내지 않은 차원의 깊은 의미입니다. 예수님이 하나님의 왕권을 받기 위해 하늘 아버지께로 나아가신 때는 십자가 사건 이후였습니다. 그러니까 십자가 고난을 당하신 이후에 부활을 통해 하나님께로부터 옳다는 판정을 받으시고 승천하여 하늘 보좌에 앉으셨습니다. 그러나 다니엘서 7장의 본문에서는 이 점이 뚜렷하게 드러나지 않습니다.

고난받는 메시아에 대한 말씀은 이사야 선지자를 통해서 주어졌습니다. 그러니까 예수님은 다니엘서 7장에서 하나님으로부터 권세와 영광과 왕국을 받으시는 "인자 같은 이"(단 7:13)를 이사야 53장에 나오는 고난받는 인물과 연결하고 자신과 일치시킨 것입니다. 그래서 다니엘서 7장의 인자는 이사야 53장에 나오는 하나님의 종이 당하는 고난을 통해서 영광에 이른다는 것을 알 수 있습니다. 다시 말해서 예수님의 십자가 고난이 다니엘서 7장의 인자가 받는 영광의 길이라는 것입니다.

예수님은 왜 인자라는 말을 자신의 타이틀로 사용하셨을까요?

예수님이 다니엘서 7장의 인자를 자신의 타이틀로 사용하신 것은 몇 가지 중요한 이유가 있었습니다.

첫째, 다니엘서 7장에 나오는 "인자 같은 이"가 궁극적으로 예수님 자신을 가리키는 예언이기 때문입니다.

둘째, 예수님의 신분과 메시아의 구원이 지닌 본뜻을 드러내는 데 매우 적절했기 때문입니다.

인자라는 말은 애매모호한 용어였습니다. 이 말은 단순히 '나'를 지칭하는 말로 여겨질 수 있었습니다. 그래서 예수님은 다니엘서 7장의 '인자'가 받는 영광과 왕권과 심판권에 대한 거창한 의미를 노골적으로 드러내지 않으면서, 사람들이 서서히 인자의 본뜻에 접근하도록 시도하셨습니다. 제자들도 예수님을 '인자'라고는 부르지 않았습니다. 그 뜻이 모호했기 때문입니다. 그들은 예수님을 처음에는 일반적인 의미의 '주'라고 하거나(눅 9:38) 또는 랍비(선생님)라고 불렀습니다(막 4:38;11:21; 요 1:38; 20:16).

예수님이 이런 방법을 취하신 까닭은 당시의 유대인들이 가졌던 그릇된 정치적 메시아관과 이스라엘 종교 지도자들의 적대감 때문이었습니다. 만일 예수님이 처음부터 자신의 신분을 적나라하게 밝혔다면 즉시 처형되었을 것입니다. 예수님이 다니엘서 7장에 나오는 '인자'가 자신이라고 밝힌 것은 십자가를 목첩에 둔 때였습니다. 그때 대제사장들과 장로들과 서기관들이 예수님의 대답을 듣고 보인 반응을 생각해 보십시오. 그들은 즉시 예수님을 신성모독자로 단정하고 사형을 당해 마땅한 자로 정죄하였습니다(막 14:61~65).

여기서 우리는 예수님이 하나님께서 주신 구원자의 소명을 이루기 위해서 매우 조심하시면서 처신하신 것을 알 수 있습니다. 예수님은 사람들이 그를 민족적이고 정치적인 메시아로 보지 않도록 통속적인 의미의 '메시아'라는 타이틀을 피하시고 뜻이 모호한 '인자'라는 타이틀을 사용하셨습니다. 우리는 하나님의 일을 할 때 무조건 하나님께서 보호하신다고 믿고 믿고 나가지 말아야 합니다. 예수님은 우리가 뱀 같이 지혜롭고 비둘기 같이 순결해야 한다고 하셨습니다(마 10:16). 예수님 자신이 그처럼 조심하셨다면 우리들이야 말할 나위도 없습니다.

예수님 당시에는 '인자'를 메시아의 타이틀로서 사용하지 않았습니다. 더구나 사람들은 예수님이 이 용어를 고난의 문맥에서 사용하셨을 때 전혀 이해하지 못하였습니다.

> 이에 무리가 대답하되 우리는 율법에서 그리스도가 영원히 계신다함을 들었거늘 너는 어찌하여 인자가 들려야 하리라 하느냐 이 인자는 누구냐 (요 12:34).

예수님은 '인자'라는 타이틀의 본뜻이 일반에게 잘 파악되지 않았기 때문에 일면으로는 자신을 '인자'라고 불러도 다니엘서 7장에 나오는 "인자 같은 이'의 실체를 감출 수가 있었습니다. 다른 일면으로는 '인자'라는 타이틀에 고난받는 종의 의미를 입혀서 자신의 구속 사역을 드러낼 수 있었습니다. 즉, 인자라는 타이틀은 예수님의 정체에 대한 숨김(concealment)과 알림(revelation)을 함께 담을 수 있는 암시적인 타이틀이었습니다. 그래서 하나님께서 예수님의 고난 이후에 그를 옳다고 변호하시고 그에게 왕권과 하나님 나라를 주시며 그의 대적자들을 심판하게 하신다는 의미를 포함시킨 타이틀이 되게 하셨습니다(막 14:62).

또 한 가지 주목할 것은, 예수님은 '인자'라는 말에 정관사를 붙여서 사용하셨습니다. 영어로 번역하면 The Son of Man 입니다. 개역개정과 새번역 본문에는 그냥 "인자가 땅에서 죄를 사하는 권세가 있는 줄을 너희로 알게 하려 하노라"(막 2:10)고 되어 있습니다. 다행히 새번역의 난외주에 '그 사람의 아들'이라고 나옵니다. 직역 성경에는 '그 인자'라고 하였습니다. 이것이 더 정확한 번역입니다. 인자라는 타이틀은 다니엘서 7장에서 따온 것이기 때문에 보통 인간이 아니고 하나님의 왕권을 공유하시는 유일하신 The Son of Man이라는 점이 암시되었습니다. 하지만 예수님 당시에 '인자'는 그냥 '나' 또는 '유한한 인간'이라는 뜻으로 이해되었기 때문에 예수님의 정체가 가려질 수 있었습니다.

그런데 다니엘서 7장의 인자는 예수님 편에서는 그의 참 신분을 밝히기 위해서도 사용될 수 있는 이점이 있었습니다. 그래서 예수님은 다니엘서 7장에 나오는 '인자'의 의미에 이사야 53장의 고난의 종을 입혀서 참 메시아가 받아야 할 십자가 수난을 설명해 주려고 하셨습니다. 다시 말해서 예수님이 이런 식으로 인자라는 타이틀을 사용하신 주된 이유는 자신의 신분과 사역의 성격을 초기에는 가급적 숨기면서 점차적으로 제자들에게 자신의 정체를 드러내고 가르치기 위한 것이었습니다. 그러니까 예수님은 자신이 하나님의 아들이신 메시아(막 8:29)시며 다니엘서 7장의 "인자 같은 이"에 대한 예언이 자신에게서 성취되고 있음을 암시하셨습니다. 예수님은 베드로의 고백을 들어 '인자'(The Son of Man)와 '그리스도'는 동일인임을 밝히셨습니다(막 8:29~31).

예수님은 사역 초두에서 중풍병자의 치유와 죄의 용서를 통해서 자신이 다니엘서 7장의 인자가 되심을 증명하셨지만 이 단계에서는 아무도 그를 이해하지 못하였습니다. 제자들까지도 예수님이 인자가 십자가 고난을 받는다고 거듭 예고했지만 전혀 깨닫지 못하였습니다. 사람들은 예수님에게 그들이 원하는 메시아가 되어 줄 것을 기대하고 추종했지만 예수님의 인격체에 신적 권능과 메시아의 고난이 함께 아우러져 있다는 점은 보지 못하였습니다. 예수님이 사용하신 '인자'라는 타이틀이 일면으로는 예수님의 영광된 신분을 감추고 또 다른 일면으로는 메시아의 고난을 드러낸다는 사실을 제자들이 깨달은 것은 예수님의 십자가와 부활 사건을 거친 훨씬 이후의 일이었습니다. 그들은 마침내 예수님이 사용하신 인자의 의미를 깨닫고 예수님이 고난을 통해 하나님 나라의 왕권을 획득하시고 세상 왕국의 흥망을 주관하시며 마지막 날에 악한 세력들을 멸망시킬 심판주이심을 큰 스케일로 이해하였습니다. '인자'의 의미를 알면 주님을 더 깊이 이해하고 구원을 더 굳게 확신하며 하나님께 무한한 감사와 찬양을 올리게 됩니다.

39
베드로의 초막
마가복음 9:5

베드로가 예수께 고하되 랍비여 우리가 여기 있는 것이 좋사오니 우리가
초막 셋을 짓되 하나는 주를 위하여, 하나는 모세를 위하여, 하나는 엘리
야를 위하여 하사이다 하니 (막 9:5) .

인간은 하나님을 어떤 특정한 장소에 유착시키고 그곳을 신성시하
는 경향이 있습니다. 베드로 당시에는 예루살렘 성전도 있었지만 베드로
는 변화산의 초막들에 더 큰 관심이 있었습니다. 그러나 하나님은 인간
의 손으로 지은 성전이나 특정 장소의 초막에 갇혀 계실 분이 아닙니다(
행 7:48~49).

변화산의 의미

먼저 우리는 예수님이 세 명의 제자들을 데리고 산으로 오르신 문맥
을 짚어 볼 필요가 있습니다. 예수님은 빌립보 가이사랴에 있는 여러 마
을들을 지나시던 도중에 제자들에게 예수님 자신의 신분에 대해 물으셨
습니다. 그때 베드로는 "주는 그리스도시니이다" (막 8:29)라고 대답했습니
다. 이 고백에 이어 예수님이 주신 말씀이 곧 인자의 십자가 고난과 부활

이었습니다(막 8:31).

그 후 엿새 뒤에 변화산 사건이 일어났습니다. 이 같은 배경에서 볼 때 본 사건은 예수님을 고난의 종과 영광스러운 메시아의 모습으로 계시한 것이었습니다. 이 사실은 본문에 나타난 모세와 엘리야가 예수님과 더불어 나눈 말씀과 예수님의 변형된 모습에서 확인할 수 있습니다.

모세와 엘리야는 "예수께서 예루살렘에서 별세하실 것을 말하였습니다."(눅 9:31). 여기서 '별세' 라는 말은 원문에는 '출애굽'(헬. exodos)입니다. 변화산에서 모세와 엘리야가 나타난 것은 예수님의 십자가 사역에 대한 하나의 구체적인 증거였습니다. 이 두 인물들은 매우 비상한 방식으로 세상을 떠난 자들이었습니다. 이 점에서 이들이 예수님의 '별세'에 대해서 말한 것은 매우 함축적입니다. 이들이 변화산에서 예수님을 둘러선 것은 메시아의 구원에 대한 구약의 예표와 예언들이 예수님의 '별세'에 의해 성취될 것을 말합니다. 이것은 그리스도가 '제2의 출애굽'을 출범시키는 하나님의 아들이시며 속죄양으로서 십자가에 달릴 것을 예고합니다.

모세는 이스라엘을 애굽의 속박에서 풀어내기 위해 유월절의 희생 제사를 주관했었고 출애굽 후 이스라엘 백성을 약속의 땅으로 인도하였습니다. 이 첫 번째 출애굽은 하나님의 아들이신 예수 그리스도께서 몸소 십자가의 희생 제물로서 성취하실 제2의 출애굽에 대한 예표였습니다(눅 22:15). 모세의 출현은 예수님의 십자가 고난이 하나님께서 일찍이 자기 백성을 구원하기 위해 작정하신 길이며(마 26:24) 죄와 사망으로부터 해방을 실현하는 것임을 가르치는 사건이었습니다.

엘리야도 하나님께 희생 제사를 올렸는데 그 목적은 모세의 경우처럼 이스라엘 백성을 구원하기 위한 것이었습니다(왕상 18장). 엘리야 시대의 이스라엘 백성은 우상 숭배에 빠졌고 여호와 하나님께 대한 신앙은 찾아보기 힘든 때였습니다. 엘리야가 갈멜 산 위에서 드렸던 희생 제물은 이스라엘의 이러한 우상 숭배의 속박을 끊고 여호와께로 백성의 마음을 돌이키게 하려는 데 목적이 있었습니다. 이처럼 이스라엘의 배도와 불순종을 바로잡기 위해 신령한 소명을 받았던 엘리야의 구원 사역은 예수님의 십자가 구속으로 온전히 이루어질 것이었습니다.

모세와 엘리야가 변화산에 나타난 것은 구약의 율법과 예언들이 궁극적으로 지향했던 목표가 그리스도의 십자가 고난에서 성취된다는 사실을 확증하는 일이었습니다. 그런데 변화산의 사건은 예수님의 고난을 통한 구원을 적시할 뿐만 아니라 부활의 영광도 아울러 계시해 줍니다. 고난의 메시아는 단순히 십자가의 죽음으로 끝나는 것이 아니고 영광스러운 모습으로 되살아나실 것이었습니다. 그래서 변모된 예수님의 초월적인 용태는 마가복음서의 대주제인 "예수는 누구인가?"라는 의문에 대한 큰 해답을 던져 줍니다. 그것은 곧 예수께서 고난의 종으로 오셨다는 것과 십자가 수난 후에 부활하셔서 새 생명 속으로 자기 백성을 이끌어 주시는 영광의 주님이시라는 것입니다. 이 계시는 예수님의 십자가 수난을 듣고서 어리둥절해하던 제자들에게 하나님이 보이신 위로와 확신의 환상이었습니다.

영광의 메시아

예수님의 십자가가 고난의 메시아를 대변한다면(사 52:13~53:12) 예수님의 부활은 영광의 메시아를 대언합니다. 십자가만 있는 구원이나 부활만 있는 구원은 온전한 구원이 아닙니다. 참된 구원은 십자가와 부활의 양면을 지니고 있습니다. 예수님의 옷과 용모가 찬란하게 빛난 것은 영원 세계의 영광을 반영하는 것이며, 주님이 부활 이후에 받게 될 크나큰 영광에 대한 시범입니다. 변화산은 예수님이 어떤 분이시냐는 것을 가장 정확하게 계시한 곳입니다. 예수님은 하나님의 아들이시며 그리스도(메시아)이십니다. 그런데 예수님은 하나님의 아들이시더라도 고난의 종으로 이 세상에 오셨습니다. 그런데 예수님은 채찍에 맞고 속절없이 십자가의 죽음으로 끝나는 가련한 종이 아니고, 만왕의 왕으로서 영광 중에 다시 나타나실 부활의 주님이십니다. 반면 우리는 변화산의 계시를 한쪽 면만 보는 경향이 있습니다. 베드로의 초막 건립 제안이 이 같은 성향을 반영합니다.

베드로의 초막

베드로와 야고보와 요한은 변화산에서 목격한 놀라운 광경에 완전히 압도되었습니다.

> 이는 그들이 몹시 무서워하므로 그가 무슨 말을 할지 알지 못함이더라 (9:6).

누가복음에 의하면 "베드로와 및 함께 있는 자들이 깊이 졸다가"(눅 9:32) 주님의 영광을 목격했습니다. 그때 베드로는 "우리가 초막 셋을 짓되 하나는 주를 위하여, 하나는 모세를 위하여, 하나는 엘리야를 위하여 하사이다"(눅 9:33)라고 말했습니다. 거의 무의식 중에 한 말이기에 어떤 면에서 속 생각이 나왔다고 할 수 있습니다.

베드로를 위시한 다른 제자들은 평소에 하나님 나라가 곧 도래하기를 기다리며 예수님이 이스라엘의 정치적 메시아로 행세하실 날을 대망했습니다. 이처럼 "사람의 일을 생각"(8:33) 하던 제자들에게 일주일 전에 들었던 예수님의 말씀은 변화산 사건에 그대로 적중된 것으로 판단되었을 것입니다.

> 내가 진실로 너희에게 이르노니 여기 서 있는 사람 중에는 죽기 전에 하
> 나님 나라가 권능으로 임하는 것을 볼 자들도 있느니라 (9:1).

베드로는 변화산에서 이스라엘 백성을 출애굽 시켰던 민족의 영웅 모세와 여호와의 날이 이르기 전에 다시 나타날 것으로 기대됐던 엘리야 선지자(말 4:5)를 보고서 과연 "하나님 나라가 권능으로"(9:1) 임했다고 속단했을 것입니다. 그럼 그의 초막 건립 제안이 시사하는 것은 무엇일까요?

첫째, 모세와 엘리아와 주님을 한 곳에 붙잡아 두려는 시도였습니다. 베드로는 아마 변화산이 하나님과 만나는 새로운 교통의 장소가 되기를 기대했을지 모릅니다(출 29:42). 이스라엘 민족의 영웅들이 출현하고, 거룩한 대화가 들리며, 영롱하고 신령한 빛이 둘러친 변화산이야말로 하나님 나라의 본부가 되기에 가장 적합한 장소로 생각됐을 것입니다.

인간은 신령한 장소를 좋아합니다. 우리는 베드로처럼 장소나 건축물에 종교적 가치를 부여하려는 습성이 있습니다. 그런 사고방식이 헛되다는 것은 모세와 엘리야가 금방 사라진 사실에서 역력히 증명됩니다. 그들을 위한 초막들은 전혀 불필요한 것이었습니다.

둘째, 베드로는 예수님의 신분에 대해 아직도 불투명한 인식을 갖고 있었습니다. 그는 변화산 사건 불과 일주일 전에 "주는 그리스도시니이다"(8:29)라고 고백했습니다. 그러나 그의 신앙 고백이 실천과 조응되지 않음이 초막 제안에 암시되어 있습니다.

베드로는 세 개의 초막들을 모세와 엘리야와 예수님께 각각 하나씩 배정하였습니다. 이것은 예수님을 이스라엘 민족의 위대한 영도자들이었던 모세나 엘리야와 비슷한 인물로 간주했다는 시사입니다. 그래서 하나님은 구름 속에서 "이는 내 사랑하는 아들"(9:7)이라고 밝히셨습니다. 모세나 엘리야를 보고 하나님의 사랑하는 아들이라고 하시지 않았습니다. 지금도 많은 사람이 예수님을 한갓 위대한 종교 지도자나 선한 도덕 군자로밖에 생각지 않습니다. 그러나 예수님은 하나님 자신과 동등하신 분이므로 어떤 인간과도 비교할 수 없습니다(요 10:30).

셋째, 베드로의 초막 건립 제안은 그가 계속 "하나님의 일을 생각지 아니하고 도리어 사람의 일을 생각" 했다는 증거입니다. 예수님은 베드로가 주님의 십자가 길을 막았을 때 "사탄아 내 뒤로 물러가라"고 호되게 경책하셨습니다(8:33). 그럼에도 베드로는 변화산에서 졸고 있다가 또다시 예수님께 실언을 하고 말았습니다.

모세와 엘리야가 주님께 드린 말씀은 십자가의 고난에 대한 것이었지만 베드로와 다른 두 제자들은 전혀 그 말씀에 귀를 기울이지 않았습니다. 제자들의 마음속에는 십자가 고난의 메시지가 들어설 자리가 없었습니다. 그들은 오직 십자가 없는 영광만 원하였습니다. 그래서 "우리가 여기 있는 것이 좋사오니"라고 기뻐하였습니다(9:5).

갈보리보다 변화산을 좋아하는 것은 인간의 본능적 반응입니다. 베드로의 초막 건립 제안은 결국 예수님께 십자가 길을 포기하라는 또 하나의 간접적인 제시였습니다. 이것은 영원 전부터 계획된 하나님의 구원이 십자가를 통해 이루어지려는 것을 막으려는 시도였으므로 하나님은 세 명의 제자들에게 "너희는 그의 말을 들으라"(9:7; 참조. 신 18:15)고 명하셨습니다. 예수님이 제자들의 말을 듣는 것이 아니고 제자들이 예수님의 말씀을 들어야 했습니다.

아무리 신령하고 귀한 계시를 받더라도 잘못 깨달으면 내 욕심을 자극시킵니다. "따로 높은 산에"(9:2) 올라가서 하나님의 말씀을 듣더라도 사람의 생각에 맞추어 오해할 수 있습니다. 예수님은 모세의 글을 인용하며 부활을 부정하던 사두개인들에게 "너희가 성경도, 하나님의 능력도 알지 못하는 고로 오해하였도다"(마 22:29)라고 지적하셨습니다.

세 명의 제자들은 변화산에서 주님과 모세와 엘리야 선지자와 매우 가까이 있었지만 복음의 핵심인 그리스도의 십자가를 깨닫지 못했습니다.

산정의 무대

예수님의 지상 생애 중에서 제자들이 가졌던 가장 놀라운 체험은 변화산의 사건이었다고 해도 과언이 아닙니다. 우선 모세와 엘리야 선지자를 목격했다는 사실 하나만 해도 엄청난 체험이었습니다. 더구나 그들이 예수님과 더불어 대화하는 장면을 볼 수 있었습니다. 그리고 예수님의 모습이 새하얀 광채를 발하였고 영롱한 구름이 신비의 베일처럼 제자들을 덮었으며 하늘에서는 신령한 음성이 들렸습니다. 제자들은 너무도 황홀했을 것입니다. 이보다 더 나은 곳이 세상 어디에 있겠습니까? 감격한 베드로가 제자들의 대변인으로서 "랍비여 우리가 여기 있는 것이 좋사오니"라고 외친 것은 너무도 당연한 말이었을 것입니다.

한편, 이 경이로운 변화산의 무대는 가장 시시하게 막이 내렸다고 할 수 있습니다. 마지막 장면이 너무도 실망스럽습니다.

문득 둘러보니 아무도 보이지 아니하고 오직 예수와 자기들뿐이었더라 (9:8).

그토록 가슴을 벅차게 했던 신령하고 신비했던 분위기와 함께 이스라엘의 최대 영웅들인 모세와 엘리야가 일순간에 사라졌습니다. 보이는 것은 오직 예수님뿐이었습니다(눅 9:36). 그런데 여기에 변화산 사건의 참뜻이 있습니다.

변화산 무대에 나타났던 모세와 엘리야는 주역이 아니고 조역들이었습니다. 그들은 주인공이신 예수님의 들러리에 불과했습니다. 광채가 나신 분은 예수님이었지 모세나 엘리야가 아니었습니다. 그런데도 우리는 모세나 엘리야와 같은 큰 인물들이 무대에 나타나면 눈이 휘둥그레지고 시선이 온통 그들에게 쏠립니다. 그들은 단지 그리스도의 빛을 반사할 뿐인데도 우리는 빛의 본체 되신 예수님보다 오히려 반사체에 더 큰 관심을 둡니다. 모세나 엘리야는 자기들의 역할이 끝나면 무대에서 모두 사라질 사람들이었습니다. 그들은 예수님의 십자가를 가리켰던 하나의 화살표였습니다. 도로 표시판으로 붙인 화살표에 매달려 있는 어리석은 여행자들이 있을 수 없듯이, 구원의 무대에 나타난 조역들을 붙잡고 늘어지는 어리석은 성도들도 있어서는 안 됩니다. 유명한 사역자들에게 마음을 쏟고 사는 것은 위험한 일입니다. 교회에는 인기 스타가 없어야 합니다. 교회가 무너지는 원인의 하나는 일종의 영웅 숭배입니다. 잘난 사람들에게 쏠리면 예수님의 말씀보다 사람의 말을 따르게 됩니다.

지도자들은 성경을 가르치고 양 떼를 돌보는 사람들입니다. 그러나 그들은 종에 불과합니다(히 3:5,6). 목양의 기능적인 관점에서 본다면 목회자들은 목자가 아니고 목자의 명령에 따라 움직이는 양 치는 개들과 같습니다. 양 치는 개들은 목자의 지시에 따라 양들을 몰아서 목자에게로 데리고 갑니다. 따라서 양들이 바라보아야 할 초점과 대상은 양 치는 개들이 아니고 목자라야 합니다.

모세나 엘리야에게 시선이 집중되면 그들을 위해 초막을 짓고 싶은 엉뚱한 발상이 떠오릅니다. 예수님의 반응이 무엇이었습니까? 예수님은 그러한 제안에 일언반구의 반응도 보이시지 않았습니다.

때가 되면 모세도 엘리야도 떠납니다. 떠날 사람들을 위해서 초막을 짓는 것은 어리석은 행동입니다. 그러나 그들이 내 곁을 다 떠난다 해도 주님은 항상 나와 함께 남아 계십니다. 우리는 전적으로 죄가 없고 완전하신 구주 예수님으로 충분해야 합니다. 예수님보다 모세가 더 클 수 없고, 예수님보다 엘리야가 더 귀할 수 없습니다. 다윗도 시편 16편에서 이미 그렇게 고백했습니다.

내가 여호와께 아뢰되 주는 나의 주님이시오니 주 밖에는 나의 복이 없다 하였나이다 (시 16:2) .

오직 예수님만 있으면 됩니다. 변화산에는 인간 영웅들이 사라지고 하나님의 아들이신 예수님만 남았습니다. 모세와 엘리야가 곧 구름에 덮여 보이지 않은 것은 그들을 의존하지 말아야 한다는 교훈을 줍니다.

예수님이 영광을 받으신 때

우리 주 예수 그리스도의 능력과 강림하심을 너희에게 알게 한 것이 교묘히 만든 이야기를 따른 것이 아니요 우리는 그의 크신 위엄을 친히 본 자라. 지극히 큰 영광 중에서 이러한 소리가 그에게 나기를 이는 내 사랑하는 아들이요 내 기뻐하는 자라 하실 때에 그가 하나님 아버지께 존귀와 영광을 받으셨느니라. 이 소리는 우리가 그와 함께 거룩한 산에 있을 때에 하늘로부터 난 것을 들은 것이라 (벧후 1:16~18).

이 말씀은 베드로가 변화산에서 목격했던 예수님에 대한 계시의 증언입니다. 우리가 여기서 생각해 보아야 하는 것은 예수님이 존귀와 영광을 받으신 문맥과 시점입니다. 우선 변화산에서 모세와 엘리야가 예수님께 드린 대화의 내용을 상기해 보십시오. 그 골자는 예루살렘에서 일어날 예수님의 출애굽(별세)이 임박했다는 것이었습니다. 바꾸어 말하면 예수님이 변화산에서 하산하셔서 십자가 길로 가실 때가 되었다는 뜻입니다. 예수님이 예루살렘으로 가셔서 죽임을 당하시는 것은 인자에게 작정된 길이었습니다(눅 22:22; 벧전 1:20).

예수님은 이 말을 전하는 모세와 엘리야를 막지도 않았고 떠나는 그들을 붙잡지도 않았습니다. 이미 하나님이 정해 주신 십자가 길을 순종하기로 작정하셨기 때문입니다. 주님의 이 같은 하산 의지가 분명해졌을 때 구름이 제자들을 덮었고 하늘로서 "이는 내 사랑하는 아들이니 너희는 그의 말을 들으라"(9:7)는 소리가 들렸습니다. 베드로는 하나님이 이 말씀을 하실 때 예수께서 존귀와 영광을 받으셨다고 증언했습니다(벧후 1:17).

그런데 예수님이 첫 영광을 받으실 때에도 "하늘로부터 소리가 나기를 너는 내 사랑하는 아들이라 내가 너를 기뻐하노라"(막 1:11)는 소리가 들렸습니다. 언제 하늘로서 소리가 들렸으며 언제 하나님이 예수님을 사랑하는 아들이라고 증언하셨습니까? 예수께서 세례를 받고 물에서 올라오실 때였습니다! 아버지의 뜻에 따라 자신을 죄인의 자리에 놓고 우리의 죄를 위해 대신 물속으로 들어가신 순종의 시점에서 예수님이 영광을 받으셨습니다.

변화산의 영광도 십자가의 길을 기꺼이 가려는 자들에게 입혀집니다. 이런 뜻에서 변화산은 내려오기 위해서 오르는 산입니다. 변화산의 등정은 자신이 가는 길이 십자가 길임을 다시 확인받기 위한 것이며 그 길을 따르겠다는 충성과 순종의 의지를 드러내기 위한 것입니다. 변화산의 하산은 이 사실을 실천에 옮기는 행위입니다. 따라서 변화산의 등정과 하산은 계시와 실천이며, 환상과 현실입니다. 믿음의 세계에서는 이 양편이 모두 하나의 문맥이며 동일선상에 있습니다.

우리의 문제는 하나님의 계시와 나의 실천을 구분하고 하늘의 환상과 지상의 현실을 떼어서 보는 데 있습니다. 제자들은 변화산에서 내려오기를 원치 않았습니다. 그들에게는 변화산은 단지 오르기만 하는 '높은 산'이었지 내려와야 하는 겸비와 희생의 '낮은 산'이 아니었습니다. 그들의 변화산에는 십자가가 없었습니다. 그들의 변화산에서는 죄의 용서와 하나님과의 화해가 일어나지 않았습니다. 그들의 변화산에서는 사망에 대한 승리와 부활의 새 생명이 없었습니다. 그들의 변화산에는 순종도 자기 부정도 구원의 완성에 대한 소망도 없었습니다.

그러나 예수님의 변화산에는 그 모든 것들이 다 있었습니다. 예수님의 하산이 이것을 증명합니다. 예수님의 변화산은 하산을 전제로 한 등반이었기에 십자가의 죽음이 하나님의 뜻임이 확인되었습니다.

예수님의 얼굴이 "해같이 빛나며 옷이 빛과 같이 희어"진 때가 언제였습니까?(마 17:2). 물론 '높은 산'에 올라가셨을 때였습니다. 그렇지만 변화산에 오르신 등반의 목적이 무엇입니까? 하산하기 위해서였습니다(9:9). 하산의 의미는 무엇입니까? 십자가를 지기 위해 내려가는 것입니다. 그렇다면 우리의 얼굴과 옷이 빛나는 때가 언제이겠습니까? 변화산의 영광이 우리에게 입혀지는 때가 언제입니까? 하나님께서 우리를 보시고 기뻐하시는 때가 언제입니까? 우리가 하나님의 사랑하시는 자녀들이라는 선언과 확증을 받는 때가 언제입니까?

한마디로, 하산이 전제된 '높은 산'의 등정이 있을 때입니다. 우리의 옛 삶이 십자가에서 죽고 부활의 새 삶으로 거듭나고자 할 때입니다. 자아의 욕심을 십자가에 못 박고 하나님의 구원의 뜻을 받아들이는 때입니다. 나의 모세와 나의 엘리야와 나의 초막을 뒤로 제쳐두고 오로지 주님만을 따르는 때입니다. 모세와 엘리야에게 속한 어제의 잔재들과 옛사람에게 속한 초막의 욕망들을 포기하는 때입니다.

옛 언약이 폐기되고(히 7:18, 22) 더 좋고 더 나은 온전한 새 언약의 예수님만이 우리 눈에 들어올 때 비로소 우리는 변화산의 참뜻을 깨닫고 기꺼이 하산하게 될 것입니다.

40
변화산의 의미
마가복음 9:2~13

예수님의 용모가 변화산에서 초월적이고 신적인 모습으로 바뀐 사건은 매우 놀랍고 뜻깊은 계시였습니다. 변화산 사건 엿새 전에 가이사랴 빌립보에서 예수님이 제자들에게 "사람들이 나를 누구라고 하느냐"(막 8:27)라고 물으셨습니다. 베드로는 예수님을 '주는 그리스도시니이다'라고 고백했습니다. 이것은 예수님의 신분에 대한 고백의 절정입니다.

베드로는 예수님에 대한 최고의 신앙고백을 하였습니다. 그런데 예수님이 인자가 죽임을 당하는 고난을 예고하자 베드로는 예수님에게 그러시면 안 된다고 항변하며 말렸습니다. 그때 예수님은 베드로에게 "사탄아 내 뒤로 물러가라"(막 8:33)고 꾸짖으셨습니다(8:33). 예수님의 십자가 수난은 구원을 이루기 위해 하나님이 정하신 유일한 방법이었기 때문입니다. 그래서 십자가 길을 막는 것은 하나님의 구원 계획을 좌초시키려는 행위였습니다.

그런데 예수님은 제자들도 십자가 길을 따라야 한다고 명령하셨습니다. 이 말씀은 제자들에게 큰 충격이었습니다. 그들은 예수님을 따르면 부귀영화가 올 것으로 알았습니다. 그들은 당장 하나님 나라가 세워지고 예수님은 예루살렘에서 왕좌에 올라 천하를 다스릴 것으로 기대하였습니다. 우리도 예수 믿으면 복 받는다고 말합니다. 무슨 의미입니까? 잘 먹고 잘산다는 말입니다. 일반적으로 '복'이라는 개념 자체가 재래 사상에 물들어 있습니다. 세속적 복의 개념이 복음의 가르침으로 변화된 것이 아닙니다. 그래서 예수 믿으면 복 받는다는 식의 재래 종교의 복 개념은 기독교 복음으로 다시 태어나야 합니다.

십자가 없는 복

예수님은 제자들에게 고난의 십자가를 지고 주님과 복음을 위해서 자기 목숨을 잃는 것이 유익이라고 하셨습니다. 십자가를 지고 사는 삶이 복받는 길이라는 말씀입니다. 현대 교회는 십자가 없는 복을 선전합니다. 십자가 구원은 믿지만, 십자가를 지는 삶은 강조하지 않습니다.

교회사적으로 고난을 강조한 때가 있었습니다. 순교가 당연시되고 성도의 고난이 보편적인 체험이었을 때 교회는 영적으로 강성하게 자랐습니다. 성도들 사이에 진정한 사랑과 나눔이 있었고 복음의 영광이 무엇인지를 깨닫고 즐거워하며 세상 고난을 견뎠습니다. 그러다가 점차 세속 사상이 교회에 들어오기 시작했습니다. 박해가 그치고 교회에 돈이 쌓였습니다. 성직자들이 대우를 받고 교권주의가 형성되었습니다. 교회는 행위 구원을 전하는 다른 복음으로 변질되었습니다. 선행을 강조했지만 실상은 복음의 왜곡이었고 교회 중심의 자선 수입을 늘리는 허울 좋은 수단이었습니다. 현대교회는 대부분 이러한 물질주의와 세속 사상의 전통을 답습하고 있습니다.

예수님의 제자들은 십자가 고난의 메시지를 듣고 당황했습니다. 그러나 예수님은 그들의 확신이 확고해지도록 도우셨습니다. 우리가 일단 예수님을 주와 그리스도로 고백하면, 비록 그 의미를 다 모르고 제대로 적용되지 않더라도 주님은 우리를 더 높고 확고부동한 확신에 이르도록 변화산으로 인도하십니다.

엿새 후에 예수께서 베드로와 야고보와 요한을 데리시고 따로 높은 산에 올라가셨더니 그들 앞에서 변형되사 그 옷이 광채가 나며 세상에서 빨래 하는 자가 그렇게 희게 할 수 없을 만큼 매우 희어졌더라 (막 9:2).

이 사건은 제자들이 예수님의 신분에 대한 높은 수준의 신앙고백을 한 이후에 받은 더 깊은 차원의 계시였음을 주목해야 합니다. 예수님은 하나님의 계시의 절정이며 최상의 권위입니다. 그래서 구름 속에서 "이는 내 사랑하는 아들이니 너희는 그의 말을 들으라"(9:7)고 하였습니다. 제자들은 예수님이 요단 강에서 세례를 받으셨을 때 하늘에서 들렸던 소리를 다시 들은 셈이었습니다(막 1:11; 마 3:17; 눅 3:22). "그의 말을 들으라"(9:7)는 말씀은 원래는 신명기에서 모세가 자기와 같은 선지자 한 사람을 하나님이 세우실 것이니 그분의 말씀을 들으라는 명령이었습니다(신 18:15).

예수님은 교회에 주는 하나님의 마지막 말씀입니다. 최종적이고 결정적인 하나님의 계시는 예수님의 말씀입니다. 구약 율법은 예수님이 오실 때까지만 이스라엘 백성에게 유효했던 지침이었습니다. 이제는 예수님이 모든 교회의 머리로서 유일한 권위를 갖습니다. 변화산에서 모세와 엘리야는 구름에 가려 사라졌습니다. "문득 둘러보니 아무도 보이지 아니하고 오직 예수와 자기들뿐이었더라"(9:8)고 했습니다. 마태복음 평행 절은 더욱 간결하게 표현하였습니다.

제자들이 눈을 들고 보매 오직 예수 외에는 아무도 보이지 아니하더라 (마 17:8).

계시가 끝났으니 모세와 엘리야가 돌아가고 안 보이는 것은 당연합니다. 그러나 그 이상의 의미를 포착해야 합니다. 즉, 제자들은 더 이상 모세와 엘리야에게 의존할 것이 아니고 오직 주 예수만 따르고 섬겨야 한다는 것입니다.

제자들은 인자의 죽음과 부활에 대한 이해가 희박하였습니다.

> 인자가 죽은 자 가운데서 살아날 때까지는 본 것을 아무에게도 이르지 말라 (9:9) .

제자들은 이 말씀을 이해할 수 없었습니다. 예수님은 변화산에서 내려오시면서 제자들에게 이렇게 경고하셨습니다. 예수님이 인자가 수난을 당하고 죽임을 당한 후에 삼일 만에 살아나리라고 예고하셨지만 무슨 말씀인지 도무지 감도 잡지 못하였고 받아들일 수도 없었습니다(8:31. 비교. 9:31; 10:34). 왜 그랬을까요? 주님의 말씀을 액면대로 받아들이지 않는 불신과 믿음의 결핍이 근본 원인입니다. 그러나 실제적인 이유는 당시의 부활 사상의 영향 때문이었습니다.

1세기 유대인들은 이스라엘 백성이 마지막 날에 다 함께 부활하여 하나님의 영원한 왕국으로 들어간다고 생각하였습니다. 그래서 제자들은 예수님이 혼자 부활하시고 그들은 남아서 복음의 증인이 되어야 한다고 하시니까 무슨 말씀인지 이해할 수 없었습니다. 모든 사람이 부활하면 곧바로 하나님 나라가 시작되어야 할 터인데 왜 자기들이 부활하지 않은 상태에서 복음을 전해야 하는지 어리둥절하지 않을 수 없었습니다. 그들은 아마 변화산 사건 이후에 곧 하나님 나라가 임할 것으로 기대했을 것입니다.

그들은 죽은 자 가운데서 살아나는 것이 무슨 의미인지 궁금해하면서 여호와의 날이 이르기 전에 엘리야가 먼저 올 것이라고 했는데 예수님이 왜 죽임을 당하고 다시 살아나야 하는지를 물었습니다.

엘리야는 말라기 4장 5절에서 세례 요한의 사역과 관련해서 언급된 선지자입니다. 사람들은 엘리야 선지자가 마지막 때에 실제로 다시 나타날 것으로 오해했습니다. 이것은 서기관들이 말라기서의 예언에 근거해서 주장한 말이었습니다. 제자들은 이 예언이 방금 변화산에서 본 엘리야의 모습으로 성취된 것인지 의아해하였습니다. 예수님의 대답은 환상에서 본 엘리야가 아니고, 엘리야의 정신과 사명을 가진 세례 요한이 이미 왔었다고 밝혔습니다.

예수님의 포인트는 십자가 구원은 인자의 고난으로 성취되고 그의 제자들도 자기 십자가를 지고 가야 한다는 것이었습니다. 그래서 인자가 많은 고난과 멸시를 당할 것이라고 예언되었고 사람들이 세례 요한도 함부로 죽였다고 지적하셨습니다 (9:12~13). 그러니까 엘리야의 정신과 사명으로 세례 요한이 이미 왔었고, 예수님이 하나님이 보내신 메시아지만 아직은 하나님 나라가 완전하게 온 것은 아니라는 말씀입니다. 예수님이 아직 십자가로 가시지 않았기 때문입니다. 세례 요한도 영광을 받은 것이 아니고 죽임을 당한 사실을 예수님이 지적하신 것은 제자의 길이 아직은 승리의 영광으로 보상되지 않는다는 경고였습니다.

이러한 문맥에서 변화산의 의미를 붙잡아야 합니다. 왜 예수님이 제자들을 데리고 변화산으로 올라가셨습니까? 그들에게 예수님의 영광을 보여 준 목적이 무엇입니까? 그것은 '주는 그리스도'라는 고백을 했지만, 아직도 혼란과 확신이 결여된 제자들에게 믿음을 굳혀주고 앞으로 당하게 될 고난에 대비한 격려를 하려는 것이었습니다. 변화산 사건은 2천 년 전에 일어났습니다. 그러나 우리가 힘들 때 예수님의 신분과 영광을 상기해 본다면 큰 위로와 격려가 될 것입니다.

모세와 엘리야가 나타난 것은 사후의 영원 세계가 있다는 증거입니다.

모세와 엘리야는 먼 옛날에 이 세상을 떠났습니다. 그러나 그들은 살아 있는 자들로서 예수님과 교제하였습니다. 그들의 출현은 영원 세계를 들여다보는 하나의 창문입니다. 모세와 엘리야는 시대적으로도 동시대의 사람들이 아니었습니다. 그럼에도 함께 지상에 다시 나타났습니다.

이것은 현세 너머에 시공간을 초월하는 영원 세계가 있음을 가리킵니다.

예수님은 일찍이 '아브라함과 이삭과 야곱의 하나님'을 대면서 어찌 하나님이 죽은 자들의 하나님이 되시겠느냐고 도전하셨습니다(마 22:32). 산 자의 하나님이시라면 그 하나님은 모세와 엘리야의 하나님이시기도 합니다. 그렇다면 모세와 엘리야는 아브라함과 이삭과 야곱처럼 지금도 살아 있는 사람들입니다. 그들은 살아 있는 자들로서 예수님과 더불어 변화산에서 대화하였습니다. 이것은 예수님의 생애도 십자가 죽음으로 종식되지 않을 것이라는 간접적인 보증입니다. 우리도 사후에 부활하여 그리스도 안에서 하나님과 영원한 교제를 갖게 될 것입니다.

예수님의 초월적인 신성을 묵상하며 하나님을 찬양해야 합니다.

예수님의 용모가 변형되고 영광의 광채가 그분이 입으신 옷까지 통과하여 비친 것은 예수님의 신분이 초월적이고 신성을 가지신 분임을 가리킵니다. 예수님은 고난의 종으로서 십자가 수난을 당하실 것입니다. 그러나 그는 가련한 한 목수의 아들로서 의로운 삶을 살며 하나님 나라를 세우려다가 실패한 자가 아닙니다. 그는 인간의 영광이 닿을 수 없는 신성을 가지신 하나님의 아들로서 만유의 왕으로 온 세상을 다스리실 전능하신 하나님의 아들이십니다. 이 같은 예수님의 정체와 신분을 묵상하면, 그분의 낮아지심과 우리를 위한 대속의 희생이 얼마나 기이한 일인지를 깨닫고 하나님을 깊이 찬양하게 됩니다. 이렇게 하나님을 찬양하는 것이 우리의 힘이며 영성입니다. 하나님은 우리가 예수님이 누구이신지를 바르고 확실하게 알고 찬양하는 것을 기뻐하십니다.

변화산은 내려와야 하는 산입니다.

변화산 사건에서 가장 유명한 말이 있습니다. 무엇입니까? '여기 있는 것이 좋사오니'(9:5)라는 베드로의 말입니다. 그런데 이 말을 한 후에 어떤 일이 생겼습니까? 모세도 엘리야도 다 구름에 덮여 보이지 않았습니다. 그리고 하늘에서 예수님은 하나님의 사랑하는 아들이니 그의 말을 들으라는 음성이 들렸습니다. 예수님은 베드로의 말을 싹 무시하셨습니다. 초막 아이디어를 버리라는 것입니다. 베드로는 변화산에서 계속 머물러 살기를 원했던 것 같습니다. 그런데 누구보다도 변화산에 머물러 있기를 원한 자가 있었다면 예수님이었을 것입니다. 자신의 신적 본질의 광채가 드러나고, 모세와 엘리야가 그를 대동하고, 하늘에서 '이는 내 사랑하는 아들'이라는 음성이 들린 현장이었기 때문입니다.

그러나 산정의 무대에는 주인공만 남고 모든 조역들은 이미 퇴장하였습니다. 모세도 엘리야도 신령한 구름도 하늘의 거룩한 음성도 모두 사라졌습니다. 남은 자는 오직 예수님뿐이었습니다. 제자들은 예수님과 함께 하산해야 했습니다. 예수님의 출애굽이 기다리고 있었기 때문입니다.

그런데 변화산에서 하산하려면 모세도 엘리야도 초막도 모두 포기해야 합니다. 나의 모세와 나의 엘리야와 나의 초막이 포기되지 않으면 결코 예수님과 함께 십자가의 길을 동행할 수 없습니다. 변화산의 체험은 물론 놀라운 것입니다. 그러나 변화산은 우리가 예수님의 변형(變形)을 목격하고 그분께서 장차 받으실 영광을 찬양하면서 십자가의 길을 향해 하산하는 데 뜻이 있습니다. 변화산은 모세와 엘리야까지도 단념하고 '오직 예수님'만을 바라보는 곳입니다. 변화산은 나의 초막들에 대한 일체의 미련을 내던지고 오로지 예수님만 소망하는 곳입니다.

당신은 변화산에서 하산하였습니까? 아직도 환상의 세계에 머물러 있지는 않습니까? 변화산은 내려와야 하는 산입니다. 내려오지 않는 변화산에서는 십자가의 체험이 없습니다. 변화산의 메시지는 십자가 이후에만 부활의 영광이 온다는 것입니다. 십자가 체험이 없으면 산정의 계시는 잠시 왔다가 사라지는 환상에 불과합니다. 부활 영광은 눈으로만 잠시 볼 것이 아니고 나의 삶 속에서 체험되어야 합니다. 부활 영광의 능력은 산정의 계시에 머물지 않고 귀신 들린 아이가 고통받는 낮은 평지로 내려와서 악의 세력을 그리스도의 이름으로 제압하는 자들에게만 주어집니다(막 9:14~29).

변화산은 문자적이고 실체적이며 역사적인 체험이었습니다. (벧후 1:16~18)

기독교 신앙은 구약 역사와 무관한 새로운 계시가 아닙니다. 신약은 이스라엘 구속사의 연장이며 완성입니다. 구약 역사의 영적 거장들이 변화산에 나타나서 예수님의 신분과 십자가 사역에 대한 증인이 된 것은 무엇을 시사할까요? 기독교가 예수님에 의해서 새롭게 창시된 종교가 아니고, 구약에서 하나님이 이미 예고하신 구원이 예수 그리스도에 의해서 완성된다는 것을 가리킵니다.

기독교 신앙은 독특합니다. 사람이 만들어낸 종교 이론이 아닙니다. 기독교는 경전적인 교리나 교훈에 그치지 않습니다. 기독교 신앙은 실제로 일어난 역사적 사건에 바탕합니다. 예수님이 하나님의 아들로서 세상에 오신 것은 역사적인 사실입니다. 변화산에서 예수님이 변형된 사건도 세 명의 제자들이 실제로 목격하였습니다. 완전한 영광으로 다시 오실 예수님의 재림도 초림처럼 역사적 사건이 될 것입니다. 하나님은 인간이 살아온 이 세상 안에서 구원 활동을 전개해 오셨습니다. 그리고 인간 역사 속에서 하나님 되심을 증명하시고 구원을 완성하실 것입니다. 첫 세대의 사도들은 기독교 복음의 근간이 되는 이벤트들을 직접 목격하였습니다. 이들은 예수님의 세례와 변화산 사건, 십자가와 부활 사건 등과 같은 구원의 핵심(key) 이벤트의 목격자들이었습니다. 그래서 복음 이벤트가 사실이라는 것을 확신하고 이를 위해 목숨을 내놓을 준비가 되어 있었습니다.

베드로에 대해서 한 가지 생각해 볼 것이 있습니다. 그는 불과 엿새 전만 해도 예수님으로부터 '사탄아 내 뒤로 물러가라'는 호된 경책을 받았습니다. 그런데 예수님은 베드로를 야고보와 요한과 함께 부르시고 변화산으로 데리고 가셨습니다. 십자가의 길을 막아섰던 베드로였는데 변화산의 놀라운 특권을 누리게 한 것입니다. 다른 제자들은 몰라도 베드로만은 제외시켰어야 하지 않았을까요? 주님은 우리의 실수를 관대하게 대하시고 우리 죄악을 쉽게 잊으십니다.

베드로는 처음에는 산정 계시의 의미를 잘 몰랐습니다. 그는 나중에 변화산에서 목격한 예수님의 신성이 영원한 것임을 깨달았습니다. 그는 베드로후서에서 변화산 사건을 언급했을 때 예수님을 하나님과 동등한 권위와 영광을 가지신 분으로 확신하였습니다(벧후 1:16~18).

우리도 기독교의 핵심 진리에 대해서 잘 모를 수 있습니다. 그러나 성경 말씀을 꾸준히 배우면 확신에 이르게 됩니다. 모쪼록 우리도 역사에 굳게 뿌리를 둔 기독교의 진리를 확지하고 오늘과 내일의 역사 속에서 자신을 더욱 드러내실 주 예수님의 영광을 열망하며 살아야 하겠습니다.

41
마지막 함구령
마가복음 9:9

그들이 산에서 내려올 때에 예수께서 경고하시되 인자가 죽은 자 가운
데서 살아날 때까지는 본 것을 아무에게도 이르지 말라 하시니 (막 9:9).

본문은 예수님이 내린 함구령의 마지막 케이스입니다. 그런데 기간에
대한 조건이 붙어 있습니다. 즉, 예수님이 부활하실 때까지 변화산에서
본 것을 누구에게도 말해서는 안 된다는 명령이었습니다. 그 까닭이 무엇
일까요? 본 구절은 지금까지 마가복음에서 우리가 궁금히 여겼던 함구령
의 깊은 의미를 깨닫게 하는 핵심 내용입니다.

하나님께서 변화산에 있던 제자들에게 말씀하셨습니다. 이는 내 사랑
하는 아들이니 너희는 그의 말을 들으라 (막 9:7). 그런데도 제자들은 예수
님이 죽었다가 다시 살아나신다는 말씀의 의미를 깨닫지 못하고 서로 궁
금해했습니다(막 9:10).

베드로는 예수님의 변형된 모습과 모세와 엘리야 선지자가 나타나서
예수님과 대화하는 모습을 보고 그 의미를 알지도 못한 채 얼떨결에 여
기가 좋사오니 초막 셋을 짓고 더 머물자고 제안했습니다(9:6). 그 후 제
자들은 예수님이 곧 십자가 수난을 당하실 것이라는 경고를 받고도 길에

서 서로 누가 크냐고 다투었습니다(9:33~34). 예수님의 소명에 대한 이러한 제자들의 빈약한 이해와 미성숙한 수준 때문에 예수님은 그들에게 함구령을 내리셨습니다. 만약 그들이 변화산 체험을 뜻도 모르고 흥분한 상태에서 전했다면 하나님의 계시의 의미를 완전히 뒤엎는 일이 되었을 것입니다.

당시의 이스라엘 백성은 메시아가 와서 세울 하나님 나라가 세속 정권과 본질적으로 다르다는 것을 알지 못하였습니다. 이러한 잘못된 세속적 메시아관 때문에 예수님은 많은 방해를 받았습니다. 그래서 제자들은 변화산 계시로 흥분할 것이 아니고 예수님의 십자가와 부활 사건을 기다려야 했습니다. 예수님의 부활과 오순절 성령 강림 이후에는 예수님에 대한 모든 사실들을 제한 없이 전할 수 있을 것이었습니다. 베드로는 변화산 사건을 나중에 기록으로 남기기까지 했습니다(벧후 1:16~18).

여기서 우리는 다시 한번 인간의 영적 어둠이 얼마나 깊은 것인지를 실감합니다. 베드로는 예수님을 '그리스도'라고 고백했지만 단순히 예수님의 신분 타이틀을 맞춘 것에 불과했습니다. 예수님을 바르게 알아보려면 입술만의 고백 이상이 필요합니다. 세 명의 제자들은 변화산에서 예수님의 놀라운 신적 변모와 예수님을 사랑하는 아들이라고 증언하시는 하나님의 음성까지 들었지만 그들에게 온 변화는 아무것도 없었습니다. 그들은 여전히 몽매하였습니다. 그들은 여전히 예수님이 기적의 능력과 대중의 인기로 혁명을 일으키고 이스라엘을 로마로부터 해방시킬 때가 임박했다고 착각하였습니다. 영적으로 깨이지 않으면 예수님을 눈앞에 두고서도 못 알아본다는 것이 본 사건의 한 중요한 포인트입니다.

어떻게 해야 예수님을 알아볼까요?

예수님의 비유에서 해답을 찾을 수 있습니다. 예수님은 처음에는 평이

한 말씀으로 복음을 전하셨습니다. 그러나 청중이 예수님의 기적에 의한 치유와 빵만 먹고 배부르기 위해 몰려오니까(막 1:32; 요 6:26) 새로운 방법으로 자신을 알리기 위해 비유를 사용하셨습니다. 비유는 '가려짐'과 '드러냄'의 두 요소를 지니고 있습니다. 비유의 말씀은 예수님의 정체와 하나님 나라에 대한 것인데 그냥 들으면 이해도 되지 않고 아무 유익도 없습니다. 비유는 예수님을 신뢰하지 않고 들으면 계속해서 미스터리로 남을 뿐입니다. 그러나 예수님을 신뢰하면서 그 의미를 알려고 귀를 기울이면 하나님 나라의 비밀이 점점 더 밝혀집니다(막 4:24~25). 그래서 예수님은 들을 귀 있는 자는 들으라고 거듭 촉구하셨습니다. 비유를 이해하는 것과 하나님 나라의 비밀을 이해하는 것은 같은 원리입니다.

비유는 닫힘과 열림의 두 얼굴을 가진 독특한 교육 방법이었습니다. 이것은 예수님의 정체와 사역에 대한 사람들의 긍정적 반응을 촉구하고 동시에 부정적 반응에 대해 경고합니다. 비유에 대한 사람들의 자세와 반응에 따라 그 의미가 더 드러나기도 하고 더 가려지기도 한다는 것입니다. 이처럼 예수님의 신분에 대한 비밀도 사람들의 자세에 따라 혼란을 가져오기도 하고(요 7:12, 15, 27, 31, 35~36) 더 드러나기도 합니다(막 4:10~12, 34). 그런데 예수님의 정체에 대한 비밀은 그 자체가 목적이 아닙니다. 이것은 영구적인 것이 아니고 잠정적이었습니다. 예수님은 자신을 하나님이 보내신 구원자로서 알리기 위해 오셨습니다. 그러나 여러 가지 불리한 상황과 하나님의 숨겨진 계획 때문에 처음부터 '내가 메시아다'라고 선포할 수 없었습니다.

예수님은 메시아에 대한 민족적이고 정치적인 기대를 회피하기 위해 종종 자신을 감추셔야 했습니다. 예수님은 열두 제자들에게까지 함구령을 내리셨는데 그들마저도 예수님의 정체를 오해하고 있었기 때문입니다.

• 예수님은 일면으로는 무리를 돌보는 일을 하시면서 하나님이 보내

신 메시아의 사명이 무엇인지를 가르치려고 애쓰셨습니다.

• 또 다른 일면으로는 그를 죽이려고 모의하는 이스라엘 지도자들과의 마찰을 가급적 피해야 했고(막 3:6; 11:18; 12:12), 자신이 세상의 인기와 영광을 구하는 거짓 선지자나 세속적 기적사로 알려지지 않도록 조심해야 했습니다(막 13:21; 행 5:16~37).

예수님의 사역은 '숨김과 드러냄'의 구도 속에서 하나님의 구원 계획의 일환으로 진행되고 있었습니다. 그러나 때가 되면 예수님의 정체는 밝히 드러날 것이었습니다.

숨겨 둔 것은 드러나고, 감추어 둔 것은 나타나기 마련이다(막 4:22, 새번역).

예수님은 자신을 숨기기도 하시고 드러내시기도 하였습니다. 자신을 숨기셔도 보려고 힘쓰는 자들에게는 더 보여 주시고, 자신을 드러내셔도 못 보는 자들의 눈은 더 감기게 하셨습니다. 어떤 이들은 아무리 들어도 예수님의 가르침을 깨닫지 못합니다. 그들의 마음에 와닿지도 않고 삶에 변화도 주지 않습니다. 반면, 예수님의 말씀을 경청하며 곰곰이 생각해 보는 자들이 있습니다. 그들에게는 예수님의 정체를 둘러싼 여러 의문이 조금씩 풀리기 시작합니다.

베드로의 고백에서 예수님은 하나님께서 베드로에게 예수님의 신분을 알려 주셨다고 했습니다. 이것은 자연인의 입장에서는 예수님을 바르게 알아볼 수 없다는 뜻입니다. 하나님이 눈을 열게 해 주시지 않으면 아무도 그리스도를 알아보지 못합니다. 인간의 영적 어둠은 너무 깊어서 인간의 능력으로는 해결할 수 없습니다. 오직 자비하신 하나님이 은혜로 임하셔서 영적으로 굳게 감긴 눈을 열어 주셔야 예수님의 참된 신분을 인식하게 됩니다.

베드로는 하나님의 계시로 예수님이 그리스도이심을 고백했습니다. 그는 영감의 순간에 예수님의 신분을 찰나적으로 인식하였지만 수박 겉 핥기였습니다. 그도 벳새다의 맹인처럼 주님의 두 번째 터치가 있어야 했습니다. 이것이 변화산에서 예수님이 "인자가 죽은 자 가운데서 살아날 때까지는 본 것을 아무에게도 이르지 말라"(9:9)는 함구령에 가려진 의미입니다. 예수님의 죽음과 부활이 곧 하나님의 두 번째 터치가 될 것이었기 때문입니다.

예수님의 제자들은 예수님의 신분을 알았지만, 아직 온전한 지식에 이르지 못하였습니다. 그들이 예수님을 하나님이 보내신 그리스도라고 공적으로 온 세상에 알리기에는 영적으로 너무 무지하고 미숙하였습니다. 예수님은 제자들에게 "하나님 나라의 비밀을 너희에게는 주었으나 외인에게는 모든 것을 비유로 한다"(막 4:11)고 하셨습니다. '하나님 나라의 비밀'이라는 말은 묵시적인 개념입니다. 이 '비밀'(헬. 무스테리온=mystery)은 결정적인 시점에 이를 때에 비밀처럼 감추어졌던 진리를 하나님이 드러내신다는 의미입니다(롬 11:25; 고전 15:51; 골 1:26).

예를 들면, 예수님이 비밀이고 복음이 비밀이고 하나님 나라가 비밀입니다. 그러나 때가 되어 하나님의 계시로 그 비밀이 알려지면 더 이상 미스터리가 아닙니다. 그러나 주 예수의 신분과 복음을 믿지 않는 자들과 하나님의 다스림을 받지 않으려는 자들에게는 여전히 비밀로 닫혀 있습니다(고전 1:23). 그래서 예수님은 제자들에게 여러 번 그들의 믿음의 결핍을 지적하셨습니다(막 4:40; 7:18).

그런데 어떤 면에서 예수님은 부활 때까지는 미스터리로 남아 있을 수밖에 없었습니다. 예수님의 구원 사역이 십자가 고난과 죽음을 통하여 성취되고, 부활로써 하나님의 아들 되심이 증명되어야 하기 때문입니다. 비록 제자들이 예수님의 신분을 어느 정도 알았더라도 중요한 것은 예수님이 누구시냐는 것을 넘어서 예수님이 구원자로서 행하시는 구속 사역의 심대한 의미가 무엇인지를 알아야 했습니다. 이것은 예수님의 대속의 죽음과 부활 사건이 발생하기 전에는 온전히 깨달을 수 없는 일이었습니다. 그래서 예수님은 제자들에게 인자가 죽은 후에 다시 살아나기 전에는 아무에게도 알리지 말라는 함구령을 내렸습니다.

예수님의 죽음과 부활은 제자들에게 메시아관에 대한 패러다임(paradigm, 틀)이 완전히 바뀌는 사건이 될 것이었습니다. 예수님의 진정한 메시아 신분과 구원 사역의 의미는 예수님의 십자가 죽음과 부활 사건이 발생한 후에 뒤를 돌아보고 비로소 확실하게 깨달을 수 있는 일이었습니다. 그럼 제자들이 나중에 깨달은 것이 무엇입니까? 아주 깊고 많은 것들을 깨달았겠지만 몇 가지만 열거해 봅니다.

• 그들은 메시아가 십자가 죽음을 통해 죄를 대속하시고 다시 살아나심으로써 사망을 정복하고 승리의 메시아가 되신 것을 깨달았습니다.
• 그들은 부활하신 메시아를 직접 만나본 후에 비로소 예수님이 하나님의 아들로서 신적 근원을 가지신 분임을 확신하게 되었습니다.
• 그들은 메시아가 세상 질서에 속한 왕국을 세우시는 분이 아님을 깨달았습니다. 예수님은 그를 대속주로 믿고 자기 십자가를 지고 따르는 제자들로 형성된 영적이고 영원한 하나님의 나라를 세우시는 분이었습니다.
• 그들은 하나님께서 하늘과 땅의 모든 권세를 예수님에게 주셨다는 것과(마 28:18~20) 부활 이후로 하나님 우편에서 예수님이 온 세상을 다스린다는 사실을 알았습니다(막 16:19).
• 그들은 고난의 메시아가 능력과 영광의 메시아가 되심을 확신하였습니다.
• 그들은 약속된 성령을 받아 예수님을 위한 복음의 증인이 되었음을 깨달았습니다(행 1:8; 2:1~4).

메시아의 숙명

어떤 신학자는 메시아는 단순히 주어진 타이틀이 아니고 성취시켜야 하는 숙명이라고 말하였습니다. 예수님이 제자들에게 "인자가 죽은 자 가운데서 살아날 때까지는 본 것을 아무에게도 이르지 말라"(9:9)고 하신 말씀에서 예수님이 자신의 메시아직을 어떻게 생각하셨는지를 알 수 있습니다. 예수님은 분명 자신의 메시아직이 인자의 죽음과 부활에 직결된 숙명으로 보셨습니다.

'숙명'이라고 하면 '정해진 운명'이란 뜻입니다. 부정적인 의미로 사용되기 때문에 오해할 수 있지만 불가피하게 일어날 어떤 이벤트를 가리킵니다. 그런데 예수님의 숙명은 하나님께서 정하신 길이지만 그 목적지에 닿는 것은 예수님이 달성하셔야 하는 소명이었습니다. 이런 의미에서 예수님은 자신의 메시아직이 십자가 죽음과 부활로 성취되어야 하는 불가피하고 필수적인 사건으로 보시고 자원하여 순종하셨습니다. 예수님이 자신의 소명을 숙명으로 보셨다는 증거는 여러 군데에서 발견할 수 있습니다.

인자가 반드시 많은 고난을 받고, 장로들과 대제사장들과 율법학자들에게 배척을 받아, 죽임을 당하고 나서 , 사흘 후에 살아나야 한다(막 8:3, 새번역)

The Son of Man must suffer many things. (Mk, 8:13, ESV, NIV)

오늘과 내일은 내가 귀신을 쫓아내며 병을 고치다가 제 삼일에는 완전하여지리라 하라 그러나 오늘과 내일과 모레는 내가 갈 길을 가야 하리니 (눅 13:32~33).

예수님은 하나님이 정해주신 코스를 마치는 일은 반드시 이뤄져야 하는 필요 불가결한 사건으로 보셨습니다. 그 까닭은 인류의 구원을 위해서 죄의 문제가 해결되려면 십자가 대속이 반드시 필요한 하나님의 구원 계획이었기 때문입니다. 예수님의 부활도 그를 믿는 자들이 새 생명으로 하나님과의 영생을 누리기 위해 반드시 발생해야 할 사건이었습니다.

그러니까 예수님의 죽음과 부활이 실제로 일어날 때까지는 아무도 예수님의 메시아직의 참뜻을 헤아릴 수 없었습니다. 예수님은 이 사건이 속히 일어나기를 학수고대하시면서 기다리셨습니다.

나는 받을 세례가 있으니 그것이 이루어지기까지 나의 답답함이 어떠하겠느냐 (눅 12:50).

여기서 예수님이 받으실 세례는 십자가 죽음을 가리킵니다. 예수님은 자신이 달려갈 결정적 코스에 가까웠을 때 예루살렘을 향해 출발하셨습니다. 그때 제자들은 예수님의 꺾을 수 없는 의연한 결의를 보고 놀람과 두려움에 싸였습니다.

예루살렘으로 올라가는 길에 예수께서 그들 앞에 서서 가시는데 그들이 놀라고 따르는 자들은 두려워하더라(막 10:32).

이사야 선지자는 이때의 예수님의 모습을 "내 얼굴을 부싯돌 같이 굳게 하였다"(사 50:7)라고 표현하였습니다.

예수님은 마가를 통해 제자들이 가졌던 통속적인 메시아관의 패러다임을 완전히 뒤집고 메시아 되심의 참뜻을 자신의 십자가와 부활의 문맥에서 재정의하셨습니다. 변화산에서 제자들이 본 것은 예수님의 영광이었습니다. 그런데 누가복음에 보면 모세와 엘리야가 나타나서 예수님이 예루살렘에서 별세하실 것을 알렸다고 했습니다(눅 9:31). 그럼에도 제자들은 세 번에 걸친 수난 예고에도 불구하고 고난의 메시아 대신 영광의 메시아에 마음이 묶여 있었습니다. 이러한 제자들의 잘못된 메시아관에 전격적인 변화가 오려면 십자가에 매달린 메시아가 무엇을 의미하는지를 깨달아야 했습니다. 이 일은 예수님의 고난의 십자가와 부활 사건이 발생한 후에만 가능한 일이었습니다. 예수님이 고난을 통해 부활 영광에 이른다는 사실은 이벤트가 발생하기 전에는 불가사의였습니다. 예수님의 아이덴티티는 십자가 죽음과 부활 이벤트를 돌이켜보고 알게 되도록 짜인 하나님의 구원 프로그램이었습니다. 따라서 예수님은 자신의 아이덴티티가 영광의 메시아만 생각하는 제자들에 의해서 잘못 전달되고 오용되는 것을 막기 위해 자신의 죽음과 부활 이전에는 입을 닫고 있으라고 하셨습니다.

제자들은 예수님의 부활 이후에야 메시아의 비밀 모티프(secrecy motif)에 대한 모든 의문들을 풀게 되었습니다.

✽ 예수님은 인성으로 감추어진 하나님이셨다는 놀라운 사실을 알게 되었습니다. 그들은 예수님을 하나님으로 경배하기 시작하였습니다.

✽ 제자들은 예수님이 자신의 메시아직을 십자가 수난과 부활의 목표에 반드시 당도해야 하는 숙명이라고 믿고 끝까지 순종하여 하나님의 작정된 계획을 이루셨음을 알게 되었습니다. 예수님이 십자가에서 "다 이루었다"(요 19:39)고 선포하신 이유를 깨닫게 된 것입니다.

✽ 제자들은 십자가에 매달린 예수님은 무한히 연약해 보였지만 사실은 죄와 사탄을 이기는 승리의 메시아이심을 깨달았습니다. 예수님의 메시아직은 약함과 능력이 함께 연결되어 쌍 줄처럼 이어져 나가는 역설적 전개를 통해 부활 영광에 이르렀음을 알게 된 것이었습니다.

✽ 제자들은 "나를 따르라"는 첫 부름의 진정한 의미를 자신들의 삶에서 드러내었습니다. "죽을지언정 주를 부인하지 않겠나이다"(막 14:31)라고 입을 모아 약속했던 제자들의 헌신은 과연 순교의 피로 지켜졌습니

다(막 14:31).

그들은 예수님의 죽음과 부활 사건 이후에 비로소 참 제자가 되었습니다. 십자가와 부활이 그들의 능력이라는 것을 깨달았기 때문에 그들은 마침내 베드로의 말처럼 "주와 함께 옥에도, 죽는 데에도 가기를 각오"(눅 22:33)할 수 있었습니다.

이제 우리는 이 모든 사건이 발생한 이후의 시대에 살고 있습니다. 제자들의 잘못이 무엇이었는지도 압니다. 그리고 그들이 어떻게 회복되고 어떻게 주님을 섬겼는지도 압니다. 그렇다면 우리에게 주는 교훈이 무엇인지를 스스로 생각해 보아야 하겠습니다. 우리의 구원을 위해 고난의 숙명을 받아들이고 오직 하나님의 작정된 뜻이 이루어질 것을 믿고 전적으로 헌신하신 주님께 영원한 감사와 찬양을 올려야 하겠습니다.

42
제자들의 불신
마가복음 9:14~29

귀신이 어디서든지 그를 잡으면 거꾸러져 거품을 흘리며 이를 갈며 그리고 파리해지는지라 내가 선생님의 제자들에게 내쫓아 달라 하였으나 그들이 능히 하지 못하더이다 (막 9:18).

마가복음 독자들은 로마의 교인들이었습니다. 그들은 박해 아래 있었습니다. 예수님이 십자가에서 처형되시고 승천하신 지 얼마 되지 않아 로마 교인들은 그리스도를 주님으로 받들었기 때문에 심한 박해를 당하였습니다. 그들은 막강한 로마 황제의 핍박에 대항할 수 없다는 무력감에 빠졌습니다. 소규모의 그리스도인들이 로마 제국의 수도에서 그리스도에 대한 믿음을 지키며 살기에는 너무도 힘들었습니다.

마가복음은 이러한 로마 교인들의 문제를 염두에 두고 집필되었습니다. 그래서 목회적입니다. 어려움에 처한 교회를 진단하고 처방을 주면서 격려하는 것이 마가복음의 주안점입니다. 본문의 말씀도 이와 동일한 맥락에서 진술되고 있습니다.

산정 체험과 평지 체험

본문은 예수님의 제자들이 갖는 두 가지 체험들을 기술합니다. 하나는 산정 체험이고 다른 하나는 평지 체험입니다. 산정에서는 제자들이 주님의 영광스러운 모습에 도취되었고, 평지에서는 제자들이 축귀 사역에 실패하여 서기관들의 멸시를 받습니다. 열두 사도들은 교회를 대표합니다. 로마 교회는 산정의 화려한 체험을 소유했지만 평지의 절박한 상황에 직면하자 무기력하였습니다. 그들은 세상의 조롱거리가 되었고 유약하기 짝이 없었습니다.

오늘날의 교회도 이런 처지에 빠질 수 있습니다. 특히 우리나라 교회는 과거에 산정 체험을 많이 하였으며 예수 그리스도를 따르는 제자들로 가득 찼다고 세상에 널리 알려져 있습니다. 그러나 요즘의 우리나라 교회는 세상으로부터 멸시의 눈총을 받습니다. 그 까닭은 교회가 평지의 현실에서 어둠의 세력을 꺾을 수 있는 능력을 발휘하지 못하기 때문입니다.

신자들에게는 양 측면의 체험이 있습니다. 높은 산의 체험이 있고 낮은 평지의 체험이 있습니다. 정상이 있고 계곡이 있듯이, 신자들의 삶에도 변화산의 영광을 체험할 수 있는 산정이 있고 사탄이 맹렬한 공격을 퍼붓는 골짜기가 있습니다. 유감스럽게도 예수님의 열두 제자들은 계곡의 체험에서 모두 실패하였습니다. 그 결과가 무엇입니까? 사람들로부터 조롱과 무시를 받았습니다. 서기관들은 제자들의 실패를 놓고 논쟁을 하였고(14절) 귀신 들린 아이의 아버지는 제자들의 무능을 지적하며 예수님의 능력까지 의심하였습니다(22절).

제자들의 축귀 실패의 세 가지 원인

첫째, 심리적인 원인입니다.

예수님은 세 명의 제자들만 따로 데리고 변화산으로 등정하셨습니다. 베드로와 야고보와 요한이 다른 아홉 명의 제자들을 제치고 특채가 된 셈이었습니다.

사람들은 대체로 남이 잘되는 것을 그리 달가워하지 않습니다. 특히 이해관계가 있는 상대방이 나보다 월등하면 속이 불편해집니다. 아홉 명의 제자들은 산 밑에 남아서 예수님과 함께 산정으로 올라가는 세 명의 특선 제자들을 부러워했을 것입니다. 그런데 그들이 일단 시야에서 사라지자 나머지 아홉 명의 제자들 사이에서 시기와 암투가 일어났습니다.

이 사실은 본문에 이어 묘사된 제자들 사이의 갈등에서 확인될 수 있습니다. 예수님은 변화산에서 내려오신 후 가버나움에 이르러 제자들에게 이런 질문을 던지셨습니다. "너희가 길에서 서로 토론한 것이 무엇이냐?" 제자들은 아무런 대꾸를 하지 못하였습니다. 그 까닭은 그들이 "길에서 서로 누가 크냐 하고 쟁론"(막 9:33,34)했기 때문이었습니다. 제자들의 이 같은 싸움은 변화산 등정을 위해 특별히 선발되었던 세 명의 제자들에 대한 안 좋은 감정과 산 밑에서 있었던 어떤 귀신 들린 아이에 대한 축귀 실패와 밀접한 관계가 있습니다.

산정으로 올라갔던 세 명의 제자들은 자신들이 다른 아홉 명의 제자들보다 훨씬 낫다고 여겼을 테고 나머지 제자들은 예수님이 차별 대우를 하신다고 못마땅해하며 베드로, 야고보, 요한을 미워했을 것입니다. 그렇다고 아홉 명의 제자들이 서로 화합해서 주님이 그들에게 맡기신 평지에서의 사역을 잘 처리한 것도 아니었습니다. 그들은 귀신 들린 한 간질병 아이를 고칠 수 없었습니다. 그들에게는 영적 능력이 없었고 서기관들에게 보여 줄 수 있는 믿음의 증거가 없었습니다. 간질병 아이의 아버지가 진술한 사건 경위는 제자들의 무능력에 대한 거의 경멸에 가까운 평가입니다.

내가 선생님의 제자들에게 내쫓아 달라 하였으나 그들이 능히 하지 못하더이다 (18절).

우리는 아홉 명의 제자들이 귀신 들린 한 아이를 놓고 어떤 경쟁을 벌였을지 쉽게 짐작할 수 있습니다. 그들은 제자들 중에서 이미 두각을 드러낸 베드로, 야고보, 요한이 없으니 이때 생색을 내어보고 싶었을 것입니다. 게다가 많은 사람이 모여 있었으므로 제자들의 시위 의식은 더 고조됐을 것입니다.

아홉 명의 제자들은 서로 앞을 다투어 귀신 들린 아이를 고치겠다고 장담했을 것입니다. 누군가 "내가 축귀할 수 있어!" 하고 나서면 다른 제자가 막아서서 "아니야, 내가 해야 돼!" 라고 했을 것이고 또 다른 제자가 질세라 "저번엔 네가 했으니 이번에 내 차례. 순서대로 하자" 라고 주장했을 것입니다. 결국 "누가 크냐"(34절)는 다툼으로 옥신각신하다가 아무도 병든 아이를 고치지 못하였습니다. 그런 몰골을 목격한 무리가 제자들을 업신여겼을 것은 너무도 당연합니다.

제자들은 귀신 들린 가련한 아이 하나를 놓고 이기적인 암투와 경쟁욕에 빠졌습니다. 이러한 작태에 대한 서술이 "그들이 잠잠하니 이는 길에서 서로 누가 크냐 하고 쟁론하였음이라"(34절)는 말속에 드러나 있습니다.

제자들 사이의 질시와 경쟁은 그릇된 수법을 동원하고 하나님의 선한 뜻과 인도를 분별하지 못하게 합니다. 예수님의 제자들이 하나같이 축귀에 실패한 까닭은 그들의 마음 자세가 비뚤어졌었고 섬기는 자로서의 낮은 자세가 없었기 때문이었습니다(참조. 마 19:19,20).

영적 능력은 언제나 하나님으로부터 옵니다. 사람을 변화시키고 그리스도의 발아래 복종하게 하며 성령의 새 힘으로 살아가게 하는 원동력은 하나님 자신입니다. 그러므로 어그러진 동기를 지니고 인간의 그릇된 방법과 열심으로 하나님의 일을 하면 비록 많은 무리가 모여 있더라도 그들 속에서 영적 능력이 솟아오르지 않습니다.

제자들이 귀신 들렸던 간질병 환자를 고칠 수 없었던 까닭은 그들이 예수의 이름을 내세우고 축귀를 하지 않아서가 아니고 예수의 이름을 부르기에 합당한 믿음의 자태를 내던졌기 때문이었습니다. 그들은 외적으로는 사도들이었지만 내적으로는 사도로서의 영력이 없었습니다.

번듯한 목회자의 경력을 내세우고 외친다고 해서 죄인들이 하나님께로 돌아서고 이 세상이 교회를 우러러보는 것이 아닙니다. 악의 세력을 제압하고 승리하는 하나님의 신령한 능력이 나타나지 않으면 아무도 예수님의 제자들을 존경하지 않습니다.

세상은 교회와 상관이 없는 듯하여도 교회가 신령한 능력을 지닌 곳인지 아닌지를 알아보는 눈을 지니고 있습니다. 그리고 세상은 그 사실을 드러내어 말하기를 조금도 주저하지 않습니다. 귀신 들린 아이의 아버지는 예수께 "그들이 능히 하지 못하더이다"(18절)라고 일렀습니다.

그런데 이 말은 사적으로 조용히 예수님께 드린 말씀이 아니었습니다. "큰 무리가 그들을 둘러싸고 서기관들이 그들과 더불어 변론"(14절)하는 때에 대놓고 지적한 말이었습니다. 누구 때문입니까? 제자들 때문이었습니다. 교회가 세상으로부터 멸시를 당하는 것은 재정적이거나 윤리적인 탈선만이 아니고 교회 내에서 서로 시기하고 미워하기 때문인 경우도 많습니다. 성경은 교회가 이런 일로 불필요한 고난을 받거나 욕을 먹어서는 안 된다고 권고합니다(벧전 4:15).

둘째, 어제의 성공에 의존했기 때문입니다.

제자들은 예수님의 초기 사역 때부터 축귀와 치유의 능력을 부여받았습니다(막 6:7).

제자들이 나가서 회개하라 전파하고 많은 귀신을 쫓아내며 많은 병자에게 기름을 발라 고치더라 (막 6:13) .

이것은 제자들이 체험한 놀라운 능력이었습니다. 무명의 인물들이 "

더러운 귀신을 제어하는 권능"(막 6:7)을 지니고 병자들을 거뜬히 낫게 하는 일은 결코 평범한 사역이 아니었습니다. 그들은 처음에는 자신들의 사역 능력에 감탄하며 신기하게 여겼을 것입니다. 흔히 그렇듯이 그들은 인기가 높았을 것이고 점차 능력의 원천이신 하나님으로부터 자신들에게로 시선이 옮겨졌을 것입니다. 그들은 어느새 '내가 안수하면 병이 낫고, 내가 기도하면 귀신이 나간다'는 식의 과신과 자만에 빠졌을 것은 쉽게 짐작할 수 있습니다. 예수께서 무리를 향해 "믿음이 없는 세대"라고 한탄하시고 "기도 외에 다른 것으로는 이런 종류가 나갈 수 없느니라"(막 9:19, 29)고 지적한 것은 하나님께 대한 지속적인 신뢰와 믿음의 기도가 결여된 제자들의 영적 상태를 찌른 견책이었습니다.

과거의 영적 승리나 사역의 성공은 오늘에 맡겨진 새로운 사역을 믿음으로 수행하는 데 올무가 되기 쉽습니다. 어제의 성공이 오늘의 축귀를 보장해 주지 않습니다. 어제의 믿음이 오늘의 위기를 돌파하는데 자동으로 이월되지 않습니다. 성공은 인간을 겸손하게 하기보다는 교만하게 하는데 더 큰 힘을 발휘합니다.

예수님의 제자들은 어제의 성공으로 자아는 부풀었지만 믿음은 꺼져 버렸습니다. 그들은 하나님의 일을 하면서 자신들을 내세웠고 서로 누가 크냐고 다투었습니다. '내가 하면 된다'는 제자들의 자신감은 그들이 '아무것도 할 수 없다'는 경멸적인 평가를 받게 하였습니다. 악의 세력을 제어하기 위한 능력은 하나님을 겸허한 자세로 꾸준히 날마다 신뢰할 때 생깁니다. 원숭이가 나무에서 떨어진다는 속담처럼, 제자들은 축귀의 은사를 받았지만 그들이 떨어진 곳은 축귀 사역의 현장이었습니다.

셋째, 축귀 사역을 위한 사전 준비가 없었습니다.
하나님이 주신 모든 신령한 선물들은 하나님 자신을 날마다 신뢰하는 지속적인 믿음의 기도가 없을 때 무용지물이 되어 버립니다. 29절에서 기도 외에 다른 것으로는 이런 종류가 나갈 수 없느니라고 한 것은 강력한 악의 세력을 만났을 때 더욱 큰 믿음과 준비된 기도가 있어야 한다는 말씀입니다. 예수님의 변화산 등정의 목적은 기도하기 위해서였습니다 (눅 9:28). 예수님은 평지에서 귀신 들린 아이를 만나기 전에 산정에서 미리 충분히 기도로 준비하셨습니다. 주님은 항상 성령의 인도와 능력을 받기 위해 하늘 아버지께 기도하셨습니다(눅 3:21; 4:16; 6:12; 22:41, 46; 막 1:35; 6:46). 그러므로 예수님의 명령에 귀신이 즉시 복종할 수 있었던 것은 예수님의 충분한 기도가 선행되었기 때문이었습니다.

반면, 제자들은 변화산에서도 자고 있었습니다(눅 9:32). 겟세마네 동산에서도 제자들은 깊이 잠들었습니다. 그들이 귀신에게 권위 있는 명령을 내릴 수 없었고 귀신이 그들의 명령에 복종하지 않은 것은 놀랄 일이 아닙니다.

산정에서 계곡으로 내려오시는 주님

예수님은 산정에 계셨지만 평지의 제자들을 잊지 않으셨습니다. 산정에서는 예수님의 영광이 찬란하게 드러났어도 기꺼이 하산하셨습니다. 예수님은 변화산에서 내려오신 후 곧장 평지의 제자들에게로 가셨습니다. 그런데 주님이 어떤 형편에 처했던 제자들에게 가셨느냐가 중요합니다. 제자들은 축귀에 실패하였고 서기관들과 구경꾼들의 조롱거리가 됐습니다. 그들은 기적과 치유의 왕이신 예수님의 제자들이었지만 능력을 전혀 발휘하지 못한 채 많은 무리로부터 망신만 당하고 있었습니다.

제자들은 절박한 처지에 놓여 있었습니다. 예수께서 제자들에게 오신 때는 그들의 권위가 실추되고 백방이 무효한 때였습니다. 서기관들의 비난이 제자들에게 비 오듯 퍼부어지고 귀신들이 의기양양하며 무리가 크게 실망한 때에 주께서 제자들에게 오셨습니다. 주께서는 높은 산 위에만 따로 계신 분이 아닙니다. 주님은 낮고 낮은 이 세상에 육신의 모양으로 오셨습니다. 주님은 하늘 아버지의 완벽한 형상이며 창조의 대행자이시며 만물을 주관하시는 만왕의 왕이십니다(골 1:15~17). 그럼에도 예수님은 변화산의 영광 가운데 머무시지 않고 곤경에 빠진 산 아래의 제자들에게 돌아오셨습니다. 주님은 어쩌면 제자들이 주님의 임재와 능력을 더욱 신뢰하고 사모하도록 잠시 자리를 비우셨는지도 모릅니다. 주께서는 때때로 우리를 두시고 '높은 산'으로 올라가십니다. 그러나 우리를 내버려 두시는 것이 아니고 우리가 주님의 임재와 능력을 가장 필요로 할 때 다시 오시기 위해 잠시 떠나실 뿐입니다(막 6:47~51).

누가복음 9장 38절에 의하면 귀신 들렸던 아이는 외아들이었습니다. 예수님은 41절에서 그 외아들을 데리고 오라고 하셨고 다음 절에서는 그 아이를 고친 후에 그의 아버지에게 돌려주셨습니다(42절). 그런데 귀신 들렸던 아이의 아버지는 주님이 오셨을 때 무엇을 하실 수 있거든 우리를 불쌍히 여기사 도와주옵소서(막 9:22)라고 부탁하였습니다. 그의 말은 회의적이었습니다. 그는 주님의 꾸중을 받고서야 나의 믿음 없는 것을 도와주소서(막 9:24)라고 외쳤습니다.

우리는 병든 외아들을 하나님께 드리기를 꺼립니다. 심한 경련을 일으키며 물불을 가리지 않고 아무 데나 뛰어드는 나의 외아들을 과연 하나님이 고쳐주실 수 있을지 의문스럽습니다(22절). 하지만 처참한 모습의 외아들을 주께 내어드리는 것은 주님께 대한 나의 신뢰의 표현입니다. 나에게도 어쩌면 병든 외아들이 있을지 모릅니다. 나의 병든 외아들을 주님께 넘겨드리십시오. 주님은 고통과 실패의 현장에서 우리를 기다리십니다. 주님은 네 아들을 이리로 데리고 오라(눅 9:41)고 하십니다. 귀신 들렸던 아이의 아버지가 자기 외아들을 믿음과 신뢰로 주께 넘겨 드렸을 때 어떤 일이 일어났습니까?

예수께서 더러운 귀신을 꾸짖으시고 아이를 낫게 하사 그 아버지에게 도로 주시니 (눅 9:42) .

나의 병든 외아들을 주님의 손에 넘겨 드리면 건강한 아이로 다시 돌려받습니다. 그때 우리는 높은 산정에서 낮은 곳으로 임하신 주님의 깊은 사랑을 체험합니다.

43
제자들의 악습
마가복음 9:30~50

가버나움에 이르러 집에 계실새 제자들에게 물으시되 너희가 길에서 서
로 토론한 것이 무엇이냐 하시되 그들이 잠잠하니 이는 길에서 서로 누가
크냐 하고 쟁론하였음이라 (막 9:33-34) .

　제자들은 예수님으로부터 두 번씩이나 십자가 수난 예고를 듣고도 가
버나움으로 돌아가는 길에서 서로 누가 크냐 하고 다투었습니다(9:30~34).
그들은 자기들끼리 키재기를 하다가 이제는 외부 사람들이 자기들의 사
역 영역을 넘나든다고 불평하였습니다. 경쟁주의와 배타주의는 십자가
고난을 받기 위해 골고다로 향하시는 예수님의 제자들에게는 전혀 어울
리지 않는 일입니다. 이것은 매우 부끄러운 일이지만 성경은 제자들의 치
부를 가리지 않고 노출시킵니다.

　마가는 사도 요한 이외에도 다른 제자들의 실수와 죄악들을 사실 그
대로 기록하였습니다. 예컨대 그는 베드로가 예수님을 세 번씩 부인했던
사실을 공개적으로 밝혔습니다. 사건의 주인공들이 대부분 살아 있었음
에도 마가는 솔직하게 초대 교회의 '기둥'(갈 2:9)들이 가졌던 실수와 잘못
을 지적하였습니다.

그런데 그러한 사도들의 실책에 관한 정보가 대부분 사도들 자신의 입에서 실토되었을 가능성이 높습니다. 비근한 예로써 마가는 바나바의 사촌이었고(골 4:10, 새번역) 베드로와 함께 사역했으며(벧전 5:13; 비교. 행 12:12) 바울과 바나바의 선교 활동에 동참했습니다(행 13:5; 15:36~41; 몬 1:24; 딤후 4:11). 그러므로 그가 쓴 복음서의 원자료들은 거의가 사도들 자신의 증언에 근거했을 것입니다.

성경은 죄를 드러내고 재 헌신의 기회가 되게 합니다.

일반적으로 제자는 스승의 이름에 누(累)가 되는 것들은 드러내기를 주저합니다. 그러나 성경은 그 같은 인간적인 사정들을 고려해서 집필된 책이 아닙니다. 성경은 하나님께서 교회에 반드시 필요하다고 여기신 내용들을 성령의 감동으로 생생히 기록하게 한 경전입니다(계 22:16). 성경은 누구에게도 편파적인 평가를 내리지 않습니다. 성경은 세상에서 가장 정직하고 정확하여 전적으로 신뢰할 수 있습니다.

마가는 사도들의 권위나 체면을 생각하고 복음서를 기술하지 않았습니다. 그것은 하나님의 일을 생각지 아니하고 도리어 사람의 일을 생각(8:33) 하는 행위이기 때문입니다. 사도 요한이나 사도 베드로는 자신들의 어리석은 행위가 적나라하게 기록된 복음서를 많은 사람들이 읽는다는 사실을 잘 알았을 것입니다. 그럼에도 담대하게 복음서에 담긴 구원의 메시지를 전파하였습니다. 이것은 그들이 더는 자신들의 명예나 체면을 생각하지 않고 '하나님의 일'을 우선시했다는 증거입니다. '사람의 일'을 생각했던 시절의 어리석음이 얼마나 큰 것이었는지를 그들은 뼈저리게 깨달았던 자들이었습니다.

하나님은 사도들의 육적인 삶의 진상들을 노출시켰습니다. 그리고 '하나님의 일'로 전향한 사도들이 어떤 영적 복들을 받게 됐는지를 교회에 알리셨습니다. 이것이 복음입니다. 하나님은 우리의 죄악을 미화(美化)시키지 않습니다. 오히려 죄의 실체를 들추어내십니다. 그러나 거기서 그치지 않습니다. 하나님은 한 손으로는 우리의 어리석음과 과오를 지적하시되 다른 한 손으로는 십자가의 용서와 부활의 새 생명을 가리키십니다. 하나님은 죄악을 노출시키면서 동시에 죄인들을 성화시킵니다.

본문이 우리에게 가르치려고 하는 교훈은 다른 것이 아닙니다. 제자들끼리 서로 경쟁하고 배척하는 일은 '사람의 일을 생각'하는 악행이지만 "마음을 같이 하여 동정하며 형제를 사랑하며 불쌍히 여기며 겸손"(벧전 3:8)한 것은 '하나님의 일'이라는 것입니다. 베드로는 한 때 '사람의 일'을 생각했던 제자였지만 회개하고 이 같은 교훈을 교회에 남겼습니다.

큰 자와 작은 자의 모델

예수께서 앉으사 열두 제자를 불러서 이르시되 누구든지 첫째가 되고자 하면 뭇사람의 끝이 되며 뭇사람을 섬기는 자가 되어야 하리라 (35절).

예수님은 열두 제자를 불러놓고 "서로 누가 크냐"는 문제에 대한 교훈을 주셨습니다. 예수님이 제시한 원칙은 첫째가 될 수 있는 방법론이 아닙니다. 첫째가 되려는 목적에서 뭇사람의 끝이 되고 뭇사람을 섬기는 자가 되어야 한다는 말씀이 아닙니다. 이것은 하나님 나라의 삶이 어떻게 이루어지는지에 대한 설명입니다.

하나님 나라에는 첫째가 없습니다. 엄밀한 의미에서 끝번도 없습니다. 모두 다 섬기는 자들이기 때문입니다. 이런 뜻에서 하늘 시민들은 누구나 첫번이고 누구나 끝번입니다. 그런데 하나님 나라에서는 누구도 첫째가 되고 싶은 동기에서 끝자리를 차지하고 종노릇을 하는 자가 없습니다. 열두 제자의 잘못은 이러한 하늘 시민의 생활 원리를 깨닫지 못한 것이었습니다. 그들은 하나님 나라에 없는 것을 원하였습니다. 그것은 첫째가 되는 것이었습니다. 그들은 섬김을 받고 싶었습니다. 세상 원리에서는 섬김을 받는 자가 첫째이며 큰 자입니다. 그러나 하나님 나라에서는 작은 자가 큰 자며(눅 9:48), 첫째가 섬기는 자입니다. 그렇다면 제자들의 관심은 "누가 크냐"에 쏠릴 수 없습니다. 그것은 하나님 나라에 없는 주제입니다.

예수님은 제자들 앞에 어린아이 하나를 데려다가 그들 가운데 세우셨습니다(36절). 생각해 보십시오. 어른들 앞에 혼자 서 있는 어린아이의 존재가 무엇입니까? 그 아이에게 무슨 권위가 있으며 무슨 잘난 것이 있겠습니까? 어른들이 둘러친 곳에 가만히 서 있는 한 작은 아이에게 무슨 시기심과 경쟁심이 있겠습니까? 그 아이가 어찌 출세를 원해서 열심을 부리고, 대접을 받기 위해 첫째 자리를 노리며, 인기나 명예를 위해 동분서주하겠습니까? 그런 것들은 모두 어른들이 하는 짓이 아닙니까!

주님은 어른들을 가르치기 위해 어린아이를 실물 교재로 사용하셨습니다. 아이들이 어른들에게 배우는 것이 아니라 어른들이 오히려 아이들로부터 배워야 했습니다. 어린아이들은 어른들 앞에서 자기를 내세우지 않습니다. 그들은 어른들에게 의존합니다.

하나님의 백성은 결코 하늘 아버지 앞에서 자기를 내세우는 법이 없습니다. 그들은 모두 하나님에게 의존합니다. 주님은 그런 자들을 돕는 자들은 상을 받지만, 실족하게 하는 자들은 큰 벌을 받는다고 경고하셨습니다(9:41~50).

예수님은 십자가 수난에 대한 첫 번째 예고를 하실 때 "누구든지 나를 따라오려거든 자기를 부인하고 자기 십자가를 지고 나를 따를 것이니라"(8:34)고 하셨습니다. 열두 제자는 십자가 수난의 길을 걸어가시는 예수님을 따르는 길에서 "서로 누가 크냐"고 다투었습니다. 그렇지만 십자가는 고개를 숙여야만 지고 갈 수 있습니다. 십자가는 땅바닥을 바라보며 지고 가는 것입니다. 십자가를 지고 앞서가겠다고 달리는 자는 아무도 없습니다. 십자가 길에서는 키재기도 없고 배타주의도 없습니다. 오직 예수님이 지고 가신 겸비한 섬김과 희생의 십자가만이 각자의 어깨 위에 놓여 있습니다.

울타리 사상

> 요한이 예수께 여짜오되 선생님 우리를 따르지 않는 어떤 자가 주의 이름으로 귀신을 내쫓는 것을 우리가 보고 우리를 따르지 아니하므로 금하였나이다 (9:38).

본 구절에서 '우리'라는 말이 여러 번 반복되고 있음을 주목하십시오. 요한은 어떤 자가 '우리'를 따르지 않기 때문에 그 사람의 축귀 사역을 금하였다고 예수께 일렀습니다. 예수님의 제자들에게는 하나님의 일보다 '우리' 일이 더 중요했습니다. 그들은 '우리'라는 울타리를 둘러치고 그 안에 안 들어오면 모두 배척하였습니다. 울타리 안에 있는 것들을 보호하려면 두 가지 방법이 있습니다. 하나는 외부와의 관계를 끊는 폐쇄주의이고 다른 하나는 울타리를 넓혀 외부의 것들을 자기 울타리 속으로 끌어넣는 확장주의입니다. 제자들은 후자의 노선을 택하였습니다. 그들은 '어떤 자'의 축귀 사역을 보고 울타리를 넓혀 줄 테니 들어오라고 권하였습니다. 제자들은 지금까지 자기들만이 예수님의 이름으로 축귀를 한다고 생각했습니다.

그런데 어느 날 어떤 모르는 사람이 예수의 이름으로 귀신을 쫓아내고 있었습니다. 사도들은 자신들의 축귀 사역을 예수님으로부터 받은 고유한 특권으로 간주했습니다(막 6:7, 13). 그러나 축귀 능력이 자기들만 행할 수 있는 은사가 아니라는 사실 앞에서 그들은 무척 당황했습니다. 그것은 열두 사도들이라는 인기주의 가치를 하락시키는 요인이었기 때문입니다.

그런데 열두 제자가 '어떤 자'의 성공적인 축귀 사역을 목격하고 위기의식을 느꼈던 또 하나의 이유가 있었습니다. 38절에서 요한은 어떤 자가 주의 이름으로 귀신을 내어쫓는 것을 우리가 보았다고 예수께 증언하였습니다. 이 대목은 앞서 있었던 제자들의 축귀 실패와 연관된 매우 시사적인 발언입니다. 9장18절에서 벙어리 귀신 들린 아이의 아버지가 예수께 무엇이라고 증언했습니까? 내가 선생님의 제자들에게 내쫓아 달라 하였으나 그들이 능히 하지 못하더이다. 그리고 나중에 제자들이 무엇이라고 예수께 물었습니까?

> 집에 들어가시매 제자들이 조용히 묻자오되 우리는 어찌하여 능히 그 귀신을 쫓아내지 못하였나이까 (28절) .

그러니까 열두 제자의 축귀 실패는 타인과 자신들이 모두 인정하는 것이었습니다. 제자들에게는 이제 축귀 능력이 없었습니다. 그럼에도 그들은 다른 능력 있는 축귀사(逐鬼師)에 대해 기득권을 행사하고 독점권을 내세웠습니다. 열두 사도들은 그 '어떤 자'에게 주님의 이름으로 축귀를 하려면 우리 울타리 속으로 들어오든지 싫으면 축귀 사역을 중단해야 한다고 막았습니다. 제자들이 '어떤 자'의 사역을 방해한 까닭이 무엇입니까? 한 마디로 '사람의 일'을 생각했기 때문입니다. 권위 의식과 독점주의 때문에 열두 제자는 '어떤 자'의 능력 있는 사역을 금지시켰습니다. 그들이 다른 제자의 신령한 구원 사역에 대해 월권을 한 것이었습니다. 그 '어떤 자'는 주님의 이름으로 귀신을 내쫓았습니다. 그의 사역의 진정성은 의심의 여지가 없습니다. 그럼에도 불구하고 열두 제자는 그 사람의 사역을 저지시켰습니다.

오늘날에도 이런 월권과 배타주의를 교회에서 자주 볼 수 있습니다. 예컨대 목회자가 교인들의 의사를 묵살하거나, 특권층의 대접을 당연시하며 교회 위에 군림하거나 혹은 교회 내에 계급 체제를 형성하여 회중을 통제하고 명령하는 따위의 일들이 모두 월권입니다. 신약 시대에도 그랬거니와 오늘날에도 특수 그룹의 독점권은 인정할 수 없습니다. '그 어떤 자'도 동일한 축귀 능력을 받고 주님의 이름으로 얼마든지 자신의 은사를 활용하며 사역할 권리가 있습니다. '그 어떤 자'가 어떤 교단의 전통이나 교회의 관례에서 벗어났다 할지라도 그런 것들은 이차적인 문제입니다. 건전한 객관적 표준에서 '그 어떤 자'를 판단하기보다는 특수 그룹의 이해관계나 어그러진 인간관계의 뒤틀린 악감에서 기인된 배타주의 정책은 '하나님의 일'이 아닌 '사람의 일'입니다.

'우리'라는 울타리 속에 소속되지 않았거나 '우리'가 인정할 수 없는 스타일의 사역이라고 해서 그 '어떤 자'의 진정한 은사나 봉사를 부당하다고 배척할 수 없습니다. 그것은 표준이 '우리'라는 울타리 속에 있기 때문입니다. 중요한 척도는 '우리 울타리' 속에 들어와 있느냐 않느냐가 아니고 그 '어떤 자'가 예수님에게 소속되어 그분의 교훈을 따르면서 그분의 능력으로 사역하느냐 않느냐는 것입니다.

하나님의 진리와 성령의 능력은 소수의 특권층이 아닌, 다수의 평민층을 위한 것입니다. 초대 교회에서도 열두 사도들만이 유일한 사역자들이 아니었습니다. 그들은 비록 유명했지만, 그들 못지않게 중요한 선교 사역을 일선에서 맡았던 바울과 바나바도 있었습니다. 바울 같은 사람은 하나님이 열두 사도들과 전혀 다른 방법으로 부르시고 훈련시켰습니다. 그러나 이러한 하나님의 주권적인 방법을 잘 깨닫지 못한 자들은 바울의 사도직을 인정하지 않고 그를 평생토록 괴롭혔습니다. 이것은 초대 교회의 얼룩으로 남아있습니다.

우리에게는 매우 좋지 못한 악습이 하나 있습니다. 즉, 내가 못하는 것을 다른 형제가 해내면 그를 시기하고 배척합니다. 그 '어떤 자'가 열두 제자가 못하는 축귀를 해버렸기 때문에 그들은 배가 아팠습니다. '우리'

에게만 주어졌다고 생각하고 그 특권을 귀히 여기며 하나님께 감사하면서 열심히 봉사하다가도 그 '어떤 자'가 나타나서 꼭 같은 일을 하게 되면 당황하고 싫어하는 것이 우리의 심보입니다. 더구나 내게서 떠나버린 축귀의 능력이 어떤 다른 사람의 사역에서 드러나면 그것을 통제하려고 애쓰며 불만을 내뿜습니다.

대부분의 우리는 세례 요한의 기쁨이 무엇인지 잘 모르는 듯합니다. 그는 예수님의 인기가 상승한다는 보고를 듣고 "그는 흥하여야 하겠고 나는 쇠하여야 하리라"(요 3:30)는 유명한 말을 남겼습니다. 다른 성도나 교회가 흥하는 것을 보고 즐거워할 수 있는 기쁨은 크고 드높은 차원의 영적 기쁨입니다. 내가 비록 아름다운 신부를 맞이하지 못하더라도 그 신부를 취하는 신랑의 복을 보고서 기뻐할 수 있다면 그는 '사람의 일을 생각'하는 자가 아니요 '하나님의 일을 생각'하는 훌륭한 성도입니다. 세례 요한은 "나는 이러한 기쁨이 충만하였노라"라고 고백했습니다(요 3:29). 우리는 이 같은 기쁨을 얼마나 누리면서 살고 있습니까?

사도 요한이 어떤 모르는 사람이 축귀를 행하고 사도들을 따르지 않아서 금했다고 했을 때 주께서 어떻게 응답하셨습니까? "금하지 말라"라고 하셨습니다(39절). 주님은 그 '어떤 자'(38절)를 변호하고 보호해 주셨습니다. 어째서입니까? 열두 제자의 권익을 무시하셨기 때문이겠습니까? 애당초 열두 제자에게 축귀의 능력을 주셨던 분은 예수님이었습니다. 주님은 그들에게 주었던 사명을 취소하시지 않았습니다. 그런데도 그 '어떤 자'의 축귀 사역을 옹호하신 까닭은 주님 자신이 그에게 동일한 축귀의 능력을 부여하셨기 때문입니다.

이 세상에는 지금도 내가 만나보지 못한 진정한 하나님의 일꾼들이 활동하고 있습니다. '우리'라는 울타리 속에 들어오지 않고서도 주님의 이름으로 어둠의 세력들을 몰아내는 능력의 종들이 아직도 남아 있습니다. 하나님께서는 비상한 방법으로 사람을 찾아 기르시고 구원 사역의 역군들을 훈련시키십니다. 지금도 엘리야 선지자의 눈에 보이지 않는 칠천 명의 제자들이 주님의 이름으로 하나님 나라를 위해 준비 중입니다. 하나님의 교회는 이렇게 숨겨진 하나님의 사람들에 의해 강력한 능력을 발휘하며 전진하는 경우가 적지 않습니다. 만일 편협한 우리들의 울타리가 무너지고 배타주의와 독점주의를 극복한 세례 요한의 기쁨이 충만하다면 어떤 결과가 오겠습니까? 오늘의 교회는 복음의 능력을 훨씬 더 효과적으로 세상에 드러낼 수 있을 것입니다.

예수님의 제자들이 저질렀던 그릇된 행실들은 부끄럽고 유치한 경우가 많습니다. 그러나 그처럼 어리석고 못났던 제자들이 하나님의 무궁하신 은혜를 입고 새 사람이 되었습니다. 그들은 **사람의 일**만 생각하던 악습의 소유자들이었지만 **하나님의 일**을 위해 목숨까지 내놓는 참 제자들로 바뀌었습니다. 본 사건이 우리에게 보여주고 싶은 것은 제자들의 그릇된 행위 자체라기보다는 그들을 변화시키고 새롭게 꾸며가신 하나님의 능력과 사랑입니다. 그러기에 우리도 변화될 수 있습니다. 요한과 베드로가 남긴 교훈의 말씀들은 그들의 변화에 대한 확증이며 우리 자신들의 보다 나은 모습을 위한 훈훈한 격려입니다.

> 그의 형제를 미워하는 자는 어두운 가운데 있고 또 어두운 가운데 행하며 갈 곳을 알지 못하나니 이는 어두움이 그의 눈을 멀게 하였음이니라 (사도 요한)
>
> 다 서로 겸손으로 허리를 동이라 하나님이 교만한 자를 대적하시되 겸손한 자들에게는 은혜를 주시느니라 (사도 베드로)

44
이혼과 재혼
마가복음 10:1~12

> 창조 때로부터 사람을 남자와 여자로 지으셨으니 이러므로 사람이 그 부
> 모를 떠나서 그 둘이 한 몸이 될지니라 이러한즉 이제 둘이 아니요 한 몸
> 이니 그러므로 하나님이 짝지어 주신 것을 사람이 나누지 못할지니라 하
> 시더라 (막 10:6~9).

현대 사회의 한 병폐는 이혼입니다. 신자들 중에도 이혼한 사람들이
적지 않습니다. 이혼은 전통적인 사회에서는 금기시되었으나 점차 개인
의 인권이 확대되면서 이혼에 대한 사회적 인식에도 변화가 왔습니다. 특
히 개인의 자유로운 선택과 남녀 평등이 강조되는 현대 사회에서는 이혼
은 사회적 관습이나 종교적 교리로 결정될 사안이 아니라는 주장이 퍼지
고 있습니다.

그럼 크리스천의 이혼관은 어떤 것일까요? 신자는 세상의 가치관을
내세워 자신의 삶을 결정할 수 없습니다. 성경의 가르침이 우선이기 때문
입니다. 구약에서는 모세 율법에서 이혼과 재혼이 허락되는 이혼 증서 발
급 제도가 있었습니다. 신약에서는 예수님과 사도 바울이 이혼 문제를 다
루었고 기타 서신에서 결혼 윤리를 더러 언급하였습니다(벧전 3:1; 히 13:4).

바리새인들이 예수님을 시험하기 위해서 "사람이 아내를 버리는 것이 옳으니이까"(10:2)라고 질문했습니다. 그들은 1세기 당시에 유행했던 이혼관의 배경에서 예수님을 떠보려고 했습니다. 이혼 증서 발급에 대한 모세법의 규정은 신명기 24장에 나옵니다.

> 사람이 아내를 맞이하여 데려온 후에 그에게 수치되는 일이 있음을 발견하고 그를 기뻐하지 아니하면 이혼 증서를 써서 그의 손에 주고 그를 자기 집에서 내보낼 것이요 (신 24:1).

예수님 당시의 삼마이(Shammai) 학파는 본 절의 "수치되는 일"을 한 가지로 제한하였고, 힐렐(Hillel) 학파는 남편이 어떤 이유에서든지 아내를 버릴 수 있다고 보았습니다. 심지어 남편의 아침밥을 태워도 이혼 사유가 되었습니다. 힐렐 학파의 견해는 당시 유대인들이 쉽게 이혼할 수 있는 근거가 되었습니다.

그러나 예수님은 특정 학파의 주장을 편들기보다는 결혼 제도에 대한 하나님의 원래의 의도를 상기시켰습니다. 예수님이 오신 목적은 구원의 복음을 통해 하나님의 창조 의도가 살아나고 일그러진 인간관계가 회복되며 온 세상이 질서와 조화를 되찾는 것이었습니다. 예수님은 본문에서 결혼과 이혼에 대한 어떤 구체적인 규정을 정하신 것이 아닙니다. 예수님은 하나님이 원래 의도하셨던 결혼 제도가 인간의 완악한 마음으로 제대로 시행되지 못한 원인을 밝히고 그에 대한 해결책을 제시하셨습니다.

이혼 문제는 쉽게 다룰 수 없는 복잡하고 어려운 경우들이 많습니다. 먼저 역사적으로 본 주제가 어떻게 진행되었는지 요약해 보겠습니다.

초기 기독교

한 쪽 파트너가 부도덕하거나 혹은 의도적으로 버릴 경우에는 상대 파트너가 가해 파트너를 이혼할 수 있었습니다. 그러나 재혼해서는 안 된다는 입장을 취하였습니다. 이것은 이혼을 허락하면서도 재혼을 막았기 때문에 선의의 피해자에게는 불공정합니다. 재혼을 금지한 까닭은 영은 선하고 물질은 악하다는 전제에서 몸을 영혼이 갇힌 일종의 감옥으로 간주한 플라톤의 철학 사상과 관계가 있습니다. 초대 기독교 사상가들은 플라톤의 영향을 많이 받았기 때문에 결혼관이 엄격하고 매우 부정적이었습니다.

종교개혁 이후

종교개혁 이후의 개신교는 결혼과 이혼에 대한 가르침에 있어 주로 에라스무스의 견해를 따랐습니다. 에라스무스는 네덜란드의 기독교 인본주의자로서 1519년에 다음과 같은 견해를 내놓았습니다.

- 상대방 배우자에게 부도덕이 있으면 이혼이 성립된다.
- 죄 없는 파트너는 재혼할 수 있다.

종교 개혁 이후의 개신교는 바울의 이혼 허용 조건인 고린도전서 7장 15절을 대체로 수용하였습니다. 즉, 크리스천이라는 이유로 불신 배우자가 헤어지기를 원하면 크리스천 파트너가 배우자와 이혼하고 재혼할 수 있다는 것이었습니다. 그러나 종교개혁 이후의 대부분의 유럽 국가에서는 국교가 기독교였기 때문에 이 같은 이유로 이혼을 제기하는 경우는 많지 않았습니다.

모세 율법

모세 율법에서도 재혼은 인정되었기 때문에 이혼 증서를 써 주게 하였습니다. 마태복음 19장 3, 8절에는 예수님과 바리새인들 사이에서 주고받은 질의문답을 실었는데 마태복음 5장 32절에서처럼 '아내를 버림'이라는 단어가 사용되었습니다. 이 말은 전통적이고 일반적인 의미로 쓰였습니다. 즉, 남편으로부터 버림받은 여자는 재혼할 수 있음을 전제한 말입니다. 이혼을 했으면서도 재혼할 자격이 없다는 사상은 1세기 당시의 '이혼'의 의미가 아니었습니다. 따라서 예수님께서도 당시의 이러한 의미를 가진 '이혼'(버리다)이라는 단어를 일반적인 의미로 사용하셨다고 보아야 합니다. 그러니까 예수님이 원칙적으로 이혼을 인정하시지는 않았지만, 이혼을 하고서 재혼할 수 있는 예외적인 상황이 있음을 인정하셨다는 것을 알 수 있습니다.

그런데 한 가지 주목할 점은 복음서에 나타난 이혼에 대한 예수님의 가르침은 모든 상황을 조목별로 세세하게 다루지 않은 일반적인 교훈이라는 것입니다. 그래서 이혼하고 나서 재혼할 수 있는 다른 종류의 예외적인 사례들을 다루지 않았다고 보아야 합니다. 그럼 구약과 신약의 가르침들을 어떻게 조화시킬 수 있을까요?

[구약과 신약의 차이]

구약에서는 이혼법이 있었습니다. 그러나 신약에서는 이혼에 대한 가르침이 입법화된 것이 없습니다. 예수님은 산상 설교에서 이혼 문제를 다루셨지만(마 5:31~32) 산상 설교는 법이 아닙니다. 산상 설교의 내용들은 모세법처럼 규정으로 정할 수 없습니다. 이것은 내용의 성격상 불가능합니다. 예수님은 산상 설교에서 마음속에서 일어나는 내적인 부분까지 죄의 대상으로 삼으셨습니다(마 5:27~28). 율법은 외부적으로 드러나서 증거를 잡을 수 있는 행위들만을 형벌의 대상으로 삼을 수 있었습니다. 율법은 마음의 동기와 내적 자세를 입법화할 수 없었기 때문입니다.

❖ 오른편 뺨을 치는 자에게 왼편도 돌려 대고, 겉옷을 원하는 자에게 속옷까지도 내주라는 것을 법으로 규정할 수 없습니다(마 5:39~40). 예수님의 가르침은 마음의 상태까지 다루면서 죄의 성격을 내면화시키기 때문에 법의 조문으로 통제할 수 있는 영역을 넘어갑니다. 그래서 예수님이 주시는 이혼에 대한 교훈들도 제도나 규칙으로 못 박을 수 없습니다. 이

러한 이유 때문에 이혼에 대한 가르침이 복음서 안에서도 차이가 있습니다. 예를 들어, 마태복음에는 예외 사항이 언급되었지만 마가복음과 누가복음에서는 그런 예외가 없습니다. 그러나 바울 서신에서는 새로운 예외 사항이 언급되었습니다.

율법으로 규정된 룰(rule)이 없으면 일관성이 없어 보입니다. 그러나 신약 백성은 성령 안에서 살기 때문에 사랑의 원리와 자유의 율법에 따라 살면서 율법의 요구를 만족시키고 더 나아가 하나님의 원래의 이상에 도달해야 한다는 것이 예수님의 가르침입니다. '완악한 마음'(막 10:5)은 하나님의 이상적 목표를 가로막고 이혼 증서의 도입을 유발합니다. 하나님께서 아담과 하와를 창조하시고 두 몸이 한 몸이 되게 하는 결혼에 대한 원래의 의도를 성취시키려면 이혼 증서로서 해결될 수 없습니다. 인간의 완악한 마음이 문제이기 때문입니다. 그래서 예수님이 내놓으신 대답은 예수님이 오셔서 출범시킨 하나님 나라의 질서와 방식을 따르라는 것이었습니다. 즉, 메시아 시대의 특징인 성령 생활과 예수님의 사랑의 법으로 살아야만 완악한 마음이 치유된다는 가르침이었습니다.

[신약 성경 내에서의 차이]

❖ 마태복음 5장 32절과 19장 9절에서는 이혼할 수 있는 경우로서 '음행한 이유 외에' 라는 예외 구절이 있습니다. 반면, 마가복음 10장 2~12절과 누가복음 16장 18절에는 그런 예외 항목이 없습니다. 마태는 예수님이 당연시한 예외적인 구절을 언급했지만 마가와 누가는 구태여 이를 지적하지 않고 본 주제를 진술하였습니다.

• 복음서 내에서도 이혼 본문들이 조금씩 다른 것은 예수님이 구체적으로 진술하시지 않고 일반적으로 말씀하셨다는 증거입니다. 예수님은 맹세의 교훈에서도 일반화시킨 가르침을 주셨습니다. 맹세는 원칙적으로 해서는 안 된다는 의미에서 "도무지 맹세하지 말지니"(마 5: 34)라고 지시

하셨습니다. 그런데 예수님 자신이 맹세하라는 대제사장의 요구를 받아들였습니다(마 26: 63~64).

이와 같이 예수님은 마가복음과 누가복음의 해당 본문에서도 이혼에 대해서 일반적으로 말씀하셨다고 보아야 합니다. 보편적으로 말을 할 때에는 구체적인 실례를 제시하거나 예외적인 상황을 거론할 필요가 없기 때문에 예수님은 원칙적인 진술을 하신 것이었습니다.

• 마태복음에서는 이혼에 대한 한 가지 예외가 붙어 있으나 마가와 누가복음에는 예외를 달지 않았습니다. 그러나 분명한 것은 예수님이 원칙적으로 이혼을 인정하시지 않았다는 사실입니다. 그렇다고 해서 어떤 상황에서도 이혼할 수 없다는 뜻이 아닙니다. 예외적인 실례가 복음서에서 한 가지라도 언급되었다는 사실은 결혼의 영구성이 절대적인 것이 아님을 시사합니다. 이것은 바울이 고린도전서 7장에서 또 하나의 이혼 상황을 언급한 것에서도 확인될 수 있습니다. 그것은 곧 불신 배우자가 이혼을 원할 때입니다.

> 혹 믿지 아니하는 자가 갈리거든('헤어지려고 하면' 표준역) 갈리게 하라 형제나 자매나 이런 일에 구애될 것이 없느니라 그러나 하나님은 화평 중에서 너희를 부르셨느니라 아내 된 자여 네가 남편을 구원할는지 어찌 알 수 있으며 남편 된 자여 네가 네 아내를 구원할는지 어찌 알 수 있으리요 (고전 7:15~16).

이 구절은 흔히 긍정적인 의미로 사용됩니다. 모든 것을 참고 살면 불신 배우자가 예수도 믿고 사람도 달라질 때가 오지 않겠느냐는 뜻으로 봅니다. 그러나 정반대로 불신 남편이나 아내를 구할 수 있다는 보장이 없다는 말로 이해할 수도 있습니다. 즉, 성도는 화평을 위해 부르심을 받았기 때문에 이혼을 원하는 자와 날마다 싸우면서 불행하게 살지 않아도 된다는 의미로 해석될 수 있습니다. 그러니까 이혼에 대한 동정적인 말씀으로 받아질 수 있습니다.

하나님께서는 극심한 심신의 고통을 받으면서 극도로 불행한 결혼 생활을 해야 하는 자들을 깊이 동정하십니다. 결코 이혼을 권장하는 말씀이 아닙니다. 조금이라도 가능하다면 함께 살아야 합니다. 그러나 하나님께서는 잘못된 결혼으로 인해서 마치 수레바퀴가 진창에 빠져서 나올 수 없듯이 주야로 고통받는 자들을 불쌍히 여기십니다. 그래서 본 절은 그런 불행한 결혼을 한 자들에게 속박의 고리를 풀어주신다는 말씀으로 받아들일 수 있습니다. 물론 반대로 해석하면 갈라서는 것보다 함께 사는 것을 권유한 말씀이 됩니다.

[이혼 사유가 될 수 있는 또 다른 예외들은 어떤 것일까요?]

성경은 이혼을 원칙적으로 금하면서도(막 10:2~12; 눅 16:18) 이혼이 허용될 수 있는 예외적인 상황을 두 가지로 언급합니다. 즉, 결혼 파트너의 음행이나 교인이 불신 배우자로부터 이혼 요구를 받을 때입니다(마 5:31; 19:9; 고전 7:14~16).

그럼 또 다른 예외가 있을 수 있을까요? 있다고 보아야 합니다. 신약 성경에서 언급된 이혼 허용의 구절들이 모든 예외를 포함시켰다고 볼 수 없습니다. 신약에서는 율법의 형태로 신자들의 삶을 통제하지 않습니다. 예수님은 산상 설교에서 이혼에 대한 규정을 입법화하시지 않았습니다. 바울도 예수님의 원칙을 따랐기 때문에 이혼할 수 있는 예외적인 상황을 조목조목 열거하면서 법적인 선을 긋지 않았습니다. 우리는 신약에서 언급된 예외들을 율법화하지 말아야 합니다. 이것들은 결혼과 이혼에 대한 하나님의 원래의 의도가 무엇인지를 반영하는 실례들입니다. 가령 간음은 부부 사이의 신뢰와 연합을 깨는 행위이므로 둘이 한 몸이 되어야 하는 결혼 관계에 치명적인 해를 끼칩니다. 그래서 이혼이 허용되었습니다. 따라서 우리는 이혼에 대한 신약의 예외 구절들을 참고하면서 어떤 일들이 결혼 관계를 결정적이고 근본적으로 파괴하고 더 이상의 지속을 불가능하게 하는지를 분별해야 합니다. 이런 상황에 빠졌을 때 우리가 가져야 할 자세는 성경의 원칙적인 가르침을 다시 숙고하는 것입니다.

첫째, 결혼과 이혼에 대한 하나님의 이상은 무엇입니까?
하나님의 이상은 별거나 이혼을 하지 않는 것입니다(막 10: 2~9; 마 19:3~8). 이혼은 하나님의 이상이 아닙니다(고전 7:10).

둘째, 하나님의 이상이 깨어졌을 때 어떻게 해야 할까요?
별거나 이혼의 경우에는 가능하면 혼자 살던지 아니면 화해하는 것이 좋습니다(고전 7:11). 그러나 이것은 항상 가능하지 않습니다. 그래서 바울도 "할 수 있거든 너희로서는 모든 사람과 더불어 화목하라"(롬 12:18)고 했습니다. 그럼 재혼의 길은 완전히 막힌 것일까요? 그렇지 않습니다. 예수님 자신이 한 가지 예외를 언급하셨고 바울도 한 가지를 언급했습니다.

셋째, 신약의 예외들을 율법으로 묶어 놓은 것처럼 생각하지 말아야 합니다.
이혼을 허락할 수 있는 사유는 목록으로 제시될 수 없습니다. 하나님의 근본 의도에 비추어 판단하고 성경의 예외들에서 힌트를 얻어 자신들이 처한 상황에 바르게 적용해야 합니다. 이것은 쉬운 일이 아니지만 원칙적으로 말해서 결혼의 목적과 이상을 근본적으로 막거나 결정적으로 파괴시키는 경우라면 예외적인 상황으로 간주할 수 있을 것입니다.
신약의 실례처럼 간음이나 불신 배우자의 요구에 의한 이혼도 근본적으로 한 몸이 되어야 하는 가정의 연합과 안정을 크게 위협하기 때문에 이혼이 성립될 수 있었습니다. 그래서 이에 준하는 다른 형태의 심각한 이혼 사유가 있을 수 있다고 봅니다. 그러나 성경에서 구체적으로 언급하지 않은 부분을 적용할 때에는 성령의 인도에 의존하며 진지한 자세로 판단하고 결정해야 합니다. 또한 불가능한 상황에서도 회복과 치유가 되는 사례도 있음을 기억할 필요가 있습니다.

[그럼 어떻게 자신의 상황에 적용되어야 할까요?]

우리는 먼저 산상 설교가 입법화될 수 있는 성격이 아님을 염두에 두어야 합니다. 산상 설교를 비롯하여 신약의 교훈들은 법적인 조항이 아니고 마음의 자세에 대한 것입니다. 그러므로 신약에서 이혼에 대한 어떤 예외적인 조항들을 찾으려고 하는 것은 잘못된 시도입니다. 그래서 이혼이 적법이냐 아니냐? 이혼과 재혼의 합법적인 상황이 어떤 경우들이냐? 라고 묻지 말아야 합니다. 신약 성도들의 삶을 위해서 입법화된 조항은 없기 때문입니다. 예수님 안에서 누리는 영생의 삶은 율법의 규정이나 문자에 지배되지 않고 성령의 인도에 의존합니다. 이것이 신약 성도의 새 삶의 원리입니다.

▶ 성령 안에서 행하는 자는 하나님의 이상을 따르려고 힘씁니다.
▶ 성령 안에서 행하는 자는 하나님의 원래의 의도와 뜻을 찾아 살려고 하기 때문에 이혼을 싫어합니다. 그러나 예외적인 상황을 무시하지도 않습니다. 그래서 불행한 결혼으로 말할 수 없는 고통을 받는 형제자매들을 깊이 동정하며 결혼에 실패한 자들을 도우려고 힘씁니다.
▶ 성령 안에서 행하는 자는 자신이 법적으로 이혼하지 않았다고 해서 우월감을 갖지도 않고, 이혼한 사람들을 내려다보지도 않습니다.

한 가지 우리가 이혼 문제를 다루면서 유념해야 할 사항이 있습니다. 예수님은 이혼에 대한 교훈을 하실 때 모세 율법과 하나님의 원래 의도를 대조적으로 제시하셨습니다. 우리는 법적으로 이혼을 해야만 이혼한 것으로 생각합니다. 이것은 율법적인 시각입니다. 예수님은 산상 설교에서 마음의 자세를 다루셨습니다. 그래서 실제로 사람을 죽인 일이 없어도 형제에게 악심을 품고 욕을 하면 지옥 불에 들어간다고 하셨고, 여자를 보고 음욕을 품으면 그 여자와 이미 마음으로 간음한 것이라고 하셨습니다.

이 말씀을 이혼에 적용해 보십시오. 부부가 법적으로 이혼하지 않았지만, 서로 살도 대지 않고 각방을 쓰면서 원수처럼 사는 경우도 있습니다. 단지 자식들 때문에 이혼을 못할 뿐입니다. 지긋지긋하게 미워하고 싫어하면서도 생활고 때문에 억지로 참고 살지 않으면 안 되는 경우도 있습니다. 그런 분들은 법적으로 이혼이 성립되지 않았지만 산상 설교의 관점에서 보면 이미 이혼한 셈입니다. 마음으로 서로 원수가 되었고 남편이나 아내로 인정을 안 하는 사이이기 때문에 하나님의 원래의 결혼 의도에서 벗어났습니다.

아담은 하와를 보고 내 살 중의 살이요 내 뼈 중의 뼈라고 했습니다. 이렇게 둘이 한 몸이 되는 것이 하나님의 원래 의도였습니다. 이혼은 결코 하나님의 이상이 아닙니다. 그러나 이혼이 두 개의 악 중에서 덜 악한 것일 수 있는 상황들이 있습니다. 살인을 해서는 안 됩니다. 예로써, 사형이나, 국가 안보를 위한 정당 방어, 임산부와 태아의 생명 사이의 선택 등입니다. 이혼도 이처럼 두 개의 악 중에서 악이 덜한 쪽을 선택하는 상황일 수 있습니다.

한편, 신자는 이혼과 같은 불행한 사태를 겪을 때에도 상대방을 원수로 대하지 말고 사랑의 여지를 남겨야 합니다. 어떤 경우에도 사랑의 배려는 필요하고 바람직합니다. 사랑의 배려가 있는 이혼은 비록 고통스러운 과정과 부정적인 결과 속에서도 이혼의 모습에 한 줄기 긍정적인 빛이 될 수 있습니다.

[이혼자는 재출발을 할 수 있을까요?]

할 수 있습니다. 용서 받은 살인자가 재출발을 할 수 있는 것과 같습니다. 예수님의 수준은 매우 높습니다. 영구적인 결혼이 하나님 나라에서의 이상입니다. 그러나 아직 완전한 구원이 성취되지 않은 불완전한 세상에서 하나님의 이상에 닿지 못하는 불행한 사태가 발생하는 것이 우리의 현실입니다.

R. T. France 는 그의 마태복음 주석에서 다음과 같은 결론을 내립니다.

마태복음 19장 4~8절의 절대적인 이상과 마태복음 19장 9절의 이상 미달의 현실 사이에는 부인할 수 없는 긴장이 있다. 그런데 위험한 것은 우리가 유대 율법주의가 행한 것처럼 이상이 아닌 양보(허용)에 우리의 기대를 거는 것이다. 그러나 타락한 세상에서 크리스천 윤리는 항상 그런 긴장들에 노출되어 있다. 죄악 된 상황들은 때때로 이상의 실현을 불가능하게 만든다. 우리는 그런 경우에 후회의 여지가 없는 길을 택해야 한다. 중요한 것은 그렇게 할 때 이상으로부터 시선을 떼지 않는 것이다. 그리고 두 개의 악 중에서 '악이 덜한 편' 을 받아들여야 한다. 그러나 그것은 우리의 상황에서 가장 나은 길이라고 하여도 여전히 '악' 이라는 사실을 알아야 한다. (R.T. France, Matthew, Tyndale New Testament Commentaries. P. 282).

이혼은 어떤 경우든지 하나님의 이상에서 벗어난 것입니다. 그래서 이혼자는 죄의식에 사로잡히기 쉽습니다. 그러나 신자는 하나님의 은혜가 높고 크다는 것을 기억해야 합니다. 결혼 관계에서의 죄는 '사함을 받을 수 없는' 죄가 아닙니다(막 3:28~29). 그러므로 용서를 받은 모든 죄인들처럼 이혼자도 하나님의 용서를 받고 새로운 출발을 할 수 있습니다. 하나님은 용서하실 뿐만 아니라 계속해서 인도해 주시겠다고 약속하셨기 때문입니다(시 32:5, 8).

45
어린이들과 하나님 나라
마가복음 10:13~16

예수님은 제자들이 길에서 누가 크냐고 다투었던 일을 놓고 한 어린이를 데려다가 교훈하셨습니다. 교훈의 요점은 누구든지 첫째가 되고자 하면 뭇사람의 끝이 되며 뭇 사람을 섬기는 자가 되어야 한다는 것이었습니다. 그리고 누구든지 주의 이름으로 어린이를 영접하는 것이 주님과 하나님을 영접하는 것이라고 했습니다(막 9:33~37). 그런데 제자들은 이 가르침을 까맣게 잊었기라도 한 듯이, 사람들이 어린이들을 데리고 와서 예수님의 축복을 원했을 때 그들을 꾸짖었습니다.

어른의 품에 안기는 어린이는 의존적입니다. 어린이는 자신을 신뢰하지 않기에 어른의 품에 고스란히 안깁니다. 자기가 다 자랐다고 생각하는 어른은 어린이처럼 다른 사람의 품에 안길 필요성을 느끼지 않습니다. 이점에서 하나님 나라는 어른들의 나라가 아니고 어린이들의 나라입니다.

헬레니즘의 영향을 받았던 고대 사회에서는 어린이들에 대한 인식이 매우 낮았습니다. 주전 1세기 알렉산드리아에서 발견된 한 파피루스에 다음과 같은 글이 적혀 있습니다.

"만일 아들이면 살게 하고 딸이면 내버리시오."

출산을 앞둔 아내에게 보낸 남편의 지시가 이처럼 가혹하였습니다. 특히 헬레니즘 문화권에서의 딸아이에 대한 무시와 편견은 유교 문화권의 남존여비(男尊女卑) 사상에 못지 않았습니다. 이러한 어린이 천시 경향에 비추어 볼 때 예수님의 어린이 존중은 매우 대조적입니다.

그 어린이들을 안고 그들 위에 안수하시고 축복하시니라 (16절).

신약 성경에서 예수님의 모습을 이처럼 자애로우신 분으로 묘사한 경우는 드뭅니다. 그래서 이 장면을 그린 성화가 많습니다. 어린이들에 대한 예수님의 따뜻한 관심과 교훈이 담긴 본문으로 인해서 서구 기독교 사회에서는 어린이들의 가치를 새롭게 인식하였고 그들을 위한 각종 문화 시설과 복지 계획에까지 커다란 영향을 끼쳤습니다.

한편, 본문은 종교적인 측면에서 유아 세례의 정당성을 입증하는 증거 본문의 하나로서도 자주 인용되어 왔습니다. 그러나 본문의 내용은 유아 세례에 대한 가르침이 아니고 하나님 나라에 대한 것입니다. 그럼 어떤 의미에서 어린이들이 하나님 나라와 관련이 있을까요?

제자들의 월권

예수님 당시에는 부모들이 어린 자녀들을 랍비(선생)에게 데리고 가서 축복을 받는 관습이 있었습니다. 그런데도 제자들은 어린이들이 예수님께 오는 것을 막았습니다. 왜 그랬을까요? 한마디로 제자들 나름대로의 사명 의식 때문이었습니다. 제자들은 항시 자신들을 예수님의 수행원으로 간주하였습니다. 그래서 예수님을 보호해야 한다는 의식이 강하였습니다. 제자들은 예수님이 너무 일이 많으시고 피곤하신데 아이들까지 몰려들면 사역에 지장이 된다고 판단하였습니다.

제자들은 예수님의 생각을 미리 읽거나 사전(事前) 보호를 위해 앞장서려고 시도한 적이 자주 있었습니다. 예컨대 그들은 예수님의 수난 예고를 듣고서도 십자가의 길을 막으려 했었고(8:31~33) 주의 이름으로 행하는 어떤 축귀사의 사역도 금하였습니다(9:38). 그런데 주님을 보호한다는 명목으로 행해지는 일들은 비록 선의의 자원봉사라 할지라도 하나님 나라의 원리를 바르게 이해하지 못했을 경우에 도리어 폐가 될 수 있습니다. 예수님은 그런 봉사를 사양하시고 제자들의 그릇된 열심과 왜곡된 인식을 고쳐 주기를 원하십니다.

예수님의 반응

예수님은 제자들이 어린이들을 막는 것을 보시고 노하셨습니다(14절). 예수님을 위해서 취한 선의의 조처인데 어째서 노하셨을까요? 이런 유감스러운 사태는 우리가 주님의 가치관을 따르지 않고 우리 자신들의 판단과 열심을 앞세울 때 쉽사리 발생합니다. 제자들은 예수님이 어린이들을 어떻게 보시는지에 대해서는 관심이 없었습니다. 그들은 그저 당시의 세상이 보던 눈으로 어린이들을 바라보았습니다.

헬레니즘 문화에서는 어린이들은 중요하지 않았습니다. 여자와 어린이들은 숫자 파악에도 가산되지 않았습니다(마 14:21; 비교. 눅 9:14; 요 6:10). 제자들은 예수께서 앞서 어린이들의 가치를 가버나움에서도 교훈하셨는데 까맣게 잊고 있었습니다.

> 어린아이 하나를 데려다가 그들 가운데 세우시고 안으시며 제자들에게
> 이르시되 누구든지 내 이름으로 이런 어린아이 하나를 영접하면 곧 나를
> 영접함이요 누구든지 나를 영접하면 나를 영접함이 아니요 나를 보내신
> 이를 영접함이니라 (9:36, 37).

제자들은 하나님 나라를 순전히 어른들만 상대하는 곳으로 생각했습니다. 물론 그들이 당시에 가졌던 하나님 나라 자체의 개념도 주님의 가르침과는 거리가 먼 통속적이고 정치적인 것이었습니다. 그래서 제자들

은 어린이들이 그러한 왕국 건설에 쓸모가 없고 오히려 거추장스럽다고 여겼습니다. 그들이 이처럼 집요하게 "사람의 일"(8:33)에 집착하였으므로 주님의 천국 사역은 적지 않은 방해를 받았습니다. 제자들의 이 같은 사회적 편견과 그릇된 소명 의식에 의한 과열된 열심은 겸손히 주를 따르는 자들을 밀어내는 결과를 초래하였습니다. 이것이 예수께서 격분하신 까닭입니다.

하나님 나라의 입국 조건

> 내가 진실로 너희에게 이르노니 누구든지 하나님 나라를 어린이와 같이
> 받들지 않는 자는 결단코 그 곳에 들어가지 못하리라 (15절).

이 말씀은 어린이들의 천국 입장에 대한 것이 아니고 하나님 나라의 입국 조건을 어린이들로 예시한 것입니다. 그래서 어린이들이 지닌 특성을 이해하는 것이 중요합니다.

예수님은 어린이들을 안으셨습니다(16절). 어른의 품에 안길 수 있는 아이가 예시하는 것이 무엇입니까? 한마디로 '작은 자' 라는 표시입니다. 어린이는 작기 때문에 어른의 품에 안깁니다. 어린이는 작기 때문에 스스로를 어른이라고 생각하지 않습니다. 이러한 본질적인 어린이들의 특성이 하나님 나라와 관련된 부분입니다. 하나님 나라는 스스로 잘나고 똑똑하다고 여기는 자들에게는 문을 열지 않습니다. 자기를 내세울 수 없는 작은 자들만이 들어가는 곳이 하나님 나라입니다. 이런 뜻에서 천국 문은 낮습니다. 겸비의 고개를 숙이지 않고는 들어갈 수 없습니다.

어른의 품에 안기는 어린아이는 어른을 신뢰하고 의존합니다. 갓난아이를 안아 본 부모들은 유아의 의존성이 얼마나 절대적인지를 실감합니다. 젖먹이는 스스로를 돌볼 수 있는 능력이 전혀 없습니다. 어머니의 젖에 백 퍼센트 의존하지 않으면 살 수 없는 것이 유아들의 현실입니다. 유

아들은 어머니의 젖으로 산다는 것을 본능적으로 압니다. 유아들이 바라는 것은 오직 어머니의 보살핌입니다. 이 점이 하나님 나라에 들어가는 자의 자세와 관련된 부분입니다.

하나님 나라는 하늘 아버지의 보살핌에 전적으로 의존하는 자들만이 들어갈 수 있습니다. 자신을 무력하기 짝이 없는 갓난아기나 어린이로 간주할 수 없는 자는 신령한 젖을 사모하지 않기 때문에 천국과는 거리가 멉니다(벧전 2:2). 그런데 예수님이 말씀하신 하나님 나라는 사후 천국만을 가리키지 않습니다. 하나님 나라는 예수님이 세상에 오셔서 복음을 전파하셨을 때 시작되었습니다. 하나님 나라는 예수님의 인격체와 함께 도래하였고 예수님의 다스림으로 지상에서 출범한 메시아 왕국입니다. 이 왕국에 들어가려면 예수님을 먼저 자신의 구주로 믿어야 합니다. 그런데 왕국 시민은 왕의 은혜를 입으면서 삽니다. 그래서 예수님의 부활 생명을 받아 누리며 그분의 뜻에 따라 살려면 어린이의 의존적 자세와 신뢰심을 가져야 한다는 것입니다.

어린이들의 또 다른 특성은 주는 대로 받는 것입니다. 어린이들은 선물 받기를 좋아합니다. 어린이들은 아주 단순하게 받습니다. 그들은 주겠다는 선물을 놓고 이해득실(利害得失)을 따지지 않습니다. 주는 선물을 그대로 받고 기뻐하는 것이 어린이들의 특징입니다. 하나님 나라도 이러한 자세로 받아야 하는 선물입니다. 자기 공로나 노력으로 차지할 수 없는 것이 하나님 나라입니다. 이런 뜻에서 어린이들처럼 하나님 나라를 받아들이지 않는 자들은 교만한 어른들이며 순진하지 못한 때 묻은 어른들입니다. 천국은 그런 자들을 인정하지 않습니다.

예수님은 어린 아이들을 안고 그들 위에 안수하시고 축복하셨습니다(16절). 어른의 품에 안기어 안수를 받는 어린이는 자기 주장을 하거나 요구를 하는 자가 아닙니다. 이러한 측면도 하나님 나라와 관련된 부분입니다.

하나님 나라는 우리에게 피동태로 임합니다. 그것은 받는 것이기에 수혜자는 피동적이며, 복이 하늘에서 내리는 것이기에 지상에 있는 자의 권리가 아닙니다. 하나님 나라는 요구 사항이 아니고 하나님의 주권적인 분배 사항입니다. 주님이 안으시고 주님이 안수하시며 주님이 축복하십니다.

하나님 나라의 주인은 주님 자신입니다. 주님이 주시는 나라를 감사와 겸비함으로 받는 것이 천국 입성의 절대 조건입니다. 이 절대 조건이 충족되지 않으면 아무도 하나님 나라에 들어가지 못합니다. 본문에서 "결단코" 못 들어간다고 강조한 사실에 유의하십시오. 한 사람도 예외가 없다는 뜻입니다.

하나님 나라에 대한 성경의 가르침은 역설적입니다. 성경은 어린이들이 어른들을 닮아야 천국에 들어간다고 가르치지 않고 반대로 어른들이 어린이들을 닮아야 하늘 시민이 될 수 있다고 말합니다. 어린이들도 때가 되면 어른이 됩니다. 그러나 비록 신체적인 성인이 될지라도 어른들은 어린이들의 특성을 지니고 살아야 한다는 것이 본문의 교훈입니다.

이 세상에서 가장 불행한 모습의 아이들을 그린다면 어떤 것일까요? 아이들이 예수께로 오는데 제자들이 꾸짖는 경우를 상상해 보십시오(13절). 예수님께 가까이 가지 못하도록 야단을 맞고 통제를 받는 어린이들의 모습이 얼마나 가엽습니까! 그럼 이 세상에서 가장 행복한 모습의 아이들을 그린다면 어떤 것일까요? 예수님의 품에 안겨 주님의 안수를 받는 어린이들이 가장 행복합니다(16절). 그들은 무력하고 작은 자들입니다. 그들은 어른의 품에 안길 만큼 의존적이고 겸손하며, 주는 것을 그대로 받고 기뻐할 줄 아는 단순한 자들입니다. 그들은 자기를 내세우지 않고 선물을 요구하지 않습니다.

어른들은 어린이들을 윽박지르고 밀치기도 합니다. 어린이들은 어른들의 교만과 기승에 밀려납니다. 그러나 하나님 나라가 그들의 것입니다. 그들 뒤에는 하나님 나라의 주인이신 예수님이 계십니다. 예수님은 어린이들을 막는 어른들에 대해 노하셨습니다. 예수님은 어린이들의 보호자이십니다. 예수님은 천시를 당하는 어린이들을 많은 사람들 앞에서 안으시고 안수하시며 복을 빌어주셨습니다. 세상에서 어린이처럼 무시되는 자들을 모아서 영예로운 천국 시민이 되게 하는 것이 하나님의 뜻입니다.

> 하나님께서 세상의 천한 것들과 멸시 받는 것들과 없는 것들을 택하사 있는 것들을 폐하려 하시나니 이는 아무 육체도 하나님 앞에서 자랑하지 못하게 하려 하심이라 (고전 1:28,29) .

세상에서 가장 행복한 자들이 누구이겠습니까? 예수님의 품 안에 안긴 자들이 아닙니까? 누가 그런 자들입니까? 어린이들입니다. 그럼 나 자신이 그런 어린이의 한 사람이라고 생각해 보십시오. 그러면 16절의 말씀이 곧 나에게 적용될 것입니다.

> 그 어린 아이들을 안고 그들 위에 안수하시고 축복하시니라 (16절).

주님의 품에 안기는 자들은 주님의 축복을 받는 하나님의 자녀들입니다. 나는 어린이입니까? 예수님의 제자들은 주님을 따라다닌다고 열심을 내었지만 어린이들을 닮지 않았습니다. 그들은 하나님 나라가 어린이들의 모델 위에 세워졌다는 사실을 몰랐습니다. 천국에 관한 한, 어린이들은 어른들의 모델입니다. 나는 어린이들의 특성을 닮은 자입니까? 그렇다면 주님이 나를 기꺼이 안으시고 내게 안수하시며 하나님의 복을 빌어 주실 것입니다. 그때 비로소 나는 세상에서 가장 행복한 자가 됩니다.

46

부자 청년과 상급

마가복음 10:17~31

마태복음에서는 본 스토리의 주인공을 재산이 많은 '청년'(마 19:22)이라고 했습니다. 이 부자 청년에 대한 이야기는 전통적으로 첫 구원을 어떻게 받느냐는 것에 초점을 맞추어 해석해 왔습니다. 바꾸어 말하면, 구원은 공로가 아닌 믿음으로 거저 받는다는 칭의 구원론을 적용한 해석입니다. 그러나 본 강해에서는 초점을 첫 구원이 아닌, 유업(상급)에 맞추어 해석하도록 하겠습니다. 종전의 해석에도 부분적으로 옳고 적용할 교훈들이 있습니다. 그러나 유업의 관점에서 해석하는 것이 본문의 의도와 문맥에 더 접근한 것이라고 생각합니다.

먼저 세 가지 측면을 유의할 필요가 있습니다.

첫째, 본문의 전반부에 나오는 "내가 어떻게 하여야 영생을 얻으리이까"(17절)라는 질문을 어떻게 이해하느냐는 것입니다. '영생'이라는 말을 처음 받는 구원으로 보아야 하느냐 않느냐에 따라서 본문이 첫 구원에 대한 것인지 아닌지가 결정됩니다.

둘째, 본문의 후반부에 나온 상급에 대한 질문들을 어떻게 이해해야 하느냐는 것입니다.

제자들은 "그런즉 누가 구원을 얻을 수 있는가"(26절)라고 물었습니다.

무슨 구원을 말하는 것일까요? 제자들의 질문이 부자 청년의 질문인 영생을 받는 것과 일치하는 것일까요?

셋째, 예수님이 말씀하시는 '하나님 나라에 들어가는 것'(막 10:24)과 '영생'의 의미가 무엇이냐는 것입니다(30절).

결론부터 말씀드리면, 부자 청년이 말하는 영생과 제자들이 말하는 구원과 또 예수님이 말씀하신 하나님 나라에 들어가기와 영생이 모두 유업과 유사한 개념입니다.

부자 청년의 질문은 어떻게 처음으로 구원을 받느냐는 질문이 아닙니다.

> 한 사람이 달려와서 꿇어 앉아 묻자오되 선한 선생님이여 내가 무엇을 하여야 영생을 얻으리이까? (17절) .

일반적으로 이 구절은 부자 청년이 자신의 선행으로 구원을 받으려고 했다고 봅니다. 예수님이 그에게 계명을 준수하라고 하시자 자기는 계명을 다 지켰다고 했습니다. 그런데 그는 자신의 모든 재산을 팔아 가난한 이웃에게 나눠주고 주님을 따르라는 예수님의 말씀을 받아들일 수 없었습니다. 그는 계명을 지켰다고 했지만 이웃 사랑을 거부한 자였습니다. 그래서 본 스토리는 율법 준수로 구원받을 자가 아무도 없고 오직 믿음으로만 구원받는다는 것을 가르친다고 봅니다. 이것은 바울의 칭의론을 대입시킨 해석입니다.

그런데 본문 전체를 주욱 읽어 내려가면 부자 청년의 질문이 단순히 첫 단계의 구원에 대한 것 이상을 물은 것임을 알 수 있습니다. 그는 유대인이었고 율법을 어릴 적부터 지켰다고 했습니다. 그는 자신이 여호와의 언약 백성이라고 간주했음이 분명합니다. 그는 여호와 하나님을 모르는 이방인이 아니고 하나님의 계명을 준수하면서 사는 이스라엘의 의로운 백성 중의 한 사람이라고 자처했습니다. 그렇다면 그가 어떻게 하면 구원을 받을 수 있는지를 놓고 고민하며 예수께 달려왔을 것으로 보기 어렵습니다.

부자 청년은 "내가 무엇을 하여야 영생을 얻으리이까?"(17절) 라고 물었습니다. 본 스토리에 나오는 질문들의 주안점이 모두 무엇을 얻느냐는 것입니다.

- 부자 청년이 영생을 **어떻게 얻느냐**고 물었습니다(16절),
- 제자들도 26절에서 누가 구원을 얻느냐고 물었습니다.
- 28절에서 베드로가 "보소서 우리가 모든 것을 버리고 주를 따랐나이다" 라고 했는데 마태복음 19장 27절의 평행 절을 보면 "그런즉 우리가 무엇을 얻으리이까?" 라는 말이 붙어 나옵니다.

이에 대한 예수님의 답변이 무엇이었습니까? 29절과 30절에 나옵니다. 모두 상급에 대한 말씀입니다. 주님을 위해 모든 것을 버린 자들은 현세와 내세에서 큰 보상을 받는다고 하셨습니다.

그러니까 제자들은 부자 청년의 '내가 무엇을 하여야 영생을 얻으리이까?' 라는 질문을 '무엇을 해야 하나님의 상을 받느냐' 라는 의미로 받아들였음을 알 수 있습니다. 부자 청년의 주관심은 단순한 첫 구원 이상이었습니다. 그는 자신을 하나님의 언약 백성의 일원으로 간주했지만 율법을 지키는 것으로는 만족할 수 없었습니다. 그는 자신이 하나님의 언약 백성의 **신분**을 어떻게 얻느냐고 물은 것이 아닙니다. 그는 하나님의 자녀로서 어떻게 해야 하나님의 상을 받을 수 있느냐고 물었습니다. 그는 이것을 **영생**을 얻는 것으로 표현했습니다.

본 스토리의 영생은 상속과 관련된 의미입니다.

본문에서 언급된 영생의 의미를 붙잡으려면 마태복음의 평행 절을 보면 됩니다.

> 또 내 이름을 위하여 집이나 형제나 자매나 부모나 자식이나 전토를 버린
> 자마다 여러 배를 받고 또 영생을 상속하리라 (마 19:29).

ESV Study Bible 주석에서는 상속한다는 의미의 영생을 선물로서의 유업이지 상으로 번 것이 아니라고 했습니다. 이것은 일반적인 영생의 의미입니다. 그러나 본 스토리의 문맥에서는 영생은 보상으로 받는 것입니다. 마가복음 10장 29~30절과 마태복음 19장 29절, 누가복음 18장 29~30절은 다 같이 그리스도와 복음을 위해서 모든 것을 버린 자는 현세에서 여러 배로 보상받고 내세에서도 영생을 받는다고 했습니다. 내세에 받는 영생이 현세에서 받는 보상의 연장선상에 있습니다. 그러니까 여기서 사용된 '영생을 받는다' 는 말은 내세 천국에 들어간다는 뜻이 아니고, 내세를 위해 쌓인 상을 받는다는 의미입니다. 예수님은 부자 청년에게 가산을 다 팔아 가난한 자들에게 나누어 주면 "하늘에서 보화가 네게 있으리라"(마 10:21)고 하셨습니다. 하늘에 쌓여져 있는 보화는 상을 가리킵니다.

이 말씀은 부자 청년이 '내가 무엇을 하여야 영생을 얻으리이까'(17절)라는 질문과 제자들이 "그런즉 누가 구원을 얻을 수 있는가?"(26절) 라는 질문과 또한 모든 것을 버리고 주를 따른 제자들이 "무엇을 얻으리이까?"(마 19:27) 라는 베드로의 질문에 대한 구체적인 대답입니다. 만일 우리가 이 본문에서 예수님이 하신 말씀의 의미를 첫 구원을 어떻게 받는지에 대한 대답이거나 혹은 구원받은 자가 내세 천국에 들어간다는 의미로 본다면, 앞뒤가 맞지 않습니다. 왜냐하면 구원을 선행과 희생적인 삶으로 받는다는 말이 되기 때문입니다. 이것은 행위 구원이지 은혜 구원이 아닙

니다. 이해를 돕기 위해 이렇게 질문해 봅니다.

'왜 예수님이 주님과 복음을 위해 다 버리면 무엇을 얻느냐'는 질문을 답하시면서 '영생을 받지 못할 자가 없다'고 하셨을까요?

이 '영생'은 마태복음의 해당 본문에서는 '영생을 상속'한다고 표현하였고 누가복음에서는 '영생을 받는다'(눅 18:30)라고 했습니다. 왜 이렇게 표현했을까요? 그 까닭은 주님께서 부자 청년의 질문과 제자들의 질문을 단순히 첫 구원을 받는 것으로 보시지 않고, 어떻게 상을 받느냐는 질문으로 다루셨기 때문입니다. 그러니까 마가복음 10장 26절의 구원을 받는다는 말이나 혹은 영생을 얻거나 받는다거나 또는 영생을 상속한다는 말들은 모두 상을 가리키는 동의어라고 보아야 문맥상 뜻이 일치합니다.

베드로도 '우리가 무엇을 얻으리이까?'라고 물었기 때문에 그도 상을 염두에 두고 있었음을 알 수 있습니다. 제자들은 자신들의 구원을 의심하지 않았습니다. 그래서 부자 청년이 던진 영생의 축복에 대해서 동일한 관심이 있었습니다. 예수님은 제자들이 바라는 상을 잘못된 기대라고 지적하시거나 무시하시지 않고 매우 구체적으로 주 예수와 복음을 따라 사는 희생적인 삶이 가져오는 현재와 미래의 보상을 밝히셨습니다.

본 스토리는 첫 구원이나 사후 천국의 **보장**에 대한 말씀이 아니고, 헌신적인 신앙생활에 대한 **보상**을 다룬 말씀입니다. 이것은 마태복음의 해당 본문에 따라나오는 마태복음 20장 1~16절까지의 포도원 품꾼들에 대한 비유에서도 확인될 수 있습니다. 사실상 부자 청년의 스토리와 후속 비유인 포도원 품꾼에 대한 품삯은 다 같이 상에 초점을 잡은 가르침입니다.

영생을 상속하는 것과 영생을 받는 것은 차이가 없습니다.

공관 복음서에 나온 몇 군데 평행 구절들을 대조해 보겠습니다.

마가복음 10:17 내가 무엇을 하여야 영생을 얻으리이까

마가복음 10:30 내세에 영생을 받지 못할 자가 없느니라

누가복음 18:18 내가 무엇을 하여야 영생을 얻으리이까

누가복음 18:30 영생을 받지 못할 자가 없느니라

마태복음 19:16 내가 무슨 선한 일을 하여야 영생을 얻으리이까

마태복음 19:29 영생을 상속하리라

이 구절들은 모두 같은 사건을 기록했는데 저자에 따라 표현이 다릅니다. 개역개정에서는 마태복음 19장 29절에서만 '영생을 상속하리라'고 했습니다. 이것은 본 스토리를 이해하는데 매우 중요한 단어입니다. 성경을 읽어보면 같은 사건을 진술한 것인데 인용 대목의 단어나 어순이 다른 경우가 있습니다. 부자 청년의 말과 예수님의 말씀이 본문에서 인용되었지만, 마가복음과 누가복음에서는 같은 말인데 '영생을 받지 못할 자가 없다'고 했습니다. 그런데 영생을 받는다는 말과 영생을 상속한다는 말은 문맥상 같습니다. 그러나 표면적 차이의 원인에 대해서는 적어도 두 가지 측면을 감안해야 합니다.

하나는 복음서에 나오는 예수님의 가르침과 사건 진술은 세세히 기록한 것이 아니고 간략하게 적은 것입니다. 또한 저자가 드러내고 싶은 부분에 강세점을 두었기 때문에 같은 사건이라도 저자들에 따라서 단어의 선택이나 표현에 차이가 날 수 있습니다. 예수님은 하루 종일 가르치셨습니다. 부자 청년의 경우에도 서로 주고받은 이야기가 많았을 것입니다. 그러나 복음서 저자들은 자신의 필요에 따라 사건의 특정한 측면을 선택하고 약술하였습니다. 어떤 저자는 이 부분을 강조하고 다른 저자는 저 부분을 강조하였습니다. 그래서 사건의 전모를 보다 잘 파악하려면 해당 복음서를 비교해 보는 것이 좋습니다.

복음서에 서술된 사건과 가르침들이 용어나 표현에 차이가 나는 또 다른 이유의 하나는 번역 문제입니다. 번역은 번역자에 따라서 달라집니다. 내용은 같아도 선택하는 단어나 배열에 차이가 생깁니다. 우리가 보는 성경책도 번역판입니다. 같은 번역이라도 여러 가지 전문적인 이유에서 다를 수 있습니다. 이런 경우에 도움이 되는 것이 원문과 대조해 보는 것입니다. 그러나 원문 대조는 진문 지식이 필요하기 때문에 일반 설교나 강해서에서 다루기에는 적합하지 않습니다. 다만 본문 해석에 핵심이 뇌는 부분 하나만 지적하도록 하겠습니다.

마가복음 10장 17절에서 부자 청년이 예수님께 와서 질문을 합니다.

선한 선생님이여 내가 무엇을 하여야 영생을 얻으리이까?

여기에 '얻는다'고 번역한 말은 원문에서 '클레로노메소'인데, 상속한다. 혹은 획득한다(inherit or obtain)의 두 가지 의미가 있습니다. 그래서 공관복음서의 부자 청년 스토리에서 이 두 가지 단어가 섞여서 나옵니다. 개역개정에는 마가복음과 누가복음에서 다 같이 "내가 무엇을 하여야 영생을 얻으리이까"라고 번역했습니다. 그러나 마태복음 19장 29절에서는 예수님이 제자들에게 하신 말씀에서 '영생을 상속'한다고 번역했습니다(참조. 영문성경 NIV. ESV. = will inherit eternal life).

다행히 직역성경에서는 마가복음 10장 17절의 부자 청년의 질문을 "제가 무엇을 행해야 영생을 상속하겠습니까?"라고 직역했습니다. 본인은 본 스토리의 핵심을 '상속'으로 보는 것이 옳다고 생각합니다. 그래서 '상속'이라고 번역한 단어는 다른 곳에서도 '상속'이라고 번역해야 한다고 봅니다.

그럼 무엇을 어떻게 상속한다는 말일까요? 상속한다는 동사는 첫 구원을 가리킨 적이 없습니다. 첫 구원은 상속으로 받는 것이 아닙니다. 일반 개념의 상속은 자격이 있으면 아무 일도 하지 않고 재산을 물려받습니다. 예를 들어 자녀는 부모의 재산을 상속받는데 그냥 받습니다. 그러나 부자 청년 스토리에 나오는 상속은 그런 뜻이 아닙니다. 물론 첫 구원은 우리 편에서 전혀 하는 일이 없이 그리스도의 대속을 믿음으로써 거저 받습니다. 그럼 예수님이 영생을 상속받는다고 하신 것은 무슨 뜻일까요? 문맥을 보아야 합니다. 어떻게 해야 영생을 상속받는다고 하셨습니까?

> 또 내 이름을 위하여 집이나 형제나 자매나 부모나 자식이나 전토를 버린 자마다 여러 배를 받고 또 영생을 상속하리라 (마 19:29).

예수님의 이름을 위해서 희생적인 삶을 사는 자들이 영생을 상속받는다고 했습니다. 그렇다면 오직 믿음으로 받는 첫 구원의 의미가 아니라고 보아야 합니다. 마가복음과 누가복음에 실린 평행 절에서는 영생을 받는다는 말로 표현되었습니다. 그러나 내용은 서로 같기 때문에 마태복음 19장 29절에서 사용한 상속한다는 의미와 일치합니다.

즉, '영생을 받는다'는 말은 내세 천국이나 첫 구원을 받는다는 말이 아니고, '상속을 받는다'는 뜻이라는 것입니다. 사실상 마가복음과 누가복음에서 부자 청년의 질문은 원문으로 보면 '제가 무엇을 행해야 영생을 상속하겠습니까?'라고 나옵니다. 유감스럽게도 직역성경은 마가복음에서는 부자 청년의 질문을 '제가 무엇을 행해야 영생을 상속하겠습니까'라고 직역해 놓고, 누가복음에 나오는 똑같은 질문은 '제가 무엇을 행해야 영생을 얻겠습니까'라고 옮겼습니다. 이것은 불필요한 혼란을 줍니다.

그럼 마태복음에 나오는 부자의 질문에는 왜 상속이라는 말을 사용하지 않았을까요? 마태복음 19장 16절에 나오는 동사는 '가진다'는 뜻의 'have'에 해당하는 말입니다. 상속이라는 단어가 아닙니다. 그래서 '무슨 선한 일을 하여야 영생을 얻으리이까'라고 번역한 것은 옳습니다. 그렇다고 해서 이것이 마가복음과 누가복음에서 사용된 상속이라는 의미와 다르게 쓰인 것은 아닐 것입니다. 사실상 마태는 19장 29절에서 상속이라는 단어를 사용하였습니다.

또 내 이름을 위하여 집이나 형제나 자매나 부모나 자식이나 전토를 버린 자마다 여러 배를 받고 또 영생을 상속하리라 (마 19:29).

이러한 해당 구절들을 종합해 보면 '영생을 받는 것이나' '영생을 상속한다는 것은' 같은 의미임을 알 수 있습니다.

영생을 상속한다는 의미는 무엇입니까?

예수님은 희생적인 신자의 삶을 산 자들은 '영생을 받지 못할 자가 없느니라'(30절)고 하셨습니다. 마태복음에서는 같은 내용인데 '영생을 상속하리라'(29절)고 표현하였습니다. 그런데 상속의 개념은 구약에서부터 사용되었습니다. 대표적인 것이 하나님께서 아브라함에게 주신 약속입니다. 이 약속은 아브라함과 그의 후손에게 가나안 땅을 유업으로 주신다는 것이었습니다. 그런데 이 유업이 어떻게 해서 아브라함의 후손에게 들어왔습니까? 여호수아서에서 보듯이, 이스라엘 백성이 힘써 쟁취한 것이었습니다. 유업은 곧 상속이며 상입니다. 유업은 우리 편에서 하나님의 약속을 꾸준히 믿고 힘써 쟁취하는 것입니다. 그래서 유업은 첫 구원도 아니고 사후 천국에 들어가는 것도 아닙니다.

영생을 상속한다고 한 것은 처음으로 예수를 믿고 구원받는다는 뜻이 아닙니다. 가나안 유업의 상속이 이스라엘 백성의 전쟁 수단을 통해서 획득되었듯이, 영생의 상속도 희생적인 삶과 꾸준한 믿음에 의해서 소유되어야 합니다. 그래서 유업의 주제를 다룬 히브리서 6장 12절에서 이렇게 말했습니다.

여러분은 게으른 사람이 되지 말고 믿음과 인내로 약속을 상속받는 사람

　여기서도 상속이라는 말이 사용되었습니다. 이것은 첫 구원이나 회심을 말하는 것이 아니고 첫 구원을 받은 이후에 주님의 가르침에 따라 약속된 유업을 향해 순종과 희생적인 사랑의 삶으로 받는 복을 가리킵니다. 상속을 받는 것은 구원이 아니고 보상입니다. 다시 말해서 영생을 상속하는 것은 꾸준한 믿음과 순종으로 유업의 상을 받는 것을 의미합니다. 이스라엘 백성은 하나님을 순종했을 때 가나안 땅을 차지했지만, 하나님을 불순종했을 때 유업의 땅을 상실하였습니다. 예수님은 제자들에게 주님의 모범을 따라 순종과 믿음과 사랑의 삶을 살면 현세와 내세에서 보상을 받는다고 약속하셨습니다. 본문에서 영생은 첫 구원 이상의 의미를 가졌습니다. 구원받은 성도들은 복음과 그리스도를 위해 충성스럽고 신실한 삶을 살면 주님의 칭찬과 상을 받습니다.

　스스로 자신에게 던져보아야 할 질문이 있습니다. 나는 주님과 복음을 위해서 현세에서 잃은 것이 있습니까? 주님의 뜻과 주님의 길을 따라가는 삶에는 세상이 원하는 것들을 버려야 하기 때문에 내 편에서 잃는 것이 생깁니다. 나는 집이나 형제나 자매나 어머니나 아버지나 자식이나 전토를 버린 일이 있습니까? 이런 것들에 해당하는 것들이 나에게 그대로 남아 있다면 나는 주님을 따르는 삶을 사는 것이 아닙니다. 그런 삶에는 현세와 내세에서 기대하고 바라볼 상이 없습니다. 주님은 우리에게 넘치게 보상하시는 분입니다. 그런데 주님과 복음을 위해서 잃어버린 것이 있어야 보상되지 않겠습니까?

　부자 청년의 문제가 무엇이었습니까? 그는 땅에 쌓아둔 보물 때문에 하나님이 주시는 상을 받지 못하였습니다. 그래서 주님은 낙타가 바늘구멍으로 들어가는 것이 부자가 하나님 나라에 들어가는 것보다 쉽다고 하셨습니다(눅 18:25). 부자는 첫 구원을 받기가 어렵다는 말씀이 아닙니다.

부자들도 얼마든지 구원받을 수 있습니다. 그런데 재물이든지 권력이든지 명성이든지 이 세상에 속한 것들을 주님과 복음을 위해서 사용하고 희생할 마음이 없으면 어떻게 될까요? 구원 이후에 오는 비교할 수 없는 하늘에 속한 신령한 복들을 현세와 내세에서 누리지 못한다는 것이 예수님의 가르침입니다.

'영생'은 현세와 내세에서 누리는 여러 형태의 축복들입니다. 예수님은 부자 청년에게 소유를 팔아 가난한 자들에게 나누어 주라고 하시면서 그렇게 하면 **"하늘에서** 보화가 네게 있으리라"(마 19:21)고 하셨습니다. 단순히 그냥 천국 들어간다는 말씀이 아니고 하나님 나라에서 받게 될 상이 있다는 말입니다. 그래서 산상 설교에서 "오직 너희를 위하여 보물을 **하늘에** 쌓아 두라"(마 6:20)고 하셨습니다.

영생을 상속받는 것은 첫 구원 이상을 가리킵니다. 이것은 현세에서부터 체험할 수 있는 복들입니다. 예를 들면, 하나님의 품성을 닮으며 그분을 깊이 알아가는 것, 하나님의 임재와 사랑, 심령의 평안과 진리의 깨달음, 구원의 확신과 하나님의 자녀가 되었다는 기쁨, 하나님의 각종 위로와 악으로부터의 보호와 성령의 충만 등등입니다. 그런데 내세에서 받게 될 상은 우리의 상상을 초월합니다. 성경에서는 그러한 하늘에 쌓인 상이 어떤 것들인지에 대해서 자세히 설명하지 않습니다. 너무 좋은 것은 설명할 수 없습니다. 분명한 것은 첫 구원 이후에 행하는 주님을 위한 사랑과 헌신의 삶은 모두 보상된다는 사실입니다.

예수님의 재림 때에 일어날 일을 생각해 보십시오. 예수님은 양과 염소의 비유에서 양들에게는 "예비된 나라를 상속받으라"(마 25:34)고 하셨습니다. 그들이 받는 상의 근거는 주님을 위한 그들의 선행이었습니다(마 25:35~36, 40). 그들이 주님의 형제자매 중에 지극히 작은 자 하나에게 행한 것이 곧 주님을 섬긴 선행으로 간주되었습니다(마 25:40). 냉수 한 잔의 선행을 한 자도 절대로 상을 잃지 않는다고 했습니다(마 10:42; 막 9:41). 그 상을 '영생에 들어가는 것'이라고 표현하였는데(마 25:46) '예비된 나라를 상속받는 것'(마 25:34)과 대등한 의미입니다. 이것은 단순한 천국 입장이 아니고 마지막 심판 때에 받게 될 보상입니다.

주님은 의인들이 주를 위해 행한 여러 선행들을 열거하셨습니다(마 25:35~36). 그 목적이 무엇일까요? 주님은 우리의 선행을 아무리 작은 것이라도 잊지 않고 갚아주시는 분이라는 것을 알리려는 것입니다. 하나님께서는 우리가 그리스도 안에서 선한 일을 하며 살도록 지으셨습니다(엡 2:10). 주님의 이러한 선한 뜻을 따라 사는 것은 우리 모두의 당연한 도리입니다.

47
영생을 받으라
마가복음 10:17

예수께서 길에 나가실새 한 사람이 달려와서 꿇어 앉아 묻자오되 선한 선
생님이여 내가 무엇을 하여야 영생을 얻으리이까 (막 10:17) .

우리는 부자 청년과 상에 대해서 다룰 때 본 스토리가 종전의 구원론
에 대입한 해석이 아닌, 유업론의 관점에서 해석해야 하는 이유를 밝혔습
니다. 여기서는 디모데전서와 마태복음 등의 다른 관련 본문들도 함께 보
면서 보충 설명을 해 드리겠습니다.

전통적인 해석에 의하면 부자 청년이 자기 죄를 확신하도록 예수님이
율법을 사용하셨다는 것입니다(마 19:17~19). 예수님은 부자 청년에게 영
생을 얻으려면 십계명을 지키라고 하셨습니다. 그랬더니 부자 청년이 자
기는 어려서부터 계명을 다 지키면서 살았다고 고백했습니다. 그러나 예
수님은 그에게 모든 재산을 팔아서 가난한 이웃에게 나누어 주라는 구체
적인 명령으로 열 번째 계명을 적용시켰습니다. 부자 청년은 이 말씀을
받아들일 수 없었습니다. 그는 결국 예수님을 따르지 않고 돌아갔기 때
문에 자신이 계명을 다 지킨 것이 아님을 스스로 증명했다는 것입니다.

그래서 본 스토리는 율법 준수로는 구원받을 자가 없다는 것을 가르치
는 말씀이라고 봅니다. 그러니까 예수님이 십계명 중에서도 마지막 계명

인 탐심을 지적하신 것은 부자 청년이 죄인임을 확신케 하여 복음을 믿도록 준비시킨 것이라는 해석입니다.

그러나 이 해석은 한 두 가지 잘못된 전제에서 이끌어 낸 것입니다.

첫 번째 전제는 부자 청년이 예수님을 찾아온 목적이 구원을 받기 위해서였다는 것입니다.

두 번째 전제는 부자 청년은 자신이 십계명을 잘 지켜왔으나 아무래도 무엇이 부족하다고 느꼈으므로 어떤 행위를 해야 온전한 구원을 받을 수 있는지를 물었다는 것입니다. 즉, 부자 청년은 행위 구원을 들고 나왔지만 예수님은 믿음으로 말미암는 은혜 구원을 가르치셨다는 것입니다.

이러한 접근은 지나치게 바울적입니다. '내가 무엇을 하여야 영생을 얻으리이까?'라는 부자 청년의 질문을 빌립보 간수가 감옥에 갇힌 바울과 실라 앞에서 '내가 어떻게 하여야 구원을 받으리까'(행 16:30)라고 질문한 것과 동일시하는 것입니다. 이것은 문맥을 무시한 기계적인 대입입니다. 예수님은 부자 청년의 질문을 바울이 가르친 이신칭의 교리로 답하신 것이 아닙니다.

본 스토리의 이슈는 칭의 구원이나 첫 구원이 아니고 유업의 상에 대한 것입니다. 예수님은 부자 청년에게 재산을 팔아 가난한 자에게 주라고 하셨습니다. 그다음에 예수님이 이어서 어떻게 말씀하셨는지를 주목해야 합니다. "그리하면 하늘에서 보화가 네게 있으리라"(막 10:21)고 하셨습니다. 여기서 예수님이 주신 말씀의 뜻이 무엇입니까? 자선을 행하면 구원받는다는 뜻일까요? 예수님은 부자 청년이 돌아서는 것을 보시면서 제자들에게 재물이 있는 자는 하나님 나라에 들어가기가 심히 어렵도다(막 10:23)라고 하셨습니다.

이 말씀은 예수님이 첫 구원을 받거나 사후 천국에 들어가는 것을 뜻하신 것처럼 들릴지 모릅니다. 그러나 예수님은 '하늘**에서** 보화가 네게 있으리라'고 하셨습니다. 이것은 분명 하늘에 쌓이는 상을 가리킵니다. 예수님을 구주로 믿고 천국에 들어가는 첫 구원은 어떤 선행으로도 받을 수 없습니다.

사도들도 예수님의 말씀을 듣고 그것이 첫 구원을 의미하지 않는다는 것을 알았습니다. 그래서 그들은 그런즉 누가 구원을 얻을 수 있는가?(막 10:26)라고 서로 의아해했지만 이 '구원'의 의미는 첫 구원이 아니고 상을 받는 것임을 베드로의 물음에서 확인할 수 있습니다. 베드로는 우리가 모든 것을 버리고 주를 따랐나이다(막 10:28) 라고 예수께 말씀드렸습니다.

그런데 마태복음 평행 절에는 그런즉 우리가 무엇을 얻으리이까?(마 19:27)라는 말이 붙어 나옵니다. 베드로의 질문은 부자 청년과는 달리, 제자들이 모든 것을 다 희생하고 주님을 따랐으니 '첫 구원을 받은 우리가 사후에 천국에 들어가느냐' 라는 의미로 물은 것이 아닙니다. 그가 물은 내용은 헌신적인 제자의 삶을 살았으니 무슨 보상이 있느냐고 물은 것이었습니다.

그러니까 본 문맥에서 제자들이 말한 '구원'이나 부자 청년이 사용한 '영생'이라는 말은 상호 교환적인 동의어입니다. 신약에서 구원과 상은 밀착된 개념으로 발전하여 구원(헬. sozo)이 마지막에 받는 유업의 상을 가리키는 경우가 적지 않습니다. 생소하게 들릴지 몰라서 몇 군데 예를 들겠습니다.

❖ 바울은 디모데전서 2장 18절에서 이렇게 말했습니다.

그러나 여자들이 만일 정숙함으로써 믿음과 사랑과 거룩함에 거하면 그의 해산함으로 구원을 얻으리라 (딤전 2:15) .

이 말씀은 여자들이 출산을 하기 때문에 첫 구원을 받는다는 뜻이 아닙니다. 그 뜻은 여자들도 해산의 고통을 참고 인내하며 아기를 낳듯이,

정숙하고 꾸준한 믿음과 사랑과 거룩한 삶의 열매를 맺을 때에 마지막 단계의 상을 받는다는 의미입니다.

❖ 바울은 디모데전서 4장 16절에서 같은 의미로 구원이라는 말을 사용했습니다.

> 네가 네 자신과 가르침을 살펴 이 일을 계속하라 이것을 행함으로 네 자신과 네게 듣는 자를 구원하리라 (딤전 4:16) .

여기서 '구원'은 첫 구원이나 사후 천국에 들어가는 것을 가리키지 않습니다. 디모데는 이미 구원을 받은 제자였습니다. 바울의 말은 디모데가 자신의 소명에 꾸준함으로써 자신과 다른 성도들이 받을 마지막 단계의 상을 받는다는 격려입니다.

❖ 예수님은 박해 시기에 인내하며 믿음을 지키는 자들은 구원을 받는다고 하셨습니다.

> 또 너희가 내 이름으로 말미암아 모든 사람에게 미움을 받을 것이나 끝까지 견디는 자는 구원을 받으리라 (막 13:13; 비교. 마 10:22; 24:13) .

여기서 구원은 박해를 잘 견뎌야 받는다는 뜻이 아닙니다. 첫 구원은 하나님의 아들로 세상에 오신 주 예수를 자신의 대속주로 믿을 때 받습니다. 물론 십자가 대속과 함께 예수님의 부활도 믿어야 합니다. 그러나 본 절에서 말하는 구원은 이신칭의의 첫 구원이 아니고 꾸준한 믿음으로 박해에도 불구하고 끝까지 주님께 충성하는 자들이 받게 될 최종 단계의 상입니다.

❖ 바울은 빌립보 교인들에게 말했습니다.

그러므로 나의 사랑하는 자들아 너희가 나 있을 때뿐 아니라 더욱 지금
나 없을 때에도 항상 복종하여 두렵고 떨림으로 너희 구원을 이루라 (빌
2:12) .

여기서 '구원'이 내가 성취해야 하는 일이라면 은혜 구원이 아니고 행
위 구원입니다. '구원을 이루라'는 말은 믿음으로 말미암는 구원을 받은
이후에 하나님의 선한 뜻에 일치하는 합당한 삶을 살라는 것입니다. 즉,
순종과 사랑과 거룩한 삶을 사는 것을 가리킵니다(빌 1:27; 2:14~15, 17). 그
래서 '구원을 이루라'는 말은 "위에서 부르신 부름의 상을 위하여 달려"(
빌 3:14) 가는 것과 같은 의미라고 보아야 합니다. 사실상 바울은 빌립보서
2장 12절에서 '너희 구원을 이루라'고 했는데 '그러므로'가 먼저 나옵니
다. 무엇이 '그러므로'의 문맥입니까? 죽음을 불사한 예수님의 순종과 낮
아지심이었습니다. 그래서 예수님이 지극히 높은 이름을 받으셨다고 했
습니다(빌 2:6~11). 예수님이 사후에 단순히 천국 들어가셨다는 것이 아니
라 영광의 보좌에 앉으시는 보상을 받으셨다는 뜻입니다. 그래서 빌립보
교인들도 바울과 함께 푯대를 향하여 달리는 삶을 통해서 하나님을 기쁘
게 해 드리고 상을 받기 위해 항상 복종하며 하나님을 경외하면서 살아야
한다는 말이었습니다.

하나님께서 원하시는 것은 우리가 단순히 예수만 믿고 의롭다는 선언
을 받는 것으로 그치는 것이 아닙니다. 고난과 희생의 삶을 통해서 우리
가 그리스도와 함께 누리는 공동 상속자가 되게 하는 것이 하나님의 선
한 뜻입니다.

자녀이면 상속자이기도 합니다. 우리가 그리스도와 함께 고난을 받으면,

우리는 하나님이 정하신 상속자요, 그리스도와 더불어 공동 상속자입니다. (롬 8:17, 새번역)

그리스도를 위하여 너희에게 은혜를 주신 것은 다만 그를 믿을 뿐 아니라 또한 그를 위하여 고난도 받게 하려 하심이라 너희에게도 그와 같은 싸움이 있으니 너희가 내 안에서 본 바요 이제도 내 안에서 듣는 바니라 (빌 1:29~30).

다시 본문으로 돌아가서 요약한다면, 부자 청년의 '영생'에 대한 질문은 어떻게 처음으로 구원을 받고 천국에 들어가느냐는 문제가 아닙니다. 이것은 칭의나 첫 구원이 아니고 하나님 나라에 속한 영원한 생명의 체험과 모든 것을 버리고 주를 따르는 삶에 대한 하늘에서의 보상에 관한 가르침입니다(골 3:24). 바울도 '영생'을 미래에 받게 될 최종적인 상의 의미로 사용한 점을 주목할 필요가 있습니다. 바울이 디모데에게 한 말을 들어 보십시오.

오직 너 하나님의 사람아 이것들을 피하고 의와 경건과 믿음과 사랑과 인내와 온유를 따르며 믿음의 선한 싸움을 싸우라 영생을 취하라 이를 위하여 네가 부르심을 받았고 많은 증인 앞에서 선한 증언을 하였도다 (딤전 6:11~12).

여기서 바울이 의미하는 '영생'이 무슨 뜻일까요? 일반적인 의미의 첫 구원이나 사후 천국일까요? 그렇다면 디모데가 아직 거듭난 신자가 아니라는 말입니다. 영생을 취하라고 했습니다. 직역 성경은 '영생을 붙들어라'라고 했는데 올바른 번역입니다.

그런데 영생을 붙든다는 것은 내가 붙잡는다는 말입니다. 만약 여기서 '영생'이 일반적인 의미의 구원이라면 성경의 구원론과 배치됩니다.

은혜 구원은 내가 붙드는 것이 아니고 내가 받는 것입니다. 새번역에서는 '영생을 얻으십시오'(딤전 6:12)라고 했는데 피동적인 의미가 되기 때문에 본문의 뜻을 바르게 전달한 것이 아닙니다. '영생을 취하는 것'은 내 편에서 능동적으로 붙잡는 것이기 때문에 (Take hold of the eternal life, NIV, ESV) 내 편에서 아무 노력이나 공로가 없이 은혜의 선물로 받는 첫 구원과 구별해야 합니다.

영생을 취하는 것은 무엇입니까?

첫 구원을 받은 사람이 부름의 상을 받기 위해 선한 싸움을 싸우며 힘써 전진하는 영적 삶의 자세를 가리킵니다. 바울의 고백을 들어 보십시오.

형제들아 나는 아직 내가 잡은 줄로 여기지 아니하고 오직 한 일 즉 뒤에 있는 것은 잊어버리고 앞에 있는 것을 잡으려고 푯대를 향하여 그리스도 예수 안에서 하나님이 위에서 부르신 부름의 상을 위하여 달려가노라 (빌 3:13~14).

그는 또 골로새서에서 종들에게 주는 권면에서 말합니다.

무슨 일을 하든지 사람에게 하듯 하지 말고 주님께 하듯 목숨을 다해 일하십시오. 여러분은 주님께로부터 유업을 상으로 받을 것을 아십시오. 여러분은 주 마쉬아흐(메시아)를 섬기고 있습니다. (골 3:23-24, 직역성경)

바울은 거룩하고 신실하며 충성된 사랑과 선행의 삶이 장래에 참된 생명을 취하는 것이라고 가르쳤습니다.

선을 행하고 선한 사업을 많이 하고 나누어 주기를 좋아하며 너그러운 자

가 되게 하라 이것이 장래에 자기를 위하여 좋은 터를 쌓아 참된 생명을

취하는 것이니라 (딤전 6:18~19).

여기서 바울이 사용한 '생명'이나 '영생'이라는 말은 부자 청년의 스토리에서 언급된 '영생'이나 '구원' 혹은 '하나님 나라에 들어가는 것'과 유사한 의미입니다. 이러한 표현들은 꾸준한 믿음과 사랑의 삶으로 구원을 거두는 것(reaping)을 의미합니다. 즉, 하나님으로부터 상을 상속받는 것을 가리킵니다. '하나님 나라에 들어가는 것'(막 10:24)은 하나님이 주기를 원하시는 모든 유업의 축복 속으로 들어가는 것입니다. 이것은 누가복음 10장에 나오는 어떤 율법교사가 "내가 무엇을 하여야 영생을 얻으리이까"(눅 10:25)라고 예수께 물었던 질문의 '영생'에 해당합니다.

예수님이 부자 청년의 스토리에서 첫 구원이 아닌 상을 다루셨다는 증거는 스토리가 전개되는 모양을 보면 쉽게 확인됩니다. 특히 본 스토리의 후반부에서 예수님이 상을 시사하셨다는 점이 뚜렷하게 드러납니다. 예수님은 낙타가 바늘귀로 들어가는 것이 재물이 많은 자가 하나님 나라에 들어가는 것보다 쉽다고 하셨습니다. 그러자 제자들은 그럼 누가 구원을 얻을 수 있겠느냐고 놀라워했습니다. 그때 예수님이 주신 말씀이 무엇이었습니까? 사람으로서는 할 수 없지만 하나님으로서는 다 하실 수 있다고 하셨습니다(27절).

무슨 의미입니까? 재물이 많은 자들은 하나님을 위해서 자신의 소유를 다 내놓는 것이 심히 어렵다는 말입니다. 하나님보다 재물을 더 의존하고 자신의 존재 가치를 재물에 두기 때문입니다. 돈을 사랑하고 재물의 축적과 소유에 몰입한 사람들은 하나님과 복음을 위해서 사는 희생적인 삶에 인색하므로 영적 진보에 큰 장애가 된다는 것입니다. 그래서 하늘의 상을 받을 수 있는 가능성이 매우 희박하다는 말씀입니다. 그러나 오직 하나님의 은혜와 능력만이 마지막 구원의 복에 해당하는 하늘의 상을 받

게 하므로 재물이 아닌, 하나님을 의존하라는 가르침입니다.

바울은 부자들에게 줄 교훈을 디모데에게 지시하였습니다.

> 네가 이 세대에서 부한 자들을 명하여 마음을 높이지 말고 정함이 없는
> 재물에 소망을 두지 말고 오직 우리에게 모든 것을 후히 주사 누리게 하
> 시는 하나님께 두며 … 나누어 주기를 좋아하고 너그러운 자가 되게 하
> 라 (딤전 6:17~18) .

그런데 성경의 인물 중에서도 부자가 하나님을 잘 섬긴 경우도 적지 않습니다. 아브라함이나 보아스나 예수님 시대의 아리마대 요셉이나 삭개오가 대표적인 실례입니다(눅 19:9~10).

우리는 이 세상에 살면서 무엇인가 소유하려고 애씁니다. 그것들은 세상살이에서 나의 삶을 지켜주는 것들입니다. 그런데 이 모든 것들은 궁극적으로 사라집니다. 그래서 무엇보다도 주 예수를 대속주로 믿고 구원을 받아야 합니다. 주 예수는 사라지지 않는 우리의 영원한 보화입니다.

그다음 중요한 것은 다음 단계의 구원을 이루는 것입니다. 첫 단계의 거듭남이나 혹은 의롭게 되는 것은 간단합니다. 주 예수를 자신의 대속주로 영접하고 그분의 다스림 안으로 들어가면 됩니다. 주 예수는 하나님이 보내신 대속주며 나의 주님이시라고 진심으로 믿고 고백하면 됩니다. 그런데 중요한 것은 그다음부터입니다. 그것은 받은 구원을 성경의 가르침에 따라 실생활에서 적용하며 실천하는 것입니다. 구원을 과거, 현재, 미래의 삼 단계로 나눈다면 이것은 두 번째 단계입니다. 현재적 구원이라고 할 수 있습니다. 이것은 첫 단계에 속하는 칭의 구원이 아니고 성화의 단계입니다.

예수님은 부자 청년에게 "한 가지 부족한 것"(막 10:21)이 있다고 하셨

습니다. 그것은 모든 것을 다 팔고 주님을 따르는 것이었습니다. 이러한 희생과 포기는 궁극적으로 하늘의 보화와 상을 받는 길이었습니다. 주님은 지상에서 체험적으로 누릴 수 있는 영생은 율법 준수가 아니라, 율법이 지향한 하나님 나라에 들어가는 것이라고 하셨습니다. 즉, 하나님 나라의 주인이신 예수님 아래로 들어가서 사랑과 희생의 삶을 살 때에 현세에서부터 영생을 체험하고 사후에 유업의 상을 받는다고 약속하셨습니다.

영생은 내세에서 죽지 않고 영원히 사는 것만이 아닙니다. 성도들은 예수님의 부활 생명에 참여하기 때문에 끝이 없는 생명을 누릴 것입니다. 그러나 이 측면은 성경에서 영생의 주제를 다룰 때 나오는 우선적 관심이 아닙니다. 영생은 분량이기보다는 질이며 하나님 자신을 아는 것입니다(요 17:3). 영생은 하나님의 성품과 능력과 생명을 체험적으로 이 세상에서부터 알아가는 것입니다. "영생은 영원한 생명이기보다는 영원하신 분을 아는 것이다." (D.A. Carson)

인간은 하나님의 영원한 생명을 체험하면서 살도록 의도되었습니다. 그래서 하나님의 생명이 없으면 인간은 전적으로 만족하거나 안식하지 못합니다. 부자 청년의 경우처럼 아무리 율법을 잘 지켜도 마음은 쉼을 얻지 못합니다. 하나님을 직접적이고 개인적으로 아는 영생의 체험은 새 언약의 약속입니다.

> 그들이 다시는 각기 이웃과 형제를 가리켜 이르기를 너는 여호와를 알
> 라 하지 아니하리니 이는 작은 자로부터 큰 자까지 다 나를 알기 때문이
> 라 (렘 31:34).

그런데 이 약속은 예수 그리스도를 신뢰하고 그분을 나의 구주 하나님으로 믿으며 그분을 신실하게 따르는 순종과 희생의 삶에서 체험됩니다. 우리가 하나님의 뜻에 따라 하늘 시민으로서 합당하고 경건하게 살아

가면 하나님으로부터 칭찬을 받습니다. 사실 신약 성경의 대부분은 첫 구원에 대한 것이기보다는 구원받은 성도들이 어떻게 살아야 하는지를 훨씬 더 많이 다룹니다. 그만큼 중요하기 때문입니다. 구원만 받고 끝날 문제가 아닙니다. 구원받은 성도로서 하나님의 형상을 닮는 성품의 변화를 일으키고 십자가 복음을 전하는 구원 사역에 동참하는 것이 현재적 구원 활동입니다. 이를 위해 우리가 가진 것을 희생하고 유용하게 사용해야 합니다. 그래서 하나님 나라의 능력을 체험하고 영생의 활력이 내 삶에서 흘러나오는 영적 성숙과 진보가 있어야 합니다. 부자 청년은 단순히 십계명을 지키는 수준이 아니라 이러한 하늘에 속한 복을 얻기를 원했습니다. 유감스럽게도 그는 자신이 세상에서 소유한 재물을 "하늘에 속한 모든 신령한 복"(엡 1:3)과 바꿀 수 없었습니다.

우리에게 하나님 나라의 신령한 복을 받고자 하는 열망이 없다면, 내가 가진 모든 것들은 이 세상에서 마침내 쓸모없는 것들이 되고 말 것입니다. 부자 청년은 예수님을 따르지 않았습니다. 그는 자신의 길을 따랐습니다. 그가 나중에 회개하고 예수님을 따랐는지는 알 수 없습니다. 그러나 예수님은 현장을 떠나는 그 청년을 붙잡지 않으셨습니다. 이것이 그의 마지막 기회가 되지 않았기를 바랍니다. 우리는 주님이 나를 기뻐하시고 착하고 충성된 종이라는 칭찬을 하실 일이 무엇인지를 항상 생각하며 한 가지씩이라도 영생의 삶을 실천하며 살아야 하겠습니다.

48

부자 청년과 율법
마가복음 10:17~22

부자 청년의 스토리에서 가장 기억에 남는 인상적인 부분이 있다면 어떤 것일까요? 아마 부자 청년이 예수님의 초대를 거절하고 슬픈 기색으로 돌아서는 장면일 것입니다. 그런데 본문에 언급된 십계명도 자주 인용될 만큼 기억에 남는 부분입니다. 예수님은 "내가 무엇을 하여야 영생을 얻으리이까"(10:17)라는 부자 청년의 물음에 십계명을 대셨습니다. 그래서 신약 교인들은 십계명을 지켜야 한다는 근거 본문으로 자주 인용합니다. 십계명은 역사적으로 크리스천 삶의 좌표가 되었습니다. 성경책이나 찬송가에 십계명과 주기도문이 적혀 있습니다.

그럼 과연 신약 교인들이 십계명을 신앙생활의 표준으로 삼고 지켜야 할까요? 부자 청년에게 예수님이 십계명을 언급하신 의도는 무엇이며 예수님과 율법과의 관계는 어떤 것일까요?

예수님은 부자 청년에게 영생을 얻으려면 십계명을 잘 지키라고 하셨습니다.

부자 청년은 자신이 율법을 잘 지킨다고 자부하였습니다. 그래서 예수님께 그는 계명을 어려서부터 준수했는데 다른 무엇이 더 필요한지를 묻고 싶었습니다. 그는 아마도 예수님으로부터 자신이 계명을 잘 지켜왔으니까 됐다는 말씀을 듣고 싶었는지 모릅니다. 유대인에게는 영생은 전통적으로 토라, 즉 율법이었습니다.

"토라는 위대하다. 왜냐하면 그것을 실천하는 자들에게 현세와 오는 세대에서 생명을 주기 때문이다"(Pirqe Aboth 6:7).

레위기 18장 5절의 말씀을 보십시오. 너희는 내 규례와 법도를 지키라 사람이 이를 행하면 그로 말미암아 살리라 (레 18:5).

바울도 갈라디아서 3장 12절에서 이 구절을 인용하였습니다. 율법은 믿음에서 난 것이 아니니 율법을 행하는 자는 그 가운데서 살리라 하였느니라 (갈 3:12).

그런데 여기서 '산다'는 말은 무슨 뜻일까요? 이스라엘에게 준 율법은 국가 공동체에게 준 것이었습니다. 그래서 백성이 율법을 잘 지키면 나라가 평안하고 농사의 수확이 보장되며 외적으로부터 보호되어 사회가 안정된다는 약속이 따랐습니다. 그런데 부자 청년은 국가적 차원의 안녕보다 자신이 개인적으로 누릴 수 있는 하나님의 축복을 원하였습니다. 그는 이미 부자였습니다. 당시의 유대인들은 부는 하나님의 축복의 증거라고 믿었습니다. 부자 청년은 더 많은 복을 원하여 무엇을 해야 그런 넘치는 복을 개인적으로 받을 수 있겠느냐고 예수께 물었습니다.

그는 계명 준수 이외에 별도의 어떤 일을 행해야 풍성한 축복을 상으로 받지 않을까 하는 기대가 있었던 것 같습니다. 예수님이 그에게 "한 가지 부족한 것"(막 10:21)이 있다고 하셨을 때 그는 매우 기뻤을 것입니다. 계명을 지켜왔기에 다른 일은 다 행할 수 있다고 자신했을 것이고 또 그 한 가지를 행하면 하늘의 풍성한 복을 확보할 수 있다고 내심 즐거워했을 것입니다.

예수님은 왜 부자 청년에게 계명 준수를 하라고 하셨을까요?

우리가 크리스천 삶의 좌표가 십계명이라고 믿는다면, 예수님이 부자 청년에게 준 율법 준수 명령은 당연하다고 생각할 것입니다. 그러나 예수님은 다른 의도에서 율법 준수 문제를 제기하셨습니다. 그 의도가 무엇이었는지는 본 스토리가 어떻게 진행되는지를 살피면 알 수 있습니다. 이것은 신약 교회에서 율법의 역할이 무엇이며 율법이 예수님과 어떤 관계에 있는지를 파악하는 열쇠가 됩니다.

예수님은 부자 청년이 율법을 잘 지켰다고 대답했을 때 이의를 제기하시지 않았습니다. 경건한 유대인들은 십계명을 철저하게 지키는 편이었습니다. 특별히 경건하지 않아도 유대인은 우상 숭배를 하지 않았고 여호와의 이름을 망령되게 부르지 않았습니다. 물론 역사적으로 그들이 바알 신을 섬기기도 했지만, 여호와가 유일신임을 다 믿었습니다. 그들은 안식일도 국가 공동체적인 차원에서 잘 지켰습니다. 그래서 예수님은 부자 청년에게 첫째 계명에서 넷째 계명까지를 잘 지키느냐고 확인하실 필요가 없었습니다.

그런데 나머지 계명들을 지적하신 것은 십계명 전체가 유효하다는 의미였을까요? 혹은 계명 준수로 영생을 얻는다는 뜻이었을까요? 그렇다면 부자 청년은 이미 영생을 얻은 사람이었습니다. 계명을 다 잘 지켰기 때문입니다. 그러나 그는 계명 준수로 받는 복의 수준을 넘어가는 무엇을 원하였습니다.

예수님은 그를 돕기 위해서 그에게 율법을 지키라고 하셨습니다. 그 의도는 율법 자체를 준수하라는 명령을 하기 위해서가 아니었습니다. 일반 바리새인들도 율법 준수를 강조하였고 이스라엘 백성이라면 십계명의 중요성을 모르는 사람이 없었습니다. 그렇다면 예수님이 부자 청년에게 특별히 율법을 지키라고 말씀하실 필요가 없었을 것입니다.

[율법의 계명을 언급하신 목적]

예수님이 율법을 언급하신 것은 십계명이 하나님 나라의 윤리 강령이 되어야 한다거나 혹은 율법 준수로 영생을 얻을 수 있다는 것을 가르치려는 것이 아니었습니다. 이것은 전통적인 해석처럼, 부자 청년의 율법 준수를 확인하신 후에 그가 율법이 지향한 이웃 사랑에 실패했기 때문에 율법으로는 구원을 받을 수 없다는 것을 입증하려는 것이 아니었습니다. 본문은 자력에 의한 행위 구원이나 믿음에 의한 은혜 구원에 대한 가르침이 아닙니다. 그럼 무엇에 대한 것일까요? 한 마디로 예수님에 대한 것입니다.

첫째, 예수님이 누구이신지를 알고 영생을 구하라는 것입니다.

부자 청년은 예수께 달려와서 꿇어앉아 '선한 선생님이여'라고 외쳤습니다. 예수님의 반응이 무엇이었습니까? 부자 청년은 예수님을 선한 선생님이라고 호칭했는데 이것은 존경하는 사람에 대한 일종의 예의였고 잘 보이려는 시도였을 것입니다. 그런데 예수님은 그가 한 말에 마치 꼬투리를 잡듯이 "네가 어찌하여 나를 선하다 일컫느냐"(8절)라고 도전하셨습니다. 그리고 이어서 "하나님 한 분 외에는 선한 이가 없느니라"고 하셨습니다. 이 두 부분의 연관성을 파악해야 예수님의 신분을 바르게 이해하고, 부자 청년이 영생을 받을 수 있는 길이 무엇인지를 알 수 있습니다. 과연 예수님이 무슨 뜻으로 이렇게 두쪽으로 갈라진 말씀을 하셨을까요? 부자 청년은 예수님을 선하신 분으로 존대했습니다. 그런데 과연 그가 예수님의 진정한 신분에 대해서 어느 정도로 알고 '선한 선생님'이라고 불렀을까요?

예수님은 왜 나를 선하다고 하느냐고 반문하시면서 선한 분은 오직 하나님 한 분뿐이라고 하셨습니다. 이것은 예수님은 선하시지 않다는 말씀이 아닙니다. 부자 청년이 예수님을 선한 선생님이라고 한 것은 많은 선생들 중에서 자기가 존경하는 한 선생님이라는 뜻이었습니다. 그러나 예수님의 의도는 부자 청년으로 하여금 예수님의 진정한 정체를 더 생각해 보도록 유도하는 것이었습니다. 만약 예수님이 정말 선하시다면 그는 과연 누구이겠느냐는 것입니다. 오직 하나님만 진정한 의미에서 선하시다면 예수님도 하나님과 동등하게 선하신 분이라는 말씀입니다.

부자 청년이 예수님에게 온 것은 어떻게 해야 하나님이 주시는 넘치는 복을 받을 수 있을 것인지에 대한 조언을 받기 위해서였습니다. 예수님은 물론 그에게 정답을 주실 것입니다. 그러나 그 정답을 받고 영생의 복을 누리려면 그가 예수님에 대해서 생각한 단순한 '선한 선생님' 정도의 수준을 넘어서야 했습니다. 왜냐하면 예수님은 그에게 모든 재산을 버리고 "나를 따르라"라고 하실 것이기 때문입니다. 이러한 전격적이고 절대적인 명령에 순종하려면 예수님이 누구이신지를 알아야 했습니다. 예수님을 그저 한 훌륭한 랍비 정도라고 생각했다면 어떻게 될까요? 자신의 신분과 명예와 안전이 걸린 온 재산을 가난한 자들에게 아낌없이 다 나누어 주고 다른 사도들처럼 예수님을 문자대로 날마다 따르며 동고동락할 수 없을 것이 아니겠습니까?

예수님이 "어찌하여 나를 선하다 일컫느냐"는 질문은 무엇을 보고 나를 선하다고 하느냐? 내가 선하다면 어느 정도로 선하다고 생각하느냐는 것입니다. 예수님이 하나님 한 분 이외에는 선한 이가 없다고 하신 말씀은 부자 청년으로 하여금 예수님과 하나님과의 관계를 엿보게 하는 암시였습니다. 왜 예수님이 그런 식으로 말씀하셨는지 생각해 보라는 것입니다. 다시 말해서 과연 예수님이 누구이신지를 알라는 것입니다.

예수님은 결코 다른 훌륭한 일반 랍비 중의 한 사람이 아니었습니다. 예수님은 누구입니까? 그의 선하심은 다른 랍비들과 비교할 수 없는 절대적 차원의 선하심입니다. 그런 분이 누구이겠습니까? 하나님과 동등하신 분입니다. 세상에는 오직 예수님만 유니크하게 선하십니다. 그는 절대적인 의미의 선하심과 신성을 가지신 분이기에 부자 청년은 예수님의 정체를 먼저 알고 영생에 대한 해답을 들어야 했습니다.

예수님은 인간의 몸으로 세상에 오셔서 죄 없는 완전한 삶을 사셨고, 하나님을 완전한 순종으로 섬기셨습니다. 예수님 자신이 세상 죄를 지고 십자가에 달려 처형되었습니다. 그는 죄인들이 받았어야 할 형벌을 대신 받으시고 대속주가 되셨습니다. 그런데 예수님은 처형된 자로 끝난 것이 아니고 그를 믿는 모든 사람에게 영원한 생명을 주기 위해 부활하셨습니다. 그래서 성경은 예수님이 다시 살아나신 것을 주장하고 현재도 살아서 하나님 우편 보좌에 계신다고 증언합니다.

예수님은 단순히 선한 한 랍비가 아니고 하나님의 아들이시며 절대적이고 신적인 차원의 선하심의 근본이십니다. 예수님은 죄가 없으시며 하나님과 본질적으로 동등하신 분입니다. 그는 부자 청년이 얻기를 원했던 '영생'의 근원이 되시는 분입니다. 예수님은 부자 청년에게 '나를 따르라'고 하셨습니다. 예수님이 직접 자신의 뜻과 능력으로 영생을 공급하는 근원이시기 때문입니다.

둘째, 예수님은 자신과 율법과의 관계를 드러내셨습니다.

예수님은 부자 청년에게 십계명을 준수하라고 하셨습니다. 십계명은 하나님께서 모세를 통해서 주셨습니다. 율법은 이스라엘 백성에게 예수님이 메시아로 오셔서 새로운 이스라엘 공동체를 형성하실 때까지 언약 백성의 삶의 규범이 되도록 주신 국법이었습니다. 그래서 부자 청년이 계명을 어려서부터 다 지켰다고 했을 때 그럼 됐다고 하시지 않고 매우 이상한 명령을 하셨습니다.

무엇이 이상한 것일까요? 예수님은 모세 율법의 준수가 다가 아니라고 하신 것입니다. 부자 청년도 율법 준수로 하나님이 주기를 원하시는 넘치는 생명의 복을 충만하게 다 누리지 못한다는 점은 의식하고 있었습니다. 그러나 그가 예수님으로부터 전 재산을 다 팔아 가난한 자에게 주라는 말씀을 들을 줄은 꿈에도 생각하지 못하였습니다. 예수님의 말씀은 모세 율법을 넘어가는 명령이었습니다. 예수님은 그에게 모세법에 나오지도 않은 특별한 한 명령을 하시면서 지키라고 하셨습니다. 그렇다면 예수님은 모세의 권위를 초월하시는 분입니다.

♣ 모세법을 자신의 권위와 명령으로 대치하시는 분이 누구란 말입니까?

♣ 자신의 말을 순종하면 하늘에 보화가 쌓인다고 선포하시는 분이 누구란 말입니까?

♣ 모세법을 따르는 것이 아니라 예수님 자신을 따르라고 하시는 분의 정체가 무엇입니까?

예수님이 시사하는 것이 무엇인지 생각해 보아야 합니다. 모세 율법은 이스라엘 국가의 근간이 되는 최고의 법이었습니다. 이스라엘 백성은 수천 년 동안 모세의 명령을 따랐습니다. 이스라엘에서 가장 높은 권위를 가진 자가 모세였습니다. 그들은 모세를 믿었습니다. 그래서 예수님은 "모세를 믿었더라면 또 나를 믿었으리니 이는 그가 내게 대하여 기록하였음이라"(요 5:46)고 하셨습니다. 모세는 이스라엘 백성을 예수님께로 인도하는 안내자였습니다. 그래서 예수님이 오셨을 때 모세의 역할은 끝났습니다. 그가 가르쳤던 모세 율법은 예수님이 오심으로 한계점에 이르렀습니다.

그럼 그다음은 어떻게 됩니까? 모세는 뒷자리로 물러서야 합니다. 변화산에서 있었던 일을 생각해 보십시오. 모세와 엘리야가 나타나서 예수님의 임박한 십자가 대속을 알렸습니다(눅 9:31). 그다음 그들은 사라지고 예수님만 남았습니다. 율법을 대변하는 모세와 메시아에 대한 예언을 대변하는 엘리야가 떠나고 예수님만 남았습니다. 그들의 사명이 끝났기 때문입니다. 그때 구름 속에서 제자들에게 "너희는 그의 말을 들으라"(막 9:7)는 하늘의 음성이 들렸습니다. 모세의 말도 아니고, 엘리야의 말도 아닌, 하나님의 아들이신 예수님의 말씀을 들으라는 하나님의 명령이었습니다.

예수님이 부자 청년에게 재산을 가난한 자들에게 나누어주고 예수님을 따르라고 하신 것과 그렇게 하면 하늘의 보화가 있다는 약속은 모세의 율법과 모세의 권위를 넘어가는 말씀이었습니다. 그러니까 부자 청년이 원했던 영생은 모세법의 수준을 넘는 이웃 사랑과 예수님을 최고의 권위로 받아들이고 그를 따르는 삶에서 실현된다는 말씀이었습니다.

영생은 예수님을 단순히 선한 선생님으로 대하는 것으로는 얻을 수 없습니다. 예수님을 신적인 하나님의 아들로 섬겨야 합니다. 예수님은 구원자로 오신 메시아며 신성을 가지신 분입니다. 이 사실을 믿고 주님을 위해 모든 것을 버릴 수 있다면 부자 청년은 영생을 상속받을 것이었습니다. 그러나 부자 청년은 당시로서는 예수님의 절대적인 신적 권위를 받아들일 수 없었습니다. 그가 돌아서는 모습은 세상에서 가장 불행한 모습 중의 하나입니다. 그 사람은 재물이 많은 고로 이 말씀으로 인하여 슬픈 기색을 띠고 근심하며 가니라 (막 10:22).

예수님이 부자 청년에게 요구하신 것은 무엇보다도 먼저 예수님의 신적 신분에 대한 믿음이었습니다. 예수님은 부자 청년에게 자신이 그리스도이심을 주장하신 것이었습니다. 그의 권위는 모세법을 넘어가는 것이었고, 그가 주는 것은 하나님만이 주실 수 있는 영생이었습니다. 그의 명령을 듣고 순종하는 것은 곧 하나님의 명령을 듣고 순종하는 것이었습니다. 그런데 부자 청년은 처음에는 큰 기대를 하고 예수님께 달려와서 무릎을 꿇었지만 돌아갈 때는 빈손이었습니다. 그는 여러 사람들이 바라보는 가운데 절망과 자기 연민과 실패와 수치를 온몸으로 느끼며 무거운 걸음으로 돌아갔습니다. 그에게 한 가지 부족한 것이 무엇이었습니까? 예수님에 대한 전폭적인 믿음이었습니다.

우리는 모두 예수 그리스도를 하나님의 아들과 대속주로 믿을 것입니다. 그런데 우리가 과연 누구를 의존하며 삽니까? 모세를 의존하지는 않습니까? 십계명을 크리스천 삶의 좌표로 삼고 살지는 않습니까? 그렇다면 우리는 모세가 증언한 그리스도이신 예수님을 제쳐두고 더 이상 유효하지 않은 구약 시대에 머물러 있는 셈입니다. 십계명이 전혀 무익하거나 하나님의 선한 뜻이 아니라는 말씀이 아닙니다. 십계명은 하나님이 주신 법이지만 받는 대상과 유효기간이 있었습니다. 대상은 구약 시대에 하나님과 언약을 맺었던 이스라엘 백성이었고, 유효기간은 예수님이 오셔서 새 이스라엘을 건설하시는 때까지였습니다(갈 3:19).

주 예수를 구주로 믿는 새 이스라엘 공동체는 교회입니다. 신약 교회는 더 이상 모세법에 의존하지 않습니다. 모세법의 수준을 상회하는 예수님의 가르침이 모세 율법이 바라보았던 최종 목적지였습니다. 그래서 신약 교인인 우리는 예수님을 구원자로 경배하고 그분의 가르침을 따라 더 높은 수준의 하나님 나라 백성이 되어야 합니다. 예수님의 가르침을 따르면 모세법의 요구를 만족시키고 산상 설교의 수준으로 나아갑니다.

모세 율법은 법이기 때문에 한계가 있습니다. 예를 들어, 율법은 시내 산에서 주어졌을 때 사랑에 대해서 거의 말하지 않았습니다. 시내 산에서 받은 율법 자체에서는 하나님을 사랑하라는 말을 단 한번 언급하였습니다(출 20:6).

나를 사랑하고 내 계명을 지키는 자에게는 천 대까지 은혜를 베푸느니라(출 20:6).

또 이웃 사랑에 대한 지시는 레위기 19장에서 다루었지만 이웃의 경계는 동족에만 한정되었습니다(레19:18; 참조. 레 25:14). 모세는 처음 율법을 받고 40년이 지나서 이스라엘 백성을 대상으로 설교할 때 처음으로 하나님을 사랑하라고 하였습니다(신 5:10; 6:5; 7:9; 10:12, 19; 11:1, 13, 22 ;13: 8;

19:9; 30:6, 16, 20).

모세 율법은 일정기간에만 적용되었던 잠정법이었습니다. 그래서 목표에 이르면 더 나은 것으로 대치되어야 할 성격의 법이었습니다. 그래도 율법은 사랑을 지향하는 화살표였습니다. 율법은 메시아가 오실 때까지 십자가 사랑을 바라보게 하는 공시판이었습니다. 이런 의미에서 율법은 선하고 유익한 것이었습니다. 그럼에도 율법은 모든 시대에 영원히 적용될 수 없는 한계가 있었습니다.

법이란 융통성이 없습니다. 원칙과 규정에 따라 집행되기 때문입니다. 그러나 그리스도의 법은, 사실 법이란 말이 적절하지 않지만, 성령의 자유와 인도를 받기 때문에 율법에서 다루지 않은 것들도 가르쳐줍니다. 또한 시대나 민족이나 문화적 제한을 받지 않고 하나님의 뜻을 더욱 온전하게 드러냅니다. 율법이 어린이 시절의 매뉴얼이라면, 예수님의 가르침은 성년을 위한 지침입니다.

율법은 축복에도 한계가 있습니다. 그러나 예수님의 생명은 받고 더 받을 수 있습니다. 예수님이 오신 목적은 "양으로 생명을 얻게 하고 더 풍성히 얻게 하려는 것"(요 10:10)이었습니다. 우리는 주님의 절대명령에 순종할수록 더 풍성한 생명을 받습니다. 영생은 하나님이 주시려고 하는 하나님 나라의 모든 복들입니다. 이 복은 신자라면 현세에도 체험적으로 받을 수 있고 내세에 상으로 쌓이기도 합니다. 하나님께서는 넘치도록 풍성한 복들을 성도들이 이 세상에서부터 누리고 살기를 원하십니다. 그러기 위해서는 그리스도의 가르침에 순종하여 율법의 상한선을 초월하고 서기관들과 바리새인들의 의를 넘어서야 합니다.

이제 부자 청년의 스토리가 주는 핵심을 요약해 보겠습니다. 본 스토리는 복음을 전하기 전에 율법을 먼저 가르쳐야 한다고 생각하는 사람들이 즐겨 사용합니다. 그들은 예수님이 부자 청년에게 율법을 통해 죄를 확신시킨 후 구원을 받도록 유도했다고 봅니다. 그러나 율법을 안다고 해서 자신의 죄를 반드시 확신하는 것은 아닙니다. 부자 청년은 이미 십계명을 잘 알고 있었습니다. 바리새인과 서기관과 대제사장들은 모두 율법 전문가들이었지만 위선과 살의를 품고 살았습니다. 부자 청년의 질문은 무엇을 해야 구원을 받고 하나님의 자녀가 되느냐는 것이 아니었습니다. 그는 천국에 들어가는 길을 물은 것이 아닙니다. 그의 질문은 무엇을 해야 영생을 '상속'하느냐는 것이었습니다. 즉, 하나님 나라의 모든 복들을 넘치게 받는 길을 물은 것이었습니다.

예수님은 부자 청년에게 율법을 지키라고 하셨고 부자 청년은 율법을 잘 지킨다고 대답하였습니다. 그런데 예수님은 "네가 정말 율법을 잘 지켰는가?"라고 묻지 않으시고 율법보다 더 높은 것을 행하라고 하셨습니다. 예수님이 부자 청년에게 율법으로 시작하신 까닭은 율법 준수가 영생의 길이거나 혹은 율법을 통해 그의 죄를 지적하려는 것이 아니고 예수님과의 새로운 관계를 맺게 하려는 것이었습니다. 예수님은 부자 청년에게 세 가지를 명하셨습니다.

첫째는 율법보다 높은 영성의 레벨로 살라는 것이었고 둘째는 예수님의 개인적인 지시를 순종하라는 것이었습니다. 그리고 셋째는 예수님을 따르라는 것이었습니다.

예수님은 부자 청년에게 모든 소유를 이웃에게 나누어 주라고 하셨습니다. 이런 지시는 율법에 나오는 명령이 아니었습니다. 예수님의 포인트는 율법을 넘어가라는 것이었습니다. 율법 대신에 예수님에게 초점을 맞추고 사는 것이 하나님 나라의 풍성한 복을 상속받는 길이라는 뜻이었습니다. 그런데 예수님은 단순히 그를 믿거나 그의 가르침을 본받는 것이 아니고 그가 가시는 곳은 어디나 따르라고 하셨습니다. 이것은 문자적인 지시였습니다. 즉, 예수님이 출범시킨 하나님 나라의 일꾼으로 들어와서 예수님 아래에서 훈련을 받으라는 것이었습니다. 그러기 위해서 그는 자신이 가진 모든 것을 포기하고 오직 예수님만 신뢰하며 그분의 뜻에 순종해야 했습니다.

　예수님은 지금도 우리를 이런 방식으로 부르십니다. 우리가 진정으로 하나님이 주시려는 복을 상속하려면 우리 각자에게 주시는 특정한 주님의 명령을 순종해야 합니다. 우리는 율법을 앞지르는 영성을 가져야 하고 율법이 할 수 없는 것들을 행해야 합니다. 율법이 언급하지도 않은 높은 수준의 선을 행하며 오직 성령과 주님의 말씀을 따라 살아야 합니다. 그런 성도들은 자신의 삶 속에서 하나님 나라의 능력과 부요를 체험하고 율법의 영성을 추월하는 성령 생활의 기쁨과 안식을 누립니다.

49
열두 보좌와 차등 상급
마가복음 10:31

그러나 먼저 된 자로서 나중 되고 나중 된 자로서 먼저 될 자가 많으니
라 (막 10:31).

부자 청년에 대한 스토리는 현세와 내세에 받는 상이 있다는 말씀에
이어서 처음과 나중의 순서가 바뀔 수 있다는 경고로 마무리됩니다. 상은
누구나 조건 없이 동등하게 받지도 않을뿐더러 순위가 고정된 것도 아니
라는 시사입니다. 본문이 상에 초점을 두었다는 사실은 예수님이 모든 것
을 버리고 주를 따른 자들이 받는 보상에 대한 말씀에서도 확인됩니다. 그
들은 희생한 것보다 백 배로 더 받는다고 하였습니다(10:30).

마태복음 19장에서는 베드로가 예수님께 던진 "우리가 무엇을 얻으리
이까"(마 19:27)라는 질문에 대한 대답으로 열두 보좌에 앉는 영광과 함께
열두 지파를 심판하는 권세를 받는다고 하였습니다. 본문이 첫 구원이 아
닌 상에 대한 것임이 처음부터 분명하게 드러납니다.

내가 진실로 너희에게 이르노니 세상이 새롭게 되어 인자가 자기 영광의
보좌에 앉을 때에 나를 따르는 너희도 열두 보좌에 앉아 이스라엘 열두
지파를 심판하리라 (마 19:28).

열두 보좌에 앉을 사람들은 누구일까요?

예수님을 주님으로 믿는다고 해서 누구나 같은 상을 받지 않습니다. 신자라고 해서 누구나 열두 보좌에 앉아 동일한 심판권을 행사하지 않을 것입니다. 그리스도와 복음을 위해서 박해도 받지 않고 주를 위해서 희생하지도 않고 대체로 누릴 것 다 누리면서 자기 유익에만 집착하고 산 사람이 자기 목숨까지 내놓은 사도들과 동일한 특권을 누리지 못할 것은 당연합니다.

우리는 열두 사도를 모든 신자를 대표한다고 보는 경향이 있습니다. 그러나 본 문맥에서는 모든 신자가 다 열두 보좌에서 동일한 심판권을 행사할 것이라고 보는 것은 무리한 해석입니다. 심판한다는 말은 다스린다는 의미도 있습니다. 이것은 다니엘서 7장에 나온 인자의 왕권과 관련된 개념입니다. 그래서 다스리고 심판하고 영광을 누리는 인자의 왕권에 그의 제자들이 참여한다는 의미가 있습니다.

그런데 이들이 과연 누구입니까? "나를 따르는 너희"라고 했습니다. 이 말씀은 그냥 예수님을 자신의 대속주로 믿는다는 의미 이상입니다. 그렇지 않다면 예수만 믿으면 어떻게 살든지 다 열두 보좌에 자동적으로 앉아서 다스릴 것이라는 말이 됩니다. 설령 같은 자리에 앉아 다스린다고 해도 누리는 영광의 레벨이 다를 것으로 보는 것이 타당한 논리입니다.

"나를 따르는 너희"라야 예수님의 왕권적 다스림에 참여합니다. 그런데 열두 사도들이 어떻게 예수님을 따랐습니까? 베드로의 고백처럼 "모든 것을 버리고" 주를 따랐습니다(28절). 하나님의 나라를 위해서 희생한 자들은 모든 것을 여러 배로 보상받게 될 것입니다. 이런 상은 오직 예수님을 대속주로 믿는 것만이 아니고, 내 편에서 자기 십자가를 지고 힘써 추구해야 합니다(비교. 마 16:24~27). "나를 따르는 너희"라고 한 점을 주목하십시오. 그냥 건성으로 따르는 것이 아니고 몸과 마음과 힘을 다해 따

르는 것입니다. 이것은 예수님이 사도들에 대해서 어떤 평가를 내리셨는
지를 들어보면 쉽게 확인됩니다.

> 너희가 나를 사랑하고 또 내가 하나님께로부터 온 줄 믿었으므로 아버지
> 께서 친히 너희를 사랑하심이라 (요 16:26) .

열두 사도들은 예수님이 하나님께서 메시아로 보내신 아들이심을 믿
었을 뿐만 아니라 실제로 부모와 형제와 집을 버리고 예수님을 따랐습니
다. 또한 예수님은 "너희는 나의 모든 시험 중에 항상 나와 함께 한 자들"(
눅 22:28)이라고 증언하셨습니다. 그래서 그들에게 열두 지파를 다스리는
특권을 주신다고 하였습니다.

> 내 아버지께서 내게 왕권을 주신 것과 같이 나도 너희에게 왕권을 준다.
> 그리하여 너희가 내 나라에 들어와 내 밥상에서 먹고 마시게 하고 옥좌
> 에 앉아서 이스라엘의 열두 지파를 심판하게 하겠다. (눅 22:29~30, 새번역)

그러니까 이스라엘 열두 지파를 다스리는 특권은 예수님이 아무에게
나 주신 것이 아니고 실제로 주님과 복음을 위해서 자신이 가진 것을 다
희생한 사람들에게 국한된 것이었습니다. 라오디게아 교회에게 주신 말
씀에서도 '이기는 자'에게 왕권의 특권이 주어진다고 했습니다.

> 이기는 그에게는 내가 내 보좌에 함께 앉게 하여 주기를 내가 이기고 아
> 버지 보좌에 함께 앉은 것과 같이 하리라 (계 3:21) .

예수님은 인내하며 박해를 겸하여 받은 자들이 백 배의 보상을 받고
내세의 영생도 상속받는다고 하셨습니다. 하나님의 왕국을 위해서 희생
한 모든 것에 대한 보상이 있을 것을 가리킵니다(마 19:29). 이러한 상은 믿

음만으로만 받는 것이 아니고 힘써 추구해야 합니다.

한편, 주를 희생적으로 따른 사도들이 이스라엘 열두 지파를 심판하는 권세를 받는다고 했는데 '이스라엘 열두 지파'가 누구를 가리키는 것일까요? 크게 세 가지 해석으로 나눌 수 있습니다.

- 전통적인 이스라엘 백성이다. 이 경우, 그들로부터 박해를 받았던 열두 사도들이 때가 되면 그들을 심판할 날이 온다는 의미이다(눅 22:28; 고전 6:1~3).
- 회복된 이스라엘 백성을 가리킨다.
- 유대인과 이방인으로 구성된 새 이스라엘 백성을 가리킨다.

예수님의 가르침에서 예수님을 배척하는 이스라엘 백성과 대조적으로 '참 이스라엘' 백성에 대한 주제가 자주 등장합니다.

또 너희에게 이르노니 동서로부터 많은 사람이 이르러 아브라함과 이삭과 야곱과 함께 천국에 앉으려니와 그 나라의 본 자손들은 바깥 어두운 데 쫓겨나 거기서 울며 이를 갈게 되리라 (마 8:11~12).

그런데 '심판한다'는 말은 긍정적인 의미로 '다스린다'는 뜻도 되지만 부정적인 의미에서의 심판 사역도 포함됩니다. 바울은 고린도전서 6장에서 성도들이 세상과 천사들을 심판할 것이라고 했습니다(고전 6:2~3). 하늘 보상의 일부분은 주를 충성스럽게 따른 의롭고 거룩한 성도들이 온 세상에 대한 하나님의 심판과 다스림에 참여한다는 것입니다.

한편, 이스라엘 열두 지파를 새 이스라엘로 본다면, 열두 사도들이 다른 성도들을 다스린다는 뜻이 됩니다. 이 경우, 열두 사도 혹은 그들과 같은 레벨의 사람들, 예를 들면 바울과 같은 자들이 다른 성도들을 다스릴 것이기에 그들이 받는 다스림의 상급은 리더십의 상을 받지 못한 자들과 차등이 있다고 볼 수 있습니다.

우리는 지난 강해에서 부자 청년과 관련된 본문들에 나오는 구원이나 영생 혹은 하나님 나라에 들어가는 용어들의 의미가 처음 주 예수를 믿고 받는 구원이 아니라, 미래적 구원인 상과 관련된 것이라는 점을 살펴보았습니다. 그런데 이 점을 더 확인할 수 있는 대목이 같은 항목에서 이어져 나옵니다. 즉, 부자 청년의 스토리가 나온 다음에 야고보와 요한이 예수님께 구체적으로 구한 것이 있었습니다. 그들은 주님이 영광의 자리에 앉으실 때 자기들을 주의 우편과 좌편에 앉게 해달라고 요청했습니다 (막 10:35~40; 마 19:20~23).

이것은 열두 사도가 열두 지파를 심판하리라는 말씀과 연결해서 보면 (마 19:28) 야고보와 요한의 청원은 분명 사후 천국에 들어가는 구원이 아니라, 하나님 나라에서의 상을 염두에 둔 것이었습니다. 예수님이 그들에게 주신 대답에서도 이 점이 확인됩니다. 예수님은 그들의 요구를 묵살하시지 않고 고난의 잔을 마실 수 있는 자들에게 그러한 특권이 주어진다고 하셨습니다. 그리고 궁극적으로 그런 상은 하늘 아버지께서 예비하셨으므로 하나님을 신뢰해야 한다고 가르치셨습니다(마 20:20~23; 막 10:35~40). 예수님의 대답도 분명 상을 염두에 두신 말씀이었습니다.

예수님이 갈릴리 호수의 어부들에게 '나를 따르라'고 하신 것은 이러한 놀라운 특권을 주시려는 것이었습니다. 이것이 곧 부자 청년에게 '나를 따르라'고 하신 의미입니다. 주님은 우리에게도 '나를 따르라'고 하셨습니다. 우리가 과연 주님의 왕권에 참여할 수 있도록 주님을 따르고 있는지 깊이 반성해 보아야 하겠습니다.

상급의 레벨과 순서는 바뀔 수 있습니다.

마태복음과 마가복음에서 예수님은 먼저 된 자로서 나중 되고, 나중

된 자로서 먼저 될 자가 많으리라는 말씀을 덧붙이셨습니다(마 19:30; 막 10:31). 처음과 나중은 상의 등급이 있다는 뜻입니다. '먼저 된 자'들은 '나중 된 자'들에 비해 주님과 복음을 위해 훨씬 더 많이 봉사하고 하나님과의 관계도 매우 각별합니다. 그래서 신앙 체험이 깊고 성경 말씀도 잘 압니다. 그들 중에는 존경받는 자들도 있고 유명한 분들도 계십니다. 그러나 이러한 순서는 역진될 수 있습니다. 처음에는 주님을 잘 섬기던 자들이 나중에 가면 시들해지기도 하고 큰 죄에 빠지거나 지지부진한 신앙생활을 하다가 일생을 마치기도 합니다. 그런데 나중에 주님을 믿게 된 자들이나, 혹은 처음에는 별다른 영적 진보가 없었던 자들이 앞서 간 자들보다 더 경건하고 헌신적인 경우도 있습니다. 사람의 눈에는 높게 보였던 자들이 알고 보니 낮은 레벨의 영성을 지닌 자들임이 드러나기도 합니다.

이런 의미에서 상은 맡아놓은 것이 아닙니다. 상은 잃을 수도 있고, 잃었다가 다시 받을 수도 있습니다. 상은 많이 받을 수도 있고 적게 받을 수도 있습니다. 중요한 것은 끝까지 일편단심으로 주님을 충성스럽게 섬기는 것입니다. 혹 넘어졌더라도 얼른 일어나서 앞을 향해 다시 달려가야 합니다. 그래서 우리는 제자리걸음을 하거나 뒷걸음질치지 않도록 조심해야 하고, 앞서 간다고 안심하거나 교만하지 말아야 하겠습니다. 바울은 고린도 교인들에게 "선 줄로 생각하는 자는 넘어질까 조심하라"(고전 10:12)고 하였습니다.

마태복음에서는 부자 청년에 대한 스토리가 '먼저 된 자로서 나중 되고 나중 된 자로서 먼저 될 자가 많으니라"(마 19:30)는 말씀으로 끝납니다. 그리고 이어서 나오는 포도원 품꾼들에 대한 비유의 마지막도 같은 말씀으로 마무리됩니다(마 20:16). 이것은 부자 청년의 스토리가 첫 구원이 아닌, 상에 대한 것임을 재차 확인해 줍니다. 다시 말해서 예수님이 "먼저 된 자로서 나중 되고 나중 된 자로서 먼저 될 자가 많으니라"(마 19:30)고 하셨을 때 염두에 두신 것은 과거적 구원이라는 의미의 첫 구원이 아니고, 미래적 구원의 축복에 속하는 마지막 상이었다는 말씀입니다. 첫 구원은 언제 받았든지 변하지 않습니다. 먼저 믿었든지 나중에 믿었든지 구원받은 신분은 변하지 않습니다. 물론 첫 구원은 빨리 받을수록 좋습니다. 그러나 상의 경우에는 포도원 품꾼의 비유에서 보듯이, 중요한 것은 언제 시작하느냐가 아니고 어떤 자세로 어떻게 마치느냐는 것입니다.

그렇다면 우리는 언제 부름을 받았든지, 남이 알아주든지 말든지 주님 앞에서 내 할 일을 해야 합니다. 주님은 때가 되면 높일 자를 높이시고 낮출 자를 낮추십니다. 주님의 평가는 항상 공평합니다. 주님이 가지신 저울에는 오차가 없습니다. 다른 사람이 나의 헌신을 보지 못해도 주님은 놓치지 않고 다 보십니다. 주님이 보시고 인정하시는 희생과 선행은 주님이 반드시 갚아 주십니다.

그러나 사람의 눈을 속이고 경건한 척하고 주님을 잘 섬기는 것처럼 보이는 위선적인 삶은 아무리 사람의 칭찬과 인정을 받아도 하나님의 정밀한 저울에 달았을 때 실체가 없는 거짓이었음이 드러날 것입니다. 하나님의 자녀가 그런 식으로 살면 심판을 받는다고 성경에서 여러 번 경고했습니다. 우리가 그런 처지에 빠진다면 하루속히 자기 죄를 고백하고 회개해야 합니다.

희생한 것에 대한 보상도 백 배나 된다는 약속은 보상이 후할 뿐만 아니라 희생의 분량과 관계된 것을 시사합니다. 주님의 나라를 위해 희생한 것에 대한 보상은 비례적입니다. 그러나 백 배의 보상을 받는다는 것은 보상이 반드시 정비례하지는 않을 것임을 시사합니다. 하나님의 보상은 매우 후하기 때문입니다.

아무튼 이 말씀은 예수님이 차등 상급을 전제하셨음을 알 수 있습니다. 차등 상급이라는 말은 싫어하는 분들이 많습니다. 그 이유의 하나는 성경의 가르침보다는 현대 사회의 차별주의 배척이나 민주주의 체제의 평등성 개념의 영향이라고 봅니다. 그러나 차등 상급은 "각각 자기가 일한 대로"(고전 3:8; 계 22:12) 받는 것이므로 차별이 아니고 오히려 공정한 평가이며 하나님의 공평한 품성의 반영입니다.

차등 상급이라는 것이 과연 있을까요? 성경의 가르침에 근거해서 있다고 대답할 수 있습니다. 십자가 대속과 부활을 믿고 예수를 주라고 고백하는 자들이라면 모두 천국에 들어갑니다. 그러나 모든 신자가 사후 천국에서 완전히 동등하고 차등이 없는 하늘의 상을 누리지는 못할 것입니다. 포도원 품꾼들처럼 기계적이고 자기중심적인 평등 개념은 후함과 놀라움의 요소를 가진 천국 상급의 초점과 맞지 않습니다.

✤ 바울의 실례를 든다면 도움이 될지 모르겠습니다. 바울은 많은 고난을 받았고 다른 사도들 못지않게 복음과 그리스도를 위해 수고하였습니다. 하나님께서는 바울을 크게 기뻐하셨습니다. 그래서 때가 되면 그를 여러 성도들과 천사들 앞에서 착하고 충성된 종이라고 높이실 것은 의심의 여지가 없습니다.

그럼 우리는 어떨까요? 우리와 같은 일반 신자들이 내세 천국에 들어갔을 때 바울과 동등한 레벨의 칭찬과 상을 받을 수 있을까요? 만약 우리가 차등 없이 천국에 들어가서 같은 영광과 특권을 누린다면, 왜 신약 성경에서 그토록 많은 분량을 할애하면서 박해를 견디며 인내와 순종과 희생의 삶을 살라고 권면했을까요? 누구든지 같은 보상을 받는다면 구태여 희생하고 애쓸 필요가 없지 않겠습니까? 그러나 지상에서의 삶에 따라 내세에 받는 영광의 레벨에 차이가 나기 때문이라고 본다면 그러한 권면의 필요성이 당연하다고 할 수 있습니다. 그렇다면 차등 상급이 공평하지 않다고 불평할 수 없습니다.

✤ 차등 상급에 대한 뚜렷한 본문의 하나는 야고보와 요한이 예수님에게 주님 좌우편에 앉게 해 달라는 부탁을 했을 때입니다(막 10:35~40). 주님은 이렇게 대답하셨습니다.

내 좌우편에 앉는 것은 내가 주는 것이 아니라 내 아버지께서 누구를 위하여 예비하셨든지 그들이 얻을 것이니라 (마 20:23).

예수님은 하나님께서 예비하신 영예와 권세와 중책의 자리가 있음을 긍정적으로 인정하셨습니다. 만약 하나님 나라에서 아무런 차등이 없다면 예수님은 야고보와 요한에게 다 같은 자리에 앉게 될 테니까 자리다툼 자체가 무의미하다고 하셨을 것입니다. 그러나 예수님은 영예와 권세를 누리는 정해진 자리가 있음을 부인하시지 않았습니다. 그런데 그 자리는 하나님이 준비하시고 하나님이 정한 자들에게 주신다고 했습니다. 또한 영예의 자리는 분명 고난과 관계가 있지만, 야고보와 요한이 고난의 잔을 마신다고 해서 반드시 주님의 좌우편에 앉는다는 보장은 없다고 하셨습니다. 최종적인 결정은 하나님의 뜻에 달렸기 때문입니다. 만일 차등 상급이 없다면 이 대답은 무의미하고 모순된 말이었을 것입니다.

너희 중에는 그렇지 않을지니 너희 중에 누구든지 크고자 하는 자는 너희를 섬기는 자가 되고 너희 중에 누구든지 으뜸이 되고자 하는 자는 모든 사람의 종이 되어야 하리라 (10:43~44).

여기서도 예수님은 하나님 나라에서 큰 자와 으뜸이 되는 자가 있음을 전제하셨습니다. 그렇지 않다면 큰 자나 으뜸이 되기 위해서 섬기는 자가 되어야 하고 종이 되어야 한다는 말은 불필요했을 것입니다. 만일 모든 사람이 동일하게 큰 자가 되고 으뜸이 된다면 종노릇을 해야 한다는 전제 조건은 비현실적입니다. 왜냐하면 모든 자가 다 종노릇을 하지 않으며 동일한 고난을 받지도 않기 때문입니다.

❖ 차등 상급을 시사하는 또 다른 본문은 산상 설교에도 나옵니다.

그러므로 누구든지 이 계명 중의 지극히 작은 것 하나라도 버리고 또 그

천국에서 받게 될 각 성도에 대한 평가는 작은 자와 큰 자로 구별될 것
이기에 상급의 차등이 있을 것을 시사합니다.

예수님은 자신을 섬기는 자의 모범으로 제시하셨습니다(10:45). 예수
님은 절대적인 희생을 치르신 종이었습니다. 그 결과가 무엇이었습니까?
그는 하나님 나라에서 가장 높여지셨습니다(빌 2:6~11). 신자들 중에도 하
나님의 나라를 위해서 기여하며 희생하는 분량은 동일하지 않습니다. 누
구나 종이 되어야 하지만 누구나 동일한 종노릇을 하지는 않습니다. 따라
서 그에 대한 상도 다르다고 보아야 합니다. 하나님께서는 각자가 행한 대
로 갚아 주시기 때문입니다(마 16:27; 계 2:23; 22:12; 시 62:12).

그런데 모든 사람이 동일하게 행하지 않습니다. 사실상 신약에서 상은
여러 종류의 낱말로 표현되었는데 대부분 각자 행한 것에 대한 갚음이기
때문에 비례적인 의미를 가지고 있습니다. 일례로서 '미소스'(misthos)라는
헬라어 단어는 보상(reward, recompense) 혹은 품삯(wages)이라는 뜻이므로 자
체적으로 차등 개념이 내재되어 있습니다(고전 3:14; 계 22:12).

ESV Study Bible 주석은 보상(헬. misthos)이라는 말은 신자들에 대한 상
과 불신자들에 대한 형벌에 등급(degrees of reward)이 있음을 시사한다고 설
명합니다. (비교. 눅 12:47, 48; 고전 3:14, 15).

예수님을 믿은 자들은 이미 믿음으로 의롭게 되었고(롬 5:1), 마지막 날에 정

죄를 받지 않을 것이다(요 5:24; 롬 8:1, 33). 그렇지만 하나님은 여전히 그들의 행위를 심판하실 것이며(롬 14:10~12; 고후 5:10) 그들의 행위에 따라 상을 주실 것이다(마 6:1~6, 16, 18; 10:41~42). (ESV Study Bible 주석. 고전 3:14~15)

구원의 마지막 단계에서 받는 하늘의 상은 다양성과 차등성이 있음을 예수님을 위시하여 신약 성경의 저자들이 일치된 증언을 합니다. 먼저 된 자와 나중 된 자에 나오는 '첫째(first)와 '마지막' (last)이라는 단어 자체가 이 점을 시사합니다. 이것은 예수님이 하늘에서의 차등 상급을 부인하시지 않았음을 말합니다(ESV 주석, 마 20:16). 사실 구약에서도 차등 상급에 대한 언급이 나옵니다.

> 지혜 있는 자는 궁창의 빛과 같이 빛날 것이요 많은 사람을 옳은 데로 돌아오게 한 자는 별과 같이 영원토록 빛나리라 (단 12:3).

지혜 있는 자가 받는 상은 별처럼 빛나는 가시적인 영광을 포함할 것입니다. 그리고 다른 사람의 삶에 선한 영향을 주는 일의 과소에 따라 별의 영광이 다르듯이 차등이 있게 될 것입니다(비교. 고전 15:41). 다니엘에게 하나님은 "네가 평안히 쉬다가 끝날에는 네 몫을 누릴 것임이라" (단 12:13)고 한 것은 다니엘이 받을 유업의 상에 대한 약속이었습니다.

상급과 포도원 품꾼 비유

흔히 포도원 품꾼의 비유(마 20:1~16)를 들어 차등 상급은 없다고 주장합니다. 모든 품꾼들이 언제 일을 시작했든지 원래 약속된 액수의 보수를 받았다는 것입니다. 그래서 본 비유는 다 같은 구원을 받는다고 전제하고 차등 상급이 없다고 해석합니다. 그들은 구원과 유업을 동일한 것으로 보고 상도 구원으로 간주합니다. 그러나 다음 이유에서 본 스토리는 구원받은 자들에게 주어지는 상에 대한 부차적인 말씀이라고 봅니다. 앞에서 지적했듯이, 마태복음에서 부자 청년에 대한 스토리가 이렇게 끝납니다.

> 그러나 먼저 된 자로서 나중 되고 나중 된 자로서 먼저 될 자가 많으니라 (마 19:30).

그런데 이어서 나오는 포도원 품꾼에 대한 스토리도 같은 말로 끝나는 점을 주목하십시오.

> 이와 같이 나중 된 자로서 먼저 되고 먼저 된 자로서 나중 되리라 (마 20:16).

♣ 마태복음 19장의 부자 청년 스토리와 20장의 포도원 품꾼들의 두 개의 스토리가 연속되어 나올 뿐만 아니라 동일한 구절로 끝나는 것은 주제가 서로 연결되었다는 뜻입니다. 다시 말해서 마태복음 19장의 부자 청년의 스토리에 담긴 아이디어가 마태복음 20장에서 계속 발전되면서 상에 담긴 놀라움의 측면을 부각하고 있습니다.

그러니까 상의 주제를 다 같이 다룬 것인데 상에는 우리를 놀라게 하는 점이 있다는 것입니다. 포도원 품꾼의 스토리에서 하나님이 상을 주시는 방법은 전적으로 예상하지 못한 것이었습니다. 먼저 된 자가 나중 되고, 나중 된 자가 먼저 된다는 것은 일반적인 기대나 논리가 아닙니다. 이것은 상에는 우리의 기대나 예상을 넘어가는 요소가 있다는 시사입니다.

♣ 본 비유의 핵심 포인트는 놀라움입니다

마지막 상에는 놀라움의 요소가 있을 것입니다. 이것은 부자 청년의 스토리에서 이미 지적되었는데 여기서 다시 강조되었습니다. 부자 청년은 계명을 잘 지켰습니다. 그는 큰 부자였습니다. 당시의 유대인들은 재물이 많은 것은 하나님의 축복의 증거라고 믿었습니다. 그렇다면 부자 청년이 당연히 하나님 나라에 들어가야 하지 않겠습니까? 그러나 예수님이 부자가 천국에 들어가는 것이 낙타가 바늘귀로 들어가는 것보다 더 어렵다고 하시자 제자들이 크게 놀랐습니다. 제자들이 매우 놀라 서로 말하되 그런즉 누가 구원을 얻을 수 있는가 하니 (막 10:26; 마 19:25).

여기서 제자들이 매우 놀랐다고 하는 '놀라움'의 요소가 포도원 품꾼의 스토리에 그대로 반복되었습니다. 그래서 '놀라움'의 요소가 곧 상의 성격을 이해하는 열쇠입니다. 그럼 놀라움의 요소는 구체적으로 어떤 것들일까요?

첫째, 본 비유의 핵심은 천국에서 모든 사람이 전적으로 동등하다는 것을 말하려는 것이 아닙니다.

택함 받은 주의 백성은 동일하게 사후 천국에 들어갑니다. 그러나 신약 곳곳에서 마지막 하늘 상급에는 특권이나 책임의 영역에서 다양성과 차등이 있을 것이라고 말합니다(마 24:45~47; 고전 15:40~41; 빌 4:17~19; 단 12:13). 무엇보다도 '먼저'와 '나중'이라는 말 자체가 이러한 차이를 드러냅니다. 이것은 통상적인 천국관에 맞지 않습니다. 이것은 상급의 놀라운 측면입니다. 하늘 상급은 차별이 아니고 행위대로 갚아주는 보상이므로(계 22:12) 이를 받고 못 받거나 혹은 더 받고 덜 받는 것은 불공평한 차별이 아니고 합당한 차등입니다.

둘째, 하늘 상급은 고정적인 것이 아니고 유동적입니다.

상급이 행위대로 갚아주는 것이라면 먼저와 나중이 뒤바뀔 수 있습니다. 개인의 행위는 대체로 일정하지 않기 때문에 상의 획득과 상실의 가능성을 내재하고 있습니다. 이스라엘 백성은 가나안 땅을 유업으로 받았지만, 우상 숭배에 빠졌을 때 약속의 땅에서 쫓겨났습니다. 그래서 성경은 하나님 나라의 일꾼으로서 힘들어도 끝까지 신실해야 한다고 말합니다. "네가 죽도록 충성하라 그리하면 내가 생명의 관을 네게 주리라"(계 2:10)고 하였습니다.

감사하는 마음이 없이 형식적인 눈가림이나 자신의 공정 개념을 내세워 더 받을 권리를 주장하는 태도는 주인의 칭찬을 받지 못합니다. 품꾼들은 원래 일할 곳이 없는 자들이었습니다. 아무도 그들을 고용해 주지 않았습니다. 그런데 포도원 주인이 그들을 동정하여 일을 시켰습니다. 그렇다면 주인의 선처를 생각하고 감사해야 할 것입니다. 먼저 온 자들은 나중 온 자들도 자기들과 같은 품삯을 받자 주인을 불공정하다고 원망하였습니다(마 20:10). 그들은 더 받을 줄 알았기 때문입니다.

그들의 문제가 무엇이었습니까?

• 그들은 자신들의 장시간의 노동에 대해 상당히 자랑스럽게 여겼습니다.

• 그들은 나중에 온 자들에 대해서 비판적이었습니다.

• 그들은 나중에 온 자들에게도 동일한 품삯을 지불하는 주인의 후함을 못마땅하게 여겼습니다.

마지막 결산의 때가 되었을 때 어떤 일이 일어났습니까?

• 그들은 자신들이 바랐던 것만큼 풍성한 보상을 받지 못하였습니다.

• 자신들의 실적을 뽐내고 자랑하는 자들은 오히려 꼴찌가 되는 놀라운 역전의 고배를 마시게 됩니다.

• 최종 이벤트에서는 어떤 이들은 높여지고, 어떤 이들은 낮추어져서 우리 모두를 놀라게 할 것입니다. '나중 된 자'라도 예상을 깨고 놀랍게도 후한 상을 받을지 모른다는 것이 본 비유의 한 교훈입니다.

셋째, 하나님을 섬겨서 상을 받는 일은 반드시 시간의 장단에 좌우되지 않습니다.

아마 본 스토리는 사도들에게 일차적으로 적용되어야 했을지 모릅니다. 사도들은 일찍부터 예수님의 일꾼들로 부름을 받았으므로 자기들은 첫째가 되고 더 많은 품삯을 받아야 한다고 당연시했을 것입니다. 그러나 우리가 언제 주님을 믿고 섬기기 시작했느냐가 중요하기보다는 어떤 마음의 자세로 주님을 섬기는지가 더 중요합니다.

포도원 품꾼들은 계산적이었고 주인의 일보다 자신들의 이익만 챙기려고 했습니다. 그들은 주인의 너그러움에 동조할 수 없었습니다. 그런 자세로 일에 임하는 품꾼들이 주인의 마음에 들지 않았을 것은 쉽게 짐작할 수 있습니다.

상을 말하면 부정적으로 받아들이는 분들이 적지 않습니다. 상 바라고 예수 믿느냐고 반문하거나 하나님은 공평하시기 때문에 주 예수를 믿는 신자들은 모두 같은 천국에 들어간다고 말합니다. 또 상은 상업적이고 세속적인 동기부여로 사용되기 때문에 신자들의 관심사가 되어서는 안 된다고 반대합니다. 상황에 따라 맞는 말일 수 있습니다. 상 받기 위해서 예수를 믿는다고 말하면 이기적으로 들립니다. 상이 동기부여가 되는 것은 사실이지만 예수를 믿는 일차적인 동기가 되어서는 안 됩니다. 신자는 무엇보다도 예수 그리스도의 십자가 사랑과 복음의 진리를 믿기 때문에 하나님을 섬깁니다. 그러나 주님의 가르침에 따라 사는 착하고 충성된 종들에게 상 주기를 기뻐하시는 하나님도 믿고 감사해야 합니다.

하나님은 과연 공평하십니다. 그래서 공평한 심판을 내리십니다. 천국 갈 사람 천국 가게 하시고 지옥 갈 사람 지옥 가게 하십니다. 그러나 사후 천국에 들어가는 것과 상(유업)은 동일하지 않습니다. 모든 신자는 천국에 들어가지만 모든 신자가 다 같은 상을 받지는 않습니다. 주님은 모든 신자에게 "잘하였도다 착하고 충성된 종아"(마 25:21, 23)라고 칭찬하시지 않습니다. 그래서 그리스도의 심판대에 대한 경고가 있습니다(고전 3:8~15, 고후 5:10).

성경은 우리가 알고 싶어 하는 만큼 구체적으로 상에 대해 자세하게 말하지 않습니다. 그러나 적어도 하나님은 자기를 찾는 사람들에게 상을 주시는 분이시라는 것을 믿어야 합니다. (히 11:6, 새번역)

바울도 말합니다.

> 무슨 일을 하든지 사람에게 하듯 하지 말고 주님께 하듯 목숨을 다해 일하십시오. 여러분이 주님께로부터 유업을 상으로 받을 것을 아십시오. (골 3:23~24, 직역성경)

우리는 주님의 모범을 따라 고난을 참고(히 12:2) 믿음과 인내로(히 6:12) "푯대를 향하여 그리스도 예수 안에서 하나님이 위에서 부르신 부름의 상을 위하여"(빌 3:14) 달려가야 합니다. 하나님께서 약속하신 유업의 상은 하늘 아버지의 너그럽고 후한 성품의 배려이며 "피곤한 손과 연약한 무릎을 일으켜"(히 12:12) 세우게 하는 부성적 격려입니다.

50
상은 무엇인가?
마가복음 10:28~31

나와 복음을 위하여 집이나 형제나 자매나 어머니나 아버지나 자식이나
전토를 버린 자는 현세에 있어 집과 형제와 자매와 어머니와 자식과 전
토를 백 배나 받되 박해를 겸하여 받고 내세에 영생을 받지 못할 자가 없
느니라 (막 10:29-30).

일반적으로 무엇을 바라고 선행을 하는 것은 순수하지 않다고 봅니다.
선은 선 자체를 위해서 행해야 한다는 것입니다. 매우 이상적이고 고상하
게 들립니다. 그런데 문제는 나의 선행에 대해서 하나님이 어떻게 보시느
냐는 것입니다. 나는 선을 행한 후에 잊을지 모릅니다. 아무런 대가를 바
라지 않고 선을 행하는 사람들은 자신의 선행을 구태여 마음에 담아두지
않습니다(마 25:37-39). 응당 행해야 하는 일로 알기 때문에 자신의 선행이
기억되는 일에 관심이 없습니다. 그런데 하나님께서는 신자들이 행하는
선행에 대해서 절대로 잊지 않으십니다(마 10:42).

하나님은 불의하지 아니하사 너희 행위와 그의 이름을 위하여 나타낸 사
랑으로 이미 성도를 섬긴 것과 이제도 섬기고 있는 것을 잊어버리지 아
니하시느니라 (히 6:10).

하나님은 반드시 선을 행한 자를 찾아내십니다. 그리고 상을 주십니다. 왜 그렇게 하실까요? 하나님이 원래 그런 성품을 가지신 분이기 때문입니다. 하나님을 기쁘게 하는 선행은 하나님이 갚아 주십니다. 왜 갚아 주실까요? 하나님께서는 자신이 빚을 진 것처럼 여기시기 때문입니다. 하나님께 빚을 지우기 위해서 선을 행하는 사람이 있겠습니까? 아무도 없습니다. 그러나 하나님은 우리의 선행을 갚아야 한다고 생각하십니다. 그렇게 하실 필요가 있을까요? 전혀 없습니다. 우리가 주님의 이름으로 선을 행하는 것은 당연한 일입니다. 우리 편에서 보면 하나님께서 선을 행하라고 명령하신 것을 순종했을 따름입니다(눅 17:10). 이것은 우리의 자랑이 될 수 없습니다. 우리가 선을 행할 수 있도록 우리 마음을 움직이시고 기회와 능력을 주신 분은 하나님이시기 때문입니다. 네게 있는 것 중에 받지 아니한 것이 무엇이냐 네가 받았은즉 어찌하여 받지 아니한 것 같이 자랑하느냐 (고전 4:7).

그렇다면 나의 선행에 대한 하나님의 보답은 순전히 은혜입니다. 소자에게 물 한잔 준 것과 같은 작은 선을 행한 것인데도 하나님께서는 여러 배로 갚아 주신다고 하셨습니다(마 10:42). 그래서 선은 선 자체를 위해서 행해야 한다든지, 선행에 대한 대가를 기대하는 것은 옳지 않다고 말할 수 없습니다. 세상 나라에서는 그런 식의 고등 윤리가 수준 높게 들릴지 모릅니다. 그러나 신자들의 선행은 하나님의 영광을 위한 것이며 하나님을 기쁘게 해 드린다는 구체적인 목적을 가진 것입니다. 그래서 선을 행하고 하나님의 갚으심을 기대하는 것은 잘못된 것이 아닙니다. 그것은 하나님께서 그렇게 하신다고 약속하신 것을 믿는 것이며 갚아 주기를 좋아하시는 하나님의 선한 성품을 신뢰하는 것입니다.

상을 바라는 것은 나쁜 것일까요?

베드로는 예수님에게 "우리가 모든 것을 버리고 주를 따랐사온대 그런 즉 우리가 무엇을 얻으리이까"(마 19:27)라고 직설적으로 물었습니다. 이 구절을 읽을 때 어떤 생각이 드십니까? 제자들이 지금까지 무엇을 바라고 예수님을 따랐구나 싶어서 실망스럽지 않습니까? 그들이 매우 세속적인 동기를 가지고 예수님을 따른 것으로 밖에는 볼 수 없습니다. 물론 그들은 예수님이 메시아로 성공하시면 자기들도 출세할 것으로 알았습니다. 그러나 이렇게 노골적으로 무엇을 받겠느냐고 묻는 것은 그들의 동기를 의심하게 합니다. 그들이 예수님으로부터 꾸중을 들었을 것 같습니다.

놀랍게도 예수님은 베드로의 질문을 받고 야단을 치시기는커녕 구체적으로 이것저것을 여러 배로 보상받는다고 격려하셨습니다. 즉, 주를 위해 버린 재산이나, 상실된 인간관계를 보상받고, 주님의 왕권에 참여한다고 하셨습니다(막 10:29~31; 마 19:27~30; 눅 18:28~30).

우리는 순수한 동기로 예수님을 따라야 한다고 말합니다. 상을 바라는 것은 순수하지 않다고 봅니다. 그렇지만 우리는 자신이 정한 순수함의 표준으로 하나님께서 주기를 원하시는 보상까지 밀어내는 자기 의를 꺾어야 합니다. 하나님이 하나님다우시도록 하십시오. 하나님의 후한 성품에 내가 반대하는 것은 옳지 않습니다. 하나님께서 행하시는 스타일이 내 맘에 들지 않는다고 해서 반대할 수 없습니다. 자녀들을 격려하고 상을 주시며 칭찬하기를 원하시는 하나님의 선한 뜻을 자신의 윤리관이나 경건을 내세워 거부하는 것은 일종의 자기 의라고 할 수 있습니다.

「하나님, 저는 상을 바라지 않고 그냥 섬기겠습니다. 상을 바라고 주를 섬기는 것은 상업적인 냄새가 나고 동기가 불순하여 마음이 편치 않습니다. 하나님께서는 그런 일에 신경 쓰지 마세요. 신자로서 당연히 행해야 하는 일이니까요. 천국에 들어가게 하시는 것만으로도 충분합니다. 더 이상은 바라지 않습니다. 하나님이 준비하신 상장과 상품들이 있다면 하늘 창고에 쌓아두지 마세요. 우리의 선행이 쌓일 곳간을 지으시느라고 수고

하실 필요가 전혀 없습니다. 저는 상을 바라지 않는 신앙을 원합니다. 저는 순수하게 주님을 섬기겠습니다. 상을 주시지 않는다고 해서 절대로 주님을 원망하지 않을 것입니다.」

다음은 Bruce Wilkinson이 쓴 A Life God Rewards 라는 책을 읽고 어떤 독자가 보낸 코멘트입니다.

나는 상보다는 경주에 초점을 두겠다. 나는 항상 영원한 이득에 대해서 생각하는 크리스천이 되기보다 그리스도와 그의 사역에 마음을 쏟는 제자가 되고 싶다. 성경은 상에 대해서 많이 언급한다. 그러나 크리스천으로서 우리는 그 이상을 바라보아야 한다. 하나님은 우리 모두가 경주에 우리의 (성숙한) 마음을 집중하도록 의도하셨다. 나는 백 미터 올림픽 경기에서 상에 초점을 두는 (성숙한) 육상선수를 만나본 적이 없다. 프로의 레벨에서 상은 생각에 들어오지도 않는다. 백 미터는 9.9초 이내에 끝난다. 우리의 삶도 하나님의 영원한 시계로 재어보면 그처럼 짧다. 경주에 집중하라. 나의 사랑과 기쁨은 주님의 '선물'이 아닌 주님의 임재 속에 있을 것이다. 나는 크리스마스 때 부모님의 집에 가는데 그것은 나의 사랑을 부모님과 나누고 그들 앞에 있기 위해서이지 '크리스마스' 선물을 받기 위해서가 아니다. 누구든지 하나님과 주 예수 그리스도와 성령님과 만군 천사들 앞에서 당당하게 "나의 유산을 주십시오"라고 말할 수 있다면 그들의 상을 청구하게 하라.

이 말은 현실을 무시한 비유입니다. 프로 선수일수록 메달에 집중합니다. 경주에 집중하는 목적도 우승을 바라기 때문입니다. 준비된 메달에 관심이 없이 그냥 열심히 달리기만 하면 된다는 것은 경기 주체측의 프로그램을 무시하는 것입니다. 성도의 달음질은 하나님이 주관하시는 공적 경기입니다. 주체측이 준비한 상을 받지 않겠다는 마음과 자세로 경기에 임하는 것은 개인의 가치관대로 하나님을 섬기겠다는 자기 의의 발로입니다. 물론 누구도 하나님께 자신의 상을 청구할 수 없습니다. 자신이 힘쓴 일이라도 그런 능력과 기회를 주시는 분은 하나님이시기 때문입니다. 상에 대한 기대가 있다면 그것은 본인의 아이디어가 아니고 하나님이 주신 약속에 근거한 것입니다. 그래서 상도 사실상 하나님의 은혜입니다. 주님은 종의 자세에 대해서 가르치셨습니다.

> 명한 대로 하였다고 종에게 감사하겠느냐 이와 같이 너희도 명령 받은 것을 다 행한 후에 이르기를 우리는 무익한 종이라 우리가 하여야 할 일을 한 것뿐이라 할지니라 (눅 17:9~10).

이것은 종의 마땅한 자세입니다. 그런데 하나님 편에서는 그런 종에게 후한 상을 베푸시겠다는 것입니다. 하나님께서는 어떤 인간에게도 빚을 진 일이 없습니다. 우리의 보잘것없는 작은 선행을 갚거나 빚으로 여길 필요도 책임도 없습니다. 오히려 우리가 하나님께 말할 수 없는 은혜의 빚을 진 자들입니다. 그런데도 하나님께서는 충성된 자녀들에게 상을 주신다고 약속하셨습니다. 상은 수고에 대한 결과로 받는 것입니다.

> 네 소유를 팔아 가난한 자들에게 주라 그리하면 하늘에서 보화가 네게 있으리라 (마 19:21).

자기 소유를 구제에 다 사용할 정도로 주의 나라에 투신하는 것은 하늘에 보물을 쌓는 일이라고 했습니다. 누구나 받는 것이 아니고 베드로의 고백처럼 모든 것을 다 버리고 박해를 받으면서도 주를 따르는 자들에게만 주어지는 혜택입니다. 누가복음 22장에 그 상이 어떤 것인지 묘사되어 있습니다.

> 너희는 나의 모든 시험 중에 항상 나와 함께 한 자들인즉 내 아버지께서

> 나라를 내게 맡기신 것 같이 나도 너희에게 맡겨 너희로 내 나라에 있어
> 내 상에서 먹고 마시며 또는 보좌에 앉아 이스라엘 열두 지파를 다스리게
> 하려 하노라 (눅 22:28~30).

예수님의 말씀에서 주목할 점은 상은 나의 희생에 대한 보상이라는 것입니다. 주를 위해 희생한 것이 없다면 받을 상도 없을 것입니다. 제자들이 예수님의 시련 가운데 함께 머물렀기 때문에 열두 지파를 다스리게 될 것이라고 하였습니다.

산상 설교에서도 상은 하나님 나라를 위해 살기 때문에 받게 되는 고난의 삶을 전제 조건으로 내세웠습니다.

> 나로 말미암아 너희를 욕하고 박해하고 거짓으로 너희를 거슬러 모든 악
> 한 말을 할 때에는, 너희에게 복이 있나니 기뻐하고 즐거워하라 하늘에
> 서 너희의 상이 큼이라 너희 전에 있던 선지자들도 이같이 박해하였느니
> 라 (마 5:11~12).

바울도 말합니다.

> 나는 선한 싸움을 싸우고 나의 달려갈 길을 마치고 믿음을 지켰으니 이제
> 후로는 나를 위하여 의의 면류관이 예비되었으므로 (딤후 4:7~8).

바울이 선한 싸움을 싸운 것 자체가 상이라는 말이 아닙니다. 그렇다면 의의 면류관을 줄 필요가 없었을 것입니다. 바울은 선한 싸움을 싸우고 자신의 달려갈 길을 다 달렸기 때문에 그 결과로 의의 면류관을 상으로 받을 것이라고 했습니다.

요한계시록의 논리도 마찬가지입니다.

네가 죽도록 충성하라 그리하면 내가 생명의 관을 네게 주리라 (계 2:10) .

충성 자체가 상이 아니고 그 결과로 오는 생명의 면류관이 상입니다. 충성 자체는 생명의 면류관을 받는 근거입니다.

그런데 이런 구절들을 놓고 면류관은 구원에 대한 은유라고 하면서 모든 신자가 다 천국에 들어간다는 뜻이라고 해석하기도 합니다. 그러나 모든 신자가 다 죽도록 충성하지 않습니다. 박해 시대에 모든 크리스천들이 다 순교하지 않았습니다. 일제 강점기에 우리나라 신자들이 신사참배를 반대했기 때문에 모두 옥살이를 하거나 순교하지 않았습니다.

상은 정욕과 탐심을 십자가에 못 박은 제자들에게 주는 하나님의 보상입니다(갈 5:24). 상은 자기 십자가를 지고 주님을 따르는 제자들에게 격려가 되는 동기부여입니다. 우리에게는 주 예수의 십자가가 최대의 동기부여라야 합니다. 나를 위해 십자가의 형벌을 받으신 주님의 사랑이 성도의 헌신과 거룩한 삶을 위한 최대 동력입니다. 그러나 주께서는 죄 많은 세상에서 육신을 지니고 사는 우리의 연약함을 이해하시고 동정하십니다. 그래서 제자들에게 상을 약속하시고 잘 달리라고 격려하십니다. 자녀들을 독려하여 승리하게 하시고 상을 선물로 주려는 것은 하나님의 자애로운 품성입니다.

자기 십자가를 지고 주님을 따른 자들에게는 충성된 제자로서 받는 상이 있습니다. 요한계시록의 일곱 교회에 보내는 서신에서 그들을 '이기는 자'라고 불렀습니다. 이기는 자들은 모두 귀한 상을 받는다고 약속하였습니다. 지상에서 주님을 따르기 위해 받는 고생과 손실은 이러한 엄청난 보상에 비하면 아무것도 아닙니다. 백배 천배도 더 되는 상이기 때문입니다. 주님은 후하신 분입니다. 예수님은 우리에게 전적 헌신을 요구하십니다. 그러나 우리의 전적 헌신을 무한대로 상회하는 보상을 약속하십니다.

[현세에서 받는 상]

♣ 현세에서 받는 상은 산상 설교의 가르침을 실천함으로써 누리는 여러 복들입니다. 그런 삶을 사는 제자들은 빛으로 드러나고 부패한 사회에서 소금의 역할을 합니다. 그들에게는 하나님의 뜻을 행하며 산다는 기쁨과 안도감이 있습니다. 예를 들어, 예수님은 산상 설교에서 "마음이 청결한 자는 복이 있나니 그들이 하나님을 볼 것"(마 5:8; 계 22:4)이라고 하셨습니다. 물론 사후에는 주의 종들이 주님의 얼굴을 보며 섬길 것입니다(계 22:4). 그러나 지상에서도 주님을 보는 것이 제자들의 특권입니다. 이것은 유업의 상을 가리킵니다. 이것들은 하나님의 임재와 영적 기쁨, 평안과 감사, 하나님의 위로와 자비의 체험, 성령의 각별한 인도 등입니다.

♣ 하나님 나라의 능력과 영광을 세상에서 체험합니다. 여기서 말하는 하나님 나라는 사후 천국이 아니고 현세에서 체험할 수 있는 하나님 나라의 영적 활력과 악을 이기는 담대한 믿음과 순종의 기쁨 등입니다.

> 또 그들에게 이르시되 내가 진실로 너희에게 이르노니 여기 서 있는 사람 중에는 죽기 전에 하나님의 나라가 권능으로 임하는 것을 볼 자들도 있느니라 (막 9:1; 눅 9:27).

예수님의 제자들은 오순절에 성령을 받을 것입니다. 또한, 가까운 장래에(A.D. 70년) 예루살렘이 하나님의 아들을 배척하고 십자가에 못 박은 죄악으로 인해 로마군에 의해 심판을 받고 멸망하는 것을 볼 것입니다. 이 사건에서 제자들은 하나님 나라가 능력과 영광으로 임하는 것을 알게 될 것이었습니다. 이처럼 예수님을 따라 사는 제자들은 하나님 나라가 지닌 능력을 자신의 삶 속에서 여러 가지 형태로 체험합니다. 예를 들면 다음과 같은 것들입니다.

✣ 변화산에서 세 명의 제자들은 예수님의 영광스러운 변용과 함께 모세와 엘리야를 목격하였고 하늘의 음성을 들었습니다. 이것은 그들이 여러 가지 고난과 시련에도 예수님을 따른 제자직에 대한 왕국 보상의 한 샘플이었습니다.

✣ 엠마오의 두 제자들처럼 성경 말씀을 깨닫고 마음이 뜨거워지는 체험을 합니다.

✣ 주님의 나라를 위한 기도가 응답되는 것을 경험합니다.

✣ 복음을 위한 수고에 열매가 달리는 것을 보고 큰 기쁨을 갖습니다.

✣ 우연의 일치와 같은 신기한 일들이 하나님의 섭리로 일어나는 것을 체험합니다.

✣ 내가 세상의 악과 주님의 명예가 훼손되는 일들 때문에 의인의 심령을 상할 때 하나님의 별다른 임재를 느끼고 큰 위로를 받습니다.

✣ 오순절에 제자들은 성령의 강림을 체험하였습니다. 성령의 기름부음은 주님을 신실하게 따르는 제자들에게 자주 경험되는 일입니다.

✣ 세상의 고난을 견디며 죄를 극복해 나가는 제자의 삶 속에서 주님의 격려와 칭찬을 받습니다.

✣ 주님을 위해서 작은 것이라도 희생해 가면서 사노라면 선한 삶을 사는 것이 가능하다는 것을 알고 기뻐하고 감사하게 됩니다.

✣ 염려와 침체를 겪으면서도 하나님의 구원을 더욱 간절히 고대하며 주의 이름을 부를 때 주님의 임재를 느낍니다. 고난 속에서도 주님을 붙들고 간신히 일어서려고 하는 나의 작은 몸짓에서 주님의 미소를 대하는 기쁨을 체험합니다. 이런 크고 작은 것들은 시련 속에서도 주님이 내게 허락하시는 격려의 상급들입니다.

✣ 상은 때로는 물질의 형태로 오기도 하고(마 6:33; 눅 12:31) 혹은 하나님을 더 잘 섬길 수 있는 기회로 오기도 합니다.

✣ 베드로는 예수님께 "우리가 모든 것을 버리고 주를 따랐사온대 그런즉 우리가 무엇을 얻으리이까"(마 19:27; 막 10:28)라고 물었습니다. 예수

님의 대답이 무엇이었습니까?

인자가 자기 영광의 보좌에 앉을 때에 나를 따르는 너희도 열두 보좌에 앉아 이스라엘 열두 지파를 심판한다고 하셨습니다(마 19:28). 그리고 현세에서 집과 형제와 자매와 어머니와 자식과 전토를 여러 배로 받고 내세에서 영생을 상속받는다고 하셨습니다. 이 말씀은 일대일의 대입이 아닙니다.

베드로는 예수님을 따르기 위해서 어부직을 떠났지만 가업을 회복하지 못하였습니다. 그는 집을 떠났지만 새 집이 생기지 않았습니다. 그는 선교지로 다니다가 순교로 마쳤습니다. 그러나 그는 다른 제자들과 함께 새로운 가족 공동체에서 하나님 나라를 섬김으로써 지상의 가족 관계보다 더 가깝고 영구적인 성도의 교제를 나누었습니다. 그리고 그가 복음을 전할 때 일어난 하나님의 강력하고 경이로운 역사는 그의 많은 고난들을 상쇄하고도 남음이 있는 격려의 보상들이었습니다.

예수님의 제자가 받는 이런 종류의 격려와 도우심은 일일이 다 열거할 수 없이 많습니다. 예수님을 따라가는 십자가의 길은 기본적으로 고난의 길입니다. 그러나 예수님의 제자들은 비록 환난의 와중에서도 기쁨과 감사거리를 발견합니다. 세상살이가 힘들고 시련이 많은데 어떻게 기뻐하고 감사하게 되느냐고 반문할지 모릅니다. 그러나 자신을 내려놓고 주님을 따라간다면 하나님이 내려주시는 여러 형태의 은혜가 있음을 체험적으로 알게 됩니다.

[내세에서 받는 상]

상은 주로 내세에서 받습니다. 이 상은 하늘나라 자체가 아니고 하늘에 들어가서 받는 보상들입니다. 그래서 주님은 산상 설교에서 "기뻐하고 즐거워하라 하늘에서 너희의 상이 큼이라"(마 5:12)고 하셨습니다.

그런데 내세에서 받을 상이 어떤 것인지 성경은 정확하게 말하지 않습니다. 다만 그 성격은 어느 정도 파악할 수 있습니다.

- ♣ 하나님과의 각별하고 친근한 교제
- ♣ 예수님의 왕권을 함께 누리는 것(눅 22:9; 딤후 2:12)
- ♣ 존귀하고 영예로운 이름을 받는 것(계 2:17)
- ♣ 가시적이고 개인적인 영광(벧전 1:7)
- ♣ 더 많은 봉사의 기회와 책임을 갖는 것(눅19:11~27)

지상에서 받는 상들은 부분적입니다. 하나님에 대한 체험도 완전하지 않습니다. 은밀한 중에 보시고 갚아주시는(마 6:4, 6, 18) 하나님의 상도 지상에서 다 받지 못합니다. 지상에서 받는 하나님의 상은 "피곤한 손과 연약한 무릎을 일으켜"(히 12:12) 세워주는 역할을 합니다. 이것은 우리가 그리스도의 제자로서 고난을 참으며 하나님을 신뢰하라는 격려입니다. 지상에서 받는 상은 첫 열매에 해당합니다. 상의 풍성한 수확은 새 하늘과 새 땅에서 온전히 거두게 될 것입니다.

스코틀랜드 장로교 찬송가에는 성 프란시스 카비에르(St. Francis Xavier,1506~52)가 지은 시가 나옵니다.

오, 나의 예수님,
당신은 십자가에서 나를 품어 주셨습니다.
나를 위해 당신은 못에 박히시고 창에 찔리셨습니다.
당신은 나를 위해 수 없는 모욕을 당하셨습니다.

슬픔과 아픔이 끝이 없고
고통의 땀방울이 땅을 적시었습니다.
당신은 죽음까지도
당신의 원수였던 나를 위해 당하셨습니다.

그렇다면 사랑하는 주님,

어찌 당신을 더욱 사랑하지 않겠습니까?

천국을 얻기 위해서가 아닙니다.

지옥을 피하기 위해서가 아닙니다.

무엇을 따내기 위해서가 아닙니다.

상급을 원해서가 아닙니다.

다만, 당신이 나를 사랑해서입니다.

오, 영원한 사랑의 주님이 아니십니까?

당신을 사랑합니다.

언제나 당신을 사랑하렵니다.

당신을 찬송하렵니다.

오직 당신이 나의 하나님이시기 때문입니다.

이것은 우리 모두가 원해야 할 마음일지 모릅니다. 오직 예수님의 사랑의 희생 자체만 생각하고 주님을 죽도록 섬기는 것입니다. 그러나 이것은 성경의 저자들이 가졌던 생각과 사뭇 차이가 있습니다. 성경의 저자들은 분명 이 시의 저자보다 더 낮은 영성을 가졌던 성도들은 아니었을 것입니다. 그럼에도 그들은 이 땅에서 너무도 성화가 되어서 상급의 아이디어를 넘어서는 경지에 이른 것으로 자신들을 보지 않았습니다. 오히려 그들은 하나님이 주시는 상을 바라며 살라고 했습니다.

믿음이 없이는 하나님을 기쁘시게 하지 못하나니 하나님께 나아가는 자는 반드시 그가 계신 것과 또한 그가 자기를 찾는 자들에게 상 주시는 이심을 믿어야 할지니라 (히11:6).

그러므로 너희 담대함을 버리지 말라 이것이 큰 상을 얻게 하느니라 (히 바울은 "우리가 다 반드시 그리스도의 심판대 앞에 나타나게 되어 각각 선악간에 그 몸으로 행한 것을 따라 받으려 함이라"(고후5:10)고 했습니다. 바울은 또 "내가 내 몸을 쳐 복종하게 함은 내가 남에게 전파한 후에 자신이 도리어 버림을 당할까 두려워함이로다"(고전 9:27)라고 했습니다. 영문 성경(NIV)에는 본 절 후반부의 버림을 당한다는 부분을 "상을 받을 자격을 상실한다"(be disqualified for the prize)라고 옮겼습니다. 여기서 바울이 말하는 상은 천국 자체가 아닙니다. 바울은 자신이 천국에 들어갈 것인지의 여부를 의심한 적이 한 번도 없었습니다. 그러나 상은 자동으로 보장된 것이 아니었기 때문에 자기 몸을 쳐서 복종케 한다고 했습니다.

바울은 로마서에서 성도가 받을 고난과 영광에 대해서 말합니다.

> 자녀이면 상속자이기도 합니다. 우리가 그리스도와 함께 영광을 받으려고 그와 함께 고난을 받으면, 우리는 하나님이 정하신 상속자요, 그리스도와 더불어 공동 상속자입니다. 현재 우리가 겪는 고난은, 장차 우리에게 나타날 영광에 견주면, 아무것도 아니라고 나는 생각합니다 (롬 8:17~18, 새번역)

그리스도의 영광에 참여하는 것은 조건부 축복입니다. "그리스도와 함께 영광을 받으려고 그와 함께 고난을 받으면"이라고 했기 때문에 주님과 공동 상속자가 되는 영광은 단순히 그리스도를 믿음으로 말미암아 의롭다는 선언을 받고 천국에 들어가는 것 이상을 의미합니다. 만약 천국 입장이 고난을 조건으로 했다면 은혜 구원이 될 수 없습니다. 따라서 바울이 말하는 장차 나타날 영광은 단순히 부활한 몸이나 내세 천국 자체만 가리킨다고 보기 어렵습니다. 여기에는 은혜 구원 이후에 그리스도와 복음을 위해서 고난을 받는 자들에 대한 상이 포함되었다고 봅니다.

주님과 그의 나라를 위한 희생적인 사랑의 삶은 그리스도의 심판대 앞에 설 때에 "잘하였도다 착하고 충성된 종아"(마 25:21, 23)라는 칭찬과 인정을 받게 할 것입니다.

51
크고자 하는 자
마가복음 10:32~52

예수님은 예루살렘을 향해 결연한 걸음으로 앞에서 제자들을 인도하셨습니다. 이 모습은 이사야서에서 고난의 메시아가 "내 얼굴을 부싯돌 같이 굳게"(사 50:7) 하였다는 말씀을 연상시킵니다. 예수님은 하나님의 도우심을 신뢰하며 자신의 고난을 담대히 감당하기 위해 굳게 결심하셨습니다. 예수님은 세 번째로 자신의 십자가 수난과 죽음을 매우 구체적으로 예고하시고 삼일 만에 다시 살아나신다고 하셨습니다. 예수님은 비장한 각오로 십자가를 향해 가셨고 제자들도 그의 뒤를 따랐습니다.

그런데 제자들은 예수님의 십자가 죽음이나 부활을 전혀 이해하지 못했습니다. 예수님의 3회에 걸친 수난 예고가 제자들에게 준 변화는 아무 것도 없었습니다. 그들은 종전과 다름없이 예수님을 따라가면 자신들에게 부귀영화가 올 것으로 기대했습니다. 이러한 잘못된 기대는 메시아에 대한 오해와 예수님이 출범시킨 하나님 나라의 성격을 깨닫지 못했기 때문이었습니다.

머리가 되려면 세속적 야망을 버려야 합니다.

야고보와 요한은 예수님에게 특별 요청을 했습니다.

여짜오되 주의 영광중에서 우리를 하나는 주의 우편에, 하나는 좌편에 앉

게 하여 주옵소서 (37절) .

도대체 무슨 생각을 하고 이런 부탁을 했을까요? 마태복음에서는 야
고보와 요한의 모친이 아들들을 데리고 예수께 와서 이런 청탁을 했다고
합니다(마 20:20). 이 집안 식구들은 예수님의 예루살렘 행이 곧 예수님의
즉위식이라도 되는 줄 알고 야망에 부풀어 있었습니다. 다른 열 제자들
은 야고보와 요한에게 격분하였습니다. 가장 높은 자리를 먼저 차지하려
고 했기 때문입니다.

한때 우리나라 교회에 머리가 되고 꼬리가 되지 말라는 설교가 유행했
습니다. 기독교 신자들이 사회 각층에 진출하여 머리가 되어야 선교도 잘
되고 교회의 영향력도 커져서 하나님께 영광을 돌린다는 말이었습니다.
이러한 주장을 뒷받침하려고 제시하는 성경 본문은 신명기 28장입니다.

여호와께서 너를 머리가 되고 꼬리가 되지 않게 하시며 위에만 있고 아래

에 있지 않게 하시리니 오직 너는 내가 오늘 네게 명령하는 네 하나님 여

호와의 명령을 듣고 지켜 행하며 … 다른 신을 따라 섬기지 아니하면 이

와 같으리라 (신 28:13~14) .

그런데 이 약속은 무엇보다도 하나님의 명령을 순종하며 우상신을 섬
기지 않는 것을 전제로 한 조건부 약속이었습니다. 이스라엘 백성이 하나
님의 명령을 지키지 않고 세속에 물들었을 때 그들은 우상 숭배자들이 되
었고 머리가 되기는커녕 꼬리가 되어 이방인들의 조롱거리가 되었습니다
(신 28:43~46). 하나님의 말씀을 출세욕과 물욕을 자극시키는 수단으로 삼
는 것은 복음의 진리를 오용하는 것입니다.

우리나라 정부 수립 이래로 고관직에 앉았던 신자들이 많았지만 부패
정권의 주역이 된 사례가 적지 않았습니다. 지금도 기독교 지식인과 유명

한 목회자들이 사회의 머리가 되었어도 오히려 꼬리만도 못한 경우가 많습니다. 교인들 중에 머리가 많지 않아서 사회에 영향력이 적은 것이 아니라 머리가 꼬리의 자리를 멸시하고 교만과 세속적 성공주의에 빠졌기 때문에 사회의 차가운 눈총을 받습니다.

예수님은 야고보와 요한에게 그들이 구하는 것이 무엇인지 알지 못한다고 하셨습니다. 그들이 머리가 되려면 반드시 알아야 할 것이 있었기 때문입니다. 그들은 예수님의 잔을 마시고 예수님이 받으시는 세례를 받아야 했습니다. 이것은 예수님의 고난에 동참하는 것을 의미합니다. 예수님은 곧 십자가에 못 박히실 것입니다. 십자가가 없는 면류관은 복음의 영광이 아닙니다. 예수님의 제자라면 주인이 가는 길에서 벗어날 수 없습니다. 갈보리 십자가 길은 모든 제자들이 택해야 할 외길입니다.

하나님 나라에서는 영광의 자리는 복음을 위해 고난을 무릅쓰고 주님의 말씀을 순종하는 자들에게 옵니다. 야고보와 요한은 현재로서는 그럴 준비가 되지 않았습니다. 그들은 주님의 예고처럼 나중에 많은 고난을 당하고 순교할 테지만(행 12장; 계 1:9) 아직은 권세와 영달에 눈과 마음이 홀려 있었습니다. 이들은 예수님이 왜 세상에 오셨는지를 깨닫지 못한 채 통속적 메시아관을 품고 예수님을 따랐습니다. 동상이몽(同床異夢)이라는 말이 있듯이, 예수님과 제자들은 예루살렘을 향해 동행하면서도 서로 다른 꿈을 꾸고 있었습니다. 제자들은 십자가 없는 면류관을 바라보았고, 예수님은 십자가의 가시 면류관을 바라보셨습니다.

머리가 되려면 섬기는 자가 되어야 합니다.

머리는 권세를 부리는 자가 아니고 섬기는 종입니다. 예수님은 제자들에게 세상 집권자들과 하나님 나라의 큰 자들을 대조하시면서 예수님 자신을 모범으로 제시하셨습니다. 세상의 머리들은 권력형입니다. 권력이 손에 들어오면 권세를 부리기 마련입니다. 타락한 인간은 아무리 좋은 제도라도 권력을 오용합니다. 인류 역사에서 여러 형태의 정치 체제가 있었지만 세상을 올바르게 다스리지 못하였습니다. 지금도 세상에는 머리들이 많지만 여전히 불의와 전쟁과 부패를 막지 못한 채 인류의 불행이 계속되는 중입니다. 세상은 야고보와 요한의 야망을 품은 자들로 가득합니다. 그들은 섬김형이 아니고 권력형이기 때문에 섬기기보다는 섬김을 받으려고 합니다. 그래서 예수님은 인자의 섬김과 희생에 대해 교훈하셨습니다.

> 인자가 온 것은 섬김을 받으려 함이 아니라 도리어 섬기려 하고 자기 목숨을 많은 사람의 대속물로 주려 함이니라 (45절).

예수님은 "임의로 주관하고 … 권세를 부리는"(42절) 세속 권력자가 되기 위해 세상에 오시지 않았습니다. 그래서 그의 제자들도 섬기는 자들이 되어야 한다는 것입니다. 예수님은 하나님의 아들이시며 교회의 머리이십니다. 예수님은 하나님 나라의 왕이십니다. 그런데 예수님은 꼬리가 되셨습니다. 예수님은 하나님을 대표하는 아들이시며 참 이스라엘 백성의 머리시지만 동시에 하나님의 종이 되셨습니다. 이사야서의 '종의 노래'(사 42, 49, 50, 52~53:장)는 그리스도이신 하나님의 종을 멸시받는 고난의 종으로 묘사하였습니다(마 12:7~21). 예수님은 이 고난의 종을 자신에게 적용시켰습니다(사 53:10~12).

그런데 예수님은 단순히 고난만 받으시지 않고 "자기 목숨을 많은 사람의 대속물"(45절)로 주기 위해 오신 분입니다. 이것이 세상의 죄와 불행을 해결하는 복음의 열쇠입니다. 세상 머리들은 항상 자기들이 국가와 인류의 문제를 해결하겠다고 큰소리치지만 번번이 실패합니다. 그들의 약속은 모래 위에 쓴 글씨와 같습니다. 그들은 인간 문제를 해결할 수 없습니다. 그들 자신이 죄인이기 때문입니다.

인간의 문제는 근본적으로 죄의 문제입니다. 그런데 인간의 힘으로 해결할 수 없는 것이 타락한 인간에게서 나오는 죄의 능력입니다. 오직 세상 죄를 대신 지고 가신 예수님의 십자가 대속만이 죄로 인해 끊어진 하나님과의 관계를 회복하고 새 삶의 능력을 줍니다. 예수님은 제자들에게 섬김과 낮아짐의 새 길을 제시하셨습니다.

> 누구든지 크고자 하는 자는 너희를 섬기는 자가 되고 너희 중에 누구든지 으뜸이 되고자 하는 자는 모든 사람의 종이 되어야 하리라 (43~44절).

예수님은 제자들이 가버나움으로 돌아가는 길에서 누가 크냐고 다투었을 때에도 같은 내용으로 교훈하셨습니다.

> 예수께서 앉으사 열두 제자를 불러서 이르시되 누구든지 첫째가 되고자 하면 뭇 사람의 끝이 되며 뭇 사람을 섬기는 자가 되어야 하리라 (막 9:35).

이 말씀도 예수님이 자신의 수난 예고를 두 번째 주신 후였습니다. 예수님은 잡혀서 죽임을 당하실 것이라고 하시는데 제자들은 서로 잘 났다고 싸웠습니다. 제자들은 예수님의 십자가 수난을 깨닫지도 못하였고 묻기도 두려워했다고 했습니다.

세 번째 수난 예고에서도 제자들의 반응은 마찬가지였습니다(눅 18:34). 그들은 예수님의 말씀을 골라서 들었습니다. 지금도 우리는 이런 습성을 지니고 있습니다. 내 귀에 듣기 좋은 말씀만 듣고 은혜받았다고 합니다. 그러나 듣기 싫은 말씀은 진리의 메시지라도 한쪽 귀로 듣고 다른 쪽 귀로 내보냅니다. 제자들은 예수님의 십자가 예고를 세 번씩이나 반복해서 듣고도 아무런 관심이 없었습니다.

아무리 깊고 심오한 영적 체험을 했어도 주님의 말씀을 골라서 들으면 무익합니다. 베드로와 야고보와 요한은 변화산에서 "이는 내 사랑하는 아들이니 너희는 그의 말을 들으라"(막 9:7)라는 하나님의 명령을 받았지만 그들에게 바뀐 것이 없었습니다. 열두 제자들이 다 같이 예수님의 수난 예고에 귀를 막았습니다. 열 제자가 야고보와 요한에 대해서 화를 낸 까닭이 무엇입니까? 그들에게 지고 싶지 않아서였습니다. 다시 그들은 누가 크냐는 것을 놓고 싸웠습니다. 꼬리가 되셔서 섬기는 자로 오신 예수님을 나의 주님이라고 고백한다면 누가 크냐는 다툼이나 큰 자가 되려는 야망은 버려야 합니다. 우리는 말구유의 낮은 곳으로 임하신 예수님을 우리의 주님이라고 부르는 성도들입니다.

겸손히 섬기면 때가 되면 높여집니다.

예수님은 왕 중의 왕이시고 만유의 주로서 온 세상을 다스리십니다. 지금 예수님이 계신 곳은 하나님 우편 보좌입니다. 그런데 예수님이 세상에 오셨을 때 어디에 계셨습니까? 말구유에 계셨고, 가난과 증오의 와중에 계셨습니다. 예수님은 멸시와 조롱 속에서 십자가에 매달려 계셨습니다. 예수님은 하늘 어버지의 뜻에 따라 모든 악한 것들을 당하시면서 참고 사셨습니다.

> 그는 근본 하나님의 본체시나 하나님과 동등됨을 취할 것으로 여기지 아니하시고 오히려 자기를 비워 종의 형체를 가지사 사람들과 같이 되셨고 사람의 모양으로 나타나사 자기를 낮추시고 죽기까지 복종하셨으니 곧 십자가에 죽으심이라 (빌 2:6~8) .

만약 여기서 말씀이 끝났다면 예수님의 삶은 비참하기 이를 데 없었을 것입니다. 그러나 다음 장면으로 이어지기 때문에 우리에게 큰 소망이 됩니다.

> 이러므로 하나님이 그를 지극히 높여 모든 이름 위에 뛰어난 이름을 주사

하늘에 있는 자들과 땅에 있는 자들과 땅 아래에 있는 자들로 모든 무릎을 예수의 이름에 꿇게 하시고 모든 입으로 예수 그리스도를 주라 시인하여 하나님 아버지께 영광을 돌리게 하셨느니라 (빌 2:9~11).

예수님이 하나님 우편에서 온 우주의 주가 되신 것은 종의 자리를 지키셨기 때문입니다. 머리가 되려는 야망을 품지 않고 꼬리가 되어 겸손히 섬기셨기에 만왕의 왕이 되셨습니다. 이것이 하나님 나라의 원리입니다. 그렇다면 우리도 마땅히 이 길을 걸어야 합니다. 그래서 바울은 본문을 이렇게 적용하였습니다.

그러므로 나의 사랑하는 자들아 너희가 나 있을 때뿐 아니라 더욱 지금 나 없을 때에도 항상 복종하여 두렵고 떨림으로 너희 구원을 이루라 (빌 2:12).

바울의 권면에는 하나님이 주시는 상이 포함되어 있습니다. 자기를 낮추고 나의 십자가를 지고 가면 세상의 멸시와 손해를 입어도 하나님이 우리를 예수님의 경우처럼 높여주신다는 것입니다. 그래서 항상 남보다 앞서 가려고 하고 열심히 주를 섬기려고 했던 베드로가 나중에 잘못을 깨닫고 이렇게 교훈하였습니다.

하나님은 교만한 자를 대적하시되 겸손한 자들에게 은혜를 주시느니라 그러므로 하나님의 능하신 손 아래에서 겸손하라 때가 되면 너희를 높이시리라 (벧전 5:5~6).

야고보도 같은 말을 하였습니다.

주 앞에서 낮추라 그리하면 주께서 너희를 높이시리라 (약 4:10).

주님이 높여주시고 주님이 인정하신다는 것을 믿는다면 내가 꼬리로 머물러 있는 것이 종의 마땅한 자세라고 여길 것입니다(눅 17:10). '때가 되면' 주님이 우리를 높이신다고 하였습니다. 나의 야망을 성취하기 위해 머리가 되려고 애쓰지 말고 낮은 자세로 주님을 섬기면서 하나님의 때를 기다리는 것이 신실한 종의 자세입니다. 하나님 나라에서는 남을 섬기는 것이 위대한 사역입니다.

바디매오가 가졌던 열망은 무엇이었습니까? (46~52절)

맹인 바디매오의 치유 사건은 3회에 걸친 예수님의 수난 예고 다음에 붙어 나옵니다. 제자들은 예수님이 십자가 수난을 언급하시자 전혀 깨닫지 못하였습니다. 그들은 영적 맹인들이었습니다. 예수님은 구약에서 예언되었던 모든 것을 곧 성취할 시점에 이르렀지만 제자들은 아무것도 보지 못하였습니다. 구약에서는 예수님이 여자의 후손이 되어 뱀의 머리를 짓누를 것이며(창 3:15), 성전 제도의 핵심인 유월절 양으로서 하나님께 바쳐질 것을 미리 알렸습니다. 또한 예수님은 하나님의 말씀을 대언하는 선지자와 하나님의 백성을 다스리는 왕과 그들을 위한 중보 사역을 맡을 제사장이 될 것이라고 예고했습니다. 예수님은 이러한 중대한 구속 사역을 목첩에 두고 자신의 십자가 수난과 부활을 예고했지만 제자들의 눈은 닫혀 있었습니다. 이러한 배경에서 바디매오 맹인의 치유는 제자들에게 무엇이 필요한지를 지적하는 사실적 비유입니다.

[바디매오가 주는 영적 교훈]

바디매오는 제자들의 열망과는 다른 종류의 포부가 있었습니다. 그는 제자들처럼 높은 자리에 앉기를 원하지 않았습니다. 그는 자신이 갇힌 어둠의 세계에서 광명한 빛의 세계로 나오기를 열망하였습니다. 그는 자신의 절급한 필요가 무엇인지 정확하게 알았습니다. 우리의 영적 필요가 무엇인지 알지 못하면 영적 몽매에서 깨어나지 못합니다. 자신의 영적 필요를 알고 예수님이 다윗의 자손으로 오신 메시아라고 확신해야 주님께 "나를 불쌍히 여기소서"(47절)라고 외칠 수 있습니다.

바디매오가 예수님을 큰 소리로 부르며 자비를 청했을 때 많은 사람이 그를 꾸짖고 잠잠하라고 막았습니다. 그래도 그는 포기하지 않고 더 큰 소리로 호소했습니다(48절). 이것은 제자들이 가졌어야 할 자세였습니다. 그들은 바디매오의 끈기와 절박감으로 예수님의 수난 예고의 의미를 깨닫게 해 달라고 호소했어야 했습니다. 바디매오는 자신이 원하던 것을 받았습니다. 그의 눈은 빛을 보게 되었고 즉시 예수님을 따르게 되었습니다. 그가 예수님을 따라서 가는 길이 예루살렘이었다는 것은 의미심장합니다. 그가 눈을 뜨고 처음 본 것은 예수님의 얼굴이었을 것입니다. 그가 예수님께 "선생님이여 보기를 원하나이다"(51절)라고 한 말은 매우 시사적입니다. 그는 예수님의 얼굴을 보았고 십자가에 달리실 예수님을 보게 될 것이었습니다. 영적 눈이 뜨이면 예수님이 무엇 때문에 세상에 오셨으며 인류를 위해 얼마나 위대한 일을 행하셨는지를 깨닫게 됩니다.

만약 예수님이 우리에게 바디매오 맹인에게 던졌던 질문처럼 "네게 무엇을 하여 주기를 원하느냐"(51절)라고 물으신다면 어떻게 대답해야 할까요? 보기를 원한다고 말해야 할 것입니다(51절). 주님은 우리의 영적 눈이 열리기를 원하십니다. 주님은 말씀을 더디 깨닫는 우매한 우리를 동정하시고 오래 참으십니다(막 8:17~18, 21; 눅 24:25). 예수님은 가시던 걸음을 멈추시고 바디매오를 데려오라고 하셨습니다. 바디매오처럼 주변의 방해가 있어도 굽히지 말고 주님의 이름을 부르십시오. 보기를 원한다고 간절히 아뢰십시오. 그런데 중요한 것은 무엇을 보기를 원하느냐는 것입니다. 다른 어떤 것보다도 주님을 보기를 원해야 합니다. 주님이 어떤 분이시며 주님의 십자가와 부활이 무슨 의미가 있는지를 깨닫게 해 달라고 빌어야 합니다. 다른 여러 필요가 있을지라도 주님을 아는 것이 가장 시급한 일입니다.

　제자들은 영적 눈이 뜨여서 '다윗의 자손'으로 오신 예수님이 십자가 수난을 겪고 다시 살아나셔야 한다는 것을 깨달았어야 했습니다. 그들은 예수님과 함께 예루살렘으로 갈 뿐만 아니라 더 나아가 갈보리 십자가까지 따라갔어야 했습니다. 예수님에 대한 간절한 믿음으로 고침을 받은 바디매오가 제일 먼저 한 일이 무엇이었습니까? 그는 곧 하나님께 영광을 돌렸습니다. 그리고 예수님을 따르기 시작했습니다. 그를 본 다른 사람들도 하나님을 찬양했습니다(눅 18:41).

　우리의 영적 눈은 열려 있습니까? 그래서 예수님의 얼굴이 보이기 시작했습니까? 예수님의 십자가와 부활의 의미가 샛별처럼 떠오르고 있습니까? 우리에게 일어난 일로 인해 다른 사람들도 하나님을 찬양하는 역사가 일어나고 있습니까? 주님께서 우리의 닫힌 눈을 뜨게 하시면 찬송이 터져 나오고 주님을 따라 십자가 고난의 길을 감사와 기쁨으로 동행하게 될 것입니다. 우리는 안일한 신앙생활을 그쳐야 합니다. 늘 교회 다니니까 그것으로 다 됐다고 생각하지 말아야 합니다. 주님을 아는 일은 교회만 다닌다고 되지 않습니다. 주님을 대강 아는 것으로 안주하면 십자가의 의미가 내 영혼에 아로새겨지지 않습니다. 우리는 바디매오처럼 주님을 얼굴과 얼굴을 맞대고 볼 수 있어야 하고 십자가까지 주님을 따라가기를 늘 소원하며 간절한 마음으로 주님께 "보기를 원하나이다"(51절) 라고 간구해야 하겠습니다.

52
무화과나무
마가복음 11:1~26

　본 장부터 15장까지는 예수님이 십자가 처형을 당하시고 무덤에 장사될 때까지의 지상에서 있었던 마지막 한 주간에 대한 기록입니다. 예수님은 지상 생애의 마지막 단계에서 예루살렘에 가까이 도착하셨습니다. 그런데 끝까지 걸어서 들어가지 않고 나귀 새끼를 타고 입성하였습니다. 이것은 의도적입니다. 예루살렘은 유월절 축제 인파로 가득했기 때문에 예수님은 이때를 자신이 이스라엘의 메시아이심을 공개적으로 선포하기 위해 선택하셨습니다. 스가랴 9장 9~10절에서 장차 하나님의 백성을 다스릴 왕은 겸손하여서 나귀를 타고 온다고 했습니다. 예수님은 이제 공적으로 드러내 놓고 자신이 구약에서 예언된 왕이심을 알리셨습니다.

많은 무리가 예수님을 주의 이름으로 오시는 이라고 찬송하였습니다 (9절)

　무리가 자신들의 겉옷과 종려나무를 길에 깔며 예수님을 크게 환호하였습니다. 나귀 새끼를 타신 것은 예수님이 겸손과 평화의 왕이심을 가리킵니다. 정복자들은 군사적 성공을 전시하려고 말을 타고 위엄을 부렸지만 예수님은 자신의 왕국이 전혀 다르다는 것을 보이기 위해 나귀 새끼를 타셨습니다. 예수님이 세우시는 하나님 나라는 무력으로 지배하는 나라가 아니고 왕이 종이 되어 섬기는 나라입니다. 그런데 무리는 예수님을 크게 오해하였습니다. 그들은 예수님이 나귀 새끼를 타고 예루살렘으로 입성하신 의미가 스가랴 9장 9절의 성취라는 것을 몰랐습니다. 그들은 예수님을 로마의 압제로부터 해방시킬 군사적이고 정치적인 혁명가로 간주하였습니다. 그런데 그들은 유월절의 희생 양으로 오신 예수님의 죽음에 대해서는 아무런 이해가 없었습니다.

지금도 사람들은 당장 자신들의 생활 문제를 해결해 줄 구원자를 찾습니다. 그러나 인간의 근본 문제인 죄와 사탄과 죽음에 대한 열쇠를 제공할 수 없는 구원은 신기루에 불과합니다. 타락하고 불완전한 인간이 어떻게 영원하고 궁극적인 구원을 마련할 수 있겠습니까? 오직 하나님께서 대속주로 보내신 예수 그리스도의 십자가 구원만이 영원하고 유일무이한 구원입니다. 이를 위해 예수님은 대속의 십자가에 달려야 했습니다. 그러나 그것으로 끝날 수 없었습니다. 죄와 사망을 정복하고 다시 살아나셔야 했습니다. 그래야만 그를 믿는 자들에게 새 생명을 공급하고 만왕의 왕으로서 세상을 심판하고 다스리게 될 것이었습니다.

예루살렘의 무리는 예수님을 열렬히 환영했지만, 그들은 참 메시아이신 예수님이 어떤 식으로 이스라엘을 구원하기 위해 오셨는지를 몰랐습니다. 우리도 예수님을 오해하면 나 개인과 세상 문제에 마음이 사로잡혀 하나님의 큰 구원의 그림을 잘 보지 못합니다. 그러나 하나님과의 관계가 예수 그리스도의 구원으로 바로잡히면 나와 세상을 보는 눈과 마음에 긍정적인 변화가 생기게 됩니다.

예수님은 성전에 들어가셔서 속속들이 사찰하셨습니다.

예수께서 예루살렘에 이르러 성전에 들어가사 모든 것을 둘러 보시고 때 예수님이 성전에서 나가셨다고 했습니다. 그런데 그 까닭은 때가 이미 저물었기 때문이었습니다. 이것은 자연스러운 상황 표현이지만 다음 날 있게 될 성전 심판의 문맥에서 보면 매우 시사적입니다. 예루살렘 성전은 예수님을 맞이할 준비가 되지 않았습니다. 사실, 너무 부패하여 여호와 종교의 센터로서의 역할을 더 이상 이행할 수 없는 지경에 이르렀습니다. 이런 의미에서 때가 이미 저물매 회복이 불가능하였고 성전의 주인이신 예수님이 머무실 수 없는 곳이 되었습니다. 예수님이 성전에서 철수하신 것은 에스겔서에서 여호와의 영광이 성전에서 떠나심으로써 심판이 내린 것을 연상시킵니다(겔 10:18).

예수님은 이튿날 예루살렘으로 가는 길에서 한 무화과나무를 보셨습니다. 멀리서 볼 때에는 잎이 무성했지만 가까이 가보니 열매가 없었습니다. 무화과의 철이 아니었기 때문입니다. 그런데도 예수님은 이 나무를 저주하셨습니다(14, 21절). 매우 이상한 일입니다. 잘못 읽으면 예수님이 시장하셨는데 아무 열매가 없어서 화를 내신 것 같습니다.

노벨 수상자인 잉글런드의 버트란드 레셀(Bertrand Russell)은 '나는 왜 크리스천이 아닌가?"(Why I am not a Christian)라는 책에서 이렇게 말했습니다.

무화과가 열리는 때가 아니었다. 나무를 탓할 수 없다. 나는 지혜로 보나 덕성으로 보나 그리스도가 역사에 알려진 어떤 다른 인물들보다 더 높다고 느껴지지 않는다. 나는 이 점에서 석가모니와 소크라테스를 그보다 더 높은 인물들로 보지 않을 수 없다.

이것은 무신론자가 예수님에 대한 기록을 순전히 인간적인 관점과 표준으로 평가한 말입니다. 그럼 우리는 예수님이 무화과나무를 저주하신 사건을 어떻게 이해해야 할까요? 한 설명에 의하면(TNTC 주석 Mark, p. 266) 본문의 무화과나무는 6미터까지 자라고 11월에 잎이 떨어졌다가 3월 말에 새 잎이 납니다. 두 종류의 무화과가 달리는데 첫 종류는 새 잎이 나오기 전, 3월 달에 옛 가지의 푸른 꼬투리에서 나오는 이른 무화과입니다. 이 열매들은 소량이지만 새 잎들이 나온 늦 봄에 익는데 3월 말이나 4월 초에 맛은 없어도 먹을 수 있습니다. 두 번째 종류는 늦여름의 성숙한 열매로서 새 잎에서 자라고 8월부터 10월까지 수확합니다.

본 에피소드는 A.D. 30년 4월 첫 주의 유월절이 가까운 때였으므로 예수님이 잎이 무성한 무화과나무를 본 것은 익지 않은 이른 무화과라도 있을 것을 기대했음을 시사합니다. 그래서 "무화과의 때가 아님이라"(13절)는 표현은 아직 무화과가 성숙하는 제 철이 아니었다는 의미입니다.

그런데 이런 현상적 설명은 예수님이 전혀 아무 열매도 달리지 않는 때에 열매를 찾으신 것이 아니라는 것을 해명하는데 도움을 줄 수 있을지 모릅니다. 그러나 우리는 본 사건이 하나의 상징적 비유로 사용되었다는 점을 고려해야 합니다.

본 에피소드의 의미를 찾는데 단서가 되는 두 측면이 있습니다. 하나는 본문의 구성입니다. 무화과나무 사건은 성전 심판 사건을 가운데 두고 앞뒤 두 부분으로 포장되어 있습니다. 즉, A → B → A'로 구성되었습니다.

A. 무화과나무(12~14절)
B. 성전 심판(15~19절)
A'. 무화과나무(20~25절)

이러한 구성이 시사하는 것은 무화과나무 사건과 성전 심판 사건 사이의 밀접한 관련성입니다. 무화과나무는 구약에서 이스라엘을 대변하였습니다(렘 8:13; 사 28:3~4; 호 9:10). 선지자들은 종종 무화과나무를 이스라엘의 영적 상태를 기술하거나 그들에 대한 하나님의 심판을 예시할 때 상징적으로 사용하였습니다.

또 하나의 단서는 예수님의 시장끼가 무화과나무에 대한 심판으로 이어졌다는 점입니다. 예수님이 무화과나무에 접근하신 일차적인 동기는 시장기였습니다. 그런데 막상 가보니 허기를 채워줄 열매가 없었습니다. 이때 예수님의 관심은 자신의 허기로부터 이스라엘의 영적 상태로 옮겨졌고, 무화과나무를 하나의 상징적 비유의 실례로 사용하는 계기로 삼으셨습니다. 그래서 무화과나무의 열매 없는 무성한 잎은 이스라엘의 영적 상태를 드러내고 예수님이 성전을 뒤엎으신 것은 앞으로 있게 될 성전 파괴와 맞물린 사건으로 보아야 합니다. 무화과나무는 이제 더 이상 단순한 하나의 과실나무가 아니고 이스라엘 종교의 무익성을 예증하는 실증적 자료였습니다.

성전에서 일어난 일들

예수님이 무화과나무에서 보신 것과 성전에서 보신 것은 서로 일치합니다. 예수님이 보신 것이 무엇이었습니까? '무성한 잎사귀'들이었습니다. 예수님이 무화과나무에서 못 찾으신 것과 성전에서 못 찾으신 것도 서로 일치합니다. 예수님이 무엇을 찾지 못하셨습니까? 열매를 찾을 수 없었습니다. 그런데 예수님이 잎사귀만 많고 열매가 없는 성전을 어떻게 하셨습니까? 둘러엎으셨습니다! 성전에서 과연 무슨 일들이 일어나고 있었길래 예수님이 그처럼 과격한 행동을 하셨을까요?

성전에는 장사꾼들로 북적였습니다. 양들과 비둘기 파는 자들을 비롯하여 환전상들로 가득하였습니다(참조. 출 30:13~16). 원래 올리브 산에는 성전 참석자들을 위한 희생 제물과 포도주 등의 제사용 품목을 파는 시장이 있었습니다. 나중에는 성전 뜰에까지 제물 시장이 생겼습니다. 여기서 나오는 막대한 이익금과 환전 수수료 수익의 상당 부분이 제사장들을 비롯한 성전 당국자들의 손에 들어갔습니다. 이들의 상행위는 경배자들의 성전 예배를 용이하게 해 주기 위한 편의 시설 제공이라는 미명 아래 정당시 되었습니다.

오늘날의 교회도 동일한 오류에 빠질 수 있습니다. 한때 가난했던 우리나라 교회는 어느새 많은 돈을 만지는 곳이 되었습니다. 교회가 재물을 모으기 시작하면 부자의 정신에 빠지기 쉽습니다. 부자는 모든 것을 돈으로 해결합니다. 부자는 맘몬의 힘을 믿습니다. 하나님을 섬기는 곳에 맘몬신이 들어서면 아무리 흠 없는 제물과 수많은 경배자가 모여도 하나님이 받지 않으십니다. 예수님은 일체의 상업용 편의시설을 뒤엎고 장사꾼들을 몰아내셨습니다. 편의 종교는 하나님 대신에 사람을 기쁘게 합니다. 교회당 건축에 거금을 투자하고 각종 편의 시설을 만들어 더 많은 사람이 모이게 합니다. 그들은 돈의 위력을 하나님의 축복의 증거라고 자랑합니다. 그들은 성전을 더욱 아름답게 꾸몄고 더 그럴듯한 제사를 올렸습니다. 예수님의 제자들까지도 외형 종교에 현혹되었습니다.

예수께서 성전에서 나가실 때에 제자 중 하나가 이르되 선생님이여 보소서 이 돌들이 어떠하며 이 건물들이 어떠하니이까 (막 13:1).
어떤 사람들이 성전을 가리켜 그 아름다운 돌과 헌물로 꾸민 것을 말하매 (눅 21:5).

예수님이 어떤 반응을 보이셨습니까? 성전 파괴를 예고하셨습니다. 사십육 년 동안에 지은 성전이지만(요 2:20) 로마군에 의해 하루아침에 완파될 것이었습니다.

예수께서 이르시되 네가 이 큰 건물들을 보느냐 돌 하나도 돌 위에 남지 않고 다 무너뜨려지리라 하시니라 (막 13:2) .

보라 너희 집이 황폐하여 버려진 바 되리라 (마 23:38) .

하나님과 재물을 함께 섬기는 교회는 준열한 심판을 받는다는 말씀을 우리는 너무 오랫동안 듣지 않고 살아왔는지 모릅니다(마 6:24; 약 5:3). 예수님은 한 부자의 비유에서 "자기를 위하여 재물을 쌓아 두고 하나님께 대하여 부요하지 못한 자"(눅 12:21)가 하룻밤에 망한다는 교훈을 주셨습니다. 예수님은 성전이 "만민이 기도하는 집"(막 11:17)인데 "너희는 강도의 소굴"(17절; 요 2:16)로 만들었다고 하셨습니다. 강도들이 들어와서 편히 쉬고 강도질한 것을 나누며 악한 짓을 공모하는 곳이 성전이나 교회라면 천인공노(天人共怒)할 일입니다. 그런데 예수님 당시에 실제로 그런 일이 있었고 그 이후로도 있어 왔습니다. 우리는 어떤 일이 있어도 교회를 강도의 소굴로 만드는 일이 없어야 하겠습니다.

믿음의 기도

베드로는 다음 날 아침에 무화과나무가 뿌리째 마른 것을 보고 예수님께 알렸습니다. 예수님은 제자들에게 하나님을 믿으라고 하시면서 기도에 대해 가르치셨습니다.

내가 진실로 너희에게 이르노니 누구든지 이 산더러 들리어 바다에 던져지라 하며 그 말하는 것이 이루어질 줄 믿고 마음에 의심하지 아니하면 그대로 되리라 그러므로 내가 너희에게 말하노니 무엇이든지 기도하고 구하는 것은 받은 줄로 믿으라 그리하면 너희에게 그대로 되리라 (23절) .

이 말씀은 나에게 믿음만 있으면 병도 낫고 소원하는 일도 이루어진다는 식으로 적용하는 경우가 많습니다. 그래서 기도했는데 응답이 없다면 믿음이 부족하기 때문이라고 말합니다. 그런데 여기서 언급한 기도 응답은 조건부입니다. 무조건 '믿습니다'라고 힘껏 반복하며 외친다고 해서 원하는 것을 받아낼 수 있다는 약속이 아닙니다. 어떤 기도라도 하나님을 신뢰하는 믿음이 있어야 하지만, 내 믿음이 좋아서 기도 응답을 받는 것은 아닙니다.

본문에서 강조하는 것은 내 믿음이 아니고 하나님의 능력입니다. 산을 바다에 던져지게 하는 일은 나의 믿음에 달린 것이 아니고 하나님의 능력입니다. 야고보도 "믿음의 기도는 병든 자를 구원하리니 주께서 그를 일으키시리라"(약 5:15)고 했습니다. '믿음의 기도'는 내 믿음으로 내가 올리는 것이고 병든 자를 일으키는 것은 하나님의 능력으로 되는 일이라고 생각하기 쉽습니다. 그러나 '믿음의 기도'는 나에게서 나오는 것이 아니고 하나님으로부터 받는 것입니다. 이런 의미에서 믿음의 기도에 의한 응답은 모두 하나님에게서 옵니다.

'믿음의 기도'는 어떤 일이 일어날 것을 확신하고 그 일을 위해 부름을 받았을 때 할 수 있는 기도입니다. 예를 들어, 나면서부터 못 걷는 한 장애인이 성전 문에서 구걸하였습니다. 베드로와 요한은 성전에 들어갈 때마다 그 사람을 보았을 것입니다. 그렇지만 그 사람에게 "나사렛 예수 그리스도의 이름으로 일어나 걸으라"(행 3:6)고 말한 것은 어떤 특정한 날에 있었던 일이었습니다. 그날에 베드로는 그 장애인을 "주목하여 이르되 우리를 보라"(행 3:3)고 명하였습니다. 베드로는 그날 그 순간에 '믿음의 기도'를 받았고 그 사람을 특별히 주목하였으며 그리스도의 이름으로 일어서게 하였습니다. 사도 요한도 '믿음의 기도'에 대해서 언급하였습니다.

> 우리가 무엇을 구하든지 하나님이 우리의 청을 들어주신다는 것을 알면, 우리가 하나님께 구한 것들은 우리가 받는다는 것도 압니다. (요일 5:15, 새 번역)

이 말씀도 조건부입니다. 만약 우리가 하나님의 뜻에 따라 무엇을 구해야 하는지를 정확하게 알고 그 응답을 전적으로 확신한다면 응답을 받는 '믿음의 기도'를 올릴 수 있다는 것입니다. 그런데 우리는 항상 '믿음의 기도'를 올리지 못합니다. 이것은 인위적인 시도를 한다고 해서 되는 일이 아닙니다. 우리는 무엇을 얻기 위해서 억지로 '믿습니다'라고 고백하지 말아야 합니다. 우리는 하나님과의 밀착된 교제 속에 머물면서 주의 뜻을 확신하고 성령의 지시를 받아 '믿음의 기도'를 올려야 합니다.

그런데 만약 우리가 산을 향해 바닷속으로 던져지라고 확신하는 '믿음의 기도'를 할 수 없다면 자신이 가진 믿음의 한계에 이른 것입니다. 우리는 자신이 닿을 수 없는 믿음의 높이를 인위적으로 넘으려고 하지 말아야 합니다. 우리는 때로는 하나님의 뜻을 확신하고 기도합니다. 그러나 항상 그런 것은 아닙니다. 우리는 흔히 하나님의 뜻이 무엇인지 전적으로 알지 못하면서 기도합니다. 우리는 자신이 받은 믿음의 분량대로 하나님께서 하라고 부르시는 범위 내에서 행해야 합니다(롬 12:3, 6; 엡 4:7).

예수님은 무화과나무의 사건을 통해 거창하게 꾸민 겉치레 종교의 허구성을 가차 없이 심판하셨습니다. 하나님께 드릴 영적 열매가 없는 교회는 무화과나무가 받은 저주의 심판 아래 있습니다. 우리는 종교적 잎사귀에 해당하는 것들이 우리 자신과 교회를 위선과 기만으로 장식하고 있지 않은지 깊이 반성해 보아야 하겠습니다.

신약 시대의 성전은 건물이 아니고 사람입니다. 주 예수를 믿는 각 성도의 삶 속에 주의 영이 머무십니다. 또한 주님의 지체로서의 교회가 주의 성전입니다(롬 8:9; 고전 6:19; 3:16). 더 나아가 주님 자신이 예루살렘 성전을 대치하는 참 성전입니다. 그래서 주님은 "너희가 이 성전을 헐라 내가 사흘 동안에 일으키리라"(요 2:19)고 하셨습니다. 예루살렘 성전이 상징하는 궁극적인 실체는 예수님입니다. 그래서 "예수는 성전된 자기 육체를 가리켜 말씀하신 것이라"(요 2:21)고 하였습니다. 신자는 예수님 안으로 들어가서 하나님을 섬깁니다. 또한 예수님은 성령으로 자신의 지체인 교회와 각 성도의 삶 속에 내주하십니다.

그런데 예수님은 예루살렘 성전에서 하셨듯이, 우리 안에 들어오셔서 모든 것을 둘러보십니다(11절). 멀리서 무성한 잎사귀만 보시고 좋은 나무라고 쉽게 판단하시지 않습니다. 예수님은 반드시 가까이 오셔서 잎사귀 하나하나를 살피시며 열매의 유무를 확인하십니다. 주님은 몹시 시장하십니다(12절). 열매를 찾고 싶어 하시는 주님의 열망은 지금도 간절합니다.

주님은 사랑하는 자녀들에게 필요한 징계의 매질을 하십니다(히 12:6). 성전에서 채찍을 휘두르시는 주님의 모습은 심판자의 무서운 얼굴입니다. 나귀를 타고 입성하셨던 겸손한 왕은 이제 만국을 철장으로 다스리는 어린 양의 진노를 맹렬하게 쏟아붓는 만왕의 왕이십니다(시 1:9; 계 6:16; 19:19:15~16). 그래도 아직은 우리에게 회개할 기회가 있습니다. 주님은 나귀를 타시고 낮은 자로서 은혜와 자비를 머금고 우리에게로 다가오십니다. 주님은 때때로 열매 없는 자녀들에게 채찍을 드십니다.

그러나 한 가지 기억해야 할 일이 있습니다. 예수님은 채찍을 드시기전에 구원의 사랑을 한사코 물리치는 예루살렘 성을 바라보시며 눈물을 흘리셨습니다. 예루살렘 성은 무화과나무가 말라죽었듯이 곧 멸망될 것이기 때문입니다. 그래서 주님의 채찍질에 담긴 주님의 눈물의 의미를 알아야 합니다. 회개하고 열매를 맺으면 주님의 눈물은 웃음으로 바뀌고 교회의 위선과 거짓의 무성한 잎사귀들은 "시냇가에 심은 나무가 철따라 열매를 맺으며 그 잎이 시들지 아니함"(시 1:3, 새번역) 같을 것입니다.

무릇 내게 붙어 있어 열매를 맺지 아니하는 가지는 아버지께서 그것을 제거해 버리시고 무릇 열매를 맺는 가지는 더 열매를 맺게 하려 하여 그것을 깨끗하게 하시느니라 (요 15:2).

53
포도원 농부의 비유
마가복음 11:27~12:12

예수님은 예루살렘을 마지막으로 방문하셨습니다. 예루살렘의 일반 백성은 그를 열렬히 환영했지만 종교 지도자들은 그를 죽이려고 하였습니다. 그들은 악한 동기를 품고 예수님의 권위에 대한 첫 질문을 던졌습니다. 그들은 예수님께 무슨 권위로 성전에 들어와서 둘러엎고 가르치느냐고 도전하였습니다(11:27~28). 그들은 예수님을 성전 질서를 파괴하는 자로 내몰았습니다. 예수님은 그들에게 요한의 세례가 누구에게서 온 것이냐고 반문하셨습니다. 백성은 세례 요한이 참 선지자라고 믿었습니다. 그러나 대제사장들과 서기관들과 장로들은 요한의 세례가 하나님으로부터 왔음을 인정하기 싫어 모른다고 했습니다. 예수님의 권위에 대한 질문은 예수님이 누구이신지에 대한 것이었습니다. 그러나 질문자들은 바른 대답에 관심이 없었습니다. 예수님이 성전 지도자들에게 던진 질문의 의도는 자신의 권위도 세례 요한처럼 하나님에게서 왔다는 것이었습니다.

두 종류의 권위

권위에는 세속적인 것도 있고 신령한 것도 있습니다. 예루살렘의 종교 지도자들에게는 공적으로 인정된 세속적 권위가 있었습니다. 그러나 예수님에게는 공적 종교 기관에 속한 권위가 없었습니다. 그럼 결정적으로 두 종류의 권위를 구별하는 요소는 무엇일까요? 한 마디로 성령의 능력입니다. 예수님은 세례 때부터 성령의 기름부음을 받고 계속해서 충만한 성령으로 복음을 권위 있게 선포하셨고 병든 자를 치유하시며 귀신을 내쫓았습니다(막 1:10; 마 7:29; 행 10:38). 그러나 성전 지도자들에게는 이러한 종류의 성령 사역이 없었습니다. 그들은 하나님의 보냄을 받고 성령의 능력으로 하나님의 뜻에 따라 복음을 전하는 자들이 아니었습니다. 그들이 공적 권위를 내세워 살의를 품고 예수님을 위협하는 태도는 그들에게 성령이 임하지 않았다는 증거입니다. 가장 중요하고 큰 권위는 하나님의 보내심을 받고 성령의 능력으로 자신이 받은 소명을 성취하는 것입니다. 예수님은 참된 권위의 최대 모델입니다.

성전 지도자들은 성전 사역을 구실로 삼고 득세한 특권층이었습니다. 이들은 높은 직책과 재력을 확보하고 백성에게 군림하는 것을 자신들의 권위로 삼았습니다. 그러나 이것은 예수님의 권위와 다른 종류의 세속적 권세입니다. 예수님의 권위의 근원은 하나님에게서 나왔으며 신령한 소명에 따라 성령의 능력으로 행하는 신적 권위였습니다. 예수님의 영적 권위는 복음의 선포와 성령의 강력한 활동으로 드러났습니다.

영적 권위는 직분이나 신분의 고하에 달린 것이 아닙니다. 교회를 섬기는 일도 영적 권위에 바탕한 것이라야 합니다. 단순히 직분상의 타이틀 때문에 권위가 있는 것도 아니고 안수를 받았다고 해서 권위가 생기는 것도 아닙니다. 성령을 통해 드러나는 복음에 근거한 말씀과 섬김의 권위라야 합니다.

성전 지도자들은 높은 타이틀과 신분을 가졌지만 영적 능력이 없었고 영적 권위에는 아무런 관심이 없었습니다. 예수님은 지위도 신분도 없었지만 하나님에게서 오는 권위로 자신의 소명을 성취하셨습니다. 예수님은 "무슨 권위로 이런 일을 하느냐 누가 이런 일 할 권위를 주었느냐"(11:28)는 성전 지도자들의 질문을 두 가지 형태로 답하셨습니다. 하나는 그들에게 세례 요한의 권위가 어디서 왔느냐고 반문하심으로써 자신의 권위도 하나님에게서 왔음을 간접적으로 시사하였고 다른 하나는 포도원 농부의 비유로 자신이 하나님의 보내심을 받은 아들이시며 심판주의 권위를 가지진 분임을 알렸습니다(막 12:1~12).

포도원 농부의 비유는 이스라엘과 하나님과의 관계를 대변합니다.

포도원 주인: 하나님
종들: 이스라엘에 하나님의 말씀을 전한 여러 선지자들
아들: 하나님의 아들이신 예수님
포도원: 이스라엘 나라
농부들: 소작인들로서 제사장들과 서기관들과 장로들.

이스라엘은 포도원과 같습니다. 포도원 주인은 하나님이십니다. 하나님은 포도원을 소작인들에게 맡기고 자신은 타지에서 삽니다. 주인이 수확기가 되어 포도원 소출을 받으려고 종들을 보냈지만 번번이 거절당하였고 소작인들이 종들을 때리고 죽이기까지 하였습니다. 마지막으로 주인은 자신의 아들을 보냈지만 그를 죽여 포도원 바깥으로 내던졌습니다. 주인의 아들이 상속자이므로 그를 죽이면 포도원이 자기들 소유가 될 것으로 여겼기 때문입니다. 스토리가 여기까지 왔을 때 예수님은 포도원 주인의 반응을 알렸습니다.

포도원 주인이 어떻게 하겠느냐 와서 그 농부들을 진멸하고 포도원을 다른 사람들에게 주리라 (9절) .

이 말씀을 듣고 있던 대제사장들과 서기관들과 장로들은 자기들을 보고 하신 말씀임을 알고 예수님을 체포하려고 했습니다(12절). 그들은 며칠 후 예수님을 십자가에 처형시킨 주범들이었습니다. 그러나 포도원 주인이 그들을 심판할 때가 올 것입니다. A.D. 70년 로마 군대가 예루살렘을 공격했을 때 성전과 유대인 지도자들이 심판을 받았습니다. 포도원이 다른 소작인들에게 넘겨진 것은 참 이스라엘 백성 속으로 이방인들이 들어올 것을 가리킵니다.

예수님은 건축자들이 버린 모퉁이 돌입니다.

예수님은 본 비유를 시편 118편 22~23절의 인용으로 마치셨습니다.

건축자들이 버린 돌이 모퉁이의 머릿돌이 되었나니 이것은 주로 말미암아 된 것이요 우리 눈에 기이하도다 함을 읽어보지 못하였느냐 하시니라 (10~11절).

건축자들은 여호와 종교의 전문가들로서 백성에게 말씀을 가르치고 예배를 인도하는 공적 사역자들입니다. 그럼에도 그들은 하나님의 아들로 오신 예수님을 박해하고 배척하였습니다. 건축자들이 버린 돌은 예수님입니다. 예수님은 자신을 이사야 선지자가 예언한 머릿돌로 보셨습니다.

그러므로 주 여호와께서 이같이 이르시되 보라 내가 한 돌을 시온에 두어 기초를 삼았노니 곧 시험한 돌이요 귀하고 견고한 기촛돌이라 그것을 믿는 이는 다급하게 되지 아니하리로다 (사 28:16).

이 돌의 특징이 무엇입니까? 무엇보다도 하나님이 세우신 기초석입니다. 기초석으로서의 안정성과 견고성을 테스트받은 귀한 돌입니다. 이 기초석을 믿고 그 위에 자신의 집을 짓는 자들은 누구나 낭패를 당하지 않습니다. 그런데 이스라엘의 건축자들은 이 귀한 돌을 발견하고도 무시하고 내버렸습니다. 예수님은 여기서 자신이 이스라엘 지도자들로부터 배척을 받았지만 하나님께서는 그를 머릿돌이 되게 하셨다고 증언하셨습니다. 예수님은 자신을 인용된 시편과 이사야 선지자의 예언에 일치시키고 죽음을 통해 하나님의 영원한 왕국이 세워질 것을 예고하셨습니다. 유대 지도자들은 예수님을 제거하면 그의 영향이 막을 내리고 자신들의 세속적 권세가 유지될 것으로 믿었습니다. 그러나 그들은 곧 무서운 심판을 받고 영원히 사라질 것이었습니다.

한편, 예수님은 머릿돌이 되기도 하고 걸림돌이 되기도 합니다(벧전 2:7~8). 예수님을 자신의 구주로 믿는 성도들에게는 세상의 풍우와 악한 세력들로부터 공격을 받아도 굳건히 설 수 있습니다. 그들이 선 곳은 영원한 구원의 받침대가 되는 예수 그리스도의 반석이기 때문입니다(엡 2:20; 고전 3:11). 반면 예수님을 멸시하고 부정하는 자들은 그들이 내버린 돌에 맞아 멸망될 것입니다(사 8:14; 롬 9:32). 예수님은 구원자이시면서 심판주이십니다. 하나님이 세우신 머릿돌은 내가 딛고 설 반석이 아니면 내 머리에 떨어지는 심판의 돌입니다. 마태복음과 누가복음의 관련 본문에는 예수님을 심판의 돌로 묘사하였습니다.

> 이 돌 위에 떨어지는 자는 깨지겠고 이 돌이 사람 위에 떨어지면 그를 가루로 만들어 흩으리라 하시니 (마 21:44; 눅 29:18) .

이 말씀의 배경은 다니엘서 2장에 나오는 환상입니다.

> 또 왕이 보신즉 손대지 아니한 돌이 나와서 신상의 철과 진흙의 발을 쳐서 부서뜨리매 그때에 철과 진흙과 놋과 은과 금이 다 부서져 여름 타작마당의 겨 같이 되어 바람에 불려 간 곳이 없었고 우상을 친 돌은 태산을

이루어 온 세계에 가득하였나이다 (단 2:34~35).

이 여러 왕들의 시대에 하늘의 하나님이 한 나라를 세우시리니 이것은 영원히 망하지도 아니할 것이요 그 국권이 다른 백성에게로 돌아가지도 아니할 것이요 도리어 이 모든 나라를 쳐서 멸망시키고 영원히 설 것이라 손 대지 아니한 돌이 산에서 나와서 쇠와 놋과 진흙과 은과 금을 부서뜨린 것을 왕께서 보신 것은 크신 하나님이 장래 일을 알게 하신 것이라 이 꿈은 참되고 이 해석은 확실하니이다 (단 2:44~45).

다니엘은 느브갓네살 왕이 꾼 꿈은 하나의 거대한 신상이었다고 알리고 그 의미를 해몽하였습니다.

"왕이 이 신상을 보는데 한 돌이 산에서 갑자기 날아들어(단2:34) 여러 제국을 대표하는 신상을 쳐서 완전히 파괴하였습니다(2:35). 이 돌은 큰 산이 되었고 온 세상에 가득 찼습니다. 이 돌의 특징은 사람의 손이 가지 않은 것입니다. 아무도 돌을 떠내지 않았는데 난데없이 날아와서 세상 권세를 대변하는 신상을 박멸하였습니다. 이 돌은 하나님의 나라를 대표합니다. 산에서 나온 것은 영구성과 안정성을 말하고 "손 대지 아니한 돌"(단 2:34)은 초자연성을 가리킵니다. 인간 왕국들은 한시적이지만 하나님의 왕국은 영원하며 인간 왕국처럼 후속 왕국도 없고 정복될 수도 없습니다."

그런데 예수님이 이 초자연적인 심판의 돌을 자신과 일치시킨 사실은 예수님이 누구이신지에 대한 가장 놀랍고 엄중한 진술입니다. 이스라엘 백성과 그들의 종교 지도자들이 시편 저자와 선지자들이 증언한 이 산 돌을 바로 눈 앞에 두고서도 믿지 못하고 배척한 것은 그들에 대한 무서운 심판을 자초한 것으로서 우리에게 큰 경종이 되어야 합니다. 예수님은 지금도 많은 나라와 백성에게 "건축자들이 버린 돌"(10절)로 취급되고 있습니다. 그러나 그들에 대한 심판은 이미 시작되었고 최종 심판으로 마무리될 것입니다.

다니엘 2장 44절은 "이 여러 왕들의 시대에" 하나님께서 영원한 왕국을 세우시고 모든 이교국들을 멸망시킬 것이라고 했습니다. 이 예언은 예수님의 초림으로 성취되기 시작했습니다. 예수님은 느브갓네살 왕의 신상 마지막 부분에 나오는 로마 제국 시대에 태어났습니다. 예수님이 초림 때에 출범시킨 하나님 나라는 마침내 온 세상에 퍼지고 세상 왕국들은 사람의 손이 가지 않은 신령한 돌에 의해 모두 파괴될 것입니다. 이 돌은 마지막 때에 하나님의 손에 든 망치가 되어 지상의 모든 악의 왕국들을 분쇄하는 데 사용될 것입니다. 그러나 눈이 열려 예수님을 하나님이 보내신 구주이심을 믿는 자들은 예수님이 자신들의 영원한 삶을 받쳐주는 구원의 반석입니다.

예수님이 구속 역사의 목표와 완성입니다.

예수님은 포도원 주인의 아들로서 악한 소작인들로부터 주인의 권리를 행사하기 위해 보냄을 받았습니다. 예수님은 선지자들이 줄곧 예고했던 하나님 나라를 출범시키기 위해 오신 메시아로서 하나님의 최종적인 대리자입니다. 유대 종교 지도자들은 메시아를 원한다고 했지만 예수님을 배척하고 죽였습니다. 그러나 하나님은 배척받은 예수님을 하나님의 참 백성으로 구성된 새로운 성전인 교회의 머릿돌이 되게 하셨습니다(엡 2:20~22; 고전 3:16; 6:19; 고후 6:16).

이스라엘은 오랫동안 언약 백성의 특권을 누렸습니다. 그들은 하나님의 자녀로 입양되었고 율법을 받았으며 성전 예배와 메시아의 약속을 받았습니다(롬 9:4~5). 그들을 가르치고 인도하는 많은 제사장들과 선지자들이 있었고 하나님의 보호와 돌보심이 따랐습니다.

그러나 이스라엘 백성이 예수 그리스도를 밀어내고 그분의 다스림을 거절했을 때 예루살렘과 성전은 이방인들에 의해 완파되는 심판을 받았습니다. 하나님께서는 이스라엘 백성을 재 정렬하시고 새로운 하나님 나라의 구성원들 속에 이방인들이 들어오게 하셨습니다. 그 결과 하나님의 백성은 그리스도를 믿는 유대인들과 이방인들로 한 몸을 이루는 새 언약 교회가 되었습니다.

이러한 새 이스라엘 공동체는 예수 그리스도의 오심으로 구체화되었습니다. 예수님은 유대인들의 불신으로 십자가 형을 받았지만 이것은 하나님께서 미리 자신의 아들을 대속물로 주기 위한 구원의 방편이었습니다(막 10:45; 행 3:13~15; 5:30~31).

예수님은 하나님의 뜻에 순종하여 참 이스라엘 백성을 구원하기 위해 십자가 형벌을 대신 받으셨고 성령의 능력으로 부활하여 메시아의 왕권을 확보하셨습니다. 이제 예수님은 온 세상의 구주로서 새 이스라엘 백성에게 주의 재림 때까지 십자가 복음을 전하는 소명을 주셨습니다(마 28:18~20).

새 이스라엘 백성으로 구성된 교회는 하나님의 포도원입니다. 그런데 오늘날의 교회도 이스라엘 백성이 저지른 과오를 되풀이할 수 있습니다. 청지기 노릇을 바르게 하지 않고 하나님의 포도원을 악용했던 이스라엘의 소작인들처럼 교회를 탐심으로 오용한다면 하나님이 세우신 심판의 돌에 걸려 넘어지게 될 것입니다.

신약 교회는 구약 백성과 비교할 수 없을 정도로 하나님의 말씀과 은혜를 넘치게 받았습니다. 그럼에도 청지기 직분의 책임 이행을 잘 하지 않았습니다. 열매가 없으면 무화과나무처럼 심판을 받고 무용하게 됩니다. 하나님의 아들이 성전에 오셨을 때 무엇을 발견하셨습니까? 제사와 예배를 빌미로 한 부패한 상거래 이외에는 아무것도 발견할 수 없었습니다.

오늘날도 목회자들이 하나님의 말씀을 뒤로 제쳐두고 교회를 돈벌이 수단으로 삼거나 부도덕한 놀이터로 여긴다면 어떻게 되겠습니까? 유대인 지도자들이 1세기 때에 당한 것과 같은 심판을 수확할 것입니다. 현재 우리나라 교회는 사회로부터 배척의 표적이 되었습니다. 이것은 본 궤도를 이탈한 교회에 대한 일종의 심판입니다. 그러나 우리가 주님의 경고를 듣고 돌이킨다면 자비하시고 오래 참으시는 주님의 용서를 기대할 수 있습니다. 본 비유의 의도는 회개를 촉구하는 경고이지 정죄가 일차적인 문맥이 아닙니다. 교회의 부패는 심각한 수준이지만 아직도 때는 늦지 않았습니다. 무화과나무와 포도원 소작인들에 대한 교훈을 우리 자신들에게 주시는 말씀으로 새겨듣고 주 앞에 엎드린다면 교회는 회복될 수 있습니다. 그러나 부패한 성전을 개혁하지 않고 열매 없는 예배만 지속되었을 때 예루살렘이 심판을 받았다는 역사적 사실을 명심해야 하겠습니다.

54
계속되는 질문
마가복음 12:13~37

예수님은 지상 생애의 마지막 주간에 예루살렘에서 유대 종교 지도자들로부터 공격적이고 함정적인 질의를 많이 받았습니다. 유대 종교 지도자들은 예수님의 초기 사역부터 그의 권위를 도전하며 죽이기로 모의하였습니다(막 3:6). 예수님은 유대교의 전통과 체제를 붕괴시키려는 반율법주의자로서 기존의 종교적 권위를 무시하고 백성을 오도하는 반사회적 선동가로 몰렸습니다. 그들은 예수님의 가르침과 권위에 도전하며 기회를 틈타 그를 함정에 빠트리려고 여러 번 시도하였습니다.

하나님과 시저에 관한 질문 (13~17절)

> 그들이 예수의 말씀을 책잡으려하여 바리새인과 헤롯당 중에서 사람을 보내매 와서 이르되 … 가이사에게 세금을 바치는 것이 옳으니이까 옳지 아니하니이까 우리가 바치리이까 말리이까 한대 (막 12:13~15).

이 질문은 매우 간교한 함정 질문이었습니다. 모세법에 의하면 이스라엘 왕은 유대인이어야 했습니다(신 17:14~15). 만약 예수님이 시저 황제에게 세금을 내라고 하면 이방인 황제는 지지하고 모세법은 어기는 셈이

됩니다. 반대로 세금을 시저에게 내지 말라고 하면 모세법은 지키지만 로마 당국으로부터 반란죄로 고발될 것입니다. 예수님이 이 문제를 어떻게 해결하셨습니까?

예수님은 데나리온 하나를 가져오라고 하신 후에 그 형상과 글이 누구의 것이냐고 물으셨습니다. 데나리온은 로마의 화폐였기 때문에 당연히 로마 황제의 이름과 글이 새겨 있었습니다. 예수님은 가이사 황제의 것은 가이사에게 바치고 하나님의 것은 하나님께 바치라고 하셨습니다(15~17절). 예수님은 시저 황제에 대한 충성과 하나님께 대한 충성을 분리시켰습니다. 이것은 시저 황제에게 시민의 의무를 행하면서도 로마의 이방인 종교를 따르지 않을 수 있음을 전제한 말씀이었습니다. 예수님은 인류 역사에서 처음으로 국가를 두 개의 영역으로 나눔으로써 정종 분리를 선언하셨습니다. 고대 사회에서는 왕이 국가를 대표하여 백성이 어떤 종교를 가져야 할지를 결정하였습니다(단 3장).

[정종분리의 원칙은 무엇일까요?]

예수님의 답변은 정부와 종교의 관계에 대한 중요한 원칙을 제공합니다. 예수님은 로마 국가에 대한 충성이 시저의 신에게 충성한다는 뜻은 아닌 것으로 보셨습니다. 역으로 하나님께 충성하는 것은 시저에게 불충성하는 것을 의미하지 않는다는 것입니다. 국가는 시민의 충성과 복종을 요구할 권리가 있습니다. 그래서 국법을 지켜야 하고 세금을 내야 합니다. 그러나 신자는 시저에게 속한 것 이상을 바칠 필요가 없습니다. 국가는 종교의 자유를 허용해야 하고 하나님께 속한 영역을 간섭하지 말아야 합니다. 신자는 대부분의 경우 국가를 존중하고 나라 살림에 긍정적인 기여를 할 수 있어야 합니다(롬 13:1~7). 그러나 하나님께 속한 것은 양보할 수 없으며 하나님에 대한 순종이 우선입니다(행 4:19).

기독교인은 국가와 종교를 분리시켜 보아야 합니다. 국가와 교회는 멤버십과 기능이 서로 다르기 때문입니다. 국가 멤버십은 그 나라에서 태어나는 모든 국민입니다. 교회 멤버십은 구원받은 자들의 무리입니다. 국가의 구성원이 되는 것은 출생하는 순간이지만 교인이 되는 것은 거듭나는 순간입니다.

국가의 기능은 시민 생활의 복지와 질서 및 평화를 도모하는 것이고, 교회의 기능은 복음의 소망을 전하고 주 예수를 섬기게 하는 것입니다. 국가는 총칼의 무기를 사용하고(롬 13:4) 교회는 영적 무기로 무장됩니다(고후10:3~4).

[정종 분리가 없을 때 어떤 문제가 생길까요?]

국교주의를 택하면 국가와 교회가 이해관계로 유착되어 교회가 정치와 타협하게 됩니다. 국교주의는 예수님의 가르침과 배치됩니다. A.D. 312년 로마의 콘스탄틴 대제가 기독교를 국교로 선포했을 때 큰 변화가 왔습니다. 정부 차원의 기독교 박해가 그치고 교회는 외형적으로는 크게 번창하였습니다. 성직자들의 사례비를 위해 세금을 거두었고 교회당이 국가 후원금으로 지어지는 경우도 있었습니다. 일요일이 공휴일이 되어 주일 예배가 공식화되었습니다. 이것은 긍정적인 일로 볼 수 있을지 몰라도 부정적인 측면도 있습니다.

예를 들어 로마 제국에서 태어나면 모두 교인으로 간주되어 유아 세례를 주었습니다. 국교에 반대하는 신자들은 박해를 받았고, 전쟁은 모두 성전(聖戰, holy war)이라고 불렀습니다. 국가는 교회를 통제하려고 하였고 왕들은 자신을 교회의 수장으로 여겼습니다. 이러한 국교주의는 예수님의 가르침과 배치됩니다. 성경은 제도나 전통이 아닌 개인의 자유로운 선택으로 믿어야 한다고 가르칩니다.

역사적으로 국교주의는 여러 형태로 발전하였습니다. 국가와 교회가 적대관계가 되어 국가는 교회를 박해하고, 교회는 국가를 무시하였습니다. 혹은 국가와 교회를 동일한 공동체로 보면서도 서로 우위를 확보하기 위해 경쟁하였습니다. 그러나 성경적인 관계는 우호적인 정종 분리입니다. 국가는 개인이 종교를 선택할 수 있는 자유를 주고, 교회는 국가의 권위를 인정하고 순응하며 사회의 빛과 소금이 되는 것입니다(마 5:13~16; 롬 13:1~2, 7).

부활에 관한 질문 (18~27절)

예수님이 성전에서 마지막으로 가르치신 주간에 여러 종류의 종교 그룹들이 제각기 예수님에게 올무를 씌우려고 악의적인 질문을 던졌습니다. 이들의 관심은 진리에 있지 않고 예수님을 제거시키려는 한 가지 목적에만 집중되었습니다. 사두개인들은 율법에 나오는 계대 결혼을 지적하며 칠 형제가 차례로 같은 아내를 취하였다가 모두 죽었고 그 여자마저 죽었는데 부활 때에 그 여자가 누구의 아내가 되겠느냐고 물었습니다. 이것은 사두개인들이 만들어낸 실없는 이야기지만 부활 교리를 웃음거리로 만들고 예수님의 가르침을 일축하려는 시도였습니다.

사두개인들은 기적이나 부활과 같은 초자연적 현상에 회의적이었습니다. 그들은 당시에 정치적으로 가장 큰 영향력을 행사하였습니다. 그들은 여호와 하나님을 믿는다고 내세우면서도 세속적인 사상을 지니고 종교인의 행세를 할 뿐이었습니다. 그들은 하나님과의 개인적인 관계나 사후 세계에 관심이 없었고 주로 정치나 사회문제에 몰두하였습니다.

이들의 특징은 종교적이면서도 성경에 무지한 것이었습니다. 예수님은 이들이 성경도 하나님의 능력도 알지 못한다고 지적하셨습니다(24절). 부활은 인간의 보편적인 체험이 아니기 때문에 실증하기 어렵습니다. 부활을 믿으려면 무엇보다도 예수님의 부활에 대한 확신이 있어야 합니다. 또한 창조주 하나님의 전능하신 능력도 믿을 수 있어야 합니다. 그러기 위해서 성경을 믿어야 합니다. 성경이 부활에 대한 약속을 하고 실제로 일어난 예수님의 부활 사건을 증언하기 때문입니다. 그래서 예수님은 사두개인들의 어리석은 질문을 성경에 근거해서 반박하셨습니다.

너희가 성경도 하나님의 능력도 알지 못하므로 오해함이 아니냐 (24절).

예수님은 사두개인들이 성경과 하나님의 능력에 대해 무지했기 때문에 부활 문제를 오해했다고 하셨습니다(24절). 그들은 신학적인 질문을 하면서도 성경을 잘 몰랐습니다. 신학 공부를 많이 한 목회자나 신학자들 중에는 부활이나 동정녀 수태를 비롯한 초자연적인 성경의 사건들을 믿지 않는 분들도 적지 않습니다. 우리가 만일 주 예수를 믿고 구원을 받았다면 예수님의 성경관을 따라야 합니다. 예수님은 성경을 하나님의 말씀으로 믿으셨습니다. 그래서 사두개인들에게 하나님께서 모세에게 "나는 아브라함의 하나님이요 이삭의 하나님이요 야곱의 하나님이로라"(26절; 출 3:6)고 하신 말씀을 상기시켰습니다.

왜 예수님이 이 말씀을 인용하셨을까요? 하나님께서는 아브라함에게 땅과 자손과 국제적 명성과 다른 사람들의 복의 통로가 되는 축복을 약속하셨습니다. 그러나 아브라함은 이런 복들을 그의 생전에 다 받지 못했습니다. 아브라함이 이러한 복들을 모두 누리려면 다시 살아나야 합니다. 그때가 언제일까요? 예수님이 재림하실 때일까요? 물론 예수님의 재림 때 모든 사람이 육신의 부활을 할 것입니다. 그럼 현재 그들은 죽어 있다는 말일까요? 죽어 있다가 재림 때 처음으로 다시 깨어난다면 하나님은 현재 그들의 하나님이 되실 수 없을 것입니다. 하나님은 영원히 살아 계시기에 죽은 자의 하나님이 될 수 없습니다. 그래서 아브라함을 비롯한 이스라엘의 족장들이 현재 살아 있다고 보아야 합니다. 이런 의미에서 하나님은 아브라함과 이삭과 야곱의 하나님이십니다.

예수님은 죽었던 사람이 부활하면 지상 생활을 그대로 반복하는 것이 아니라, 하늘의 천사들처럼 전혀 차원이 다른 형태의 새로운 삶이라고 하셨습니다(25절). 그러니까 사두개인들이 계대 결혼의 예를 든 것은 부활에 대한 오해에서 비롯되었음을 지적하신 것이었습니다.

만약 부활을 믿지 않는 사두개인들이 옳다면 아브라함과 이삭과 야곱은 지상에서 죽었을 때 완전히 소멸되었을 것입니다. 지금도 많은 사람이 죽으면 다 끝이라고 하면서 사후의 삶을 부정합니다. 그러나 성경은 하나님께서 사후에도 살아 있는 그들과 계속 관계를 가지신다고 증언합니다. 아브라함과 이삭과 야곱은 수천 년 전에 죽었지만 하나님께서 그들과 계속 관계를 가지신다면 하나님은 죽은 자들의 하나님이 아니라는 증거입니다.

부활을 믿는 것은 쉽지 않습니다. 그러나 성경을 믿는다면 부활은 극히 당연한 일입니다. 온 우주를 지으신 창조주의 능력과 지혜를 생각해 보십시오. 전능하신 하나님이 죽은 자를 다시 살리는 것은 너무도 쉬운 일일 것입니다. 무에서 유를 창조하신 위대한 하나님은 죽은 자를 다시 살리십니다. 우리가 성경의 기록을 믿는다면, 예수님의 부활을 눈으로 보지 않고도 믿을 수 있습니다. 또한 아브라함에게 복된 약속을 하시고 신실하게 지키시는 하나님을 신뢰한다면, 나 자신의 부활도 확신할 수 있습니다. 부활 소망은 하나님의 신실하심에 기반된 것입니다. 하나님은 우리가 예수 그리스도의 부활 생명을 현세와 내세에서 영원히 나눌 것이라고 약속하셨습니다(요 3:36; 엡 2:5~7; 고전 15:12~58).

가장 큰 계명에 대한 질문 (28~34절)

서기관 중 한 사람이 그들이 변론하는 것을 듣고 예수께서 잘 대답하신 줄을 알고 나아와 묻되 모든 계명 중에 첫째가 무엇이니이까 (28절).

율법에 정통한 한 서기관이 와서 예수님께 가장 큰 계명에 대해 물었습니다. 예수님은 모세 율법이 중요성에 따라 레벨의 차이가 있음을 인정하셨습니다. 모세 율법은 다 동일하지 않습니다. 어떤 것들은 상징적이기 때문에 문자적으로 볼 수 없으며 어떤 것들은 이혼 증서처럼 인간의 완악한 마음을 감안해서 허용한 법입니다. 예수님은 도덕적 요구 가운데서 하나님 사랑과 이웃 사랑을 가장 큰 두 개의 계명으로 지적하셨습니다(신 6:5;레 19:18). 최대의 계명은 두 겹입니다. 즉, 하나님과 이웃을 사랑하는 것입니다. 이 명령은 다른 의식법보다 더 중요하고 우선적입니다.

　예수님은 질문한 서기관이 예수님의 대답에 전적으로 동의하는 것을 보시고 "네가 하나님의 나라에서 멀지 않도다"(34절)라고 하셨습니다. 이 말씀은 무슨 뜻일까요? 구원의 문턱에 이르렀다는 뜻일까요? 그렇지 않습니다. 구원은 율법 준수로 받지 않습니다. 구원은 사랑의 삶이 아닌, 예수님에 대한 믿음으로 받습니다. 선한 삶을 산다고 해서 구원받는 것이 아닙니다. 예수님을 먼저 하나님이 보내신 대속주로 믿어야 합니다(요일 3:23).

　하나님 나라에서 멀지 않다는 말은 신자가 되기에 멀지 않다는 뜻도 아니고, 구원이 눈 앞에 이르렀다는 의미도 아닙니다. 이 말은 하나님 나라에 들어가는 체험적인 삶을 가리킵니다(막 9:43~47). 즉, 하나님의 왕권적 능력이 신자들의 삶 속에서 생동하는 것을 실제로 경험하는 것을 가리킵니다. 이것은 첫 단계의 구원 이상을 의미합니다. 예수님은 여기서 행위 구원을 가르치신 것이 아니고 예수님과의 관계를 생각해 보도록 유도하셨습니다.

　그래서 예수님은 그리스도를 다윗의 자손이라고 하는 서기관들의 말을 인용하여 자신의 신분에 대한 조명이 되게 하셨습니다. 그러니까 가장 큰 계명에 대한 답변은 다윗의 자손에 대한 말씀으로 연결됩니다. 하나님과 이웃에 대한 사랑이 두 개의 최대 계명이라는 것을 알고 인정하는 것만으로는 하나님 나라에 들어가지 못합니다. 그런데 사랑의 계명을 진지하게 지킬 수 있다면 자신의 삶에서 하나님의 생명이 큰 능력으로 활동하는 것을 체험하게 될 것입니다(요일 3:24). 그러나 모세법이 요구하는 사랑의 삶을 아는 것과 실제로 그렇게 사는 것은 별개의 문제일 수 있습니다(

요일 3:18). 알고도 행하지 않는 것이 인간의 공통된 약점입니다.

　서기관은 하나님과 이웃을 사랑하는 것이 가장 큰 계명임을 알았지만 실천할 능력이 없었습니다. 그는 아직 하나님 나라를 실제로 체험하는 삶이 어떻게 가능한지를 몰랐습니다. 과연 타락한 죄인이 어떻게 하나님을 사랑하고 이웃을 내 몸 같이 사랑할 수 있을까요? 한 마디로 예수님을 어떻게 생각하는지에 달린 문제입니다. 예수님은 바리새인들이 모인 앞에서 "너희는 그리스도에 대하여 어떻게 생각하느냐 누구의 자손이냐"(마 22:42)라고 물으셨습니다. 그들은 그리스도는 다윗의 자손이라고 즉각 대답했지만 이에 대한 예수님의 반응은 그들이 깊이 생각해 보고 깨달아야 할 말씀이었습니다.

> 다윗이 성령에 감동되어 친히 말하되 주께서 내 주께 이르시되 내가 네 원수를 네 발 아래에 둘 때까지 내 우편에 앉았으라 하셨도다 하였느니라 다윗이 그리스도를 주라 하였은즉 어찌 그의 자손이 되겠느냐 하시니 많은 사람들이 즐겁게 듣더라 (36~37절).

　이 말씀을 하신 의도는 사람들로 하여금 예수님이 과연 누구이신지를 다윗의 증언을 통해 깨닫게 하려는 것이었습니다. 그리스도가 다윗의 자손이라고 건성으로 대답할 것이 아니라 예수님이 곧 다윗의 자손이며 동시에 다윗의 주시라는 사실에 눈을 뜨라는 것입니다. 만약 유대 지도자들이 예수님의 질문을 잘 생각해 보았다면 자기들의 메시아관이 잘못된 것을 깨달았을 것입니다. 그들은 다윗의 자손을 정치적이고 군사적인 혁명가로 여겼습니다. 그러나 성령의 감동으로 성경에 기록된 메시아는 다윗이 자신의 주라고 부르고 경배한, 신성을 가지신 하나님의 아들이었습니다.

　유대 지도자들은 예수님께 악한 의도로 여러 가지를 물었지만 그들이 정녕 알아야 하는 것은 예수님에 대한 다윗의 증언이었습니다. 그들에게 필요한 것은 다윗이 자신의 주라고 부른 예수님을 그리스도에 대한 성경 말씀의 성취로 보고 주님을 영접하는 것이었습니다. 하나님은 예수님으로 하여금 모든 원수들을 정복하게 하시고 하나님 우편에 앉게 하실 것이었습니다. 예수님은 곧 십자가로 가셔서 모든 사람의 죄를 대속하고 사탄의 권세를 꺾고 부활하신 후 하나님 우편 보좌에 좌정하실 분이었습니다.

만일 그들이 예수님을 다윗의 주로서 받아들이고 그분을 하나님의 아들로 믿었다면 그들 자신과 국가의 운명이 달라졌을 것입니다. 그들은 열매 없는 백성에게 내리게 될 임박한 하나님의 심판을 피할 수 있었을 것이고 율법의 요구를 충족시키면서 예수님이 가르치신 산상 설교의 삶으로 들어갔을 것입니다. 그들에게 필요한 것은 예수님이었습니다. 예수님이 성령을 통해 그들의 삶 속에서 활동하시면 비로소 모세법의 요구를 달성하게 될 것이었습니다. 사실상 율법의 계명들은 예수님을 주님으로 모시고 사는 성령 생활에 의해 성취되고 율법의 한계선을 넘어가는 수준으로 올라갑니다(마 5:21~48). 중요한 것은 율법의 계명을 지키고 안 지키는 문제가 아니고 예수님이 율법의 모든 요구를 자신의 삶으로 만족시키고 더 나아가 신약 성도로 하여금 성령의 지배와 인도를 받음으로써 율법의 수준을 넘는 새 생명의 삶을 살게 하신다는 사실을 깨닫는 것이었습니다. 진정한 사랑의 삶은 모세법이 아닌 '그리스도의 법'(갈 6:2)으로 사는 것입니다. 즉, 성령으로 살고 성령으로 행하는 삶만이 율법을 온전히 성취하고 예수님의 모범을 따라가게 합니다(갈 5:22~25).

마가복음은 예수님이 누구이신지를 여러 모양으로 진술합니다. 그중에서 "다윗이 그리스도를 주라 하였은즉 어찌 그의 자손이 되겠느냐"(37절)라는 예수님의 질문은 가장 강력한 도전입니다. 유대 종교 지도자들은 성경을 잘 안다고 자부했지만 예수님을 바로 눈 앞에서 두고서도 다윗이 왜 그리스도를 주라고 불렀는지를 이해하지 못하였습니다. 그들은 그리스도를 단순히 다윗의 자손이라고 여겼을 뿐 그분의 신성을 전혀 깨닫지 못했습니다.

우리도 그들처럼 될 수 있습니다. 하나님의 백성이라고 여기고 교회 생활을 오래 하면서도 예수님이 과연 누구이신지를 잘 모를 수 있습니다. 예수님을 매우 피상적이고 상식적인 범위에서만 알고 성경이 제시하는 예수님의 신분이나 사역의 의미를 제대로 파악하지 못할 수 있습니다. 우리는 유대 종교 지도자들처럼 종교와 세상에 대해서 여러 가지 질문이 있습니다. 그런데 가장 중요한 질문은 예수님이 누구이시냐는 것입니다. 예수님이 그리스도(메시아)며, 신적 권위를 가지신 주님이시며, 현재와 미래의 운명을 쥐고 계신 구주 하나님이심을 알아야 합니다.

예수님이 우리 각자에게 너는 나를 누구로 아느냐고 물으신다면 어떻게 대답해야 하겠습니까? 다윗이 그리스도를 주라고 부른 것의 의미를 알고 올바른 대답을 할 수 있어야 합니다. 예수님이 누구이신지를 성경의 주장대로 확신하지 못하면 모든 것이 허사입니다. 예수님이 유대인들에게 던지셨던 질문을 다시 심각하게 되새기며 깊이 숙고해야 하겠습니다.

너희는 그리스도에 대하여 어떻게 생각하느냐? (마 22:42) .

55
위선자들과 과부의 헌금
마가복음 12:38~44

예수께서 가르치실 때에 이르시되 긴 옷을 입고 다니는 것과 시장에서 문안 받는 것과 회당의 높은 자리와 잔치의 윗자리를 원하는 서기관들을 삼가라 그들은 과부의 가산을 삼키며 외식으로 길게 기도하는 자니 그 받는 판결이 더욱 중하리라 하시니라 (막 12:38~40).

예수님은 위선적 경건으로 사람들로부터 존경과 대접을 받으려는 서기관들을 경계하라고 하셨습니다. 한 서기관은 가장 큰 계명이 무엇이냐고 예수님께 물었지만 일반적으로 유대 종교 지도자들은 음흉하고 간교한 위선자들로서 하나님과 이웃을 사랑하는 자들이 아니었습니다. 그들은 겉으로는 매우 거룩한 척했지만 과부의 가산을 삼키는 자들이었습니다.

두 렙돈의 헌금 정신

한 가난한 과부는 와서 두 렙돈 곧 한 고드란트를 넣는지라 (42절).

한 과부의 헌금에 관한 본문은 서기관들을 향한 예수님의 매서운 비판과 성전 파괴에 대한 엄중한 심판 사이에 끼어 있습니다. 이 가난한 과부의 헌금은 열매 없는 무화과나무처럼(막 11:12~14) 부패한 성전 제도와 타락된 지도자들을 배경으로 안고서 하나님을 온 마음으로 사랑하는 진정한 경배자의 모습을 드러냅니다.

한편, 본문은 교회에서 헌금을 강조할 때 아래와 같은 식으로 자주 적용됩니다.

- 이 과부는 가난했음에도 가진 것을 모두 바쳤다.
- 아무리 가난하여도 헌금은 꼭 해야 한다.
- 교회를 위해 반드시 필요한 돈은 빚을 내어서라도 바칠 수 있는 믿음이 있어야 한다.
- 매우 궁색한 과부가 두 렙돈을 낼 수 있었다면 우리는 더 많은 헌금을 해야 마땅하다.

그런데 이러한 헌금 강조의 배면에는 과부의 두 렙돈이라는 소액이 아닌, 고액 헌금이 전제되어 있습니다. 결과적으로 강조되는 부분은 "많이 넣는"(41절) 부자들의 헌금이지 적게 넣는 가난한 자들의 헌금이 아닙니다. 우리는 소액 헌금을 한 사람을 보고 헌금을 많이 했다고 말하지 않습니다. 고액 헌금을 한 사람을 보고 헌금을 적게 했다고 말하지도 않습니다. 그러나 본문에서 예수님은 우리와 정반대로 헌금량을 측정하셨습니다. 즉, 과부의 적은 헌금을 큰 헌금으로 보시고 부자들의 많은 헌금을 적은 헌금으로 평가하셨습니다. 그렇다면 많은 헌금을 권장하기 위해서 본문을 사용하는 것은 왜곡된 적용입니다. 예수님은 지금 최저치의 소액 헌금을 최고의 헌금이라고 선언하시기 때문입니다. 결코 부자들처럼 많은 액수를 내라는 뜻에서 과부의 희생적인 헌금을 모범으로 삼으신 것이 아닙니다.

만일 본문이 많은 헌금을 내도록 하는데 역점을 둔 것으로 오해하면 부자들의 많은 헌금을 부인하는 예수님의 말씀과 모순됩니다. 그뿐만 아니라 가난한 과부도 두 렙돈은 낼 수 있었으니 가난해도 반드시 희생적으로 헌금을 해야 한다는 식으로 유도하면 하나님이야말로 서기관들처럼 "과부의 가산을 삼키"는 분이 됩니다. 하나님이 과연 그런 분이시라고는 아무도 믿지 않을 것입니다. 하나님께서 얼마나 무정하시면 절대 빈곤에 처한 과부의 마지막 일 원을 받으시고 잘한 일이니 계속 그렇게 하라고 독려하셨겠습니까? 그러실 리가 없습니다. 고린도후서 8장 12절의 말씀처럼 하나님은 없는 것을 요구하시지도 않고 받으시지도 않습니다. 하나님은 예부터 과부와 고아를 보호하셨습니다. 율법에도 그들에 대한 보호 조항이 명시되어 있었고 신약에서도 동일한 가르침이 반복되었습니다. 야고보서 1장 27절에서도 "고아와 과부를 그 환난 중에" 돌보아 주는 것이 경건한 일이라고 하였습니다.

본문은 과부의 가산을 삼키는 서기관이나 성전 지도자들의 악행과 관련해서 그 피해자인 가난한 한 과부의 헌금이 담고 있는 하나님께 대한 사랑과 헌신의 정신을 드러낸 것입니다. 당시의 종교 지도자들은 성전 예배를 드려야 한다는 허울 좋은 구실 하에 경배자들의 호주머니를 털고 없는 돈을 짜내는데 급급하였습니다. "바리새인들은 돈을 좋아하는 자"(눅 16:14)들이었습니다. 그들은 보잘것 없는 과부의 재산까지 통째로 삼킬 만큼 돈에 혈안이 된 타락된 특권층이었습니다. 그래서 예수님은 그들을 강도들이라고 불렀고(막 11:17) 서기관들을 향해 "과부의 가산을 삼키며 외식으로 길게 기도하는 자"라고 비판하셨습니다(막 12:40). 다음 장에 나오는 (막 13장) 성전 파괴에 대한 예수님의 무서운 예언은 이 같은 문맥에서 이해되어야 합니다.

헌금의 부작용

반복해서 하는 일은 습관이나 형식에 빠질 위험성이 높습니다. 교회 헌금도 주일마다 정기적으로 하기 때문에 다분히 기계적인 이행이 되기 쉽습니다. 그러다 보면 마음에 없는 헌금을 하기도 하고 별다른 이유 없이 빼먹기도 하며 때로는 귀찮아지기도 합니다. 그 결과 헌금의 본래의 뜻이 퇴색되고 헌금 행위를 통해 의도된 영적 활동이 무산되면서 부작용이 일어납니다.

헌금은 기도처럼 경건 행위의 하나입니다. 경건 활동은 인간의 영적 측면을 표출시키는 반사경입니다(딤전 4:7,8; 6:11; 약 1:27). 그래서 자선, 기도, 헌금, 성경 공부, 예배, 기타 각종 프로그램에 참여하는 일을 중요한 종교 활동으로 봅니다.

한편, 이 같은 경건 활동은 사람의 눈을 속일 수 있는 매우 손쉬운 방편들입니다. 사복음서에서 거듭 언급된 위선자들의 가식은 모두 종교적 경건 활동과 관련된 것들입니다. 부패한 종교일수록 경건의 모양만 드러나고(딤후 3:5) 경건의 핵심이 되어야 할 믿음의 헌신은 위선과 겉치레로 대치됩니다. 오히려 경건을 자기 의를 드러내는 구실이나 이익 추구의 수단으로 사용하기까지 합니다(딤전 6:5). 본 사건의 교훈도 이러한 위선적 종교 행위의 타락과 진정한 경건의 모습을 헌금 행위에 비추어 대조적으로 진단한 것입니다.

성전의 헌금함은 성소의 바깥 입구와 인접한 '여인들의 뜰'에 놓여 있었습니다. 여기에는 용도가 표시된 열세 개의 나팔 모양의 헌금궤가 늘어서 있었는데 성전 경배자들이 모두 이곳에 와서 헌금하였습니다. 부자들은 헌금궤를 돌아가면서 주르륵주르륵 소리가 나도록 각종 동전들을 집어넣었습니다. 소리가 요란하고 오래 갈수록 사람들의 시선을 끌었고 그만큼 하나님의 복을 많이 받은 자로 인정되었습니다.

이런 부자들에게 헌금 행위는 자랑과 과시의 기회였습니다. 그들은 구제할 때 "사람들에게 영광을 얻으려고 회당과 거리에서"(마 6:2) 하였고, "오른손이 하는 것을 왼손이"(마 6:3) 확실히 알게 하였으며, 은밀하게 하지 않고 나팔 소리가 크게 울리게 하였습니다(마 6:2). 예수님은 마태복음 6장에서 경건의 방편들이 자기 과시나 자랑이 되지 않도록 해야 한다고 강조 하셨습니다. 그럼에도 성전의 헌금함은 계속해서 그런 위장된 경건을 과 시하는 곳으로 오용되었습니다.

교회 헌금은 신자들이 하나님의 것을 하나님께 돌려 드리는 행위이며 자신을 하나님께 바치는 헌신의 한 표현입니다. 그렇다면 헌금 행위가 자 랑이 될 수 없고 누가 얼마를 내었다는 것이 공적으로 알려질 필요도 없 습니다. 그렇게 하는 것은 헌금, 기도, 금식 등과 같은 경건 활동에 대한 예수님의 일관된 가르침에 위배됩니다(참조. 마 6장).

교회는 자주 헌금을 많이 한 자를 높여주고 믿음이 좋은 사람으로 인 정해 줍니다. 물론 헌금 액수가 적다고 해서 반드시 헌신이 깊은 것은 아 니며 고액의 헌금자가 언제나 위선자라는 말이 아닙니다. 교회에는 경건 한 부자들도 있고 사악한 빈민도 있을 수 있습니다. 문제는 헌금자의 동 기나 믿음 생활과는 상관없이 외형적인 헌금 액수에만 시선을 쏟고 언제 나 고액 헌금자를 우대하는 그릇된 풍조입니다.

교회에서 부자들이 대체로 직책을 받는 까닭이 무엇입니까? 물론 재 산이 많은 성도가 신앙도 좋고 교회도 잘 섬길 수 있습니다. 그러나 단순 히 돈이 많아서 헌금을 많이 하기 때문에 교회에서 인정을 받는다면 교회 는 맘몬신을 섬기는 곳임을 자증(自證)하는 셈입니다.

헌금 행위는 신자들이 맘몬신을 버리고 하나님을 섬긴다는 것을 증거 하는 일입니다. 내가 물질에 매이지 않고 하나님께 그대로 바친다는 것은 자신이 맘몬이 아닌, 하나님께 소속되었음을 가리킵니다. 헌금은 아낌없 이 바치는 행위입니다. 그래서 거저 주는 하나님의 풍성하신 은혜의 세 계에 들어가서 산다는 것을 드러내는 하나의 예증입니다. 헌금은 곧 헌신 의 정신을 담은 상징적인 행위이기에 일차적으로 교회 수입과 결착시킬 일이 아니며 헌금자의 과시를 위한 수단이 될 수 없습니다. 예수님이 구 태여 과부의 두 렙돈을 거론하신 까닭은 헌금 행위와 무관해야 할 인간의 자랑과 자만이 헌금함을 둘러싸고 있었기 때문입니다.

예수님이 앉으신 곳

예수께서 무리를 가르치기 위해서 자리를 잡으신 곳이 헌금함 맞은 쪽이었다는 것은 매우 흥미로운 일입니다(41절). 그런데 더욱더 흥미로운 것은 예수님이 사람들의 헌금 행위를 바로 눈앞에서 지켜보셨다는 사실입니다.

예수께서 헌금함을 대하여 앉으사 무리가 어떻게 헌금함에 돈 넣는가를 보실새 여러 부자는 많이 넣는데 한 가난한 과부는 와서 두 렙돈 곧 한 고드란트를 넣는지라 (41, 42절).

여기서 "어떻게"라는 말을 유의하십시오. 이 "어떻게"라는 말에는 어떤 마음으로, 어떤 자세로, 어떤 방식으로라는 의미가 모두 내포되었습니다. 주님이 내가 넣는 헌금함 앞에 앉아서 내가 어떻게 헌금하는지를 주목하고 계신다고 상상해 보십시오. 예수님은 아마도 성전을 방문하실 때마다 사람들이 헌금하는 것을 눈여겨보셨을 것입니다. 그러시던 어느 날 예수님은 아예 헌금함 앞에 자리를 잡고 앉으셨습니다. 그리고는 각 사람의 헌금하는 모습을 응시하셨습니다.

예수님은 헌금궤 앞에서 불꽃같은 눈으로(계 1:14) 헌금자들의 행위를 관찰하셨습니다. 그곳은 나의 심중을 꿰뚫어 보고 나의 참마음을 달아보는 곳입니다(렘 17:9~10). 주님 앞에서 나는 아무것도 숨기지 못합니다. 주님은 빛이십니다. 그 빛 앞에서 모든 어둠이 밝혀집니다. 공교롭게도 예수님이 "나는 세상의 빛"이라고 외치신 곳도 성전의 헌금함 앞이었습니다(요 8:12, 20).

부자들은 예수님이 헌금함 앞에 앉아 계신다는 사실을 무시하였습니다. 그들은 자신들이 내는 많은 헌금에 도취되어 있었습니다. 그들의 관심은 무리의 박수갈채와 선망의 탄성과 부러움에 찬 시선이었습니다. 그들의 눈에는 은밀히 보시는 주님의 임재가 들어설 공간이 전혀 남아있지 않았습니다. 부자들은 많은 사람이 지켜보는 가운데 헌금하였습니다. 그들은 사람들을 의식하며 고액의 헌금을 희사하였습니다. 그런데 주님의 시선은 군중이 보지 못하는 것을 보고 계셨습니다. 군중의 눈은 부자들이 '얼마'를 헌금하는지에 쏠렸지만 예수님의 눈은 부자들이 '어떻게' 헌금하는지를 보셨습니다.

　　예수님의 눈에 비친 부자들의 헌금은 "풍족한 중에서"(44절) 내는 것이었습니다. 그들의 헌금은 남아도는 돈이었고 생색을 내기 위한 돈이었습니다. 부자들은 없어져도 전혀 아쉽지 않은 헌금을 하고서도 많이 냈다고 자부심을 가졌습니다. 그들은 성전 운영을 크게 돕고 구제에 큰 몫을 했다고 믿었습니다. 그들은 사람들이 알아주는 자선가들이었고 성전 제도의 존속을 위한 고액의 기부자들로 자처하였습니다. 그들의 눈에는 가난한 과부의 두 렙돈이 보일 리 없었습니다. 그 적은 액수의 헌금에 담긴 참마음의 모습도 보일 리가 만무하였습니다. 오직 주님만이 그 가련한 과부의 두 렙돈을 은밀히 보고 계셨습니다.

　　그럼 가난한 과부는 어떻게 헌금하였습니까? 성전의 헌금함은 나팔처럼 목이 길었습니다. 많은 양의 주화라면 모르되 두 렙돈이 떨어지는데 요란한 소리가 날 리 없고 많은 시간이 소요될 리 없었을 것입니다. 넣는 둥 마는 둥 끝나버린 헌금이 아니었겠습니까? 사람들이 보려고 해도 보이지 않는 적은 돈이었습니다. 가난한 과부는 최소 단위의 두 렙돈을 조용히 남모르게 헌금함에 밀어 넣었을 것입니다. 그럼에도 예수님은 과부의 헌금이 최대의 헌금이라고 칭찬하셨습니다.

　　이 가난한 과부는 헌금함에 넣는 모든 사람보다 많이 넣었도다 (43절).

41절의 "여러 부자"와 42절의 "한 가난한 과부"는 큰 대조를 이룹니다. 여러 부자들의 많은 헌금을 다 합쳐도 한 가난한 과부의 두 렙돈을 능가하지 못했다는 것은 인간의 산술 공식과는 맞지 않습니다.

주님의 헌금 표준치는 '얼마'가 아니고 '어떻게'입니다. 사람들은 헌금의 액수를 보지만 주님은 헌금에 담긴 마음가짐을 보십니다. 사람의 눈은 고액의 헌금에 감탄하지만 주님의 눈은 액수에 상관없이 "모든 소유"의 헌금에 경탄하십니다.

주님은 사실상 전부를 요구하십니다. 헌금 속에 하나님의 주인 되심을 인정하며 나 전체를 바치는 헌신의 정신이 배어 있지 않다면 우리의 헌금은 단순한 경제적 가치에 머물 뿐입니다. 중요한 것은 헌금의 실제적인 효용 가치가 아니고 나 자신을 하나님께 바치는 참된 헌신입니다.

가난한 과부는 자신의 두 렙돈이 성전 유지에 하등의 도움이 되지 않는다는 사실을 누구보다 잘 알았음에도 주님 앞에서 헌금하였습니다. 그 적은 소액은 곧 자기 자신을 하나님께 바치는 전적 헌신의 상징이었기 때문입니다. 이것이 예수께서 그녀가 "생활비 전부"를 넣었다는 의미입니다(44절).

주께서 본 사건을 통해 우리에게 가르치시려는 것은 한 마디로 '전부'에 대한 헌신입니다. 즉, 부분이 아닌 '전부'를 하나님이 받으시고 '전체'로 드리는 우리의 삶을 주께서 기뻐하신다는 것입니다. 과부의 두 렙돈은 이 전적 헌신에 대한 빛나는 모범으로 기록되었습니다. 사실상 과부의 두 렙돈은 돈에 대한 이야기가 아닙니다. 그것은 하나님께 대한 우리의 전적 헌신과 참사랑에 대한 예시입니다.

은밀히 보시는 하나님

예수님은 산상 설교에서 구제, 기도, 금식과 같은 대표적인 종교 행위에 대한 교훈을 주시면서 모두 은밀하게 하라고 말씀하셨습니다(마

6:1~18). 그럼에도 이런 것들이 교회에서 가장 드러나게 행해진다면 "은밀한 중에 계신"(마 6:6,18) 하나님을 의식하지 않는다는 증거입니다. 하나님을 의식하지 않고 행하는 모든 종교 활동은 인간 위주의 프로그램에 지나지 않습니다. 그런 것들을 행하는 자들은 자기 상을 이미 받았습니다(마 6:2, 5, 16). 그런데 그들의 상이라는 것은 고작 인간들의 칭찬입니다. 겉으로만 보고 순간적으로 좋아하는 인간들의 칭송은 오래가지 않습니다.

하나님은 위선자들의 자선 나팔 소리와 그들의 공허한 선전용 기도와 의인의 참회를 흉내 내는 사이비 금식으로부터 고개를 돌리십니다. "사람에게 보이려고"(마 6:1, 5, 16) 행하는 일들은 사람들의 눈에만 인정될 뿐, 하나님의 눈에는 보이지 않습니다. 예수님의 시선은 오직 과부의 두 렙돈에 쏠렸습니다. 과부의 두 렙돈이야말로 "사람에게 보이려고" 넣은 돈이 아니었기 때문입니다. 하나님은 반드시 그런 돈을 찾아내십니다. 하나님은 가난한 과부의 두 렙돈이 헌금함에 조용히 떨어지는 소리를 귀담아들으십니다. 하나님은 극히 작은 한 고드란트의 헌금을 은밀히 보시고 기뻐하십니다. 하나님은 "은밀한 중에 계신" 분입니다(마 6:6,18). 하나님께서는 은밀하지 않은 헌금이나 기도나 금식에는 관심이 없습니다.

예수님은 부자들이 풍족한 중에서 헌금함에 많이 넣었다고 하셨습니다. 그런데 예수님이 나의 은밀한 헌금을 드러내실 때는 부자들의 많은 헌금의 실체가 위선임이 폭로되고 나의 두 렙돈은 내 소유의 전부였음이 공개됩니다.

예수님은 가난한 과부가 모든 헌금자들의 헌금을 상회한다고 하셨습니다. 놀라운 것은 예수님이 나의 은밀한 헌신을 밝히실 때는 나의 적은 소유가 무한대로 증식됩니다. 예수님 앞에서 헌금을 많이 했던 부자들은 사람들의 칭찬을 받았습니다. 그런데 동일한 장소에서 동일한 날에 가장 적은 헌금을 했던 한 과부는 예수님의 칭찬을 받았고 모든 후속 세대의 귀감이 되었습니다. 은밀히 보시는 하나님은 지금도 은밀히 행하는 나의 헌신을 눈여겨보시며 기뻐하십니다.

주님이 돌아보신 성전은 위선과 거짓으로 가득 찬 곳이었습니다. 성전에는 아무런 열매가 없었고 하나님께 대한 참된 헌신을 찾을 수 없었습니다. 성전은 온통 도둑들의 소굴이었습니다. 그러나 성전의 한 뜨락에서 주님은 참마음을 품고 하나님께로 나오는 초라한 한 과부를 발견하셨습니다. 그녀는 그 가난한 중에서 자기의 모든 소유 곧 생활비 전부(44절)를 넣었습니다. 그녀야말로 십자가로 가시는 예수님의 발자취를 따르는 참된 제자였습니다. 예수님은 지상에서 일 원 한 장 소유하시지 않았습니다. 예수님은 가장 가난하게 사셨지만 십자가에서 자신을 모두 하나님께 바쳤습니다. 우리 중에 누가 과연 이 가난한 과부를 닮았습니까? 자신을 그녀와 일치시킬 수 있는 모든 성도를 향해 주님은 오늘도 은밀한 중에 보시는 네 아버지께서 갚으시리라고 약속하십니다(마 6:4, 6, 18).

56

예루살렘 멸망

마가복음 13:1~13

  본문은 세상 종말에 대한 예수님의 가르침입니다. 종말론은 해석이 여러 가지입니다. 일반에 널리 유포된 종말론의 예를 든다면 우주 해체설, 휴거설(rapture), 아마겟돈 전쟁, 천년왕국설, 기타 예수 재림 날짜 등을 둘러싼 각종 이론들입니다. 이러한 항간의 유행성 이론들은 역사적으로 많은 사람을 오도하거나 그릇된 위기감을 고조시킨 경우도 적지 않습니다. 그래서 성경의 어느 한 부분이나 특정 종말 이론을 맹신하지 않도록 조심해야 합니다.

  그럼 종말론이라는 말부터 잠깐 소개하겠습니다. 종말론을 신학적으로 에스카톨로지 (eschatology)라고 합니다. 헬라어의 '에스카톤' 혹은 '에스카토스'에서 연유되었는데 '말세' 혹은 '마지막 때'에 관한 것입니다.

> 그는 창세 전부터 미리 알린 바 되신 이나 이 말세에 너희를 위하여 나타내신 바 되었으니 (벧전 1:20) .
> 아이들아 지금은 마지막 때라 적그리스도가 오리라는 말을 너희가 들은 것과 같이 지금도 많은 적그리스도가 일어났으니 그러므로 우리가 마지막 때인 줄 아노라 (요일 2:18) .

이제 본인이 번역한 두란노서원에서 출간된 존 드레인(John Drane)의 '예수와 사복음서'라는 책에 실린 세 갈래의 종말론 용어에 대한 배경을 잠시 소개하겠습니다.

1. 미래적 종말론(Futurist eschatology)

아프리카의 의료 선교사로 간 독일의 알베르트 슈바이처는 노벨 평화상을 받았는데 원래 신학자로서 미래적 종말론(Futurist eschatology)을 주장하였습니다. 그의 미래적 종말론은 오늘날의 대중적 종말론과 다릅니다. 즉, 하나님의 나라가 미래 어떤 때에 유형적인 형태로 실현된다고 보는 것이 아니고 예수님 자신의 시대에 유행했던 유대 묵시 종말론의 관점과 시점에서 본 미래의 종말입니다. 그의 주장에 따르면 예수가 당시의 유대 계시 문학의 왕국관을 가졌다는 것입니다. 즉, 예수는 하나님이 극적으로 세상에 즉각 개입한다고 믿었는데 자신의 생애 동안에 일어난다고 생각했습니다.

> 이 동네에서 너희를 박해하거든 저 동네로 피하라 내가 진실로 너희에게 이르노니 이스라엘의 모든 동네를 다 다니지 못하여서 인자가 오리라 (마 10:23) .

예수는 자신을 하나님이 임명하신 메시아로 믿었고 하나님 나라가 조만간 임하면 자신이 지상 왕권을 차지할 것으로 기대했습니다. 그러나 시간이 지나도 하나님의 나라가 전격적으로 극적인 도래를 하지 않아 일장춘몽이 되었다는 것입니다. 그러자 예수는 예루살렘으로 가서 유대 관원들을 자극하여 자신이 위기에 빠질 때 하나님이 개입하시도록 시도했습니다. 그러나 결과는 사형 선고를 받고 말았습니다. 그는 십자가에서 하나님이 자기를 버렸다고 절규하며 한갓 백일몽으로 그쳤다는 것입니다.

"운명의 바퀴는 돌지 않았다. 예수는 그 바퀴 위에 자신을 던졌지만 덩그러니 매달려 있었을 뿐이었다"(슈바이처).

　그런데 슈바이처는 예수의 꿈은 사라졌지만, 그의 모범은 도덕적, 영적 영향을 주었다고 보고 자신은 그의 교훈을 실천한다고 했습니다. 슈바이처의 이러한 견해는 1909년 '역사적 예수의 탐색'(The quest of the historical Jesus)이라는 책으로 출판되어 아직도 신학 고전의 하나로 꼽힙니다.

2. **실현된 종말론**(Realized eschatology).

　영국의 신학자인 도드(C.H. Dodd)의 이론입니다. 슈바이처의 미래적 종말론과 정반대 주장입니다. 쉽게 말해서 종말이 '가깝다'는 것은 종말이 '여기 있다'는 의미로 보아야 한다는 것입니다. 도드에 의하면 하나님 나라는 예수님의 오심 속에서 이루어졌다는 것입니다. 예수님의 오심 자체가 하나님의 통치의 도래(到來)라는 말입니다. 우리가 흔히 하나님의 통치는 하나님을 믿을 때 시작된다고 말하는데 도드의 실현된 종말론을 반영한 표현입니다. 비록 하나님 나라는 발전과 성숙을 거쳐야 하지만 이미 결정적으로 출범되었다는 것입니다. 이것은 서구인들에게는 매우 인기가 있는 이론이었습니다. 미래에 대한 부질없는 억측을 하기보다 예수님의 생애에서 하나님 나라가 이미 도래했다고 보는 것이 실제적이라고 보았기 때문입니다.

　도드의 관점에서 보면 복음서의 내용을 다르게 해석할 수 있는 경우가 적지 않습니다. 예를 들어 기적의 경우 전통적인 해석처럼 예수의 신성을 증명하기보다는 새 사회 창조를 위한 실제적인 징조라는 것입니다. 또한 열 처녀의 비유나 양과 염소의 비유를 도드는 미래의 심판에 대한 예시로 보지 않고(마 25:1, 13, 31, 46) 하나님의 새 사회에 대한 예수의 메시지에 부딪힌 자들에게 주는 일종의 도전이라는 것입니다.

　도드의 이론을 지지할 수 있는 구절들이 있는 것은 사실입니다. 그러나 실현된 종말론은 미래에 실현될 종말론과 균형을 맞추어야 합니다. 신약에는 이 양편이 다 나오기 때문입니다. 초대 교인들이 예수님의 미래 재림을 기다렸다는 것은 부인할 수 없습니다.

3. **출범된 종말론**(Inaugurated eschatology).

슈바이처의 미래적 종말론이나 도드의 실현된 종말론이 다 문제가 있습니다. 그래서 나온 이론이 일종의 합성 이론입니다. 출범된 종말론은 일면으로는 하나님의 새 공동체가 예수의 인격체 속에서 실제로 도래했다고 보고, 또 한편으로는 새 사회 공동체의 완성은 아직 미래에 속한다고 보는 것입니다. 이런 경우에 잘 쓰는 신학 용어가 하나 있습니다. Already but not yet입니다. 이미 왔지만 아직 다 온 것은 아니라는 뜻입니다. 이 이론이 종말을 이해하는데 가장 도움이 된다고 봅니다.

잠시 정리해 보겠습니다.

• 예수님이 사용한 언어는 하나님의 직접적인 개입에 의해서 새 공동체가 임박했다고 보는 자들의 견해를 어느 정도 지지합니다.

• 예수님은 새 공동체 사회의 근본 성격은 자신의 생애와 사역에서 나타난다고 믿었다는 것입니다.

• 하나님의 직접적인 개입은 예수님의 생애와 가르침에서 나타났을 뿐만 아니라 그의 죽음과 부활 및 교회에 준 성령의 선물에서도 드러났습니다. 그래서 예수의 제자들 중에는 죽기 전에 하나님의 새 공동체 사회가 능력으로 임하는 것을 볼 것이라고 하였습니다(막 9:1).

• 예수님이 새로운 하나님 나라의 특징을 설명하는 언어는 매우 다양합니다. 그래서 누구도 그 의미를 상세하게 다 이해하기가 쉽지 않습니다. 예를 들어 새 사회 공동체는 누룩처럼 부풀어 오를 수도 있고(마 13:33), 재림에서처럼 영광 중에 그리스도의 갑작스러운 출현으로 도래할 수도 있습니다(막 13장).

예수님은 성전을 잘 지었다고 칭찬하시지 않았습니다(13:1-2).

예수님과 함께 성전을 나가던 제자들 중의 한 사람이 성전 건물이 굉장하지 않으냐고 예수님께 말했습니다. 예수님도 동의하실 것으로 알았는데 충격적인 발언을 하셨습니다. 성전이 완전하게 파괴된다는 것이었습니다(13:2). 제자들은 이 말씀에 크게 놀랐습니다. 성전 파괴란 상상할 수 없는 일이었기 때문입니다. 역사적으로 보면 성전이 파괴된 적이 있었습니다. 솔로몬이 지었던 성전은 바벨론 침공 때 무너졌습니다. 그 후 바벨론 포로에서 돌아와서 제2 성전을 재건했지만 규모가 훨씬 작았습니다. 나중에 헤롯 왕이 예루살렘 성전을 여러 해에 걸쳐 화려하게 증축하였습니다. 사실 헤롯 성전도 로마에 의해 파괴될 테지만 당시의 유대인들은 헤롯 성전이 절대로 파괴되지 않는다고 믿었습니다.

이스라엘 백성은 멋진 성전에서 예배를 드렸지만 영적 열매를 맺지 못했습니다. 제자들은 이스라엘의 심각한 영적 상태에 대한 인식이 없이 화려한 성전의 돌들을 우러러보았습니다.

성전은 속죄를 상징하는 희생제물의 피로써 하나님께 제사를 드리며 기도하는 곳이었습니다. 예수님은 성전을 "내 아버지 집"(눅 2:49)이라고 하셨고, "만민이 기도하는 집"이라고 하셨습니다(막 11:17). 그러나 하나님을 사랑하고 그분의 뜻에 따라 살지 않는 자들에게는 성전은 그 자체로서 아무 의미가 없었습니다. 제자들은 다른 유대인들처럼 화려한 성전 건물에 마음이 쏠렸습니다. 그러나 예수님은 건물을 보고 감탄하시지 않았습니다. 오히려 그런 성전은 심판을 받고 완전히 파괴될 것이라고 예언하셨습니다.

이것은 중요한 교훈이 되어야 합니다. 오늘날 우리나라 교회는 수십 년 동안 교회당 건축에 많은 돈과 자원을 동원하였습니다. 서로 다투어 큰 빚을 지어가면서 대형 교회당을 짓느라고 성전 건축이라는 미명 하에 건축헌금을 짜내었습니다. 이런 과정에서 교회가 깨어지거나 목회자가 떠나는 불상사가 비일비재하였습니다. 그런데 하나님께 보여드릴 영적 열매를 위해서는 얼마나 관심을 갖고 수고했을까요? 오늘날 우리나라 교회의 부끄러운 현실에 비추어서 우리 각자가 반성해야 할 일인 줄 압니다.

예수님은 한 번도 교회당을 잘 지어야 하나님께 영광이 된다고 가르치신 적이 없습니다. 신약 성경에는 교회당 건물을 성전이라고 부른 적도 없습니다. 신약에서 성전은 구원받은 성도들을 가리킵니다. 예수님 자신이 또한 하나님의 성전입니다. 구약 시대의 물체적인 성전은 앞으로 오실 메시아 시대를 내다본 상징물이었습니다. 하나님께서는 하나님의 백성이 예수님 안에서 지어져 가게 하셨습니다(엡 2:2122). 바울은 고린도교회에게 너희는 너희가 하나님의 성전인 것과 하나님의 성령이 너희 안에 계시는 것을 알지 못하느냐(고전 3:16)라고 했습니다.

예수님이 예루살렘 성전 파괴를 예고하신 것은 성전 제도가 바라보았던 궁극적인 실체가 예수님 자신이라는 증언이었습니다.

> 너희가 이 성전을 헐라 내가 사흘 동안에 일으키리라 유대인들이 이르되 이 성전은 사십육 년 동안에 지었거늘 네가 삼일 동안에 일으키겠느냐 하더라 그러나 예수는 성전된 자기 육체를 가리켜 말씀하신 것이라 (요 2:19~22).

이것은 예수님 자신이 성전의 실체라는 말씀입니다. 그런데 이 성전은 십자가 죽음 후에 부활하실 예수님의 몸이었습니다. 예수님의 죽음은 곧 부활로 이어지고 예수님의 부활은 그를 따르는 모든 제자들에게 새 생명을 줄 것이었습니다. 그리고 그분 안에 속한 백성은 성전의 본체인 예수님과 연합되어 하나님의 성전으로 또한 지어져 갑니다. 그렇다면 예루살렘 성전의 파괴는 두 가지 측면을 시사합니다.

첫째는 물체적인 예루살렘 성전은 하나님의 심판을 받고 완전하게 파괴된다는 것입니다. 성전은 하나님의 집을 상징하고, 제사 의식을 행하며, 경배처로서 메시아의 오심을 대망하는 곳이어야 했습니다. 그러나 예루살렘 성전은 위선과 탐욕의 온상이 되었고 영적 불모지가 되었습니다. 하나님의 아들로 보내심을 받은 예수님을 제일 먼저 알아보고 영접했어야 했을 성전 제사장들과 서기관들은 예수님을 박해하고 죽이려고 했습니다. 그래서 그들은 성전과 함께 심판을 받아 마땅하였습니다.

둘째는 성전 시대가 끝났다는 신호입니다. 성전은 예수님으로 대치되고 그를 메시아로 믿는 교회가 성전의 기능을 인수하게 된다는 것이었습니다. 앞으로는 모세 율법에 의해서 운영되었던 성전 시스템은 종식되고 성전이 상징하고 바라보았던 메시아 시대가 예수님에 의해 개막된다는 것입니다. 예루살렘 성전 파괴는 그림자가 실물로 바뀌고, 상징이 실체로 드러난다는 뜻입니다. 이제 예수님이 하나님의 성전으로서 자기 백성의 경배를 받고 용서를 베풀며 하나님 나라를 실현시키는 주인공이 되셨습니다.

제자들은 성전 파괴가 세상 종말인 줄 알았습니다(13:2-4).

예수님은 예루살렘 성전이 파괴되기 전까지 있을 징조들을 열거하셨습니다. 그리고 중요한 지적을 하셨는데 그런 징조들이 일어나도 그것이 곧 세상 끝이 아니라는 것이었습니다.

이런 일이 있어야 하되 아직 끝은 아니니라 (13:7).

그러니까 예루살렘 멸망 자체는 세상이 다 끝나는 종말이 온 것을 의미하지 않는다는 말씀이었습니다. 그럼 어떤 징조들이 있을 것이라고 말씀하셨습니까?

- 많은 거짓 메시아가 나타나서 사람들을 미혹할 테니 주의해야 합니다(13:56; 행 8:9).
- 국가 사이의 전쟁과 지진이나 기근과 같은 자연재해가 발생할 것입니다. 그런데 "이는 재난의 시작"(8절)이라고 하신 말씀을 주목해야 합니다. 아직 세상이 다 끝난 것이 아니라는 말씀입니다. 인류 역사에서 항상 전쟁과 천재지변과 기근이 있었습니다. 예수님 때와 성전이 파괴된 A.D. 70년 사이에 수 차례의 지진과 기근이 있었습니다(행 11:28) 그러나 세상 끝이 그때 오지 않았습니다. 제자들은 그들의 시대에 이런 일들이 있다고 해서 세상 끝이 왔다고 생각하지 말아야 했습니다.
- 제자들이 공회와 회당에서 박해를 받고 권력자들과 왕들 앞에서 예수님의 증인이 될 것입니다(9절). 법정에 서게 되는 위기 때에 성령이 주시는 말씀을 하면 되니까 무엇을 말할지 미리 염려하지 말아야 합니다(9, 11절).
- 복음이 먼저 만국에 전파되어야 합니다(10절).
- 가족 사이에 배신과 분열이 있을 것입니다(12절).
- 신자들이 세상 사람들로부터 미움을 받을 것입니다(13절).

본문을 이렇게 열거하는 까닭이 있습니다. 흔히 본문을 세상 끝과 예수님의 재림과 직결해서 자주 인용하기 때문입니다. 여기서 말하는 내용은 재림이나 종말에 대한 것이 아닙니다. 지금까지 예수님은 자신의 재림에 대해서 언급하시지 않았습니다. 언급하신 것은 예루살렘 멸망에 관한 것이었습니다. 마가복음13장 5절에서 8절까지는 세상 종말의 징조가 아니고, 세상 종말이 아닌 징조들의 이벤트들입니다. 우리는 예수님의 경고대로 거짓된 종말론에 현혹되거나 속지 않도록 주의하고 조심해야 합니다(5, 7, 9, 11절). 세상은 갈수록 잦은 전쟁, 난민, 기후 변화에 따른 자연재해, 각종 전염병 등으로 지구 존폐의 위기를 겪고 있습니다. 그러나 예수님은 이런 현상들은 "재난의 시작"(13:9)이라고 하셨습니다.

[그럼 무엇이 재난의 시작에 해당할까요?]

의미를 좀 넓혀서 보면 우선 이런 징조들은 세상 끝에 있을 징조들이 아니고 재난이 시작되는 징조들입니다. 그래서 어떤 시작을 가리키는지를 알아볼 필요가 있습니다. 한 마디로 세상 역사에 결정적으로 중요한 새로운 국면이 시작된다는 것입니다.

예수님의 십자기는 인류 역사의 대 분기점입니다. 그리스도의 탄생을 기점으로 해서 B.C.와 A.D.로 나눕니다. B.C.는 Before Christ의 약자이고, A.D.는 라틴어로 Anno Domini의 약자인데 '주(主)의 해'라는 뜻입니다. 그런데 중요한 것은 그리스도의 탄생과 죽음이 인류의 구원 역사에서 무슨 의미를 갖느냐는 것입니다. 그리스도의 탄생은 인류에게 구원의 길이 열리는 출발점이었고, 그리스도의 죽음은 인류의 역사가 새로운 국면을 맞이하는 대 전환점이라는 것입니다. 그리스도의 십자가 죽음은 종말과 관련된 사건으로서 십자가 이후에 복음이 어떤 형태로 세상에 전파될 것인지를 말해 줍니다.

'재난의 시작'이라는 표현은 원문을 문자적으로 보면 '산고의 시작' (the beginning of birth pangs)입니다. 새번역과 직역 성경은 '진통의 시작'이라고 옮겼습니다. 진통이 오는 것은 출산에 대한 신호입니다. 진통이 있다고 해서 금방 아기가 나오는 것은 아닙니다. 비교적 빨리 출산할 수도 있고 혹은 장시간이 걸려서 아기가 태어나기도 합니다. '산고의 시작'이 시사하는 것은 어떤 결과가 온다는 것입니다. 산고 후에 새 생명이 태어나듯이, 예루살렘 성전이 파괴되면 구속의 역사가 새 생명의 영역으로 진입하는 결과를 낳는다는 것입니다. 즉, 새로운 시대가 도래한다는 뜻입니다. 이 새 시대의 시작은 열두 명의 사도들로 시작된 교회가 예루살렘에서부터 소아시아와 유럽을 거쳐 전 세계로 확장될 것을 알려줄 것입니다.

예수님이 제자들에게 주신 종말의 징조들은 흔히 현대판 종말론자들이 선전하듯이 공포심을 일으키고 전전긍긍하며 살게 하지 않습니다. 예수님은 예루살렘의 멸망이 사도들에게도 큰 도전이 될 것이라고 경고하셨습니다(9, 13절). 무서운 박해가 올 것이라고 예고하셨지만 복음을 통치자들이나 왕들에게 증언할 특권도 갖게 될 것이라고 격려하셨습니다(9절). 제자들은 복음의 증인으로 잡혀가는 위기 때에 할 말을 받을 것이므로 두려워할 필요가 없다고 하셨습니다(11절). 그래서 그들은 움츠려들 것이 아니고 만국에 복음을 전하는 선교 사역에 열심을 내고 역경 속에서 성령의 도우심을 믿고 끝까지 신실하게 살아야 했습니다. 이것이 예수님이 제자들에게 세상 끝의 징조에 대해서 주신 교훈이었습니다.

끝까지 견디는 자는 구원을 받으리라(13절)는 의미는 무엇일까요?

흔히 이 말씀을 구원은 꾸준한 선행을 조건부로 받는다는 의미로 해석합니다. 그러나 믿음으로 받는 은혜 구원은 전적으로 예수 그리스도의 십자가 공로에 근거한 하나님의 선물이므로 인간의 선행이 조건으로 달려 있지 않습니다.

또 다른 해석은 환난 기간에 끝까지 믿음을 지키는 신자들은 육체적인 죽임을 당하지 않을 것이라고 봅니다(참조. 20절). 그러나 12절에 의하면 죽임을 당할 신자들도 있음을 알 수 있습니다. 본 구절을 종말의 대환난 때에 살아남아서 죽음을 맛보지 않고 그리스도의 왕국으로 들어간다고 보는 것도 무리한 해석입니다. 본 항목 전체가 예루살렘 멸망에 대한 예언이기 때문입니다(13:5~13). 그럼 어떻게 이해해야 할까요? 예수님의 경우를 생각하면 쉽게 이해됩니다.

모든 사람에게 미움을 받고 끝까지 견딘 자가 누구입니까? 예수님입니다. 예수님이 우리의 절대 모범입니다. 그런데 끝까지 견디신 예수님이 어떻게 되셨습니까? 육체적인 죽임을 당하셨습니다. 그렇지만 예수님은 다시 살아나셨고 하나님 우편 보좌에 앉으셨습니다. 예수님은 하나님께서 주신 소명을 박해를 받으시면서도 포기하지 않고 신실하게 완수하셨습니다. 빌립보서 2장의 기독론을 상기해 보십시오.

> 자기를 낮추시고 죽기까지 복종하셨으니 곧 십자가에 죽으심이라 이러
> 므로 하나님이 그를 지극히 높여 모든 이름 위에 뛰어난 이름을 주사 …
> 하나님 아버지께 영광을 돌리게 하셨느니라 (빌 2:6~11).

　이것이 예수님을 신실히 따르며 끝까지 견디는 제자들이 우러러보며
흔들리지 말아야 할 이유입니다. 신실한 신자들은 하나님의 뜻을 좇아 박
해를 잘 견디면 하나님이 주시는 상을 받습니다. '구원'은 이런 의미로 사
용될 때에는 종말에 받게 될 마지막 단계의 상을 가리킵니다(마 25:31~46;
막 13:13). 이 상은 예수님의 경우에서 보듯이, 부활한 이후에 누릴 높은 레
벨의 영광과 관련된 것입니다.

　우리는 종말이라고 하면 금방 세상이 다 깨어지는 것으로 생각합니다.
그렇지 않습니다. 예수님이 다시 오실 때까지 우리는 자신들이 맡은 소명
을 충실하게 실천하며 끝까지 견뎌야 합니다. 세상이 다 파괴되고 말 것
이니까 이 세상에 미련을 두고 살지 말아야 한다거나 혹은 예수님이 재림
하시면 다 해결될 테니까 그때까지 그럭저럭 살면 된다고 생각하지 말아
야 합니다. 우리는 주님의 뜻에 따라 이 세상에 있는 동안 복음과 주님의
이름을 위해 무엇인가 기여하도록 힘써야 합니다. '재난의 시작'은 '산고'
가 시작되는 때입니다. 고통이 있지만 좋은 결과가 따라 나오는 때이기도
합니다. 우리는 종말에 대한 부정적인 측면에 마음이 쏠릴 것이 아니라
예수님이 약속하신 예루살렘 파괴 이후에 올 새 시대의 은혜에 집중해야
합니다. 즉, 성령의 능력으로 복음의 증인이 되고, 어려움을 견디며 주님
의 나라를 위해 조금이라도 보태는 것이 있도록 자신의 소명을 실천하는
일에 믿음과 순종을 드러내어야 하겠습니다.

57
멸망의 가증한 것
마가복음 13:14~25

예수님은 예루살렘 멸망의 징조들을 여러 측면에서 자세하게 알려 주셨습니다. 그런데 그중에서 가장 두드러진 징조는 '멸망의 가증한 것'(14절)이 서지 못할 곳에 서는 것입니다. 이것은 예루살렘 멸망이 임박했다는 징조가 될 것이었습니다. 그래서 그때 유대 지역의 시민들은 급히 도망하라고 하였습니다(14절).

'멸망의 가증한 것' (13:14)은 무엇일까요?

마태복음의 평행 절을 보면 이 표현의 근원을 알 수 있습니다.

그러므로 너희가 선지자 다니엘이 말한 바 멸망의 가증한 것이 거룩한 곳에 선 것을 보거든(읽는 자는 깨달을진저) (마 24:15).

'거룩한 곳'은 예루살렘 성전을 가리킵니다(행 6:13; 21:28). 다니엘 선지자가 말한 '멸망의 가증한 것'은 다니엘서의 여러 곳에서 언급되었습니다(단 9:27; 11:31; 12:11). 그래서 이 부분을 살펴보아야 합니다.

그가 장차 많은 사람들과 더불어 한 이레 동안의 언약을 굳게 맺고 그가 그 이레의 절반에 제사와 예물을 금지할 것이며 또 포악하여 가증한 것이 날개를 의지하여 설 것이며 또 이미 정한 종말까지 진노가 황폐하게 하는 자에게 쏟아지리라 하였느니라 하니라 (단 9:27).

군대는 그의 편에 서서 성소 곧 견고한 곳을 더럽히며 매일 드리는 제사를 폐하며 멸망하게 하는 가증한 것을 세울 것이며 (단 11:31).

매일 드리는 제사를 폐하며 멸망하게 할 가증한 것을 세울 때부터 천이백 구십 일을 지낼 것이요 (단 12:11).

이것은 이방인들이 예루살렘 성전에 침입하여 성소를 더럽힐 때를 예언한 것입니다. '멸망의 가증한 것'은 다른 번역에서는 '황폐하게 하는 혐오스러운 것' 혹은 '황폐하게 하는 가증스러운 물건'으로 옮겼습니다. '가증'하다'는 것은 하나님의 자리에 이교의 우상을 세우는 신성모독을 가리킵니다. 다니엘서가 가리킨 것은 B.C. 168년에 안티어쿠스 4세 에피파네스(헬라제국의 셀류쿠스 왕조의 왕, B.C. 175~163)가 예루살렘 성전의 번제단 위에 이교 제단을 세우고 모세 율법의 제사와 의식들을 금한 것을 가리켰습니다. 이 일은 예수님 당시에는 이미 과거에 발생한 사건이었습니다. 그러나 예수님은 이러한 가증스러운 행위가 예루살렘 성전에서 재현될 것으로 보셨습니다. 역사적으로 이 예언은 A.D. 70년 로마군이 성전을 파괴함으로써 성취되었습니다.

예수님은 "읽는 자는 깨달을진저"라는 말을 덧붙였는데 이 첨언은 마태복음 24장 15절에도 나옵니다. 사실 이 말씀은 다니엘서의 관련 예언인 다니엘서 9장 25절에서 언급되었습니다.

그러므로 너는 깨달아 알지니라 예루살렘을 중건하라는 영이 날 때부터

예루살렘 성전이 이방 군인들의 말발굽에 짓밟히고 성소가 더럽혀지
며 일체의 제사와 기타 중요한 의식들이 금지된다는 것은 유대인들에게
는 상상할 수 없는 일이었습니다. 그래서 예수님은 다니엘서에 나온 예
언의 말씀에 붙은 "그러므로 너는 깨달아 알지니''(단 9: 25)라는 말을 그
대로 인용하셨다고 봅니다. 그만큼 중요한 사건이므로 깨닫고 준비해야
했기 때문입니다.

[그럼 어떻게 깨달을 수 있을까요?]

다니엘 선지자와 시편 119편의 실례에서 해답을 구할 수 있습니다.
다니엘은 기도의 사람이었습니다. 그는 백성의 죄를 놓고 금식하며 베
옷을 입고 재를 덮어쓰고 회개하였습니다(단 9:3~19). 그랬더니 가브리엘
천사가 나타나서 그가 본 환상의 의미를 가르치며 깨닫게 하였습니다(단
9:20~22).

우리는 하나님의 말씀을 건성으로 듣거나 슬쩍 읽고 넘어가기 쉽습니
다. 그러나 아무리 듣고 읽어도 깨닫지 못하는 경우가 많습니다. 다니엘
과 같은 훌륭한 하나님의 사람도 수시로 죄를 자복하며 하나님의 용서를
구하면서 말씀을 깨닫기 위해 금식하며 기도했습니다. 그렇다면 우리는
더 말할 나위도 없습니다. 우리는 복음의 진리를 깨닫고 더 깨닫기 위해
서 다니엘의 모범을 따라야 하겠습니다.

시편 119편에서 저자는 이렇게 기도했습니다.

주께서 내 마음을 넓히시면 내가 주의 계명들의 길로 달려가리이다 여호

와여 주의 율례들의 도를 내게 가르치소서 내가 끝까지 지키리이다 나로
하여금 깨닫게 하여 주소서 내가 주의 법을 준행하며 전심으로 지키리이
다 (시 119:32~34) .

본 시편 저자는 이스라엘의 가장 경건한 성도의 한 사람이었습니다.
그럼에도 그는 자신의 부족함을 고백하며 하나님의 말씀을 깨닫기 위해
기도했습니다. 그런데 우리가 성경을 깨닫기 위해서 기도해야 하지만 한
가지 반드시 전제되어야 하는 것이 있습니다. 그것은 가르침을 받고 순종
하겠다는 결의가 있어야 합니다. 본 시편 저자는 하나님의 말씀을 준행하
며 끝까지 전심으로 지키겠다고 했습니다(시 119:34~35, 44). 우리는 하나
님의 말씀을 지적으로 이해할 수 있어야 하지만 깨달은 말씀을 순종해야
합니다. 이것이 깨닫는 일보다 더 어렵습니다. 말씀을 깊이 깨닫고도 얼
마가지 않아 시들해지는 것이 우리의 습성입니다. 그래서 본 시편 저자도
"나로 하여금 주의 계명들의 길로 행하게 하소서"(시 119:35)라고 간구했습
니다. 우리는 말씀을 깨닫기 위해서 기도해야 하지만 깨달은 말씀을 따라
주의 길에서 벗어나지 않도록 기도해야 합니다.

내 마음을 주의 증거들에게 향하게 하시고 탐욕으로 향하지 말게 하소서
내 눈을 돌이켜 허탄한 것을 보지 말게 하시고 주의 길에서 나를 살아나
게 하소서 (시 119:36~37) .

우리가 계시의 말씀을 다 깨달을 수는 없지만 날마다 이런 자세로 기
도한다면 하나님과의 관계가 더 가까워지고 그분의 임재와 성령의 도우
심을 체험하면서 살게 될 것입니다.
예수님 당시에 유대에 있던 제자들은 예수님의 말씀을 듣고 순종했
기 때문에 예루살렘 멸망 때에 죽은 크리스천들이 없었다고 합니다. 유세
비우스라는 유대인 역사가에 의하면 유대 지방에 있던 크리스천들은 요

단강 동편 지역으로 피신하여 재난을 면했다고 합니다(Eusebius' Ecclesiastical History).

이들의 경우는 예수님의 경고를 듣고 순종하기 위해 재산과 사업과 기타 생계 수단까지 다 포기하고 피신했습니다. 주님의 말씀을 깨닫고 순복하기 위해서 우리도 버리고 포기하는 것들이 있어야 하겠습니다.

마가복음 13장에는 세상 종말과 연결 지을 수 있는 대목들이 많습니다.

예를 들면 19절에서 큰 환난의 날이 있을 것인데 창조 이후로 그런 환난은 전무후무할 것이라고 했습니다. 또 그때에 해가 어두워지고 달이 빛을 잃고 별들이 하늘에서 떨어진다고 했습니다(24, 25절). 이러한 우주적 격동은 천지가 없어지는 파국적인 종말을 가리키는 듯합니다(31절). 더구나 26절에서 인자가 구름을 타고 오신다고 했고 27절에서 천사들이 택함 받은 자들을 천지 사방에서 모은다고 했습니다. 그래서 이 같은 현상을 마지막 종말과 연결 짓지 않을 수 없습니다.

그런데 이렇게 일률적으로 본문을 세상 종말과 예수님의 재림에 직결시키기 전에 먼저 살펴야 할 것이 있습니다. 우선 마가복음 13장 14~23절은 예루살렘 파괴에 대한 것입니다. 24절에서 31절까지도 예루살렘 종말에 관한 말씀이지만, 여기서는 25절까지만 다루겠습니다.

로마군은 예루살렘을 포위하기 전에 유대 지역의 농경지를 파괴하기 시작했습니다. 그래서 밭에 있는 자는 겉옷을 챙길 시간도 없다고 하였고 이 일이 안식일이나 겨울에 일어나지 않도록 기도하라고 했습니다(마 24:20). 유대인들은 안식일에는 여행을 할 수 없었고 당시의 팔레스타인은 겨울이 되면 길이 나빠서 통행이 거의 불가능하였습니다. 또 유대에 있는 자들은 산으로 도망치라고 했습니다. 그래서 본 항목은 온 세상이 아닌, 유대 지방의 유대인들과 예루살렘 파멸에 대한 것임을 확인할 수 있습니다. 이 시점에서 나오는 말씀이 큰 환난에 대한 진술입니다.

> 이는 그 날들이 환난의 날이 되겠음이라 하나님께서 창조하신 시초부터 지금까지 이런 환난이 없었고 후에도 없으리라 (13:19) .

흔히 이 구절에 나오는 전무후무한 환난을 놓고 마지막 종말을 가리킨다고 생각합니다. 그러나 이제도 없고 후에도 없으리라는 말은 일종의 상징적 과장법입니다. 묵시 문학에서 흔히 사용하는데 에스겔서에서 이스라엘의 극심한 우상 숭배를 지적할 때에도 쓰였습니다.

> 너는 네 옷을 가져다가 가지각색의 산당들을 꾸미고 그 위에서 음행을 하였다. 이런 일은 전에도 없었고 앞으로도 없을 것이다 (겔 16:16, 새번역)

19절 본문은 다니엘 12장 1절의 말씀을 연상시킵니다.

> 그 때에 네 민족을 호위하는 큰 군주 미가엘이 일어날 것이요 또 환난이 있으리니 이는 개국 이래로 그 때까지 없던 환난일 것이며 그 때에 네 백성 중 책에 기록된 모든 자가 구원을 받을 것이라 (단 12:1) .

예수님이 이 구절에 나오는 큰 환난을 언급하신 까닭이 무엇일까요? 세상이 곧 끝난다는 것을 알기 위한 것이었을까요? 다니엘서 본문의 문맥을 살펴야 합니다.

다니엘은 하나님 나라에 대한 먼 장래의 계시를 받았습니다. 하나님 나라가 도래하면 곧 세상 종말이 오는 것이 아니라 주의 백성에 대한 대박해가 있을 것임을 예고하였습니다. 즉, 복음 시대에 주의 백성과 사탄 사이에 대결전이 있을 것이라는 말입니다. 이때의 투쟁이 열방의 개국 이래로 최대 결전이 될 것이라고 했습니다. 그러나 생명책에 기록된 주의 백성은 모두 보호되고 구원받는다고 하였습니다.

예수님이 환난의 날을 예고하신 목적도 같은 맥락입니다. 이것은 세상 끝이 아니라 예수님이 오셔서 출범시킨 하나님 나라를 대표하는 교회가 사탄과의 대결전을 벌이면서 큰 박해를 받지만 하나님이 박해 시기를 통제하셔서 택함 받은 자들이 보호된다는 것입니다(20절). 그러니까 19절 말씀의 목적은 세상 종말을 알리는 것이 아니고, 마지막이 오기 전에 교회가 당할 박해를 예고하고 하나님의 보호를 약속하는 것이었습니다. 말하자면 두려워말고 끝까지 그리스도를 신뢰하고 복음의 증인이 되는 일에 신실하라는 말씀이었습니다.

다음에 살펴볼 구절은 마가복음 13장 24~25절입니다.

그 때에 그 환난 후 해가 어두워지며 달이 빛을 내지 아니하며 별들이 하늘에서 떨어지며 하늘에 있는 권능들이 흔들리리라 (24~25절).

이 말씀을 들으면 분명 최후 종말을 가리키는 천체 이변인 듯합니다. 해와 달이 빛을 잃고 하늘의 별들이 추락하며 우주가 흔들린다면 어떻게 세상이 존속되겠습니까? 지구의 완전한 멸망이 될 것입니다. 그런데 이것이 과연 가능한 일일까요? 만일 문자적으로 이 말씀을 받는다면 한 가지 던져볼 수 있는 질문이 있습니다. 이것이 세상 종말이고 예수님의 재림 징조라면 예수님은 어디로 재림하신단 말일까요? 만약 별들도 모두 떨어지고 광명체가 다 빛을 잃었다면 지구도 하늘도 다 없어진 것이 아닙니까? 예수님은 아무것도 없는 빈 공간에 재림하신단 말일까요? 물론 말이 되지 않습니다.

우리는 본문의 표현이 문자적인 것이 아니라 구약 선지자들이 사용해 온 상징적 표현임을 간과하지 말아야 합니다. 천체 이변에 대한 묘사는 하나님의 무서운 심판이 내리는 것을 상징적으로 표현한 것입니다. 다른 예를 들어보겠습니다.

하늘의 별들과 별 무리가 그 빛을 내지 아니하며 해가 돋아도 어두우며 달이 그 빛을 비추지 아니할 것이로다. 내가 세상의 악과 악인의 죄를 벌하며 교만한 자의 오만을 끊으며 강포한 자의 거만을 낮출 것이며 … 그러므로 나 만군의 여호와가 분하여 맹렬히 노하는 날에 하늘을 진동시키며 땅을 흔들어 그 자리에서 떠나게 하리니 (사 13:10~13).

이 말씀이 문자적이었다면 세상은 벌써 없어졌을 것입니다. 이 본문은 하나님께서 바벨론을 멸망시킬 것을 예고하신 것입니다. 당시 세계에서 가장 강력했던 바벨론 제국이 하나님의 진노의 심판을 받고 완전하게 패망한다는 것을 이 같은 그림 언어로 상징화시킨 것입니다.

이사야 34장 4절도 마찬가지 이미지입니다. 하나님의 백성과 원수가 된 에돔의 파멸이 이방 열국에 대한 하나님의 심판의 실례로 진술되었습니다(사 34:1~2, 5).

하늘의 만상이 사라지고 하늘들이 두루마리 같이 말리되 그 만상의 쇠잔함이 포도나무 잎이 마름 같고 무화과나무 잎이 마름 같으리라 여호와의 칼이 하늘에서 족하게 마셨은즉 보라 이것이 에돔 위에 내리며 진멸하시기로 한 백성 위에 내려 그를 심판할 것이라 (사 34:4~5).

이 구절은 베드로후서 3장 10~11절에서 반영되었습니다. 천체가 두루마리 같이 말려서 사라진다는 것은 예언적 상징 언어(prophetic symbolism)입니다. 바꾸어 말하면 묵시적인 종말 언어입니다. 그래서 에돔에 대한 심판 때에 하늘 만상이 사라졌지만, 베드로가 같은 이미지를 수백 년이 지난 후에 다시 사용한 것은 이러한 표현이 문자적이 아니고 상징적임을 말합니다.

에스겔 선지자도 애굽 왕이 바벨론 왕에 의해서 패망될 것에 대한 하나님의 심판을 묘사하면서(겔 32:2, 11) 광명체가 빛을 잃고 어둡게 된다고 했습니다.

> 내가 너를 불 끄듯 할 때에 하늘을 가리어 별을 어둡게 하며 해를 구름으
> 로 가리며 달이 빛을 내지 못하게 할 것임이여 하늘의 모든 밝은 빛을 내
> 가 네 위에서 어둡게 하여 어둠을 네 땅에 베풀리로다 주 여호와의 말씀
> 이니라 (겔 32:7~8) .

요엘 선지자도 여호와의 크고 두려운 날이 이르기 전에 해가 어두워지고 달이 핏빛 같이 변(욜 2:31)한다고 했습니다. 이것도 문자적이기보다는 예언적 상징 언어입니다.

어떤 이들은 예수님이 십자가에 달리셨을 때 세상에 어둠이 임했다고 하면서 문자적인 종말 사건이었다고 봅니다. 그러나 창조계의 대격동 이미지는 구약 선지자들이 하나님의 심판에 대한 상징적 표현으로 자주 사용한 점에 비추어 문자적으로 보기는 어렵습니다. 물론 새 하늘과 새 땅이 완성될 예수님의 재림과 관련해서 창조계에 어떤 물리적 변화가 있을지 모릅니다. 그렇다면 그것은 파멸이 아니고 갱신이며 죄와 부패로부터의 쇄신일 것입니다. 결코 예수님이 십자가로 성취하신 구원의 역사적 현장인 지구가 사라지는 것은 아닙니다. 예수님은 우리가 사는 이 세상으로 재림하실 것입니다.

이제 말씀을 잠시 정리하도록 하겠습니다.
우리는 천재지변을 포함한 묵시적인 표현들이 나오면 금방 '아 세상이 이제 다 끝난다는 말이구나' 라고 생각하는 성향이 있습니다. 그러나 이러한 묵시적 표현들은 '예언적 상징 언어' 라는 것을 간과하지 말아야 합니다. 신약에 나오는 종말적 표현들은 모두 구약 선지자들의 글에서 직접 따오거나 그들의 이미지를 재현시킨 것입니다. 이러한 표현들은 하나

님의 무서운 심판에 대한 경고로서 당대와 후세대에게 주는 교훈을 담고 있습니다.

✣ 다니엘서의 해당 본문에서 그 때에 네 백성 중 책에 기록된 모든 자가 구원을 받을 것이라(단 12:1)고 했습니다. 큰 환난을 겪어도 하나님의 택함 받은 백성은 모두 구원된다는 것입니다. 그러니 두려워말고 환난을 견디면서 하나님의 약속을 믿으라는 격려입니다.

예수님도 같은 요지의 격려를 하셨습니다.

> 만일 주께서 그 날들을 감하지 아니하셨더라면 모든 육체가 구원을 얻지 못할 것이거늘 자기가 택하신 자들을 위하여 그 날들을 감하셨느니라 (막 13:20) .

박해 시기에 주의 백성은 큰 해를 입을 것입니다. 그때는 악이 자기 뜻대로 행하는 것처럼 보이고 하나님은 자기 백성을 내버리신 것처럼 느껴질 수 있습니다. 그러나 하나님께서는 악의 세력을 통제하시고 박해 시간을 줄이셔서 택함 받은 백성이 끊어지지 않도록 이미 조치하셨습니다.

✣ 구약 선지자들의 예언적 상징 언어는 이중적이거나 혹은 다중적 포인트를 가지고 있습니다.

구약 선지자들은 종말적 계시를 단계적으로 받은 것이 아니고 하나의 묶음으로 받았습니다. 그래서 그들은 예수님의 초림과 재림을 구분하지 않았습니다. 그들은 현재에 적용되는 계시와 미래에 성취될 계시를 하나의 패키지(package)로 받았기 때문입니다. 그래서 '여호와의 날'은 임박한 시기일 수도 있고 먼 장래의 일을 가리킬 수도 있었습니다.

구약 선지자들의 예언적 언어들은 당시에 해당하는 말씀이면서 미래에 성취될 다음 단계의 표지판이었습니다. 그런데 미래에 가보면 다시 그 미래가 또 다른 단계의 미래를 바라보고 있음을 발견합니다. 예를 들어, 먼 장래의 일이었던 예수님의 초림이 성취되었지만 메시아의 도래는 또 다른 도래, 즉, 예수님의 재림으로 연결됩니다. 그래서 예언적 진술에는 가까운 미래와 더 먼 미래가 이중적으로 혹은 다중적으로 포함되어 시대가 지나면서 점차 더 드러나게 되고 더 온전한 성취에 이르게 됩니다.

마가복음 13장 5~23절에 나온 예수님의 종말 메시지는 예루살렘 멸망에 대한 진술입니다. 그러나 예언의 이중적인 요소를 감안할 때 마지막 종말에 대한 화살표이기도 합니다. 그렇다면 우리 시대에 적용해서 받아야 할 교훈은 무엇일까요?

첫째, 제자들은 때와 징조에 관해 물었습니다. 예수님은 예루살렘 파괴와 관련해서 일어날 징조들과 대피 지침을 주셨습니다. 우리는 언제 종말이 올 것인지 모두 궁금해합니다. 그러나 예수님은 거듭하여 종말의 징조가 곧 끝이 아니라고 하셨습니다. 우리는 여러 형태의 자연 재앙이나 전쟁, 전염병 등을 보고 곧 세상이 끝장이 나는 듯이 두려워하거나 흥분하지 말아야 합니다.

둘째, 종말의 징조를 알아보는 것은 중요합니다. 더 중요한 것은 종말의 징조와 환난에 비추어 복음을 전하며 종말의 심판에서 죄인들이 구원을 받도록 최선을 다하는 것입니다. 우리는 곧 세상이 멸망한다면서 사람들을 불안에 빠지게 하고 정상적인 삶을 살지 못하게 하는 거짓 선지자와 거짓 메시아들의 유혹을 물리쳐야 합니다. 거짓된 종말론을 미끼로 삼고 위기감을 극도로 고조시키는 사이비 목사들의 가르침과 자신을 메시아로 받들게 하는 이단 교주들을 경계해야 합니다. 많은 사람이 속임을 당하고 이단의 구렁텅이에 빠져서 헤어나지 못하는 것을 우리는 현세대에서도 목격하고 있습니다.

셋째, 예수님과 사도들의 모범을 따라야 합니다. 예수님은 종말 메시지를 주셨지만 흥분하시거나 일상적인 일들을 다 제쳐놓고 사시지 않았습니다. 예수님은 정상적인 삶을 사시면서 십자가 길을 꿋꿋하게 걸어가셨습니다. 사도들도 종말에 대한 말씀을 예수님으로부터 직접 들었지만, 박해를 견디며 하나님의 뜻에 따라 복음을 전하는 일에 충성하였습니다. 우리는 종말의 때가 가까울수록 하나님의 보호하심을 믿고 주님이 가신 길과 사도들이 산 삶의 모범을 본받아야 합니다.

넷째, 복음의 증인이 되는 것이 종말 시대를 사는 신자들의 소명입니다. 예수님은 제자들에게 법정에서 변호할 때 두려워말라고 하셨습니다. 당시의 제자들은 교육 수준이 낮은 평민들이었습니다. 법정에 앉은 높은 사람들 앞에서 변호하는 일은 매우 두려운 일이었습니다. 그러나 위기 때에 성령께서 할 말을 주실 것이라는 약속은 그들에게 큰 격려가 되었을 것입니다. 그런데 성령께서 할 말을 주신다는 것은 우리 편에서 아무것도 안 해도 복음을 변호하게 된다는 뜻이 아닙니다. 우리는 평소에 복음을 변호할 수 있도록 준비해야 합니다.

> 너희 마음에 그리스도를 주로 삼아 거룩하게 하고 너희 속에 있는 소망에 관한 이유를 묻는 자에게는 대답할 것을 항상 준비하되 온유와 두려움으로 하고 선한 양심을 가지라 (벧전 3:15).

재림을 준비하고 대적들을 두려워하지 않으려면 정상적으로 살면서 믿음 생활을 계속해야 합니다. 그릇된 가르침과 인기 위주의 모임에 휩쓸려 다니거나 여기저기 기웃거리지 마십시오. 예수님의 십자가와 부활을 확실히 붙들고 날마다 우리 안에 계신 성령의 인도에 의지하며 살아야 합니다. 이것이 종말의 시대를 대비하는 가장 안전한 방법입니다.

58
구름을 타고 오시는 인자
마가복음 13:26

우리는 지난 강해에서 예루살렘에 내릴 무서운 심판과 주의 백성이 어떻게 환난을 피할 수 있는지에 대한 예수님의 지침을 다루었습니다. 또한 천체 이변에 대한 서술이 구약 선지자들이 사용한 예언적 상징 이미지라는 점도 지적하였습니다. 그리고 예루살렘에 대한 심판은 예수님의 재림을 엿보게 하는 전주곡이라는 점도 언급하였습니다. 이제 그다음 본문을 다루기 전에 잠시 마가복음 13장 전체를 항목별로 구분하고 시작하겠습니다.

13:1~23 예루살렘 멸망에 대한 진술(A)

13:24~31 예루살렘 멸망에 대한 진술(B), 인자의 오심과 무화과나무의 비유

13:32~37 예수님의 재림에 대한 경고

본 강해에서는 마가복음 13:1-31절까지를 모두 예루살렘 멸망에 대한 것으로 보고 나머지 32절부터 37절까지는 예수님의 재림에 대한 말씀으로 전제하였습니다. 그런데 예루살렘 멸망에 대한 진술 가운데 예수님의 재림과 마지막 종말을 가리키는 듯이 들리는 구절들이 포함되어 있습니다. 성경 연구가들은 1~23절은 예루살렘 멸망에 대한 것이고, 32~37

절까지는 예수님의 재림에 관한 것이라는 데에는 대체로 동의합니다. 그러나 24~31절은 예루살렘 멸망에 대한 것으로 포함시키기도 하고 혹은 예수님의 재림에 초점을 둔 예언이라고 보기도 합니다. 그래서 이 부분을 다루도록 하겠습니다.

인자의 오심은 종말의 재림만 가리키지 않습니다.

그 때에 인자가 구름을 타고 큰 권능과 영광으로 오는 것을 사람들이 보리라 (26절).

이 말씀은 예수님의 재림을 연상시킵니다. 예수님의 승천과 강림 사건을 진술한 말씀의 내용과 분위기가 매우 흡사하기 때문입니다.

이 말씀을 마치시고 그들이 보는데 올려져 가시니 구름이 가리어 보이지 않게 하더라 올라가실 때에 제자들이 자세히 하늘을 쳐다보고 있는데 흰 옷 입은 두 사람이 그들 곁에 서서 이르되 갈릴리 사람들아 어찌하여 서서 하늘을 쳐다보느냐 너희 가운데서 하늘로 올려지신 이 예수는 하늘로 가심을 본 그대로 오시리라 하였느니라 (행 1:9~11).

바울은 데살로니가전서에서 예수님의 재림을 이렇게 진술하였습니다.

주께서 호령과 천사장의 소리와 하나님의 나팔 소리로 친히 하늘로부터 강림하시리니 그리스도 안에서 죽은 자들이 먼저 일어나고 그 후에 우리 살아 남은 자들도 그들과 함께 구름 속으로 끌어올려 공중에서 주를 영접하게 하시리니 그리하여 우리가 항상 주와 함께 있으리라 (살전 4:16~17).

이러한 본문들의 영향으로 인자가 구름을 타고 큰 권능과 영광으로 오신다는 말씀을 들으면 곧바로 예수님의 재림으로 대입시킵니다. 이렇게 되면 마가복음 13장 24~31절의 진술은 예루살렘 멸망에 대한 것이 아니고 예수님의 재림에 관한 말씀이 됩니다. 27절도 사방에서 택하신 자들을 모은다고 했기 때문에 본 항목을 예수님의 재림과 연결시키는 것은 당연해 보입니다. 그러나 서론에 해당하는 것을 본론으로 보면 서론의 내용이 없어지기 때문에 서론과 본론에서 잃어버리는 부분이 생기고, 서론과 본론의 중요한 연결점과 배경이 상실됩니다.

우리는 '인자의 오심'을 곧바로 예수님의 재림에 대입하기 전에 인자에 대한 구약적 배경을 살펴야 합니다.

"인자가 … 오는 것"(막 13:26)은 반드시 예수님의 재림만을 가리키지 않습니다. 인자는 한 가지 방법 이상으로 오시기 때문입니다. 예수님은 '인자'라는 말을 메시아의 타이틀로 사용하셨습니다. 그런데 그 배경은 다니엘서 7장에 바탕한 것이었습니다. 다니엘 7장13절에 보면 인자가 하나님 나라의 왕권을 받기 위해서 아버지께로 가시는 장면이 나옵니다.

> 내가 또 밤 환상 중에 보니 인자 같은 이가 하늘 구름을 타고 와서 옛적부터 항상 계신 이에게 나아가 그 앞으로 인도되매 그에게 권세와 영광과 나라를 주고 모든 백성과 나라들과 다른 언어를 말하는 모든 자들이 그를 섬기게 하였으니 그의 권세는 소멸되지 아니하는 영원한 권세요 그의 나라는 멸망하지 아니할 것이니라 (단 7:13~14).

인자 같은 이가 구름을 타고 온다고 했습니다. '온다'는 말은 '간다'는 말과 같은 뜻입니다. 표현이 조금 혼란스럽지만 아버지 편에서 보면 인자가 아버지께로 오는 것입니다. '오는 것'과 '가는 것'은 같은 행위입니다. 내 편에서 보면 내가 가는 것이고 상대편에서 보면 내가 오는 것입니다. 그런데 마가복음 13장26절에서 인자가 구름을 타고 **온다**고 했으니까 이것을 예수님이 세상으로 내려오시는 재림으로 간주합니다. 그러나 예수님은 세상으로 다시 오시기 전에 먼저 아버지께로 **가셔서** 왕권을 받아야 합니다.

언제 이 일이 일어났습니까? 예수님이 하늘로 승천하셨을 때입니다. 이때 예수님은 옛적부터 계신 하늘 아버지께로 가셔서 "권세와 영광과 나라"(단 7:14)를 받으셨습니다. 즉, 인자가 세상이 아닌, 하늘 아버지께로 '오신' 것입니다.

우리는 예수님이 부활하시고 나서 사십일 후에 제자들 앞에서 육신으로 승천하신 것을 유일한 인자의 **가심**으로 보는 경향이 있습니다. 그러면 마태복음 28장에서 예수님이 제자들에게 "하늘과 땅의 모든 권세를 내게 주셨다"(마 28:18)는 말씀의 시제와 맞지 않습니다. 예수님이 제자들에게 이렇게 말씀하셨던 때는 **이미** 아버지께로 가서 모든 권세와 왕권을 받으신 이후였습니다. 그렇다면 제자들을 떠나 하늘로 올려지시기 이전에 다니엘 7장 14절에서 인자에게 '권세와 영광과 나라를 주었다'는 것은 언제 일어난 사건입니까? '인자'라고 했으니까 예수님의 영이 아니고 몸과 인성을 지니신 분으로서 아버지께 가신 것입니다. 이것은 분명 육신으로 부활하신 후의 승천 이벤트와 관계된 것입니다. 그래서 이 일이 예수께서 제자들에게 세계 선교 명령을 주시고 승천하신 사건 이전에 발생했다는 점이 해명되어야 합니다(마 28:18~20; 행 1:9).

예수님이 제자들에게 세계 선교의 사명을 주시면서 자신이 받은 왕권을 언급하신 것은 이미 발생된 사건을 가리킨 것이었습니다. 순차적으로 말하면 예수님은 사망 직후에 곧 **영으로** 하늘 아버지께로 돌아가셨습니다. 그다음 육신의 부활은 사망 후 사흘 만에 있었습니다(마 8:31). 이것은 예수님의 영이 몸으로 다시 돌아왔음을 의미합니다.

그래서 우리는 예수님이 **몸**으로 승천하신 일은 십자가에서 다 이루었다고 하시고 운명하신 후 사흘 만에 부활하셨던 날에 발생한 사건으로 보아야 합니다. 다시 말해서 예수님은 인성을 가진 인간의 몸으로 다시 살아나신 첫 부활절 날에 승천하여 하늘 아버지께 자신을 보이셨습니다. 이말은 이상하게 들릴지 모릅니다. 예수님의 승천이 두 번 있었다는 말일까요? 그렇다고 말할 수 있고 그렇지 않다고 말할 수 있습니다.

예수님이 부활 직후에 몸으로 승천하신 것과 사십일 동안 제자들에게 보이시고 그들이 보는 앞에서 몸으로 승천하신 것은(행 1:3, 9) 두 단계의 별다른 승천처럼 보이지만 하나의 연속된 사건입니다. 첫 번째 승천은 하늘 지성소에 들어가신 때입니다. 그때 예수님은 자신의 십자가 죽음의 피를 하늘 지성소에서 아버지께 보이시고 십자가 대속 사역이 아버지의 명령과 뜻대로 다 이루어졌음을 입증하셨습니다.

> 그리스도께서는…이 피조물에 속하지 않은 더 크고 더 완전한 장막을 통과하여 단 한 번에 지성소에 들어가셨습니다. 그는 염소나 송아지의 피로써가 아니라, 자기의 피로써, 우리에게 영원한 구원을 이루셨습니다. (히 9:11~12, 새번역)

두 번째 승천은 하나님 우편 보좌에 앉기 위한 것이었습니다(히 1:3; 비교. 막 16:19). 이것은 인간의 몸을 지니신 **인자로서** 부활하여 시공을 초월하는 온 우주의 통치권을 행사하는 대관식의 자리에 공적으로 오르시는 사건이었습니다(행 1:3; 2:33; 5:31). 그래서 우리 편의 시간 개념으로 보면 예수님의 승천이 2회에 걸쳐 발생한 것처럼 들립니다. 지상의 시간은 겹치지 않기 때문에 예수님의 부활 직후의 승천과 부활 후 사십일 동안의 기간을 채우신 후에 승천하신 것을 같은 시간 대의 사건으로 간주하기 어렵습니다. 그래서 성경의 진술에 따라 대속주로서의 인자로 승천하신 것과 통치자로서의 인자로 승천하신 것을 부활 후 승천의 양 측면으로 보는 것입니다. 다시 말해서 동시적인 단일 승천의 두 측면입니다.

그럼 이런 질문이 생길 수 있습니다. 예수님이 부활절 날에 승천하셨다면 어떻게 지상에서 제자들과 사십일 동안 함께 머무셨을까요? 그들 앞에서 40일 후에 승천하신 것은 부활절 날의 승천과 어떤 관계가 있습니까? 사실 다 합치면 승천이 세 번 있었다는 말이 됩니다. 처음 승천은 사망 즉시 영으로 한 승천이니까 별도로 치더라도, 두 번째 부활절 날의 승천과 사십 일 후의 승천은 두 차례의 독립된 승천처럼 들립니다. 조금 혼란스러울 수 있지만 예수님이 부활로 시공간의 제한을 벗어나셨다고 보면 간단합니다. 예수님은 새 몸으로 부활하시자 곧 승천하셨습니다. 이 시점부터 예수님은 전혀 다른 질서의 영역에서 시공을 초월하는 존재가 되셨습니다. 그래서 예수님에게 하늘과 땅은 분리된 곳이 아니고 서로 닿은 곳이었고 예수님의 왕권적 통치 영역에 속한 세계였으므로 자유롭게 무제한적으로 왕래하시고 임재하실 수 있었습니다.

'인자 같은 이'가 태초로부터 계신 분에게 나아간 것은 그의 육신적 승천이 발생한 첫 부활절이었습니다. 예수님은 하늘과 땅의 모든 권세를 육신의 부활로 승천하셨을 때 받으셨습니다. 예수님은 새로운 질서 속으로 들어가셨기 때문에 하늘로 가셨다가 다시 제자들에게 나타나실 수 있었고 사십일 후에 그들이 보는 앞에서 다시 하늘로 올려지실 수 있었습니다 (행 1:11). 이제 예수님은 임의로 하늘과 땅을 오가시며 어디에서나 언제라도 자신을 드러내실 수 있는 새로운 질서의 주(主)가 되셨습니다.

대속의 효력은 언제부터 발생했을까요?

예수님이 아버지께로 가셔서 대속으로 바친 몸을 보이시고 왕권을 받으신 때입니다. 우리는 혹시 대속의 효력은 제자들과 함께 계셨던 사십일 이후의 승천 때부터라고 생각할지 모릅니다. 만일 그렇게 본다면 예수님의 속죄 사역의 효력 발생 시점에 공백이 생깁니다. 다시 말해서 사십일 동안은 예수님의 속죄 사역의 효력이 아직 발생하지 않은 기간이 됩니다. 예수님은 이미 십자가에서 '다 이루었다'고 하시고 운명하셨습니다. 그리고 육신의 부활까지 하셨습니다. 그런데 그의 대속적 속죄 사역이 사십 일간 효력을 내지 못한다는 것은 앞뒤가 맞지 않습니다.

예수님의 대속의 효력 발생 시점은 예수님이 언제 하늘 지성소에 들어가셨는지를 생각해 보면 됩니다. 속죄의 효력은 예수님이 부활하신 몸으로 승천했을 때부터입니다. 십자가 죽음 이후 지상에서의 사십 일간은 유보된 기간이 아닙니다. 예수님의 육체의 부활은 첫 부활절 날에 발생했습니다. 그리고 육체의 승천도 같은 날이었습니다. 이것이 키 포인트입니다. 예수님은 다시 살아나신 때에 육신으로 승천하시고 자신의 속죄의 피를 하늘 성소에서 제시하셨습니다.

예수님이 하늘 아버지께 속죄로 바친 자신의 몸을 보이는 것은 지체할 수 없는 일이었습니다. 그래서 예수님은 부활절 새벽에 빈 무덤을 찾아온 마리아에게 자기를 붙잡지 말라고 하셨습니다.

> 예수께서 이르시되 나를 붙들지 말라 내가 아직 아버지께로 올라가지 아니하였노라 너는 내 형제들에게 가서 이르되 내가 내 아버지 곧 너희 아버지, 내 하나님 곧 너희 하나님께로 올라간다 하라 하시니 (요 20:17)

예수님이 마리아를 만나셨을 때는 육신의 승천이 이루어지기 직전이었습니다. 그러나 예수님은 그날 곧 승천하시고 하나님 나라의 왕권을 받으실 것이었습니다. 그러므로 마리아는 이제부터 예수님을 부활 이전의 존재로 대하지 말아야 했습니다. 예수님은 부활하신 후에는 더 이상 지상에 제한된 분이 아닙니다. 이제부터 예수님은 시공간을 초월해서 자기 백성과 교통하실 것입니다.

예수님을 붙잡거나 만지는 것 자체가 중요한 것이 아닙니다. 예수님은 도마에게 십자가에서 받은 상처 난 옆구리에 손을 넣어보라고 하셨습니다(요 20:27). 다른 제자들에게는 자기를 만져보라고 하셨습니다(눅 24:39). 이때는 예수님이 육신으로 부활하셨음을 제자들에게 증명해 보이려는 것이었습니다. 그러나 마리아의 경우에는 부활 이후의 예수님과의 관계에 대한 것이었습니다. 그래서 이제부터는 예수님을 과거와 동일한 방식으로 대할 수 없다는 뜻에서 그를 붙잡지 말라고 하셨습니다.

> 그 때에 인자가 구름을 타고 큰 권능과 영광으로 오는 것을 사람들이 보리라 (막 13:26).

이 구절을 다니엘 7장에서 언급한 인자의 왕권 수여 사건을 염두에 두지 않고 보면, 곧바로 예수님의 재림으로 착각하게 됩니다. 그러나 "그 때"는 예루살렘이 멸망되는 때를 가리킵니다. 물론 예루살렘 멸망은 재림의 서막입니다. 그래도 본 절을 재림에만 집중시키고 인자의 오심에 대한 일차적 문맥을 무시하면 재림 이전의 인자의 오심이 지닌 의의를 잃게 됩니다.

[그 의의란 어떤 것일까요?]
인자의 오심은 일회적인 것이 아니고 단계적입니다. 우선 예수님은 부활하신 때에 하늘 아버지께로 가서서 왕권을 받았는데 이것이 첫 단계의 인자의 오심입니다.

그다음 제자들에게 세계 선교의 사명을 주셨습니다. 이것은 예수님이 아버지께로부터 하늘과 땅의 모든 권세를 부활절에 승천하셨을 때 받으셨음을 전제한 것입니다. 인자의 오심이 지상에서 구체적으로 드러난 실례를 든다면 다음과 같은 것들입니다.

❖ 오순절에 성령이 강림하여 큰 능력이 드러났습니다.

❖ 예수님을 주(主)로 고백하는 신자들이 급증하였습니다.

❖ 제자들이 모든 물건을 통용하고 재산과 소유를 팔아 각 사람의 필요를 따라 나눠 주는 메시아 왕국의 특징이 드러났습니다(행 2:44).

❖ 사도들의 손을 통하여 표적과 기사가 많이 일어났습니다(행 2:43; 5:12).

❖ 복음이 온 세상으로 확산되기 시작하면서 교회가 크게 발전하였습니다.

❖ A.D. 70년에 성전이 완전히 파괴되는 심판이 내렸습니다.

이러한 일들은 인자가 아버지께로부터 권능과 영광과 나라를 받으셨다는 증거이며 그의 왕권이 행사되는 결과적 현상입니다. 우리가 이 점을 염두에 둔다면, 예수님이 대제사장 앞에서 "인자가 권능자의 우편에 앉은 것과 하늘 구름을 타고 오는 것을 너희가 보리라"(막 14:62; 마 26:64)라고 하신 말씀을 예수님의 재림이라고 속단하지 않게 될 것입니다. 예수님은 다니엘 7장 13절에서 언급한 '인자 같은 이'와 자신을 일치시키고 "내가 그니라"(막 14:62)라고 대답하셨습니다. 그러나 인자가 권능자의 우편에 앉고 하늘 구름을 타고 오는 것을 그들이 볼 것이라고 한 것은 예수님의 재림을 가리키지 않습니다. 현장에 있던 사람들은 예수님의 재림을 목격하기 전에 모두 죽었습니다. 그러나 그들은 곧 일어날 마지막 때의 놀라운 징조들을 볼 것이었습니다.

• 오순절 성령의 부음
• 사도들의 담대한 복음 증거
• 예루살렘 멸망

이러한 일들은 예수님이 다니엘 7장에서 예고된 소멸되지 않는 권세와 파괴될 수 없는 영원한 메시아 왕국을 받기 위해 하늘 아버지께로 가

섰다는 것에 대한 증거였습니다. 말을 바꾸면 이러한 놀라운 징조들은 예수님에게 영원한 권세와 왕권이 주어졌다는 것을 반증한다는 것입니다. 그래서 예수님이 제자들에게 그 때에 인자가 구름을 타고 큰 권능과 영광으로 오는 것을 사람들이 보리라(막 13:26)고 하신 말씀은 예수님이 대제사장과 다른 공회원들 앞에서 주셨던 인자가 권능자의 우편에 앉은 것과 하늘 구름을 타고 오는 것을 너희기 보리라(막 14:62)고 하신 말씀과 병행 절입니다. 그래서 둘 다 예수님의 재림을 가리키는 것이 아님을 확인할 수 있습니다. 이것은 예수님이 승천하신 후에 예루살렘에서 발생할 예수님의 왕권적 권능의 방출을 가리킵니다. 예를 들어 예루살렘 멸망은 인자의 왕권이 무서운 심판으로 나타난 것으로서 예수님이 영광의 보좌에 좌정하셨다는 증거입니다.

그래서 성령의 부음과 사도들의 담대한 복음 증거와 예루살렘 멸망은 모두 인자가 구름을 타고 오는 것으로 보아야 합니다. 이것은 다니엘 7장 13절이 성취되기 시작했다는 뜻입니다. 그런데 이 성취는 다양한 단계를 거쳐 완전한 성취에 이르게 될 것입니다.

✢ 무엇보다도 먼저 인자가 십자가 대속을 다 이룬 후에 영원한 메시아의 왕국과 왕권을 받기 위해 하늘 아버지께로 나아갑니다.

✢ 그다음 그의 왕권이 성령의 부음과 예루살렘 멸망의 심판과 사도들의 기적과 사람들의 회심과 메시아 공동체의 발전으로 드러납니다.

✢ 그다음 단계는 세상 끝날에 있게 될 마지막 단계의 인자의 오심입니다. 그래서 다니엘 7장 13절은 예수님의 가시적인 재림에서 종결적으로 성취될 것입니다.

한편, 예루살렘 멸망은 인자가 구름을 타고 오시는 마지막 때의 재림을 내다보는 매우 사실적인 창문입니다. 본문은 일차적으로 예루살렘 멸망을 가리키지만, 예언의 이중적 특성을 고려할 때 예수님의 재림에 대한 먼 미래의 전망대 역할도 합니다. 예루살렘 멸망 때 수많은 유대인들이 참살을 당하였고 다수가 포로로 잡혀갔으며 유대인들의 예루살렘 출입이 금지되었습니다. 그때의 환난은 창세 이래로 전무후무한 것이라고 했습니다.

> 이는 그 날들이 환난의 날이 되겠음이라 하나님께서 창조하신 시초부터
> 지금까지 이런 환난이 없었고 후에도 없으리라 (막 13:19).

앞에서 언급했듯이, 흔히 이 구절에 나오는 전무후무한 환난을 놓고 마지막 종말을 가리킨다고 생각하지만 이것은 묵시 문학에서 자주 사용하는 일종의 상징적 과장법입니다(겔 16:16; 단 12:1).

한 유대인 역사가의 기록에 의하면 예루살렘 멸망 때에 백만이 죽었다고 했습니다. 예루살렘만이 아니고 주변의 유대 지역 전체에 전무후무한 재앙이 내렸다는 증언입니다. 그렇다면 예수님을 배척하고 그분의 십자가 대속의 사랑을 걷어찬 자들이 당할 마지막 심판은 얼마나 더 두려운 일이겠습니까!

인자의 오심은 하나님 나라가 권능으로 펼쳐지는 때이기도 하지만, 불신자들에게는 끔찍한 심판의 때이기도 합니다. 다니엘서에서 예언된 말씀들은 모두 단계적으로 성취되는 중입니다. 예수님은 이제 부활하셔서 하나님 우편 보좌에 좌정해 계십니다. 그분이 우리 각자의 삶과 교회와 세상을 다스리십니다. 우리 모두 그리스도의 왕권에 고개를 숙이고 인자가 구름을 타고 오시는 종말의 여러 징조들을 예의 주시하면서 마지막 재림의 날까지 믿음을 지키며 살아야 하겠습니다.

59
재림을 맞이하는 자세
마가복음 13:27~37

예수님은 예루살렘 멸망과 관련해서 인자가 구름을 타고 큰 권능과 영광으로 오는 것을 사람들이 볼 것이라고 하셨습니다. 이것은 예수님이 승천하셔서 하나님으로부터 왕권을 수여받고, 성령을 교회에 부어주시며, 많은 사람이 예수님을 주로 고백하게 하고, 사도들이 복음을 널리 전하게 하는 일로 드러났습니다. 특히 예루살렘이 로마에 의해 철저하게 파괴된 것은 인자의 권능이 심판으로 나타난 것이었습니다. 그런데 인자의 오심과 관련된 또 다른 징조도 있었습니다. 즉, 택함 받은 자들이 사방에서 모이는 것입니다.

또 그 때에 그가 천사들을 보내어 자기가 택하신 자들을 땅 끝으로부터 하늘 끝까지 사방에서 모으리라 (13:27).

여기서 천사들이 택함 받은 자들을 모은다고 했기 때문에 예수님의 재림 때에 주의 백성이 세계 각 곳에서 모일 것을 언급한 것으로 보기 쉽습니다. 물론 하나님이 쫓겨난 언약 백성을 불러 모으신다는 예언의 말씀이 구약에 자주 나옵니다(신 30:3-4; 시 50:3-5; 사 43:6; 45:6; 66:18-21; 렘 32:37;

겔 34:12; 36:24). 이러한 소집에 대한 약속은 궁극적으로 재림 때 온전하게 성취될 것입니다. 그러나 본 문맥에서는 인자의 오심의 한 결과로 복음 사역이 활발하게 전개되어 신자들의 수효가 이스라엘의 국경을 넘어 증폭할 것을 가리킵니다.

'천사들은' 복음 전파자들을 가리킬 수도 있습니다. 천사들은 메신저를 의미하기도 합니다. 그러나 일반적인 의미의 천사들이라고 해도 문맥에 잘 맞습니다. "모든 천사들은 섬기는 영으로서 구원 받을 상속자들을 위하여 섬기라고 보내심"(히 1:14)을 받았습니다.

한편, 구약에서 이스라엘 회중을 소집할 때나 진영의 출발 신호로 나팔을 불었습니다(민 10:2). 이사야 선지자는 하나님의 백성이 이방의 땅에서 모일 때 큰 나팔을 불 것이라고 했습니다.

그 날에 큰 나팔을 불리니 앗수르 땅에서 멸망하는 자들과 애굽 땅으로 쫓겨난 자들이 돌아와서 예루살렘 성산에서 여호와께 예배하리라 (사 27:13).

나팔 소리는 큰 구원을 알리는 신호였습니다. 그래서 속죄일에도 나팔을 불었습니다(레 25:8-12). 한편, 나팔을 부는 것은 임박한 전쟁과 심판에 대한 경고로도 사용되었습니다.

너희가 기브아에서 뿔나팔을 불며 라마에서 나팔을 불며 벧아웬에서 외치기를 베냐민아 네 뒤를 쫓는다 할지어다 (호 5:8).

나팔 신호는 하나님의 구원 활동이면서 동시에 심판 활동이기도 합니다. 구원과 심판은 종말의 양 측면입니다.

그를 믿는 자는 심판을 받지 아니하는 것이요 믿지 아니하는 자는 하나님 천사들이 택함 받은 자들을 사방에서 모으는 것은 큰 수확이 있을 것을 가리킵니다. 이것은 무화과나무 비유로 잘 연결됩니다(막 13:28-29). 무화과나무 비유도 보통 재림으로 직결시키지만, 예루살렘 멸망과 관계된 인자의 오심에 대한 또 하나의 징조입니다. 본 비유는 예루살렘 멸망 이후에 있게 될 긍정적인 결실로서 "이런 일이 일어나는 것을 보거든 인자가 가까이 곧 문 앞에 이른 줄 알라"(29절)고 했습니다. 이 말씀도 곧 재림으로 연결시키지만 그다음 절을 보면 일차적으로 예루살렘 멸망과 관계된 말씀임을 알 수 있습니다.

> 내가 진실로 너희에게 말하노니 이 세대가 지나가기 전에 이 일이 다 일어나리라 (30절).

[이 세대는 어느 세대를 말합니까?]

상이한 견해들이 많습니다. 몇 가지만 소개합니다.

1) 마가복음 13장 26절에서 인자가 오는 것은 예수님의 재림을 가리킨다. 그러나 예수님이 자기 시대에 일어난다고 잘못 생각하였다.

이런 해석은 성경의 권위와 예수님의 무오성을 부정하는 것이므로 받아들일 수 없습니다. 예수님은 31절에서 "천지는 없어지겠으나 내 말은 없어지지 아니하리라"고 하셨습니다.

2) "세대"라는 말은 '인종'의 의미가 있기 때문에 이스라엘 백성을 가리킨다. 이스라엘 백성은 인자가 오는 여러 징조들이 다 발생할 때까지 없어지지 않을 것이다.

그러나 이것은 '이 세대'의 의미를 이스라엘 백성의 영구적 존속에 억지로 대입시킨 해석입니다.

3) '이 세대'는 현재의 '믿는 세대' 혹은 '악한 세대'로서 재림 때까지 존속된다.

그러나 예수님의 말씀의 초점은 세대가 존속된다는 것이 아니고 한 특정 세대 안에 인자가 오는 징조로서의 환난이 일어난다는 것입니다.

4) '이 세대'는 당시의 세대를 가리킨다. 그런데 환난의 발생은 반복되기 때문에 마지막 세대도 '이 세대'에 속한다.

그러나 본 절에서 '이 세대가 지나가기 전'이라고 한 것은 제한적인 의미입니다. 영구적인 세대라는 의미라고 볼 수 없습니다.

그럼 '이 세대'를 어떻게 보아야 할까요? '이 세대'는 인자가 능력과 영광으로 오시는 것을 경험할 세대라는 의미입니다. 천사들이 나팔을 불고 온 사방에서 하나님의 백성을 모으는 것은 성령의 강림과 복음의 확장과 예루살렘 멸망에 의한 새로운 선교 시대가 열렸음을 가리킵니다. 그래서 인자의 오심으로 큰 구원의 때가 도래했음을 '이 세대'가 알게 된다는 것입니다. 그러므로 '이 세대'는 예수님 당시의 사도들의 세대입니다.

[무화과나무의 비유]

무화과나무의 비유는 먼 미래에 있게 될 재림 때의 심판을 가리키기보다는 임박한 장래에 일어날 예루살렘 파괴와 성령 활동에 의한 사도들의 선교와 교회 부흥에 대한 가르침입니다.

> 무화과나무의 비유를 배우라 그 가지가 연하여지고 잎사귀를 내면 여름이 가까운 줄 아나니 (28절).

무화과나무가 "여름"을 맞이하는 것은 하나님 나라와 구원의 관점에서 보면 여러 가지 좋은 일들이 일어나는 때입니다. 누가복음에는 무화과나무에 싹이 나면 여름이 가까운 줄을 알듯이 "이와 같이 너희가 이런 일이 일어나는 것을 보거든 하나님 나라가 가까이 온 줄을 알라"(눅 21:31)고 했습니다. 그러니까, 새로운 단계의 하나님 나라가 막 시작되려는 때가 문 앞에 왔다는 것입니다. 이것은 초대교회가 박해 속에서도 눈부신 성장을 하며 영적 진보의 교두보를 다지게 되는 것을 가리킵니다.

그런데 어느 정도로 가까이 왔나는 것일까요? 이 새로운 국면의 하나님 나라의 시작이 한 세대 안에 일어난다는 것입니다. 이것은 예수님이 제자들에게 준 매우 고무적인 격려였습니다.

A.D. 70년 예루살렘 성전이 파괴되기 이전에 살았던 크리스천들에게는 이 기간이 재난의 시작이었습니다(13:8). 여기서 재난은 산고나 진통을 가리킵니다. 그러나 산고의 고통은 새 생명을 낳습니다. 이스라엘에는 큰 변혁이 있을 것이었습니다. 그것은 예루살렘 성전이 이방인의 손에 의해 더럽혀지고 완파될 것이었습니다. 그러나 이 국가적 재앙은 하나님의 심판이면서 동시에 하나님의 참 백성을 위한 전진기지 역할을 할 것이었습니다.

A.D. 70년의 성전 파괴는 예수님이 십자가에서 처형되신 후 약 40여 년 만에 이스라엘이 여호와 하나님의 구원을 세상에 알리는 언약 백성들로서의 역할을 완전히 상실했음을 의미합니다.

✤ 성전 파괴와 함께 성전 중심의 희생 제물과 유월절을 비롯한 각종 성일 준수가 그쳤습니다.

✤ 모세법도 중단되고 이스라엘에 머물렀던 여호와 하나님의 임재도 철수되었습니다.

✤ 모세법에 대한 하나님의 요구도 그쳤습니다.

✤ 이스라엘은 선민으로서의 위치와 기능을 빼앗기고 성전이 이방인에 의해 무너지는 참변을 당하였습니다.

그러나 A.D. 70년 예루살렘 파괴 후에 교회는 급속도로 팽창하며 유대인과 많은 이방인으로 구성된 새 이스라엘을 형성하게 되었습니다. 초대 교회는 영적으로 강력한 능력을 드러내며 예수 그리스도를 주로 섬기는 새로운 이스라엘 공동체로서 녹음이 푸르른 여름철의 영적 호황을 누렸습니다.

성전 파괴를 비롯한 종말의 징조들은 아직 끝은 아니었습니다(13:7). '환난 후에'(13:24) 인자가 구름을 타고 큰 권능과 영광으로 오는 것을 사람들이 보리라'(13:24-26)고 했습니다. 마태복음 평행 절에는 '환난 후에' 즉시(마 24:29)라는 말이 덧붙여 있습니다. 먼 미래의 재림과 관련된 대환난 후가 아닙니다. 이것은 예루살렘 멸망과 관련된 징조들로서 '이 세대' 내에서 발생할 임박한 사건들을 염두에 둔 말입니다.

예루살렘 멸망 이후에 제자들에게 크고 많은 선교의 기회들이 올 것입니다. 복음은 예루살렘의 성벽을 넘어 이방인 세계로 퍼져 나갈 것이었습니다(행 1:8). 그런데 예수님의 제자들에게는 로마 군인들이 예루살렘으로 진격하여 성전을 파괴하기 전까지 겨우 한 세대밖에는 유대인들에게 복음을 전할 시간적 여유가 없었습니다. 말을 뒤집으면 예수님의 사역이 시작된 A.D. 30년부터 예루살렘 성전이 파괴된 A.D. 70년은 유대인들이 예수 그리스도를 하나님이 보내신 메시아로 영접할 수 있는 기회였습니다. 그러나 그들은 대부분 이 기회를 놓쳤습니다. 이스라엘은 하나님의 왕국에서 세상에 빛이 되는 선민의 특권을 스스로 내던지고 제사장 나라의 위치를 잃었습니다. 이것은 이스라엘의 신정통치가 끝났음을 의미합니다.

그러나 하나님의 오묘한 섭리로 로마의 예루살렘 침공은 제자들이 예루살렘을 떠나 이스라엘 밖의 여러 이방 지역에서 복음을 증거할 수 있는 전환점이 되었습니다. 세계 선교의 기회들은 그 어느 때보다도 더 활짝 열렸습니다. 사도행전은 이에 대한 증언으로 가득합니다.

[재림 날짜는 아무도 모릅니다]

마가복음 13장 32-37절까지는 예수님의 재림에 대한 진술입니다.

> 그러나 그 날과 그 때는 아무도 모르나니 하늘에 있는 천사들도, 아들도 모르고 아버지만 아시느니라 (13:32).

인자가 예루살렘 성전에 임하시는 것과 인자가 마지막 재림 때 임하시는 것은 분명한 대조점이 있습니다. 성전에 인자가 오시는 가장 뚜렷한 징조는 이방인 군대가 성전을 침입하여 '멸망의 가증한 것'을 세우는 것이었습니다(13:14). 예수님은 이 일이 한 세대 안에 올 것이라고 하셨습니다.

그러나 예수님의 재림은 하나님 이외에는 아무도 그 날과 때를 모른다고 하였습니다. 천사들도 모르고 심지어 예수님까지도 자신의 재림 날짜를 모르신다고 하셨는데 각 세대마다 재림 일자를 미리 잡고 물의를 일으키는 것은 어처구니없는 일입니다. 종말이라고 하면 세상이 천지개벽을 하여 멸망하는 것으로 생각합니다. 지구가 완전히 붕괴되고 인류가 종식된다는 시나리오입니다. 이러한 세속적 종말론이 기독교 종말론에 큰 영향을 끼쳤습니다. 성경에 나오는 종말에 대한 가르침을 대중적인 종말론의 안경을 끼고 해석하기 때문에 본문이 왜곡되는 경우가 빈번하며 그 부작용도 심각합니다. 예를 들면 이런 것들입니다.

❖ 지구가 해체될 것이다. 그러니 이 세상에 미련을 둘 필요가 없다. 결국 망해 없어질 악한 세상이다. 세상을 개선하려고 해 봤자 소용없다. 휴거가 일어나면 신자는 하늘로 올려지고 세상은 파멸된다. 신자는 개인 경건을 유지하면서 교회 생활을 잘하면 된다.

❖ 예수 믿고 구원받았으면 궁극적인 인생 문제가 해결된 것이다. 다른 일에 신경 쓸 필요 없다. 예수님 재림만 기다리고 살면 된다. 세상 돌아가는 것이 재림이 임박했다는 징조이다.

종말론에 대한 신학적 해석은 수백 년 동안 논쟁했어도 아직 다 끝나지 않았습니다. 분명 예수님 재림 때까지 여러 가지 종말론이 지속될 것입니다. 우리가 어떤 해석을 따르든지 한 가지 모두 동의하고 실천해야 하는 것이 있습니다. 그것은 예수님이 우리에게 주시는 경고와 명령입니다.

♣ 미혹을 받지 않도록 주의하라(13:5, 6, 22).
미혹을 받는다는 것은 속는 것을 말합니다.

> 많은 사람이 내 이름으로 와서 이르되 내가 그라 하여 많은 사람을 미혹하리라 (6절).

거짓 메시아, 거짓 예수, 거짓 구원자, 거짓 선지자, 이단 교주가 많은 세상입니다. 이단 교주는 대개 자신을 세상의 구주라고 선전합니다. 놀랍게도 그런 가짜 구원자를 따르는 사람들이 굉장히 많습니다. 여러 형태의 이단 집단에 들어가 살거나 이단 교주들의 조작된 종말론에 마음과 재산을 사취당하는 경우도 비일비재합니다.

적그리스도들은 초대교회 때부터 지금까지 등장해 왔는데 세상 끝날까지 나타나서 많은 사람들을 미혹할 것입니다. 거짓 그리스도들과 거짓 선지자들이 택함 받은 신자들까지도 미혹하려고 할 것이라고 예수님이 경고하셨습니다(22절).

한 가지 답답한 것은 이런 사이비들과 이단들에게 넘어간 자들은 대부분 기존 교회에 다녔던 사람들입니다. 이들이 복음을 바르게 배우고 믿었더라면 그런 이단 집단이 가짜라는 것을 속히 분별하고 속지 않았을 것입니다. 교회는 복음을 바르게 가르치는 일을 최우선으로 삼아야 합니다.

♣ 두려워하지 말라(13:7, 11).
사회적 혼란, 전쟁, 자연 재앙, 전염병 등이 일어날 때 두려워하지 말라고 하였습니다. 그런 것들이 곧 세상 끝은 아니기 때문입니다(7절).

♣ 염려하지 말라(11절).

박해가 와서 잡혀갈 때 무슨 말을 할까 미리 염려하지 말라고 했습니다. 복음을 변호할 때 성령께서 할 말을 주시고 도우신다고 했습니다.

♣ 깨어 있으라(14, 37절).

주님의 재림이 언제일지 아무도 모르기 때문에 졸지 말라는 것입니다. 각자 맡은 일을 충실하게 행하면서 복음 전파를 위해 힘쓰고 주님의 경고와 명령을 명심하고 사는 것이 종말을 대비하는 최선의 길입니다.

그런데 인자의 오심은 한 가지 방법 이상으로 진행됩니다. 우리는 예수님의 재림이 유일한 인자의 오심이라고 여길지 모릅니다. 그러나 우리는 예루살렘 성전 파괴도 인자의 오심이었고, 성령의 부음과 교회 확장과 이방인 선교 등이 모두 인자가 영광과 능력으로 오신 것임을 배웠습니다. 물론 인자의 오심은 재림으로 절정에 이를 것입니다. 그러나 우리의 삶이 진행되는 동안에 인자의 오심은 여러 형태로 임할 수 있습니다.

❖ 주님은 우리의 지상 생애를 끝내시고 사후 천국으로 데려가기 위해서 오십니다.

❖ 주님은 겟세마네 동산에서 제자들에게 여러 번 오셔서 그들의 상태를 점검하셨습니다. 이처럼 우리가 영적으로 깨어 있는지 졸고 있는지 확인하기 위해 찾아오십니다

❖ 인자의 오심은 개인적으로 혹은 교회적으로 임할 수 있습니다. 때로는 국가적인 차원에서 심판을 내리기 위해 오시기도 합니다.

종결적인 의미에서 그리스도는 재림 때 단 한 번 오신다. 그러나 특별한 의미에

서 그는 각 개인의 삶에서 항상 오고 계신다. 환난과 고통과 다른 중요하고 결정적인 순간을 통해서 오시고 특별히 우리가 죽을 때 오신다. 그래서 우리는 어느 순간에도 주의 오심과 마지막 심판을 항상 기대하고 사는 사람들처럼 살아야 한다는 부름을 받았다. (The Gospel of Luke, Norval Geldenhuys, The new London commentary p. 543) .

60
옥합의 헌신
마가복음 14:1~9

본문은 예수님의 십자가 사건을 앞두고 계속해서 일어나는 숨 막히는 긴장과 양극의 사건들을 극적으로 대조시킨 십자가 직전의 이야기들입니다. 때는 유월절 축제가 있기 불과 며칠 전이었습니다. 대제사장들을 위시하여 율법사들과 서기관들이 흉계를 꾸며서 예수님을 죽일 궁리를 하는 장면이 제일 먼저 나옵니다. 이것은 예수님과 유월절 사이에 깊은 연관이 있다는 시사입니다. 즉 유월절 희생 제물이 예수님이라는 암시입니다. 본 장은 처음부터 예수님의 죽음의 그림자를 짙게 드리우고 있습니다.

본문의 구성

1절에서 예루살렘 지도자들이 "예수를 흉계로 잡아 죽일 방도를" 구하였다고 증언합니다. 이 첫 절은 독자들을 긴장시킵니다. 그런데 이 살인 흉계의 스토리가 다음 절에서 뚝 끊어집니다.

이르되 민란이 날까 하노니 명절에는 하지 말자 하더라 (2절).

이 말에 독자들은 일단 안심하면서도 언젠가는 예수님이 돌아가실지도 모른다는 불안감이 지속되는 가운데 10절에 가서 가룟 유다가 예수님을 넘겨주려는 사건으로 이어집니다. 처음의 긴장으로부터 다소 완화됐던 분위기가 가룟 유다가 제사장에게로 가는 장면에서 초긴장 상태로 바뀝니다.

한편, 이 두 단계의 살인 공모 사건 사이에 마리아의 옥합 사건이 끼어 있습니다. 음흉하고 무서운 살해 모의가 진행되는 중간에 한 여인의 갸륵한 미담이 감동적으로 아름답게 전개됩니다.

옥합의 교훈들

첫째, 조용한 실천이 만 마디의 신앙 고백보다 낫습니다.

마리아의 선행은 조용한 가운데 진행되었습니다. 요즘 식으로 표현한다면 미리 광고를 내고 핸드폰 사진을 찍으면서 옥합을 깨뜨리지 않았습니다. 나의 희생을 붓는 장소에서는 예수님 이외에는 다른 사람들을 의식하지 말아야 합니다. 사람의 칭찬이나 세상의 명예를 전혀 의식하지 않는 선행이라야 순수한 선행입니다. 예수님만 바라보는 선행의 걸음은 다른 것들에 한눈을 팔지 않습니다. 극치의 헌신은 극도의 집중을 요구하기 때문입니다.

제자들의 눈에는 마리아가 옥합을 깬 것이 어리석은 낭비였습니다. 그래도 마리아는 그들의 비난 앞에서 의연하였습니다. 사람들이 인정하지 않는 헌신을 주님께 하는 일은 쉽지 않습니다. 대체로 우리는 남이 알아주지 않는 봉사는 꺼립니다. 제자들은 마리아가 옥합을 깨는 것을 보고 할렐루야를 외쳤어야 했습니다. 유감스럽게도 마리아는 그들로부터 무안을 당하고 책망을 받았습니다. 그들은 화를 내며 비싼 향유를 허비했다고 흥분하였습니다(4절). 그런데 예수님의 반응은 전혀 달랐습니다.

가만 두라 너희가 어찌하여 그를 괴롭게 하느냐 그가 내게 좋은 일을 하였느니라 (6절).

여기서 '좋은 일'은 새번역에서처럼 '아름다운 일'로 옮길 수 있습니다. 주님이 나의 선행을 아름다운 일로 평가해 주신다면 사람들의 눈에 나의 헌신이 어리석은 낭비로 비쳐도 전혀 신경 쓸 필요가 없습니다. 중요한 것은 사람들의 생각이 아니고 하나님의 평가입니다. 바울은 그리스도 안에서 인정함을 받은 자들을 문안하라고 하였고(롬 16:10), "옳다 인정함을 받는 자는 자기를 칭찬하는 자가 아니요 오직 주께서 칭찬하시는 자"(고후 10:18)라고 하였습니다. 사람들이 아무리 칭찬하여도 주께서 나를 인정해 주시고 옳다고 변호해 주시지 않는다면 아무 소용이 없습니다. 주님의 인정과 칭찬을 받으려면 오직 주님만 의식하고 살아야 합니다. 그러면 주변 사람들의 평가에 좌우되지 않고 담대할 수 있습니다.

둘째, 예수님을 위한 소비는 허비가 아닙니다.
제자들은 마리아가 값진 옥합을 깨뜨려 예수님께 모두 부어드린 것을 순전히 허비라고 비난했습니다. 어떻게 보면 마리아의 선행을 '허비'라고 말한 것은 일리가 있을지 모릅니다. 고가품은 가난한 자들을 위해 더 유용하게 사용될 수 있기 때문입니다. 문제는 구제 행위가 나쁜 것이 아니고 그런 제안을 하는 자의 마음속에 자신의 유익을 계산한 이기적인 동기가 웅크리고 있는 것이었습니다.

마리아를 직접 꾸짖었던 자는 가룟 유다였습니다(요 12: 4, 5). 그는 가난한 사람들을 불쌍히 여겨서 구제를 운운한 것이 아니었습니다. 요한은 그가 도둑이어서 평소에 돈 자루를 맡고 있으면서 착복을 일삼았다고 폭로하였습니다(요 12:6). 유다는 가난한 사람들을 구실로 삼아 돈을 벌 수 있는 기회를 놓쳤기 때문에 분하게 여겼습니다. 그런데 유다는 가난한 사람들을 위하지도 않았을 뿐만 아니라 누가 정말 가난한 사람인지도 몰랐습니다. 주님은 구유에서 태어나셨습니다. 주님은 하늘 보좌의 영광을 떠나 빈 몸으로 세상에 오셨습니다. 주님은 이 세상에서 아무것도 소유하신 것이 없었습니다. 주님은 "여우도 굴이 있고, 공중의 새도 거처가 있으되 인자는 머리 둘 곳이 없다"(마 8:20)고 하셨습니다. 유다가 진정으로 가난한 사람을 생각했다면 주님을 위해 부은 향유를 기뻐했을 것입니다.

유다의 눈으로 보면 마리아는 삼백 데나리온에 해당하는 향유를 허비했습니다. 그러나 유다는 은 삼십 세겔에 자기의 주인을 팔아넘겼습니다. 마리아는 돈을 썼고, 유다는 돈을 벌었습니다. 하지만 유다는 은 삼십 세겔의 몸값을 성전에 도로 내놓고 목을 매달았습니다. 누가 과연 허비한 자입니까? 유다는 인생 전체를 허비한 자였습니다. 마리아는 비싼 옥합을 다 쏟아붓고도 자기 생명을 건졌고 유다는 예수님을 팔고서도 생명을 잃었습니다.

예수님은 제자들을 위한 기도에서 유다를 가리켜 '멸망의 자식'이라고 불렀습니다. 흥미롭게도 유다가 마리아를 꾸짖었을 때 '허비'한다고 한 말과 예수님이 요한복음 17장 12절에서 유다를 향해 '멸망'의 자식이라고 부른 단어는 원문상 동일합니다. '멸망의 자식'은 곧 '허비의 자식'이었습니다.

예수님께 나의 옥합을 깨뜨려 붓는 것은 결코 허비가 아닙니다. 악인의 눈에는 그것이 커다란 낭비로 보입니다. 그러나 하늘 보고에는 예수님을 사랑하는 성도들의 크고 작은 옥합들로 채워져 있습니다. 거기에는 목마른 자에게 부어준 냉수 한 그릇이 있고(마 10:42) 과부의 두 렙돈이 있습니다(막 12:42). 하늘 보고에는 십자가의 무한한 가치를 깨닫고 감사하는 자들의 선물들로 채워져 있습니다. 그 모든 희생의 선물들은 가룟 유다의 눈으로 보면 완전한 허비입니다. 그러나 사실은 나를 위해 이 세상에 쌓아두는 것들이 모두 허비이며 낭비입니다(마 6:19-20). 얻고도 허비하는 것이 유다의 삼십 세겔이며, 허비하고도 얻는 것이 마리아의 삼백 데나리온입니다. 얻은 자와 잃은 자의 차이는 나의 보물이 어디에 쌓이느냐의 차이입니다.

셋째, 주님은 나의 옥합을 기억해 주십니다.

> 내가 진실로 너희에게 이르노니 온 천하에 어디서든지 복음이 전파되
> 는 곳에는 이 여자가 행한 일도 말하여 그를 기억하리라 하시니라 (9절).

마리아는 귀한 옥향을 예수님께 부어드렸습니다. 시몬의 집은 마리아
의 향기로운 유향으로 가득 채워졌습니다. 그런데 그 향내가 얼마나 지속
되었을까요? 마리아의 향유는 마침내 방향(芳香) 효과를 잃고 말았을 것입
니다. 그럴지라도 마리아의 선행은 아름다운 향기를 품고 오늘날까지 전
해 내려옵니다. 어째서입니까? 사람들이 기억하기 때문일까요? 이 세상
일들은 시간 속에 파묻힙니다. 선행도 악행도 세월과 함께 인간들의 뇌리
속에서 퇴색되고 잊힙니다. 설사 문헌상의 기록이 남는다 할지라도 사람
들은 구태여 지나간 세대의 일들을 충실히 기억해주지 않습니다.

> 해 아래에서 수고하는 모든 수고가 사람에게 무엇이 유익한가… 이미 있
> 던 것이 후에 다시 있겠고 이미 한 일을 후에 다시 할지라 해 아래에는 새
> 것이 없나니… 이전 세대들이 기억됨이 없으니 장래 세대도 그후 세대들
> 과 함께 기억됨이 없으리라 (전 1:3-11).

유한한 존재들은 영원한 기억을 하지 못합니다. 그러나 하나님께서 마
리아의 선행을 인정하시고 기억해 주시기 때문에 그녀의 옥합이 영원한
헌신의 표지가 되었습니다. 주께 나의 옥합을 들고 나아가는 시간은 나의
생애에서 가장 고결하고 보람된 순간입니다. 십자가의 용서와 새 생명의
은혜에 붙잡혀 깨뜨리는 옥합의 파쇄는 나를 가장 아름답게 드러내는 순
간입니다. 놀랍게도 주께서 그때의 내 모습을 영원히 기억해 주십니다.

그리고 칭찬을 아끼지 아니하시고 나를 변호해 주십니다.

제자들은 마리아의 옥합 파쇄를 말렸지만 예수님은 오히려 그녀의 선행을 격려하셨습니다. 마리아의 헌신은 제자들의 이맛살을 찌푸리게 했어도 예수님의 마음을 흡족하게 하였습니다. 주님을 기쁘게 해 드리는 일은 주님의 마음속에 영원히 새겨집니다. 나의 옥합의 향기는 비록 없어져도 그 속에 담겼던 주께 대한 나의 사랑의 헌신은 영원으로 이어집니다.

넷째, 나의 옥합을 잊고 살아야 합니다.

마태복음 25장에는 양과 염소의 비유가 나옵니다. 하늘 임금은 양들로 비유된 의인들에게 그들의 선행을 열거합니다. 그랬더니 의인들은 자신들의 선행을 모두 부정하였습니다.

반면, 염소들에 비유된 악인들은 자신들의 악행을 모두 부인하며 의인들이 행한 선행을 오히려 자기들이 했다고 주장하였습니다. 의인들과 악인들의 차이는 선행에 대한 기억 여부입니다. 양들은 주님께 행한 일들을 너무도 당연시하였기에 구태여 기억할 필요가 없었습니다. 그러나 염소들은 퍽 잘 기억하였습니다.

그들도 대답하여 이르되 주여 우리가 어느 때에 주께서 주리신 것이나 목마르신 것이나 나그네 되신 것이나 헐벗으신 것이나 병드신 것이나 옥에 갇히신 것을 보고 공양하지 아니하더이까 (마 25:44).

선행을 내세우며 자기들이 하지 않은 일까지 불리고 늘려서 드러내려는 것이 염소들의 특징입니다. 그러나 양들은 자기들의 "좋은 일"(7절)을 기억하지도 않고 내세우지도 않습니다. 그들은 주님께 행한 좋은 일들에 대해서 자랑하거나 보상을 당연시하지 않습니다. 그들은 선행을 하면서 나팔을 불지 않습니다. 그들은 염소 떼가 아니기 때문입니다.

주님을 위해 깨뜨렸던 옥합에 대해서는 잊고 사는 것이 아름다운 일입니다. 잊어야만 나의 옥합은 다시 새롭게 깨어질 수 있습니다. 어제에 깨어졌던 나의 옥합 소리가 내 귀에 더 이상 들리지 않아야만 나는 새로운 옥합을 들고 주님께로 나아갑니다. 교회 안에서도 옥합이 깨어지는 소리가 널리 광고되지 않아야만 늘 새로운 옥합들이 주님 앞에서 깨어져 새 향기를 풍기게 될 것입니다.

어제의 옥합을 오늘 기억하면 오늘 새롭게 드릴 옥합이 없어집니다. 오늘 깨뜨린 옥합을 잊을 수 없으면 내일 깨어드릴 새 옥합을 갖지 못합니다. 하나님을 진정으로 사랑하는 양들의 특징은 주님을 위한 선행들을 기억하지 못하는 것입니다. 그러나 하나님은 그런 양들이 조용히 행하는 크고 작은 '좋은 일'들을 낱낱이 기억하십니다(히 6:10).

우리의 옥합은 영원한 새 생명의 선물에 비하면 아무것도 아닙니다. 우리의 옥합은 십자가의 무한한 희생에 비하면 언급할 가치조차 없습니다. 그러나 주님은 작은 옥합에 담긴 주를 향한 우리의 크고 작은 "좋은 일"들의 향기를 기쁘게 흠향하십니다.

다섯째, 참된 봉사는 예수님의 문하생들만이 누리는 특권입니다.

본문에서 마리아는 빛나는 헌신의 모범으로 묘사되었습니다. 그녀의 비결은 무엇이었을까요? 복음서에서 마리아가 언급될 적마다 한 가지 특징이 드러납니다. 그녀는 언제나 주님의 발아래 있었습니다.

그에게 마리아라 하는 동생이 있어 주의 발치에 앉아 그의 말씀을 듣더니 (눅 10:39).

마리아가 예수 계신 곳에 가서 뵈옵고 그 발앞에 엎드리어 (요 11:32).

마리아는 지극히 비싼 향유 곧 순전한 나드 한 근을 가져다가 예수의 발에 붓고 자기 머리털로 그의 발을 닦으니 향유 냄새가 집에 가득하더라 (요 12:3).

마리아는 즐거울 때나 괴로울 때나 언제나 예수님의 발아래 있었습니다. 마리아는 자신의 인생 전부를 예수님의 발아래 내려둔 자였습니다. 발 아래 있다는 표현은 봉사와 존경과 의존을 뜻하는데 문하생이란 의미로도 사용되었습니다. 바울이 가말리엘의 문하(門下)에서 교육을 받았다는 표현은 문자대로 옮기면 '발치'에서 배웠다고 해야 합니다(행 22:3). 또 다른 예로써 거라사인의 광인(狂人)은 귀신이 나간 후에 "예수의 발치에"(눅 8:35) 앉아 있었습니다. 이것은 그가 온전한 정신을 회복받고 예수님의 제자가 되었음을 뜻합니다.

마리아가 예수님의 발치에 앉았던 것은 봉사나 존경이나 의존의 의미를 넘어서 예수님의 문하생이었다는 점에서 그녀의 빛나는 헌신의 비결을 찾을 수 있습니다. 성경은 성도의 헌신된 삶이 먼저 말씀의 묵상에서 시작되어야 한다고 가르칩니다. 하나님의 말씀을 잘 듣는 것이 순종과 봉사의 전제 조건입니다. 신앙생활의 우선 순위는 봉사가 아니고 말씀입니다. 하나님의 말씀을 잘 듣고 깨달은 다음에 하나님의 뜻을 분간하는 일이 선행되지 않으면 부작용이 생깁니다. 말씀이 결여된 상태에서 여러 활동이 왕성해지면 교회가 잘되는 듯이 보여도 후유증을 일으킵니다.

마르다처럼 "준비하는 일이 많아 마음이 분주"(눅 10:40)하면 예수님의 말씀을 마음에 담아 두기가 어렵습니다. 주님의 말씀이 가슴에 담겨 있지 않은 자의 봉사는 거룩한 열심이 아니고 "구습을 좇는 옛사람"(엡 4:22)의 욕심입니다. 외적 활동이 내 믿음 생활의 척도가 되어서는 안 됩니다. 내가 힘껏 달려가는 목표는 예수님의 발치라야 합니다. 그곳은 겸비와 투신의 현장이며 옥합처럼 자아가 분쇄되는 자기부정의 처소입니다. 주님의 발치에 앉아 있으면 그분의 발에 향유를 붓고 싶은 마음이 생깁니다.

우리는 누구를 향하여 달려갑니까? 우리가 달리는 것은 '무엇'을 위한 것이기보다는 '누구'를 위한 것이어야 합니다. '무엇'은 일이고, '누구'

는 인격체입니다. 모든 성도의 목표는 예수 그리스도라는 인격체입니다. 예수님의 인격과 밀착된 최선의 배움의 장소는 주님의 '발치' 입니다. 우리는 달리기 전에도 그곳에 있어야 하고 달린 이후에도 그곳으로 되돌아가야 합니다. 주님의 발은 우리 모두의 출발지며 종착지입니다. 마리아의 참된 헌신의 비결은 자신을 늘 예수님의 발치 아래 둔 것이었습니다. 나는 어디에 자신을 앉혀두고 삽니까?

마리아는 예수님의 발치 아래 앉아 있었기 때문에 은밀하게 예수님의 장례를 미리 준비할 수 있었습니다. 그녀는 하나님의 선하신 뜻을 분별하고 조용한 확신 속에서 날마다 준비하였습니다. 그러기에 대구원의 역사가 이루어지려는 결정적인 시기에 예수님의 십자가 죽음을 하나의 필연적인 사건으로 보고 자신의 옥합을 깨뜨렸습니다. 마리아의 옥합 사건은 단순히 그녀가 희생적으로 값진 향유를 예수께 부어 드렸다는 사실 이상의 깊은 의의를 지니고 있습니다. 마리아는 예수님의 십자가 죽음을 하나님의 뜻으로 깨닫고 받아들였습니다. 그녀는 예수님의 발치에서 구원의 진리를 묵상하였고 하나님의 구원이 어떻게 이루어지는지를 깨닫기를 원했습니다. 그래서 그녀는 어떤 제자들도 수용할 수 없었던 예수님의 죽음을 겸손히 받아들였고 주님의 장례를 힘을 다하여 … 미리 준비(8절)하였습니다.

내가 진실로 너희에게 이르노니 온 천하에 어디서든지 복음이 전파되는 곳에는 이 여자가 행한 일도 말하여 그를 기억하리라 하시니라 (9절).

이 말씀의 문맥을 고려하지 않고 읽으면 예수께서 마리아의 옥합 헌물만 보시고 칭찬하시는 것처럼 오해할 수 있습니다. 중요한 것은 물질 자체가 아니고 믿음입니다. 예수님은 곧 십자가 처형을 당하실 것이었습니다. 예수님은 세 번씩이나 제자들에게 인자가 고난을 당하고 십자가에 달려 많은 사람의 대속물이 될 것이라고 경고하셨습니다. 그런데 아무도 믿지 않았습니다. 예수님의 수난 예고의 말씀을 믿었던 자는 오직 마리아 한 사람뿐이었습니다. 따라서 마리아 이외에는 아무도 예수님의 장례를 준비하지 못했습니다. 예수님은 복음이 전파되는 곳마다 마리아를 기억하게 될 것이라고 하셨습니다. 그 까닭이 무엇입니까? 그것은 그녀의 비싼 향유라기보다는 예수님의 대속적 죽음을 믿고 그 큰 희생과 은혜에 감사하며 자신의 옥합을 깨뜨려 '허비' 했기 때문이었습니다.

여섯째, 하나님은 베다니 가족을 통해 주님을 위로하셨습니다.

예수님은 사역 초기부터 많은 반대와 박해를 당하셨습니다. 그럼에도 한 번도 하늘 아버지의 뜻을 거스른 적이 없었고 끝까지 순종하셨습니다. 이제 마지막으로 보내시는 예루살렘 축제 기간에 대제사장들과 서기관들이 다시 예수님을 죽일 흉계를 꾸미고 있었습니다(1절). 그런데도 제자들은 예수님에 대한 세속적 메시아관을 버리지 못하고 곧 있게 될 예수님의 체포와 십자가 처형의 심각성을 전혀 감지하지 못하였습니다. 예수님의 죽음을 아무도 믿지 않았기에 예수님은 홀로 혹독한 십자가 길을 가셔야 했습니다. 예수님이 예루살렘으로 입성하시자 사람들은 곧 예수님의 왕위 즉위식이라도 있을 듯이 흥분하였습니다. 아무도 주님의 십자가 고난이 구원의 길임을 믿고 하나님께 감사하며 예수님을 지원하는 자가 없었습니다. 이런 때에 옥합을 깨고 주님의 장례를 조용히 준비한 마리아는 하나님께서 예수님을 위해 준비하신 격려의 선물이었습니다. 십자가 형벌을 받기 전에 누군가 예수님이 세상 죄를 지고 가는 하나님의 어린 양이라는 사실을 믿고 사랑과 감사를 표현하는 것은 예수님께 큰 위로가 되었을 것입니다. 이 일에 쓰임을 받은 곳이 베다니 시몬의 가정이었습니다.

시몬은 온 정성을 다해 교제의 식탁을 차렸고, 마리아는 온 재산을 담은 향유를 부었으며, 마르다는 온 힘을 다해 음식을 장만했습니다(요 12:1-3). 때는 대제사장들과 서기관들과 바리새인들이 예수님을 잡아 죽이려고 흉계를 꾸미는 살벌한 밤이었습니다. 시몬의 식탁이 차려진 때는 가룟 유다의 배신과 다른 제자들의 비겁한 도주가 다가오는 때였습니다. 하나님께서는 악의와 배반으로 둘러싸인 예수님을 베다니 가족에게로 인도하셨습니다. 그리고 그 작은 촌락의 한 식탁에서 믿음과 신뢰를 저버리지 않은 소수의 제자들과 사랑의 교제를 나누게 하셨습니다.

놀랍게도 하나님의 아들을 위로하고 격려하는 일에 베다니 가족처럼 이름도 없고 권세도 없는 평민들의 식탁이 사용되었습니다. 예루살렘에는 권세 있고 부유한 인사들의 집들이 많았습니다. 그런데 하나님은 베다니의 소시민들이 차린 식탁으로 예수님을 위로하셨고 형극의 십자가로 가시는 길에 잠시라도 힘이 되게 하셨습니다.

[예루살렘과 베다니의 대조]

본문이 시사하는 것은 예루살렘과 베다니의 본질적인 차이점입니다. 예루살렘은 예수님을 배척하는 교권과 불신의 도시를 대표하고, 베다니는 예수님을 영접하는 신뢰와 헌신을 대변합니다. 예루살렘은 예수님의 죽음을 기다리는 곳이고 베다니는 예수님의 부활을 고대하는 곳입니다. 예루살렘은 형식과 율법에 매인 곳이지만 베다니는 진심과 사랑에 젖은 곳입니다. 이것이 하나님께서 부유한 예루살렘보다 가난한 베다니의 식탁을 택하신 까닭입니다.

한편, 베다니 가족은 자신들의 봉사와 헌신이 예수님을 위한 하루 저녁의 정찬이라고 생각했을 것입니다. 우리가 주님께 어떤 헌신을 할 때에는 주로 일차적인 차원에서 생각이 그칩니다. 우리는 대체로 헌신의 실용적인 한계를 넘어서지 못합니다. 예컨대 헌금을 했으면 교회 재정에 도움이 됐을 것으로 여기고, 자선을 했으면 기독교의 이미지가 좋아졌을 것으로 봅니다. 그러나 주님을 위한 식탁과 향유는 하나님의 섭리의 관점에서 보면 무한한 의의를 지닙니다. 주님을 위해서 사용하는 식탁과 옥합이라면 그 가치는 바쳐진 물질이나 봉사의 일차적 한계의 실용성을 훨씬 뛰어넘습니다.

지금도 하나님께서는 그의 사랑하는 아들을 위한 식탁과 향유를 기쁘게 받으시고 모든 베다니 가족들을 축복하십니다.

61
다락방의 식탁
마가복음 14:10~31

그들이 먹을 때에 예수께서 떡을 가지사 축복하시고 떼어 제자들에게 주
시며 이르시되 받으라 이것은 내 몸이니라 하시고 또 잔을 가지사 감사
기도하시고 그들에게 주시니 다 이를 마시매 이르시되 이것은 많은 사람
을 위하여 흘리는 나의 피 곧 언약의 피니라 (막 14:22-24) .

마가복음 14 장은 대조와 긴장의 장(章)입니다. 대제사장들을 비롯하
여 바리새인과 서기관들은 예수님의 살해를 모의하고, 베다니 시몬의 집
에서는 제자들이 모여 예수님과 훈훈한 교제를 나눕니다. 전자의 그룹은
어둠에 속한 예수님의 원수들이고, 후자의 그룹은 가룟 유다를 제외 하면
모두 빛에 속한 예수님의 제자들입니다. 이러한 상황에서 두 개의 식탁이
대조됩니다. 하나는 베다니 시몬의 집에서 베푼 식탁이고 다른 하나는 예
루살렘에 있는 예수님의 유월절 식탁입니다. 시몬의 식탁에는 예수님이
손님이시고 예루살렘의 다락방 식탁에서는 예수님이 주인이십니다. 14절
에서 "나의 객실"이라고 했으니까 예수님이 주인이십니다.

한편, 베다니 식탁에서는 마리아가 자신의 옥합을 깨뜨려 예수께 모두
부어 드렸지만, 예루살렘 식탁에서는 예수님이 자신의 언약의 피를 상징
하는 포도주를 넘치도록 제자들에게 부어주십니다. 전자는 마리아의 헌

신이 세상 끝날까지 기억되는 식탁이며, 후자는 예수님의 언약의 성찬이 재림 때까지 기념되는 식탁입니다.

베다니 시몬의 식탁은 제자들이 예수님을 위해서 차린 것이고 예루살렘의 다락방 식탁은 예수님이 제자들을 위해서 마련한 것입니다. 시몬의 식탁은 제자들이 예수님을 위해 마련한 최후의 연회석이고, 다락방 식탁은 예수님이 제자들을 위해서 준비하신 최후의 만찬석입니다. 이 식탁들이야말로 예수님의 대속의 죽음을 준비하고 상징하는 뜻깊은 예행 이벤트들입니다.

다락방 식탁에서 일어났던 일들은 주님이 다시 오실 때까지 성찬 의식으로 반복될 것입니다. 성찬은 복음의 축소판입니다. 그래서 초대 교회에서는 교인들이 모일 때마다 성찬을 나누었습니다(행 2:46). 성찬 의식은 예수님의 지시에 따라 자주 기념하며 다음 세대에 전하는 것이 우리의 책임입니다.

성찬은 은혜의 수단입니다. 의식 자체가 은혜라는 말이 아니고 성찬 의식을 주의 가르침대로 행할 때 하나님이 성령으로 임재하십니다. 성찬은 주님의 대속적 희생을 묵상하며 하나님께 깊이 감사하면서 겸비한 자세로 자신을 살펴보는 때입니다. 성찬은 주의 재림 때에 있게 될 더 풍성하고 온전한 하늘 잔치의 교제를 대망하게 합니다. 성도들이 함께 빵과 포도주를 나누는 것은 그리스도의 십자가 대속을 찬양하며 속죄의 기쁨을 공유한다는 뜻입니다. 그래서 성찬은 가시적인 상징으로서 예수 그리스도의 복음을 가장 핵심적으로 선포하는 의식입니다.

유다는 십자가를 어떻게 보았을까요? (10~11절)

예수님에게 값진 향유를 부은 마리아의 스토리에 이어 가룟 유다가 예수님을 팔아넘기려고 기회를 엿보았다는 진술은 극도로 대조적입니다.

마리아가 예수님을 그처럼 귀히 여긴 반면 유다는 예수님을 무슨 물건처럼 팔 생각을 하고 있었습니다. 같은 날에 마리아는 최선의 사랑을 보였고 유다는 최악의 배신을 품었습니다.

유다의 배신은 우리가 그를 거듭난 사도로 본다면 도무지 이해할 수 없습니다. 그런데 유다는 일시적으로 죄의 유혹에 압도되어 탈선한 제자가 아니었습니다. 그는 예수님의 사도로 행세했지만 거듭난 적이 없었습니다. 예수님은 처음부터 그의 정체를 아셨습니다(17~21절; 요 13:10~11). 유다는 마귀의 조종을 받고 예수님을 팔려고 계획하였습니다(요 13:2). 그는 마귀를 섬기는 자였지 예수님을 주님으로 섬기는 제자가 아니었습니다. 예수님은 다른 제자들에게 보인 사랑을 유다에게도 보여주었지만 그는 회개하지 않았습니다.

교회 안에는 진짜 신자도 있지만 가짜 신자도 있습니다(마 25:41~45). 신학계나 목회자들 중에서도 예수님을 모르는 자칭 기독교인들이 없지 않습니다(마 7:15~27). 그런 사람들에게 마귀가 들어가서 예수를 팔고 배신하는 악행을 저지르도록 부추깁니다. 유월절 식사 때에 마귀는 유다의 생각을 지배하였고 그에게 들어갔습니다.

마귀가 벌써 시몬의 아들 가룟 유다의 마음에 예수를 팔려는 생각을 넣었더라 (요 13:2).
예수께서 대답하시되 내가 떡 한 조각을 적셔다 주는 자가 그니라 하시고 곧 한 조각을 적셔서 가룟 시몬의 아들 유다에게 주시니 조각을 받은 후 곧 사탄이 그 속에 들어간지라 (요 13:27).

마리아에게는 세상에서 예수님보다 더 귀한 분이 없고 어떤 세상 영화나 부귀와도 바꿀 수 없었습니다. 그러나 유다에게는 예수님은 노예의 몸값에 해당하는 단 돈 삼십 세겔의 가치밖에 없었습니다. 우리가 누구의 눈으로 예수님의 가치를 평가해야 하겠습니까? 마리아의 눈으로 예수님의 십자가를 보면 구원과 감사와 안식이 있고, 유다의 눈으로 십자가를 보면 심판과 저주와 죽음을 자초합니다. 예수님이 유다에 대해 하신 말씀은 엄숙한 경고가 되어야 합니다(막 14:21).

유월절 식사와 유다에 대한 경고(12~16절).

유월절 양을 잡는 무교절의 첫날이 다가왔습니다. 제자들은 예수님께 어디서 유월절 식사를 하기를 원하시느냐고 물었습니다. 예수님은 제자들에게 성내로 들어가면 물 한 동이를 가지고 가는 사람을 만날 테니 그가 준비한 큰 다락방을 보여 줄 것이라고 하셨습니다(2~15절). 이것은 아마 예수님이 예루살렘의 한 다락방 소유주와 사전에 비밀로 주선했거나 혹은 고넬료와 베드로처럼 초자연적인 환상과 성령의 지시를 받았을지 모릅니다(행 10장). 이 일은 유월절 식사 전에 예수님의 거처가 알려져서 체포되지 않도록 비밀리에 준비되었을 것입니다.

유월절 식사 때에 예수님은 먼저 유다에 대해서 언급하시고 그다음 유월절 식사가 지닌 의미를 밝히셨습니다. 우리는 예수님을 배신한 사람이 가룟 유다라는 사실을 잘 압니다. 그러나 예수님은 식사 때에 유다를 지명하시지 않고 "너희 중의 한 사람 곧 나와 함께 먹는 자가 나를 팔리라"(18절)고 하셨습니다. 이것은 유다를 노출시키지 않고 그에게 회개할 기회를 주신 것이었습니다. 이 말씀을 경고로 듣고 마음을 고쳐먹었다면 그는 용서를 받았을 것이고 아무도 그가 예수님을 배신하려고 한 사실을 몰랐을 것입니다(눅 22:22~23; 요 13:21~22). 사실상 예수님이 빵 조각을 소스에 찍어 유다에게 준 후에도 제자들은 그가 배신자라는 사실을 몰랐습니다(요 13:26~30). 유다는 예수님을 배신하였지만 예수님은 유다를 배신하시지 않았습니다.

인자는 자기에 대하여 기록된 대로 가거니와 인자를 파는 그 사람에게는 화가 있으리로다 그 사람은 차라리 나지 아니하였더라면 자기에게 좋을 뻔하였느니라 하시니라 (21절) .

사람이 죽으면 그만이고 그 이후에는 아무것도 없다고 생각하는 것은 잘못입니다. 만약 그냥 죽는 것으로 끝나는 것이라면 예수님이 유다에 대해서 '화가 있으리로다' 라고 말씀하시지 않았을 것입니다. 또한 태어나지 않는 것이 더 좋았을 것이라고 말할 필요도 없었을 것입니다. 이 말씀은 죽음 이후에 악인에게 사후 형벌이 있음을 강력하게 시사합니다.

예수님은 하나님의 계획에 따라 자기 목숨을 내놓으실 테지만 의도적으로 하나님의 아들을 배반하고 파는 자는 무서운 심판을 받습니다. 그런데 유다가 예수님을 팔아넘긴다고 해서 하나님의 주권적인 계획이 깨어지는 것은 아닙니다. 하나님은 오히려 유다를 사용하셔서 그의 뜻이 이루어지게 하셨습니다. 유다는 자신의 의지와 계획에 따라 죄를 짓지만 이것은 오히려 하나님의 뜻이 이루어지게끔 역용될 것이었습니다.

유월절 식사의 의의와 중요성 (22~26절)

예수님은 유월절 식사를 제자들과 함께 갖기 위해 사전에 치밀한 준비를 하셨습니다. 누가복음에서는 예수님이 유월절 식사를 심히 원하셨다고 진술합니다. 이르시되 내가 고난을 받기 전에 너희와 함께 이 유월절 먹기를 원하고 원하였노라 (눅 22:15). 예수님이 유월절 식사를 고대하신 것은 자신의 구속 사역이 유월절의 성취이며 완성이기 때문입니다.

첫째, 유월절은 출애굽의 해방과 이스라엘의 독립을 의미합니다.
애굽에서 열두 지파가 모두 유월절을 지켰듯이, 예수님이 행하신 유월절 식사에도 열두 사도들이 참석하였습니다(막 14:17). 이들은 새 이스라엘 백성을 대표하는 자들로서 예수님이 세우시는 하나님 나라의 역군들입니다. 물론 가룟 유다는 사도의 직분이 박탈되었지만 맛디아로 대치되었기 때문에 열두 사도의 대표성에는 변화가 없습니다(행 1:20, 26).

둘째, 애굽에서 이스라엘 백성의 각 집에 유월절 양의 피를 발랐습니다.

이것은 죽음을 집행하는 천사들로부터 보호를 받기 위한 것이었습니다. 유월절 양의 피를 집에 바르지 않은 애굽인 가정의 장자들은 모두 죽임을 당하였지만(출 12:19~30) 이스라엘 백성의 장자들은 무사하였고 온 백성이 애굽을 떠났습니다. 그래서 하나님께서는 이 날을 기념하라고 하셨습니다.

> 사백삼십 년이 끝나는 그 날에 여호와의 군대가 다 애굽 땅에서 나왔은 즉 이 밤은 그들을 애굽 땅에서 인도하여 내심으로 말미암아 여호와 앞에 지킬 것이니 이는 여호와의 밤이라 이스라엘 자손이 다 대대로 지킬 것이니라 (출 12:41~42).

유월절의 의의는 양면적입니다. 애굽인들에게는 심판이 내렸고 이스라엘 백성에게는 구원이 왔습니다. '여호와의 밤'(출 12:42)은 애굽 백성에게는 죽음의 때였고 이스라엘 백성에게는 생명의 때였습니다. 그래서 유월절은 어둠의 세력이 심판을 받아 멸망되고 빛의 자녀들이 하나님 나라에 들어가서 자유와 생명을 누릴 것을 내다보게 합니다.

셋째, 예수님의 유월절 식사는 십자가 대속의 의미를 대변합니다.

유월절의 핵심은 속죄 양의 희생입니다. 그런데 출애굽 때 이스라엘 백성이 구출된 것은 양의 피 자체에 어떤 신비한 능력이 있기 때문이 아니었습니다. 양의 피는 하나님의 어린 양으로 오셔서 십자가에서 대속의 피를 흘리실 예수 그리스도에 대한 상징적 예시였습니다. 그래서 세례 요한은 예수님을 보고 "세상 죄를 지고 가는 하나님의 어린 양이로다"(요 1:29)

라고 증언하였습니다.

그런데 예수님의 유월절 식사는 예수님이 지상에서 갖는 마지막 식사일 뿐만 아니라 이스라엘 백성의 유월절 전통의 종결이기도 합니다. 전통적 상징으로 지켰던 유월절 양의 희생 제물이 실체로 오신 예수님에 의해 대치됐기 때문입니다. 예수님은 십자가에서 단 한 번의 제사로 자신을 영원한 속죄 제물로 바치시고 하나님 우편에 앉으셨습니다(히 10:9~14). 이 사실은 두 가지 점에서 유월절의 본뜻을 드러냅니다.

♣ 하나는 상징적 의식으로 행해졌던 이스라엘의 유월절 전통은 종료되었다는 것입니다. 유월절 양의 피는 죄를 없애지 못하였습니다. 그것은 십자가 대속의 피를 바라보는 상징이었기 때문에 그리스도의 몸으로 단번에 드린 희생에 의해 더 이상 반복할 필요가 없어졌습니다.

♣ 다른 하나는 이스라엘의 유월절이 민족적인 한계를 벗어난 것입니다. 유월절 의식은 이스라엘 백성에게 주었던 모세 율법의 규례였습니다. 그러나 유월절 양의 본체이신 예수님은 이스라엘 백성뿐만 아니라 세상 죄를 지고 가는 하나님의 속죄 양입니다(막 14:24; 요 1:29). 그래서 예수님의 피는 그를 구속주로 믿는 모든 사람에게 인종을 불문하고 효력을 냅니다(요일 2:2; 딤전 2:6; 고후 5:14, 17).

넷째, 예수님의 유월절 식사는 어린 양의 결혼 잔치를 바라보게 합니다(계 19:9).

예수님은 "내가 포도나무에서 난 것을 하나님 나라에서 새 것으로 마시는 날까지 다시 마시지 아니하리라"(25절)라고 하셨습니다.

이 말씀은 함축적이고 예언적입니다. 예수님은 세상에 더 이상 계시지 않을 것입니다. 십자가 죽음이 눈앞으로 다가왔기 때문입니다. 제자들은 예수님을 바라보며 유월절 식사를 했지만 앞으로는 세상 끝날까지 예수님을 평소처럼 뵙지 못할 것이었습니다. 그러나 예수님은 제자들이 하나님 나라에 새 포도주를 마시게 될 어린 양의 혼인 잔치에 참석하게 될 것을 소망하게 하셨습니다(계 19:7, 9; 21:2). 현재로서는 하나님 나라는 죄와 어둠의 세력에 대해 가시적으로 강력한 승리를 거두는 것 같지 않습니다. 그러나 겨자씨나 누룩의 성장처럼 최종적인 대승리의 날이 서서히 다가오는 중입니다. 그날이 올 때까지 우리는 주님의 왕되심을 믿으며 미래의 새 하늘과 새 땅에서 주님과 함께 하늘 잔치를 즐길 것을 믿음으로 대망하며 살아야 합니다.

다섯째, 유월절 식사는 성찬식으로 바뀌었습니다.

이스라엘의 유월절 성일은 애굽의 속박으로부터 해방된 때를 기념하는 민족적인 축제였습니다. 그러나 하나님의 어린 양으로 오신 예수님에 의해서 유월절 전통은 실체로 대치되고 주 예수를 믿는 신자들에게는 성찬 의식으로 바뀌었습니다. 그 까닭은 어린 양이신 예수님의 피로써 죄가 용서되고 하나님 나라 백성이 되기 때문입니다.

빵은 예수님이 인간의 몸으로 돌아가신 것을 상징하고, 포도주는 피의 속죄를 가리키는 새 언약의 상징입니다. 빵을 떼는 것은 예수님의 고난을, 포도주는 많은 사람을 위해 쏟는 예수님의 속죄피를 가리킵니다. 예수님은 제자들이 자신의 십자가를 유월절 축제의 궁극적인 성취로 이해하기를 원하셨습니다. 즉, 출애굽의 해방을 가능하게 했던 어린 양의 피는 예수님이 흘리실 십자가 보혈을 바라본 상징이었다는 것입니다. 성찬식은 예수님이 대속의 희생제물이 되심으로써 모든 사람이 죄와 어둠의 속박에서 해방되는 구원의 길이 열렸음을 알립니다.

[성찬식 분위기]

일반적으로 우리나라 교회 성찬식은 엄숙하고 슬픈 분위기입니다. 성찬이 두려워서 피하는 신자들도 있습니다. 아마 성찬을 합당하게 대하지 않다가 징계를 받았다는 말씀을 성찬식 전에 자주 인용하기 때문일 수 있습니다.

주의 몸을 분별하지 못하고 먹고 마시는 자는 자기의 죄를 먹고 마시는 것이니라 그러므로 너희 중에 약한 자와 병든 자가 많고 잠자는 자도 적지 아니하니 (고전 11:29~30).

성찬의 오용은 심각한 죄입니다. 그런데 죄를 범하지 않으려면 차라리 성찬을 받지 않는 것이 낫다고 생각하거나 현재 정리되지 못한 죄가 있기 때문에 성찬을 받아서는 안 된다고 여기는 것은 옳지 않습니다. 생각해 보십시오. 죄가 있기 때문에 주의 잔이 필요한 것이 아닙니까? 성찬이 용서를 체험할 수 있는 기회가 되기에 더욱 적극적으로 참여해야 합니다. 자기 죄만 바라보고 괴로워하거나 주님의 십자가 고통을 상상하며 마음 아파하기보다 나의 죄가 십자가에서 말끔히 처리된 사실을 성찬을 통해 확신할 수 있어야 합니다. 성찬식은 지나치게 엄숙하거나 침울한 분위기가 되지 말아야 합니다. 예수님이 어떻게 유월절 식사를 대하셨는지를 회상해 보십시오.

예수님은 "떡을 가지사 축복"(22절) 하셨습니다. 성찬식 때 받는 떡(빵)은 주님이 축복하셨기 때문에 받는 사람에게 복이 됩니다. 예수님은 "잔을 가지사 감사 기도"(23절)를 하셨습니다. 성찬식은 하나님께 감사하는 때입니다. 예수님이 우리 대신 대속의 피를 흘리셨기 때문입니다. 주의 잔은 "언약의 피"(24절)입니다. 언약은 피로써 확정되는 약속입니다. 예수님의 피는 그를 믿는 모든 사람에게 구원을 보장합니다. 그래서 성찬식에서 주의 떡과 잔을 받고 자신의 구원을 확신해야 합니다. 더구나 성찬은 성도들이 하늘에서 갖게 될 어린 양의 혼인 잔치의 시식이기에 구원이 완성될 주의 재림을 열망하게 합니다. 그렇다면 성찬식의 분위기는 밝아야 하고 기뻐야 하며 감사함으로 가득해야 합니다.

유월절 식사가 하나님의 놀라운 구원의 능력과 십자가 희생에 의한 죄의 용서와 새 하늘과 새 땅의 소망을 가리키는 것이라면, 두려워하거나 슬퍼할 필요가 없습니다. 예수님이 행하신 유월절 식사는 그런 침통한 분위기가 아니었습니다. 본문의 마지막 절은 "이에 그들이 찬미하고 감람산으로 가니라"(26절)라고 하였습니다.

전통적으로 유월절에는 할렐 시편(시 113~118, 136편)을 불렀다고 합니다. '할렐'은 '찬양'(praise)이란 뜻입니다. 그런데 이 할렐 시편들은 모두 하나님의 크나큰 구원과 하나님에 대한 신뢰와 하나님의 인자하심과 도우심에 대한 찬양과 감사로 채워져 있습니다. 물론 우리 죄를 생각하면 얼굴을 들 수 없습니다. 그래서 우리를 위해 십자가 고통을 당하신 주님 앞에서 죄를 자복하고 용서를 구해야 합니다.

중요한 것은 주님의 십자가가 승리의 십자가임을 기억하는 것입니다. 주님은 십자가에서 나의 죄를 못 박고 부활하셨습니다. 이제 주 예수를 믿는 자들의 죄는 모두 용서되는 길이 열렸습니다. 예수님의 부활은 사망과 사탄의 권세가 패배했음을 의미합니다. 주님은 십자가를 거쳐 하나님 우편에 만유의 주로서 좌정해 계십니다. 그래서 우리는 보다 밝고 기쁜 마음으로 성찬을 대하며 감사의 찬양을 올려야 하겠습니다.

제자들의 충성 맹세(27~31절).

제자들은 마지막 유월절 식사 후에 찬송을 부르며 올리브 산으로 갔습니다. 그런데 그들은 주님의 언약의 피에 대해 전혀 깨닫지 못한 상태였습니다. 그들은 예수님의 죽음을 받아들일 수 없었고 이해할 수도 없었습니다. 그들은 여전히 세속적 메시아관에 붙잡혀 인류 역사에서 가장 경이로운 대구원의 문턱에서 감사도 감동도 없는 형식적인 찬송만 부르며 예수님을 따라갔습니다.

그들은 예수님이 주시는 유월절 식사의 의미를 듣고 함께 성찬을 나누었지만 아무런 변화가 없었습니다. 그런 제자들을 예수님이 어떻게 대하셨습니까? 예수님은 스가랴 선지자의 예언을 인용하며 제자들이 모두 주님을 버릴 것이라고 하셨습니다(27절; 슥 13:7). 그런데도 주님은 다시 살아나신 후에 갈릴리로 먼저 가셔서 제자들을 만날 것이라고 약속하셨습니다(28절).

우리는 주님께 불신실한 적이 한두 번이 아닙니다. 그럴 적마다 주님도 우리에게 불신실하시다면 누가 살아남겠습니까? 주님은 영원히 우리에게 신실하십니다. 언약의 피로써 우리의 구원을 보장하시고 모든 죄를 용서하십니다.

제자들은 베드로를 필두로 예수님을 목숨을 걸고 부인하지 않겠다고 장담했습니다. 그러나 그들의 맹세는 하룻밤도 지탱할 수 없었습니다. 이것이 우리의 실상입니다. 아무도 주님을 자신의 결단으로 맹세하고 섬길 수 없습니다. 오직 주 예수의 언약의 피를 의지할 때에만 주님을 포기하지 않을 수 있습니다. 우리는 예수님의 피로써 첫 용서를 받고, 예수님의 피로써 날마다 정결하게 됩니다. 우리는 예수님의 피를 날마다 꾸준히 믿고 의지할 때에만 주님을 부인하지 않고 따를 수 있습니다.

62

겟세마네 동산에서의 승리
마가복음 14:32~42

본문은 예수님이 잡혀가시기 전에 겟세마네 동산에서 일어난 일들을 기술한 것입니다. 겟세마네 동산에서 예수님은 십자가 죽음을 목첩에 두고 하나님 아버지께 간절히 기도하셨습니다. 그때 제자들은 깊은 잠에 빠졌습니다. 그다음 일어난 사건은 유다의 배신입니다. 유다는 무장한 성전 경비병들을 겟세마네 동산으로 데리고 와서 예수님을 배신하였습니다. 예수님은 체포되었고 제자들은 모두 도망쳤습니다.

제자들은 겟세마네 동산에서 예수님이 기도하시는 동안 깊이 잠들었습니다.

제자들은 예수님과 함께 겟세마네 동산에 있었습니다. 그들이 거기서 무엇을 보았습니까? 십자가를 눈앞에 두고 피땀을 흘리시며 기도하시는 예수님을 보았습니다. 그들이 어떤 반응을 보였습니까? 깊은 잠에 빠졌습니다. 예수님은 제자들에게 자신이 기도하는 동안 앉아 있으라고 하셨습니다(32절). 이것은 유혹을 받지 말고 깨어서 기도하라는 엄숙한 명령이었지만 아무도 순종하지 않았습니다.

예수님은 겟세마네 동산에서 "정사와 권세와 이 어두움의 세상 주관자들과 하늘에 있는 악의 영들"을 대항하여 싸우셨습니다(엡 6:12). 어둠의 세력들이 총동원되어 예수님을 넘어뜨리려고 무서운 공격을 퍼부었습니다. 예수님은 제자들에게 "내 마음이 심히 고민하여 죽게"(34절) 되었다고 까지 말씀하셨습니다. 예수님은 하나님께 "될 수만 있으면 이 시간이 자기에게서 비껴가게 해 달라고 기도"하셨습니다(35절. 새번역). 히브리서에 의하면 예수님은 육체에 계실 때에 자기를 죽음에서 능히 구원하실 이에게 심한 통곡과 눈물로 간구와 소원을 올렸습니다(히 5:7).

우리는 예수님의 십자가 죽음을 현상적으로만 생각하는 경향이 있습니다. 그래서 예수님이 마치 십자가형 자체를 두려워한 것처럼 오해합니다. 물론 십자가형은 끔찍한 형벌입니다. 그러나 성경은 예수님의 십자가 죽음을 현상적으로 진술하기보다는 구원의 관점에서 설명합니다.

예수님의 십자가 죽음은 죄가 없으신 분에게 죄를 뒤집어 씌운 사건이었습니다(고후 5:21). 예수님이 십자가에 달린 것은 율법의 저주를 받은 형벌이었고(갈 3:13) 하늘 아버지로부터 버림을 받는 사건이었습니다. 그래서 예수님은 십자가 위에서 "나의 하나님, 나의 하나님 어찌하여 나를 버리셨나이까"(막 15:34)라고 절규하셨습니다.

십자가는 인간의 죄와 불순종에 대한 하나님의 진노였습니다. 그것은 예수님으로 하여금 율법의 저주를 받아 하늘 아버지와 단절되는 견딜 수 없는 정죄의 형벌이었습니다(갈 3:13). 주님은 하나님의 진노의 잔을 끝까지 다 마셔야 하는 신고(辛苦)의 고통과 죄의 무게에 짓눌려 "이 잔을 내게서 옮기시옵소서"(36절)라고 탄원하셨고 "심한 통곡과 눈물로 간구와 소원을"(히 5:7) 알렸습니다. 예수님은 겟세마네 동산에서의 영적 투쟁의 치열성을 미리 예상하시고 제자들에게 깨어 있을 것을 거듭 촉구하셨습니다. 예수님은 제자들과 보내는 마지막 밤을 함께 깨어서 하나님께 기도하기를 원하셨습니다. 겟세마네의 밤은 사탄이 가장 가까이 다가선 위급한 밤이었기 때문입니다.

우리는 제자들이 모두 잠든 것을 한심한 일로 여깁니다. 그런데 당시의 정황을 고려한다면 충분히 이해할 수 있습니다. 제자들은 육체적으로 무척 피곤하였습니다. 그들은 베다니에서 예루살렘을 걸어서 왕래하였고 예수님이 예루살렘에서 메시아의 왕권을 선포할 시각을 초긴장 상태에서 기다렸습니다. 그런데 예수님에게 걸었던 모든 기대가 무산된다는 심증(心證)이 점차 굳어지자 제자들은 크게 낙심하였습니다. 더구나 "내 마음이 심히 고민하여 죽게 되었다"(34절)라는 예수님의 고백은 제자들로 하여금 모든 것이 끝났다는 체념에 빠지게 했을 것입니다. 제자들의 숙면 원인에 대해, 마가와 마태는 "저희 눈이 심히 피곤"(40절, 마 26:43)했기 때문이라고 하였고, 누가는 그들이 "슬픔에 지쳐서 잠들어 있었다"(눅 22:45 새번역)라고 했습니다. 마가와 마태는 신체적인 원인을, 누가는 심리적인 원인을 지적한 셈입니다. 몸과 마음이 지칠대로 지친 제자들이 잠든 것은 충분히 이해할 수 있습니다. 그럼 이것이 제자들의 깊은 잠에 대한 근본적인 원인이었을까요? 예수님의 진단을 들어보십시오.

"마음에는 원이로되 육신이 약하도다"(38절)

여기서 '육신이 약하다'는 말은 체력이 달린다는 뜻이 아닙니다. 그렇다면 "깨어 있어 기도하라"는 예수님의 말씀은 무의미했을 것입니다. 왜 예수님이 베드로에게 "네가 한 시간도 깨어 있을 수 없느냐"(37절)라고 꾸짖으셨습니까? 자는 것이 예수님의 명령을 어긴 불순종이었기 때문입니다. 예수님의 진단은 영적인 것이었습니다. 제자들이 예수님과 보내는 최후의 밤을 잠으로 허비한 데에는 결코 슬픔이나 피곤으로만 돌릴 수 없는 영적 차원의 근본적인 문제가 걸려 있었습니다.

예수님은 일찍이 광야의 시험을 거치셨습니다. 그래서 사탄의 세력과 공격이 얼마나 맹렬한지를 잘 아셨습니다. 주님은 광야의 사탄이 자신과 제자들에게 겟세마네 동산에서 다시 달려들 것을 아셨습니다. 주님은 제자들이 도망칠 것도 미리 아셨기에 거듭 깨어 있으라고 촉구하셨습니다 (27절). 그러나 제자들은 고작 마음으로 원하는 정도에 그쳤습니다. 인간은 많은 것을 마음으로 원합니다. 그러나 그 마음이 성령의 지배와 능력을 받아야만 육신의 연약함을 극복할 수 있습니다. 이것이 졸지 않고 깨어 사는 비결입니다. 우리가 죄악 된 욕심을 버리는 길은 성령의 통제 아래 들어가는 것입니다(갈 5:24, 25). 그렇지 못하면 아무리 간절한 마음이 있어도 그 자체로서는 육체의 욕망들을 극복하지 못합니다. 육신이 약하다는 말은 육체의 욕심에 굴복한다는 뜻입니다(갈 5:16, 17).

육신이 약하다는 말은 자신의 부족한 자원에만 맡겨졌을 때 최선의 의도마저도 악한 세력의 압력에 저항할 능력을 갖지 못하고 넘어가 버리는 죄악 된 인간에 대한 서술이다. (William Lane)

예수님의 제자들이 깨어 있을 수 없었던 주된 원인은 신체적이거나 심리적인 것이라기보다는 영적인 것이었습니다. 그들은 예수님의 사역에 대해 세속적인 기대를 걸고 있었고 주님의 십자가 수난을 반대했으며 하나님을 신뢰하지 않았습니다. 그러므로 그들은 예수님처럼 천사들의 도움을 받지 못하였고(눅 22:43) 영적 위기를 넘기지 못한 채 깊은 수면에 빠졌습니다. 겟세마네 동산에서 잠들었다가 예수님의 견책을 받았던 베드로는 박해 시기에 여러 곳에 흩어져 살던 초대 교인들에게 예수님이 주셨던 교훈을 되풀이하였습니다.

근신하라 깨어라 너희 대적 마귀가 우는 사자같이 두루 다니며 삼킬 자를 찾나니 (벧전 5:8).

우리 모두에게 연약함이 있습니다. 사탄은 언제나 우는 사자처럼 삼킬 자를 찾습니다. 그런데 우리가 기억해야 하는 것은 겟세마네 동산의 제자들에게 세 번씩 다가오셨던 예수님의 모습입니다. 겟세마네 동산에서 기도하시는 예수님의 모습을 그린 성화를 보면 매우 성스럽게 보이는 낭만적 분위기입니다. 그러나 예수님의 모습은 낭만과는 거리가 먼 피땀에 젖은 참혹한 얼굴이었습니다(눅 22:44). 제자들이 두 번째 오신 예수님을 보고 "예수께 무엇으로 대답할 줄을 알지 못하더라"(막 14:40)고 한 것은 번번이 졸았기 때문만이 아니고, 예수님의 얼굴이 너무도 참혹했기 때문이었을 것입니다. 예수님은 심히 괴로워하셨고 심히 고민하여 죽게 되셨다고 하셨습니다(33–34절). 그런데 세 번째 오셨을 때의 예수님의 모습은 달랐을 것입니다. 어떻게 달랐을까요? 물론 피땀에 젖은 얼굴이었겠지만 그것이 전부가 아니었다고 봅니다.

첫째, 예수님은 겟세마네 동산에서 기도하실 때 또 한 번의 광야의 시험을 당하셨습니다. 사탄은 겟세마네에서 먼저 제자들을 유혹하여 넘어가게 하였습니다. 어둠의 세력은 예수님이 깊은 잠에 빠진 제자들을 보고 낙심하여 주저앉기를 기대했을 것입니다. 그러나 주님은 제자들을 끝까지 포기하지 않고 승리하셨습니다.

둘째, 예수님은 처음에는 아버지의 진노의 잔이 옮겨지도록 간구했지만 그것이 하나님의 뜻이 아님을 깨닫고 "아버지의 원대로 하옵소서"라고 두 번씩 간구하며 하나님의 응답을 확인하였습니다(39절). 이로써 사탄이 패배하고 예수님은 시험에서 다시 승리하셨습니다. 예수님은 이제 구원의 복음이 자신의 십자가로 성취되는 것을 확신하고 자리에서 일어섰습니다.

이로써 첫째 아담의 불순종으로 초래된 인류의 타락은 둘째 아담이신 예수 그리스도의 순종으로 회복되고 하나님의 용서와 화해의 길을 제공받게 되었습니다. 겟세마네 동산은 에덴 동산의 실패를 성공으로 역전시킨 곳이며, 아담이 받은 저주가 복으로 전환되는 곳이었습니다. 예수님은 겟세마네 동산에서 아버지의 뜻에 철저히 순종하심으로써 십자가의 승리를 확보하셨습니다(히 12:2). 그 결과 아담의 불순종으로 잃어버렸던 낙원이 예수님의 순종으로 겟세마네 동산에서 회복되기 시작하였습니다.

"예수님이 승리하신 겟세마네 동산은 그리스도 안에서 재창조되는 새로운 낙원의 생성을 위한 디딤돌이며 십자가의 승리로 연계되는 출발지였습니다 … 이곳은 주님의 지열한 영직 투쟁의 장소였고 십자가의 승리를 위한 전초지였습니다."(주님의 시선 166쪽, 이중수지음) .

예수님은 이제 자신의 소명을 마치고 곧 아버지께로 돌아가실 것이었습니다. 그때의 예수님의 모습은 격렬한 전투에서 승리한 개선장군과 같았을 것입니다. 그렇다면 예수님의 얼굴은 어떤 것과도 비교할 수 없는 큰 기쁨과 세상에서 가장 평화롭고 만족한 모습이었을 것입니다. 예수님은 죄인들을 대신하여 하나님의 진노의 잔을 다 마시는 것이 유일한 구원의 길임을 확신하시고 순종하기로 굳게 결심하셨습니다. 이제 하나님의 구원 계획은 정확하게 실행될 것이었습니다.

마귀는 패배하고 예수님은 승리하셨습니다. 어둠의 세력은 더 이상 예수님의 길을 막을 수 없습니다. 이 세상은 예수님의 십자가 희생으로 오랜 세월 묶여 있던 죄의 사슬에서 풀려날 것입니다. 하나님의 선한 뜻이 마침내 이루어지고 온 세상은 죄와 사망과 사탄이 사라진 새로운 에덴의 축복 속에서 새 창조의 새날을 맞이할 것입니다. 그래서 예수님의 얼굴에 젖었던 고뇌와 고통의 피땀은 기쁨과 평화의 빛을 반사했을 것입니다.

예수님은 겟세마네 동산에서 두 얼굴의 모습을 차례로 제자들에게 보여 주셨습니다. 첫 모습은 인류의 대속을 위해 하나님의 무서운 심판을 받고 아버지로부터 완전히 버림받는 고통스런 모습입니다. 그다음 모습은 십자가 하나님의 뜻임을 거듭 확인하고 '아버지의 원대로 하옵소서'라고 순종했을 때 갖게 된 승리의 모습입니다. 우리는 예수님의 두 얼굴을 보기 전에는 겟세마네 동산의 극심한 고통과 확보된 승리의 의미를 제대로 알 수 없습니다.

예수님은 승리를 한 몸에 안고 제자들에게 다시 오셨습니다.

세 번째 오사 그들에게 이르시되 이제는 자고 쉬라 그만 되었다 때가 왔
도다 보라 인자가 죄인의 손에 팔리느니라 일어나라 함께 가자 보라 나를
파는 자가 가까이 왔느니라 (막 14:41~42) .

겟세마네 동산의 스토리는 한심하기 짝이 없는 제자들을 예수님이 어
떻게 대하셨는지를 매우 자세하게 진술합니다. 그 목적이 무엇일까요?
예수님이 깊은 잠에 빠진 어리석은 제자들을 얼마나 오래 참으시며 끝까
지 사랑하셨는지를 알리려는 것이었습니다. 예수님은 우매한 제자들을
버리지 않으셨습니다. 주님의 사랑은 제자들의 가치에 좌우되지 않습니
다. 주님의 사랑은 하나님의 속성에 기인된 것입니다. 자기 자녀들에 대
한 하나님의 사랑은 끝없는 사랑입니다.

유월절 전에 예수께서 자기가 세상을 떠나 아버지께로 돌아가실 때가
이른 줄 아시고 세상에 있는 자기 사람들을 사랑하시되 끝까지 사랑하
시니라 (요 13:1) .

첫째, 예수님이 언제 어떤 사람들에게 다시 오셨습니까?
주님은 인간의 죄 때문에 하늘 아버지로부터 버림을 받아 "심히 고민
하여 죽게"(34절) 된 때에 제자들에게 오셨습니다. 주님은 사탄의 강력한
공격을 받아 피땀으로 싸우시는 중이었습니다. 일 초가 절박한 때에 기
도를 멈추시고 제자들의 안전을 염려하여 찾아오셨습니다. 그들이 유혹
에 빠지지 않고 깨어서 기도하도록 일깨워주셨습니다(38절). 시련과 유혹
으로 고통받을 때 주님의 심방을 기대하십시오. 주님은 반드시 오십니다.

주님은 겟세마네 동산의 고통 속에서도 제자들을 염려하시고 찾아가셨던 분입니다.

둘째, 누구에게 오셨습니까?

제자들은 주와 함께 목숨까지 내놓겠다고 큰소리쳤지만 하나같이 깊이 잠들었습니다. 그들은 예수님이 눈물과 통곡으로 기도하시는 처절한 장면을 다 보고서도 주님의 고통에 동참하지 않았습니다. 주님이 어떤 사람들에게 가셨습니까? 주님의 고난에 무관심한 자들에게 가셨습니다. 주님의 당부와 경고에도 불구하고 최선의 시간을 무의미하게 소진한 제자들에게 가셨습니다.

우리도 제자들처럼 영적 투쟁의 장소에서 곧잘 잠들어버립니다. 기껏 겟세마네 동산까지 따라가 놓고서 결정적인 순간에 코를 곱니다. 주님이 오셔서 간곡히 타일러도 육신의 욕망에서 깨어나지 못할 때가 많습니다. 우리는 자신을 돌아보면 너무도 부끄럽습니다. 그래서 주님이 나 같은 사람에게 찾아오시고 사랑을 베푸신다는 말이 실감이 가지 않습니다. 그러나 예수님은 겟세마네 동산에서 깊이 잠들었던 무익한 제자들에게 자비와 은혜를 품고 가까이 다가가셨습니다.

우리는 무익하여도 주께서는 우리를 귀히 여기십니다. 우리는 깨어있지 못해도 주께서는 언제나 깨어 계십니다. 이스라엘을 지키시는 분은 졸지도 아니하고 주무시지도 아니하십니다(시 121:4). 주께서 겟세마네 동산에서 졸지 않으시고 위기의 시간들을 극복하셨기에 우리에게도 승리의 소망이 있습니다.

주님은 불신실한 우리를 포기하시지 않습니다. 하나님의 구원을 믿으시기 때문입니다. 못난 우리 모습만 본다면 무슨 희망이 있겠습니까? 그러나 주님은 우리를 보실 때 하나님의 구원으로 새로워질 새 창조의 모습을 보십니다. 주님은 점차 주의 형상으로 빚어질 우리의 장래를 낙관하십니다. 겟세마네 동산의 승리를 안고 오시는 주님은 우리를 끝까지 보살피시는 분입니다. 그렇다면 우리가 더 이상 잘 수 없다는 것을 깨닫고 깨어 있어야 하겠습니다.

제자들은 예수님과의 마지막 밤을 잠으로 허비하고 말았습니다. 그들은 '나를 따르라'는 예수님의 부르심에 철저히 실패하였습니다. 그들은 예수님을 따라 겟세마네 동산으로 갔지만 몸만 따라갔습니다. 주님과 제자들 사이의 거리는 돌 하나 던져서 닿을 만한 거리였지만(눅 22:41) 서로의 마음은 너무도 멀리 떨어져 있었습니다.

예수님을 따라서 이곳저곳을 다닌다고 해서 모두 제자 노릇을 하는 것은 아닙니다. 교회에 열심히 다녀도 그것이 곧 주님을 따르는 것은 아닐 수 있습니다. 중요한 것은 겟세마네 동산에 몸으로만 가 있는 것이 아니고 그곳에서 주님의 말씀을 순종하고 깨어 있는 것입니다. 몸과 마음이 깊이 잠들어 있다면 겟세마네 동산에서 온 밤을 지낸들 무슨 소용이 있겠습니까?

주님은 세 번째 오셔서 "이제는 자고 쉬라 그만 되었다"(41절)라고 하셨습니다.

이 말씀은 얼핏 들으면 비관적으로 들립니다. 이제 예수님이 잡혀가게 됐으니 끝장이 났다는 말일까요? 그래서 자든지 말든지 아무 소용이 없다는 것일까요? 예수님은 더 이상 제자들에게 깨어 있으라거나 기도하라고 하시지 않았습니다. 예수님은 겟세마네 동산에서 어둠의 세력을 이기고 십자가 승리를 확보하셨습니다. 그래서 절망하거나 비관하실 필요가 없었습니다. 그래도 예수님의 말씀에는 아쉬움이 있는 듯합니다.

제자들의 겟세마네 체험은 예수님을 따르던 생활 중에서 가장 부끄럽고 민망한 사건이었습니다. 누구에게나 돌이킬 수 없는 과거가 있습니다. 깨어 있는 것이 너무 늦었고, 기도하는 것이 너무 늦은 시각이 있습니다.

이것이 '이제는 자고 쉬라'는 말씀에 담긴 교훈입니다.

나는 자신의 겟세마네 동산에서 혹시 잠들지 않았습니까? 어쩌면 내 영혼을 찌르는 말씀이나 갑작스러운 역경이 닥칠 때 정신이 들지 모릅니다. 그러다가도 곧 다시 잠들어버린다면 어떻게 될까요? "이제는 자고 쉬라 그만 되었다"라는 주님의 말씀을 듣게 될 것입니다. 주께서 이렇게 내게 말씀하시면 나는 겟세마네 동산에서 아무 할 일이 없는 자가 됩니다. 주님과 함께 뜻깊은 밤을 보냈어야 할 시간을 다 낭비했기 때문입니다. 비록 잠은 깼을지라도 기도할 처지가 아닙니다. 겟세마네 동산을 떠나야 하기에 돌이킬 수 없는 부끄러운 과거의 오점을 남기고 소명과 순종의 장소에서 아무런 섬김이나 열매가 없이 물러서야 합니다.

예수님은 세 번째 오셔서 "이제는 자고 쉬라 그만이다"(41절)라고 하셨습니다. 세 번째 오신 주님의 목소리는 엄숙하고 아쉬운 음성입니다. 깨어 있어야 할 때가 이미 지나버렸습니다. 기도하기에는 이미 늦어버린 때였습니다.

예수님의 마지막 말씀에 우리의 큰 소망이 걸려 있습니다.

일어나라 함께 가자(42절).

예수님이 두 번째 오셔서 잠을 깨웠을 때 제자들은 무슨 말로 대답해야 할지를 몰랐습니다. 그런데 세 번째 오셔서 "이제는 자고 쉬라 그만이다"라고 하셨을 때 얼마나 더 민망했겠습니까? 그들은 몸 둘 바를 몰랐을 것입니다. 그런데 예수님이 그들을 어떻게 대하셨습니까? "일어나라 함께 가자"(42절)라고 하셨습니다. 그들은 예수님의 피땀 어린 고통의 얼굴을 보고서도 다시 잠들어 버린 무심한 제자들이었습니다. 그들은 서로 높아지려고 다투었고(9:34) 주님의 사역을 방해했으며(8:33) 주님의 가르침을 깨닫지 못하는 미욱한 사람들이었습니다(8:14~21).

겟세마네 동산에서 깊은 잠에 빠졌던 자들에게는 영적 후유증이 있습니다. 그들은 하나님의 나라가 세상 나라처럼 칼로써 세워지거나 보호되는 것이 아니라는 사실을 깨닫지 못합니다(마 26:52). 베드로는 삼 년 반 동안 "평강의 왕"(사 9:6)을 따라다녔지만 마지막 순간에 칼을 휘둘렀습니다(마 26:52). 제자들은 하나님의 구원이 예수님의 고난의 잔으로 성취되어야 한다는 것을 이해하지도 못하고 받아들이지도 않았습니다(마 26:54; 요 18:11).

주님은 제자들이 주님을 버리고 도망칠 것을 미리 아셨습니다.

너희가 다 나를 버리리라 이는 기록된 바 내가 목자를 치리니 양들이 흩어지리라 하였음이니라 (막 14:27) .

그럼에도 그들을 보고 함께 가자고 하셨습니다. 주님은 베드로도 세 번씩 주를 모른다고 부인할 것을 아셨습니다. 그래도 주님은 베드로와의 관계를 끊지 않으셨습니다. 주님의 사랑은 제자들의 가치에 달려 있지 않습니다. 만약 주님이 우리 각 사람의 가치를 보시고 제자로 삼으시고 사랑하신다면 한 사람도 제자로 남지 못할 것입니다. 주님의 사랑은 우리의 결점이나 실수나 심지어 배신까지도 극복하는 초월적 사랑입니다.

우리 각자에게 부끄럽고 송구스러운 허물이 있을 것입니다. 그러나 주님의 사랑은 우리의 거듭된 죄와 불순종 때문에 취소되지 않습니다. 예수님은 곧 십자가에서 제자들의 모든 죄를 씻기시고 세상이 줄 수 없는 영원한 평화를 선포하실 것이었습니다. 그래서 주님은 무가치한 제자들에게 '일어나라 함께 가자' 라고 독려하셨습니다. 주님은 우리에게도 같은 초대를 하십니다. 좌절과 침체와 수치의 장소에서 우리를 향해 오늘도 함께 십자가 승리의 길을 걸어가자고 하십니다.

1992년 스페인의 바르셀로나 올림픽에 영국의 대표 육상 선수인 Derek Redmond가 4백 미터 준결승에 진출했습니다. 트랙을 달리던 중 오른편 뒤꿈치의 힘줄을 다쳐 달릴 수가 없었습니다. 그래도 그는 왼발로 절름거리면서 남은 트랙을 마치려고 애써 나아갔습니다. 6만 5천 명의 관중이 안타깝게 지켜보는데 어떤 사람이 마지막 커브를 도는 이 선수 곁으로 와서 팔 어깨를 해주면서 말했습니다. "아들아, 넌 포기해도 돼 이렇게까지 할 필요가 없어." 아들이 고집을 하자 그럼 같이 가자면서 끝까지 아들을 부축하여 코스를 마쳤습니다. 관중의 우뢰같은 박수갈채가 경기장을 휘덮었습니다.

우리가 지치고 다쳤을 때 하나님께서 성령을 보내시고 함께 걷게 하십니다. 성령을 보혜사(헬. 파라클레토스)라고도 부릅니다(요14:16). 힘들 때 곁에 와서 도와주는 자라는 뜻입니다. 주님이 성령을 통해 내 팔을 주님의 어깨 둘레에 걸치게 하시고 하늘 나라의 마지막 라인에 닿을 때까지 동행해 주시는 모습을 상상해 보십시오. 우리는 달리던 길에서 자주 부상을 입습니다. 혼자서는 더 이상 달릴 수 없는 지경에 이르렀을 때 주님이 우리 곁으로 오셔서 "일어나라 함께 가자"(42절)고 하십니다. 우리 모두 용기를 내어 주님과 함께 결승점을 향해 끝까지 달려야 하겠습니다.

63
내가 그니라
마가복음 14:43~65

예수께서 말씀하실 때에 곧 열둘 중의 하나인 유다가 왔는데 대제사장들
과 서기관들과 장로들에게서 파송된 무리가 검과 몽치를 가지고 그와 함
께 하였더라 (막 14:43).

인간 사회에는 여러 종류의 배신이 일어납니다. 그중에서도 가장 유
명한 배신은 가룟 유다가 예수님을 배반한 사건일 것입니다. 영어로 배신
행위를 Judas kiss(유다의 입맞춤)라고 할 정도입니다. 본문은 유다의 배신뿐
만 아니라 베드로를 비롯한 다른 제자들도 모두 예수님을 버렸다고 말합
니다. 예수님은 홀로 붙잡혀 공회 앞에서 심문을 받습니다. 예수님이 그
렇게 될 것이라고 여러 차례 예고하셨지만 막상 실제로 사건이 발생하자
온통 충격과 두려움의 분위기입니다. 아무도 이렇게까지 될 것이라고는
믿지 못했을 것입니다.

예수님의 체포와 제자들의 반응

배신은 신뢰 관계에서 일어나기 때문에 매우 부정적인 영향을 줍니다.
배신은 분노, 악감, 실망, 침체 등을 일으키고 다른 사람들에 대한 신뢰를

꺼리게 하며 긴장과 의심을 유발합니다. 배신을 당한 사람은 장기간 잊을 수 없는 트라우마(trauma)의 후유증으로 고통을 받습니다. 그런데 예수님은 3년 반 동안 가르쳤던 제자들로부터 배신을 당했지만 한 마디의 불평이나 원망도 없었습니다. 유다는 예수님이 체포되도록 비겁한 배반의 키스를 하고 예수님을 물건처럼 팔기까지 했지만 예수님은 현장에서 유다에게 한 마디도 하시지 않았습니다.

예수님은 지금까지 한 번도 체포된 적이 없었습니다. 그런데 예수님이 성전 지도자들로부터 파송된 무장된 무리에 의해 꼼짝없이 붙잡혔지만 전혀 저항하시지 않았습니다. 예수님이 예루살렘에서 로마 정권을 뒤엎고 왕으로 선포될 줄 알았는데 도저히 믿을 수 없는 일이 벌어진 것이었습니다.

베드로는 칼을 뽑아 대제사장의 종의 귀를 떨어뜨렸습니다(47절; 요 18:10). 그러나 제자들은 예수님이 폭력에 의한 혁명이나 기적으로 메시아의 왕권을 회복할 의향이 없음을 알고 모두 도주하였습니다. 예수님에 대한 그들의 기대가 산산조각이 나고 자신들의 목숨까지 위태로운 지경에 이르렀기 때문입니다.

그런데 예수님은 제자들을 배신자들이라고 하시지 않았습니다. 그 까닭이 무엇일까요? 적어도 가룟 유다에게는 당장 천벌을 내렸어야 하지 않았을까요? 예수님은 베드로가 대제사장의 종을 쳐 그의 귀를 잘랐을 때 베드로를 꾸짖으셨습니다.

> 너는 내가 내 아버지께 구하여 지금 열두 군단 더 되는 천사를 보내시게
> 할 수 없는 줄로 아느냐 (마 26:53).

예수님은 그를 체포하는 무리뿐만 아니라 유다까지도 일순에 심판할 수 있는 무제한적인 자원이 있었지만 사용하시지 않았습니다. 그 까

닭이 무엇입니까? 예수님은 자신이 붙잡혀 대속의 죽음을 치러야만 구원의 길이 열린다는 것을 성경 말씀을 통해 아셨기 때문입니다(막 14:27; 시 55:13-14; 사 53장; 단 9:25-26). 그래서 "인자는 자기에 대하여 기록된 대로"(막 14:21) 가신다고 하였고, 그것이 성경의 예언을 이루는 길이라고 하셨습니다(마 26:54, 56).

내가 날마다 너희와 함께 성전에 있으면서 가르쳤으되 너희가 나를 잡지 아니하였도다 그러나 이는 성경을 이루려 함이니라 하시더라 (49절).
예수께서 베드로에게 이르시되 칼을 칼집에 꽂으라 아버지께서 주신 잔을 내가 마시지 아니하겠느냐 하시니라 (요 18:11).

예수님이 순순히 붙잡히신 것은 자신이 세상 죄를 지고 가는 하나님의 어린 양으로서 자기 목숨을 많은 사람의 대속물로 바치는 것이 하나님께서 정하신 구원의 길임을 확신하셨기 때문이었습니다(요 1:29, 36; 막 10:45). 그런데 이런 확신이 어디에서 왔습니까? 무엇보다도 예수님은 성경을 성령의 감동에 의해 기록된 하나님의 말씀으로 믿으셨습니다(막 12:26, 36; 요 10:35). 또한 예수님은 기도를 통해 하나님의 뜻을 확인하셨습니다. 예수님은 붙잡히시기 전에 겟세마네 동산에서 십자가 고난의 잔을 피할 수 없음을 알고 "아버지의 원대로 하옵소서"(막 14:36)라고 아버지의 뜻에 자신을 맡기셨습니다. 이것이 예수님이 제자들과 다른 점이었습니다.

왜 제자들이 그처럼 당황하며 두려워했습니까? 그들은 예수님이 성경에 기록된 말씀대로 고난을 당하고 많은 사람을 위한 대속물이 되어야만 죄인들이 용서를 받고 하나님 나라가 세워진다는 가르침을 받아들이지 않았기 때문입니다.

한편, 본 사건의 마지막에 어떤 젊은이가 홑이불을 두르고 예수님을 따라가다가 성전 경비대가 잡으려고 하자 홑이불을 버리고 알몸으로 달아났다는 대목이 나옵니다. 예수님을 버리면 맨몸을 가린 홑이불까지 버리게 됩니다. 그러면 무엇이 남을까요? "벗은 몸" 뿐입니다. 이것은 비겁한 제자들의 배신이 가져올 수치스런 결과에 대한 하나의 예시입니다.

예수님을 박해한 자들은 종교 지도자들이었습니다.

예수님을 체포하기 위해 성전 경비대를 파송한 주체들은 대제사장들과 장로들과 서기관(율법학자)들이었습니다. 이들은 예수님을 하나님이 보내신 메시아로 가장 먼저 알아보고 백성에게 소개했어야 할 공적 책임이 있었습니다. 그러나 그들은 예수님을 모함하고 흉계로 잡아 죽이려고 대제사장인 가야바의 관저에 모여 모의하였습니다(마 26:3; 막 14:1). 바리새인들도 항상 예수님을 반대하며 올무에 걸리게 하여 죽이려고 시도했는데(요 11:47, 53) 평소에는 이해관계가 다른 헤롯당과도 손을 잡았습니다(막 3:6; 마 22:15~17). 이들은 모두 자신들의 이권을 위해 예수님을 박해하였습니다. 이들은 로마 당국이 예수님을 반로마 혁명을 일으킬 정치적 선동자로 간주하면 이스라엘이 망하게 된다는 명분을 내세웠습니다(요 11:48). 그러니까 민족이 살기 위해서 한 사람이 희생되는 것이 낫다는 말인데 이것은 그 해의 대제사장인 가야바의 입에서 나온 말이었으므로 하나님의 자녀를 구속하기 위해서 예수님이 "죽으실 것을 미리 말함"(요 11:52)이라고 했습니다. 일종의 공적 인증이 된 셈이어서 "이 날부터는 그들이 예수를 죽이려고 모의하니라"(요 11:52)고 했습니다.

그런데 이러한 정치적 이유 말고도 그들이 두려워한 것이 있었습니다. 그들은 예수님의 많은 표적을 그대로 행하게 두면 모든 사람이 그를 믿을 것이라고 염려했습니다(요 11:48). 이것은 그들의 종교적 이권과 관계된 언급입니다. 예수님은 자신을 성전이라고 하셨고 다윗의 주가 되신다고 하셨습니다(요 2:19-21; 막 12:37). 그렇다면 예루살렘의 성전 제도는 끝이 나고 다윗의 예언도 예수님에 의해서 성취되고 대치되었다고 보아야 합니다. 다시 말해서 앞으로는 대제사장들이나 율법학자들이 옛 언약에 속한 것들을 놓고 행세할 수 없게 된 것입니다. 그들이 자신들의 특권을 지키는 길은 예수님을 제거하는 것이었습니다. 물론 예수님의 인기와 능력에 대한 시기심도 박해의 한 중요한 요인이었을 것입니다. 그들에게는 "그는 흥하여야 하겠고 나는 쇠하여야 하리라"(요 3:30)는 세례 요한의 정신이 없었습니다. 그들은 예수님의 친구가 아니고 원수들이었기 때문입니다.

기독교인들이 정치적이 되고 이권 챙기기에 몰입하면 복음의 진리에서 멀어지고 하나님 나라의 걸림돌이 됩니다. 그들은 하나님이 보내신 특별한 대리자로 자칭하며 어리석은 교인들을 이용하여 이득을 챙깁니다. 이런 지도자들의 악행은 지금도 기성교회 내에서 일어나고 있으며 이단 종교 단체에서 흔히 볼 수 있습니다.

예수님은 신성모독자이실까요?

예수님은 체포 당시에 아무런 저항을 하시지 않았습니다. 심문을 받으실 때에도 여러 불리한 고발을 변호하지 않고 침묵으로 일관하셨습니다.

대제사장이 가운데 일어서서 예수에게 물어 이르되 너는 아무 대답도 없느냐 이 사람들이 너를 치는 증거가 어떠하냐 하되 침묵하고 아무 대답도 아니하시거늘 (막 14:60).
빌라도가 또 물어 이르되 아무 대답도 없느냐 그들이 얼마나 많은 것으로 너를 고발하는가 보라 하되 예수께서 다시 아무 말씀으로도 대답하지 아니하시니 빌라도가 놀랍게 여기더라 (막 15:4~5).

예수님은 가룟 유다의 배신과 관련해서 자신은 성경에 기록된 대로 간다고 하셨습니다(14:21). 이사야 선지자는 예수님이 불의한 재판을 받고 많은 고난을 당할 것을 미리 예언했습니다. 예수님은 이러한 성경의 말씀을 역행하지 않고 하나님이 정하신 뜻에 순종하셨으므로 제사장 앞에서 거짓 증언에 대해 반박하거나 변명하시지 않았습니다.

> 그가 곤욕을 당하여 괴로울 때에도 그의 입을 열지 아니하였음이여 마치 도수장으로 끌려 가는 어린 양과 털 깎는 자 앞에서 잠잠한 양 같이 그의 입을 열지 아니하였도다 그는 곤욕과 심문을 당하고 끌려 갔으나 그 세대 중에 누가 생각하기를 그가 살아 있는 자들의 땅에서 끊어짐은 마땅히 형벌 받을 내 백성의 허물 때문이라 하였으리요 (사 53:7~8).

예수님에게는 자기 수하에 거느리는 군대나 경호원이 없었습니다. 그는 세상 권력을 가진 자들에게 강제로 붙잡혀서 그를 증오하는 자들 앞으로 끌려갔습니다. 이것은 아이러니가 아닐 수 없습니다. 예루살렘 성전을 중심으로 여호와 하나님을 경배하고 백성을 가르치는 공적 대표자들이 하나님의 아들로 오신 예수님을 폭력으로 체포하고 불법으로 심문한다는 것은 있을 수 없는 일입니다. 땅에 속한 거짓된 대제사장이 하늘에 속한 진리의 대제사장을 신성모독자로 단죄합니다(64절).

> 침묵하고 아무 대답도 아니하시거늘 대제사장이 다시 물어 이르되 네가 찬송 받을 이의 아들 그리스도냐 예수께서 이르시되 내가 그니라 (62절).

예수님은 대제사장의 질문에 자신의 신분을 명확하게 밝히셨습니다. 문맥으로 보면 "내가 그니라"는 대답은 방금 대제사장이 물은 "네가 찬송 받을 이의 아들 그리스도냐"라는 질문에 대해서 그렇다고 확인해 준 것입니다. 그런데 이 대답은 표면적인 의미 이상의 함축된 뜻이 있습니다. 예수님은 자신의 신분이 정치적이거나 군사적인 의미의 통속적 개념의 메시아(그리스도)가 아니라 '인자'라고 하셨습니다. 그러니까 예수님이 인정하신 자신의 신분인 '그리스도'는 '인자'로서의 그리스도라는 말입니다.

그럼 인자가 누구입니까? 예수님의 답변에 따르면 인자는 권능자의 우편에 앉으신 분입니다. 이것은 인자가 성부 하나님과 동등하신 분임을 가리킵니다. 예수님은 요한복음에서 "나와 아버지는 하나이니라"(요 10:30)라고 하셨습니다. 그때 유대인들은 예수님을 사람이 되어서 자칭 하나님이라고 한다고 해서 신성모독으로 몰아 돌로 쳐 죽이려고 했습니다(요 10:31~33).

사실 대제사장이 예수님의 신분을 확인하려고 한 것은 진리를 가려내기 위해서가 아니고 예수님을 올무에 걸어 죽이려고 이미 작정한 질문이었습니다. 그래서 예수님은 인자가 하늘 구름을 타고 올 것이라고 하셨습니다. 이 말씀은 예수님의 재림에 대한 언급이 아니고 대제사장과 그의 세대에 일어날 사건들입니다. 즉, 예수님의 부활 이후에 있을 초자연적인 성령의 부음과(행 2장) 사도들의 능력 있는 복음 선포와 A.D. 70년의 예루살렘 멸망을 가리킵니다.

예수님이 권능자의 우편에 등극하고 하늘 구름을 타고 온다는 것은 예수님이 부활하신 후에 하늘 아버지께로 가서 하늘과 땅의 모든 권세를 받는 장면을 그린 다니엘 7장 13~14절을 배경으로 삼은 말씀입니다.

> 내가 또 밤 환상 중에 보니 인자 같은 이가 하늘 구름을 타고 와서 옛적부터 항상 계신 이에게 나아가 그 앞으로 인도되매 그에게 권세와 영광과 나라를 주고 모든 백성과 나라들과 다른 언어를 말하는 모든 자들이 그들을 섬기게 하였으니 그의 권세는 소멸되지 아니하는 영원한 권세요 그의 나라는 멸망하지 아니할 것이니라 (단 7:13~14).

이것은 놀랍고 두려운 증언입니다. 인자이신 예수님이 왕이며 심판주라는 뜻이기 때문입니다.

> 인자가 자기 영광으로 모든 천사와 함께 올 때에 자기 영광의 보좌에 앉

으리니 모든 민족을 그 앞에 모으고 각각 구분하기를 목자가 양과 염소를 구분하는 것 같이 하여 양은 그 오른편에 염소는 왼편에 두리라 … 또 왼편에 있는 자들에게 이르시되 저주를 받은 자들아 나를 떠나 마귀와 그 사자들을 위하여 예비한 영원한 불에 들어가라 … 그들은 영벌에, 의인들은 영생에 들어가리라 하시니라 (마 25:31~33, 41, 46).

예수님은 부활 직후에 "하나님의 권능의 우편에 앉으시고"(눅 22:69) 성령을 통해 자신이 받은 권세와 영광을 교회에 드러내시며(마 28:18; 요 14:16-19, 26; 행 2:33) 이어서 예루살렘을 심판하실 것이었습니다(마 23:37~38). 이러한 의미에서 예수님은 대제사장 앞에서 "너희가 보리라"(62절)고 하셨습니다. 그러나 인자의 최종 심판은 예수님의 재림과 관계된 사건입니다. 언젠가 모든 인간이 그리스도의 심판대 앞에 서게 될 것입니다.

이는 우리가 다 반드시 그리스도의 심판대 앞에 나타나게 되어 각각 선악 간에 그 몸으로 행한 것을 따라 받으려 함이라 (고후 5:10).

예수님은 하나님이 보내신 메시아로서 하늘과 땅의 모든 권세를 받으셨고 하나님은 만물을 그의 손에 넣어주셨습니다(마 28:18; 요 3:35; 17:2). 그는 심판주이시며(요 5:22, 27; 12:48) 만왕의 왕이시며, 구주이십니다(행 2:36; 5:31; 요 13:47; 8:24; 사 41:4). 그는 길과 진리와 생명과 빛과 부활이시며(요 1:4; 9:5; 11:25; 14:6) 태초부터 하나님과 함께 계셨고 만물을 창조하셨습니다(요 1:1-3; 히 1:2). 그런데 이런 분을 심문하고 신성모독죄로 몰아 극형을 받게 하는 자가 누구입니까? 그들은 마땅히 하나님의 심판을 받아야 할 죄인들입니다. 예수님이 신성모독을 하신 것이 아닙니다. 신성을 가지신 하나님의 아들로서 세상에 오신 메시아 왕을 심문하는 죄인들이 신성모독자들입니다.

우리의 연약을 동정하시는 주님

우리에게 있는 대제사장은 어떤 분이십니까? "우리의 연약함을 동정하지 못하실 이가 아니요 모든 일에 우리와 똑같이 시험을 받으신 이"(히 4:14~15)라고 했습니다. 예수님은 세상에 계실 때 원수들로부터 많은 고난을 당하셨습니다. 예수님의 제자들은 모두 그를 버렸고 종교 지도자들은 예수님을 붙잡아 죽이려고 갖은 흉궤를 동원하였습니다. 예수님은 가장 모욕적인 구타도 당하셨습니다.

> 어떤 사람은 그에게 침을 뱉으며 그의 얼굴을 가리고 주먹으로 치며 이르되 선지자 노릇을 하라 하고 하인들은 손바닥으로 치더라 (14:65) .

예수님은 배신과 폭력, 모함과 멸시, 무고한 고발과 홀로 남는 고독의 의미를 아십니다. 주님은 대제사장의 심문을 받으시는 어두운 밤을 홀로 계셨습니다. 절급한 때에 아무도 그의 곁에 머문 자가 없었습니다. 그런데 주님이 고난받는 한 이유는 우리가 어려움을 겪을 때 우리 곁으로 가까이 오시기 위해서입니다. 고난은 예수님으로 하여금 우리의 연약함과 고통을 이해하고 동정하게 합니다. 예수님이 받은 수난은 그를 가장 동정적인 구주가 되게 하는데 필요한 부분들이었습니다. 그런데 예수님은 동정만 하고 끝나시지 않습니다. 예수님은 자신의 고난으로 우리를 도울 수 있는 자격을 갖추셨습니다. 이제 예수님은 모든 것이 가능한 하늘 아버지 우편에 계십니다. 그래서 우리가 어려움에 빠져 고통할 때 '나는 네가 어떻게 느끼는지 안다'고 하시며 크게 동정하십니다.

> 그러므로 우리는 긍휼하심을 받고 때를 따라 돕는 은혜를 얻기 위하여 은혜의 보좌 앞에 담대히 나아갈 것이니라 (히 4:16) .

예수님은 원수들 앞에서 잠잠하셨습니다. 우리는 원수들을 어떻게 대해야 할까요? 변호를 해야 할 경우도 있지만 대부분 침묵하는 것이 상책입니다. 예수님은 가야바 대제사장과 빌라도 앞에서 불의한 고발을 듣고도 침묵하셨습니다. 우리는 하나님께서 우리의 진실을 변호하실 때가 올 것을 믿고 온유한 자세를 견지해야 합니다. 흔히 원수들은 우리의 삶에서 하나님 나라를 진전시키고 우리가 하나님께로 더 가까이 나아가게 하는 수단으로 사용됩니다.

예수님은 불의를 당하는 고통 중에서도 하나님의 정의를 신뢰하고 자신의 소명을 성취하셨습니다. 하나님의 절대적인 공의를 믿으면 큰 상처를 입고도 자신을 하나님께 넘겨드리고 주의 뜻을 따라 살아갈 수 있습니다.

예수님은 자신의 삶이 하나님의 선한 계획 속에서 성취되고 있음을 아셨기 때문에 원수들의 박해를 받으면서도 담대할 수 있었습니다. 우리도 하나님의 사랑과 능력의 손에 들어가 있습니다. 하나님은 우리 각자의 삶을 통해 이루고자 원하시는 선한 계획들을 가지고 계십니다. 우리의 믿음 생활을 방해하는 여러 종류의 고난들은 때때로 하나님 나라를 전진시키는 유용하고 필요한 자료들입니다.

64

베드로의 부인

마가복음 14:66~72

본문은 베드로의 실족에 대해 상세한 진술을 합니다. 열두 사도의 대변인인 베드로의 큰 과오를 조금도 숨기지 않은 것은 베드로가 가룟 유다와는 달리 뼈저린 회개를 하고 회복되었다는 사실을 알리기 위해서입니다. 우리는 다른 복음서의 해당 본문들을 함께 조명해 봄으로써 중요한 교훈들을 얻을 수 있습니다.

겟세마네의 후유증

겟세마네 동산에서 깊은 잠에 빠졌던 자들에게는 영적 후유증이 있습니다. 그들은 무엇보다도 예수님의 고난의 잔을 이해하지 못했습니다. 베드로는 적극적으로 반대하였고 다른 제자들도 마찬가지였습니다(막 8:32; 요 18:11). 예수님이 자신의 수난 예고를 3회에 걸쳐 반복하여 상세하게 알렸음에도 마이동풍(馬耳東風)이었습니다. 베드로는 칼을 빼어 대제사장의 종을 쳐 그 귀를 떨어뜨렸습니다(막 14:47; 마 26:50~54). 그는 하나님 나라가 세상 나라처럼 칼로써 보호된다고 믿었습니다.

겟세마네 동산에서 잠든 자는 영적 분별력을 잃습니다. 베드로는 자신이 주님의 보호자가 아니고 주님이 그의 보호자라는 사실까지도 잊었습니다. 그는 양이고 예수님이 목자이십니다. 선한 목자는 자기 양을 지키기 위해 자신의 목숨을 버립니다. 겟세마네 동산에서 제자들을 보호했던 분은 예수님이었습니다(요 18:8).

베드로의 부인(否認)

베드로는 예수님이 잡히시자 처음에는 도망쳤지만 돌아서서 예수님의 뒤를 "멀찍이 따라"갔습니다(54절). 베드로는 불편한 양심을 안고 예수님의 동정을 살피기 위해 대제사장의 집 안마당까지 들어가서 하인들과 함께 모닥불을 쬐었습니다. 베드로는 불빛을 향하여 앉아 있었습니다. 불빛이 번득일 때마다 불안과 초조감에 쌓인 베드로의 얼굴이 그대로 비쳤을 것입니다. 대제사장의 하녀가 그를 "빤히 노려보고서"(막 14:67 새번역) 당신도 분명히 나사렛 예수와 함께 있었다고 지목하였습니다. 조금 후 베드로의 갈릴리 억양을 알아본 자들이 그를 예수님의 제자라고 다그쳤습니다(59절). 궁지에 몰린 베드로가 어떤 반응을 보였습니까? 저주하며 맹세하되 나는 너희가 말하는 이 사람을 알지 못하노라(71절)라고 부인했습니다.

예수님을 어떠한 일이 있더라도 부인하지 않겠다고 장담하는 일은 어렵지 않습니다. 우리는 교회 안에서는 "어디를 가든지 겁낼 것 없네 어디든지 예수 함께 가려네"라고 서슴없이 찬송합니다. 그러나 나에게 금전적 손해가 오거나 따돌림을 받는 불이익이 생기거나 평이 나빠진다면 자신이 교인이라는 신분을 감추려고 합니다. 생사가 걸린 경우라면 더 말할 나위도 없을 것입니다.

중공의 왕민다우는 북경에서 목회를 했던 매우 훌륭한 지도자였습니다. 중국이 공산화되자 그는 당국에 잡혀가서 심한 고문 끝에 당국자가 작성한 불리한 문서에 사인을 하고 말았습니다. 덕분에 그는 출감되었지만 양심의 가책을 견딜 수 없어 거리를 배회하며 "나는 베드로야, 나는 베드로야"라고 중얼거렸습니다. 그는 나중에 자신이 사인을 했던 동의서를 철회하고 재수감됐습니다.

예수님이 예루살렘으로 입성하셨을 때 많은 사람이 호산나를 부르며 예수님을 환영했습니다. 그러나 나의 호산나는 예수님에게 사형 선고가 내려지기 전까지는 진위(眞僞)를 가릴 수 없습니다. 나의 아멘도 "검과 몽치"(14:48)를 가진 무리에게 내가 붙잡히게 되기 전까지는 그 진실성을 알 수 없습니다. 주님을 위해 죽음을 불사하겠다는 장담은 내가 대제사장의 하인들과 함께 앉아 불을 쬘 때까지는 실증될 수 없습니다(54절).

회복의 방법

본문에서 대 사도인 베드로의 엄청난 과오를 조금도 숨기지 않고 기록한 것은 매우 놀라운 일입니다. 성경은 사실을 왜곡하거나 죄를 숨기려고 시도하지 않습니다. 구약에서도 이스라엘의 최대 선왕이었던 다윗왕의 부도덕한 사건을 각색하지 않고 사실대로 노출시켰습니다. 다윗 왕은 밧세바와 간음하였고 그녀의 남편이었던 충성된 우리아를 고의로 살해했습니다. 성경에서 이런 죄악들을 밝히는 주된 목적은 하나님께서 그들을 어떻게 회복시키시는지를 보여주기 위한 것입니다. 베드로의 경우에도 그의 심각한 과실(過失)에도 불구하고 주님이 그를 용서하시고 회복시키셨다는 점을 부각합니다. 그럼 주님이 어떤 방법으로 베드로를 회복시키셨을까요?

첫째, 예수님의 중보 기도

예수님은 하나님 우편 보좌에 계신 대제사장입니다. 예수님은 우리를 위해 하늘에서 중보하십니다(롬 8:34; 히 4:15; 8:21~28; 9:15). 그런데 예수님은 세상에 계실 때에도 제자들을 위해 많이 기도하셨습니다(요 17장). 가장 두드러진 기도는 베드로를 위한 중보 기도입니다.

> 시몬아 시몬아, 보라 사탄이 너희를 밀 까부르듯 하려고 요구하였으나 그
> 러나 내가 너를 위하여 네 믿음이 떨어지지 않기를 기도하였노니 너는 돌
> 이킨 후에 네 형제를 굳게 하라 (눅 22:31, 32) .

예수님은 베드로가 실족할 것을 미리 아시고 하나님께 기도하셨습니다. 베드로가 비록 크게 넘어졌지만 그가 절망하여 믿음이 완전히 상실되지 않은 것은 예수님의 기도 덕분이었습니다. 예수님은 베드로가 회복될 것도 미리 아셨습니다. 그래서 "너는 돌이킨 후에 네 형제를 굳게 하라"라고 격려하셨습니다. 베드로가 아무도 상상할 수 없었던 영적 파경에 이르고서도 다시 회복될 수 있었던 것은 예수님의 중보 기도가 있었기 때문이었습니다. 예수님은 언제나 하늘 아버지의 뜻대로 기도하셨으므로 하나님은 항상 아들의 기도를 응답하셨습니다(요 11:42). 우리가 복음을 믿고 구원을 받은 것도 예수님의 기도 덕분입니다. 예수님은 일찍이 사도들의 복음 사역을 위해 하나님께 기도하셨습니다.

예수님은 신약 교회의 후세대가 사도들이 전한 복음을 통해 그리스도를 믿도록 하나님께 기도하셨습니다(요 17:20). 예수님이 우리를 위해 기도하시는 한, 우리는 안전합니다. 비록 바닥까지 내려가도 여전히 구원받은 성도로서 회복됩니다. 우리가 예수님을 구주로 믿고 사는 것은 내 믿음이 좋아서가 아니고, 예수님의 중보 기도 덕분입니다. 베드로의 믿음이 떨어지지 않도록 기도하신 주님은 우리 모두를 위해서도 하나님 앞에서 기도하십니다. 그래서 다윗은 "그는 넘어지나 아주 엎드러지지 아니함은 여호와께서 그의 손으로 붙드심이로다"(시 37:24)라고 읊었습니다.

우리도 베드로처럼 크게 넘어질 때도 있고 작은 일로 실족하기도 합니다. 그러나 주님의 중보 기도를 항상 응답하시는 하나님께서 우리를 다시 일으켜 주시고 회복시켜 주십니다. 주님께서 지금 이 순간에도 나를 위해

기도하신다고 생각해 보십시오. 주님은 믿음의 창시자며 보존자이십니다 (히 12:2). 그런데 놀라운 것은 성령께서도 우리의 연약함을 중보 기도로 도우신다는 사실입니다. 예수님과 성령께서 우리를 위해 기도하신다면 어떤 실족이나 시험을 당해도 반드시 회복될 수 있습니다.

> 이와 같이 성령도 우리의 연약함을 도우시나니 우리는 마땅히 기도할 바를 알지 못하나 오직 성령이 말할 수 없는 탄식으로 우리를 위하여 친히 간구하시느니라 마음을 살피시는 이가 성령의 생각을 아시나니 이는 성령이 하나님의 뜻대로 성도를 위하여 간구하심이니라 (롬 8:26~27).

둘째, 닭 우는 소리

베드로는 조금 전까지만 해도 겟세마네 동산에서 함께 머물렀던 주님을 전혀 모르는 사람이라고 맹세하며 부인하였습니다. 그는 예수님이 체포되신 현장에서 칼을 빼어 대제사장의 종의 귀를 잘랐습니다. 그럼에도 그는 예수님과 아무 상관이 없다고 목청을 높였습니다. 베드로는 아직도 겟세마네 동산의 잠에서 덜 깨어난 자였습니다. 이런 베드로를 깨우기 위해 주님이 사용하신 것이 닭 한 마리의 울음소리였습니다.

> 닭이 곧 두 번째 울더라 이에 베드로가 예수께서 자기에게 하신 말씀 곧 닭이 두 번 울기 전에 네가 세 번 나를 부인하리라 하심이 기억되어 생각하고 울었더라 (72절).

주님은 실족한 제자를 회복시키기 위해 닭 한 마리의 울음소리까지도 사용하십니다. 베드로는 닭 우는 소리를 듣고 비로소 예수님의 말씀을 기억하였습니다. 평소에는 새벽을 알리는 닭 우는 소리가 육신의 잠을 깨우지만 베드로가 주님을 부인하던 밤에는 그의 잠든 영혼을 깨우는 자명종이었습니다. 베드로는 나머지 여생 동안 닭 우는 소리를 들을 적마다 자신이 빠졌던 영적 흑암의 밤을 떠올리며 깊은 회한에 빠졌을 것입니다.

그러나 그는 거기서 그치지 않았습니다. 그는 닭의 울음소리가 의미하는 은혜의 측면들을 생각하며 기뻐했을 것입니다. 주님은 닭의 울음소리를 통해 베드로가 깊이 회개하게 하시고 그의 모든 죄를 용서하셨습니다. 또한 미리 말씀하신 대로 다른 형제들을 굳게 붙들어 주는 새로운 소명을 감당하게 하셨습니다.

셋째, 주님의 시선

예수님은 베드로에게 "네가 세 번 나를 부인하리라"(14:30)고 경고하셨습니다. 그런데 베드로가 이 말씀을 기억하게 된 것은 한 마리의 닭 우는 소리였습니다. 그렇지만 결정적으로 베드로의 가슴을 찢어지게 하고 그가 대제사장의 바깥뜰로 나가 엎드려 통곡하게 한 것은 주님의 시선이었습니다.

베드로는 대제사장 뜰의 모닥불 앞에서 한 여종이 그가 예수님과 함께 있었다고 지목하자 자기는 예수님을 모른다고 부인했습니다. 조금 후에 또 다른 사람이 그를 보고 예수님과 같은 도당이라고 하자 다시 아니라고 극구 부인했습니다. 한 시간쯤 있다가 또 다른 사람이 그를 보고 갈릴리 사람이며 예수님과 함께 있었다고 증언하였습니다. 베드로는 이 세 번째 다그침을 받고도 예수님을 전혀 모른다고 부인했습니다. 그때 닭이 울었고 예수님이 베드로를 돌아보셨습니다.

주께서 돌이켜 베드로를 보시니 베드로가 주의 말씀 곧 오늘 닭 울기 전에 네가 세 번 나를 부인하리라 하심이 생각나서 밖에 나가서 심히 통곡하니라 (눅 22:61~62).

"주께서 돌이켜 베드로를 보시니"라는 대목은 베드로의 회복을 이해하는데 실마리가 되는 부분입니다 베드로는 닭 우는 소리에 양심의 가책을 받고 통곡하지 않을 수 없었습니다. 그는 맹세까지 하면서 주님을 결코 버리지 않겠다고 장담한 후에 세 번씩 주님이 보시는 앞에서 모른다고 부인하였습니다. 그는 결코 용서받을 수 없는 배신을 저질렀다고 확신했을 것입니다. 그는 이제 남은 여생을 비겁한 배신자의 이름표를 달고 다녀야 할 운명이었습니다. 그런데 베드로는 가룟 유다처럼 자살하지 않았습니다. 그 이유가 무엇이었을까요?

베드로는 예수님을 부인했던 대제사장의 뜨락에서 두 개의 시선에 마주쳤습니다. 하나는 대제사장의 여종의 시선이었고 다른 하나는 예수님의 시선이었습니다. 그런데 불을 쬐고 있는 베드로를 바라본 여종의 시선과 예수님의 시선은 너무나 대조적입니다. 여종은 베드로를 "빤히 노려보고서"(67절, 새번역) 예수의 제자라고 지목하였습니다. 여종의 시선은 정죄의 차가운 눈총이었습니다. 베드로 곁에 있던 사람들도 하나같이 베드로를 의심하며 추적의 눈길로 다그쳤습니다.

반면, 예수님의 시선은 부드럽고 온정에 찬 눈길이었습니다. 예수님은 베드로를 노려보시지 않았습니다. 주님의 시선에는 정죄도 원망도 담겨있지 않았습니다. 만약 예수님이 베드로를 정죄의 눈총으로 바라보셨다면 그는 아마 스스로 목숨을 끊은 유다의 길을 택했을 것입니다. 예수님이 어떤 상황에서 베드로를 바라보셨습니까? 대제사장의 종들이 그에게 침을 뱉고 주먹으로 구타하며 누가 쳤는지 선지자 노릇을 해 보라고 야유하며 모욕하던 때였습니다. 예수님은 유대인 공회에서 정죄를 받고 곧 이방인 왕인 빌라도 앞으로 끌려가야 하는 때에 베드로의 배신을 목격하셨습니다. 예수님은 구타를 당하며 동족으로부터 치욕적인 심문을 받으시면서도 베드로의 회복을 위해 얼굴을 돌려 베드로를 바라보셨습니다.

용서와 사랑의 시선

주님이 베드로를 바라보셨다는 사실 자체가 놀라운 일입니다. 주님의 시선이 닿는 지척에 있으면서 세 번씩이나 저주와 맹세로 예수님을 모른 다고 부인한 베드로는 과연 바라볼 가치가 있는 자입니까? 우리는 베드 로에 대한 어떤 심판도 마땅하다고 여길 것입니다. 그러나 주님은 베드로 를 심판하지 않았습니다.

베드로는 겟세마네 동산에서는 도주할 수 있었지만 대제사장의 뜨락 은 벗어날 수 없었습니다. 사람들의 집요한 추궁은 그를 놓아주지 않았습 니다. 그런데 그가 정말 도망칠 수 없었던 곳은 자신의 양심이었습니다. 양심의 소리에 귀를 막으면 반드시 고통이 옵니다. 양심의 추적을 당하는 것은 큰 고통입니다. 주님은 베드로의 고통을 보셨습니다. 주님은 언제나 우리의 실족과 고통의 순간을 깊은 이해와 동정의 눈길로 바라보십니다.

베드로는 충동적이었고 나서기를 좋아했으며 실수가 많았습니다. 그 렇지만 한때는 주님께 충성을 다했던 제자였습니다. 주님은 단편적으로 보시지 않습니다. 베드로는 주님을 거듭 모른다고 부인했지만 주님은 고 통받는 베드로의 양심을 보셨습니다. 그리고 베드로의 마음속 깊은 곳에 주께 대한 사랑이 있음도 보셨습니다. 그래서 베드로는 부활 이후에 예수 님의 재소명을 받았을 때 "주님 모든 것을 아시오매 내가 주를 사랑하는 줄을 주님께서 아시나이다"(요 21:17) 라고 호소했습니다.

원수들의 시선은 우리를 노려보고 부끄러운 내 모습을 손가락질합니 다. 그러나 주님의 시선은 양심의 가책을 받으며 괴로워하는 내 모습을 긍 휼히 여기시고 신실했던 어제의 모습을 기억해 내십니다. 주님은 언제나 제자들과의 아름다웠던 어제를 추억하십니다. 주님은 비록 죄에 빠진 오 늘의 내 모습이 수치스러워도 주님과의 첫사랑의 순정을 기억하시고 새 로운 밀월여행을 꿈꾸십니다(렘 2:2).

예수님의 눈에 비친 베드로는 단순히 붙잡혀 죽는 것이 무서워서 자신의 주인을 배반하는 괘씸한 제자가 아니었습니다. 베드로를 바라보신 예수님의 시야에는 이보다 훨씬 다른 차원의 영역이 포함되어 있었습니다. 베드로는 실족과 탈선의 현장에서 주님의 시선과 마주쳤습니다. 그러나 주께서 베드로를 보신 눈길은 정죄와 배척의 무서운 눈매가 아니었습니다. 베드로는 신자로서 내려갈 수 있는 최저의 밑바닥까지 떨어진 자였습니다. 그래도 주님은 베드로를 포기하시지 않았습니다. 오히려 죄악의 고통 속에서 몸부림치는 베드로에게 주님의 시선은 자비를 품고 조용히 내렸습니다. 이것이 십자가의 사랑입니다.

베드로는 최악의 시험 속에 빠져 있었습니다. 주님 자신도 최악의 순간을 지나고 계셨습니다. 그러나 자신이 겪는 최악의 순간 속에서 경악할 배신의 제자에게 최선의 눈길을 보내셨습니다. 주님의 자애로운 시선은 탈선한 제자의 회복을 응시합니다. 주님은 타락한 제자의 모습을 십자가에 비추어 바라보십니다. 주님의 눈은 추락된 오늘의 내 모습에 묶이지 않고 십자가의 능력으로 온전하게 될 거룩한 성도의 미래를 바라봅니다.
주님의 시선은 회복의 시선입니다. 베드로를 통회하게 한 것은 정죄와 심판의 시선이 아니고 용서와 사랑의 눈길이었습니다. 주님의 이 같은 구원의 시선은 죄에 빠지고 시험에 든 모든 하나님의 자녀들에게 지금도 고요히 내리고 있습니다.

베드로는 누구입니까? 우리도 베드로처럼 '주는 그리스도'라고 고백합니다. 그러나 시험에 빠지면 나도 베드로처럼 그리스도를 전혀 모르는 사람처럼 행동하기 쉽습니다. 수치스러운 베드로의 모습은 나와 다른 성도들의 삶 속에서 자주 스치고 지나갑니다. 은혜롭게도 그런 불의한 제자들에게 주님의 포기하지 않는 자비의 시선이 내립니다. 십자가의 사랑과 용서의 시선이 양심을 파묻은 내 육신의 시선과 마주칠 때 나는 질그릇처럼 산산이 깨어지고 맙니다. 내 영혼 깊은 곳에서 터져 나오는 통곡의 회개는 주님에 대한 새로운 사랑과 감사로 이어집니다. 그리하여 통곡의 눈물 속에 소망의 빛이 투사되고 저주와 맹세로 부인했던 예수님은 진실로 "나의 주님이시요 나의 하나님"(요 20:28)이 되십니다.

베드로는 '멀찍이' 주를 따랐습니다. 그러나 그는 주님의 구원의 시선과 마주친 이후부터 주님을 '가까이' 따랐습니다. 그의 최후는 절망의 자살이 아니고 소망의 순교였습니다. 우리도 어쩌면 '멀찍이' 주님을 따르고 있는지 모릅니다. 그러나 우리도 주님을 '가까이' 따를 수 있습니다. 주께서 우리를 십자가의 사랑으로 바라보시고 치유와 회복을 위해 하나님 앞에서 중보하시기 때문입니다.

베드로의 배신을 자비의 시선으로 바라보셨던 주님은 동일한 방법으로 미욱한 우리를 회복시키십니다. 당신은 그러한 사랑과 능력의 주님을 만나고 싶지 않습니까? 주님과 떨어져서 쬐고 있는 당신의 모닥불은 결코 두려움과 떨림을 진정시켜 주지 못합니다. 대제사장의 하녀와 하인들의 무리 속에서는 회개의 눈물이 흐르지 않습니다.

당신은 지금 불편한 양심으로 살아가고 있지는 않습니까? 예수님을 못 잊어 '멀찍이' 따르는 가지만 그분을 '가까이' 쫓지는 못하는 처지가 아닙니까? 당신은 혹시 불신의 무리와 함께 세속의 모닥불 곁에서 자신의 정체를 숨기며 살지는 않습니까?

주님이 베드로를 어떤 눈으로 돌아보셨는지를 기억하십시오. 나의 과거나 현재가 아무리 떳떳하지 못해도 주님은 여전히 화해와 용서의 시선으로 나를 바라보십니다. 주님은 베드로에게 하셨듯이(막 16:7; 눅 24:34) 재소명과 온전한 회복을 위해 나에게 소망의 눈길을 보내시고 나를 다시 만나주십니다. 주님은 내 영혼 깊은 곳에 깃들인 주께 대한 나의 사랑을 꽃피우기 위해 용서와 은혜의 시선을 보내십니다. 당신은 주님의 그 같은 시선과 마주친 적이 있습니까?

65
십자가 처형과 부활
마가복음 15:1~16:8

예수님은 늦은 밤에 유대인 공회에서 사형 선고를 받아야 할 자로 정죄를 받고(14:64) 새벽에 로마의 총독인 빌라도에게 넘겨졌습니다(15:1). 빌라도는 예수님에게 "네가 유대인의 왕이냐"라고 묻고 예수님은 "네 말이 옳도다"라고 대답하셨습니다(15:2). 유대인의 왕은 정치적으로 용납될 수 없었습니다. 당시에는 로마 제국이 이스라엘을 통치하였고 왕은 시저 황제였기에 자신을 왕이라고 선포하는 것은 로마 황제에 대한 반역이었습니다(요 19:12).

그럼에도 예수님은 자신의 왕권을 감추거나 부인하시지 않았습니다. 예수님은 하나님의 아들로서 이 세상에 하나님 나라를 세우기 위해 보냄을 받은 메시아 왕이십니다. 그런데 사람들은 예수님이 세우시는 하나님 나라는 세상 나라가 아니라는 사실을 납득하지 못하였습니다.

> 예수께서 대답하시되 내 나라는 이 세상에 속한 것이 아니니라 … 빌라도가 이르되 그러면 네가 왕이 아니냐 예수께서 대답하시되 네 말과 같이 내가 왕이니라 내가 이를 위하여 태어났으며 이를 위하여 세상에 왔나니 곧 진리에 대하여 증언하려 함이로다 무릇 진리에 속한 자는 내 음성을 듣느니라 (요 18:36~37)

동방 박사들이 예루살렘에 도착했을 때 "유대인의 왕으로 나신 이가 어디 계시냐"(마 2:2)라고 물었습니다. 그러나 유대인들은 예수님의 왕권을 인정하지 않았고 "가이사 외에는 우리에게 왕이 없나이다"(요19:15)라고 빌라도에게 고백했습니다. 대제사장들은 빌라도 앞에서 예수님을 여러 가지로 고발했습니다(15:3). 그러나 그들은 진리에 관심이 없었습니다. 그래서 예수님은 자신을 변호하시지 않았습니다.

죄 없는 자는 죽임을 당하고 죄인은 석방되었습니다.

유월절에는 죄수 한 사람을 놓아주는 관례가 있었습니다. 빌라도는 예수님을 놓아주려고 했지만 유대인들의 완강한 반대에 부딪쳐 그들의 요구대로 예수님은 처형시키고 바라바를 대신 풀어주게 하였습니다(요 18:39~40). 이것은 말도 안 되는 불의한 재판이었습니다. 범죄자는 석방되고 무죄한 예수님은 처형되었습니다. 이것이 곧 복음입니다. 하나님께서는 예수님에게 모든 인류의 죄를 씌워 대신 형벌을 받게 하셨습니다. 빌라도의 불의한 재판은 하나님의 구원의 의를 드러내는 역설적인 사건이었습니다.

> 하나님께서는 죄를 모르시는 분에게 죄인들을 대신하여 그에게 그들의 죄를 씌우셨습니다. 그것은 우리가 그리스도 안에서 하나님의 의가 되게 하시려는 것입니다. (고후 5:21, 새번역)

예수님은 우리가 받았어야 할 하나님의 진노의 형벌을 대신 받으셨습니다. 그 결과 죄인들의 모든 죄가 용서되고 무죄 선언과 함께 하나님의 자녀가 될 수 있는 구원의 길이 열렸습니다. 이제 주 예수를 대속주로 믿으면 무죄가 선포되고 그리스도의 의가 죄인들에게 입혀집니다. 즉, 하나님 앞에서 죄인들이 의인의 신분을 받아 하나님 나라 백성이 됩니다. 빌라도는 무의식 중에 복음을 선포한 셈이었습니다.

예수님의 처형에 관련되었던 군인들의 행위도 무의식 중에 드러낸 또 하나의 역설입니다. 군인들은 예수님에게 자색 옷을 입히고 가시관을 엮어서 머리에 씌운 뒤에, "유대인의 왕이여 평안할지어다"라고 희롱하며 침 뱉고 갈대로 머리를 치면서 무릎을 꿇고 그에게 경배하였습니다(15:16~20). 가시관은 왕관을, 자색 옷은 왕복을, 경배는 왕께 대한 경의를 표하는 몸짓입니다. 예수님을 십자가에 못 박고 죄패에 "유대인의 왕"(26절)이라고 쓴 것도 역설적인 진리입니다. 이것도 예수님이 고난의 종으로서 십자가에 달리신 왕이심을 가리킵니다.

그런데 악한 인간들이 구원자로 오신 하나님의 아들을 잡아 잔인하게 죽였다는 것은 있을 수 없는 일입니다. 그러나 이것은 역사적인 사실이기에 부인할 수 없습니다. 그럼 그런 악인들의 운명은 어떻게 되는 것일까요? 돌이킬 수 없는 영원한 하나님의 심판을 받을 것입니다.

언젠가 주님 앞에 원하든 원하지 않든 그분의 왕권을 인정하며 모든 무릎이 꿇게 될 날이 올 것입니다(빌 2:10-11). 그때에 예수님을 정죄하고 가시관을 씌우고 자색 옷을 입혔던 자들은 더 이상 그런 악행들을 장난과 희롱으로 행할 수 없음을 알게 될 것입니다. 대제사장들과 서기관들과 구경꾼들도 예수님을 보고 십자가에서 내려와 보라고 욕하며 놀리지 못할 것입니다(막15:29-32). 예수님을 만왕의 왕으로 경배하지 않는 자들은 진노의 어린 양 앞에서 영원한 형벌을 받기 위해 무릎을 꿇을 날이 올 것입니다. 그리스도의 속죄 피로써 용서받지 못하고 의롭다는 선언을 받지 못한 모든 죄인들이 가는 곳은 마귀와 그에게 속한 자들을 위해 준비된 영원한 불못입니다(마 25:41; 계 20:10~15).

예수님의 십자가를 지고 간 시몬(21절)

시몬은 북아프리카에서 예루살렘으로 유월절 행사에 참여하려고 왔던 순례자였을 것입니다. 그는 알렉산더와 루포의 아버지였는데 바울은 로마에 있는 "루포와 그의 어머니에게 문안하라"(롬 16:13)고 했습니다. 시몬은 예수님의 십자가를 지고 간 사람이었습니다. 예수님이 너무 지쳐 자신의 십자가를 더 이상 질 수 없게 되자 군인들은 그를 붙잡아 억지로 골고다까지 십자가를 지고 가게 했습니다.

시몬은 매우 두려웠겠지만 두 가지 큰 은혜를 체험하였습니다. 예수님은 제자들에게 자기 십자가를 지고 주를 따르라고 하셨습니다(막 8:34). 시몬은 문자대로 십자가를 지고 예수님을 따랐습니다. 그런데 그의 십자가는 예수님을 위한 고난의 십자가였습니다. 그가 십자가를 지고 가는 동안 지칠 대로 지친 예수님에게 다소나마 고통을 덜어드렸습니다. 시몬은 이 일로 성경에 그의 이름이 기록되었고 십자가를 지고 주를 따르는 삶의 모본이 되었습니다.

또 다른 측면은 시몬은 예수님의 십자가가 대변하는 죄의 용서와 주님의 제자가 되는 길을 실제로 체험하는 큰 은혜를 받았습니다. 그는 그리스도의 대속과 하나님의 용서와 사랑의 의미를 가장 실체적으로 상징하는 주님의 십자가를 지고 갈보리 언덕을 올라갔습니다. 그는 아마 그때 회심했을지 모릅니다. 그는 그날부터 주님의 십자가를 지고 간 사람으로 기억되었고 십자가의 증인이 되었습니다.

십자가 처형과 성소 휘장과의 관계

예수님의 처형은 인간들의 악행이지만 하나님께서 그렇게 되도록 예정하신 일이었습니다(행 3:13-15; 4:27). 그래서 예수님은 유다가 예수님을 파는 사건을 놓고 인자는 자기에 대하여 기록된 대로 간다고 하셨습니다(막 14:18, 21). 그런데 예수님이 운명하셨을 때 성소 휘장이 위로부터 아래까지 찢어져 둘이 되니라(막 15:38)고 했습니다. 왜 이런 일이 생겼을까요?

사람이 휘장을 찢었다면 아래부터 위로 찢었을 텐데 반대로 위에서부터 찢진 것은 초자연적인 현상입니다. 그렇다면 그 의미가 무엇일까요? 예수님의 죽음과 동시적으로 성소 휘장이 갈라진 것은 지성소를 가렸던 차단용 휘장의 필요성이 이제부터는 없어졌다는 뜻입니다. 지성소는 일년에 한 번씩 대제사장이 대속죄일에 제물의 피를 가지고 들어갔습니다.

그러나 이제는 예수님이 십자가에서 흠 없는 하나님의 어린 양으로서 속죄 제물이 되셨기 때문에 더 이상의 제사가 필요하지 않게 된 것입니다. 그래서 옛 언약 아래에서 행했던 반복적인 동물 속죄제사는 새 언약의 피를 흘리신 예수님의 일회적인 희생으로 대치되고 완성되었습니다. 그 결과 모든 성도는 예수 그리스도의 피에 의지하여 언제든지 하나님께 직접 나아갈 수 있게 되었습니다. 이것이 하나님께서 미리 예정하신 구원의 길이었습니다(히 9:12; 10:9-10).

성소의 휘장이 찢어졌다는 것은 성전 시대가 끝났음을 의미합니다. 그럼 어떻게 하나님을 섬겨야 합니까? 구원자로 보냄을 받으신 예수 그리스도의 십자가 대속을 믿음으로써 하나님을 새롭게 알아가며 성령의 인도에 따라 주님의 말씀으로 섬겨야 합니다. 옛 방식의 성전 제도나 율법 시대의 규범들은 더 이상 신약 성도의 지침이 아닙니다. 신약 교회는 예수 그리스도와 성령 안에서 하나님을 섬깁니다. 이것은 완전히 새로운 출발입니다. 성소의 휘장이 찢어진 것은 예수님이 세례를 받으실 때 하늘이 갈라진 일처럼 (막 1:10) 획기적인 새 언약 시대의 신호입니다. 온 땅에 어둠이 덮인 가운데 성소의 휘장이 찢어진 것은(눅 23:44~45) 옛 시대가 닫히고 새 시대가 열리는 새 창조의 상징입니다. 예수님의 부활도 이 같은 새 시대의 열림과 새 창조의 문맥에서 이해되어야 합니다.

백부장의 고백

예수님의 처형을 집행했던 백부장은 이방인이었습니다. 그는 수많은
죄인을 처형했지만, 십자가에 매달린 죄수를 보고 '하나님의 아들'이라고
고백한 적이 없었습니다. 이 고백은 마가복음에서 줄곧 강조한 예수님의
신적 신분에 대한 최종 확인입니다. 하나님께서는 예수님의 세례 때에 "
너는 내 사랑하는 아들"(1:11)이라고 하셨고 변화산에서 다시 "이는 내 사
랑하는 아들"(9:7)이라고 하셨습니다. 이제 예수님의 처형 현장에서 그의
운명하심을 본 백부장의 입을 통해 예수님이 하나님의 아들이심을 고백
하게 합니다.

이것은 놀라운 일입니다. 십자가는 누구나 혐오하는 것인데 그 위에
참혹한 모습으로 처형된 한 유대인 청년을 보고 하나님의 아들이라고 외
친 것은 영감에 의한 믿음의 반응이었습니다. 죄인들은 십자가 앞에서 머
리를 흔들며 예수님을 모욕합니다(15:29). 그러나 백부장처럼 예수님을 하
나님의 아들로 고백하면 누구나 구원을 받습니다(요 3:36).

그런데 예수님의 사도들은 십자가로 가는 길목에서 모두 배반의 도
주를 하였습니다. 그러나 평소에 무시당하던 여제자들은 멀리서나마 십
자가를 바라보며 안식일이 지난 후 향품을 들고 예수님의 무덤에 찾아갔
습니다. 또한 이스라엘의 공회원이었던 아리마대 요셉은 빌라도에게 가
서 예수님의 시체를 인수받아 자기 소유인 새 무덤에 안장하였습니다(막
15:46; 마 27:60). 평소에 예수님의 제자라고 버젓이 행세하던 사도들은 예
수님의 장례에 참여하지도 않았습니다. 그런데 이스라엘의 산헤드린(공회
원) 중에 아리마대 요셉과 니고데모처럼 예수님을 믿은 사람들이 있었다
는 것은 놀랍고도 감사한 일입니다. 하나님께서는 그들에게 예수님의 장
례를 주선하는 귀한 특권을 주셨습니다(요 19:38-42).

예수님의 부활과 새 창조

안식 후 첫날 매우 일찍이 해 돋을 때에 그 무덤으로 가며 (막 16:2) .

여제자들은 향품을 가지고 예수님의 무덤을 방문하였습니다. 그때가 '안식 후 첫날'이었습니다. 예수님의 부활은 새로운 질서에 대한 것입니다. 죽음을 지나 발생한 부활은 인간의 타락으로 초래된 옛 질서에 속한 죽음의 세계가 새 질서에 속한 생명의 세계로 바뀌었음을 뜻합니다.

안식 후 첫날은 일곱째 날이 지난 다음 날이기 때문에 여덟째 날입니다. 그런데 하나님은 창조 사역을 여섯째 날에 다 마치시고 일곱째 날에 안식하셨습니다. 그러나 이상하게도 여덟째 날에 대한 언급이 없습니다. 여덟째 날에 대한 언급은 예수님의 부활 사건과 관련해서 나옵니다. 여덟째 날은 새 창조의 세계가 열리는 새로운 주간입니다. 즉, 죽음이 정복되고 영원한 새 생명이 시작되는 새 창조의 첫날입니다.

옛 창조는 하나님께서 보시기에 좋았더라고 했습니다. 그러나 여덟째 날에 있을 새 창조의 세계를 깊이 바라보았다는 의미를 포함시킨다면, 첫 창조는 첫 단계 창조였습니다. 여섯째 날에 창조된 인간도 하나님 보시기에 심히 좋았더라고 했습니다. 그런데 일곱째 날의 하나님의 안식을 거쳐 여덟째 날에 그리스도의 부활 생명으로 새롭게 창조되는 것이 하나님의 심오한 구원의 뜻이었습니다.

구약 시대의 제 칠 일 안식일은 하나님께서 새 언약 백성을 위해 충만한 복을 내리실 것에 대한 하나의 예표로서 지키게 하셨습니다. 이것은 예수 그리스도를 통해 장차 향유하게 될 새 창조의 무한한 혜택을 미리 맛보게 하려는 것이었습니다. 예수님이 옛 질서에 속한 죄의 세상에 육신으로 오신 것은 십자가에서 자신을 속죄제물로 바치시고 첫 창조의 안식이 바라보았던 여덟째 날의 새 주기의 새 창조 세계를 열기 위한 것이었습니다.

예수님은 십자가에서 운명하실 때 '다 이루었다'고 선포하셨습니다. 이것은 예수님의 대속을 통한 새 창조의 조건이 모두 충족되었음을 뜻합니다. 예수님이 새로운 주간의 첫날인 여덟째 날, 곧 안식 후 첫날에 부활하신 것은 주 예수의 대속적 죽음을 믿고 하나님께로 돌아오는 자들에게 새 창조의 세계를 열어줍니다. 이것이 하나님의 안식이 바라보았던 궁극적인 목표였습니다.

[부활 사건이 주는 중요한 의미]

예수님의 부활은 단순히 죽었던 사람이 다시 살아난 것이 아닙니다. 예수님의 부활은 하나님의 첫 창조가 인간의 타락으로 훼손되었으나 부활로 사탄과 죽음을 정복하고 새 하늘과 새 땅을 새롭게 창조하는 대구원 사건입니다. 예수님의 부활은 무조건 믿을 것이 아니고 첫 창조와 새 창조의 연관성을 생각하며 보다 구체적으로 이해하는 것이 좋습니다.

예수님의 부활은 여러 측면에서 살필 수 있습니다.

• 첫 창조 때부터 인류의 삶에 침입한 사탄과 죄로 인한 죽음이 정복되었음을 의미합니다.

• 신자들이 어떤 형태로 부활할 것인지를 보여주는 본보기입니다.

• 하나님께서 예수님의 죽음을 칭의를 위한 속죄제물로 받으셨다는 뜻입니다(롬 4:25).

• 하나님의 용서를 받을 수 있는 근거를 제공합니다. 예수님이 죄인들을 대신하여 하나님의 형벌을 받으셨기 때문입니다.

• 예수님의 부활 생명을 체험하게 합니다. 예수님은 지금도 살아 계시므로 그를 믿는 자녀들에게 새 생명을 주셔서 새로운 피조물로서 생동하게 하십니다.

• 부활은 어두운 세상에 밝은 미래가 있음을 보증합니다. 만약 죽음 이후에 아무것도 없다면 이 세상은 허무할 따름입니다. 그러나 예수님

의 부활은 사후에도 의식할 수 있는 새로운 세계가 있음을 입증합니다.

• 예수님의 부활은 첫 창조의 안식이 바라보았던 그리스도를 통한 새 창조의 안식이 올 것을 보증합니다.

• 부활은 성경에서 약속한 메시아에 대한 약속과 성령의 오심과 의가 거하는 새 하늘과 새 땅의 실현이 모두 사실임을 가리킵니다.

물론 아무도 예수님이 다시 살아나는 모습을 현장에서 목격한 증인은 없습니다. 예수님의 부활은 하늘 영역에 속한 사후의 사건이기 때문에 땅에 속한 자들이 눈으로 보거나 의식할 수 있는 일이 아닙니다. 그렇지만 당시의 사건과 상황을 자세히 진술한 신약 성경의 여러 내용들을 살펴보면 예수님의 부활이 역사적인 사건이었음을 부인하기 어렵습니다.

죽음을 정복하고 부활하신 예수님을 주님으로 믿는 신자들은 세상에서 가장 행복한 사람들입니다. 예수 그리스도와 믿음으로 연합된 성도들은 그리스도와 함께 부활 생명으로 살아났습니다. 위치적으로 보면 성도들은 이미 주님과 함께 하늘에 앉아 있습니다(엡 2:6). 성도들은 주 예수를 대속주로 믿은 순간부터 하나님 나라에 들어가서 새 창조의 삶을 누리기 시작합니다. 예수 그리스도의 십자가 대속과 부활을 믿는 자들은 머지않아 주님과 함께 원래 하나님께서 의도하셨던 첫 창조의 안식이 온전히 실현된 여덟째 날의 새로운 세계에서 온 세상을 주님과 함께 다스리며 하나님을 만세토록 찬양할 것입니다.

66
갈릴리에서 나를 보리라
마가복음 16:7~8

마가복음은 청년의 모습을 지닌 어떤 천사로부터 예수님이 다시 살아나셨다는 말을 들은 여제자들이 몹시 놀라는 장면에서 갑자기 끝납니다.

> 여자들이 몹시 놀라 떨며 나와 무덤에서 도망하고 무서워하여 아무에게 아무 말도 하지 못하더라 (막16:8).

그런데 대부분의 성경에는 16장 9절부터 20절까지의 본문을 담고 있지만 사본에 따라 이 본문이 포함되지 않은 경우도 있다는 난외주를 붙입니다. 그 까닭에 대해서는 여러 가지 추측이 있습니다. 그 중의 하나는 원본의 끝부분이 떨어져 나갔기 때문에 나중에 다른 복음서를 참고하여 편집한 부분이 첨가되었다는 것입니다. 혹은 의도적으로 예상할 수 있는 끝말을 피하고 예수님의 부활에 대한 궁금증이 일어나게 하려는 문학적 장치라는 것입니다. 즉, 마지막 여백을 남겨둠으로써 독자들이 예수님의 부활을 진지하게 생각해 보고 자신의 반응으로 채우라는 의도였다고 봅니다. 전문가들은 해당 본문의 어휘나 표현이 마가의 스타일이 아니며 연결이 자연스럽지 않다고 지적합니다.

그러나 그 내용은 초대 교회 크리스천들의 상황을 큰 모순 없이 반영한다고 볼 수 있습니다. 예를 들어, 초대교인들은 예수님의 부활을 금방 믿지 않았습니다. 그들은 부활하신 주님으로부터 세계선교의 소명을 받았습니다. 예수님이 승천하여 하나님 우편에 앉으신 것도 누가복음과 사도행전에서 평행 절이 나옵니다(눅 24:50~53; 행 1:9~11). 그런데 뱀을 집어 올리고 무슨 독을 마실지라도 해를 입지 않는다는 말은(18절) 신약 성경의 다른 곳에서 찾아볼 수 없습니다. 이 같은 극단적인 보호의 약속은 성경의 일반적인 가르침에는 나오지 않습니다.

본 강해에서는 후기에 편집된 것으로 보이는 9절에서 20절까지의 강해는 생략하고 갈릴리에서 제자들이 주님을 만나는 대목만 다루도록 하겠습니다.

유월절 식사와 갈릴리 재회의 약속

예수님은 유월절 식사를 마치신 후에 제자들을 데리고 감람(올리브) 산으로 가시면서 놀라운 약속을 하셨습니다.

> 예수께서 제자들에게 이르시되 너희가 다 나를 버리리라 이는 기록된 바 내가 목자를 치니 양들이 흩어지리라 하였음이니라 그러나 내가 살아 난 후에 너희보다 먼저 갈릴리로 가리라 (14:27).

예수님은 부활하신 후에 무덤에 찾아갔던 여제자들에게 천사의 입을 통해 갈릴리로 가신다고 다시 말씀하셨습니다.

> 가서 그의 제자들과 베드로에게 이르기를 예수께서 너희보다 먼저 갈릴 리로 가시나니 전에 너희에게 말씀하신 대로 너희가 거기서 뵈오리라 하 라 하는지라 (16:7).

여제자들이 제자들에게 이 놀라운 소식을 전하려고 달음질할 때 부활하신 예수님이 그들을 만나 다시 말씀하셨습니다.

이에 예수께서 이르시되 무서워하지 말라 가서 내 형제들에게 갈릴리로 가라 하라 거기서 나를 보리라 하시니라 (마 28:10) .

예수님은 제자들의 철면피한 배신에도 불구하고 그들을 다시 만나시겠다고 약속하셨습니다. 예수님은 예루살렘에서 부활하셨고 대부분의 제자들도 아직 예루살렘에 있었습니다(행 1:4, 12; 3:1; 눅24:33). 그런데 왜 갈릴리에서 제자들을 만나시겠다고 하셨을까요? 어떤 주석가들은 예수님이 부활하셨으니까 예루살렘에서 이스라엘의 국권을 회복하는 메시아 왕국이 세워질 것으로 제자들이 기대했기 때문이라고 합니다.

그러나 예수님은 제자들에게 때와 시기는 아버지의 권한에 속했다고 하시면서 지금은 복음을 온 세상에 전해야 한다고 하셨습니다(행 1:6~8). 그래서 갈릴리에서 만나자고 하신 까닭은 예루살렘에서의 정치적 분위기를 벗어나기 위한 것은 아닌 듯합니다. 갈릴리는 처음부터 예수님의 사역 본부였습니다. 이곳에서 제자들을 다시 만나 선교 사역에 대한 지시를 내리고 부활하신 주님의 복음이 만방으로 퍼지게 하는 것은 자연스러운 일이었을 것입니다.

갈릴리 언덕산

갈릴리는 예수님의 첫 사역지였습니다. 예수님은 "갈릴리에 오셔서 하나님의 복음을 전파"(막 1:14)하셨습니다. 예수님은 또한 갈릴리의 한 산에서 열두 제자들을 부르셨습니다(막 3:13; 눅 6:12,13). 산상 설교를 하셨던 곳도 갈릴리 바다가 내려다 보이는 어느 언덕산이었습니다. 갈릴리는 예수님과의 추억이 알알이 박힌 곳이었습니다. 이곳에서 많은 사람이 하나님 나라 메시지를 들었고 병마에 시달리던 자들이 치유되었습니다. 그런데 예수님이 부활하신 후에 갈릴리에서 약속대로 제자들을 만났던 첫 장소는 어느 산 위에서였습니다.

> 열한 제자가 갈릴리에 가서 예수께서 지시하신 산에 이르러 예수를 뵈옵고 경배하나 아직도 의심하는 사람들이 있더라 (마 28:16~17).

이 재회의 산은 제자들이 잘 알던 장소였을 것입니다(마 5:1). 본 절에서 "아직도 의심하는 사람들이 있더라"고 한 점으로 미루어 이 재회의 산에는 열한 제자만 있지는 않았을 것입니다. 왜냐하면 열한 제자들은 이미 예루살렘에서 예수님의 부활을 목격하고 확신한 이후였기 때문입니다(참조, 요 20:19~29; 막 16:14). 예수님의 부활 소문이 갈릴리까지 퍼졌을 것은 쉽게 짐작할 수 있습니다. 그리고 열한 제자들과의 재회의 약속 장소도 알려졌을 터이므로 평소에 예수님을 따랐던 많은 갈릴리 사람들이 "예수께서 지시하신 산"(마 28:16)에 모였을 것입니다. 이제 예수님이 갈릴리에서 제자들을 만나시겠다고 하신 의도를 헤아려 보겠습니다.

첫째, 주님은 평소에 그를 따랐던 갈릴리의 많은 무리 앞에서 자신의 부활을 증명하기를 원하셨습니다.
십자가 앞에서 예수님을 배신했던 쓸모없는 제자들을 주님이 다시 만나주신 곳은 복음이 용서와 화해의 기쁜 소식임을 실증하는 것이었습니다. 예수님은 제자들을 예루살렘의 겟세마네 동산에서 만나시겠다고 하시지 않았습니다. 이것은 제자들에게 얼마나 다행스러운 일이었는지 모릅니다. 겟세마네 동산은 제자들에게 수치와 실족의 장소였기 때문입니다. 예수님이 제자들을 겟세마네 동산이 아닌, 갈릴리 언덕산에서 만나주신 것은 그들에 대한 용서를 시사하는 자비로운 조처였습니다.

둘째, 갈릴리는 이방인들의 교류가 많은 지역이었습니다.

예수님은 이곳에서 여러 제자들을 모아놓고 모든 민족을 제자로 삼으라는 세계 선교의 사명을 줄 것이었습니다(마 28:19). 예루살렘 성전이 아닌, 갈릴리 언덕산에서 세계 선교의 대사명이 주어진 것은 사뭇 의미심장합니다. 예수님은 예루살렘의 사악한 종교 지도자들이나 그들의 화려한 성전에서 세계 선교의 사명을 선포하시지 않았습니다. 주님은 무시받는 갈릴리 지역의 소시민들 앞에서 이처럼 크나큰 영적 특권을 선포하셨습니다.

셋째, 갈릴리에는 예수님을 따랐던 자들이 많았습니다.

열두 제자들도 가룟 유다를 제외하고는 모두 "갈릴리 사람들"(행 1:11)이었습니다. 또한 예수님을 따르며 섬기던 갈릴리 출신의 여제자들도 많았습니다(막 15:40~41). 세계 선교의 사명은 이러한 배경을 감안하면 일차적으로 갈릴리 교인들에게 주는 격려의 메시지였습니다.

넷째, 예수님은 세계 선교 명령과 관련해서 자신의 신분을 가장 장엄하게 계시하셨습니다.

예수님은 십자가로 사탄의 세상 권세를 파괴하고 갈릴리에 오셔서 "하늘과 땅의 모든 권세"(마 28:18)를 받은 분으로 선언하셨습니다. 이 말씀은 예수님의 십자가 죽음으로 절망에 빠졌던 갈릴리 제자들에게 더없는 용기와 희망이 됐을 것입니다.

예수님은 또한 자신을 성자 하나님으로 계시하셨습니다. 그래서 "아버지와 아들과 성령의 이름으로 세례를 주라"(마 28:19)고 분부하셨습니다. 이어서 예수님은 주님을 잃었다고 생각한 갈릴리 제자들에게 "세상 끝날까지 너희와 항상 함께 있으리라"고 약속하셨습니다(마 28:20). 예수님은 결코 죽음으로 끝나신 분도 아니고 제자들을 영원히 떠나버린 분도 아니었습니다. 주님은 오히려 더 큰 능력과 더 큰 은혜를 끼치려고 갈릴리 제자들을 찾아오신 만유의 주 하나님이었습니다.

다섯째, 예수님은 갈릴리의 산 위에서 뿐만 아니라 갈릴리 해변에서도 제자들을 만나 주셨습니다.

날이 새어갈 때에 예수께서 바닷가에 서셨으나 제자들이 예수이신 줄 알지 못하는지라 (요 21:4) .

갈릴리 해변은 특별히 제자들과 예수님 사이에 깊은 인연이 얽힌 곳이었습니다. 예수님은 갈릴리 해변에서 여러 제자들을 부르셨습니다. 제자들은 갈릴리 해변에서 어부 생활을 접고 예수님을 따라 나섰습니다(막 1:16~20). 갈릴리 해변은 제자들의 헌신의 첫걸음을 기억나게 하는 곳이었습니다. 그곳은 주님과의 첫사랑이 시작된 해변이었고 "나를 따르라"고 하셨던 주님의 음성이 메아리치는 소명의 호반이었습니다. 주님이 제자들을 갈릴리 해변에서 만나신 것은 그들의 첫걸음의 감격을 다시 피어오르게 하고 수치와 좌절에 빠진 제자들에게 "나를 따르라"는 새로운 소명을 주기 위해서였습니다(요 21:19, 22).

갈릴리 해변은 모든 제자들의 소명의 출발점이며 주님께 대한 사랑의 확인점입니다. 주님은 오늘도 믿음의 탈선과 불순종의 도주를 시도한 어리석은 자녀들을 만나기 위해 우리 인생의 갈릴리 해변에 서 계십니다. 그곳에서 주님은 "네가 나를 사랑하느냐"라고 물으시고 다시 "나를 따르라"고 청하십니다. 이것은 주님께 대한 나의 사랑의 점검이며, 나에 대한 주님의 사랑의 입증입니다(요 21:15~17, 22).

갈릴리 해변에서 처음으로 "나를 따르라"고 초대하셨던 주님은 나의 배반과 도주에도 불구하고 다시 동일한 해변에서 "나를 따르라"고 하십니다(막 1:17; 비교 요 21:19, 22). 갈릴리 해변은 주님께 대한 나의 첫사랑의 현장이었습니다. 주께서 갈릴리 해변에 서 계신 까닭은 나로 하여금 첫사랑의 진실을 떠올리게 하려는 것입니다. 주님은 오늘도 갈릴리 해변에서 나를 기다리십니다. 그곳은 배신과 탈선의 제자들을 만나주는 화해와 용서의 장소입니다.

주님을 세 번씩 부인했던 베드로에게 "내 양을 치라"고 하신 주님은 첫사랑의 진실을 기억하시는 분입니다. 주께 대한 우리의 첫사랑은 다른 모든 제자들처럼 위기와 시련 속에서 식어지고 변질되기 쉽습니다. 때로는 나도 배도의 길을 택하고 비겁한 도주를 합니다. 때로는 나도 주님을 외면하고 십자가의 길을 피해 갑니다. 그럴지라도 내게 대한 주님의 첫사랑은 변함이 없습니다. 베드로를 만나주시고 그에게 재소명을 주셨던 주님은 지금도 믿음 생활의 실패와 죄악의 수치로 괴로워하는 제자들을 기다리고 계십니다. 주께서 갈릴리 해변으로 가신 까닭은 우리와 같은 연약한 제자들에게 첫사랑의 진실을 되새겨주기 위해서입니다.

여섯째, 주님은 제자들을 위해 갈릴리 해변에서 식탁을 준비하셨습니다.

예수님의 빈 무덤을 지키고 있던 천사는 향품을 사들고 무덤을 찾아온 여제자들에게 주님의 부활 사실을 확인시키며 이렇게 말하였습니다.

> 가서 그의 제자들과 베드로에게 이르기를 예수께서 너희보다 먼저 갈릴리로 가시나니 전에 너희에게 말씀하신 대로 너희가 거기서 뵈오리라 하라 (막 16:7).

예수님은 여제자들에게 갈릴리에서 제자들을 만날 테니 이 소식을 베드로에게도 전하라고 하셨습니다. 왜 그냥 제자들에게 알리라고 하시지 않고 덧붙여서 "제자들과 베드로에게"(7절)라고 하셨을까요? 주님은 부활하신 후 예루살렘에서 베드로를 개인적으로 먼저 만나주셨습니다(눅 24:34; 고전 15:5). 그런데도 베드로에게 주님이 갈릴리에서 그를 다시 만나시겠다고 특별히 언급하신 까닭이 무엇일까요?

큰 죄에 빠진 자의 회복은 시간이 걸립니다. 주님을 사랑했던 자일수록 실족의 후유증이 심합니다. 겉으로는 회복된 듯하여도 내면의 치유를 위해서는 많은 격려와 보살핌이 필요합니다. 주님은 베드로가 다른 제자들보다 더 심각한 침체와 자책감에 빠진 것을 아셨습니다. 베드로는 한 번의 만남으로 치유될 수 없었습니다. 주님은 그를 완전히 용서하시고 예전처럼 대해주신다는 것을 베드로에게 확인시켜 줄 필요가 있었습니다.

주님을 세 번씩 부인했던 베드로는 자신이 주님을 다시 뵐 자격이 없다고 여겼을 것입니다. 더구나 개인적인 만남도 아니고 여러 사람이 모이는 갈릴리에서 공적으로 주님을 뵐 용기가 나지 않았을 것입니다. 그러나 그는 이러한 자책감과 수치심으로부터 해방되어야 했습니다. 어떻게 이 일이 가능하겠습니까? 그것은 공적으로 주님으로부터 재 소명을 받는 것이었습니다. 주님은 베드로를 공적으로 갈릴리에서 만나주시고 그에게 재 소명을 주심으로써 그의 사도적 권위를 회복시키고 베드로의 추락한 위상을 다시 높여주실 것이었습니다. 그래서 주님은 베드로를 지목하여 꼭 갈릴리에서 만나야 한다고 격려한 셈이었습니다. 과연 주님께서는 갈릴리에서 베드로를 다른 제자들과 함께 만나시고 공적으로 재 소명을 주셨습니다. 사실 예수님이 갈릴리 해변에서 제자들을 만난 기사는 거의 주님과 베드로 사이의 대화로 채워져 있습니다(요 21장).

갈릴리에서 예수님을 만나 뵙고 경배했던 제자들 중에 주님을 세 번씩 부인했던 베드로가 포함된 것은 후안무치의 배신자가 십자가의 보혈로 받은 용서의 최고봉입니다. 베드로를 용서하시고 재 소명을 주신 주님은 우리의 많은 수치와 죄도 넉넉히 덮어주시는 은혜로우신 주님이십니다.

육지에 올라보니 숯불이 있는데 그 위에 생선이 놓였고 떡도 있더라 (요 21:9).

예수님은 숯불을 피워 놓고 제자들을 기다리셨습니다. 베드로도 숯불 곁에서 예수님이 마련하신 조반상을 받았습니다. 그들이 아침을 먹은 뒤에 예수께서 베드로에게 물으셨습니다. 네가 나를 사랑하느냐? 베드로는 숯불 앞에서 예수님이 구워주시는 빵과 생선을 먹으며 또 하나의 불을 연상하지 않을 수 없었을 것입니다.

그 때가 추운고로 종과 아랫사람들이 불을 피우고 서서 쬐니 베드로도 함께 서서 쬐더라 (요 18:18).

베드로는 예루살렘의 대제사장의 뜨락에 피웠던 모닥불 앞에서 한 여종의 도전을 받고 예수님과의 관계를 부인했습니다. 그러나 갈릴리 해변의 숯불 앞에서 베드로는 예수님의 도전을 받고 "주님 그러하나이다 내가 주를 사랑하는 줄 주님께서 아시나이다"(요 21:15)라고 대답하였습니다. 베드로에게는 대제사장 뜨락의 모닥불은 배반과 수치의 어제를 밝혀주고, 갈릴리 해변의 숯불은 사랑과 헌신의 오늘을 비추어 주었습니다.

예수님은 배신의 현장을 기억하게 하는 숯불이 주께 대한 사랑을 고백하는 모닥불로 승화되게 하셨습니다. 그러므로 베드로는 더 이상 숯불 앞에서 양심의 가책을 느끼며 괴로워할 필요가 없었습니다. 갈릴리 해변의 숯불이야말로 대제사장의 뜰 안에서 있었던 베드로의 부끄러운 과거를 불태우는 정화의 불길이었습니다.

갈릴리 해변에서의 예수님과의 상봉은 베드로 개인뿐만이 아니고 다른 제자들에게도 꼭 필요했던 만남이었습니다. 제자들은 갈릴리 바다에서 밤을 새워 고기를 잡으려고 애썼지만 헛수고였습니다(요 21:2-3). 주님이 계시지 않은 생업의 현장은 공허하기 짝이 없었습니다. 한 마리의 물고기도 없는 그들의 어선 속에서 새벽을 맞이하는 제자들의 가슴은 다시금 깊은 좌절감에 휩덮였을 것입니다. 그러나 갈릴리 해변에 계셨던 예수님의 지시를 따랐을 때 제자들의 빈 그물은 가득히 채워졌고 그들의 굶주린 배도 해변의 식탁으로 충만히 채워졌습니다(요 21:5, 6, 13). 결과적으로 공허했던 생업의 현장이 풍성한 수확의 일터로 일변하고 어그러진 주님과의 관계가 화해와 용서의 식탁 앞에서 회복되었습니다.

갈릴리 해변의 밀월여행

갈릴리 해변은 제자들이 예수님과의 밀월을 즐겼던 행복했던 초기 사역의 추억들이 깔린 곳이었습니다. 제자들에게 갈릴리 해변은 잊으려야 잊을 수 없는 곳이었습니다. 주님이 제자들을 처음으로 부르셨던 곳이 갈릴리 해변이었습니다. 제자들은 이곳에서 주님을 모시고 복음 사역에 투신했습니다. 주님은 그들의 배 위에서 말씀을 선포하셨으며(눅 5:1-3) 그들이 저어 가는 배 위에서 잠드셨고(막 4:38), 그들의 배를 타고 여러 동네를 방문하셨습니다(요 6:21; 막 4:35).

주님이 배신의 제자들을 다시 부르신 곳은 한 때 첫출발의 감격과 헌신이 기억되는 갈릴리 해변이었습니다. 죄악의 깊은 잠에서 깨어난 이후에 주님이 우리에게 다시 오시는 곳은 수치의 겟세마네 동산이 아닌, 첫사랑의 순결이 떠오르는 갈릴리 해변입니다.

예수님은 제자들의 배신 때문에 십자가의 못 자국보다 더 깊은 상처를 받으셨습니다. 그러나 주님의 상처는 이미 치유되었습니다. 십자가에서 제자들의 죗값을 치르고 오셨기 때문입니다. 갈릴리 해변에서 나를 만나주시는 주님은 나의 모든 죄를 말끔히 잊고 오십니다. 하나님께서는 일찍이 "내가 그들의 악행을 사(赦)하고 다시는 그 죄를 기억하지 아니하리라"(렘 31:34)고 약속하셨습니다.

내 죄가 그처럼 크고 많은데 나를 벌하시지 않고 오히려 나를 먹이시며 극진히 보살피시는 까닭이 무엇입니까? 어째서 새벽부터 해변가에 오서서 손수 조반을 준비하시고(요 21:4,13) 주님을 부인하고 도망친 나에게 그토록 뜨거운 사랑을 쏟으시는 것일까요? 배반한 제자들에게 주님이 정죄와 심판으로 임하시지 않는 까닭이 무엇입니까?

주님께서 십자가를 거쳐서 오셨기 때문입니다! 십자가 위에서 나의 모든 죄를 대신하여 죽음의 형벌을 받으셨기에 나에게 내릴 형벌이 없어진 것입니다(막 15:33; 갈 3:13). 갈릴리 해변에서 배신의 제자들을 기다리시는 주님은 십자가를 거쳐서 오시는 분입니다. 나의 온갖 실수와 허물에도 불구하고 주님은 내게로 다시 오십니다. 주님은 겟세마네 동산에서 깊이 잠들어 버린 제자들에게 세 번째 다시 오셨습니다. 그리고는 "일어나 함께 가자"고 청하셨습니다.

주님은 최선의 시간을 허비해버렸던 제자들에게 다시 오셨습니다. 주님은 찾아갈 가치가 없는 자들을 다시 찾아 나서는 분입니다. 주님은 방황과 실족을 일삼는 잃어버린 양 한 마리를 찾아서 온 산을 헤매는 선한 목자이십니다.

주님은 십자가의 길에서 탈선해 버린 제자들을 "내 형제들"이라고 불렀습니다.

> 이에 예수께서 이르시되 무서워하지 말라 가서 내 형제들에게 갈릴리로 가라 하라 거기서 나를 보리라 하시니라(마 28:10).

"내 형제들" 중에는 예수님을 세 번씩 부인했던 베드로도 포함되었습니다. 이 세상의 어떤 종교가 자기의 주(主) 하나님을 대놓고 부인한 자를 "내 형제"라고 부르겠습니까? 인간이 만든 종교는 그런 자를 당연히 정죄하고 처단합니다. 그러나 베드로는 자기의 주(主)를 배반하고서도 사도의 직분을 빼앗기지 않았고 오히려 더 큰 소명을 받았습니다(요 21:15~19).

어째서입니까? 주께서 십자가를 거쳐서 갈릴리로 오셨기 때문입니다!

기독교는 화해와 용서의 종교입니다. 형벌만 내리는 심판주보다 용서의 하나님이 더 위대합니다. 인간의 경배와 복종만을 요구하는 신들보다 인간을 위해 자기 목숨을 내놓은 십자가의 주님이 무한히 크신 분입니다. 죽음으로 모든 것이 끝나는 무력한 인조신(人造神)보다 죽음을 너머 다시 오시는 부활의 주님이 참능력의 하나님이십니다.

주님은 오시고 다시 오십니다. 과연 어떤 사람들에게 다시 오십니까? 쓸모없는 자들과 실족한 자들과 배반한 자들과 죄에 빠져 허덕이는 모든 제자들에게 다시 오십니다. 주님은 갈릴리 해변에서 십자가에 못 박혔던 피 흘린 손으로 배신의 제자들을 위해 용서와 화해의 아침상을 차려주셨습니다.

주님은 부활 생명의 주(主)로서 내게 다시 오십니다. 죽었던 나의 영혼을 소생시키고 죄악 된 나의 과거를 씻기기 위해 내게 다시 찾아오십니다. 주님은 모든 믿음의 탈선자와 낙오자들을 깊이 동정하십니다. 주님은 치유의 하나님으로서 회복과 소망의 메시지를 안고 우리에게 오십니다. 주님은 겟세마네 동산의 고통과 갈보리 십자가의 죽음을 지나 우리에게 오십니다. 다시 오시는 주님은 용서와 화해의 깃발을 갈릴리 해변에 높이 꽂아 두시고 우리를 기다리십니다. 주님은 죽음보다 강한 십자가의 사랑을 갈릴리 해변에 뿌리시며 이른 아침부터 우리를 기다리십니다.

우리가 넘어진 이후에 다시 찾아오시는 주님의 손에는 무한한 사랑과 영원한 용서와 온전한 치유의 능력이 깃들어 있습니다. 십자가를 거쳐서 오시는 주님만이 이 세상을 구원할 수 있습니다. 십자가를 거치지 않은 일체의 세력들은 넘어진 내 인생을 일으키지 못합니다. 오직 십자가에서 나의 죄를 대속하시고 부활하사 하나님 우편에서 지금도 나를 위해 기도하시는 예수님의 사랑만이 내 인생을 온전히 회복시킬 수 있습니다.

당신은 갈릴리 해변에서 예수님이 십자가의 피 묻은 손으로 차려주시는 아침상을 받아보셨습니까? 배신한 제자들을 '나의 형제'라고 부르시는 주님을 만나보셨습니까? 그렇다면 주님의 용서를 체험했을 것입니다. 그리고 "주와 같은 신이 어디 있으리이까"(미가 7:18)라고 감격하며 회복된 사랑으로 주님을 새롭게 따르게 될 것입니다.